金凤年鉴

2023

《金凤年鉴》编纂委员会　编

黄河出版传媒集团
宁夏人民出版社

图书在版编目（CIP）数据

金凤年鉴. 2023 /《金凤年鉴》编纂委员会编.--
银川：宁夏人民出版社，2023. 11
ISBN 978-7-227-07880-7

Ⅰ. ①金…　Ⅱ. ①金…　Ⅲ. ①区(城市)- 银川 -
2023- 年鉴　Ⅳ. ① Z524. 34

中国国家版本馆 CIP 数据核字(2023)第 229668 号

金凤年鉴(2023)　　《金凤年鉴》编纂委员会　编
JINFENG NIANJIAN 2023

责任编辑　白　雪
责任校对　管世献
封面设计　王　丽
责任印制　侯　俊

黄河出版传媒集团
宁夏人民出版社　出版发行

出 版 人　薛文斌
地　　址　宁夏银川市北京东路 139 号出版大厦(750001)
网　　址　http://www.yrpubm.com
网上书店　http://www.hh-book.com
电子信箱　nxrmcbs@126.com
邮购电话　0951-5052104　5052106
经　　销　全国新华书店
印刷装订　宁夏文之杰印刷科技有限公司
印刷委托书号（宁)0027889

开本　889 mm × 1194 mm　1/16
印张　23
字数　730 千字
版次　2023 年 11 月第 1 版
印次　2023 年 11 月第 1 次印刷
书号　ISBN 978-7-227-07880-7
定价　298.00 元

《金风年鉴(2023)》编纂委员会

《金风年鉴(2023)》编辑部

《金凤年鉴(2023)》撰稿人名单

(按姓氏笔画排序)

万小平	马　凡	马　阳	马　鸽	马子仲	马云洁	马冬平
马丽娟	马佳琪	马思媛	马惠民	马富兴	王　明	王　峤
王　艳	王　萌	王　媛	王　聪	王　蕾	王梓恒	王新华
尤凤娥	田　梅	田进鹏	兰小虎	巩　云	吕洋洋	任思扬
刘　辉	刘文婷	刘佳玲	刘晓艳	许　琳	孙莉娜	买晶晶
杜文源	李　娜	李　莉	李　梅	李　喆	李浩诚	李淑娟
李瑞沛	杨万明	吴兆财	何帅霏	汪　娟	沙　妮	沈雅君
宋　扬	张　帆	张　津	张丽丽	张凯歌	张婷婷	张静宜
陆宏翔	陈　倩	虎　宁	罗　艺	郑治国	赵东霞	赵汉青
赵羽菲	胡荣梅	茹佳静	贺梦婕	秦亚杰	袁　旭	桂筱羽
徐　佳	殷萌萌	高培馨	郭建伟	烟　云	谈　鸿	崔　静
梁博琳	詹晓敏					

编辑说明

一、《金凤年鉴》以马克思列宁主义、毛泽东思想、邓小平理论、"三个代表"重要思想、科学发展观、习近平新时代中国特色社会主义思想为指导，坚持辩证唯物主义和历史唯物主义的立场、观点和方法，实事求是地记述金凤区自然、政治、经济、文化、社会等方面情况，是年度资料性文献。《金凤年鉴》首卷于 2007 年内部出版，至 2018 年共内部出版 6 卷。自 2019 年起每年公开出版一卷，《金凤年鉴（2023）》为公开出版的第 5 卷。

二、《金凤年鉴（2023）》所收录的资料上限起自 2022 年 1 月 1 日，下限止于 2022 年 12 月 31 日。为了较完整地保存地方文献资料，对一些史实作了简要的上溯。

三、《金凤年鉴（2023）》采用分类编辑法，分为类目、分目、条目三个层次，条目为基本记述单元，使用叙述性语言撰写。条目标题采用黑体字并加【 】表示。少数条目下设子目。全书设专文、大事记、金凤区综览、中国共产党银川市金凤区委员会、金凤区人民代表大会、金凤区人民政府、中国人民政治协商会议银川市金凤区委员会、中国共产党银川市金凤区纪律检查委员会金凤区监察委员会、民主党派与工商联、群众团体、法治、军事、综合经济管理、农业水利、商业贸易、工业与园区建设、城乡建设与交通管理、自然资源与环境保护、科技教育、文化体育旅游、卫生健康、社会管理、镇（街道）、荣誉、附录等 25 个类目、111 个分目、1021 个条目。

四、《金凤年鉴（2023）》大部分资料由金凤区直各部门、各单位、各镇（街道）及自治区、银川市驻金凤区有关单位提供，部分稿件由编辑部采编并统编全书。因统计时间、口径不同等原因，个别数据在记述中不尽一致，读者采用时请以金凤区统计局资料为准。

五、《金凤年鉴（2023）》卷首专题图片和正文配图由金凤区委宣传部融媒体中心和各供稿单位提供，图片供稿人员在《金凤年鉴（2023）》编辑部中列明。

六、《金凤年鉴（2023）》大事记采用编年体记述法，按月日依次记述，每日大事较多者，用"△"表示。文前有目录，文后附主索引，全书所有资料可通过目录、书眉、索引查阅。

数字金凤 2022

常住人口:65.76 万人

城镇居民人均可支配收入:49509.3 元

农村居民人均可支配收入:17206.4 元

地区生产总值:341.7 亿元

第一产业增加值:3.97 亿元

第二产业增加值:69.03 亿元

第三产业增加值:268.7 亿元

九年制学校:1 所

初级中学:5 所

小学:35 所

幼儿园:118 所

特殊教育学校:3 所

全年全社会固定资产投资:151.7 亿元

人均地区生产总值:52148 元

全年工业增加值:38.97 亿元

建筑业总产值:167.87 亿元

农林牧渔业总产值:8.07 亿元

房地产开发投资:113.92 亿元

地方财政收入:8.86 亿元

地方财政支出:27.6 亿元

社会消费品零售总额:165 亿元

城市空气质量优良天数:300 天

卫生机构:263 家

卫生机构床位:6084 张

执业医师和助理医师:3125 人

护士:3800 人

银川市行政中心

金凤区行政楼夜景

阅海国家湿地公园

2022年，金凤区建成区增绿12万平方米，城市“三绿”指标居银川市首位

金凤区览山剧场鸟瞰图

典农河金凤段

游客在阅海湖观景台观鸟

金凤区借“冬”风点燃冰雪运动热情

随着银川市“疏堵提畅”工程的不断推进，良好的交通环境让市民出行更加便捷

宝湖公园雪景

典农云居特色民宿

美丽金凤湖城相依

阅海滑草场彩虹滑道

银川花卉博览园

2022 年 11 月 24 日，金凤区委书记郝春明（靠窗右三）调研纪检监察工作

2022 年 8 月 19 日，金凤区召开学前教育选派党建指导员动员会

2022 年 9 月 2 日，金凤区举办“喜迎二十大　奋进新宁夏　同心跟党走”民族团结进步月启动仪式

2022 年 7 月 1 日，金凤区开展庆“七一”文艺会演暨夏送清凉慰问活动

2022 年 7 月 13 日，金凤区新时代文明实践工作培训班开班

2022 年 5 月 18 日，金凤区上海西路街道举办非公党建示范街区揭牌启动仪式

2022 年 11 月 2 日，党的二十大代表赵耐香走进良田镇金星村为群众宣讲党的二十大精神

2022 年 6 月 21 日，金凤区税务局举办“喜迎二十大、永远跟党走”知识竞赛

2022 年 5 月 16 日，金凤区召开非公有制经济组织和社会组织党建工作联席会暨党建指导员工作例会

2022 年 11 月 14 日，满城北街街道党工委召开基层党建工作例会

2022年11月16日，阅海湾中央商务区党工委举办学习宣传贯彻党的二十大精神、颂党情感党恩演讲诵读比赛

2022年9月9日，银川市金凤区妇女第三次代表大会召开

2022 年 9 月 6 日，金凤区新的社会阶层人士统战工作实践创新基地揭牌成立

2022 年 9 月 5 日，金凤区教育局在金凤区第一小学举办“民族团结进步月”主题升旗仪式暨启动仪式

2022 年 1 月 25 日，金凤区召开党组织书记抓基层党建述职述廉述责述法述审评议考核会

2022 年 5 月 11 日，自治区党委宣传部组织各县（区）党委宣传部部长、相关干部观摩通福家园社区新时代文明实践站

2022 年 3 月 4 日，金凤区举办学雷锋志愿服务月系列活动启动仪式暨深化文明城市建设工作推进会

2022 年 9 月 16 日，金凤区召开非公经济和社会组织党建工作推进会

2022 年 3 月 22 日，金凤区召开城市党建工作务虚会

2022 年 9 月 19 日，金凤区上海西路街道举办新业态新就业群体流动党员党支部授牌仪式

金凤区良田镇育苗基地

金凤区良田镇金星村大葱生产基地

2022 年 6 月 18 日，银川阅海湾中央商务区举办“稳经济保增长促发展金融服务座谈会”

2022 年 4 月 13 日，银川阅海湾中央商务区举办楼宇项目资本对接会

2022 年 6 月 18 日，第六届“金凤飞舞·城市乐活会”启动

2022 年 2 月 5 日，金凤区 2022 年网上年货节闭幕

2022 年 11 月 24 日，金凤区悠阅城跨街天桥成功合龙

金凤区服务业发展迈上新台阶

2022年7月7日，自治区"互联网+教育"示范省（区）建设成果与经验交流现场会在金凤区举行

2022年7月1日，金凤区教育系统党组织领导的校长负责制安排部署会议在金凤区第十八小学召开

2022 年 3 月 10 日，金凤区举办课程思政教学研讨活动

2022 年 6 月 2 日，金凤区实验小学开展“科普进校园 点亮科技梦”科普知识进校园活动

2022 年 6 月 23 日，金凤区第二小学举行“说学教育”轮值研讨活动

2022 年 6 月 5 日，书法志愿者袁静坤在金凤区第十二小学为学生讲授书法知识

2022 年 4 月 6 日，金凤区宝湖社区召开“儿童议事会”

2022 年 6 月 6 日，金凤区档案馆向辖区图书馆赠送地方志书

2022 年 6 月 23 日，金凤区委办公室、金凤区档案馆、银川市生态环境局金凤分局联合银川电视台综合广播在金凤区第十六小学开展《银川市金凤区志(2001—2018)》诵读活动

2022年5月27日，金凤区委、区政府在满春园广场举行“文化金凤·四季欢歌”文化惠民广场演出暨庆祝金凤区建区二十周年系列活动

2022年6月27日，金凤区文化旅游体育广电局在满春园广场举办“传承红色基因、弘扬红色法治文化”专场文艺演出

2022年7月1日，金凤区检察院组织党员参观金凤区区史馆

2022 年 6 月 9 日，金凤区开展“文化和自然遗产日”金凤区专卖宣传展示活动

2022 年 6 月 10 日，金凤区文化旅游体育广电局在宝湖文旅观光夜市举办“文化金凤·四季欢歌”文化惠民广场演出暨庆祝金凤区建区二十周年系列活动

2022 年 9 月 5 日，第二届中国(宁夏)国际葡萄酒文化旅游博览会“贺兰山葡萄酒之夜”音乐会在银川阅海湾水上公园举办

2022 年 6 月 29 日，金凤区老干部服务中心、老年大学联合宁夏开放大学继续教育学院、金凤区委宣传部(文明办)、金凤区新时代文明实践中心开展“喜迎二十大　建功新时代”文艺会演

2022 年 9 月 16 日，金凤区举办全民国防教育日系列活动

2022 年 9 月 22 日，金凤区丰登镇在党群活动服务中心举办“舞动金凤　魅力乡村”广场舞大赛

2022 年 1 月 9 日，“滑向 2022”全国滑雪俱乐部大众公开赛（宁夏站）在阅海滑雪场举办

2022 年 12 月 30 日，第九届全国大众冰雪季（宁夏分会场）暨全国大众高山滑雪公开赛在阅海滑雪场启动

2022 年 6 月 14 日，金凤区教学研究室开展浙闽宁一体化智慧体育"选项走班"教学研讨活动

2022 年 5 月 28 日，金凤区在毓秀公园举办 2022 年青少年越野滑雪(滑轮)赛

2022 年 5 月 20 日，银川市适龄女童免费接种 HPV 疫苗公益活动在金凤区良田镇卫生院正式启动

2022 年 9 月 10 日，金凤区领导到丰登镇卫生院慰问医护人员

2022年8月28日，银川市金凤区医疗健康集团成立

2022年7月25日，金凤区满城北街临阅家园劳务移民子女托育室为移民孩子提供集中照护和亲子课堂

2022 年 3 月 1 日，宁夏首家社区公共卫生委员会在金凤区上海西路街道银新苑北社区成立

2022 年 5 月 20 日，金凤区世悦社区举办最美志愿者表彰活动暨爱邻便民日启动仪式

2022 年 6 月 13 日，金凤区工商联组织会员企业及相关部门在利思酒庄举办联席会议暨民企联校促就业行动推进会

2022 年 12 月 3 日，金凤区总工会举办慰问新就业形态劳动者活动

2022 年 9 月 9 日，金凤区委书记郝春明（右三）带队看望慰问退休教师马凤玲（右二）

2022 年 6 月 7 日，凤凰北街（大连路—沈阳路）和尹家渠北街（大连路—后海路）两条道路正式通车

2022 年改造后的新昌路特色街区夜景

2022 年改造后的雪绒巷街景

2022 年 1 月 18 日，“推进移风易俗——良田镇婚姻家事矛盾治理座谈会”在良田镇人民政府召开

2022 年 5 月 11 日，金凤区召开平安金凤建设协调小组、扫黑除恶斗争领导小组、国安办主任会议暨信访工作联席会议

2022年3月11日，金凤区人民法院执行局开展涉民生案件查封财务室直播执行活动

2022年3月11日，金凤区公安局创建反诈干预防骗劝阻新模式

2022 年 4 月 2 日，上海西路街道举行“城市基层治理十大项目进网格”启动仪式

2022 年 12 月 4 日，金凤区司法局丰登司法所在西新村开展“深入学习宣传习近平法治思想、大力弘扬宪法精神”活动

2022 年 2 月 15 日，金凤区公安分局举办“无诈新百”创建活动启动仪式

2022 年 3 月 2 日，金凤区人民法院民事审判第二庭联合西湖人民法庭在金凤区第二十二小学宣讲《中华人民共和国家庭教育促进法》

目　录

专　文

金凤区推进黄河流域生态保护和高质量发展先行区建设 …… 1
金凤区学习宣传贯彻自治区第十三次党代会精神综述 …… 3
金石不渝铸团结　凤舞长空谱新篇
——金凤区创建全国民族团结进步示范区工作综述 …… 5

大事记

1 月 …… 9
2 月 …… 10
3 月 …… 10
4 月 …… 12
5 月 …… 12
6 月 …… 14
7 月 …… 15
8 月 …… 16
9 月 …… 17
10 月 …… 19
11 月 …… 20
12 月 …… 20

金凤区综览

地理人文 …… 22
地理位置 …… 22
自然环境 …… 22
自然资源 …… 22
历史沿革 …… 23
行政区划 …… 23
经济发展 …… 23
概况 …… 23
农业与农村经济 …… 23
工业经济 …… 23
现代服务业 …… 23
深化改革 …… 24
招商引资 …… 24
城乡建设 …… 24
生态环境 …… 25
社会事业 …… 25
人口 …… 25
科教文体 …… 25
医疗卫生 …… 25
社会保障 …… 26
就业创业 …… 27
社会治理 …… 27
法治建设 …… 28
乡村振兴 …… 28

中国共产党银川市金凤区委员会

综述 …… 29
概况 …… 29
经济发展 …… 29
民生事业 …… 29
城乡建设 …… 30
法治建设 …… 30
党的建设 …… 30
重要会议 …… 30
第 1 次常委会会议 …… 30

第 3 次常委会会议 …… 30
第 4 次常委会会议 …… 31
第 6 次常委会会议 …… 31
第 8 次常委会会议 …… 31
第 9 次常委会会议 …… 31
第 10 次常委会会议 …… 31
第 12 次常委会会议 …… 32
第 13 次常委会会议 …… 32
第 14 次常委会会议 …… 32
第 15 次常委会会议 …… 32
第 16 次常委会会议 …… 32
第 17 次常委会会议 …… 32
第 18 次常委会会议 …… 32
第 19 次常委会会议 …… 33
第 21 次常委会会议 …… 33
第 22 次常委会会议 …… 33
第 24 次常委会会议 …… 33
第 25 次常委会会议 …… 33
第 26 次常委会会议 …… 33
第 28 次常委会会议 …… 33
第 29 次常委会会议 …… 34
中国共产党银川市金凤区第四届委员会第四次全体会议 …… 34
第 30 次常委会会议 …… 34
第 32 次常委会会议 …… 34
第 33 次常委会会议 …… 34
第 34 次常委会会议 …… 34
第 35 次常委会会议 …… 35
中国共产党银川市金凤区第四届委员会第五次全体会议 …… 35
综合政务 …… 35
统筹协调 …… 35
调查研究 …… 36
以文辅政 …… 36
档案行政管理 …… 36
保密工作 …… 36
组织工作 …… 36
概况 …… 36
理论武装 …… 36
干部队伍建设 …… 37
基层组织建设 …… 37
党员教育管理 …… 38
人才工作 …… 38
宣传工作 …… 38
概况 …… 38
意识形态 …… 39
理论武装 …… 39
理论宣讲 …… 39
对外宣传 …… 39
全国文明城市建设 …… 39
移风易俗 …… 39
志愿服务 …… 40
青少年思想道德建设 …… 40
文化文艺 …… 40
新时代文明实践中心建设 …… 40
学习宣传贯彻党的二十大精神 …… 41
模范典型选树 …… 41
文明单位创建 …… 41
统战工作 …… 41
概况 …… 41
思想引领 …… 41
政党协商 …… 42
民族工作 …… 42
宗教工作 …… 42
非公经济领域统战工作 …… 42
港澳台侨工作 …… 43
政策研究 …… 43
概况 …… 43
调查研究 …… 43
督查督办 …… 43
督查工作 …… 43
深化改革 …… 44
安全工作抽查暗访专项行动 …… 44
领导小组工作 …… 44
机构编制 …… 44
概况 …… 44
调整优化机构和职能 …… 45
行政机构编制管理 …… 45

事业单位编制管理 …… 45
权责清单管理 …… 46
网络安全管理 …… 46
概况 …… 46
党的建设 …… 46
网络舆情监测 …… 46
网络宣传 …… 47
网络综合治理 …… 47
网络安全防护 …… 47
互联网数字经济 …… 48
档案业务工作 …… 48
概况 …… 48
档案服务 …… 48
档案征集和鉴定 …… 48
档案检查 …… 49
信息化建设 …… 49
档案法宣传 …… 49
获得荣誉 …… 49
老干部工作 …… 49
概况 …… 49
老干部服务工作 …… 50
落实老干部生活待遇 …… 50
组织各项活动 …… 50
党组织建设 …… 50
发挥老同志余热 …… 50
老年大学 …… 50
关心下一代工作委员会 …… 51
概况 …… 51
“五老”法治宣讲 …… 51
捐资助学 …… 51
科技服务 …… 51
公益讲堂 …… 51

金凤区人民代表大会

综述 …… 52
概况 …… 52
代表构成 …… 52
重要决议决定 …… 52
人事任免 …… 52
决定重大事项 …… 53
人大代表工作 …… 53
代表履职 …… 54
代表议案建议办理 …… 54
信访工作 …… 54
企业、教育专业小组 …… 54
“市域社会治理·人大代表在行动”主题活动启动仪式 …… 54
重要会议 …… 54
概况 …… 54
五届人大二次会议 …… 54
五届人大常委会第二次会议 …… 55
五届人大常委会第三次会议 …… 55
五届人大常委会第四次会议 …… 55
五届人大常委会第五次会议 …… 56
五届人大常委会第六次会议 …… 56
五届人大常委会第七次会议 …… 56
五届人大常委会第八次会议 …… 56
五届人大常委会第九次会议 …… 56
五届人大常委会第十次会议 …… 56
五届人大常委会第十一次会议 …… 56
老旧小区综合整治改造项目专题询问会 …… 56
镇街人大工作例会 …… 57
综合政务 …… 57
统筹协调 …… 57
理论学习 …… 57
服务群众 …… 57
执法检查与视察调研 …… 57
概况 …… 57
法院速裁审判工作调研 …… 57
《宁夏回族自治区科学技术普及条例》贯彻情况执法检查 …… 58
现代服务业发展情况调研 …… 58
国家司法救助工作调研 …… 58
学前教育普及普惠工作推进情况视察 …… 58
重点项目建设情况视察 …… 58
打造铸牢中华民族共同体意识示范区工作推进情况视察 …… 58

金凤区监察委员会廉政教育工作调研 …………… 59
全民健康水平提升行动推进情况视察 …………… 59
生态环境和生态环境保护工作视察 …………… 59
贯彻执行《中华人民共和国乡村振兴促进法》执法检查 …………… 60
企业国有资产管理情况专项调研 …………… 60
代表议案建议和政府承诺为民办10件实事办理情况视察 …………… 60

金凤区人民政府

综述 …………… 61
概况 …………… 61
高质量发展 …………… 61
深化改革 …………… 62
乡村振兴 …………… 62
环境保护 …………… 62
城乡建设 …………… 63
公共服务 …………… 63
社会治理 …………… 63
文体事业 …………… 63
重要会议 …………… 65
第3次常务会议 …………… 65
第4次常务会议 …………… 65
第5次常务会议 …………… 65
第6次常务会议 …………… 66
第7次常务会议 …………… 66
第8次常务会议 …………… 66
第9次常务会议 …………… 66
第10次常务会议 …………… 66
第11次常务会议 …………… 66
第12次常务会议 …………… 67
第13次常务会议 …………… 67
第14次常务会议 …………… 67
第15次常务会议 …………… 67
第16次常务会议 …………… 67
第17次常务会议 …………… 68
第18次常务会议 …………… 68
第19次常务会议 …………… 68
第20次常务会议 …………… 68
政务服务 …………… 68
概况 …………… 68
基层党建 …………… 69
政治建设 …………… 69
提升服务能力 …………… 69
“一网通办”服务平台 …………… 69
“互联网＋政务” …………… 69
电子证照收集 …………… 69
区域协作 …………… 70
“好差评”精细化应用 …………… 70
“放管服”改革 …………… 70
优化营商环境 …………… 70
便民服务 …………… 71
信访 …………… 71
概况 …………… 71
信访件办理 …………… 71
贯彻落实《信访工作条例》 …………… 71
信访工作联席会议 …………… 71
网上信访办理 …………… 71
复查工作 …………… 71
为民办实事 …………… 72
地方志工作 …………… 72
概况 …………… 72
志书编纂出版 …………… 72
《金凤年鉴(2022)》出版 …………… 72
业务培训 …………… 72
地方志工作宣传 …………… 72
“方志金凤”微信公众号 …………… 73
方志馆运行 …………… 73
服务经济社会发展 …………… 73

中国人民政治协商会议银川市金凤区委员会

综述 …………… 74
概况 …………… 74
理论武装 …………… 74
党的建设 …………… 75
建言资政 …………… 75

协商履职 …… 75
思想建设 …… 76
民主团结 …… 76
社会服务 …… 76
提升委员履职本领 …… 76
干部队伍建设 …… 76
综合政务 …… 77
概况 …… 77
理论学习 …… 77
机关建设 …… 77
重要会议 …… 77
金凤区政协五届二次会议 …… 77
金凤区政协五届常委会第二次会议 …… 78
金凤区政协五届常委会第三次会议 …… 78
金凤区政协五届常委会第四次会议 …… 78
金凤区政协五届常委会第五次会议 …… 79
金凤区政协五届常委会第六次会议 …… 79
金凤区政协五届常委会第七次会议 …… 79
金凤区政协五届常委会第八次会议 …… 79
“改进作风提升质效”专项行动动员部署会 …… 79
党风廉政建设专题会议 …… 79
重要活动 …… 79
数字经济发展情况调研 …… 79
提升民族团结进步示范区创建工作调研 …… 80
学习自治区第十三次党代会精神 …… 80
界别活动 …… 80
现代服务业提质扩容情况调研 …… 80
落实义务教育“双减”政策情况视察 …… 80
委员大讲堂 …… 80
专题研讨会 …… 80
党的二十大精神专题学习会 …… 80
重点提案办理情况视察 …… 81
专门委员会 …… 81
提案和委员联络委员会 …… 81
经济委员会 …… 81
社会治理委员会 …… 81
教科文卫体委员会 …… 81

中国共产党银川市金凤区纪律检查委员会
金凤区监察委员会

综述 …… 82
概况 …… 82
正风肃纪 …… 82
查办案件 …… 82
巡视巡察整改 …… 83
队伍建设 …… 83
学习教育 …… 83
政治监督 …… 83
日常监督检查 …… 83
巡察工作 …… 84
政治建设 …… 84
巡察全覆盖 …… 84
巡察整改 …… 84
制度建设 …… 84
业务培训 …… 84

民主党派与工商联

民革金凤区支部委员会 …… 85
概况 …… 85
思想建设 …… 85
组织建设 …… 85
参政议政 …… 85
社会服务 …… 85
民盟金凤区总支委员会 …… 86
概况 …… 86
思想建设 …… 86
组织建设 …… 86
参政议政 …… 86
社会活动 …… 86
盟员风采 …… 86
民建金凤区总支委员会 …… 86
概况 …… 86
思想建设 …… 87
组织建设 …… 87
参政议政 …… 87

民进金凤区总支委员会 …… 87
概况 …… 87
思想建设 …… 87
组织建设 …… 87
参政议政 …… 88
社会服务 …… 88
农工党金凤区总支委员会 …… 88
概况 …… 88
思想建设 …… 88
组织建设 …… 88
参政议政 …… 88
社会服务 …… 88
九三学社金凤区基层委员会 …… 89
概况 …… 89
思想建设 …… 89
组织建设 …… 89
参政议政 …… 90
社会服务 …… 90
金凤区工商业联合会 …… 90
概况 …… 90
护航企业发展 …… 90
街道商会规范化建设及民营企业调查 …… 90
招商引资 …… 90
理论学习 …… 90
企业走访调研 …… 91
服务企业 …… 91
专项调研 …… 91
履行社会责任 …… 91

群众团体

金凤区总工会 …… 92
概况 …… 92
工会组织建设 …… 92
各类活动 …… 92
关爱劳模 …… 92
维权机制建设 …… 92
送温暖工程 …… 93
厂务公开民主管理 …… 93
文体活动 …… 93
女职工工作 …… 93
新就业形态规范化建设 …… 93
工会服务大篷车 …… 94
智慧工会平台 …… 94
共青团金凤区委员会 …… 94
概况 …… 94
政治建设 …… 94
思想引领 …… 95
团组织建设 …… 95
少先队工作 …… 95
青少年就业创业 …… 95
基层治理 …… 96
志愿服务 …… 96
困难青少年帮扶 …… 96
青少年权益维护 …… 96
乡村振兴青年建功行动 …… 96
大学生返乡志愿服务 …… 96
青年联谊 …… 96
金凤区妇女联合会 …… 97
概况 …… 97
党建引领 …… 97
重要会议 …… 97
基层组织能力 …… 97
“两规划” …… 97
妇女就业创业 …… 97
家庭教育工作 …… 97
美丽庭院 …… 98
维护关爱妇女儿童合法权益 …… 98
金凤区科学技术协会 …… 98
服务能力建设 …… 98
全民科学素质工作 …… 98
科普项目和科普阵地 …… 98
服务科技工作者 …… 98
科普惠民 …… 98
科普宣传 …… 99
服务企业 …… 99
金凤区残疾人联合会 …… 99
组织机构 …… 99

康复服务 …… 99
扶残助学 …… 99
就业创业 …… 99
职业培训 …… 100
防返贫监测 …… 100
社会保障 …… 100
维权工作 …… 100
文化体育 …… 100
组织建设 …… 100
金凤区残疾人联合会第五次代表大会 …… 101
残疾人托养中心 …… 101
金凤区文学艺术界联合会 …… 101
“我们的中国梦·文化进万家”活动 …… 101
展览活动 …… 101
传统文化进校园、进军营活动 …… 101
协会换届 …… 101
文艺精品 …… 101
金凤区红十字会 …… 102
管理体制 …… 102
基层组织建设 …… 102
应急救护培训 …… 102
“5·8”人道公益日募捐活动 …… 103
账目审计 …… 103
博爱送万家活动 …… 103
志愿服务 …… 103
接受捐赠资助及使用 …… 103

法 治

政法委与综合治理 …… 104
概况 …… 104
维稳安保 …… 104
政法队伍建设 …… 104
平安金凤建设 …… 104
打击整治养老诈骗专项行动 …… 105
市域社会治理 …… 105
优化营商环境 …… 105
法治政府建设 …… 106
概况 …… 106
“放管服”改革 …… 106
依法决策 …… 106
依法管理 …… 106
行政复议 …… 106
行政应诉 …… 106
化解社会风险 …… 106
规范公正文明执法 …… 107
法治乡村建设 …… 107
法治建设督察整改 …… 107
公安 …… 107
概况 …… 107
反诈干预防骗劝阻 …… 107
我为群众破小案 …… 108
刑事案件查处 …… 108
缉毒执法 …… 108
银川首个智慧禁毒工作中心 …… 108
毒品预防宣传 …… 109
戒毒康复管控 …… 109
平安文化建设 …… 109
“网格＋警格” …… 109
夏季治安打击整治“百日行动” …… 109
涉企矛盾纠纷排查化解 …… 110
警务室建设 …… 110
治安案件查处 …… 110
酒驾专项治理 …… 110
交通秩序整治 …… 111
交通隐患治理 …… 111
车驾管服务 …… 111
交通安保任务 …… 111
“两站两员”建设 …… 111
静态交通管控 …… 111
交通安全宣传 …… 112
队伍建设 …… 112
勤务机制改革 …… 112
执法规范化建设 …… 112
党的建设 …… 112
检察 …… 113
概况 …… 113
打击整治养老诈骗 …… 113

市域治理 …… 113
维护社会稳定 …… 113
刑事检察 …… 113
民事检察 …… 113
行政检察 …… 113
公益诉讼 …… 114
未检工作 …… 114
反腐倡廉 …… 114
矛盾纠纷化解 …… 114
司法救助 …… 114
法律保障 …… 114
化解社会矛盾纠纷 …… 114
队伍建设 …… 115
检务公开 …… 115
获得荣誉 …… 115
法院 …… 115
概况 …… 115
政治建设 …… 115
维护稳定 …… 116
优化营商环境 …… 116
惩治刑事犯罪 …… 116
审理民事纠纷 …… 116
执行工作 …… 116
案件调解 …… 117
诉讼服务 …… 117
法治宣传 …… 117
审执机制 …… 117
智慧法院 …… 117
基层基础 …… 117
规范管理 …… 118
作风建设 …… 118
干部培养 …… 118
接受监督 …… 118
获得荣誉 …… 118
司法行政 …… 118
概况 …… 118
党建品牌建设 …… 118
金凤区委全面依法治区委员会第四次会议 …… 119
行政执法 …… 119
“八五”普法 …… 119
“法律明白人”培养工程 …… 119
普法责任制 …… 119
规范性文件清理 …… 120
行政复议体制改革 …… 120
行政复议案件审理制度 …… 120
矛盾纠纷排查 …… 120
人民调解案卷评查 …… 120
法律顾问 …… 121
法律服务 …… 121
社区矫正 …… 121
安置帮教 …… 121
“智慧矫正”中心建设 …… 121

军　事

金凤区人民武装部 …… 122
概况 …… 122
党委班子建设 …… 122
重要会议 …… 122
党委理论学习教育 …… 122
党的二十大精神学习宣传 …… 123
纪律教育 …… 123
主题党日活动 …… 123
基层建设 …… 124
民兵训练 …… 124
联演联训 …… 124
安全工作 …… 124
兵员征集 …… 124
民兵整组 …… 124
后勤保障 …… 124
国防教育 …… 124
双拥共建 …… 125
拥政爱民 …… 125
拥军优属 …… 125

综合经济管理

综述 …… 126
概况 …… 126

现代都市农业 …… 126
新型工业 …… 126
服务业 …… 126
有效投资 …… 127
项目建设 …… 127
社会信用体系建设 …… 127
市场消费 …… 127
粮食安全 …… 127
财政 …… 128
概况 …… 128
国有资产监管 …… 128
国有企业监督管理 …… 128
金融管理 …… 128
社会事业 …… 128
农村事业 …… 128
债务化解 …… 129
预算绩效管理 …… 129
专项清理 …… 129
财政监督检查 …… 129
PPP 项目 …… 129
政府投资 …… 129
招投标工作 …… 129
政府采购 …… 130
税务 …… 130
概况 …… 130
减税降费 …… 130
组织收入 …… 130
征管质效 …… 130
税收服务 …… 131
教育培训 …… 131
国有资产监管 …… 131
概况 …… 131
国有资产经营管理 …… 131
安置区项目建设 …… 132
教育项目建设 …… 132
安置区不动产登记 …… 132
融资工作 …… 132
元宝湖生态环境整治 …… 133
子公司发展 …… 133
国有资本运营 …… 132
概况 …… 132
国有资产经营管理 …… 133
融资及债务化解 …… 133
国企三年改革行动方案有序推进 …… 133
市场监督管理 …… 133
概况 …… 133
市场监管执法 …… 133
“小个专”党建 …… 134
食品安全治理 …… 134
药品安全监管 …… 134
安全示范城市创建 …… 135
信用监管 …… 135
工业产品质量安全监管 …… 135
计量认证监管 …… 136
标准化监管 …… 136
特种设备安全监管 …… 136
知识产权保护 …… 137
价格监管 …… 137
清洁能源质量监管 …… 137
统计 …… 138
概况 …… 138
党建活动 …… 138
业务培训 …… 138
统计产品种类 …… 138
统计分析报告 …… 138
统计专项治理 …… 138
精神文明建设 …… 139
审计 …… 139
概况 …… 139
金凤区委审计委员会第五、六次会议 …… 139
财政预算执行情况审计 …… 139
领导干部经济责任审计 …… 140
民生审计 …… 140
审计问题整改落实 …… 140
党的建设 …… 140
文明单位创建 …… 141
法治政府创建 …… 141
党风廉政建设 …… 141

农业水利

综述 …… 142
高标准农田建设 …… 142
秋季农田水利建设 …… 142
农机管理 …… 142
农业科技 …… 142
实施新型农业经营主体培育工程 …… 143
农业产业化 …… 143
农产品加工企业运行情况 …… 143
农产品品牌建设 …… 143
休闲农业 …… 144
获得荣誉 …… 144
种植业 …… 144
概况 …… 144
粮食种植 …… 144
病虫草害防治 …… 144
设施温棚建设 …… 144
农产品质量安全 …… 145
养殖业 …… 145
畜禽养殖 …… 145
动物防疫 …… 145
卫生监督 …… 145
水产养殖 …… 145
水利水务 …… 145
概况 …… 145
方案编制 …… 145
水利科技 …… 146
水资源管理 …… 146
防汛防凌抗旱 …… 146
水土保持 …… 146
用水权改革 …… 146

商业贸易

商贸服务 …… 147
概况 …… 147
主要经济社会发展指标 …… 147
重点商业项目 …… 147
网上年货节 …… 147
政府消费券 …… 148
电商平台 …… 148
特色街区 …… 148
金凤汽车生活节 …… 148
第六届“金凤飞舞·城市乐活会” …… 148
电子商务 …… 148
智慧商圈建设 …… 149
农村商业体系 …… 149
电子商务体系 …… 149
市场保供 …… 149
食品安全监督 …… 150
招商引资 …… 150
概况 …… 150
招商项目 …… 150
招商举措 …… 150
项目建设 …… 150
中国移动 5G 基站项目 …… 150
新南大厦项目 …… 151
供销合作 …… 151
概况 …… 151
思想建设 …… 151
组织体系建设 …… 151
安全生产 …… 151
群团组织 …… 152
化解历史债务 …… 152
数字供销建设 …… 152
村社共建 …… 152
农业社会化服务 …… 152
“三位一体”综合合作 …… 153
县域流通体系建设 …… 153
“两个体系”建设项目 …… 153
再生资源回收利用体系建设 …… 153
宣传工作 …… 153

工业与园区建设

工业 …… 154

概况 …… 154
工业经济运行情况 …… 154
产业转型升级 …… 154
节能降耗 …… 154
阅海湾中央商务区 …… 154
概况 …… 154
党的建设 …… 155
园区规划建设 …… 155
招商引资 …… 155
数字经济产业 …… 156
现代服务业 …… 156
盘活闲置楼宇 …… 157
营商环境 …… 157
文旅产业 …… 157
科技创新 …… 157
宁夏阅海实业集团 …… 157
概况 …… 157
党的建设 …… 158
支部换届 …… 158
经营情况 …… 158
安全生产 …… 158
环境治理 …… 158
国企改革 …… 159
湿地研学 …… 159
阅海滑雪场冰雪旅游 …… 159

城乡建设与交通管理

城乡建设 …… 160
概况 …… 160
街巷改造和道路美化 …… 160
老旧小区综合改造 …… 160
冬季清洁取暖项目 …… 160
抗震农房加固 …… 160
城乡环境整治 …… 161
物业管理 …… 161
公共设施修缮 …… 161
美丽宜居村庄建设 …… 161
建筑行业监管 …… 161
渣土处置 …… 161
人防工程 …… 161
地震应急演练 …… 162
人大议案及政协提案办理 …… 162
美丽乡村建设 …… 162
污水处理 …… 162
安全饮水 …… 162
建筑工地安全生产 …… 162
智慧金凤平台 …… 162
物业行业文明城市创建 …… 162
垃圾分类 …… 163
农村生活垃圾分类 …… 163
城镇生活垃圾分类 …… 163
环卫保洁 …… 163
道路交通管理 …… 164
城市道路畅通工程 …… 164
农村公路建设 …… 164
农村公路养护 …… 164
交通海事整治 …… 164
综合执法 …… 165
概况 …… 165
联合办案 …… 165
执法办案场所 …… 165
市容秩序整治 …… 165
理论学习 …… 165
党的建设 …… 166
意识形态工作 …… 166
征地拆迁 …… 166
概况 …… 166
拆迁安置 …… 168
智慧城市运营 …… 168
概况 …… 168
案件办理 …… 168
考核督查 …… 168
视频巡查 …… 168
创建文明城市 …… 168
平台建设 …… 168
智能油烟监测 …… 169

自然资源与环境保护

国土资源管理 …… 170
概况 …… 170
土地权改革 …… 170
山林权改革 …… 171
国土绿化 …… 171
土地资源利用 …… 171
法律法规宣传 …… 171
林草管理 …… 171
概况 …… 171
森林防火 …… 171
林业执法 …… 172
安全生产 …… 172
环境保护 …… 172
概况 …… 172
空气质量 …… 172
蓝天保卫战 …… 172
碧水保卫战 …… 173
净土保卫战 …… 173
节能减排 …… 173
生态保护 …… 173
环保执法 …… 173
问题整改 …… 174
宣传教育 …… 174

科技　教育

科技 …… 175
概况 …… 175
推荐项目 …… 175
争取资金和项目 …… 175
技术企业认定和建设 …… 176
科技人才 …… 176
区市合作项目 …… 176
科技服务 …… 176
科普宣传 …… 176
教育 …… 176
概况 …… 176
基础设施建设 …… 177
五育并举 …… 177
教师培养 …… 178
集团化办学 …… 178
“互联网＋教育” …… 178
校园治理 …… 178
学前教育 …… 178
“双减”工作 …… 179
教学教研 …… 179
师德师风建设 …… 179
队伍建设 …… 179
济困助学 …… 179

文化　体育　旅游

文化 …… 180
概况 …… 180
文化惠民活动 …… 180
畅游宁夏·文旅惠民 …… 181
“文化和自然遗产日”宣传展示活动 …… 181
创新节目评审展演活动 …… 181
基层公共文化服务设施建设 …… 181
文艺作品创作 …… 181
“书香金凤”建设 …… 181
数字图书馆 …… 181
文化市场管理 …… 182
艺考培训机构专项治理 …… 182
体育 …… 182
概况 …… 182
体育设施建设及维护 …… 182
群众体育 …… 182
青少年体育 …… 183
督导检查 …… 183
国民体质监测 …… 183
低碳环保健步行主题活动 …… 183
“奔跑吧·少年金凤区 2022 年青少年越野滑雪（滑轮）赛” …… 183
第九届全国大众冰雪季冰雪运动系列活动 …… 183

体育成绩 …… 184
旅游 …… 184
概况 …… 184
文旅优势项目申报 …… 184
特色景点建设 …… 184
文旅活动 …… 184
旅游消费 …… 184

卫生健康

综述 …… 185
医疗卫生机构 …… 185
优质服务基层行 …… 186
家庭医生签约 …… 186
医疗人才队伍建设 …… 186
医药卫生体制改革 …… 186
概况 …… 186
“互联网 + 医疗健康” …… 186
医联体建设 …… 187
医政药政管理 …… 187
中医药管理 …… 187
公共卫生 …… 187
概况 …… 187
疫情防控 …… 187
疾病防控 …… 188
卫生应急 …… 188
公共卫生委员会 …… 188
妇幼保健 …… 189
概况 …… 189
妇儿保健 …… 189
妇幼健康行动计划项目 …… 189
妇幼民生实事项目 …… 189
出生医学证明管理 …… 189
避孕药具管理 …… 189
婴幼儿照护服务 …… 189
健康金凤建设 …… 190
概况 …… 190
健康素养促进行动 …… 190
基本公共卫生服务健康教育 …… 191
控烟行动 …… 191
老龄健康 …… 191
基层卫生健康 …… 191
巩固拓展脱贫攻坚成果同乡村振兴有效衔接 …… 192
疾病预防与控制 …… 192
免疫规划 …… 192
传染病防控 …… 192
公共卫生监测 …… 192
地方病防治 …… 192
病媒生物预防控制 …… 192
空气污染对人群健康影响监测 …… 193
疾病干预 …… 193
疾病监测 …… 193
实验室能力建设 …… 193
卫生监督 …… 193
概况 …… 193
宣传培训 …… 193
经常性卫生监督 …… 194
“双随机”监督抽检 …… 194
职业卫生监督执法 …… 194
现制现售饮用水卫生安全监管 …… 194
消毒产品 …… 194
投诉举报和案件查处 …… 194
人口发展 …… 195
关怀帮扶 …… 195
人口监测与家庭发展 …… 195

社会管理

人力资源和社会保障 …… 196
概况 …… 196
人才引进 …… 196
职称评定 …… 196
职工人事档案管理 …… 196
“三支一扶”大学生管理 …… 196
劳动人事争议仲裁 …… 197
劳动保障监察 …… 197
普法宣传 …… 197

灵活就业人员档案管理 …… 197
获得荣誉 …… 197
社会保险 …… 197
社保覆盖面 …… 197
社会保障卡发行 …… 197
贫困群众社会保障兜底 …… 198
社保服务 …… 198
就业与创业 …… 198
概况 …… 198
专项招聘 …… 198
高校毕业生服务 …… 198
公益性岗位管理 …… 198
失业人员服务管理 …… 198
创业服务管理 …… 199
促进家庭服务业发展 …… 199
职业技能培训 …… 199
助力乡村振兴 …… 199
就业奖惩 …… 199
创新创业博览会 …… 199
创新创业共享孵化基地 …… 199
转移就业 …… 199
医疗保障 …… 200
医保费征缴 …… 200
医保宣传 …… 200
三重保障 …… 200
“两病”行动 …… 200
医保基金监管 …… 200
医保领域突出问题专项整治 …… 200
医保服务窗口建设 …… 201
党的建设 …… 201
民政 …… 201
概况 …… 201
社会救助 …… 202
养老服务 …… 202
社区治理 …… 203
基层政权建设 …… 203
婚姻登记 …… 206
殡葬管理 …… 206
未成年人保护 …… 207
慈善工作 …… 207
社会组织管理 …… 207
志愿服务管理 …… 207
退役军人事务 …… 207
概况 …… 207
党史学习教育 …… 207
退役军人服务保障体系建设 …… 207
权益维护 …… 208
退役军人就业创业 …… 208
银川松鹤陵园军魂园入选金凤区首批国防教育基地 …… 208
“崇军联盟”社会化拥军新模式 …… 208
乡村振兴 …… 208
组织保障 …… 208
完善推进机制 …… 209
健全动态监测预警机制 …… 209
完善常态化“四查四补”制度 …… 209
扶持政策落地 …… 209
壮大特色产业 …… 209
就业帮扶 …… 209
金融支农 …… 209
就创基地 …… 209
农旅融合 …… 209
应急管理 …… 210
概况 …… 210
隐患排查 …… 210
监管执法 …… 210
警示教育 …… 210
森林防灭火 …… 210
防汛应急 …… 211
宣传教育 …… 211
消防救援 …… 211
概况 …… 211
抢险救灾 …… 211
思想建设 …… 211
文化建设 …… 212
典型引领 …… 212
安全训练 …… 212
队伍建设 …… 212

消防安全整治 …… 212
基层消防力量建设 …… 213
宣传教育 …… 213

镇(街道)

丰登镇 …… 214
概况 …… 214
基层组织建设 …… 214
农业基础 …… 214
产业发展 …… 214
农旅融合 …… 215
劳务经济 …… 215
人居环境整治 …… 215
社会治理 …… 215
巩固脱贫攻坚成果 …… 215
畅通办证渠道 …… 216
教育事业 …… 216
全民健康 …… 216
社会保障 …… 216
丰登镇四届人大二次会议 …… 216
移风易俗 …… 216
六权改革 …… 216
就业创业 …… 217
良田镇 …… 217
概况 …… 217
基层组织建设 …… 217
人才建设 …… 217
文化惠民 …… 217
人居环境整治 …… 217
矛盾化解 …… 218
植物园村“百姓之家” …… 218
金星村汉白玉萝卜分拣中心项目 …… 218
移风易俗专题文艺会演 …… 218
脱贫攻坚成果巩固 …… 218
村集体经济项目 …… 218
清洁能源取暖项目 …… 219
新时代就业创业服务站 …… 219
共青团金凤区良田镇第五次代表大会 …… 219
良田镇四届人大二次会议 …… 219
长城中路街道 …… 219
概况 …… 219
组织建设 …… 219
思想建设 …… 220
学习宣传党的二十大精神 …… 220
党风廉政建设 …… 220
彩云社区 …… 220
党群活动阵地 …… 221
文明示范街区 …… 221
文明城市建设 …… 221
民生服务 …… 221
信访工作 …… 222
不动产权证办理 …… 222
志愿服务 …… 222
黄河东路街道 …… 222
概况 …… 222
党的建设 …… 223
文明城市建设 …… 223
生态环境 …… 223
精神文明建设 …… 223
社会保障 …… 223
拆迁安置 …… 224
城乡就业 …… 224
退役军人服务 …… 224
司法工作 …… 224
卫生健康 …… 224
公共服务 …… 225
民族团结示范 …… 225
社区青春行动 …… 225
红色物业 …… 225
楼宇经济 …… 225
人大工作 …… 226
群团组织 …… 226
上海西路街道 …… 226
概况 …… 226
理论学习 …… 226
民生事业 …… 227
组织建设 …… 227

党风廉政建设 …… 227
社会治理信息化 …… 227
文明城市建设 …… 227
综合治理 …… 227
北京中路街道 …… 228
概况 …… 228
基层组织建设 …… 228
党风廉政建设 …… 228
理论学习 …… 229
宣传工作 …… 229
服务驿站 …… 229
作风建设 …… 229
物业管理 …… 229
垃圾分类 …… 229
创建全国文明城市 …… 229
落实河长制 …… 230
社会保障 …… 230
退役军人服务 …… 230
法治建设 …… 230
社会保障 …… 230
卫生健康 …… 230
共青团工作 …… 231
工会建设 …… 231
社区品牌特色 …… 231
获得荣誉 …… 231
满城北街街道 …… 231
概况 …… 231
基层党组织建设 …… 232
理论学习 …… 232
普法宣传 …… 232
党风廉政建设 …… 232
基层政务服务改革 …… 233
提升公共服务水平 …… 233
文明城市建设 …… 233
巩固脱贫攻坚成果 …… 233
安全监管 …… 233
劳务移民子女托育项目 …… 233
河长制 …… 233
林长制 …… 234
人大议案办理 …… 234
征兵工作 …… 234
物业管理 …… 234
社会保障 …… 234
就业创业 …… 234
贺兰山中路街道 …… 235
概况 …… 235
基层党组织建设 …… 235
精神文明创建 …… 235
团委工作 …… 236
红十字会 …… 236
综合治理 …… 236
公共事业服务 …… 236
河长林长制 …… 237
就业创业 …… 237
民生服务 …… 237
民政救助 …… 237
退役军人事务管理 …… 237
司法调解 …… 237
卫生健康 …… 238
征兵工作 …… 238
应急工作 …… 238
物业管理 …… 238

荣 誉

先进个人 …… 239
赵东霞 …… 239
屠建波 …… 239
赵耐香 …… 239
马丽 …… 240
金凤区 2020—2022 年度连续三年获得优秀等次公务员记三等功人员 …… 248
“最美金凤人” …… 248
2022 年金凤区“新时代好少年” …… 249
金凤区 2021 年度黄河流域生态保护和高质量发展先行区建设先进个人 …… 249
2022 年度考核优秀等次给予嘉奖科级领导干部 …… 251

先进集体 …… 252
金凤区 2022 年度绩效考评优秀和良好等次集体 …… 255
金凤区 2021 年度黄河流域生态保护和高质量发展先行区建设先进集体 …… 256
2022 年新命名金凤区级文明单位、文明村镇、文明校园 …… 257
第十九批自治区文明村镇、文明单位、文明校园 …… 257

附 录

金凤区组织机构及负责人 …… 258
在中国共产党银川市金凤区第四届委员会第五次全会上的报告 …… 264
银川市金凤区人民代表大会常务委员会工作报告
——在金凤区第五届人民代表大会第二次会议上 …… 274
政府工作报告
——在金凤区第五届人民代表大会第二次会议上 …… 280
中国人民政治协商会议银川市金凤区第五届委员会常务委员会工作报告
——在金凤区政协五届二次会议上 …… 292
银川市金凤区人民法院工作报告
——在金凤区第五届人民代表大会第二次会议上 …… 298
银川市金凤区人民检察院工作报告
——在金凤区第五届人民代表大会第二次会议上 …… 304
金凤区 2022 年国民经济和社会发展统计公报 …… 310
媒体中的金凤区（2022 年） …… 315
2022 年金凤区发文 …… 329

索 引

…… 338

CONTENTS

SPECIAL RECORDS

Jinfeng District Promoting the Construction of a Leading Area for Ecological Protection and High-quality Development in the Yellow River Basin ········· 1
Review of Jinfeng District's Studying, Publicizing and Implementing the Spirit of the 13th Party Congress of the Autonomous Region ························· 3
Solidarity Forged Through Perseverance and a New Chapter Written with Hard Work: An Overview of the Work of Creating a National Demonstration Zone for Ethnic Unity and Progress in Jinfeng District ··· 5

CHRONICLE OF EVENTS

January ··· 9
February ··· 10
March ··· 10
April ··· 12
May ··· 12
June ··· 14
July ··· 15
August ··· 16
September ··· 17
October ··· 19
November ··· 20
December ··· 20

GENERAL SURVEY OF JINFENG DISTRICT

Geography and Humanities ··· 22
Economic Development ··· 23
Social Undertakings ··· 25

JINFENG DISTRICT COMMITTEE OF THE COMMUNIST PARTY OF CHINA

Overview ··· 29
Important Meetings ··· 30
Comprehensive Governance Affairs ··· 35
Organizing Work ··· 36
Publicity Work ··· 38
Work of United Front ··· 41
Policy Research ··· 43
Organization Establishment ··· 44
Network Security Management ··· 46
Archival Business ··· 48
Work Concerning Retired Cadres ··· 49
Work of Committee on Care for Children ··· 51

PEOPLE'S CONGRESS OF JINFENG DISTRICT

Overview ………………………………………… 52
Important Meetings ………………………………… 54
Comprehensive Governance Affairs ……………… 57
Law Enforcement Inspection and Investigation …… 57

JINFENG DISTRICT PEOPLE'S GOVERNMENT

Overview ………………………………………… 61
Important Meetings ………………………………… 65
Government Service ………………………………… 68
Work Concerning People's Letters and Visits …… 71
Local Chronicles …………………………………… 72

JINFENG DISTRICT COMMITTEE OF CPPCC IN YINCHUAN CITY

Overview ………………………………………… 74
Comprehensive Governance Affairs ……………… 77
Important Meetings ………………………………… 77
Important Activities ………………………………… 79
Special Committees ………………………………… 81

JINFENG DISTRICT COMMITTEE OF DISCIPLINE INSPECTION OF CPC IN YINCHUAN CITY JINFENG DISTRICT SUPERVISION COMMITTEE

Overview ………………………………………… 82
Inspection Work ……………………………………… 84

DEMOCRATIC PARTIES AND THE FEDERATION OF INDUSTRY AND COMMERCE

Jinfeng District Branch Committee of the Kuomintang ……………………………………………… 85
Jinfeng District General Branch Committee of China Democratic League ……………………………… 86
Jinfeng District General Branch Committee of China National Democratic Construction Association … 86
Jinfeng District General Branch Committee of China Association for Promoting Democracy ………… 87
Jinfeng District General Branch Committee of China Peasants and Workers Democratic Party ……… 88
Jinfeng District Grassroots Committee of Jiusan Society ……………………………………………… 89
Jinfeng Distric Federation of Industry and Commerce ……………………………………………… 90

MASS ORGANIZATIONS

Jinfeng District Federation of Trade Unions of China ……………………………………………… 92
Jinfeng District Committee of the Communist Youth League ……………………………………… 94
Jinfeng District Women's Federation ……………… 97
Jinfeng District Science and Technology Association ……………………………………………… 98
Jinfeng District Disabled Persons' Federation ……………………………………………… 99
Federation of Literature and Art ………………… 101

Jinfeng District Red Cross Society ······ 102

RULE OF LAW

The Political and Legal Committee and its Comprehensive Governance ······ 104
Construction of Governance under the Rule of Law ······ 106
Work of Public Security ······ 107
Work of the Procuratorate ······ 113
Work of the Court ······ 115
Administration of Justice ······ 118

MILITARY AFFAIRS

People's Armed Forces Department of Jinfeng District ······ 122
Double-support and Co-construction Affairs ······ 125

COMPREHENSIVE ECONOMIC MANAGEMENT

Overview ······ 126
Finance Management ······ 128
Tax Management ······ 130
The Supervision of State-owned Assets ······ 131
The Operation of State-owned Capitals ······ 132
Market Supervision and Management ······ 133
Statistics Work ······ 138
Auditing Work ······ 139

AGRICULTURE & WATER CONSERVANCY

Overview ······ 142
Farming Industry ······ 144
Animal Husbandry ······ 145
Water Conservancy and Other Water Affairs ······ 145

COMMERCE & TRADING AFFAIRS

Business Services ······ 147
Investment Promotion ······ 150
Major Projects ······ 150
Supply and Marketing Cooperation ······ 151

INDUSTRIAL PARK CONSTRUCTION

General Introduction ······ 154
Yinchuan Yuehaiwan Central Business District ······ 154
Ningxia Yuehai Industrial Group Co., Ltd ······ 157

URBAN & RURAL HOUSING CONSTRUCTION AND ROAD MANAGEMENT

Urban & Rural Housing Construction ······ 160
Road Management ······ 164
Comprehensive Law Enforcement of Urban Management ······ 165
Land Acquisition and Demolition ······ 166
Smart City Operation ······ 168

NATURAL RESOURCES AND ECOLOGICAL ENVIRONMENT

Land and Resources Management ······ 170

Forest and Grassland Management ··············· 171
Protection of Ecological Environment ··········· 172

SCIENCE, TECHNOLOGY & EDUCATION

Science and Technology ···························· 175
Education ·· 176

CULTURE, SPORTS & TOURISM

Culture ·· 180
Sports ··· 182
Tourism ·· 184

HEALTH CARE

Overview ··· 185
Medical and Health System Reform ··············· 186
Public Health ······································ 187
Maternal and Child Health Care ·················· 189
Healthy Jinfeng District Initiatives ·············· 190
Disease Prevention and Control ··················· 192
Hygiene Supervision ······························· 193
Population Development ··························· 195

SOCIAL ADMINISTRATION

Administration of Human Resources and Social Security ··································· 196
Social Insurance ··································· 197
Administration of Employment and Entrepreneurship ··································· 198
Administration of Medical Insurance ·············· 200
Administration of Civil Affairs ··················· 201
Administration of Veterans Affairs ················ 207
Rural Vitalization ································· 208
Emergency Management ···························· 210
Fire Fighting and Rescue Management ············· 211

THE TOWNS AND SUBDISTRICTS IN JINFENG DISTRICT

Fengdeng Town ····································· 214
Liangtian Town ···································· 217
Changcheng Middle Road Subdistrict ·············· 219
Huanghe Eastern Road Subdistrict ················· 222
Shanghai Western Road Subdistrict ··············· 226
Beijing Middle Road Subdistrict ·················· 228
Mancheng Northern Road Subdistrict ·············· 231
Helanshan Middle Road Subdistrict ··············· 235

THE LISTS OF HONORS

Personnel with Honor Awards ····················· 239
Units with Honor Awards ·························· 252

APPENDIX

Organizations and Persons in Charge ·············· 258
The Report on the 5th Session of the 4th Jinfeng District CPC Committee ····························· 264
Work Report of the Standing Committee of Jinfeng District People's Congress at the 2nd Session of the Fifth People's Congress of Jinfeng District ··· 274
Government Work Report at the 2nd Session of the Fifth People's Congress of Jinfeng District ·········· 280

Work Report of the Standing Committee of the 5th Jinfeng District Committee of CPPCC at the 2nd Session of the 5th Congress of CPPCC of Jinfeng Districtof Yinchuan City ······················· 292
Work Report of Jinfeng District People's Court at the 2nd Session of the Fifth People's Congress of Jinfeng District ······································· 298
Work Report of Jinfeng District People's Procuratorate at the 2nd Session of the Fifth People's Congress of Jinfeng District ································· 304
Statistical Bulletin of Jinfeng District Bureau of Statistics on National Economic and Social Development in 2022 ·· 310
Jinfeng District in the Media（2022）··············· 315
Documents Issued by Jinfeng District in 2022 ··· 329

Index

·· 338

专文

金凤区推进黄河流域生态保护和高质量发展先行区建设

2022年，金凤区坚持以党的二十大精神、习近平总书记视察宁夏重要讲话指示批示精神为指导，全面贯彻落实党中央和自治区、银川市对黄河流域生态保护和高质量发展先行区建设的各项决策部署，自觉站位全局、融入大局，奋力谱写先行区建设的“金凤篇章”。

一、深入推进污染防治，持续加强绿色低碳城市建设

一是生态环境持续改善。全面落实黄河国家战略，扎实开展“黄河流域生态保护主题宣传实践月”活动，三一支沟、解放沟黄河流域生态环境警示片披露问题完成整改销号。打好蓝天、碧水、净土保卫战，保持“散乱污”企业动态清零，空气质量优良天数占比76.8%，全域河湖水质稳定在Ⅳ类以上。二是绿色发展加快推进。严禁“两高”准入，紧盯“双碳”目标，完成区市下达单位GDP能耗强度任务。清洁能源产业加快发展，辖区列入自治区整区屋顶分布式光伏试点县区，太阳能装机和发电量稳步提升。

二、加快三次产业转型升级，全力推动经济高质量发展

一是现代农业提质增效。坚决扛起粮食安全的政治责任，完成粮食种植面积4.3万亩，其中春小麦种植面积2337亩，超额完成任务的117%。农业生产智能化、管理数字化、营销网络化不断推进，建成

金凤区七子连湖风光

园区27个、各类设施温棚4400栋,认证“三品一标”农产品35个,“良田沙地吊瓜”获批全国名特优新农产品品牌,瓜果蔬菜等优势产业占农业总产业比重80%以上。二是工业经济加速转型。惠企纾困、技改奖补、融资租赁等政策工具靠前发力、精准落实,通用设备制造业数字赋能行动扎实推进,产能释放明显。强化“小升规”后备企业扶持,新增入规企业4家,新增“专精特新”企业11家,“三新”产业产值超过33亿元。三是新兴动能持续释放。银川阅海湾中央商务区实现主营业务收入200亿元,吸引天元锰业等60余家区域性总部形成聚集效应,引进杭州又拍云等数字经济类企业1492家,完成线上交易额110亿元。培育满城金街、隆基第八大街等12条特色街区,引进乐高、瑞信咖啡等60余家首店落地,消费升级态势明显。

三、全力推进改革创新,逐步释放发展活力

一是创新支撑不断增强。争取区市科技项目资金共计966.7万元,推荐备案国家高新技术企业、自治区科技型中小企业100家,自治区重点研发计划项目22个,技术合同成交额达6135万元。二是营商环境持续优化。再次取消调整10项行政审批事项,25项政务服务实现跨省通办。实行一次告知、同步受理的联审联办审批模式,减少申请材料32%,缩短办理时限55%,减少办理环节74%,日均新增市场主体60户,被评为全国2021商事制度改革成效明显的20个县区之一,优先赋予5项督查激励政策。三是“五权改革”稳步推进。制定全面推行林长制实施方案,积极开展碳排放权改革研究。坚持落实“四水四定”,完成99项388眼取水工程台账建立和名录登记入库。促成3笔排污权市场交易,完成润丰村11宗集体建设用地使用权确权颁证,将政府小区开发项目等47.24公顷低效用地纳入银川市辖区城镇低效用地再开发专项规划。

四、全面提升公共服务水平,加快推动共同富裕

一是稳就业促增收有力有效。开展“就业援助月”“春风行动”等公共就业专项服务活动9场次,发放创业担保贷款1064万元,实现城镇新增就业4160人,农村劳动力转移就业4515人,分别达到时序进度的78.5%、75.6%,离校未就业高校毕业生就业率达92.77%。及时落实工资性收入增长机制,培育壮大特色果蔬种植等特色产业品牌,全力根治农民工欠薪,城乡居民收入增速高于经济增速,城乡收入比缩小至2.8∶1。二是保基本、促均衡有为有序。学前教育“5080”攻坚成果不断巩固提升,实现区域教育集团化办学全覆盖,学前三年毛入园率提升至112.60%,承接召开全区“互联网＋教育”示范区建设成果展示会。健康金凤扎实推进,家庭医生线上签约21万余人,率先实现医疗救助省级统筹,居民健康素养水平达22.1%。强保障、兜底线有情有质。统筹发放各类社会救助金1749.8万元,“一老一小”保障服务持续强化,每千名老年人拥有养老床位数达到56张。城乡居民养老保险参保1.96万人,参保率98.6%;城乡居民医疗保险参保19万余人,参保率105.2%。社会治理水平不断提升,文明城市建设向常态化、规范化、法治化建设迈进。积极化解债务风险,强化防汛工作举措,推进“办证难”“烂尾楼”整治,社会大局和谐稳定。

（金凤区政府办公室）

金凤区学习宣传贯彻自治区第十三次党代会精神综述

金凤区坚持以习近平新时代中国特色社会主义思想为指导，深入学习宣传贯彻落实习近平总书记视察宁夏重要讲话指示批示精神，紧紧围绕自治区第十三次党代会精神，统筹新闻宣传、集中宣讲、理论宣传、社会宣传、文艺宣传和网上宣传，运用各类媒体、各种宣传形式，多平台参与、全媒体联动、故事化表达、立体式传播，推动自治区第十三次党代会精神进企业、进农村、进机关、进校园、进社区、进军营、进网站，营造强大舆论声势，让主旋律更响亮、正能量更强劲。

一、精心策划新闻宣传

2022 年 6 月 14 日起，金凤区各新媒体平台在重要版面时段、首页首屏统一开设“感恩奋进新征程 建设美丽新宁夏——深入学习贯彻自治区第十三次党代会精神”专题专栏，分系列、分专题、分领域转载全面深入解读党代会精神，深入报道过去五年宁夏经济社会发展的成就、对未来五年经济社会发展的部署。融媒体中心组织各部门各单位主要负责人录制自治区党代会精神微访谈系列报道，金凤电子快报开设《学习宣传贯彻党代会精神》专栏，持续推出金凤区干部群众深入学习贯彻自治区第十三次党代会精神、金凤区各部门各单位深入学习贯彻自治区第十三次党代会精神系列报道，充分反映广大干部群众热议党代会精神情况，跟进报道各部门各领域贯彻落实的生动实践。

二、深入开展理论学习

一是以上率下带头学。区委常委会第一时间安排传达学习党代会精神。金凤区委理论学习中心组召开两次学习会，专题学习贯彻自治区第十三次党代会精神，邀请自治区宣讲团成员开展自治区第十三次党代会专题辅导，中心组成员结合工作实际，围绕“感恩奋进新征程 建设美丽新宁夏——学习宣传自治区第十三次党代会精神”主题进行交流发言。同时，人大常委会党组、政府党组、政协党组等靠前学习，做好示范，有效带动辖区各级党组织切实把思想和行动统一到习近平总书记重要讲话和党代会精神上来，把学习成效转化为建设“四个示范城区”的强大动力和生动实践。二是扎实有效深入学。各级党委(党组)理论学习中心组把学习党代会精神作为学习的重要内容，以专题学习班、研讨班的形式集中开展学习研讨。广大基层党组织通过“三会一课”、主题党日、学习报告会等多种形式，集中组织党员学习，实现支部和党员全覆盖。

三、精心组织基层宣讲

一是领导干部带头宣讲。制定印发《金凤区学习贯彻自治区第十三次党代会精神宣讲工作方案》，召开学习贯彻自治区第十三次党代会精神宣讲动员备课会，解读自治区第十三次党代会精神宣讲提纲，安排部署学习贯彻、宣传宣讲等相关工作。累计开展宣讲活动 300 余场次，受众超 5 万人，形成了党代会精神人人学、人人讲的生动局面。二是党代会代表主动宣讲。自治区第十三次党代会代表积极主动融入所在单位、行业开展宣讲，通过报告会、座谈会等形式，与党员干部群众面对面交流，结合实际讲报告、说感悟、谈体会。同时，深入基层，用身边人讲身边事，生动宣讲自治区第十三次党代会精神。三是基层和各行业领域同步宣讲。成立由县处级领导及各单位主要负责人组成的宣讲团、自治区第十三次党代会金凤区党代表宣讲团等 6 个宣讲团，结合深入开展党的二十大和习近平总书记视察宁夏重要讲话指示批示精神“大学习、大讨论、大宣传、大实践”活动，面向基层同步开展自治区第十三次党代会精神宣讲活动。充分发挥志愿服务理论骨干的作用优势，深入新时代文明实践中心(站、所)，开展形式多样的宣讲活动，推动自治区第十三次党代会精神在基层落地生根、开花结果。四是网上集中宣讲。在新媒体平台推送“塞上新语”专题宣讲视频。在微信公众号、抖音、微信视频号等推出一批更为直观、更为立体的大众化、通俗化微视频宣讲产品。组织基层宣讲员以小切口讲述大道理，通过今昔对比看变化，讲好金凤发展故事。制作了一批主题鲜明、形式新颖、群众喜爱的“微宣讲”短视频，以身边的事、真实的讲述激励引导广大干部群众。

四、强化网络宣传

一是开设专题专栏。在新媒体平台首页推出深入学习贯彻自治区第十三次党代会精神专题专栏，及时转发自治区主要媒体推出的重要稿件和评论，全面理解会议精神。二是推出融媒体产品。围绕党代会精神，精心制作海报等，充分发挥融媒体传播矩阵优势。发挥微信公众号、政务新媒体及新媒体平台作用，强化集纳转载，做活二次传播。累计推送辖区各单位各部门学习体会 10 期，拍摄宣讲微视频、短视频 10 余个，录制自治区第十三次党代会精神微访谈 11 期，在中央媒体刊登各类稿件 20 余篇。

五、广泛开展社会宣传

一是积极营造团结奋进的社会氛围。在火车站、旅游景点、大型商场、地标楼宇、社区等公共场所，利用宣传橱窗、道旗灯箱、电子屏、户外广告牌、出租车、建筑围挡等载体和新时代文明实践中心、农村大喇叭等基层宣传阵地进行广泛深入宣传，营造团结奋进的浓厚氛围，凝聚奋进力量，鼓舞信心决心。二是广泛开展主题教育实践活动。围绕学习宣传贯彻自治区第十三次党代会精神，结合喜迎二十大，组织开展“强国复兴有我”群众性主题宣传教育活动，开展“喜迎二十大、永远跟党走、奋进新征程”“小我融入大我，青春献给祖国”等主题实践活动，举办全民阅读、系列宣传教育活动，激励广大干部群众立足岗位作贡献，凝心聚力谋发展，以实际行动和优异成绩向党的二十大献礼。三是扎实做好重点人群宣传。针对机关干部，用好学习长廊、宣传橱窗等阵地，深入宣传党代会精神，鼓励广大机关干部先学一步、学深一层，把思想和行动统一到党代会精神上来。针对基层群众组织开展宣传宣讲，创排文艺作品，开展系列群众性文化活动，采取群众易于接受、喜闻乐见的形式宣传党代会精神。针对广大师生，充分利用思想政治理论课，将党代会精神融入思政课程。通过座谈研讨、思政课教师学习培训、座谈交流、演讲比赛、知识竞赛等活动，全面推动党代会精神进校园、进课堂、进师生头脑。

六、深入组织文艺宣传

一是坚持将党代会精神融入“文化进万家”活动。动员组织文联、文化馆、艺术家协会等，以文化小分队形式深入基层开展“我们的中国梦——文化进万家活动”，创作一批通俗易懂、群众喜闻乐见的文艺节目。二是充分发挥新时代文明实践中心、村综合文化服务中心阵地作用。充分利用新时代文明实践中心（所、站）、基层理论宣讲大篷车等载体，同文明实践志愿服务，文化、科技、卫生“三下乡”活动等结合起来，开展宣讲研讨、全民阅读、知识竞答、文化活动、文艺创作、红色电影展播等群众性主题宣传教育活动，把党代会精神精准传播给基层干部群众。

（金凤区委宣传部）

金石不渝铸团结 凤舞长空谱新篇

——金凤区创建全国民族团结进步示范区工作综述

2022 年，金凤区坚持以习近平新时代中国特色社会主义思想为指导，以习近平总书记关于加强和改进民族工作的重要思想为指导，按照中央民族工作及自治区统战工作会议部署要求，紧盯“中华民族一家亲，同心共筑中国梦”总目标，紧扣铸牢中华民族共同体意识主线，坚持以党建为引领、以思想为先导、以发展为根本、以法治为保障，突出“四个坚持、四个突出”创建思路，高站位谋划，高标准起步，高质量推动民族团结进步创建工作，奋力谱写新时代“金石不渝铸团结、凤舞长空谱新篇”的壮美华章。

一、坚持以党建为引领，突出“三个强化”，汇聚团结奋进强大合力

对标习近平总书记“实现中华民族伟大复兴的中国梦，就要以铸牢中华民族共同体意识为主线，把民族团结进步事业作为基础性事业抓紧抓好”的指示，把民族工作摆在事关党的政治安全和长治久安的战略高度，旗帜鲜明、毫不动摇加强党对民族工作的全面领导。一是强化高位推动，织密网格凝心，画好民族团结“同心圆”。将促进民族团结作为“生命线”工程、“一把手”工程推动，区委四届二次全会专题研究民族工作，区委常委会研究部署民族团结进步创建相关工作，召开民族团结进步创建推进会、民族宗教工作专题会推进创建工作。区委、区政府主要领导对民族工作多次批示并现场调研指导，统战部门定期联系各界人士研究谋划民族工作高质量发展，成立由区委书记任组长的创建领导小组和由人大、政协组成的督查考核组，建立区、镇（街道）、村（社区）三级书记抓创建网格，构建了党委统一领导、

2022 年 6 月 10 日，金凤区政协调研组调研民族团结工作

政府依法管理、统战部门牵头协调、各部门通力合作、全社会共同参与的创建工作格局。二是强化政策设计,健全制度聚力,汇聚民族团结向心力。不断健全民族工作制度体系,先后制定《金凤区关于以铸牢中华民族共同体意识为主线推进新时代党的民族工作高质量发展的实施方案》《金凤区民族团结进步创建工作五年规划(2022—2026年)》《金凤区创建全国民族团结进步示范区实施方案》《金凤区2022年民族团结进步创建工作考核方案》《金凤区2022年民族团结进步月活动方案》等关于民族团结进步示范创建的指导性文件,明确工作方向标准,细化量化创建指标,拓宽平台载体路径,创新创优活动形式,为创建工作提供行动指南、制度保障,确保任务措施具体可行、落实见效,促进创建工作制度化、规范化、常态化。三是推动执行落实、机制保障"共建",扩大民族团结"公约数"。把创建工作纳入政治考察、巡察督导、效能考核,将创建经费纳入年度财政预算,2022年落实资金220万元,与各项中心工作同部署、同落实、同检查、同考核。建立评比学习机制,坚持年初有计划部署、月度有检查指导、季度有互检考评、年度有总结推进、年终有考核验收,每季度组织镇(街道)、部门(单位)开展互观互学互评,形成衔接紧密、延伸到底、比学赶超、全面覆盖的工作体系。2022年新打造提升示范点32个,评定优秀示范点12个,以点串线、以线连片、以片带面的示范创建格局不断完善,同步建成"五进"宗教活动场所示范点6个、民主党派之家4个,挂牌新的社会阶层人士实践创新基地10处,凝聚人心、凝聚智慧、凝聚力量的大统战工作格局初步形成。

二、坚持以思想为先导,突出"三个树强",构筑中华民族共有精神家园

牢记习近平总书记要在各族群众中加强社会主义核心价值观教育,构建各民族共有精神家园要求,不断加强社会主义核心价值观传播,教育引导各族群众不断增强"五个认同",增进各族群众情感联系、文化共性、心灵共鸣,构筑各民族共有精神家园。一是树强宣教品牌,增进有形共识。聚焦思想政治引领,抓牢领导干部这个"关键少数",抓实党委理论学习中心组学习、党校教育培训等载体,通过名师授课、专家指导、主题党日活动等方式,推动党政干部教育、校园教育、国防教育、公民道德教育融合互通,持续深化"五观""五史"教育,2022年共举办线上线下各类培训100余场次,1万余人次参加培训,不断夯实党员干部民族理论根基。聚焦多样宣传宣讲,充分利用"银川石榴云"传播中心金凤分中心、金凤电子快报等宣传媒体,发挥金凤区区史馆、初心之路微展馆等家门口宣讲示范阵地作用,依托黄河东路街道良田渠铸牢中华民族共同体意识主题公园、润丰村铸牢中华民族共同体意识主题教育馆、铸牢中华民族共同体意识主题宣传长廊,用活金凤区第十七小学、九中南校区、福通社区等地的"悦书房",通过"长廊故事会""四点半"彩虹课堂等,开展各类宣传教育活动1000余场,发放《民族团结进步应知应会》和铸牢中华民族共同体意识宣传画报1.7万册,受教群众70余万人次,各民族休戚与共、荣辱与共、生死与共、命运与共的共同体理念深入人心。多方征求意见,设计金凤区铸牢中华民族共同体意识IP形象"美美",寄语各族群众相互了解、相互尊重、相互包容、相互欣赏、相互学习、相互帮助。二是树强活动品牌,打造有感阵地。围绕构建"全民阅读、全民健身、群众文化"品牌活动,举办"中华民族一家亲""喜迎二十大、奋进新宁夏、同心跟党走""民族团结进步月""文化金凤、四季欢歌"等活动200余场次,实施"文化惠民·四进六送"工程,在阅彩城、新华联设立"非遗"研学游,打造非遗传承体验室6处、基层公共文化服务中心11处,搭建群众交往交流交融平台。以"石榴籽图书馆"为载体,宣传、推广和规范使用国家通用语言文字,引导各族群众增强文化认同。紧紧抓住村居这个"神经末梢",结合中华传统节日,开展"我们的节日"民俗主题活动千余场次,打造宝湖社区"邻里亲情+阳光服务"品牌,举办"邻里文化节"活动,唱"邻里之歌"、跳"邻里之舞"、写"邻里之书"、颂"邻里之韵"、讲"邻里之事"、送"邻里之福"、评"邻里之星",增强各族群众对社区大家庭的归属感;在银新苑北社区依托"五彩邻里+"党建品牌,打造铸牢中华民族共同体意识百姓大舞台,通过基层文艺会演,将各族群众凝聚在一起。三是树强示范品牌,实现有效引航。聚力一区域一活动、一行业一主题、一单位一特色，持续深化创建内涵，丰富创建形式，创新创建方法。社区突出“邻里和睦一家亲”，打造了以“五融五和”民族团结工作法为主、志愿服务队为载体的颐和城府社区“石榴花开籽籽同心·邻里守望‘颐’团‘和’气”品牌；乡村突出团结互助共致富，打造了润丰村“山川共情·五色润丰”品牌；机关突出“懂政策、讲团结、作表率”，打造了以丰富传统文化为路径的文体局“立体化培育文化认同·滋养民族团结之根”品牌；学校突出“培植民族团结基因，铸牢中华民族共同体意识”，打造了以“日行一善”为根系，以“六讲六高就是善为”“八善行为准则”活动为载体的金凤一小“扎民族团结之根·育少年儿童之魂”品牌；企业突出“在一起、共成长、同心圆”，打造了东耀家政服务有限公司“共同团结奋斗、共同繁荣发展”品牌；新经济新社会组织突出“团结共进步、和谐促发展”，打造了阅海万家社区以“知侨情、暖侨心、解侨困、用侨力、护侨权”为主题的“3366”服务品牌。一批可复制、可推广的创建品牌不断将民族团结工作引向深入，创建领域覆盖机关、村、社区、商圈、学校、企业和宗教场所。选树了全国“最美税务人”马丽、“最美银川人”无偿献血模范马玉明、爱心服务马继升、社区红娘左东焕等一批榜样，推动民族团结进步工作提档升级、增量扩面，创建工作始终保持蓬勃生机。

三、坚持以发展为根本，突出“三个结合”，满足人民美好生活需要

牢记习近平总书记“发展是解决民族地区各种问题的总钥匙”的谆谆嘱托，将民族团结融入共同富裕大局、贯穿“产业体系现代化、城市建设现代化、民生事业现代化”全过程，实现了示范创建与经济社会发展高度融合、相互促进、共同提高。2022 年，实现地区生产总值 341.7 亿元、社会消费品零售总额 165 亿元，完成固定资产投资 151.7 亿元、地方一般公共预算收入 8.86 亿元，城镇和农村居民人均可支配收入分别为 49509 元、17206 元。一是与产业发展结合，从夯基垒台迈向集链成群。由投资拉动向消费拉动、重资产向轻资产、政府投资向社会投资、要素驱动向创新驱动转变，一二三产业结构比例优化为 0.7：16.8：82.5，三产贡献率提高了 33.5 个百分点。“一核多极”现代服务业发展体系不断健全，社会消费品零售总额居全区前列，第三产业对经济增长贡献率达 80%。新增入规企业 4 家、“专精特新”企业 8 家，有研发活动规上企业占比达到 60%。完成粮食种植 4.3 万亩、瓜菜种植 3.5 万亩，实施农业产业项目 43 个，润丰宿集、植物园数字农旅小镇延展现代农业产业链，成功创建自治区现代农业产业园。阅海湾中央商务区累计注册企业 5224 家，聚集了总部经济、金融商贸、数字经济、科技服务、文化旅游等现代服务业全产业链条，成为全区唯一的现代服务业集聚区，跻身中国商务区综合实力 20 强。二是与城市建设结合，从启航筑梦迈向崛起腾飞。建成区面积突破 100 平方公里，沈阳路、贺兰山路、六盘山路等主干道路撑起城市发展骨架，完成路面透水性改造 1.4 万平方米，海绵城市建设成效初显，城市功能不断完善，生产、生活、生态科学布局、相融共生。城区绿化提质增效、村镇绿化提档升级、生态廊道增色城乡、环城绿网扮靓沿线，阅海湖、典农河、七子连湖等湖泊湿地全面贯通，水域面积拓展至 5.6 万亩，30 条重点河湖水质持续保持优良；建成阅海公园、花博园、宝湖公园等 15 个大型生态园林广场，新建小微公园 35 处，新增造林绿化面积 4049 亩，城市“三绿”指标居银川市首位。三是与公共服务结合，从兜底保障迈向优质共享。新建、改建、扩建教育项目 18 个，新增学位 1.1 万个，累计建成中学、小学、幼儿园 157 所，部级优课数与教师数位居全区第一，获评自治区“互联网 + 教育”示范区。自治区首家社区医院落地启用，率先完成基层中医药服务、村（社区）公共卫生委员会设置，金凤区医疗健康集团揭牌成立，医疗机构增至 298 家，“互联网 + 医疗健康”远程门诊实现全覆盖，获评“全国健康促进县”。全力推进“放管服”改革，跨省通办延伸至 22 个省 88 个县区，本级政务服务事项网上可办率达到 87%，被列为全国 20 个深化商事制度改革成效明显的地区之一。在全区率先启动社会治理智慧平台建设，形成了管理服务横向支撑、数据信息纵向贯通的“智慧金凤平台、街镇社区平台、小区平台和居民服务端”四级架构，成为西北地区唯一入选首批国家智能社会治理城市管理特色实验基地的县区。

四、坚持以法治为保障，突出“三个完善”，提升民族事务治理水平

坚决贯彻习近平总书记要全面贯彻落实民族区域自治法，健全民族工作法律法规体系，依法保障各民族合法利益的要求，把加强民族事务治理体系和治理能力现代化作为铸牢中华民族共同体意识的根本保障，将依法治理民族事务、维护各族群众的合法权益作为守好民族团结生命线的重要保障，不断强化依法治理、共同治理，夯实民族团结法治基础。一是完善重大风险隐患防范体系。坚定不移走中国特色解决民族问题正确道路，坚决贯彻落实民族区域自治制度，坚持运用法治思维和法治方式治理民族事务，依法打击破坏民族团结和民族分裂的违法犯罪行为。建立“周排查处置、月分析研判、季梳理总结”的风险隐患防范化解制度，对存在的风险隐患分析研判10余次，对重点人员、重点场所定期走访，不断巩固民族团结、社会稳定良好局面。二是完善矛盾纠纷调解处置体系。深化“一核三联五治五化”治理模式，用好用活“板凳会”“庭院会”“小巷管家”等民主协商载体，打造共建共治共享基层社会治理新格局。强化民族事务网格化管理，坚持和完善新时代“枫桥经验”，落实人民调解“四张网”，依法妥善处理影响民族团结的矛盾纠纷，探索“五五六”工作法化解各族群众的烦心事，在基层社区推广“石榴籽”警务室工作经验，力争矛盾纠纷解决在萌芽状态。坚持正确舆论导向，健全网络舆情管控引导责任体系，依法推进“清朗”“净网”等网络专项治理行动，处理网络舆情6起，牢牢掌握网络舆论主动权。三是完善推动“三治融合”互促体系。坚持法治与自治、德治相结合，制定《金凤区党建引领完善社区治理体系提高治理能力实施意见》，打造了阅海万家社区治理“1136”新模式，示范引导各族群众依法行使民主权利，依法参与农村、社区重大事项决策和公共事务管理，充分调动群众参政议政积极性，提升自治水平。制定《金凤区文明素养提升行动实施方案》，持续推进移风易俗，开展“民族团结进步示范户”“最美金凤人”“美丽庭院”评选活动，良田镇连续五年开展“美丽乡村新风尚”移风易俗集体婚礼，使崇德尚法、遵守规则、弘扬公序良俗成为各族群众的内在需求，成为提升各族群众文明素质、夯实民族团结进步的重要保障。

（金凤区委统战部）

大事记

1月

3日 金凤区政府共计发放乐购金凤券65277张、乡村振兴券3000张、安心观影券2万张。

4日 金凤区委召开经济工作会议。2022年金凤区计划总投资155亿元开工十大项目。

5日 第八届全国大众冰雪季（宁夏分会场）“滑向2022”全国滑雪俱乐部大众公开赛（宁夏站）暨2021—2022年银川市金凤区冰雪嘉年华启动仪式在银川阅海滑雪场正式启动。

△ 金凤区人大常委会机关召开党组理论学习中心组学习（扩大）会议。金凤区人大常委会党组书记、主任陈邢妍，副主任李文陈、唐晓棠、潘太升、张艺博以及各委室主任参加会议。

10日 金凤区召开党史学习教育总结会议。金凤区委书记、党史学习教育领导小组组长赵会勇出席会议并讲话。

11日 自治区人大常委会副主任杨玉经、自治区副主席陈春平一行带队调研银川阅海湾中央商务区数字经济产业发展情况。

13日 中国共产党银川市金凤区第四届委员会第三次全体会议召开，区委书记赵会勇主持会议。

14—16日 阅海湾中央商务区联合阿里巴巴跨境电商（宁夏）服务中心举办“问道塞上 数造宁商 货通全球”活动，活动邀请了甘肃亚盛好食邦食品、食食顺食品制造、春杞枸杞加工、佳悦碳业新材料制造等30余家区外企业参会。

15日 由自治区人力资源和社会保障厅指导，宁夏科学技术协会支持，银川市人力资源和社会保障局、银川市金凤区人民政府、银川阅海湾中央商务区管委会、“一带一路”人力资本服务产业园主办，宁夏人力资源协会承办的“重构生态 赋能产业——2021宁夏人力资源管理和服务技术合作发展论坛”在银川市阅海湾中央商务区启幕。论坛采取线上和线下相结合的方式举办，来自区内外政府、高校、企业、人力资源机构的有关领导、专家、HR经理人等500余人，通过“云端－现场”方式出席会议。

17日 金凤区人民政府党组召开党史学习教育专题民主生活会，金凤区纪委监委、区委组织部负责同志到会指导。

△ 金凤区委组织部召开“改进作风、提升质效”专项行动工作部署会。区委常委、组织部部长张才出席会议并讲话。

24日 银川市金凤区新时代文明实践中心组织开展寻找“最美金凤人”系列活动，选树了28位“最美金凤人”。

26日 金凤区红十字会第一次会员代表大会开幕，区委书记赵会勇出席会议并讲话。

27日 金凤区委书记赵会勇深入长城中路街道五里台新村、良田镇植物园村、黄河东路街道银啤苑东区、北京中路街道蓝山名邸小区走访慰问困难党员、优抚对象和抗美援朝老战士。

29日 金凤区召开2021年黄河流域生态保护

和高质量发展先行区建设表彰大会暨2022年推进会，对2021年先行区建设中作出突出贡献的68个先进集体和136名先进个人进行表彰和奖励。

△ 金凤区召开人武部党委（扩大）会议，听取各镇（街道）党（工）委书记党管武装工作述职，金凤区委书记、人武部党委第一书记赵会勇出席会议并讲话。

2月

7日 金凤区机关、街道、社区干部职工开展积雪清扫行动。

△ 金凤区举办领导干部专题学习班，深入学习贯彻习近平新时代中国特色社会主义思想和党的十九届六中全会精神，全面增强领导干部“八项本领”，加快提升干部治理能力和治理水平。

7—9日 银川市金凤区委举办领导干部专题学习班，催促各级领导干部从节日的气氛里走出来，以饱满的状态迅逗投入到工作中，为做好新一年各项工作开好局、起好步。

15日 金凤区召开未成年人保护委员会全体会议，认真学习习近平总书记关于未成年人保护工作的重要指示批示精神，听取工作开展情况汇报，安排部署有关工作。金凤区委书记、未成年人保护委员会主任赵会勇主持会议并讲话。

18日 金凤区残联组织召开2022年工作部署会，金凤区残联领导班子、全体干部职工，以及各镇（街道）残联负责人、专职委员参加会议。

21日 金凤区人大常委会机关召开党组理论学习中心组学习会议，传达学习《求是》杂志发表的习近平总书记《以史为鉴、开创未来，埋头苦干、勇毅前行》重要文章，习近平在省部级主要领导干部学习贯彻党的十九届六中全会精神专题研讨班开班式上的重要讲话。人大常委会党组书记、主任陈邢妍，副主任李文陈、唐晓棠、潘太升、张艺博，以及各委室主任参加会议。

22日 金凤区举办为立功现役军人家庭集体送喜报仪式。

△ 阅海湾中央商务区管委会联合阿里巴巴国际站举办“全球热卖 蓝海掘金”跨境外贸峰会，一批签约阿里巴巴跨境电商平台企业参会。

23日 金凤区召开信访工作联席会议，传达学习习近平总书记对信访工作的重要指示批示精神，分析当前信访形势，听取信访工作情况汇报，安排部署有关工作。金凤区委书记赵会勇主持会议并讲话。

△ 金凤区召开深入推进黄河流域生态保护和高质量发展先行区建设第二次推进会暨项目突破年动员会，认真学习贯彻党的十九届六中全会和习近平总书记视察宁夏重要讲话指示批示精神。金凤区委书记赵会勇出席会议并讲话。

24日 金凤区委四届第一轮巡察工作动员部署会召开，区委常委、组织部部长张才，区委常委、纪委书记、监委主任任元启出席会议，巡察工作领导小组成员，良田镇、北京中路街道班子成员、中层领导干部，村（社区）书记，巡察机构全体干部及抽调干部参加会议。

25日 金凤区召开2022年人大议案、意见建议和政协提案、建议及为民办实事交办会。金凤区人大常委会副主任李文陈、政协副主席李岐分别就办理工作提出具体要求，区委常委、副区长高亮对办理工作进行安排部署，政协提案委员会和涉及承办任务的各单位主要负责人参加会议。

△ 金凤区委组织部印发《关于开展提高金凤区非公有制经济组织和社会组织“两个覆盖”质量专项行动的通知》，着力提升非公有制经济组织和社会组织“两个覆盖”水平。

28日 银川市认定22家单位为2021年度银川市优秀人才合作基地，其中金凤区宁夏仲检检测有限公司、国智（宁夏）知识产权服务有限公司两家企业被认定为银川市A级优秀人才合作基地。根据《银川市优秀人才合作基地奖励办法》，各奖励3万元。

3月

1日 银川市金凤区就业创业和人才服务中心

联合金凤区总工会等单位在良田镇植物园村广场开展2022年"春风行动"专场招聘会，为广大群众搭建就业平台，创造就业机会，让更多的求职者在家门口实现就业。

2022年3月1日，金凤区总工会等单位在良田镇植物园村广场开展2022年"春风行动"专场招聘会

△　宁夏首家城市社区公共卫生委员会在金凤区上海西路街道银新苑北社区正式成立。银新苑北社区和碧水蓝天社区医院签订公共卫生服务项目委托协议书，拉开了金凤区83个村(社区)成立公共卫生委员会的序幕。

4日　金凤区在宝湖公园南门广场举办"德润向善邻里亲、文明实践金凤行"学雷锋志愿服务月系列活动启动仪式暨深化文明城市建设工作推进会，推动志愿服务制度化、常态化、规范化。

5日　金凤区总工会联合金凤区人社局、金凤区就业创业和人才服务中心举办2022年金凤区"春风送岗圆梦职场"春风行动专场招聘会。

7日　银川市金凤区就业创业和人才服务中心联合奇瑞汽车股份有限公司鄂尔多斯分公司等3家企业在良田镇植物园村，开展"送培训、送岗位"现场招聘会。

8日　金凤区委书记赵会勇带队赴北京考察招商。赵会勇一行先后与中科北龙科技有限责任公司考察对接宁夏超算中心及数字经济项目，与泰康之家(北京)投资有限公司考察对接泰康之家项目。

9—10日　金凤区委书记赵会勇带队赴福建福州市考察交流乡村振兴工作，并对接招商引资企业。在福建宏达盛农业发展有限公司，赵会勇一行就金凤区良田镇汉白玉萝卜种植深加工项目进行招商回访，与福建宏达盛农业发展有限公司相关负责人就项目落地实施、建成投用、后续发展等各个环节进行深入座谈交流。

15日　银川市2022年重大基础设施项目集中开工现场推进会金凤区分会场正式吹响"春比开工"冲锋号，金凤区32个重点项目集中开工，总投资408亿元，涵盖产业发展、基础设施、民生工程等领域。

16日　金凤区委书记赵会勇调研十项便民工程建设情况，先后到悦海新天地社区助餐点项目、金凤区二十四小学悦书房项目、金凤区第二十四小学停车场项目、中强巷社区健身场项目现场，实地查看项目实施进度，并听取相关负责人项目进展情况汇报，了解项目推进过程中存在的问题，安排部署相关工作。

△　金凤区面向广大市民征集意见，为全力打造新昌路特色商业街区建言献策。

△　金凤区委书记、区委审计委员会主任赵会勇主持召开区委审计委员会第五次会议，深入学习贯彻习近平总书记关于审计工作的重要指示批示精神，全面贯彻落实全国、全区审计工作会议部署，研究部署下一步工作。

△　银川阅海湾中央商务区管委会邀请自治区发改委宁夏枢纽"东数西算"项目专班副处长王燕鑫、阅海湾企业家联合会、武汉中地数码、中冶美利云、上海启源芯动力等企业负责人座谈交流，就"东数西算"项目进行深入对接。

18日　2022年宁夏第一批重大项目集中开工现场推进会(银川市金凤区分会场)在力德新科广场项目现场举行，23个产业项目集中开工。

21日　铸牢中华民族共同体意识"银川石榴云"传播中心金凤分中心在银川市金凤区融媒体中心正式揭牌运行。

23日　金凤区委组织部制定印发《关于下达金凤区基层党建工作指标的通知》，开展"三个十"党建示范项目创建活动。

24日　金凤区召开"四权"改革工作推进会，听取辖区"四权"改革工作推进情况汇报，研究解决当前改革难点堵点，安排部署上半年重点任务。金凤区副区长韩廷锋主持会议并讲话。

28日　金凤区组织全体在职县处级领导干部，各镇（街道）、各部门（单位）主要负责同志参加金凤区廉政警示教育大会。金凤区委书记赵会勇出席会议并讲话。

△　银川市金凤区审批服务管理局通过云视频与9省（区）23个县（区）签订《政务服务省通办事项“套餐办”合作协议》。

30日　金凤区委组织部向173名老党员颁发“光荣在党50年”纪念章。

31日　金凤区本级政务服务事项87%以上实现“网上办”“掌上办”，梳理出“一窗受理、集成服务”事项33项，推出33个“一次办”套餐式服务事项。

△　金凤区召开2022年第一季度意识形态领域重大风险分析研判会暨“扫黄打非”工作推进会暨防范化解网络安全风险项目推进会，传达学习自治区、银川市关于意识形态、“扫黄打非”、防范化解网络安全风险有关会议精神，分析研判当前形势，安排部署近期工作。区委常委、宣传部部长赵向华出席会议并讲话。

4月

1日　金凤区委书记赵会勇前往银川市第四十一中学、元宝湖水环境综合治理、“润丰宿集”项目现场调研重点项目建设和生态环保工作。

2日　银川市金凤区上海西路街道“织密红色小网格·推动基层大治理”暨“城市基层治理十大项目进网格”启动仪式在悦海新天地商圈举行。

△　金凤区安委会召开2022年第二次全体（扩大）会议暨消防工作会议，传达学习习近平总书记关于安全生产的重要论述和李克强总理重要批示精神、全国安全生产电视电话会议精神、自治区安委会2022年第二次全体（扩大）会议精神、银川市安委会2022年第二次全体（扩大）会议精神，分析研判当前安全生产形势，安排部署清明节假期和下一步安全生产工作。

6日　金凤区召开区委常委会，宣布自治区党委关于赵会勇同志职务任免的决定，免去其金凤区委书记职务。银川市委常委、组织部部长、党校校长朱利军出席会议并讲话。

△　银川市2022年重大民生项目集中开工现场推进会金凤区分会在银川市第四十一中学项目现场举行。银川市领导马少红、袁科、李全才、丁洪，金凤区领导赵会勇、陈邢妍、胡志刚等参加开工仪式。

13—15日　由自治区发改委、银川市政府、中卫市政府、中国移动宁夏分公司主办，银川阅海湾中央商务区管委会承办，银川市投促局、工信局、银川经开区、中卫市大数据局等单位应邀参加的第二轮“建设宁夏枢纽　打造西部数谷——全国一体化算力网络国家枢纽宁夏节点线上招商推介会”在阅海湾中央商务区数字经济产业园成功举办。

19日　金凤区安委会召开全体（扩大）会议暨安全生产大检查专项行动启动会，传达学习自治区党委常委、银川市委书记张雨浦在市委常委会会议上关于安全生产工作的讲话精神和《关于进一步加强全区安全生产工作的若干措施》，通报近期安全生产形势，解读《金凤区安全生产大检查专项行动实施方案》。

20日　金凤区总工会在阿拉善广场举行“蓝骑士”配送行业联合工会职工集中入会仪式，40多名会员代表进行入会宣誓，标志着外卖行业从业者首次加入工会组织，同时这也是区内成立的首家配送行业联合工会。

30日　金凤区第五届人民政府召开第一次廉政会议，传达学习国务院第五次廉政工作会议、自治区政府廉政会议、银川市政府廉政工作会议精神，通报2021年政府系统党风廉政建设工作，安排2022年党风廉政建设工作。

5月

8日　在2022年银川市第二批重大项目集中

开工现场推进会金凤区分会场上，总投资 389 亿元的 44 个重大项目集中开工。

10 日 金凤区召开工程建设政府采购等重点领域突出问题专项治理工作领导小组第五次会议，听取卫生健康、财政、自然资源、教育等单位专项治理工作推进情况汇报，分析形势，明确任务，压实责任，推动专项治理各项任务落地见效。

11 日 由银川市金凤区人民检察院、银川市公安局、银川市公安局金凤区分局联合建立的未成年被害人“一站式”取证救助中心正式启用。

△ 金凤区委组织部召开非公有制经济组织和社会组织党建工作联席会暨党建指导员工作例会。会议审议通过《2022 年金凤区非公有制经济组织和社会组织党建工作要点》，金凤区委常委、组织部部长张才出席会议并讲话。

13 日 金凤区举办 2022 年招商引智系列活动开幕式暨首场交流推介会。

16 日 金凤区与宁东能源化工基地管委会召开座谈会，就双方在产业、人才等方面广泛深入合作进行深入洽谈。

△ 金凤区委党的建设工作领导小组召开 2022 年第 1 次会议。会议传达学习自治区党委、银川市委党的建设工作领导小组 2022 年第 1 次会议精神，研究审议《金凤区关于 2021 年度党组织书记抓基层党建述职述廉评议考核结果的报告》《金凤区委党的建设工作领导小组 2022 年工作要点》。

18 日 《银川市金凤区志（2001—2018）》出版发行暨赠书仪式在金凤区人民政府会议中心举行。参与修志的主要编纂人员、区志供稿单位代表、区志编辑部成员，参与区志终审、出版、印刷工作的有关专家、责任编辑、设计人员、文化场馆代表和特邀文化代表等 50 余人参加。

2022 年 5 月 18 日，《银川市金凤区志（2001—2018）》出版发行暨赠书仪式在区政府会议中心举行

△ 金凤区上海西路街道举行非公党建示范街区揭牌仪式，标志着金凤区开启新就业群体党建工作新格局。

19 日 金凤区召开学习贯彻习近平总书记在庆祝中国共产主义青年团成立 100 周年大会上的重要讲话精神专题座谈会，金凤区委常委、组织部部长张才出席会议并讲话。

20 日 银川市妇女联合会、银川市卫生健康委员会联合“丁香医生”共同发起的“每个女性都需要这针防癌疫苗”公益活动在银川市金凤区良田镇卫生院启动。“丁香医生”现场确认捐赠 21.9 万元，为银川市 300 名 9—14 岁女童免费接种 HPV 二价疫苗。

△ 金凤区组织开展铸牢中华民族共同体意识暨民族团结进步创建观摩活动，先后到贺兰县厚生记食品有限公司、文创中心、金河社区、富兴街道办事处、兴庆区大团结社区、西夏区盈北社区等实地观摩，30 余人参加观摩学习。

△ 金凤区召开村干部、农村职业化党务工作者工作例会，并走进西夏区兴泾镇十里铺村、贺兰县立岗镇星光村等地就党建引领乡村治理、壮大村集体经济进行观摩学习。金凤区委常委、组织部部长张才出席会议并讲话。

24 日 金凤区委组织部印发《关于金凤区开展非公有制经济组织和社会组织党组织集中组建“百日攻坚行动”的实施方案》，进一步健全金凤区非公有制经济和社会组织党组织党建信息库。

25 日 由金凤区人大常委会主任陈邢妍、常委会副主任、常委会部分委员、人大法制委员会委员、人大代表组成调研组，对金凤区人民检察院国家司法救助工作开展情况进行调研。

26 日 金凤区委全面依法治区委员会办公室召开第三次会议。传达学习《习近平法治思想学习纲要》有关内容，中央全面依法治国委员会第六次会议、自治区党委全面依法治区委员会第六次办公室会议、银川市委全面依法治市委员会办公室第五次会议精神，听取金凤区2021年法治政府建设情况汇报，以及综合执法局、教育局、良田镇、长城中路街道办事处党政主要负责人2021年履行推进法治建设第一责任人职责情况汇报，研究讨论《金凤区委全面依法治区委员会2021年工作总结报告》《金凤区委全面依法治区委员会办公室及各协调小组2021年工作总结报告》《金凤区委全面依法治区委员会2022年工作要点》。金凤区委常委、政法委书记黄文东主持会议，依法治区委员会成员单位主要负责人参加会议。

△　金凤区消防救援大队联合交警、公安、街道办等部门成立联合检查组，开展消防车通道专项整治行动。

28日　金凤区召开稳经济保增长促发展专题会议，学习传达全国稳住经济大盘电视电话会议精神，落实自治区党委常委会会议和自治区稳经济保增长促发展电视电话会议以及银川市稳经济保增长促发展专题会议要求，安排当前经济重点工作。

30日　由金凤区人大常委会主任陈邢妍、区人大常委会副主任、区人大常委会部分委员、人大代表组成视察组，对金凤区学前教育普及普惠工作推进情况进行调查。

31日　自治区人社厅副厅长张宏伟带队到银川阅海湾中央商务区“一带一路”人力资本服务产业园调研指导工作。

6月

1日　由自治区农业农村厅、自治区财政厅、银川市人民政府、金凤区人民政府等单位联合主办，“乡味宁夏”品牌宣传中心、新华百货公司等单位和企业协办的宁夏名优特色农产品促销活动在宁夏名优特色农产品展销中心启幕。

△　金凤区在银川市花博园举办首届黄河流域生态保护主题宣传实践月活动启动仪式，全力营造黄河流域生态保护浓厚氛围。

△　金凤区召开铸牢中华民族共同体意识暨民族团结进步创建互学互观互评第一季度推进会，对打造铸牢中华民族共同体意识示范区和创建全国民族团结进步示范区工作进行再动员、再部署。金凤区政协主席胡志刚出席会议并讲话，区委常委、统战部部长韩廷锋主持会议，金凤区统一战线工作领导小组成员单位以及各镇（街道）党（工）委书记参加会议。

2日　银川市金凤区“喜迎二十大·粽享端午情”非遗展示及文旅惠民消费季促销活动在满春园文化广场举行，10余个非遗传统工艺在现场展示展销。

△　金凤区召开巩固拓展脱贫攻坚成果同乡村振兴有效衔接专项监督工作例会。金凤区委常委、纪委书记、监委主任任元启主持会议并讲话。

6日　金凤区科协联合银川市科协、银川市第二人民医院等单位在金凤区宝湖实验小学开展“全国科技工作者日”暨志愿服务进校园及青少年科普教育活动，以户外科普实践和课堂互教学的形式为小学生带来别开生面的科普课，现场发放书籍及宣传品各1500册（份）。

7日　金凤区投资6500万元修建的尹家渠北街（大连路—后海路）和凤凰北街（大连路—沈阳路）正式通车。

9日　国务院办公厅发布《关于对2021年落实有关重大政策措施真抓实干成效明显地方予以督查激励的通报》。金凤区在推进企业登记注册便利化、深化“双随机、一公开”监管和信用监管、落实公平竞争审查制度等方面成效明显，成为宁夏唯一上榜的地方。

10日　金凤区举办第三届“引凤创梦”青年创新创业博览会。培育创业实体1434个，带动5738人就业。

△　金凤区首批“护苗”工作站授牌仪式在银川市湖畔中学举行，银川市委宣传部副部长马利剑，金凤区委常委、宣传部部长赵向华，金凤区“扫黄打非”相关单位负责同志，“护苗”工作站试点学校负责人及部分学生代表参加仪式。

16日　金凤区在新华联广场开展2022年金凤区“安全生产月”安全宣传咨询日活动。

18 日　由银川市商务局主办，金凤区人民政府、金凤区商务和经济技术合作局承办的金凤汽车生活节在新百 CCpark 正式启幕。

△　由金凤区人民政府主办、金凤区商务和经济技术合作局承办、金凤区商业联盟协会协办的第六届“金凤飞舞·城市乐活会”正式启动。

23 日　金凤区委办公室、金凤区档案馆、金凤区生态环境分局联合银川电视台综合广播开展“诵读区志文明城市创建篇章　培养青少年生态文明行为习惯”主题活动。首次将志书带进金凤区第十六小学，让广大师生了解金凤区历史和发展变化。

22 日　银川市委常委、纪委书记刘智峰一行调研商务区经济社会发展和党风廉政建设工作。

24 日　由金凤区商业联盟协会主办、楼宇经济天府学院承办的金凤区新商业经营管理人才培训班正式开班，来自商业联盟会员企业的 80 名学员积极报名参加。双方签署了金凤区新商业人才小高地培养计划全面战略合作框架协议，并为成都楼宇经济天府学院银川金凤分院揭牌。

△　金凤区组织举办网络安全和信息化及党务政务新媒体培训班，各部门（单位）、镇（街道）领导及工作人员共 120 人参加培训。

25 日　自治区人社厅指导的“人才金街”稳岗促就业大型公益活动启动仪式在银川阅海湾中央商务区“一带一路”人力资本服务产业园举办。

27 日　金凤区出台“金凤 20 条”，从惠企业增信心、扩需求增活力、稳产业增动力、保就业增后劲、兜底线增底气 5 个方面明确 20 项具体措施，进一步促进经济平稳健康发展。为落实“金凤 20 条”，金凤区本级财政投入 3000 余万元从提升消费活力、提振市场信心、扩大有效投资、优化营商环境、保障民生就业 5 个方面，全力稳经济、保增长、促发展。

△　金凤区召开深化全国文明城市建设工作调度会，传达学习银川市创城工作会议精神，通报自治区、银川市关于创建全国文明城市暗访督查情况，进一步明确目标任务，安排部署相关工作。金凤区委常委、宣传部部长赵向华主持会议并讲话，各镇（街道）、相关部门（单位）主要负责人参加会议。

29 日　金凤区组织召开 2022 年全国文明城市建设网申资料培训会。相关部门（单位）、各镇（街道）分管负责人及工作人员参加培训。

△　金凤区召开 2022 年度发展壮大村级集体经济工作联席会议。金凤区委办公室、政府办公室、区委组织部、财政局等 12 家单位（部门）主要负责人参加会议。金凤区委常委、组织部部长张才出席会议并讲话。

7 月

1 日　金凤区举行“牢记领袖嘱托　坚守初心使命”庆“七一”升国旗仪式，庆祝中国共产党成立 101 周年。全体在职县处级领导干部、各镇（街道）主要负责人、部门（单位）领导干部和部分老党员代表出席活动。

2022 年 7 月　日，金凤区举行庆祝中国共产党成立 101 周年活动

△　银川市第一人民医院康复医院综合门诊正式开诊。来自银川市第一人民医院 20 多位专家将在康复医院坐诊，可满足银川市金凤区宁安南大街和凤台路周边 5 公里范围内 30 多个小区群众日常诊疗需求。

4 日　金凤区举办铸牢中华民族共同体意识培训班，各镇（街道）相关负责人、重点培育示范单位负责人、党外代表人士等 70 人参加培训。

6 日　金凤区安委会召开 2022 年第三次全体（扩大）会议暨安全生产“百日专项整治”动员部署会。

8 日　北京中路街道清馨苑社区举行“四方联动·暖蜂服务”新就业群体服务驿站揭牌仪式，为外卖骑手、快递小哥、网约车司机等新业态就业群体再添休息站点。

12日 金凤区召开2022年创建全国文明城市工作推进会。

13日 金凤区召开2022年优秀大学生来金凤区暑期社会实践见面会，来自北京大学、中国人民大学、浙江大学等5所高校的22名优秀大学生将到辖区各职能部门开展为期一个月的社会实践活动。

△ 金凤区在新时代文明实践中心举办2022年新时代文明实践工作培训班，邀请自治区党委宣传部社会活动处处长孟延军授课。金凤区委常委、宣传部部长赵向华主持会议并讲话。

14日 金凤区委理论学习中心组召开（扩大）学习会，邀请自治区党委宣讲团成员、区直机关工委常务副书记刘成孝围绕深入学习贯彻自治区第十三次党代会精神开展专题辅导。

18日 金凤区召开违规收送红包礼金和不当收益及违规借转贷或高额放贷专项整治工作动员会，会议传达学习自治区、银川市专项整治动员会议精神，并就金凤区专项整治工作进行部署。

19日 金凤区委全面依法治区委员会办公室召开第四次会议暨金凤区行政应诉突出问题专项治理部署会议和法治建设工作推进会，依法治区委员会各成员单位主要负责人参加会议。

20日 金凤区直属机关工委举办机关干部学习宣传贯彻自治区第十三次党代会精神暨党务专干能力提升培训班，来自43个部门（单位）的党务专干、党员代表、预备党员、积极分子共100余人参加培训。

22日 金凤区召开创建全国文明城市领导小组（扩大）会议，传达学习银川市创建全国文明城市第二次工作会议精神，通报金凤区专项督导组督导工作情况和近期创建全国文明城市工作情况，安排部署创建全国文明城市工作。

24日 金凤区纪委监委召开干部澄清正名反馈会，对所查办的关于反映金凤区某学校干部的不实举报问题予以澄清正名。

28日 为进一步推进金凤区文明城市建设工作走深走实，切实解决辖区各类顽固问题，补齐短板弱项，全面提高创建水平，金凤区召开创建全国文明城市工作调度会。

29日 金凤区退役军人事务局联合贵州茅台宁夏经销商在上海西路街道银新苑南社区开展“同庆建军佳节·共叙鱼水深情”八一建军节慰问活动。

31日 金凤区召开2022年上半年经济形势分析会。

是月 上海西路街道建成清水湾社区廉政文化警示教育馆，这是银川市首家社区廉政警示教育馆。

8月

2日 金凤区召开创建全国文明城市工作调度会。

△ 金凤区人大代表专业小组联络站揭牌仪式在银川阅海湾中央商务区举行。揭牌仪式上，金凤区企业专业代表小组、教育专业代表小组宣告正式成立。

3日 由金凤区人大常委会主任陈邢妍、人大常委会副主任、部分人大常委会委员、人大法制委员会委员、人大代表组成调研组，对金凤区监察委廉政教育工作开展情况进行专题调研。

5日 银川市中医医院（金凤区院）投入试运行。该院的落成填补了金凤区无中医医院的空白，对提升银川城南医疗服务水平、优化银川市医疗资源配置、改善群众就医体验、推进银川市中医药事业高质量发展将发挥积极作用。

8日 金凤区召开工程建设政府采购等重点领域突出问题专项治理领导小组第七次会议暨专项治理工作推进会。

15日 金凤区乡村振兴局会同纪委监委、政府督查室对脱贫户监测户收入情况、2022年财政衔接推进乡村振兴补助资金项目建设、资金支付进度和小额信贷工作进展情况进行督导，督促两镇推进相关工作。

18日 金凤区政协委员对金凤区政协五届一次会议重点提案办理工作进行视察。金凤区政协主席胡志刚，政协副主席李岐、杨永清，金凤区政府办、教育局、民政局、住建局、卫健局、政协办公室、各专委会负责同志及部分政协委员等参加视察。

19 日　金凤区政协组织部分政协委员，围绕落实文化惠民工作进行调研并召开专题协商会议。金凤区政协主席胡志刚，副主席杨永清、贺佩，党组副书记王玫参加专题协商会议。

22 日　金凤区召开生态环保问题整改工作部署会。

23 日　金凤区领导带队调研辖区水环境保护工作，副区长余磊、李鹏以及金凤区发展和改革局、农村农业和水务局、环保分局、良田镇负责同志参加调研。

24 日　自治区妇联委派第三方对金凤区提升基层妇女参政议政能力和妇联组织力项目开展评审工作。通过听取汇报、查阅资料、实地查看、座谈交流等方式，对上海西路街道清水湾社区、丰登镇润丰村、良田镇光明村及园子村的 4 个项目分别进行结项评审和中期评审。

25 日　由银川阅海湾中央商务区管委会主办，自治区商务厅、银川市商务局、金凤区商务局协办，阿里巴巴国际站承办的“掘金跨境数链全球”发布会成功举办，来自自治区及各市的化工、商贸、农业等领域 80 多家企业参加会议。

28 日　金凤区举行金凤区医疗健康集团启动仪式，标志着金凤区紧密型医联体正式进入实施阶段，将为基本公共卫生服务均等化、区域医联体建设、资源共建共享打下坚实基础。

△　金凤区召开物业管理专项整治行动动员会，辖区 190 家物业公司参会。

30 日　金凤区召开领导干部大会，宣布自治区党委关于郝春明同志任金凤区委书记的决定。银川市委常委、组织部部长、党校校长朱利军出席会议并讲话，银川市委组织部副部长、编办主任路爱宁宣读干部任免文件并介绍新任职干部基本情况。

△　金凤区委书记郝春明到阅海湾中央商务区和丰登镇，调研生态环境保护和乡村振兴工作。

△　金凤区五届人大常委会召开第六次会议。金凤区人大常委会主任陈邢妍主持会议，副区长余磊、监察委员会主任任元启、法院院长黑晓虎、检察院检察长王建勇及相关部门主要负责人、两镇人大主席团负责人和部分人大代表出席会议。

2022 年 8 月 30 日，金凤区委书记郝春明（右四）深入阅海湾中央商务区和丰登镇，调研生态环境保护和乡村振兴工作

9月

1 日　金凤区委书记郝春明深入长城中路街道、黄河东路街道和良田镇，调研督导现代服务业、房地产开发、现代农业重点项目建设情况

△　金凤区召开 2022 年秋季学期教育工作会议，全面总结 2022 年上半年教育工作完成情况，统筹安排辖区教育系统下半年工作，切实保障各项教育工作顺利开展。

2 日　金凤区委书记郝春明主持召开经济运行调度会，听取固定资产投资、社会消费品零售总额等经济指标完成情况汇报，安排部署下一步工作。

△　金凤区委统战部举办 2022 年“民族团结进步月”启动仪式暨“喜迎二十大　同心跟党走”经典诵读活动。金凤区各民主党派、无党派人士、党外知识分子、新的社会阶层人士等 100 余人参加启动仪式。金凤区委常委、副区长马小龙，金凤区委常委、统战部部长韩廷锋，金凤区人大常委会副主任潘太升，金凤区政协副主席杨永清出席活动。

△　在 2022 中国楼宇经济北京论坛上，银川阅海湾中央商务区荣获“中国商务区综合竞争力 20 强”荣誉称号，其楼宇经济发展经验材料入选《中国

2022年9月2日,金凤区委统战部举办2022年"民族团结进步月"启动仪式暨"喜迎二十大 同心跟党走"经典诵读活动

楼宇经济(总部经济)白皮书(2022)》。

5日 金凤区委网信办在悦海新天地开展2022年银川市网络安全宣传周暨"网络安全我参与"大闯关活动。

△ 第二届中国(宁夏)国际葡萄酒文化旅游博览会暨"贺兰山葡萄酒之夜"音乐会在银川阅海湾水上公园(中心广场)举办,进一步推动"葡萄酒+文旅"深度融合发展。

6日 金凤区委书记郝春明主持召开信访工作专题会,听取房地产、教育等行业突出信访问题化解情况汇报,研究部署下一步工作。

△ 金凤区组织开展第三届"学习强国"达人挑战赛初赛。各单位预选出来的70名"学习达人"齐聚一堂,比拼才智,通过集中答卷筛选出20名优秀选手进入决赛,最终选出10名代表组成金凤代表队参加银川市"学习强国"达人挑战赛。

8日 金凤区安委会召开2022年第六次全体(扩大)会议,传达自治区安委会2022年第四次全体(扩大)会议精神和自治区主席张雨浦讲话要求,安排部署当前安全生产工作。

△ 金凤区召开"深化'放管服'改革、持续优化营商环境"工作会议。

9日 金凤区召开第38个教师节庆祝大会,大会对535名先进个人和10个先进集体进行通报表扬。

13日 金凤区委宣传部举办"建设美丽新宁夏 喜迎党的二十大"——第三届金凤区"学习强国"达人挑战赛,来自辖区18名"学习达人"将在决赛环节展开激烈角逐。

△ 金凤区委书记郝春明主持召开自建房安全专项整治工作专题会,听取各镇(街道)及相关部门工作情况汇报,安排部署下一步工作。

△ 金凤区委书记郝春明调研督导水生态环境保护和环境卫生整治工作,随机到华雁湖、宝湖、陈家湖、小西湖调研督导,沿途察看城市环境卫生整治工作。

15—16日 银川阅海湾中央商务区在首届"西部数谷"算力产业大会2022银川智慧城市峰会上,分别与上海启源芯动力科技有限公司、北京电能行新能源有限公司、中国工商银行股份有限公司宁夏回族自治区分行、杭州又拍云科技有限公司、武汉中地数码科技有限公司签约,总签约项目5个,签约金额15.3亿元。

16日 金凤区委统战部举办"民族团结进步月"系列活动之"喜迎二十大、奋进新宁夏、同心跟党走”主题演讲比赛。

△ “读懂知识产权，实现长效发展”前行实训营在银川阅海湾中央商务区举行，此次实训邀请宁夏知识产权专家库专家、国智（宁夏）知识产权服务有限公司专家、天驰君泰（银川）律师事务所专家等为参会企业科普知识产权的相关申报要点，希克迈特、尚信酬勤、华多智能、尚声颂世、德丰智能等20家园区企业参加。

19日 银川市金凤区人武部党委第一书记任职宣布大会召开。

20日 金凤区委书记郝春明主持召开2022年第三季度经济运行调度会，对照主要经济指标任务，认真分析原因，查找短板不足，明确工作举措，动员辖区上下进一步坚定信心、克服困难、迎难而上，决战三季度、决胜全年，全力推动指标进位、工作提升，以优异成绩迎接党的二十大胜利召开。

△ 金凤区召开用水权确权颁证暨用水权改革推进会，向6家用水单位代表颁发用水权证。金凤区人大、政协、改革办、发改局、农业农村和水务局、财政局、各镇（街道）、村（社区）及用水单位代表参加会议。

21日 金凤区人大常委会主任陈邢妍带领部分人大常委会委员、人大代表，对辖区生态环境和生态保护工作开展情况进行视察。

22日 民政部确定金凤区等70个县（市、区）为全国“深化乡村地名服务　点亮美好家园”试点地区。

△ 金凤区委书记郝春明主持召开自治区“四防”督导组反馈问题整改会议。

△ 金凤区委书记郝春明主持召开专题办公会，听取第二轮巡察工作情况并研究有关事宜。

30日 金凤区召开1—9月经济运行调度会，贯彻落实自治区及银川市经济运行分析会议精神，研究分析当前经济运行情况，安排部署各项重点工作。区委书记郝春明主持会议并讲话。

△ 金凤区负责提升改造的雪绒巷（宁安东巷—正源街）和祥安巷（宁安东巷—正源街）正式完工。

10月

7日 银川市金凤区总工会分别在金宇名庭区域性职工之家、“蓝骑士”服务驿站为辖区外卖小哥布置临时居住点，这是继福州北街未来城新就业群体服务驿站临时居住点后，金凤区为疫情下奔波的新就业群体再添的“新家”。

9日 金凤区召开安全风险隐患防控工作会议，传达学习自治区党委书记梁言顺10月4日调度全区安全生产工作时的讲话精神和区市重大安全风险隐患防控电视电话会议精神，安排部署近期安全生产工作。区委常委、副区长高亮出席会议并讲话，各镇（街道）、各部门（单位）负责人参加会议。

21日 金凤区委书记郝春明到良田镇调研督导巩固拓展脱贫攻坚成果同乡村振兴有效衔接工作。区委常委、统战部部长韩廷锋，副区长李鹏及相关单位负责人参加。

26日 金凤区委书记郝春明深入一线实地调研部分民生重点项目建设工作，强调要把老旧小区改造作为重大民生工程、民心工程来推动，持续保障和改善民生，让人民群众在城市发展中拥有更多获得感、幸福感。

27日 金凤区委书记郝春明到阅海湾中央商务区调研经济发展和重点项目建设情况。区委常委、副区长、阅海湾中央商务区管委会主任刘学礼及相关单位主要负责同志参加。

△ 金凤区人民代表大会财政经济委员会组织召开金凤区采用政府和社会资本合作模式推进老旧小区综合整治改造项目专题询问会，这也是金凤区五届人大常委会首次开展专题询问。

28日 金凤区召开会议，传达学习党的二十大精神，对学习宣传贯彻工作作出安排部署。区委书记郝春明出席会议并讲话，区委副书记、区长主持会议。会议以视频形式召开，全体在职县处级领导，各镇（街道）、部门（单位）工作人员参加会议。

11 月

1 日　金凤区召开“六大提升行动”工作推进会,听取相关领域工作开展情况汇报,研究部署下一步工作。

2 日　自治区文化和旅游厅下发《关于认定自治区级旅游休闲街区的通知》,公布金凤区枫林湾小镇旅游休闲街区等为自治区级旅游休闲街区。

3 日　金凤区召开“六权”改革工作推进会,学习贯彻全区“六权”改革推进会精神,听取辖区各相关领域工作开展情况汇报,研究部署下一步工作。

8 日　金凤区首家“三长建三会”协会揭牌仪式在通福家园社区举行,协会将面向居民开展公益性科技志愿服务活动,通过治未病措施指导居民预防疾病。

△　金凤区教育局联合多个单位组成督查组,对辖区中小学、幼儿园进行巡视,督促各中小学、幼儿园抓紧落实各项防疫措施。

9 日　金凤区委书记郝春明主持召开教育重点项目工作推进会,听取教育项目建设和 2023 年项目谋划情况汇报,深入分析项目建设存在的问题及原因,对下一步工作进行再督促、再安排。

10 日　金凤区人民代表大会财政经济委员会组成人员对区属企业国有资产管理情况进行专项调研。

11 日　金凤区上海西路街道悦海新天地社区联合黄河银行香格里拉支行,在社区新时代文明实践站开展便民服务进社区活动,现场为居民缴纳医保。

15 日　丰登镇联丰村开展“移风易俗宣讲会”文明实践活动。积极倡导婚事新办、丧事简办,引导辖区群众革除陈规陋习,养成勤俭节约的良好习惯。

△　金凤区“扫黄打非”工作领导小组办公室联合市文化市场执法队版权大队、金凤区文体广电旅游局对辖区实体书店、印刷企业及部分打字复印店等重点经营场所开展专项检查。

16 日　“奋进新征程·建功新时代”2022“丝路银川·魅力金凤”第四届中国·银川黄河合唱节线上线下活动全面启动。活动分“燃·激情”“爱·无界”“成·希望”“联·桥梁”四个篇章,用音乐传递温暖,用歌声展现金凤魅力。

△　金凤区黄河东路街道福通社区联合金凤区第十六小学举办“少年强中国强　红色故事少年讲”故事会,把红色记忆、红色传统植入少年心田,让红色基因代代相传。

17 日　金凤区委书记郝春明前往丰登镇宣讲党的二十大精神,并到丰登卫生院、文化服务中心、农业产业园区调研产业发展和民生保障工作。

18 日　金凤区“美德之光”道德模范大讲堂在新时代文明实践中心开讲。金凤区各镇(街道)及部分村(社区)精神文明专干及群众代表 32 人参加活动,同时在辖区新时代文明实践所设 8 个分会场,组织辖区群众同步收看。

22 日　金凤区委书记、区委统一战线工作领导小组组长郝春明主持召开 2022 年区委统一战线工作领导小组第 3 次会议。

2022 年 11 月 22 日,金凤区委召开金凤区统一战线工作领导小组 2022 年第 3 次会议

12 月

1 日　宁夏佳杰信息技术发展有限公司等多家企业到金凤区良田镇收菜,不仅第一时间帮助菜农

打开销路，还将这些蔬菜第一时间送到部分生活困难居民和基层防疫人员手中。

3日　金凤区总工会开展"'疫'路有爱工会服务在身边"慰问走访活动，为辖区受疫情影响的货车司机、网约车司机等新就业形态劳动者送去工会组织的暖心问候。

4日　金凤区民政局在长城中路街道宁安社区举行善行宁夏行动"三色暖心包"捐赠暨发放仪式。宁夏银行、宁夏住宅建设发展集团、黄河农村商业银行、宁夏宝丰集团有限公司、石嘴山银行等5家企业纷纷慷慨解囊，共捐赠了2600份"三色暖心包"，总价值39.78万元。每份"三色暖心包"包含5公斤大米、10公斤面粉、5升胡麻油等生活物资，这些"三色暖心包"都将用于保障金凤区因受疫情影响造成生活困难的群众生活。

13日　金凤区上海西路街道悦海新天地社区联合辖区共建单位中信银行信用卡中心，在新时代文明实践站开展了"反对浪费、崇尚节约"文明宣传活动。

19日　由金凤区组织的"因'味'有你，风味金凤"——2022年金凤餐饮老字号评选结果揭晓。

20日　中国人民政治协商会议银川市金凤区第五届委员会第二次会议预备会议召开。会议审议通过了政协银川市金凤区第五届委员会第二次会议议程、各次大会执行主席和主持(组织)人建议名单、提案审查委员会名单。

21日　中国人民政治协商会议银川市金凤区第五届委员会第二次会议开幕。金凤区政协主席胡志刚受政协银川市金凤区第五届委员会常务委员会委托向大会作工作报告。

△　银川市金凤区第五届人民代表大会第二次会议举行预备会议。金凤区人大常委会副主任、金凤区第五届人大常委会代表资格审查委员会主任委员李文陈作了代表变动和补选代表资格审查情况的报告。会议表决通过了金凤区第五届人民代表大会第二次会议议程(草案)、主席团成员和秘书长建议名单、议案审查委员会组成人员建议名单，宣布了各代表团团长、副团长名单和大会注意事项及作息时间。

△　金凤区上海西路街道银新苑南社区组织辖区居民，开展"文明餐桌、光盘行动"宣传活动，进一步倡导反对浪费、崇尚节俭的理念，做文明用餐的践行者、健康生活的受益者。

22日　银川市金凤区第五届人民代表大会第二次会议在银川国际交流中心开幕。

△　金凤区2023年承诺为民办十件实事正式发布。

23日　中国人民政治协商会议银川市金凤区第五届委员会第二次会议举行闭幕大会。

△　金凤区第五届人民代表大会第二次会议举行第二次全体会议，听取和审议金凤区人大常委会工作报告、人民法院工作报告、人民检察院工作报告，表决通过大会选举办法。

24日　金凤区五届人大二次会议圆满完成了各项议程，胜利闭幕。

30日　第九届全国大众冰雪季宁夏分会场活动在银川市金凤区宁海滑雪场开幕。为期两天的活动将开展全国大众高山滑雪公开赛(宁夏站)、群众性冰雪活动、青少年冰雪运动技巧培训、冰雪运动器材展销、全区青少年冰雪冬令营等多项活动。来自宁夏和周边省区的110余名运动员将参加高山滑雪和单板滑雪两个项目的角逐。

(赵东霞　高培馨　李浩诚)

金凤区综览

地理人文

【地理位置】 金凤区是宁夏回族自治区首府银川市辖区之一，地处银川市中心，地理坐标为北纬38°25′—38°38′，东经106°06′—106°08′，东以唐徕渠为界，与兴庆区毗邻，西至包兰铁路，与西夏区相连，南接永宁县，北邻贺兰县，是银川市城市发展规划的行政中心、文化中心、商贸中心、高科技产业园集聚区、最佳环境居住区和塞上湖城自然景观区。

【自然环境】 金凤区地处银川平原中部，呈西高东低、南高北低走势，由西南向东北缓慢倾斜，地势平坦，土地和水资源丰富，平均海拔高度1100米，属中温带大陆性气候。主要气候特点是：四季分明，冬长夏短，昼夜温差大，干旱少雨，蒸发量大。辖区内水系发达，通过唐徕渠、西干渠引黄河灌溉水量达18亿立方米。景观水道纵贯南北，华雁湖、典农河、阅海（西湖）、七子连湖等星罗棋布，湖泊湿地总面积达6.78万亩，形成了江南水乡、塞上湖城的亮丽风景线。

【自然资源】 金凤区矿产资源有煤炭、赤铁矿、熔剂石灰岩、熔剂白云岩、熔剂硅石、水泥石灰岩、辉绿岩等。森林总面积2749.3公顷，森林覆盖率8.66%，其中乔木2044.48公顷，灌木49.37公顷，其他655.45公顷。湖泊湿地面积1466.67公顷，占总面积的4.6%。土壤类型分为九大类、28个亚类、48个土属及500多个土种或变种。天然林面积2.67万公顷。主要有云杉、油松、山杨等乔木，还有山榆、山杏等灌木。此外，有野生药用植物40多种，有国家保护的珍稀动物獐子、马鹿、蓝马鸡、青羊、狐狸等32种。

银川阅海湾中央商务区风光

【历史沿革】 银川市金凤区成立于 2002 年 11 月 1 日，前身是银川市郊区。金凤区成立时，保留原郊区的良田乡、银新乡、兴源乡和芦花乡的部分村队，新划入贺兰县的丰登乡和永宁县望远镇高桥村部分队，以及原新城区的东街街道、铁东街街道。2003 年 8 月，随着新区建设的发展和金凤区城市化进程的推进，金凤区撤乡建镇，撤销良田乡、银新乡、兴源乡、丰登乡，将良田乡的部分村与兴源乡合并，成立良田镇，将芦花乡的部分村组并入丰登乡，成立丰登镇，同时成立长城中路街道、上海西路街道、北京中路街道 3 个街道，形成 2 个镇、5 个街道的格局。

【行政区划】 金凤区总面积 353 平方公里，现辖丰登镇、良田镇 2 个镇和上海西路、北京中路、黄河东路、长城中路、满城北街、贺兰山中路 6 个街道。至 2022 年底，辖区共有村民委员会 20 个，社区居民委员会 64 个。

银川市人民广场彩凤

经济发展

【概况】 2022 年，金凤区实现地区生产总值 341.7 亿元，按不变价计算，比上年增长 0.2%；全口径完成固定资产投资 151.7 亿元，比上年下降 16%；实现规模以上工业增加值 24.6 亿元，比上年下降 2.1%；完成地方一般公共预算收入 8.86 亿元，比上年增长 12.6%；实现社会消费品零售总额 165 亿元，比上年增长 0.4%；城乡居民人均可支配收入分别为 49509.3 元、17206.4 元，比上年增长 4.9%、6.6%。

【农业与农村经济】 2022 年，金凤区完成粮食种植面积 29302 亩，其中小麦种植面积 2337 亩、水稻种植面积 2065 亩、玉米种植面积 24900 亩。经济作物种植面积 1.62 万亩，其中青贮玉米 1.39 万亩，红薯、山药 0.1 万亩，大豆 0.[illegible] 万亩，向日葵 0.03 万亩。良田镇农贸市场扩规投用，良田镇和顺新村成为银川市规模最大的西红柿田间交易中心，改造良田镇植物园村数字农旅小镇主题街区，升级完善利思·田园蜜语农业生态产业园，润丰宿集、良田味集开门营业。润丰村入选全国乡村旅游重点村。实施 2022 年自治区现代农业产业园项目，项目总投资 5425 万元，申请自治区专项资金 1000 万元，金凤区整合配套资金 2015 万元，企业自筹资金 2410 万元。金凤区现有规模以上农产品加工企业（经济运行监测范围内）31 家，总产值 56.2 亿元，总营业收入 59.1 亿元，主营业务收入 47.8 亿元，利润总额 4.65 亿元。从业人员 5182 人，从业人员工资总额 1.62 亿元。

【工业经济】 2022 年，金凤区申报工业示范项目 8 个，新增规上工业企业 4 家、“专精特新”企业 8 家，争取工业技术改造奖补资金 671 万元，小牛自动化光伏组件产品市场占有率全球领先，上榜国家级制造业单项冠军。工业增加值 24.6 亿元，比上年下降 2.1%。全年有工业项目 6 个，总投资 35.68 亿元，其中，新建项目 4 个，年计划投资 5350 万元；续建项目 2 个，年度计划投资 2.6 亿元。截至 2022 年底，完成投资 2.58 亿元。

【现代服务业】 2022 年，金凤区实现服务业增加值 268.7 亿元，比上年增长 0.4%。现代服务业发展体系不断完善，“六大商圈”（正源街与北京路区域商圈、银川火车站商圈、阅海万家商圈、环阅海湖商圈、森林公园商圈、环七子连湖商圈）竞合发展，建发悠阅城加速建设，服务业对经济增长贡献率达 80%。引进落地区域首店 33 家，评选金凤餐饮老字号 49 家。改造新昌路特色商业街，阅彩城获评国家级夜间文化和旅游消费集聚区，正源街核心商圈获批自治区现代商贸服务业集聚区，阅海湾休闲旅游度假区晋升自治区级旅游度假区。银川阅海湾中央商务区“三园一区”(数字经济产业园、科技服务产业园、人力资本产业园、金融和信息服务业集聚区）建设加速推进，累计注册企业5224家，实现主营业务收入360亿元，跻身中国商务区综合实力20强。“东数西算”长三角飞地产业园在杭州市创新规划、落地投用。完成首届“西部数谷”算力产业大会协办任务，签约落地数字经济项目5个，签约金额15.3亿元。银川阅海湾中央商务区获评首批自治区数字经济示范园区，入驻企业562家，营业收入达140亿元，实现税收3.6亿元。新建、改建蔬菜直销店3个，开设便民市场7个，“一刻钟便民生活圈”满足市民消费需求。金凤电商标准化平台启动运行，实现网上实物商品零售额3.7亿元，比上年增长182.7%。举办第六届“金凤飞舞·城市乐活会”，首创商圈免费停车活动，带动客流日均增加2万人次，累计发放消费券23万张，拉动消费4.8亿元。

2022年9月15—16日，阅海湾中央商务区在首届“西部数谷”算力产业大会2022银川智慧城市峰会上签约项目5个，签约金额15.3亿元

【深化改革】 2022年，金凤区各项改革向纵深推进。加快推进“四权改革”，制定山林权确权登记方案，基本完成水流确权工作，在全区率先完成排污许可发证登记任务，土地经营权证书颁证率达85%。金凤区出台优化营商环境50项措施，64%以上的事项进驻实体大厅，36%的事项实现“不见面”审批。预算绩效管理全面实施，财政资金配置效率进一步提升。按照自治区九大重点产业、金凤区五大优势主导产业组建招商专班，对接长三角、珠三角等地开展产业招商，储备培华路商业综合体、北京启迪冰雪馆、海伦堡商业地产等重资产项目，华为宁夏总部、DHL中外运敦豪等一批优质企业陆续入驻，完成招商引资到位资金100亿元目标任务。

2022年9月1日，金凤区召开“六权”改革重点任务工作推进会

【招商引资】 2022年，金凤区全面启动项目突破年活动，101个总投资861亿元的本级重点项目全部开工，31个自治区“六个一百”重大项目加快建设，3个市级重点项目投资完成率105%，投资体量领跑全区。上争资金19.7亿元，同比增长66%；招商引资到位资金107亿元，同比增长6.5%。阅海湾中央商务区“三园一区”(数字经济产业园、科技服务产业园、人力资本产业园、金融和信息服务业集聚区）建设加速推进，累计注册企业5224家，实现主营业务收入360亿元，跻身中国商务区综合实力20强。“东数西算”长三角飞地产业园在杭州市创新规划、落地投用，圆满完成首届“西部数谷”算力产业大会协办任务，签约落地数字经济项目5个，投资15.3亿元。

【城乡建设】 2022年，金凤区城市建成区绿地面积3352公顷，绿化覆盖面积3450公顷，城市公园绿地面积1341公顷，“三绿”指标分别为42.2%、43.5%、20.57平方米。实施老旧小区改造工程，涉及19个小区59栋住宅楼2690户，投入资金1.67亿元，工程于2022年10月23日开工建设，11月完成19个老旧小区外墙保温改造施工。建立农村住房安全动态监测机制，加固抗震农房260户。投资1900万元改造农村公路5条。高标准推进农村人居环境整治，打造示范样板村2个，良田镇园子村纳入第六批中国传统村落名录，金凤区入选“深化乡村地名服务·点亮美好家园”首批全国试点地区。

【生态环境】 2022年，金凤区空气质量优良率为83.2%，优良天数约300天。125件中央环保督察转办件全部整改，生态环境各项约束性指标达到自治区考核标准。落实河湖长制，黑臭水体实现动态清零，30条重点河湖水质保持优良。元宝湖垃圾堆场污染风险彻底消除。宝湖路林带、绕城高速、铁路沿线环境状况明显改善。完成造林面积940亩，建成区新增绿化面积12万平方米。实行“三线一单”（生态保护红线、环境质量底线、资源利用上线、生态环境准入清单）生态环境分区管控，划定耕地和永久基本农田控制线，编制“多规合一”实用性村庄规划10个。开展农业“三减”（减少化肥、减少农药、减少除草剂）行动，受污染耕地安全利用率达98%以上，重点建设用地安全利用率为100%。实施典农河水生态修复项目，建成投用水质自动监测站2个。黄河水农业灌溉年节水50%，规模以上工业单位增加值能耗降低6.4%。巩固散煤污染治理成效，完成清洁取暖能源替代788户。创建垃圾分类示范小区68个，城乡垃圾分类设施实现全覆盖。

社会事业

【人口】 2022年，金凤区常住人口65.76万人，比2021年末增加0.56万人，增长0.9%；男性31.91万人，女性33.85万人。出生人口0.77万人，人口出生率为11.76‰；死亡人口0.21万人，人口死亡率为3.21‰；增长人口0.56万人，人口自然增长率为8.55‰。

【科教文体】 2022年，金凤区续建、扩建中小学、幼儿园共6所，新增学位7980个，有效缓解入学压力。培养金凤区级骨干教师143名，推荐银川市级骨干教师培养对象80名，成立金凤名师工作室45个，获自治区级精品课一等奖70人次，获自治区级“四课”比赛一等奖17人、二等奖7人，全年获各级各类教育教学比赛、教育成果、教育案例等奖项923人次。学前教育普及普惠达标县通过自治区验收，学科类培训机构压减率为89.7%，“互联网+教育”成果经验在全区交流展示，金凤区“互联网+教育”从强化硬件设施1.0时代跨越到应用拓展与理念创新2.0时代。开展“文化金凤·四季欢歌”文化惠民广场演出200场次、送戏下乡100场次，有各类演出队伍200支，参演人员8000余人次。推进中华优秀文化挖掘保护工作，申报第六批金凤区级非物质文化遗产代表性项目和第七批金凤区级非物质文化遗产项目代表性传承人，推荐23个项目参与自治区、银川市非物质文化遗产申报。举办2022年金凤区喜迎二十大·粽享端午情——非遗展示及文旅惠民消费季促销活动、2022年金凤区文化和自然遗产日宣传活动。改善丰登镇和丰村、良田镇光明村和润丰村的篮球场设施。建设植物园村篮球场、金星村2.5公里健身步道、德馨公园1.2公里健身步道，安装健身路径27套、160余件，维修更换破损体育设施53处。举办金凤区第三届青少年校园篮球比赛、金凤区第十三届青少年校园足球联赛、金凤区青少年校园足球嘉年华等赛事，线上线下参与活动12万人以上。完成体育三级社会指导员培训347人，完成国民体质监测1000人，合格率94.1%。

【医疗卫生】 2022年，辖区内有各级各类医疗卫生机构326家，其中，三级公立医院7家，二级公立医院6家，民营医院11家（综合性医院4家、专科性医院7家），公共卫生服务机构7家，基层医疗卫生机构49家（其中乡镇卫生院2家、社区卫生服务中心8家、社区卫生服务站24家、村卫生室15家），个体诊所（含门诊部、医务室）246家。金凤区医疗健康集团揭牌成立，银川市中医医院（金凤院区院）建成投用，作为自治区首家社区医院，银川市上海西路碧水蓝天社区卫生服务中心正式启用。作为银川市医疗共同体平台首家试点单位，金凤区在辖区基层医疗机构推广安装银川市基层医疗机构信息管理系统、人工智能辅助诊疗系统、人工智能质控审核系统等。系统上线以来累计注册基层医生账号 341 个，规范病历数 57.9 万份，门诊病历规范率为 97.3%。远程指导基层医生规范处理常见病、多发病，为疑难杂症患者提供远程专家门诊服务，开展远程心电 2.23 万人次，远程放射 8170 例，远程 B 超 40 人次，远程教学培训 40 期。

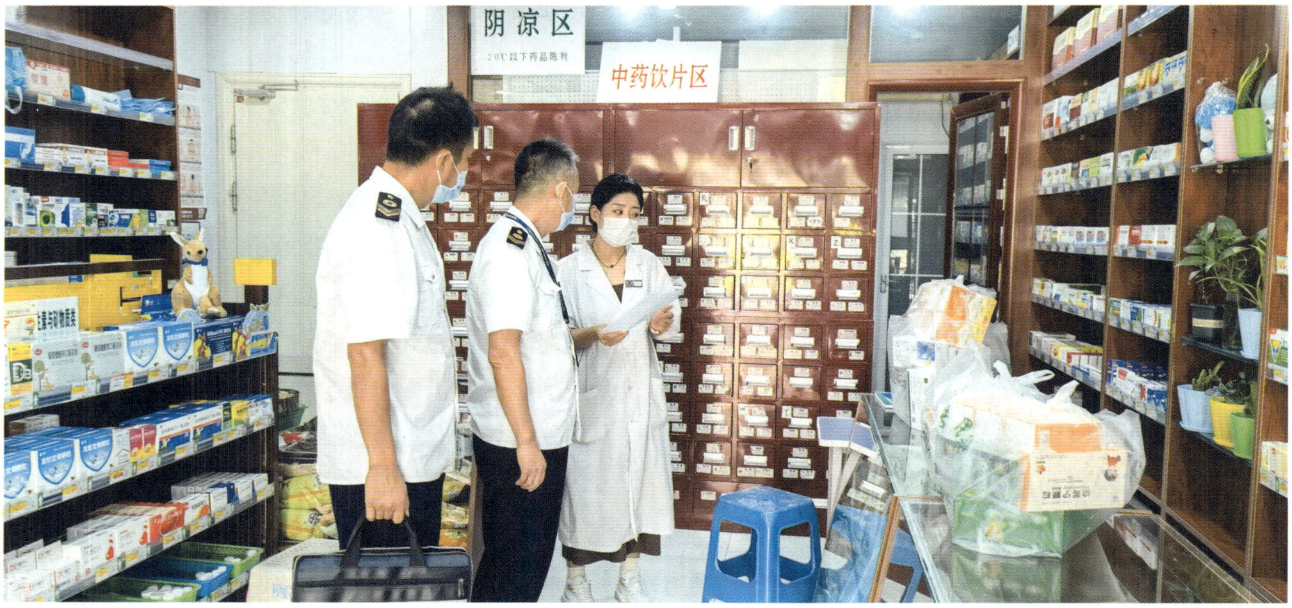

2022 年 9 月 8 日，金凤区卫生健康局卫生监督所干部对辖区药店开展执法检查

表 1　2022 年金凤区部分医疗机构一览表

医疗机构类型	医疗机构名称
三级公立医院	宁夏回族自治区人民医院、宁夏医科大学总医院心脑血管病医院、自治区人民医院眼科医院、银川市妇幼保健院阅海分院、宁夏回族自治区妇幼保健院、银川市中医医院金凤区分院、银川市第一人民医院康复医院
二级公立医院	自治区民政厅民康医院、宁夏回族自治区公安厅安康医院、宁夏回族自治区工人医院、银川市第二人民医院、宁夏康复医院、银川市口腔医院
民营医院	银川爱康博大医院、银川华安医院、宁夏康元泽润医院、宁夏祥安医院、银川上医堂中医医院、宁夏思迈尔口腔医院、宁夏秦杨中医医院、宁夏康源肛肠医院、银川明慈眼科医院、银川进川医院、银川心晴专科医院
公共卫生服务机构	银川市计划生育服务中心、银川市疾病预防控制中心、银川市卫生监督所、金凤区健康教育所、金凤区疾病预防控制中心、金凤区卫生监督所、金凤区妇幼保健计划生育服务中心

【社会保障】 2022 年，金凤区城乡居民基本养老保险实际参保人数 19713 人，城乡居民养老保险金为每人每月 270 元。参加被征地农民养老保险 15431 人，月人均养老金 1333 元，参保人数占银川市总参保人数的 55%左右。辖区内有养老机构 7 家，养老床位数 4751 张，每千名老年人拥有养老床位数 59 张。启动运行金凤区残疾人托养中心。累计建成社区日间照料中心 22 个、社区老年活动中心 35 个、城乡“老饭桌”45 个，其中，新建社区日间照料中心 2 个、“老饭桌”2 个。改造升级社区老年大学 4 所。完成困难老年人居家适老化改造 197 户，为 253 名经济困难、失能失智老人购买居家养老服务 8 项，为 360 名 80 周岁以上高龄低收入老人和 1206 名 60 岁以上经济困难和残疾老年人购买意外伤害综合保险，为

147 名经济困难的失能、重度失能老人发放生活补贴、护理补贴 82550 元，为 8 名百岁老人发放长寿保健费 4000 元，为 2222 户 3228 名城乡最低生活保障对象发放最低生活保障资金 2238.71 万元，为 370 名高龄低收入老年人发放高龄津贴 180.85 万元，为 66 名特困供养人员发放特困供养资金 116.62 万元，为 426 名符合临时救助条件的困难群众发放临时救助资金 112.84 万元，为 3597 名重度残疾人发放护理补贴 511.12 万元，为 2544 名困难残疾人发放生活补贴 571.8 万元，为 13 名散居孤儿和 59 名事实无人抚养儿童发放孤儿养育津贴 82.5 万元，为 169 名农村困难群众发放临时救助金 36 万元，为 128 名符合条件的残疾人每户每年提供 1500 元的保姆式居家托养服务。新冠疫情防控期间，为困难群体、独居老人、孕产妇、行动不便人员、外来务工人员等 1244 户 1415 人发放价值 42.45 万元的爱心包，为 4439 户居民发放价值 88.78 万元的粮油等，为 67 名困难群众发放临时救助资金 21.26 万元。

【就业创业】 2022 年，金凤区城镇新增就业 6718 人，完成目标的 126.75%；失业人员实现再就业 5481 人，完成目标的 148%；就业困难人员实现就业 1209 人，完成目标的 241.8%；农村劳动力转移就业 6836 人，完成目标任务的 124.3%；工资性收入 1.23 亿元，完成目标任务的 123%；重点群体职业技能培训 717 人，完成目标任务的 143.4%；企业职工培训 1698 人，完成目标任务的 113.2%；创业培训 240 人，完成目标任务的 114.3%；培育创业实体 661 个，完成目标任务的 146.9%；创造新岗位 1423 个，完成目标任务的 237.2%；创业带动就业 2230 人，完成目标任务的 101.4%；发放创业担保贷款 1807 万元，完成目标任务的 120.5%；铁杆庄稼保投保 4427 人，完成目标任务的 115%；安置城镇公益性岗位 356 个、乡村公益性岗位 20 个；离校未就业高校毕业生就业率 95.83%；城镇调查失业率控制在 5.5%以内。

【社会治理】 2022 年，金凤区贺兰山中路街道办事处挂牌运行，完成 5 个社区规模调整。金凤区建成邻里中心 8 个、社会工作服务站 7 个，新招录网格员 100 名，黄河东路街道通福家园社区在全国首批社区青春行动试点中被评为“优秀”等次，北京中路街道锦绣苑社区被评为全国先进群众性基层自治组

2022 年 12 月 13 日，金凤区召开三年反诈人民战争推进会

织。村居法律顾问实现全覆盖，丰登镇西新村获评全国法治示范村。开展物业服务专项整治行动，整改突出问题951个，住宅小区物业服务覆盖率达80%。升级完善“智慧金凤”社会治理综合平台三期，上线运行4个系统6个专题，受理群众诉求4.4万件，办结率达99.2%。推进扫黑除恶斗争，开展《中华人民共和国反有组织犯罪法》宣传，利用微信公众号、短视频等推送文化作品和宣传报道100余篇，发放宣传资料1万余份，摸排核查线索11条。推进重点行业领域专项整治工作，破获非法集资案件5起，抓获传销犯罪分子13人。在开展打击整治养老诈骗专项行动中，制作举报箱8个，张贴宣传海报条幅191份，发放宣传材料7772份，核查专项办转办问题线索3条。辖区刑事案件、“八类案件”和电信网络诈骗案件发案数比上年分别下降48.8%、26.1%和53.2%，全年未发生重大案件及重大安全生产事故，连续5年被评为自治区平安县区。

【法治建设】 2022年，金凤区贯彻落实总体国家安全观，坚决守好维护政治安全生命线，组建维稳安保工作专班，细化6个方面、19项重点任务，严格落实“日报告、周研判、月调度”工作机制，排查各类矛盾纠纷1441件，已化解1430件，化解率为99.24%，妥善处置群防事件114次。推进市域社会治理试点，制定印发实施方案及试点项目子方案4个，推动8名派出所所长兼任镇（街道）党工委副书记、83名社区民警兼任村（社区）党组织副书记，实现“网格”和“警格”深度融合。构建全区1张大网、8个镇（街道）中网、83个村居小网、603个单元网格的四级市域社会治理网格体系。全年接收各类案件177603件，已办结176441件，办结率为99.36%。金凤区深入推进“清朗”、网上“扫黄打非”等各类网络专项行动，开展“7×24”小时网络巡查管控，排查网上不当涉政言论线索5条，打击处置涉政谣言案件2起2人。组织“六员”（在职党员、社区民警、人民调解员、社区网格员、志愿者、物业经理）加入居民微信群，覆盖群众20余万人。政法委员整合基层政法综治资源，推动“网格＋警格”深度融合，创新“社区民警（小区长）+社区专干（网格长）+群防群治骨干（楼栋长）”“三长联动”模式，组建群防群治队伍140余支，创建零发案小区50个。

【乡村振兴】 2022年，金凤区争取7749万元实施涉农项目43个，兑现到户补贴资金385万元，提高已脱贫人口、易返贫监测对象和移民群众收入。出台《金凤区2022年巩固拓展脱贫攻坚成果衔接推进乡村振兴产业就业扶持政策》，投入资金597.7万元，实施8个产业项目。推进良田镇国家级农业产业强镇、丰登镇自治区现代农业产业园等重点项目建设，实施金星村汉白玉萝卜分拣中心冷库、和丰村设施农业产业园等43个项目。设立乡村振兴基金1000万元，优化调整扶贫产业担保基金。探索建立“土地流转得租金、就近务工得薪金、入股经营得股金、资产收益得利金”的联农带农模式。

（赵东霞）

中国共产党银川市金凤区委员会

综　述

【概况】 2022年，中国共产党银川市金凤区委员会团结带领辖区各级党组织和党员干部群众，坚持以习近平新时代中国特色社会主义思想为指导，全面贯彻落实党的二十大精神，深入学习贯彻习近平总书记视察宁夏重要讲话指示批示精神，全面落实党中央“疫情要防住、经济要稳住、发展要安全”的重要要求，坚决执行自治区党委、银川市委及金凤区党代会各项部署要求。统筹推进金凤区经济社会各项事业持续健康发展，经济发展稳中向好，生态环境大幅改善，社会民生保障有力，城乡建设持续推进，法治建设不断深入，党的建设全面加强。全年地区生产总值突破350亿元关口，增长4%；完成固定资产投资约150亿元；社会消费品零售总额近170亿元，总量稳居全区前列；一般公共预算收入同比增长5%，增速居全区前列；城镇居民人均可支配收入同比增长6%，总额居全区首位；农村居民人均可支配收入同比增长7.5%，增速全区领先，经济综合实力实现稳步提升。

【经济发展】 2022年，金凤区不断完善“一核多极”现代服务业发展体系，六大商圈竞合发展，建发悠阅城加速建设，服务业对经济增长贡献率达到80%。积极引进首店，未来城、枫林湾小镇等特色街区点亮夜经济，正源街商圈获评自治区商贸服务业集聚区。持续加强投资消费，举办首届房博会，带动房地产市场企稳回升。落地招商引资项目，到位资金百亿元，引资规模创历史新高。政企联动撬动消费，“消费在金凤”品牌影响力持续扩大。放大“三园一区”平台功能，线上交易额突破150亿元，被评为自治区首批数字经济示范园区。数字经济聚集优势持续显现，晋升中国商务区综合实力20强。搭建数字经济青年创新创业共享服务平台，建立创新创业专家智库，构建创新人才新高地。积极创建国家级创新平台，培育科技型企业，数量跃居全区第一。技术合同成交额超过6000万元，万人发明专利拥有量15.87件，全社会R&D经费投入强度达2.9%，居全区首位。

【民生事业】 2022年，金凤区持续推进乡村振兴，产业带动、就业拉动、政策兜底三向发力，全部落实监测对象“一户一策”帮扶措施，补贴资金兑现到户，坚决守住不发生规模性返贫底线。不断完善基层医疗健康服务体系，成立金凤区医疗健康集团，完成基层中医药服务、村（社区）公共卫生委员会设置，银川市中医医院金凤区院建成投用，自治区首家社区医院落地启用。持续拓展教育供给，深入推进“三名工作室”、梯级名师培养工程，积极争取教师编制，师资力量持续加强。启动运行残疾人托养中心，打造“悦邻里”3家，改造升级社区老年大学4所，完成困难老年人、残疾人居家改造。发放各类社会救助资金，兜牢3万余名困难群体基本生活线。专班推进办证难遗留问题化解，打通2.5万套房屋办证渠道，办证难问题的解决得到市民点赞。

【城乡建设】 2022年，金凤区完成尹家渠北街、凤凰北街新昌路特色街区、雪绒巷等街巷的改造工程，启动北部雨污分流工程。完成路面透水性改造1.4万平方米，海绵城市建设成效初显。实施城区老旧小区改造，惠及群众近万人。基层公共文化服务阵地、10分钟健身圈覆盖率稳居全区前列，改造提升基层综合文化服务中心3个。建立农村住房安全动态监测机制，加固抗震农房。投资改造农村公路5条，共享单车首次在农村投放。扩大良田农贸市场规划，和顺新村成为银川市规模最大的西红柿田间交易中心，植物园村数字农旅小镇完成主题街区改造，利思·田园蜜语农业生态产业园升级完善，"润丰宿集""良田味集"开门营业，润丰村入选全国乡村旅游重点村，成功创建自治区现代农业产业园。

【法治建设】 2022年，金凤区成功创建自治区禁毒示范县区，荣获平安宁夏建设示范县区。常态化扫黑除恶斗争深入推进，各类违法犯罪行为持续下降，矛盾纠纷多元化解机制不断完善。严防各类安全生产风险，专项整治三年行动圆满收官；打造铸牢中华民族共同体意识示范点，举办百场"中华民族一家亲"连心活动，"五个认同"持续增进。建成"五进"宗教场所示范点、民主党派之家，西新村获评全国民主法治示范村。

2022年8月，金凤区荣获平安宁夏建设先进集体（2019—2020）称号

【党的建设】 2022年，金凤区开展"三个十"党建示范项目创建活动，党建引领社区治理经验入选自治区典型范例。推进党支部标准化建设，评定三星级以上党组织156家。认真落实党风廉政建设"一岗双责"，持续纠治"四风"问题。综合运用执纪监督"四种形态"处置违纪干部，深入开展"两个专项"整治，全面推广小微权力"监督一点通"平台，启动三轮政治巡察。深化"一核三联五治五化"治理模式，"板凳会""庭院会" 等民主协商载体持续涌现，"小巷管家"入选自治区基层治理创新典型案例。加强乡村文明建设，自治、法治、德治"三治"融合，破解乡村治理难题。

（高培馨）

重要会议

【第1次常委会会议】 2022年1月11日，金凤区委书记赵会勇在金凤区会议中心二楼党政会议室主持召开金凤区四届党委2022年第1次常委会会议，会议听取第二轮中央生态环境保护督察工作总体落实情况汇报和各党组2021年度工作汇报，审议金凤区新时代文明实践中心寻找"最美金凤人"候选人名单、《金凤区2022年春节慰问活动方案（送审稿）》、金凤区推荐宁夏出席党的二十大代表候选人推荐人选名单、金凤区推荐银川市出席自治区第十三次党代会代表候选人推荐人选名单，套开金凤区"改进作风提升质效"专项行动动员会。

【第3次常委会会议】 2022年1月27日，金凤区委书记赵会勇在金凤区会议中心二楼党政会议室主持召开金凤区四届党委2022年第3次常委会会议，通报四届党委2021年第12、13、14次常委会会议议定事项落实情况和2021年镇（街）、区直部门（单位）党（工）委（党组）一把手落实管党治党主体责任情况；听取2021年党风廉政建设和反腐败工作情况、2021年工程建设政府采购等重点领域突出问题专项治理工作情况汇报、辖区2021年安全生产情况汇报和金凤区2022年首批开复工项目情况汇报；审议《金凤区2022—2023年老旧小区综合整治改造PPP项目实施方案（送审稿）》、《金凤区2021年度黄河流域生态保护和高质量发展先行区建设先进集体和先进个人表彰奖励方案》、表彰奖励推荐名单、《金凤区红十字会第一次会员代表大会实施方案（送审稿）》、金凤区红十字会第一届理事会理事候选人建议人选名单、第一届监事会监事候选人建议人选名单；研究党管武装工作有关事宜、金凤区武装工作先进单位和优秀个人表扬对象，研究金凤区排查整顿农村发展党员违规违纪相关问题认定处置建议。

【第 4 次常委会会议】 2022 年 2 月 15 日，金凤区委书记赵会勇在金凤区会议中心二楼党政会议室主持召开金凤区四届党委 2022 年第 4 次常委会会议，研究区委常委职责分工，研究设立金凤区贺兰山中路街道工作委员会有关事宜，听取 2021 年度经济指标完成情况汇报，审议《金凤区事业单位管理岗位职员等级晋升制度工作实施方案（审议稿）》《金凤区委督查督办工作制度》《金凤区 2022 年市域社会治理现代化试点合格城市创建工作推进方案（送审稿）》《金凤区发挥智治支撑作用项目建设实施方案（送审稿）》《金凤区市域社会治理现代化试点项目（防范化解网络安全风险）实施方案（送审稿）》。

【第 6 次常委会会议】 2022 年 2 月 23 日，金凤区委书记赵会勇在金凤区会议中心二楼党政会议室主持召开金凤区四届党委 2022 年第 6 次常委会会议，研究审议《金凤区委常委会 2022 年度工作要点》《金凤区 2022 年县处级领导联系包抓重点项目责任分工实施方案》《金凤区产业项目三年攻坚行动方案（2022—2024 年）》《金凤区 2022 年项目突破年活动实施方案》《金凤区 2022 年“10+1”重点工作清单》《金凤区 2022 年十大工程项目清单》《金凤区“十项便民”工程实施方案》《金凤区关于做好 2022 年全面推进乡村振兴重点工作的实施意见》《2022 年金凤区委理论学习中心组学习安排》，听取领导班子、领导干部 2021 年度考核情况汇报。

【第 8 次常委会会议】 2022 年 3 月 18 日，金凤区委书记赵会勇在金凤区会议中心二楼党政会议室主持召开金凤区四届党委 2022 年第 8 次常委会会议，听取金凤区 2021 年度基层党组织评星定级考核验收情况汇报、2022 年 1—2 月经济运行分析情况汇报，安排部署相关工作；研究审议《金凤区 2022 年政府债务化解方案（送审稿）》《金凤区公共服务实施办法（送审稿）》《关于维护金凤区政治安全工作的实施方案》，以及全国、全区人民满意的公务员和人民满意的公务员集体推荐名单；研究《金凤区严重违纪违法案问题的审理报告》。

2022 年 2 月 24 日，金凤区第一轮巡察动员部署会召开

【第 9 次常委会会议】 2022 年 3 月 22 日，金凤区委书记赵会勇在金凤区会议中心二楼党政会议室主持召开金凤区四届党委 2022 年第 9 次常委会会议，研究银川丝路经济园园林绿化、水系违法占地整改遗留问题事宜；审议《关于银川保绿特生物科技有限公司相关问题整改方案（送审稿）》；听取 2018 年中央第八巡视组巡视宁夏反馈涉及金凤区问题整改和销号情况、2019 年自治区党委第四巡视组巡视金凤区反馈问题整改和销号情况汇报，安排部署相关工作。

【第 10 次常委会会议】 2022 年 4 月 1 日，金凤区委书记赵会勇在金凤区会议中心二楼党政会议室主持召开金凤区四届党委 2022 年第 10 次常委会会议，传达学习习近平总书记参加首都义务植树活动时的重要讲话精神、致中瓦建交 40 周年贺电精神、习近平总书记对东航客机坠毁事件重要批示精神，传达学习全国、全区安全生产电视电话会议精神，传达全区领导干部会议精神，通报自治区严重违纪违法有关案件。

【第12次常委会会议】 2022年4月12日，召开金凤区四届党委2022年第12次常委会会议，通报四届党委2022年第8、9、10常委会会议议定事项落实情况，研究审议《金凤区创建国家食品安全示范城市实施方案(送审稿)》《金凤区未成年人保护工作实施方案(送审稿)》，研究长城中路街道办事处社区规模调整事宜、农村宅基地使用权和房屋所有权确权颁证相关事宜、金凤区全面推行林长制相关配套制度、雪绒巷和祥安巷改造事宜、新昌路特色商业街区改造事宜、金凤区空间资源城市运营管理有限公司成立事宜、金凤区第三十九小综合教学楼扩建相关事宜。

【第13次常委会会议】 2022年4月17日，召开金凤区四届党委2022年第13次常委会会议，传达学习自治区党委书记梁言顺调研银川市讲话精神，研究贯彻落实意见。

【第14次常委会会议】 2022年4月30日，召开金凤区四届党委2022年第14次常委会会议，听取近期重点工作情况汇报，安排部署有关工作，研究审议《金凤区疫情防控工作“四不两直”交叉互检方案(审议稿)》《金凤区长城中路街道、北京中路街道、黄河东路街道区划调整方案(送审稿)》《金凤区社区蔬菜直销店提升改造实施方案(送审稿)》《金凤区第六届“金凤飞舞·城市乐活会”活动方案(送审稿)》《金凤区政府投资项目招标代理(造价咨询)机构比选工作流程（送审稿)》《金凤区政府投资项目招投标工作流程(送审稿)》，通报近期自治区违反中央八项规定精神典型案件，研究李某某征收补偿信访有关事宜、金凤区2021年度绩效考核结果。

【第15次常委会会议】 2022年5月7日，召开金凤区四届党委2022年第15次常委会会议，会议传达学习5月5日中共中央政治局常务委员会会议精神，传达学习习近平总书记、李克强总理对湖南长沙居民自建房倒塌事故的重要指示和批示精神，传达学习全国、全区自建房安全专项整治电视电话会议精神，传达学习5月6日自治区政府党组(扩大)会议、自治区反恐怖工作领导小组会议暨全区反恐怖工作电视电话会议精神，安排部署有关工作。

【第16次常委会会议】 2022年5月16日，召开金凤区四届党委2022年第16次常委会会议，通报四届党委2022年第12、13、14、15次常委会会议议定事项落实情况，听取金凤区主要经济指标上半年“双过半”预测情况及工作建议、金凤区自建房建筑安全隐患排查整治情况汇报，研究审议《金凤区固定资产投资“双过半”工作方案(送审稿)》《金凤区地区生产总值“双过半”工作方案(送审稿)》《金凤区商贸指标和招商任务“双过半”工作方案(送审稿)》，安排部署有关工作，研究审议《金凤区解决群众办理房产证遗留问题专项工作方案（送审稿)》《金凤区2021年度巩固拓展脱贫攻坚成果同乡村振兴有效衔接考核评估问题整改方案(送审稿)》《银川市金凤区贯彻落实第二轮中央生态环境保护督察(第四督察组)反馈意见“挖湖造景”整改工作方案(送审稿)》，研究金凤区2021年度县处级干部考核优秀等次建议人选事宜。

【第17次常委会会议】 2022年5月30日，召开金凤区四届党委2022年第17次常委会会议，通报近期自治区严重违纪违法有关案件，研究审议《金凤区疫情防控一线工作人员健康疗养实施方案》、《金凤区国企改革三年行动实施方案(2020—2022)》(送审稿)、《关于进一步加强金凤区残疾儿童少年入学工作实施方案》、《金凤区服务业发展引导资金项目验收管理办法(试行)》(送审稿)，研究湖畔嘉苑社区居委会规模调整及增设社区居委会相关事宜，研究调整领导干部任前公示范围有关事宜。

【第18次常委会会议】 2022年6月7日，召开金凤区四届党委2022年第18次常委会会议，研究审议《关于推进落实金凤区中小学校党组织领导的校长负责制实施方案》《金凤区委常委会安全生产职责清单（送审稿)》《金凤区委领导班子2022年度安全生产重点工作责任清单(送审稿)》，研究扶持壮大村级集体经济项目事宜、2022年软弱涣散基层党组织整顿事宜，研究王某、李某严重违纪违法案的审理报告及自治区第十三次党代会期间重点保障性工作有关事宜。

【第19次常委会会议】 2022年6月14日，召开金凤区四届党委2022年第19次常委会会议，通报表扬市监分局、审批管理局、发展改革局深化商事制度改革工作获国务院办公厅督查激励情况，通报自治区第十三次党代会期间重点工作落实情况，听取金凤区委第一轮巡察工作情况汇报，研究审议《中共银川市金凤区委员会巡察工作实施办法》，研究对2019—2021年连续三年年度考核为优秀等次公务员记三等功事宜。

【第21次常委会会议】 2022年7月3日，召开金凤区四届党委2022年第21次常委会会议，通报表扬2022年第二季度信息工作较好单位和第16次、17次、19次常委会会议定事项落实情况，听取辖区上半年经济运行情况预测分析及1—5月运行情况汇报，研究审议《金凤区2022年八一建军节活动实施方案（送审稿）》、金凤区良田镇给排水一体化特许经营项目退出隐性债务系统有关事宜。套开金凤区委网信办第四次会议。

【第22次常委会会议】 2022年7月26日，召开金凤区四届党委2022年第22次常委会会议，通报表扬2011—2020年宁夏妇女儿童发展规划实施中表现突出的单位，听取巩固拓展脱贫攻坚成果同乡村振兴有效衔接考核评估问题整改工作情况汇报，安排部署有关工作，研究创建未成年人保护示范县迎检工作，研究审议《金凤区贯彻落实自治区第十三次党代会报告主要任务实施方案（审议稿）》《金凤区深化应急管理综合行政执法改革实施方案（送审稿）》，研究召开金凤区第三次妇女代表大会事宜、2022年度金凤区人民政府重大决策事项目录事宜。套开了金凤区集中开展化解突出信访问题“百日攻坚”专项行动动员会。

【第24次常委会会议】 2022年8月20日，召开金凤区四届党委2022年第24次常委会会议，通报表扬了自治区第十三次党代会服务保障工作先进单位和先进个人，听取金凤区2022年上半年基层党建工作情况汇报、学前教育普及普惠示范县（区）创建工作及教育项目建设情况汇报，研究审议《关于广泛开展习近平总书记视察宁夏重要讲话指示批示精神“大学习、大讨论、大宣传、大实践”活动的实施方案》，研究金凤区监察委员会向金凤区人大常委会报告专项工作有关事宜、长城中路街道高桥社区规模调整及上海西路街道区建一分公司社区更名事宜。套开金凤区市域社会治理现代化试点工作领导小组会议、金凤区委审计委员会第六次会议。

【第25次常委会会议】 2022年9月5日，召开金凤区四届党委2022年第25次常委会会议，专题学习新修订的《中华人民共和国档案法》，研究部署贯彻落实工作。会议通报了第21、22、24次常委会会议议定事项落实情况，银川市纪委关于给予辖区相关干部政务警告处分的决定；听取1—8月经济运行情况汇报、安全生产工作情况汇报、生态环境工作情况汇报等情况汇报，安排部署相关工作；研究审议《金凤区2022年巩固拓展脱贫攻坚成果衔接推进乡村振兴产业就业扶持政策（暂行）》《金凤区庆祝第38个教师节暨通报表扬大会实施方案（送审稿）》。套开金凤区退役军人事务工作领导小组会议、金凤区委议军会议。

【第26次常委会会议】 2022年10月26日，金凤区委书记郝春明在会议中心三楼视频会议室主持召开金凤区四届党委2022年第26次常委会会议，听取巩固拓展脱贫攻坚成果同乡村振兴有效衔接考核评估发现问题整改进展情况汇报、安全生产及信访维稳工作情况汇报。

【第28次常委会会议】 2022年11月4日，金凤区委书记郝春明在会议中心二楼党政会议室主持召开金凤区四届党委2022年第28次常委会会议，听取2023年基本建设项目谋划情况汇报，安排部署相关工作，听取中共银川市金凤区第四届委员会第四次全体会议筹备情况汇报，研究审议《中共银川市金凤区委员会关于认真学习宣传贯彻党的二十大精神的意见(送审稿)》《金凤区重大项目要素预审工作办法(送审稿)》《金凤区应对疫情影响推动复工复产复市提振经济工作方案（送审稿）》《金凤区关于区、镇(街)残联换届工作实施方案(送审稿)》《关于进一步加强人大对政府债务审查监督的实施意见（送审稿)》。套开金凤区2022年总河长会议、金凤区委教育工作领导小组第2次会议。

【第29次常委会会议】 2022年11月5日,金凤区委书记郝春明在会议中心二楼党政会议室主持召开金凤区四届党委2022年第29次常委会会议，听取金凤区委四届四次全会各讨论组关于《中共银川市金凤区委员会关于认真学习宣传贯彻党的二十大精神的意见(讨论稿)》和《中国共产党银川市金凤区第四届委员会第四次全体会议公报(讨论稿)》情况的汇报。

2022年11月5日,金凤区四届党委召开第29次常委会会议

【中国共产党银川市金凤区第四届委员会第四次全体会议】 2022年11月5日,中国共产党银川市金凤区第四届委员会第四次全体会议在银川召开。出席全会的区委委员30人,候补委员9人。区纪委委员、有关方面负责同志和基层党代表、民主党派代表列席会议。全会审议通过了《中共银川市金凤区委员会关于认真学习宣传贯彻党的二十大精神的意见》。

【第30次常委会会议】 2022年11月10日，金凤区委书记郝春明在会议中心二楼党政会议室主持召开金凤区四届党委2022年第30次常委会会议。会议研究审议了金凤区出席自治区第十三届人民代表大会代表候选人初步建议人选名单，研究部署近期重点工作。

【第32次常委会会议】 2022年11月22日，金凤区委书记郝春明在会议中心三楼视频会议室主持召开金凤区四届党委2022年第32次常委会会议,通报了第25、26、28次常委会会议议定事项落实情况，研究审议《金凤区贯彻落实第二轮中央生态环境保护督察反馈意见整改方案(送审稿)》《金凤区关于加强物业管理工作、提升物业服务水平三年行动计划(2022—2024年)》(送审稿)，听取中共银川市金凤区第四届委员会第五次全体会议筹备情况汇报、《金凤区贺兰山中路街道机构改革方案(审议稿)》,审议《中国共产党银川市金凤区第四届委员会第五次全会报告(送审稿)》。套开区委统一战线工作领导小组2022年第3次会议。

【第33次常委会会议】 2022年11月30日，金凤区委书记郝春明在会议中心二楼党政会议室主持召开金凤区四届党委2022年第33次常委会会议,听取安全生产和消防安全、社会安全稳定工作情况汇报,安排部署相关工作。

【第34次常委会会议】 2022年12月9日,金凤区委书记郝春明在会议中心三楼视频会议室主持召开金凤区四届党委2022年第34次常委会会议，通报自治区效能目标管理考核对接情况，审议《金凤区2022年绩效考评工作方案(送审稿)》,听取意识形态工作责任制落实情况汇报,审议《金凤区县处级领导干部新闻报道工作实施细则(送审稿)》,听取金凤区2022年生态环境保护工作情况汇报,安排部署相关工作,审议《金凤区清洁能源改造提升项目实施方案(送审稿)》,研究金凤区存量房回购及安置项目相关事宜、金凤区残疾人联合会第五次代表大会召开事宜，研究金凤区残疾人联合会第五次代表大会换届有关人选、金凤区出席银川市残联第八次代表大会代表、主席团委员建议人选事宜,研究金凤区第五届人民代表大会常务委员会委员补选事宜、补选银川市人大代表和金凤区第五届人民代表大会常务委员会委员建议人选事宜。

【第35次常委会会议】 2022年12月18日，金凤区委书记郝春明在会议中心三楼视频会议室主持召开金凤区四届党委2022年第35次常委会会议，研究召开银川市金凤区第五届人民代表大会第二次会议、中国人民政治协商会议银川市金凤区第五届委员会第二次会议及增补政协银川市金凤区第五届委员会委员和中共宁夏阅海实业集团有限公司委员会到期换届事宜，审议《银川市金凤区人民代表大会常务委员会工作报告（送审稿）》《银川市金凤区第五届人民代表大会第二次会议选举办法（草案）》《政府工作报告（送审稿）》《政协银川市金凤区常务委员会工作报告（送审稿）》《中国人民政治协商会议银川市金凤区第五届委员会第二次会议选举办法（草案）》《金凤区政协2023年协商计划（送审稿）》《银川市金凤区人民法院工作报告（送审稿）》《银川市金凤区人民检察院工作报告（送审稿）》《关于金凤区2022年国民经济和社会发展计划执行情况与2023年国民经济和社会发展计划草案的报告（送审稿）》《关于金凤区2022年财政预算执行情况和2023年财政预算（草案）的报告（送审稿）》《关于金凤区2022年生态环境状况和生态环境保护目标完成情况的报告（送审稿）》《金凤区中小学教师“县管校聘”改革实施方案（试行）》（送审稿），听取2023年政府承诺为民办十件实事谋划情况汇报、2022年党风廉政建设和反腐败工作情况汇报，安排部署相关工作。

【中国共产党银川市金凤区第四届委员会第五次全体会议】 2022年12月19日，中国共产党银川市金凤区第四届委员会第五次全体会议在银川举行。出席全会的区委委员29人，候补委员7人。区纪委委员、有关方面负责人和民主党派代表列席会议。听取和讨论了郝春明受区委常委会委托作的工作报告，审议通过《中国共产党银川市金凤区第四届委员会第五次全会报告》《关于李荣利同志递补为中共银川市金凤区第四届委员会委员的决定》。

2022年12月19日，中国共产党银川市金凤区第四届委员会第五次全体会议召开

（高培馨）

综合政务

【统筹协调】 2022年，金凤区委办公室始终坚持以习近平新时代中国特色社会主义思想为指导，紧紧围绕各级党委决策部署和区委中心工作，当好参谋助手，抓好督促落实，搞好统筹协调，做好服务保障，高标准高质量做好“三服务”工作。审核以区委（办）名义下发的各类文件126件、各单位请示25件，制发区委周工作安排42期。办理自治区党委、银川市委领导批示件34件。推行“多会合一”，规范会务服

2022年7月6日，金凤区委办公室党支部传达学习自治区第十三次党代会精神

务，全面实行会议实名制度，促进会风转变，承办各类会议120场，其中，组织召开区委四届四次、五次全会，组织区委常委会会议35场，撰写常委会会议纪要35期。扎实推进党内规范性文件清理、备案工作，报备及时率、规范率均达100%。

【调查研究】 2022年，金凤区委办公室围绕年度重点工作，协调安排区委领导开展调研活动100次，推动相关重点工作和重大项目实施。安排区委主要领导到基层调研、检查、走访、慰问等活动108次。聚焦党委政府关心、干部群众关注的热点问题，及时跟踪掌握动态信息，深入细致研究，充分发挥党委信息"服务大局、服务领导、服务决策"作用。围绕中心工作及决策部署开展调研，为决策提供有价值信息，编发《要情与动态》16期、《信息快报》18期，完成上级约稿专题110余次。畅通紧急信息报送渠道，确保快速反应、跟踪采编、及时报送，未发生迟报、瞒报、漏报情况。共向自治区、银川市整理报送日常及紧急信息1000余条、意见建议类文章56篇、调研报告47篇。5月被市委办评为"信息报送较好单位"。《金凤区"三公"合署办公跑出流调管控"加速度"》等信息得到自治区领导批示，《从人口变化看经济社会发展的机遇与挑战——基于第七次人口普查数据的分析》被自治区评为优秀调研报告，2022年度信息工作在银川市排名第三。

【以文辅政】 2022年，金凤区委办公室始终坚持用习近平新时代中国特色社会主义思想武装头脑、指导实践、推动工作，不断提高综合文稿服务质量水平，实实在在发挥以谋资政、以策辅政的参谋助手作用。共起草各类文稿讲话300余篇，撰写调研报告10余篇。保质保量完成金凤区委四届三次全会、区委常委会等系列重要会议的文稿服务工作。

【档案行政管理】 2022年，在金凤区委常委会会议上传达学习国家档案局《关于认真学习贯彻习近平总书记重要批示的通知》。金凤区委办公室、金凤区政府办公室联合印发《金凤区档案事业发展"十四五"规划》《2022年金凤区档案工作重点任务分工方案》，明确档案执法制度、执法队伍、执法检查的内容和方式。由金凤区委办公室牵头，抽调消防、公安、档案等单位相关人员组成执法检查组，开展执法检查两次。开展执法监督检查上岗前教育培训，提高工作人员法律素养和业务能力。档案馆馆长和两名档案工作人员取得了行政执法人员培训合格证。

【保密工作】 2022年，金凤区委办公室制定完善《保密管理制度汇编》，从源头防范泄密事件的发生。深入开展保密宣传月活动，以"五个一"系列活动推动保密宣传落地见效，共印发宣传海报500套。邀请自治区党委保密办（国家保密局）相关领导现场授课，切实增强干部职工保密意识和责任意识。联合宣传部策划拍摄《马兰人郭献银的保密故事》等短视频，金凤区国家保密局荣获自治区"优秀组织奖"称号。严格开展保密检查，联合公安分局、区委网信办对辖区各部门、单位落实保密工作开展随机检查，现场指出发现的问题，责令整改，整改完成率达100%。

（高培馨）

组织工作

【概况】 2022年，金凤区委组织部着力健全组织体系，建强干部队伍，夯实基层基础，强化人才引育，着力以高质量组织工作服务保障经济社会高质量发展。部机关2022年被银川市委评为五星级党组织。党建引领社区治理和干部选育管用工作经验分别在自治区基层党建重点任务推进会和银川市组织部长会议上作交流。

【理论武装】 2022年，金凤区委组织部抓好习近平新时代中国特色社会主义思想、习近平总书记视察宁夏重要讲话指示批示精神、党的十九届六中全会精神集中轮训工作，举办培训班两期，全覆盖轮训领导干部350人次；组织自治区第十三次党代会精神辅导培训700余期，培训党员1万余名；全覆盖培训换届后乡镇党委委员17人、村（社区）"两委"班子成员 327 人次、村(居)民小组干部 362 人次。建立党员学习日制度,开展主题党日活动 4265 次,集中学习 17000 余次,举办各领域专题培训班 145 期,覆盖党组织书记、普通党员 21375 人次,党员领导干部和党组织书记讲党课 276 次。开展“千堂党课下基层”宣讲 53 场次,受众 4000 余人次,有效推动党的创新理论进农村、进社区、进机关、进企业、进学校。聚焦基层治理、招商引资、乡村振兴等开展专业化能力提升班,培训 9 期 500 余人次,领导干部抓党建、抓发展、抓项目的能力有效提升。

【干部队伍建设】 2022 年,金凤区委组织部调整提拔干部 7 批次 160 人次。对在乡村振兴等岗位上的 11 名干部提拔重用,对表现突出的 5 名年轻干部给予职级晋升。开展“疫”线考察识人行动,对“9·20”疫情防控中表现突出的 296 名干部纳入“红榜干部信息库”,实行“五个优先”。研究制定《金凤区 2022—2026 年年轻干部队伍建设规划纲要》《金凤区政法机关实施“3331 工程”加强优秀年轻干部培养选拔工作的实施方案》,建立 156 名优秀年轻干部储备库并完善其“成长档案”。探索年轻干部培养导师帮带机制,形成 49 对帮带对子。成立 4 个小组,深入 20 个村,对 108 名新任职干部就班子运行、工作能力等内容进行重点考察。动态监测 8 个镇(街道)、45 个部门(单位)领导班子运行情况和班子进退情况、配备需求和年轻干部储备状况,建立“一个班子一本账”,不断提升人岗匹配度。选派 54 名年轻干部到改革发展一线、重大斗争最前沿、艰苦复杂环境等关键岗位上锻炼。实施“交流源泉工程”,选派两名“90 后”年轻干部到区市直部门开眼界,选派 28 人到基层交流任职,让年轻干部练就“铁肩膀”“硬脊梁”。

【基层组织建设】 2022 年,金凤区委组织部加强基层组织建设。在农村,扎实推进“一抓两整”示范创建行动,新评定五星级村党组织 1 个、示范村党组织 14 个。制定《金凤区村级组织和村干部效能目标考核实施细则》,完善村干部队伍报酬稳定增长机制,“两委”成员月平均增资 810 元,村民小组长月平均增资 1500 元。新争取各级壮大村集体经济项目资金 400 万元。选派 4 名三级调研员作为乡村振兴指导员下沉一线,召开乡村振兴指导员工作例会 3 次,解决现实问题 20 余个。以良田镇为试点创新“五事争先”农村党员教育管理新模式。在平伏桥村建立悦湖家园红色业委会,打造魏家桥村红色物业示范点,构建“社区 + 物业 + 业委会”协同共建新格局。在城市,围绕“一核三联五治五化”治理模式,总结银啤苑“板

2022 年 6 月 7 日,金凤区换届后领导干部及选调生能力提升培训班开班

凳会”、大阅城商圈党建等经验，打造22个社区示范点和17个小区示范点。推进“红色物业”“红色业委会”专项行动，培育“红悦”“红管家”等物业品牌8个、满城北街颐海苑小区业委会等红色业委会品牌4个。在非公企业和社会组织，组建“1+10”工作专班，建立“五个清”工作台账，成立党组织36个，覆盖企业51家。成立街道非公有制经济组织和社会组织党委，制定“一单一诺一书”（年度重点项目清单、行业公开承诺、党建任务指导书）。依托社区阵地、悦邻里、志愿服务驿站、户外劳动者之家，打造90个新业态新就业群体暖心驿站。成立金凤区“小个专”党委，成立上海西路非公党建工作示范街区，设立6个“小个专”党建工作指导站。成立金凤区互联网行业党工委，凝聚78家互联网企业和120余名从业人员成立互联网行业联盟。在机关，探索“六学联动”模式，锻造出一批实干尖兵。开展“改进作风、提升质效”专项行动，调研督导干部作风效能6次，整改问题1100余条，清理制度126条，制定规章制度31条，两个党组织被评定为五星级党组织，7个党组织被评定为四星级党组织。在学校，指导制定《关于推进落实金凤区中小学校党组织领导的校长负责制实施方案》《金凤区中小学校党组织会议、校长办公会议、党政联席会议议事规则》，组织33名学校党组织书记开展政治素质考察工作。

2022年7月，金凤区委组织部被银川市委评为五星级基层党组织

【党员教育管理】 2022年，从严从实把好发展党员入口关、程序关、质量关，共发展党员126名。加大党员关爱关怀力度，走访慰问各类党员285人，发放慰问金27.95万元。常态化开展党员组织关系线上线下转接6000余人次。作为自治区流动党员示范点之一，建立两个非公示范街区、22个流动党员管理服务站、72个流动党员服务岗、90个新就业群体党员服务驿站，逐渐形成集服务管理、学习教育、活动开展等于一体的“流动党员之家”。

【人才工作】 2022年，金凤区持续开展“高校网络招聘会”“春风行动”“人才金街” 等线上线下人才招聘会，落地引进高层次人才1861人。举办青年创新创业博览会，揭牌成立“引凤创梦”创新创业共享孵化基地、青年创新创业示范服务基地，建设人才强区。推荐申报自治区各类科技项目111个、自治区劳动模范（技能人才）创新工作室2家、“凤城工匠”3人、银川市高精尖缺人才19人。成功申报2022年度自治区、银川市科普项目6个，银川市“导师帮带”乡村人才凝聚计划6个，银川市“小高地”项目2个。2022年成功申请学术技术带头人储备工程培养人选15人、青年大学生住房保障工程130人。开展智慧农业技术人才、技能人才等培训，参训6000余人次，全面提升各领域人才技能水平。发放自治区人才引进安家费、补助费95万元，银川市高、精、缺人才生活补贴194万元，兑现大学生共有产权房配套资金107余万元，解决41名高层次人才子女入学问题，落实高精尖缺人才年度体检等待遇，用心用情留住人才。

（李瑞沛）

宣传工作

【概况】 2022年，金凤区宣传思想文化战线坚持以习近平新时代中国特色社会主义思想为指导，突出学习宣传贯彻党的二十大精神工作主线，坚决扛起举旗帜、聚民心、育新人、兴文化、展形象的使命任务，为推动先行区建设和金凤区高质量发展提供思想保证、舆论支持、精神动力。

【意识形态】 2022年，金凤区加强风险防范化解，做好重要时间节点意识形态领域风险预警研判、防范化解和应对处置工作，建立意识形态月沟通机制，按季度召开意识形态领域重大风险分析研判会议，邀请教授开展新时代意识形态领域工作专题辅导。对各镇（街道）、相关部门（单位）开展意识形态专项巡察，发现并督促整改问题29个。加强各类阵地管理，坚持主管主办和属地管理原则，管好各类思想理论及文化阵地，严格审批各类报告会、讲座等，开展出版物印刷经营年审及市场清查工作。加强学校阵地管理，开展预防未成年人网络沉迷宣传教育、网络安全进校园宣传教育等，深入开展不良之风整治。加强重点领域整治，推进“扫黄打非”五大专项行动，查办“扫黄打非”案件6起，其中自治区挂牌督办案件2起。持续深化“护苗”专项行动，在辖区范围内35所中小学建立“护苗工作站”。开展文化市场专项检查80余次，在重要节点对123家文化场所进行检查。

【理论武装】 2022年，金凤区委宣传部抓好中心组学习，深入实施习近平新时代中国特色社会主义思想铸魂工程，坚持把习近平新时代中国特色社会主义思想列为各级党委（党组）理论学习中心组学习的“第一议题”和“常设议题”，把《习近平谈治国理政》第四卷作为必学内容，金凤区委理论学习中心组共开展集中学习12次、专题研讨3次。

2022年11月7日，金凤区委理论学习中心组召开第12次学习会

【理论宣讲】 2022年，金凤区委宣传部突出抓好党的十九届六中全会精神、自治区第十三次党代会精神宣传宣讲，持续推动习近平新时代中国特色社会主义思想“七进”和“三进”活动，用好线上新媒体、线下“板凳会”“庭院会”“大棚会”等特色载体，扎实开展宣传宣讲活动，组建领导干部宣讲团，开展分众化、对象化、互动化宣讲53场次，受众人数近5000人。丰富学习实践形式。开展“奋进新征程·建功新时代”理论征文活动，举办基层理论“微宣讲”大赛，组织理论宣讲志愿服务队深入小区单元楼栋开展“送学上门”活动，进一步完善6条党史学习教育体验教学路线并创新运用H5实现网上展示，积极参加“学习强国”学习平台达人挑战赛等活动。

【对外宣传】 2022年，金凤区委宣传部紧扣学习宣传贯彻党的二十大精神主线，聚焦区委、区政府中心工作，做好典型宣传、成就宣传、政策宣传。组织策划深化文明城市建设、稳经济保增长促发展、重点项目建设巡礼等多个主题宣传。夜经济、现代服务业、“双减”、人才等工作被中央、自治区级媒体多次报道。通过新媒体平台累计发布信息4002条、短视频807个，点击量达到354万余人次。各级各类媒体共报道金凤区新闻4155条，其中，中央级媒体365条，自治区级媒体1612条。

【全国文明城市建设】 2022年，金凤区印发《2022年金凤区深化全国文明城市建设十项专项行动方案》《2022年金凤区深化全国文明城市建设工作责任清单》《2022年金凤区深化全国文明城市建设实地测评工作手册》等一系列文件，明确目标任务。以银川市八项专项行动为重点，针对共享单车停放、文明养犬、环境卫生，以及文明出行、文明旅游、文明餐桌、文明习俗、文明上网“五大行动”等重点问题，制定“净化家园、美靓金凤”“疏堵保畅、文明出行”等10项专项行动。共开展联合督查110余次，下发督查通报31期，下发快速督办单186个，整改问题1700余个。

【移风易俗】 2022年，金凤区委宣传部将乡风文明及移风易俗作为群众性精神文明创建活动重要组成部分，纳入文明村镇创建考评体系。制定印发《金凤区农村精神文明建设“百乡千村万户”工作实施方案》，明确目标任务及工作内容。按照“常态化宣传＋移风易俗巡回宣讲＋文艺专场演出＋集体婚礼品牌活动＋三方考核”的工作思路，持续做好移风易俗工作。组织开展“拒绝高额彩礼　推进移风易俗”宣传浸润专项行动共计60余场次，移风易俗专场文艺巡演9场次。针对移风易俗“12个1”建设工作内容，建立资料审查、实地观察、问卷调查等考评体系，进一步强化工作成效。建立健全并进一步修订红白理事会、道德评议会、村民议事会、禁毒禁赌会等工作章程，规范“一约三会”人员组成、工作原则、工作流程等，切实发挥作用。健全完善“善行义举四德榜”，对“四德”建设过程中出现的典型人物、好人好事进行张榜公示，用身边人和事教育感召身边人，实现农村精神文明建设宣传全覆盖。

2022年7月28日，金凤区丰登镇新丰村在新时代文明实践站开展移风易俗宣讲活动

【志愿服务】　2022年，金凤区制定《金凤区志愿服务褒奖激励制度（试行）》，明确“7+N”褒奖优待项目，为首批认定的90名三星级及以下志愿者发放奖金。深化志愿服务总队建设，高标准组建19支金凤区级专业化文明实践志愿服务分队，有志愿者1000余人。积极组建镇（街道）志愿者服务支队14支、村级志愿服务分队400余支。积极发挥志愿服务品牌示范带动作用。共组织开展“强国复兴有我”群众性主题宣传教育活动、“喜迎二十大·奋进新征程”等各类主题实践活动共计600余场次。

【青少年思想道德建设】　2022年，金凤区委宣传部开展“强国复兴有我　争做新时代好少年”“扣好人生第一粒扣子”“新时代好少年”“传承红色基因”“学雷锋志愿服务”等主题活动。组织开展社会主义核心价值观手抄报及板报征集、经典诵读、青少年爱国主义读书教育等线上线下活动共计50余场次，参加6万余人次。开展科学普及、助学支教等主题实践暨志愿服务活动共计10余场次。管好用好乡村学校少年宫，切实发挥好乡村学校少年宫在培养学生各方面技能中的积极作用。深入推进乡村“复兴少年宫”试点建设和社区未成年人活动场所建设，深化未成年人心理健康辅导，开展家庭教育公益大讲堂活动15场次。有两名学生荣获自治区新时代好少年荣誉称号，4名学生荣获银川市新时代好少年荣誉称号。

【文化文艺】　2022年，金凤区打造“金凤悦书房”4处，提升改造基层公共综合文化服务中心3处。推动“书香金凤”建设，新建图书流通点5处，开通金凤区图书馆官方微信公众号，开展全民阅读推广活动40次，持续实施文化惠民工程，开展文化惠民广场演出190场，送戏下乡演出91场次，举办“喜迎二十大、奋进新征程”主题系列文化活动、第五届银川市民文化艺术节、消费扶贫大集、冰雪嘉年华等群众性文体活动。完成金凤区各文艺家协会换届工作。举办书法作品、美术作品网络展4期，举办文学、摄影作品展播活动7期。

【新时代文明实践中心建设】　2022年，金凤区有新时代文明实践中心1个、分中心1个、新时代文明实践所8个、新时代文明实践站83个，实现区、镇（街道）、村（社区）全覆盖。制定《金凤区深化拓展新时代文明实践中心（所、站）建设的实施方案》，推动“金凤悦邻里”与新时代文明实践融合，引入社会专业力量提供公共服务。成立“德润向善邻里亲、文明实践金凤行”志愿服务联盟，引导各类公益机构、社工机构、社会组织积极投身新时代文明实践志愿服务，推广“社工＋志愿者”工作模式，更好地承接服务项目，有效地开展专业服务。截至2022年底，有30余个社会组织加入联盟。持续开展“1+50+N”新时代文明实践项目培育，组织开展精准便民志愿服务，各实践所（站）及单位认领项目533个，均由金凤区志愿服务促进中心孵化培育。委托第三方测评机构于7月4—15日对金凤区91个新时代文明实践所（站）工作开展情况进行测评并出具测评报告。

【学习宣传贯彻党的二十大精神】 2022年，金凤区牢牢把握正确政治方向、舆论导向、价值取向，扎实开展党的二十大精神学习宣传。金凤区委先后3次进行集中学习，开展专题辅导1次，各级党组织集中学习200余次。在金凤电子快报微信公众号开设《深入学习宣传贯彻党的二十大精神》专栏，推出辖区党员领导干部热议党的二十大专题报道9期。组织辖区党员领导干部职工通过电视、网络等收听收看中国共产党第二十次全国代表大会开幕会，及时转载新华社消息，转发中央、自治区主流媒体相关报道98条，转载辖区党代表专访文章两篇。制作景观小品5个、宣传展架展牌30余个，更换灯杆道旗412面，利用各类户外电子屏刊播宣传标语等3000余次，悬挂横幅100余条。组建宣讲队伍，通过县处级领导带头讲、领导干部靠前讲、邀请专家系统讲、二十大代表现身讲、基层百姓广泛讲等形式开展基层宣讲140余场次，邀请党的二十大党代表赵耐香开展巡回宣讲20余场次。发挥金凤区新时代文明实践中心（所、站）作用，视频连线基层站（所），开展党的二十大精神宣讲1场次。

【模范典型选树】 2022年，金凤区委宣传部持续开展“最美金凤人”选树活动，设立“敬业奉献模范”“助人为乐模范”“见义勇为模范”“孝老爱亲模范”“诚实守信模范”“移风易俗典范”“新时代好少年典范”7个类型，选树28名“最美金凤人”。做好“中国好人”“宁夏好人”“银川好人”推荐，共挖掘选树“宁夏好人”1人、“银川好人”2人。建立道德模范表彰奖励及关爱机制，对道德模范进行慰问帮扶，共计慰问和帮扶道德模范100余人次。大力宣传中国好人、宁夏好人、最美人物等道德模范事迹，深入基层开展宣讲活动20余场次。

【文明单位创建】 2022年，金凤区修订和完善《金凤区文明单位（行业）创建管理办法》，明确创建的重点任务和努力方向。坚持以行业创建带动单位创建、以单位创建提升行业创建整体水平的总体思路，推进联创共建，培育工匠精神。在抓好机关、企业、事业等各类单位开展创建活动的同时，积极引导新的经济组织、社会团体、民办机构和中介组织，根据自身特点主动参与创建文明单位活动。2022年新命名自治区级文明单位4个、文明村镇1个、文明校园1个，到届复审自治区级文明单位15个，新命名评选金凤区级文明单位17个、文明村镇3个、文明校园2个。

（梁博琳）

统战工作

【概况】 2022年，金凤区制定印发《贯彻落实〈中国共产党统一战线工作条例〉责任分工方案》《金凤区民族团结进步创建工作五年规划（2022—2026年）》《金凤区创建全国民族团结进步示范区实施方案》等文件12个，召开统一战线工作领导小组会议、民族宗教工作专题会议、铸牢中华民族共同体意识工作推进会、党外人士“汉月座谈会”等会议20余次。森林公园社区“侨胞之家”被评为银川市“四星级侨胞之家”，阅海万家社区“侨胞之家”、智慧宫国际文化传播有限公司“侨胞之家”被评为银川市“三星级侨胞之家”。银川市金凤区工商联、银川市金凤区人民法院共建沟通联系机制做法入选全国工商联与人民法院沟通联系机制典型事例。

【思想引领】 2022年，金凤区委统战部制定《关于在全区各民主党派、无党派人士、党外知识分子、新的社会阶层人士中开展“喜迎二十大·同心跟党走”主题宣传活动方案》《关于在全区宗教界开展“喜迎二十大·坚定跟党走”主题实践活动的通知》，组织开展宗教界人士演讲比赛、新的社会阶层人士“喜迎二十大·同心跟党走”红色经典诵读、党外人士观摩贺兰县廉政警示教育基地、专题调研等统一战线主题活动6场次。组织开展宗教界人士学习党的二十大精神、自治区第十三次党代会精神、宪法法律法规进宗教场所等宣讲活动，举办金凤区铸牢中华民族共同体意识培训班，不断引导统一战线广大成员深刻领悟“两个确立”的决定性意义，增强“四个意识”、坚定“四个自信”、做到“两个维护”。

【政党协商】 2022年，金凤区委统战部印发《金凤区2022年度政党协商计划》等文件，及时调整区委、区政府党员领导干部同党外人士联系交友机制。金凤区委全委会和两会等重要会议前征求党外人士意见建议，召开党外人士双月座谈会4次，及时将区委、区政府的重要决策和重点工作情况向党外人士进行通报。支持开展“喜迎二十大·共谋发展蓝图”“践行社会责任，助推乡村振兴”等考察调研活动7次，开展“喜迎二十大·爱心助成长”等社会服务活动8次，确定银川市创新项目课题1项、金凤区两会调研课题6项。创建以行业特点打造“同心聚力”统战品牌的工作模式，在宁夏辅德律师事务所挂牌成立新的社会阶层人士统战工作实践创新基地。支持民主党派加强自身建设，打造“民革之家”“民盟之家”“民进之家”等4个党派之家。

【民族工作】 2022年，金凤区委先后制定《金凤区民族团结进步创建工作五年规划（2022—2026年）》《金凤区创建全国民族团结进步示范区实施方案》《金凤区2022年民族团结进步创建工作考核方案》《金凤区2022年民族团结进步月活动方案》等指导性文件，召开民族团结进步创建推进会，成立以区委书记任组长的创建领导小组和由人大、政协组成的督查考核组，明确工作方向标准，细化量化创建指标，拓展平台载体路径，创新创优活动形式。加强民族团结宣传教育。运行“银川石榴云”传播中心金凤分中心，持续推动铸牢中华民族共同体意识教育和校园教育、公民道德教育、党政干部教育融合互通。通过“长廊故事会”、民族团结进步月等宣传载体开展铸牢中华民族共同体意识等线上线下各类培训100余场次。结合“我们的节日”，在元宵节、中秋节、春节等传统节日开展“邻里一家亲”等丰富多彩的活动，引导各族群众增强文化认同，在交往交流交融中加深了解、增进感情。加强民族团结进步示范点创建。通过树立示范典型，推动民族团结进步工作提档升级、提量扩面，组织各镇（街道）、村（社区）、创建单位外出观摩学习4次，开展季度民族团结进步创建互观互学互评两次，打造颐和城府社区“石榴花开籽籽同心　邻里守望‘颐’团和气”、润丰村“山川共情五色润丰”等特色品牌，持续提升品牌成色。2022年以来新打造提升示范点32个，评定优秀示范点12个，兑现民族团结进步创建以奖代补资金24万元，拨付民族团结进步创建专项资金40万元，以点串线、以线连片、以片带面的示范创建格局不断完善。金凤区5家单位被评为银川市民族团结进步先进集体，10人被评为银川市民族团结进步先进个人。

【宗教工作】 2022年，金凤区委统战部制定《关于在全区宗教界开展“喜迎二十大、坚定跟党走”主题实践活动的通知》，在宗教界人士中开展“喜迎二十大、坚定跟党走”主题实践活动，广泛开展“三定”学习培训19场次，开展宗教界人士演讲比赛1场次。深入开展宗教界崇俭戒奢教育活动，召开启动大会，发放倡议书100余份，宗教教职人员签订《崇俭戒奢承诺书》，切实在宗教界营造文明节约的良好氛围。推进宗教场所规范化管理，在宗教场所“五进”全覆盖的基础上，打造示范点6个。11月，金凤区新城清真寺被中央统战部评为全国宗教界先进集体。

【非公经济领域统战工作】 2022年，金凤区委统战部强化非公有制经济人士教育引导，组织12名企业家参加综合素质能力提升培训班，印发《学习资料汇编》《政策汇编》200余本。建立完善政府、企业、法院、检察院沟通联系机制，召开“喜迎二十大，奋进新征程，完善常态化互通机制，护航民企发展”联席会议。建立金凤区工商联与金凤区人民法院共建沟通联系机制，工商联与法院沟通联系机制入选全国工商联与司法部“万所联万会”一百个典型案例。支持工商联加强商会建设，根据人员变动及时制定《关于调整金凤区镇（街道）商会规范化建设工作领导小组的通知》，推进各镇（街道）建立商会。积极开展“大走访大调研”活动，走访调研企业100余家，推进实施“万企兴万村”行动，引导民营企业积极投身乡村振兴建设，有4家企业实现了固定结对帮扶。

【港澳台侨工作】 2022年，金凤区委统战部印发《金凤区关于开展“侨胞之家”联系走访工作的通知》，指导4家侨胞之家申报银川市“星级侨胞之家”，联系走访港澳台企业30余家。举办“汤圆月圆话团圆，归侨侨眷闹元宵”等主题活动30余场次。积极引导港澳台侨企业参与社会服务，魏基成基金会向金凤区捐赠229台价值30余万元的助听器。

（王　明）

政策研究

【概况】 2022年，金凤区委政策研究室围绕区委中心工作，深入开展调查研究，收集、整理重要信息，为区委领导和有关部门提供参考；全力做好自治区、银川市和金凤区2022年度绩效考核相关工作；负责督促金凤区各有关部门（单位）落实自治区党委、银川市委、金凤区委全面深化改革委员会决定事项、工作部署和要求；坚持以督查督办推动重点改革任务、重大工程项目、重要工作落地见效，有序推进金凤区“六权”改革。

【调查研究】 2022年，金凤区委政研室共呈报《关于银川阅海湾中央商务区数字经济产业园发展情况的调研报告》《金凤区农业科技企业发展调研报告》等典型经验及调研报告40余篇。配合自治区和银川市相关厅局开展“六权”改革、“互联网＋教育”示范打造、基层服务标准化建设等20个方面调研，并提出下一步工作重点。联合金凤区各责任单位，积极开展优化营商环境、机构改革等领域的实地调研，组织召开各类专题会议，联动多方共商共谋。围绕“六大提升”行动和“六新六特六优”等重点任务开展调查研究，聚焦金凤区民生和发展重点，撰写调研报告和各类专报20余篇。

【督查督办】 2022年，金凤区委政研室坚持以督查督办推动重点改革任务、重大工程项目、重要工作落地见效，制定《金凤区委督查督办工作制度》，持续加大督查督办工作力度。先后跟踪督办自治区、银川市党委督查室交办任务85项，下发区委常委会会议议定事项督办单83期，区委主要领导指示批示督办单81期。围绕区委重点工作、“六大提升行动”、学前教育普及普惠示范区创建、“10+1”重点工作、十项便民工程、十大重点工程等开展督查70次，呈报督查专报44期，下发督查通报46期，积极推动上级党委和金凤区委重要要求部署及时、全面、准确贯彻落实。“9·20”疫情发生以来，牵头开展疫情防控专项督查，共督查并下发督查通报29期，提出意见建议63条，为区委决策提供参考。优化完善绩效考核体系，完成2022年度全区绩效考核工作。办理人民网网民留言675件，其中，银川市转派145件，本级530件，已办理675件，办结率达100%，获评“2022年人民网网上群众工作民心汇聚单位”称号。

2022年7月1日，金凤区委政研室召开党员大会

【督查工作】 2022年，金凤区委政研室坚持以督查督办推动重点改革任务、重大工程项目、重要工作落地见效，制定《金凤区委督查督办工作制度》，持续加大督查督办工作力度。常态化开展区委常委会会议议定事项、领导指示批示、重点工程项目建设等工作的督查督办。先后跟踪督办自治区党委、银川市委督查室交办任务85项，下发区委常委会会议议定事项督办单83期，区委主要领导指示批示督办单81期。围绕区委重点工作、领导批示、“四大提升行动”、学前教育普及普惠示范区创建等开展专项督查70次，

形成督查专报 44 期，下发督查通报 46 期，积极推动各级党委、政府重要决策部署及时、全面、准确贯彻落实。“9·20”疫情发生以来，政研室牵头落实专项督查，共开展督查 30 余次，撰写督查专报 29 期，提出有针对性意见建议 60 余条，为区委、区政府决策提供参考。

【深化改革】 2022 年，金凤区委全面深化改革委员会办公室先后召开深改会、涉改常委会、常务会议 8 次，研究审议金凤区 2022 年多项改革工作要点。结合改革实际和重点任务，制定县处级领导包抓责任制度，成立用能权、碳排放权专项改革领导小组，进一步推动改革任务落地见效。建立 2022 年各部门重点改革任务清单台账，按季度进行填报总结，推动各项改革任务有效落实。进一步完善考核奖惩机制，将各项改革任务完成情况纳入全年绩效考核内容。及时总结改革经验，形成调研报告 30 余篇、改革动态 45 期、改革领域创新亮点 37 项，编制《金凤区 2022 年度全面深化改革文件汇编》《金凤区 2022 年度全面深化改革经验材料汇编》《金凤区 2022 年度全面深化改革加分项材料汇编》《金凤区 2022 年度全面深化改革党委抓改革材料汇编》。坚持先行先试带动整体推进，积极推动改革创新，认真谋划开展一批改革试点，共承担各类试点共 15 个，其中国家级试点 5 个、自治区级试点 6 个、市县试点 4 个，均有序推进。

【安全工作抽查暗访专项行动】 2022 年 5 月，金凤区召开安全工作抽查暗访专项行动推进会，开展安全工作抽查暗访专项行动，设置专项行动领导小组，领导小组办公室设在政研室。政研室充分发挥安全工作暗访专项行动牵头抓总作用，统筹协调 11 个专项小组，压实工作责任，在全力抓好银川市反馈问题整改的同时，认真开展本辖区各领域安全隐患自查自纠工作。截至年底，银川市收到反馈金凤区风险隐患问题 26 批次共 1015 件，属本辖区办理问题 965 件，完成整改 925 件，整改率 95.9%。其中，立即整改 236 件，限期整改 729 件，已到整改最后期限 708 件，完成整改 701 件，超期未完成整改的有 4 件，到期整改率 99%。

【领导小组工作】 2022 年 5 月 30 日，金凤区委全面深化改革委员会召开第六次会议，传达学习中央、自治区和银川市党委全面深化改革委员会会议精神，听取“四权”改革工作进展情况汇报，研究审议《金凤区委全面深化改革委员会 2022 年工作要点》。会议要求相关领导和责任部门要紧盯困难任务和新的改革要点，严格履职尽责，抓好改革任务实施，形成推进改革的强大力量。3 月 24 日，金凤区副区长韩廷锋主持召开“四权”改革工作推进会，听取辖区“四权”改革工作推进情况汇报，研究解决当前改革难点堵点，并安排部署上半年重点任务。9 月 20 日，金凤区召开确权颁证暨用水权改革推进会，向 6 家用水单位代表颁发用水权证。11 月 3 日，金凤区委书记郝春明主持召开“六权”改革工作推进会，深入学习贯彻自治区“六权”改革推进会精神，听取辖区“六权”改革各相关领域工作开展情况，研究部署下一步工作。

2022 年 11 月 3 日，金凤区委召开“六权”改革工作推进会

（巩　云）

机构编制

【概况】 2022 年，金凤区委机构编制委员会（以下简称“金凤区委编办”）统一管理金凤区机构编制工作，召开金凤区机构编制委员会会议，对金凤区党政群机关、各镇（街道）和事业单位机构编制和机构改革方案的执行情况进行监督检查，审核、办理金凤区行政事业单位机构编制管理证和新增人员的控编、

列编手续，登记管理所属事业单位和年度检查。对金凤区贺兰山中路街道、金凤区委外事工作委员会等机构编制和职能进行优化调整，根据自治区下发的权力清单动态调整本区权力清单，完成本区“两单合一”工作。

【调整优化机构和职能】 2022年2月，金凤区委编办同意金凤区文化旅游体育广电局所属事业单位文化体育中心加挂“金凤区文物保护中心”牌子。7个乡镇（街道）的改革要求均落实落地，并通过了达标验收，实现了机构挂牌、人员到位、权责清晰、经费保障、硬件达标、制度健全的新运转模式。11月28日，经区委研究同意，印发《金凤区贺兰山中路街道机构改革方案》，贺兰山中路街道设置综合办公室、党建工作办公室、社会事务管理办公室、综合执法办公室（应急管理办公室）、民生服务中心（退役军人服务站）、公用事业服务中心和综治中心，将金凤区农业农村和水务局39项执法事项（行政处罚35项，行政强制4项）的权力划转到金凤区综合执法局行使。金凤区委外事工作委员会办公室调整为设在金凤区委办公室。金凤区政府外事办公室与金凤区委外事工作委员会办公室合署办公，实行一套工作机构、两个机关名称。金凤区政府办公室不再挂金凤区政府外事办公室牌子。同时，按照要求对金凤区委国家安全委员会办公室、金凤区国防动员办公室机构进行调整。

【行政机构编制管理】 2022年5月，金凤区委编办同意金凤区设立贺兰山中路街道。从金凤区预留编制，从丰登镇等单位调整部分行政事业编制，以满足贺兰山中路街道编制需求。调整后，贺兰山中路街道核定行政编制7名，全额事业编制15名。同意设置银川市金凤区贺兰山中路司法所为金凤区司法所的派出机构，规格为副科级，核定副科级领导职数1名、政法专项编制3名。同意金凤区政协核增社会治理委员会正科级领导职数1名。调整后，金凤区政协设置专门委员会4个，由政协副主席或常委兼任主任的各专门委员会，设专职副主任，为正科级；由政协副主席或常委兼任主任的各专门委员会，设主任，为正科级；政协设办公室，为正科级，核定领导职数2名；设专门委员会的办事机构1个，为副科级，核定领导职数1名。截至12月31日，金凤区共设置党政群机构63个，其中，党委机构10个（纪检监察机关1个，党委工作机关9个），党委议事协调机构8个，政府机关23个（其中阅海湾中央商务区党工委管委会1个），人大委室5个，政协委室1个，群众团体机关8个，街道办事处6个，镇政府机关2个。金凤区核定行政编制325名（不含政法专项编制），实有299人。其中党政群核定236名，实有218人；街道核定47名，实有43人；镇核定42名，实有38人。金凤区政法专项编制36名，实有34人。

【事业单位编制管理】 2022年2月，金凤区委编办为金凤区教育系统核增中小学教师编制138名。9月，重新核定金凤区中小学校教师编制。3月，银川市金凤区安全生产执法大队更名为银川市金凤区应急管理综合行政执法大队，统一行使应急管理综合行政执法职责。同月，在银川市金凤区国库支付中心加挂“银川市金凤区招投标服务中心”牌子，承担限额以上政府投资项目招投标服务工作。8月，设立银川市金凤区第十七幼儿园、银川市金凤区第十八幼儿园、银川市金凤区宝湖华府幼儿园、银川市金凤区海蓝和光幼儿园4所公办幼儿园，均为金凤区教育局所属不定级公益二类事业单位，各核定幼儿园园长1名，暂不核定事业编制。12月，制定印发《银川市金凤区机关事务服务中心机构编制方案》《银川市金凤区老干部服务中心机构编制方案》《银川市金凤区人才工作服务中心机构编制方案》《银川市金凤区巡察信息中心机构编制方案》。12月，对部分学校进行更名，将银川市金凤区良田小学变更为银川市金凤区第四十小学，将银川市金凤区润丰神华爱心小学变更为银川市金凤区第四十一小学，等等。12月，自治区为金凤区下达周转池编制118。截至12月31日，金凤区共设置事业机构180个，其中：教育系统102个（中小学校35所，幼儿园67所），政府直属事业单位2个，部门所属正科级事业单位1个，镇所属副科级事业单位8个，街道所属副科级事业单位21个，其他副科级事业单位20个，其他不定级事业单位26个。金凤区核定事业编制2238名，实有人员1902人，其中：中小学教职工核定事业编制1499名，实有人员1266人；幼儿园核定事业编制68名，实有人员43人；街道核定事业编制101名，实有86人；镇核定事业编制48个，实有41人；群团机关单位核定事业编制131名，实有109人；机关工勤事业编制27名，实有23人；其他事业单位核定事业编制364名，实有334人。另有核定周转池编制340个，实有296人。按编制类别分类，核定全额拨款事业编制2161个，差额事业编制77个。

【权责清单管理】 2022年，金凤区委编办对金凤区权力清单进行动态调整，涉及农业农村水务局、综合执法局、应急管理局等13家单位，共计437项职权事项，其中，新增34项，调整行使部门79项，修改255项，划入5项，列入1项，取消8项，删除55项。调整后的权责清单已在金凤区政府门户网站进行公示。根据权力清单、责任清单“两单合一”工作要求，已完成本区“两单合一”工作，梳理整合后的权责清单共包含21家行政单位1799项内容，其中行政裁决4项，行政处罚1110项，行政给付50项，行政检查126项，行政奖励64项，行政强制86项，行政确认44项，行政许可134项，行政征收12项，其他类169项。根据自治区下发的权力清单指导目录随时进行动态调整。

（马惠民）

网络安全管理

【概况】 2022年，金凤区委网络安全和信息化委员会办公室（以下简称“金凤区委网信办”）着力推进部门、行业网络安全保障和网络阵地建设，积极开展网络安全宣传周活动，承接网络安全应急攻防演练。统筹协调互联网宣传管理和舆论引导工作，开展网络舆情信息收集分析研判，推进“进圈入群”工作，实现最前沿的网格微信群和基层社会治理网格完全重合，延伸网络舆情监测渠道。依托“@问政金凤”党务政务微博，建立涉及49个部门（单位）的政务微博矩阵，充分发挥“晒政、问政、辅政、理政”作用，被评为2021年度新浪微博“政务服务优秀微博”。

【党的建设】 2022年，金凤区委网信办组建县区级互联网行业党工委，召开党工委会暨互联网行业党建工作推进会，印发《金凤区2022年互联网行业党建工作要点》《金凤区贯彻落实〈互联网企业党建工作双提升三年行动计划〉实施方案》。组建金凤区互联网行业党支部8家，覆盖党员33人。党委常委会两次听取网信工作汇报并研究部署工作，安排学习《党委（党组）网络安全工作责任制实施办法》。建立健全重大事项请示报告、会商研判机制，召开网信委会议1次、网络意识形态分析研判会4次，印发《金凤区关于加快建立网络综合治理体系的意见》，全方位多维度提升综合治理能力。实现线上线下一体化治理。高质量开展党史学习教育，围绕“改进作风、提升质效”等主题开展主题党日活动12次。组建金凤区网络自媒体联盟，吸纳“宁夏深1度”“西北罗达一”等具有影响力的网络自媒体和自媒体公司加盟，联盟成员涵盖文化交流、生活资讯、文艺创作、旅游航拍等领域，在微博、微信公众号、抖音等各大网络平台都有较高的活跃度，粉丝量突破430万。

【网络舆情监测】 2022年，金凤区委网信办坚持24小时在线值班、重大事项2小时内上报制度，动态跟踪网络舆情，落实好“大数据常规巡检＋人工专项监测”机制，用好银川市网络信息管理平台，围绕重点领域开展网络舆情风险研判，做到涉金舆情早发现、早报告、早处置。全年共监测客户端、微博、微信、抖音等网络舆情6.39万条，排查敏感舆情2.16万条，向涉事部门发送风险提示函26期。做好中宣部舆情信息直报，收集社情民意、复工复产等经济社会热点舆情，被中宣部舆情信息局采用6篇。圆满完成党的二十大、自治区第十三次党代会等重大活动和重要时间节点网络舆情保障工作。督促涉事单位加强线下问题整改和线上回应引导，确保网络舆情平稳。及时处置湖岸家园东侧空地被偷倒垃圾、金凤二十四小北侧空地建设停车场不合理等355起舆情事件。

主动服务中心工作，围绕社会治理、民族宗教、生态环境、民生保障等重点领域报送舆情信息 29 期、舆情专报 30 期。通过“@ 问政金凤”微博矩阵受理并办结网民诉求 1276 件。‘@ 问政金凤”获评 2021 年度新浪微博“政务服务优秀微博”称号。延伸网络舆情监测渠道，强力推进进圈入群工作。制定《金凤区推进“进圈入群”规范居民微信群工作方案》，联动在职党员、社区民警、人民调解员、社区网格员、文明实践志愿者、物业经理“六员”入群，形成“网信指导街道、街道统揽社区、社区覆盖网格、网格联系群众”的四级网络微信群格局，实现网上网下联系服务群众同频共振。收集网格居民微信群 1242 个，覆盖人员 19 万余人，入群率 97%。

【网络宣传】 2022 年，金凤区委网信办依托金凤电子快报、“@ 问政金凤” 微博矩阵等政务新媒体平台做好党的创新理论网络传播。聚焦重大决策部署，创新网上宣传形式，运用短视频、海报、图文等开展“遇见金凤 遇见幸福”等 20 个网络主题活动，推送正能量主题图文、宣传视频 128 条，网上传播阅读量达 475 万人次。发挥网评阵地舆论引导作用，围绕经济社会发展热点主题，撰写、发布网络评论 500 余次。

【网络综合治理】 2022 年，金凤区委网信办全面摸清金凤区政务新媒体情况，整治违规外包、“僵尸空壳”账号 15 个。落实平台账号主体责任和“三审三校”制度，加强事前预警监测和平台内容巡查，下发整改督办单 52 份，督促整改表述性错误信息 1398 条。深入推进“网上垃圾信息治理”“打击网络直播短视频领域乱象”“打击流量造假、黑公关、网络水军”等各类网络专项行动，坚决遏制信息网络领域行业乱象。人工排查属地网站 2099 个、应用程序 80 个，处置违规网站 4 个、不实举报信息账号 9 个。在权威新闻网站、辖区 47 家政务网站、官方微博、微信公众号公布举报联系方式，建立举报受理工作机制，协调处置举报信息 9 起。安排网信干部执法培训，1 名干部申领网信专业行政执法证。制定“八五”普法实施方案、普法责任制“四个清单”等，推动法治工作落实落细。加强个人信息安全保护工作，处置案件 4 起、个人信息保护自查自纠 3 次，处理上级单位通报案件 1 次。

【网络安全防护】 2022 年，金凤区委网信办巡检中心机房和节点机房 100 余次，解决网络故障 50 次，维护终端 230 余台次，维护网站后台 117 次，发布网站信息 2000 余条。加大对重点网站、信息系统的网络安全巡查，制定“一方案一台账一告知书”，现场检查 40 次，下发网络安全检查告知书 22 份。处置查杀中病毒电子政务外网接入终端 50 台，排查处置 8 个单位的 81 个子系统网络安全隐患。整改安全暗访组

2022 年 9 月 5 日，金凤区委网信办召开网络安全宣传周活动部署会议

发现网络安全问题48个。针对金凤区7个关键信息系统开展网络安全攻防应急演练，全面整改演练发现的弱口令、系统漏洞等问题8处。党的二十大、自治区第十三次党代会等重大活动期间，线上新媒体发布文章15篇，阅读量5万次，协调移动、电信、联通等通信运营商普发网络安全公益短信。线下开展30余场网络安全宣讲和网络安全知识答题活动，发放宣传折页等宣传物品1500份。积极组织开展网络安全自查，定期将银川市网络安全信息通报中心相关漏洞预警通报转发各涉网部门（单位），督促各部门（单位）开展自查并进行漏洞修复，保障网络安全。

【互联网数字经济】 2022年，金凤区委网信办牵头撰写《金凤区数字政府建设行动计划》，谋划数字政府建设。构建数字政府"数字底座"，加快5G基站建设。为深入推进"东数西算"国家算力枢纽节点建设，加快金凤区5G网络建设，网信办全力配合移动公司、电信公司、联通公司、铁塔公司等5G基站运营商，开展5G建设进园区、进企业、进农村工作，重点强化对5G信号盲区、弱点的清除力度。会同街道办解决5G基站建设中的堵点、难点、物业和居民阻挠等问题7处，收集重点行业、领域5G建设需求3处，2022年完成66座5G基站建设，为数字经济建设提供强有力的基础设施支持。

（沙　妮）

档案业务工作

【概况】 2022年，金凤区档案馆馆藏档案72个全宗，以卷为单位保管50302卷，以件为单位保管154053件；照片档案7172张、音像档案100盘、实物档案948件，馆藏资料（含报刊）7253本（册）。馆内建成服务器机房，内网外网物理隔离，建立了数字档案馆管理系统。馆内设有开放档案查阅室，新接收档案全部编目上架。

【档案服务】 2022年，金凤区档案馆依托档案查询利用服务平台，接收查档180人次，其中婚姻等民生档案查询56件。档案馆为党的二十大召开和建区20周年提供大量照片档案和文献资料，出版图书2种、2800册。其中，《银川市金凤区志（2001—2018）》2000册，《金凤年鉴（2021）》800册。承办"红色档案　砥初心　奋力谱写新篇章"主题展览，在金凤区机关大院展出，累计参观2000余人。4月30日，档案馆成功征集到国家级非物质文化遗产剪纸项目传承人伏兆娥团队在CCTV《中国地名大会》推出的"民族团结一家亲"百米卷轴，全面呈现宁夏风景和传统文化。金凤区区史馆通过播出《凝百年之辉　铸兰台之梦》视频短片的方式，向参观的党员干部群众讲述档案工作历史。

2022年1月11日，金凤区档案馆工作人员整理归档馆藏旧印章

【档案征集和鉴定】 2022年，金凤区档案馆接收精准扶贫档案2565盒15450件，接收疫情防控档案73盒1287件。共移交接收入馆党史学习教育文书档案10盒268件，实物档案7件、声像档案3个、照片档案500余张。接收党史学习教育领导小组、人大办、上海西路街道办事处文书档案，移交进馆共计313盒6883件。接收土地整理中心业务档案进馆共1400盒21735件。完成馆藏组织部等28个部门自

1963年至1999年形成的满25年的历史档案开放鉴定，鉴定88593条，开放47636条，全部进入全区档案馆际共享服务系统。

【档案检查】 2022年，金凤区委在区委常委会会议上传达学习国家档案局印发的《关于认真学习贯彻习近平总书记重要批示的通知》。档案局馆紧紧围绕“四个好”“两个服务”的目标要求，持续深入学习贯彻习近平总书记“7·6”重要批示精神。金凤区委办公室、区政府办公室共同印发《金凤区档案事业发展“十四五”规划》《2022年金凤区档案工作重点任务分工方案》，明确档案执法制度、执法队伍、执法检查的内容和方式。由金凤区委办公室牵头，抽调消防、公安、档案等各单位相关人员组成执法检查组，年内开展执法检查两次。加强执法监督检查岗前教育培训，提高工作人员法律素养和业务能力。档案馆馆长和两名档案工作人员取得行政执法人员培训合格证。

【信息化建设】 2022年，金凤区档案馆积极开展档案数字化工作，对金凤区委办、政府办等8个重要部门2019年以来的纸质档案进行数字化加工。共数字化整理档案420卷12504件。区委办公室为54家立档单位配备国产电脑，接通电子政务外网，分配登记账号，确定1名兼职管理员。各立档单位持续做好档案业务信创应用系统推广使用，开展电子文件归档与电子档案管理工作。

【档案法宣传】 2022年，金凤区档案馆为全体干部发放《习近平法治思想学习纲要》《习近平关于档案工作、历史学习与研究、文化遗产保护重要论述摘编》。利用“6·9”国际档案日、档案法治宣传月（周）等时间节点，通过微信公众号、宣传展板等形式集中开展《中华人民共和国档案法》宣传。9月5日，金凤区四届党委2022年第25次常委会专题学习新修订的《中华人民共和国档案法》，研究部署贯彻落实工作。

【获得荣誉】 2022年2月9日，金凤区委党史学习教育领导小组办公室印发《关于对黄雪梅等同志通报表扬的决定》，金凤区档案馆馆长赵东霞受到通报表扬。10月25日，国家机关事务管理局、中直管理局、国家发展改革委、财政部联合授予金凤区档案馆“节约型机关”称号。12月13日，国家档案局印发《国家级档案专家、全国档案工匠型人才、全国青年档案业务骨干入选名单的通知》（档发〔2022〕25号），金凤区档案馆馆长赵东霞被国家档案局授予“全国青年档案业务骨干”称号。

（赵东霞）

老干部工作

【概况】 2022年，金凤区委老干部局负责离退休干部党建工作和服务管理工作。坚持“五必访”工作制度，做好老干部服务工作，落实老干部生活待遇；充分发挥“银发先锋”“银耀金凤”“银霞满天”品牌优势；组织各项活动，丰富老干部精神文化生活，发挥老干部余热。

【老干部服务工作】 2022年，金凤区委老干部局定期向离退休干部通报区委、区政府重要决策和老干部工作开展情况。1月26日，举办离退休干部支部主题党日活动暨迎新春座谈会，组织退休干部观摩丰登镇润丰村产业发展。金凤区委常委、组织部部长张才主持会议并传达学习自治区十二届人大五次会议、自治区政协十一届五次会议、银川市第十五次党代会、银川市十六届人大一次会议、银川市政协十四届一次会议精神。通报金凤区2021年经济社会发展情况并对广大离退休干部过去一年的辛勤付出表示感谢，金凤区委书记赵会勇总结讲话。座谈会后，老干部局对没有参加迎新春茶话会的离退休干部及遗孀进行入户走访慰问，为老同志、老党员送去慰问金，带去党组织的关怀和温暖。金凤区委老干部局为每位老干部征订《宁夏日报》《银川日报》《健康时报》，丰富老干部学习内容，方便老干部在家自学。严格按照每月一次集中学习的安排，通过"线上＋线下"的学习模式，及时在老干部学习群推送学习内容，并联合社区就近组织老干部集中学习。6月，举行金凤区离退休干部党工委"光荣在党50年"纪念章颁发仪式，为1名离退休干部颁发"光荣在党50年"纪念章。

【落实老干部生活待遇】 2022年，金凤区委老干部局坚持"五必访"工作制度，出现老干部生病住院、生活困难等情况时必走访慰问，共走访慰问离退休干部56人次，真正把党的关怀落到实处。坚持"四送活动"工作制度，为老党员提供送学上门服务共计30余人次。为老干部提供精神食粮，花费9万余元为36名离退休干部征订报刊、健康体检等。

【组织各项活动】 2022年，金凤区委老干部局切实推进党史学习教育扎实开展，提高退休干部党史学习教育成效，使老干部切身感受到宁夏近年来的发展变化。围绕"感党恩听党话跟党走　见证伟大发展历程""喜迎二十大　看乡村振兴变化"等主题，组织20余名老干部参加观摩活动9次，先后参观宁夏档案馆、宁夏党史馆、金凤区良田镇植物园村、兴庆区月牙湖乡、灵武市白芨滩林场等地，通过现场观摩、微党课等形式，传承党的优良作风，弘扬中华民族传统美德，丰富退休干部精神文化生活。举办"喜迎二十大　建功新时代"暨纪念离退休制度建立40周年主题征文比赛，收集征文30篇，评选优秀作品10篇报送至自治区党委老干部局，何敬才撰写的《中国共产党百年华诞诗史颂歌》荣获征文比赛一等奖。

2022年1月26日，金凤区召开离退休干部迎新春座谈会

【党组织建设】 2022年，金凤区成立离退休干部建制性党支部3个，有党员117人。在规范建制性党支部的基础上，坚持党建引领，深入挖掘社区党建资源，建立以居住相近、兴趣爱好相同、行业相似的"三缘型"党组织，做到应建尽建，进一步激发退休党员活力。截至年底，有"三缘型"党支部10个、党员453人。

【发挥老同志余热】 2022年，金凤区委老干部局持续不断发挥"银发先锋""银耀金凤""银霞满天"品牌优势，激发离退休党员内生动力。依托社区党群活动服务站、新时代文明实践站等建立志愿服务活动站（点），在政策理论宣讲、文明城市创建、邻里纠纷调解和小区环境卫生维护等方面开展特色志愿服务活动46场。

【老年大学】 2022年，金凤区共有老年大学总校和社区分校12所，开设专业137个，设有193个教学班，授课内容包括器乐、书法等，其中，增开手机摄影等6个教学班，扩招学员480名。老干部服务中心按照各分校招收学员人数、开设课程等要素，为11所老年大学社区分校划拨办学经费共计14万元。

（李瑞沛）

关心下一代工作委员会

【概况】 2022年，金凤区关心下一代工作委员会（以下简称“金凤区关工委”）坚持“服务大局、拾遗补阙、发挥优势、配合补充、量力而行”的原则，实现了辖区关工委组织的全覆盖。不断创新工作机制和活动载体，整合老同志人才资源，依托“五老宣讲队”、“五老科技服务专家组”，通过“银立方”“五老”公益讲堂，开展各类宣讲活动、农业科技扶贫工作和家庭教育指导活动，教育引导青少年坚定理想信念、树立远大理想，推动金凤区关工委工作取得成效。

【“五老”法治宣讲】 2022年，金凤区关工委充分发挥离退休党员干部作用优势，进一步整合老同志人才资源，深入挖掘了一批政治素质好、理论水平高、宣讲能力强的退休干部和行业专家，精心遴选6名优秀骨干组成“五老宣讲队”，宣讲员围绕优秀传统文化、社会主义核心价值观、先进典型事迹等，深入辖区中小学开展“五老”进校园国旗下讲话活动共3期，涉及6所学校，受益师生9000余名。与金凤区司法局、公安分局等部门对接，邀请热爱青少年普法教育工作的两名退休老同志深入校园、社区，开展丰富多彩的法治宣讲活动2次，受益师生、群众达3000余人。

【捐资助学】 2022年，金凤区关工委组织开展“9·9”公益日网络募捐活动，号召爱心人士参与助学圆梦行动，在全社会营造“大手拉小手 合力齐关爱”的浓厚氛围，共计募捐到1.8万元，帮助困境青少年健康成长。

【科技服务】 2022年，金凤区关工委“五老”科技服务专家组在良田镇金星村建设了银川市金凤区现代农业科技扶贫产业园，成立宁夏聚百农农业种植专业合作社，有效带动良田镇2万亩特色优势园艺主导产业向智慧农业方向发展，为农户提供120多个岗位，新增就业收入100余万元，带动150余户群众增收致富。

【公益讲堂】 2022年，金凤区关工委依托湖畔嘉苑社区“银立方”“五老”公益讲堂，开展家庭教育指导服务活动。定期安排退休老师刘灵芝为家长讲授与孩子的沟通技巧，为未成年人提供心理咨询服务10余场，为0—3岁儿童开设智力亲子游戏课程，帮助儿童健康成长，向家长传授科学的育儿经验、家庭教育知识等，不断提高家庭教育水平。

（李瑞沛）

金凤区人民代表大会

综　述

【概况】　2022年，金凤区第五届人民代表大会常务委员会（以下简称“金凤区人大常委会”）共召开常委会会议11次、主任会议26次，开展视察6次、执法检查2次、专项检查4次、专题调研7次，听取和审议“一府一委两院”专项工作报告17项，提出审议意见56条，作出决议、决定29项，全面完成了五届人大一次会议确定的各项目标任务。

【代表构成】　金凤区第五届人大代表228名，其中：中共党员190人，占代表总数的83.33%；妇女代表90人，占代表总数的39.47%；少数民族代表61人，占代表总数的26.75%；工人代表6人，占代表总数的2.63%；农民代表22人，占代表总数的9.65%；民主党派代表8人，占代表总数的3.51%；无党派代表30人，占代表总数的13.16%；宗教界代表2人，占代表总数的0.88%。本科及以上学历144人，占代表总数的63.16%；大专及高职学历66人，占代表总数的28.95%；中专、职高及高中学历13人，占代表总数的5.70%；初中学历5人，占代表总数的2.19%。

【重要决议决定】　2022年，金凤区人大常委会共作出决议决定29项，其中有15项关于人事任免、6项关于代表委员补选、4项关于推进金凤区经济社会发展、2项关于街道人大工委设立、1项关于召开五届人大二次会议、1项关于任命人民陪审员。

【人事任免】　2022年，金凤区人大常委会共依法任命国家机关工作人员46名，其中人大常委会委室主任3名、副主任1名，副区长1名、组成部门负责人9名，法院审判委员会委员5名、庭长1名、副庭长8名、审判员13名，检察院副检察长2名、检察委员会委员2名、检察员1名。先后依法免去22名国家机关工作人员的职务。2月24日，金凤区五届人大常委会第二次会议决定任命李兴华为金凤区人大常委会办公室主任、何鹏为金凤区人大常委会人事代表联络工作委员会主任，免去张学兵金凤区人大常委会办公室主任职务、李兴华金凤区人大常委会人事代表联络工作委员会主任职务、谢甜金凤区人大常委会办公室副主任职务，任命田涌福为金凤区应急管理局局长、张学兵为金凤区教育局局长、王永志为金凤区住房城乡建设和交通局局长、胡金华为金凤区科技局局长，免去鲍永祥金凤区应急管理局局长职务、王永志金凤区教育局局长职务、何鹏金凤区科技局局长职务、李季平金凤区住房城乡建设和交通局局长职务；任命周宁、冯芳为金凤区人民法院审判委员会委员，王静、何三霞、李萍、赵雅慧、王冰、孙光丽、兰晓琴、王有军、李晓琦、张莉、袁芳、纪经伟、张欣欣为金凤区人民法院审判员，免去秦正理、张楠金凤区人民检察院检察员职务。3月23日，金凤区五届人大常委会第三次会议决定免去黄永丽金凤区人民检察院检察委员会委员、检察员职务。4月22日，金凤区五届人大常委会第四次会议任命李鹏为金凤区副区长、杜明涧为金凤区退役军人事务局局长，免去韩廷锋金凤区副区长职务、南峰金凤区退役军人事务局局长职务；任命叶冰为金凤人民检察院检察员、检委会委员、副检察长，邵玮为金凤人民检察院副检察长，免去史文鹏金凤人民检察院副检察长、检委会委员、检察员职务。6 月 10 日，金凤区五届人大常委会第五次会议决定任命苏慧为金凤区人民检察院检察员。8 月 30 日，金凤区五届人大常委会第六次会议任命冯芳为金凤区人民法院审判委员会专职委员、周晶为金凤区人民法院刑事审判庭副庭长、张丽萍为金凤区人民法院民事审判第一庭副庭长、魏丽波为金凤区人民法院民事审判第一庭副庭长、杨晴雯为金凤区人民法院民事审判第三庭副庭长、刘珊为金凤区人民法院速裁审判庭副庭长、李雅菲为金凤区人民法院速裁审判庭副庭长、吴娟为金凤区人民法院速裁审判庭副庭长、常云超为金凤区人民法院民事审判第二庭副庭长、张玮为金凤区人民法院西湖人民法庭副庭长，免去常云超金凤人民法院西湖人民法庭副庭长职务、张玮金凤人民法院速裁审判庭副庭长职务；任命代江玲、万改宁为金凤区人民检察院检察委员会委员，免去马芬金凤区人民检察院检察委员会委员、检察员职务。11 月 22 日，金凤区五届人大常委会第八次会议决定免去冯芳金凤区人民法院审判委员会专职委员职务。12 月 19 日，金凤区五届人大常委会第十一次会议决定任命林叶为金凤区人大常委会内务司法工作委员会主任、杜文源为金凤区人大常委会办公室副主任，免去马泉林金凤区人大常委会内务司法工作委员会主任职务；任命李淑娟为金凤区农业农村和水务局局长、孔淑侠为金凤区审计局局长、闫广为金凤区统计局局长、袁旭为金凤区综合执法局局长，免去王小梅金凤区农业农村和水务局局长职务、邵磊金凤区审计局局长职务、张肖飞金凤区统计局局长职务、刘钰金凤区综合执法局局长职务；任命郭娟、唐娣娟为金凤区人民法院审判委员会专职委员。

【决定重大事项】 2022 年 2 月 24 日，金凤区人大常委会第二次会议作出关于设立金凤区人大常委会贺兰山中路街道工作委员会的决定和关于任命金凤区人大常委会各街道工作委员会组成人员的决定。6 月 10 日，金凤区人大常委会第五次会议作出关于调整部分街道行政区划的决议，同意金凤区人民政府提出的长城中路街道、北京中路街道和黄河东路街道区划调整方案。8 月 30 日，金凤区人大常委会第六次会议作出关于批准 2021 年本级财政决算的决议，批准了 2021 年金凤区本级财政决算。11 月 1 日，金凤区人大常委会第七次会议作出《关于批准〈2022 年金凤区本级预算调整方案〉的决议》和《关于批准〈采用政府和社会资本合作（PPP）模式推进金凤区老旧小区综合整治改造项目议案〉的决议》，批准 2022 年区本级预算调整方案，原则同意政府秉承循序渐进原则，积极稳妥地实施老旧小区综合改造项目。

2022 年 2 月 24 日，新任命的国家机关工作人员按照程序进行宪法宣誓

【人大代表工作】 2022 年，金凤区人大常委会举办代表履职培训班 3 期。组织初任代表赴六盘山干部学院学习，促进代表政治素养和履职能力双提升。组织代表列席常委会会议，旁听法院庭审，参加常委会“三查（察）”“检察开放日”等活动 300 余人次。严格执行人大工作经费标准，把代表活动经费纳入财政预算，拨付代表活动经费、交通通信补贴以及代表联络站建设资金 107 万元。为每位代表订阅《人民代表报》《中国人大》《宁夏人大》等报刊，拓宽代表知情知政视野。推进新时代人大代表之家（站）建设提档升级，规范建设代表之家、代表联络站 49 个，创建星级代表联络站 8 个，“一站一品”初具规模。

【代表履职】 2022年，金凤区人大常委会将辖区内四级人大代表编为41个代表联组，累计接待群众4257人次，丰富和发展基层全过程人民民主内涵。开展“市域社会治理·人大代表在行动”主题活动，助力金凤区2022年市域社会治理现代化试点工作。在自治区率先组建企业、教育2个专业代表小组，代表专业化监督水平全面提升。深化“双联”工作，制定“双联”实施意见，常委会组成人员及人大代表通过“双联”共收集意见建议443条，真正实现了让民情民意民智贯穿履职全过程。深化“互联网+代表履职”平台建设，34名代表收集民情民意19件，全部转交并督促办结，有效解决了人民群众急难愁盼问题。在自治区首次探索开展街道人大工委听取办事处工作报告，代表现场点评并提出意见建议，延伸畅通了基层民主政治通道。

【代表议案建议办理】 2022年，金凤区人大常委会开展代表议案建议办理专项检查2次；常委会领导分工督办议案建议办理；组织人大代表实地督办议案建议办理，并进行满意度测评，促进办理成果全面提质。五届人大一次会议提出的5件议案全部办结，112件意见建议办结83件，办结率74.11%，一批事关经济发展、民生改善、基层治理的热点难点堵点问题得到妥善解决。

【信访工作】 2022年，金凤区人大常委会共接待和依法办理群众来信来访9件(次)。对受理的重要信访件和自治区、银川市人大常委会转办的涉法、涉诉信访件进行跟踪督办，解决关系群众切身利益的问题，维护人民群众的合法权益。

【企业、教育专业小组】 2022年8月2日，金凤区人大代表企业专业小组联络站和教育专业小组联络站揭牌仪式在银川阅海湾中央商务区举行，金凤区人大代表企业专业小组和教育专业小组正式成立。揭牌仪式结束后，两个专业代表小组召开了小组第一次会议，组织学习金凤区人大代表专业小组工作职责和小组活动制度，通报金凤区“四区建设”内容、“1447”发展战略以及2022年经济发展和教育事业主要预期目标，审议专业小组2022年度工作计划(讨论稿)。

【“市域社会治理·人大代表在行动”主题活动启动仪式】 2022年5月31日，金凤区人大常委会举行“市域社会治理·人大代表在行动”主题活动启动仪式。银川市人大常委会副主任冯伟斌，金凤区人大常委会主任陈邢妍，金凤区委常委、政法委书记黄文东，各镇人大主席团、街道人大工委负责人以及部分人大代表出席仪式。仪式上，长城中路街道人大工委主任袁旭宣读市域社会治理倡议书；金凤区人大代表殷明哲代表金凤区人大代表作表态发言；向各镇、街道赠送《听小唐讲人大故事汇编》，向人大代表发放人大代表“七进三联”工作包；人大代表在争做市域社会治理代言人承诺墙上签名；银川市人大常委会副主任冯伟斌宣布金凤区“市域社会治理·人大代表在行动”主题活动正式启动。

(杜文源)

重要会议

【概况】 2022年，金凤区人民代表大会及其常务委员会共召开人民代表大会1次、常委会会议10次、主任会议23次，听取和审议“一府一委两院”专项工作报告17次，提出审议意见56条，全面完成金凤区五届人大二次会议确定的各项工作任务。

【五届人大二次会议】 2022年12月22—24日，金凤区第五届人民代表大会第二次会议在银川国际交流中心召开。会议应出席代表228名，实出席164名。政协金凤区第五届委员会全体委员、金凤区不是人大代表的在职县处级领导列席会议。会议听取和审议金凤区政府领导作的《金凤区政府工作报告》、常务副区长高亮作的《关于金凤区第五届人民代表大会第一次会议代表议案和意见建议办理情况的报告》、金凤区人大常委会主任陈邢妍作的《金凤区人大常委会工作报告》、法院院长黑晓虎作的《金凤区人民法院工作报告》、检察院检察长王建勇作的《金凤区人民检察院工作报告》；会议审议《金凤区2022年国民经济和社会发展计划执行情况与2023年国民经济和社会发展计划草案报告》《金凤区2022年财政预算执行情况与2023年财政预算草案报告》《金凤区2022年生态环境状况和生态环境保护目标完成情况报告》，并就上述报告作出了相应决议。会议期间收到代表提出的议案、意见建议82件。经审查，大会决定立议案5件，代表意见建议77件。会议选举马世恩、李娟、杨利军、何鹏、林叶为金凤区第五届人民代表大会常务委员会委员。

【五届人大常委会第二次会议】 2022年2月24日，金凤区五届人大常委会召开第二次会议，传达自治区、银川市人民代表大会会议精神，审议通过《金凤区人大常委会2022年工作要点（草案）》《金凤区人民代表大会常务委员会关于人大代表小组闭会期间活动暂行办法（草案）》《金凤区人民代表大会常务委员会组成人员联系人大代表和人大代表联系人民群众的实施意见（草案）》《关于设立金凤区人大常委会贺兰山中路街道工作委员会的决定（草案）》，听取关于2021年规范性文件备案审查工作情况的报告以及两镇人大主席团、三个街道人大工委2021年工作总结和2022年工作计划。会议还通过张学兵等21名同志的人事任免议案，新任命的国家机关工作人员按照程序举行宪法宣誓仪式。

【五届人大常委会第三次会议】 2022年3月23日，金凤区五届人大常委会召开第三次会议，通过金凤区人民检察院提请的人事任免议案。

【五届人大常委会第四次会议】 2022年4月22日，金凤区五届人大常委会召开第四次会议，听取人大常委会执法检查组关于检查《宁夏回族自治区科学技术普及条例》贯彻执行情况的报告，听取和审议政府关于金凤区现代服务业发展情况的报告、法院关于速裁审判工作情况的报告。会议表决通过人事任免议案。新任命的国家机关工作人员和人民陪审

2022年12月22日，银川市金凤区第五届人民代表大会第二次会议召开

员按照程序举行宪法宣誓仪式。

【五届人大常委会第五次会议】 2022年6月10日，金凤区五届人大常委会召开第五次会议，听取和审议政府关于重点项目建设情况、学前教育普及普惠推进情况的报告、检察院关于“司法救助”工作情况的报告，审议通过《金凤区人民政府关于提请审议长城中路街道、北京中路街道、黄河东路街道区划调整的议案》，向金凤区第五届人大常委会专家咨询委员会专家颁发了聘书。会议还表决通过人事任免议案，按照程序举行宪法宣誓仪式。

【五届人大常委会第六次会议】 2022年8月30日，金凤区五届人大常委会召开第六次会议，听取和审议金凤区人民政府关于2022年上半年国民经济和社会发展计划执行情况、2021年金凤区本级财政决算草案和2022年上半年预算执行情况、2021年度金凤区本级财政预算执行和其他财政收支的审计工作、2021年度审计查出问题整改情况、打造铸牢中华民族共同体意识示范区工作推进情况、“全民健康水平提升行动”工作情况的报告，听取金凤区监察委员会关于开展廉政教育工作情况的报告，审议通过金凤区人民代表大会常务委员会关于批准2021年本级财政决算的决议（草案）、银川市金凤区人民代表大会常务委员会相关工作制度（草案），会议还表决通过人事任免议案。

【五届人大常委会第七次会议】 2022年11月1日，金凤区五届人大常委会召开第七次会议，听取和审议政府关于生态环境状况和生态环境保护工作开展情况的报告，听取人大常委会执法检查组关于检查《中华人民共和国乡村振兴促进法》贯彻执行情况、2022年规范性文件备案审查工作情况的报告，审议通过政府提请关于采用政府和社会资本合作（PPP）模式推进金凤区老旧小区综合整治改造项目、2022年金凤区本级预算调整方案、关于设立金凤区第五届人民代表大会常务委员会代表资格审查委员会的议案。

【五届人大常委会第八次会议】 2022年11月22日，金凤区五届人大常委会召开第八次会议，审议关于接受谢韶华等人辞去金凤区第五届人民代表大会代表职务的议案，并通过人事任免议案。

【五届人大常委会第九次会议】 2022年11月23日，金凤区五届人大常委会召开第九次会议，审议关于补选金凤区第五届人民代表大会代表的议案。

【五届人大常委会第十次会议】 2022年12月10日，金凤区五届人大常委会召开第十次会议，听取和审议政府关于企业国有资产监督管理工作、政府关于债务管理情况、五届人大一次会议议案和代表意见建议办理、承诺为民办十件实事办理情况的报告；审议通过金凤区第五届人大常委会代表资格审查委员会关于代表变动和补选代表资格审查情况的报告（草案），关于接受何伟纯、高山辞去银川市第十六届人民代表大会代表职务和关于补选金凤区出席银川市第十六届人民代表大会代表的议案。

【五届人大常委会第十一次会议】 2022年12月19日，金凤区五届人大常委会召开第十一次会议，听取关于金凤区第五届人民代表大会代表2022年履职情况的通报和金凤区第五届人民代表大会第二次会议筹备工作情况的报告；审议通过金凤区第五届人民代表大会第二次会议各代表团团长、副团长、列席人员名单（草案），金凤区人民代表大会常务委员会工作报告（审议稿），金凤区人大常委会关于召开金凤区第五届人民代表大会第二次会议的决定（草案）；讨论金凤区第五届人民代表大会第二次会议选举办法（审议稿）；审议通过人事任免议案，按照程序举行宪法宣誓仪式。

【老旧小区综合整治改造项目专题询问会】 2022年10月27日，金凤区人大财政经济委员会组织召开金凤区采用政府和社会资本合作（PPP）模式推进老旧小区综合整治改造项目专题询问会，本次询问会也是金凤区五届人大常委会首次开展专题询问。

人大常委会主任陈邢妍、各位副主任、部分委员以及财政经济委员会委员、政府相关部门以及街道负责人参加会议。人大常委会副主任潘太升主持会议。副区长马小龙到会听取意见，并代表区政府作表态发言。专题询问中，人大常委会部分组成人员以及财政经济委员会委员围绕金凤区债务总体情况、国家和自治区每年对老旧小区改造项目支持的专项资金情况、纳入改造范围的老旧小区物业管理运营情况以及人大代表关注、群众关心的热点难点问题等进行专项问询。发展和改革局、财政局、住房城乡建设和交通局等政府相关部门主要负责同志分别作应询回答。

【镇街人大工作例会】 2022年，金凤区人大常委会在全区率先召开镇街人大工作例会，决定从6月起，每两个月召开一次镇街人大工作例会，通过现场观摩、镇街汇报、集中点评、安排工作等，促进各镇、街道之间相互交流、相互学习、相互促进、相互提高。7月7日，黄河东路街道人大工委召开全体代表会议，听取街道办事处2022年上半年工作报告，会议由人大工委主任孔淑侠主持，金凤区人大常委会副主任李文陈，人大常委会办公室主任李兴华、人联委主任何鹏参加会议。黄河东路街道办事处主任李季平作半年工作报告，并对下半年工作进行安排部署，参会代表现场点评并提出意见建议。

（杜文源）

综合政务

【统筹协调】 2022年，金凤区人大常委会办公室围绕人大常委会工作重点，发挥参谋助手作用，做好统筹协调，为常委会推进重要工作、召开重要会议提供服务保障。做好常委会视察、检查、调研的通知、组织和协调工作，做好26次主任会议、11次常委会会议和五届人大二次会议的会务、文稿和后勤保障工作，起草下发相关决议决定29项，推动常委会各项工作有效落实。

【理论学习】 2022年，金凤区人大常委会办公室重视理论武装，在持续学习中不断提高政治素养，提升工作能力。深入推进“不忘初心、牢记使命”主题教育常态化、制度化，推动党史学习教育继续走深走实，深入开展习近平总书记视察宁夏重要讲话指示批示精神“大学习、大讨论、大宣传、大实践”活动。组织开展机关学习会30余次，交流研讨15次，交流发言30余人次，以学习习近平新时代中国特色社会主义思想为主线，深入学习习近平法治思想、习近平总书记关于坚持和完善人民代表大会制度的重要思想，深入学习党内法规和人大履职相关法律法规，确保在党的创新理论指导和法律法规规定下谋划推动人大工作。

【服务群众】 2022年，金凤区人大常委会办公室组织全体工作人员在文明城市创建中充分发挥模范带头作用，积极下沉清馨苑、蓝山名邸社区一线，捡拾烟头，摆放非机动车辆，劝阻不文明行为，落实小区长、点位长、楼栋长包抓责任，协助社区做好“五包一”服务等工作，为守护群众生命健康安全贡献力量。

（李兴华）

执法检查与视察调研

【概况】 2022年，金凤区人大常委会自觉用好宪法法律赋予的监督权，围绕改革发展需要和人民群众期盼，统筹运用听取审议专项工作报告、执法检查、视察调研等监督方式，实行正确监督、有效监督、依法监督，全年开展视察6次、执法检查2次、专项检查4次、专题调研7次。

【法院速裁审判工作调研】 2022年3月16日，金凤区人大常委会调研组对金凤区人民法院速裁审判工作情况进行调研。调研组在人民法院进行实地调查了解，参观法院诉讼服务中心、无人记录法庭、执行指挥中心，现场旁听法庭审判，听取点位工作情况介绍，并召开座谈会听取金凤区法院速裁审判工作情况汇报。

【《宁夏回族自治区科学技术普及条例》贯彻情况执法检查】 2022年3月24日，金凤区人大常委会执法检查组对《宁夏回族自治区科学技术普及条例》（以下简称《条例》）贯彻实施情况开展执法检查。检查组先后实地检查银川市妇女儿童活动中心科创空间、黄河东路街道通福社区科普学校、毓秀公园科普宣传长廊、丰登镇卫生院中医药文化科普阵地等，听取各个检查点负责人有关情况介绍。随后召开座谈会，听取副区长余磊及有关部门关于贯彻实施《条例》情况汇报。

【现代服务业发展情况调研】 2022年4月1日，金凤区人大常委会调研组对金凤区现代服务业发展情况进行调研。调研组一行采取实地查看、听取汇报、召开座谈会等形式，先后深入大阅城中街不夜城及特色街区、阅海湾中央商务区数字经济产业园、阿里巴巴跨境电商服务中心、和君纵达数据科技有限公司、建信财产保险有限公司宁夏分公司和宁夏东耀家政服务有限公司，实地了解金凤区现代服务业发展的总体情况、面临的困难和问题、未来发展方向等。在随后召开的座谈会上，调研组听取金凤区政府关于开展现代服务业发展情况的工作汇报，与会人员立足岗位和工作实际，结合实地调研情况，分别提出相关意见和建议。

【国家司法救助工作调研】 2022年5月25日，金凤区人大常委会调研组对金凤区人民检察院国家司法救助工作情况进行调研。调研组先后参观12309检察服务厅、芬芳工作室、听证室、检察廉政建设厅，现场听取点位工作情况介绍，观看司法救助微电影、典型案例宣讲，并召开座谈会听取金凤区检察院国家司法救助工作情况的汇报。

【学前教育普及普惠工作推进情况视察】 2022年5月27日，金凤区人大常委会视察组对金凤区学前教育普及普惠工作推进情况进行视察。视察组先后到丰登第二幼儿园、铂悦府幼儿园、海茂幼儿园、宁夏幼儿师范高等专科学校第一附属幼儿园实地查看幼儿园基础设施建设、学前教育规划布局等情况，详细了解师资队伍建设、普及普惠保障等工作。随后召开座谈会，听取政府有关情况汇报，就如何推进学前教育普及普惠工作提出意见建议。

【重点项目建设情况视察】 2022年5月30日，金凤区人大常委会视察组对金凤区2022年重点项目建设情况进行视察。视察组先后到建发悠阅城商业综合体、良田镇植物园村智慧农业、金凤第三十小学、元宝湖水环境综合治理工程、凤凰北街道路打通工程等项目现场，通过实地察看、听取汇报、询问交流等形式，详细了解重点项目建设情况及存在的主要困难和问题。随后召开座谈会，副区长余磊代表区政府汇报2022年重点项目建设情况、存在问题及下一步工作举措。与会人员对项目建设、招商引资以及企业发展等方面提出了有针对性的意见和建议。视察组对重点项目建设所取得的成效给予充分肯定并要求。

【打造铸牢中华民族共同体意识示范区工作推进情况视察】 2022年7月20日，金凤区人大常委会视察组对铸牢中华民族共同体意识示范区工作推进情况进行视察。视察组先后深入北京中路街道清馨苑社区观天巷民族团结主题公园、文化旅游体育广电局、银川市金凤区第一小学、上海西路街道银新苑北社区进行实地查看，以听取介绍、查阅资料等方式，

2022年7月20日，金凤区人大常委会视察组视察金凤区打造铸牢中华民族共同体意识示范区工作推进情况

详细了解各领域打造民族团结进步示范区，推动铸牢中华民族共同体意识工作开展情况。视察组听取区政府关于打造铸牢中华民族共同体意识示范区工作推进情况的汇报，与会人员围绕推动做好民族团结进步示范区工作提出意见建议。

【金凤区监察委员会廉政教育工作调研】 2022年8月3日，金凤区人大常委会调研组对金凤区监察委廉政教育工作情况进行调研。调研组先后参观宝湖社区家风家训馆、清水湾社区廉政警示教育基地、监察委接访大厅、案件审理室，现场听取点位工作情况介绍、典型案例宣讲，并召开座谈会听取金凤区监察委廉政教育工作情况的汇报。调研组对监察委充分履行廉政教育工作职责、着力营造风清气正环境、全面构筑不想腐的思想堤坝等方面作出的贡献和取得的成效予以肯定。同时，调研组也提出意见，继续强化廉政教育学习宣传，结合“八五”普法深入开展《中华人民共和国监察法》普法宣传，采取贴近实际、贴近生活、贴近大众的形式，以案说法，使干部群众受教育；统筹整合资源力量，协同深化廉政教育，推动形成“资源整合、上下联动”的廉政教育工作新格局，为金凤区营造风清气正环境作出新贡献。

【全民健康水平提升行动推进情况视察】 2022年8月5日，金凤区人大常委会视察组对金凤区全民健康水平提升行动工作开展情况进行视察。视察组先后到植物园村卫生服务室、良田镇卫生院、满城北街满春园社区、上海西路碧水蓝天社区卫生服务中心等实地查看基层医疗服务能力提升、中医药服务能力提升等情况，详细了解疾病防控能力提升、健康细胞创建等工作情况。随后召开座谈会，听取政府有关情况汇报，就推进全民健康水平提升行动工作提出意见建议。

【生态环境和生态环境保护工作视察】 2022年9月21日，金凤区人大常委会视察组对金凤区生态环境和生态保护工作开展情况进行视察。视察前开展学法活动，由宁夏云器律师事务所律师杨婷婷就《中华人民共和国环境保护法》对视察组全体成员进行学习辅导。随后视察组先后来到宁夏翔达牧业科技有限公司、宁夏小巨人机床有限公司、银川市第六污水处理厂和银川保绿特生物技术有限公司，分别就土壤污染防治情况、废气污染防治情况、水污染防治情况和中央环保督察反馈问题整改情况进行实地调研、查看，详细了解生态环境保护工作

2022年8月3日，金凤区人大常委会调研监察委员会廉政教育工作情况

开展情况，并现场听取一年来生态环境状况及环境保护目标完成情况。

【贯彻执行《中华人民共和国乡村振兴促进法》执法检查】 2022 年 10 月 27 日，金凤区人大常委会执法检查组对金凤区贯彻执行《中华人民共和国乡村振兴促进法》工作情况进行检查。检查组先后到两镇蔬菜种植基地、肉牛养殖园区等地实地检查，现场听取点位工作情况介绍，并召开座谈会听取金凤区政府关于《中华人民共和国乡村振兴促进法》贯彻实施情况的工作汇报。

【企业国有资产管理情况专项调研】 2022 年 11 月 10 日，金凤区人大常委会调研组对区属企业国有资产管理情况进行专项调研。金凤区财政局、宁夏海阅资本运营控股有限公司、金凤区国有资产投资控股有限公司、银川阅海湾投资开发有限责任公司负责人和相关人员参加调研活动。调研座谈会上，金凤区财政局汇报企业国有资产管理的总体情况，各国有企业分别围绕企业国有资产经营状况、国有企业改革和建立现代企业管理制度情况、企业国有资产监管工作落实情况、当前国有企业体制机制方面存在的突出问题和下一步工作安排等内容进行汇报。与会人员就国有资产管理中的重点内容和存在的问题进行交流发言。

【代表议案建议和政府承诺为民办 10 件实事办理情况视察】 2022 年 11 月 15 日，金凤区人大常委会视察组对金凤区五届人大一次会议议案、代表意见建议和政府承诺为民办 10 件实事办理情况进行视察。视察组先后实地查看部分议案、代表意见建议和政府承诺为民办 10 件实事的办理情况，视察结束之后召开座谈会。座谈会上，听取政府关于金凤区五届人大一次会议议案、代表意见建议和政府承诺为民办 10 件实事办理情况的汇报，以及相关承办单位关于办理议案、代表意见建议的主要做法和取得成效的汇报。金凤区五届人大一次会议确立的代表议案建议共 117 件，其中 5 件议案、111 件建议转交政府办理，1 件议案转交法院办理，10 件为重点办理建议。4 件代表议案办理完成，办结率 80%；1 件代表议案正在办理；已办结代表意见建议 72 件，占建议总数的 64.86%；正在办理的有 27 件，占建议总数的 24.32%；因政策规定暂时无法办理及资金问题列入计划办理的建议有 13 件，占建议总数的 11.71%。政府承诺为民办 10 件实事，7 件已办结，3 件正在办理。

（杜文源）

金凤区人民政府

综　述

【概况】 2022 年，金凤区人民政府始终坚持以习近平新时代中国特色社会主义思想为指导，深入贯彻落实习近平总书记视察宁夏重要讲话指示批示精神，认真学习领会党的二十大精神，在区市党委、政府和金凤区委的坚强领导下，坚持稳中求进工作总基调，全面落实“疫情要防住、经济要稳住、发展要安全”的工作要求，经济社会保持平稳健康发展。全年实现地区生产总值 341.7 亿元，同比增长 0.2%，经济体量保持全区前三；实现规模以上工业增加值 24.6 亿元，同比下降 2.1%，增速居银川市第四，居沿黄市辖区第五；实现社会消费品零售总额 165 亿元，同比增长 0.4%，增速居银川市第二，居沿黄市辖区第二，分别高于国家、自治区 0.6、0.2 个百分点，与银川市持平，规模保持全区第二；全口径完成固定资产投资 151.7 亿元，同比下降 16%，规模保持全区第一；完成地方一般公共预算收入 8.86 亿元，同比增长 12.6%，居银川市第三，居沿黄市辖区第三，高于银川市 4.4 个百分点，高于年初目标 3.9 个百分点；实现城镇居民人均可支配收入 49509 元，增长 4.9%，居银川市第二，居沿黄市辖区第五，体量保持全区第一；实现农村居民人均可支配收入 17206 元，同比增长 6.6%，居银川市第三，居沿黄市辖区第四。

【高质量发展】 2022 年，金凤区全面启动项目突破年活动，101 个总投资 861 亿元的本级重点项目全部开工，31 个自治区“六个一百”重大项目全速建设，3 个市级重点项目投资完成率 105%，投资体量领跑全区。上争资金 19.7 亿元，同比增长 66%；招商引资到位资金 107 亿元，同比增长 6.5%。阅海湾中央商务区“三园一区”建设加速推进，累计注册企业 5224 家，实现主营业务收入 360 亿元，跻身中国商务区综合实力 20 强。“东数西算”长三角飞地产业园在杭州市创新规划、落地投用，圆满完成首届“西部数谷”算力产业大会协办任务，签约落地数字经济项目 5 个 15.3 亿元，阅海湾中央商务区获评首批自治区数字经济示范园区。消费活力更加凸显。成功举办第六届“金凤飞舞·城市乐活会”，首创商圈免费停车活动带动客流日均增加 2 万人次，累计发放消费券 23 万张，拉动消费 4.8 亿元。接续实施“服务业发展六大行动”，引进落地区域首店 33 家，评选“金凤餐饮老字号”49 家，新昌路特色商业街改造一新，阅彩城获评国家级夜间文化和旅游消费集聚区，正源街核心商圈获批自治区现代商贸服务业集聚区，阅海湾休闲旅游度假区晋升自治区级旅游度假区。社区商业蓬勃发展，新改建蔬菜直销店 3 个，开设便民市场 7 个，一刻钟便民生活圈有力满足市民刚性消费需求。金凤电商标准化平台启动运行，实现网上实物商品零售额 3.7 亿元，同比增长 182.7%。产业特色更加鲜明。成功申报工业示范项目 8 个，新增规上工业企业 4 家、“专精特新”企业 8 家，争取工业技改奖补资金 671 万元，小牛自动化光伏组件产品市场占有率全球领先，上榜国家级制造业单项冠军。完成粮食种植4.3万亩、瓜菜种植3.5万亩，粮食安全政治责任、“菜篮子”保供属地责任有力落实。良田镇农贸市场扩规投用，和顺新村成为银川市规模最大的西红柿田间交易中心，植物园村数字农旅小镇完成主题街区改造，利思·田园蜜语农业生态产业园升级完善，“润丰宿集”“良田味集”开门营业，润丰村入选全国乡村旅游重点村，金凤区成功创建自治区现代农业产业园。

【深化改革】 2022年，金凤区出台“稳保促金凤20条”，退税减税降费16.3亿元，减免企业房租1961万元，新增市场主体1.6万户。“放管服”改革持续深化，跨省通办延伸至22个省份88个县区，本级政务服务事项网上可办率达到87%，商事制度改革成效获国务院通报表扬。争取科技项目资金3800万元，认定国家级高新技术企业78家，R&D经费投入强度达到2.9%，万人发明专利拥有量15.87件，位居全区前列。建立企业人才储备库，引进高层次人才419名。“六权”改革走深走实，95家企业用水确权圆满落地，3.1万亩土地完成颁证，4000亩林地信息被纳入山林权基础数据库，5笔排污权入市交易，12家企业完成用能摸排，碳排放权改革稳步推进。成立金凤区空间资源城市运营管理有限公司，切实保障国有资产经营有方、处置有效。

2022年5月19日，金凤区政府与宁夏环保集团、宁夏筑能环保科技有限公司举办银川市循环经济（静脉）产业园框架合作协议签约仪式

【乡村振兴】 2022年，金凤区全力巩固拓展脱贫攻坚成果同乡村振兴有效衔接，高质量完成国家后评估反馈问题整改，争取资金7749万元，实施涉农项目43个，兑现到户补贴资金385万元，已脱贫人口、易返贫监测对象和移民群众收入稳步提升。建立农村住房安全动态监测机制，加固抗震农房260户。投资1900万元改造农村公路5条，共享单车首次在农村投放。高标准推进农村人居环境整治，打造示范样板村2个，园子村被纳入第六批中国传统村落名录，金凤区入选“深化乡村地名服务·点亮美好家园”首批全国试点。

2022年9月20日，金凤区召开巩固拓展脱贫攻坚成果同乡村振兴有效衔接问题整改工作推进会

【环境保护】 2022年，金凤区环境质量全面改善。125件中央环保督察转办件全部整改，生态环境各项约束性指标好于或达到自治区考核标准，全年环境空气质量优良天数比例保持80%以上。严格落实河湖长制，黑臭水体动态清零，30条重点河湖水质保持优良，元宝湖垃圾堆场污染风险彻底消除，宝湖路林带、绕城高速、铁路沿线环境状况大为改观。完成造林940亩，建成区增绿12万平方米，城市“三绿”指标保持全市首位。严格实行“三线一单”生态环境分区管控，科学精准划定耕地和永久基本农田控制线，编制“多规合一”实用性村庄规划10个。农业“三减”行动深入开展，受污染耕地安全利用率98%以上，重点建设用地安全利用率100%。实施典农河水生态修复项目，建成投用水质自动监测站2个，全域护水智治体系得到补强。绿色转型全面推进。坚决落实“四水四定”，黄河水农业灌溉年节水50%。工业能效持续提升，规上工业单位增加值能耗降低6.4%。散煤污染治理成效持续巩固，完成清洁取暖能源替代788户。创建垃圾分类示范小区68个，城

乡垃圾分类设施实现全域覆盖。高质量落实黄河流域生态保护主题宣传实践月活动各项任务，低碳生活成为新风尚。

【城乡建设】 2022年，金凤区基层治理能力显著提升。贺兰山中路街道办事处挂牌运行，5个社区完成规模调整，基层治理单元更加均衡。“一核三联五治五化”治理模式持续拓展，建成邻里中心8个、社会工作服务站7个，新招录网格员100名，通福家园社区入选全国首批社区青春行动试点，锦绣苑社区获评全国先进群众性基层自治组织。村居法律顾问实现全覆盖，西新村获评全国法治示范村。扎实开展物业服务专项整治行动，整改突出问题951个，区属国企兜底管理无物业小区20个，住宅小区物业服务覆盖率达80%。智慧金凤社会治理综合平台三期升级完善，四大系统6个专题上线运行，受理群众诉求4.4万件，办结率99.2%。

【公共服务】 2022年，金凤区民生支出占比保持在75%以上，10件承诺实事全部办结。新(改、扩)建教育项目18个，新增学位1.1万个，争取教师编制138个，学前教育普及普惠达标县通过自治区验收，学科类培训机构压减89.7%，部级优课数与教师数占比位居全区第一，“互联网＋教育”成果经验在全区交流展示。金凤区医疗健康集团揭牌成立，银川市中医医院金凤区院建成投用，自治区首家社区医院落地启用。城镇新增就业6718人，农村劳动力转移就业6836人。启动运行残疾人托养中心，新建社区日间照料中心2个、老饭桌2个，改造升级社区老年大学4所，完成困难老年人、残疾人居家改造197户。发放各类社会救助金4218万元，蔬菜包、粮油包和防疫包有力兜牢3万余名困难群众基本生活线。专班推进办证难遗留问题化解，打通2.5万套房屋办证渠道，完成不动产权登记4274套。

【社会治理】 2022年，金凤区“平安金凤”建设扎实推进，排查化解矛盾纠纷1770起，成功创建自治区禁毒示范县区，荣获平安宁夏建设示范县区，有力保障了党的二十大、自治区第十三次党代会期间安全稳定。严格执行政府债务监测化解机制，年度化债9.1亿元，预计政府债务风险等级由红降橙。工程建设政府采购等重点领域突出问题专项治理取得阶段性成效。安全生产专项整治三年行动圆满收官，摸排整改各类安全隐患2229条。扎实开展食品药品安全区创建，建成悦海新天地食品安全示范街，打造阅彩城食品安全培训基地。双拥共建、妇女儿童等各项事业取得新成效。工会、共青团、妇联、红十字会等群团组织桥梁纽带作用有效发挥。

【文体事业】 2022年，金凤区开展“文化金凤·四季欢歌”文化惠民广场演出200场次、送戏下乡100场次，各类参演队伍达到200支，参演人员8000余人次，参与观看的群众达到7万人次。推进中华优秀传统文化挖掘保护工作。积极申报第六批金凤区级非物质文化遗产代表性项目和第七批金凤区级非物质文化遗产项目代表性传承人。推荐23个项目参与自治区、银川市非物质文化遗产工作。举办2022年金凤区“喜迎二十大·粽享端午情”非遗展示及文旅惠民消费季促销活动，举办2022年金凤区“文化和自然遗产日”宣传活动。繁荣乡村文化，厚植文明底蕴。持续开展“2022年文化指导员走基层”活动，选聘辖区优秀文化艺术人才开展文化指导活动，在良田镇、丰登镇文化站及各村文化服务中心开展16场次指导活动，培养500余名文化指导员服务基层文化工作。对德馨公园健身步道，丰登镇和丰村，良田镇光明村、润丰村4个村篮球场进行提档升级。完成植物园村篮球场建设、金星村2.5公里健身步道建设、德馨公园1.2公里健身步道建设，安装健身路径27套，维修更换破损体育设施53处。举办金凤区第三届青少年校园篮球赛、金凤区第十三届青少年校园足球联赛、金凤区青少年校园足球嘉年华等多项赛事，各类线上线下活动受众人数12万人以上。指导完成体育三级社会指导员培训347人，完成国民体质监测1000人。

表2　2022年金凤区为民办十件实事完成情况

实事名称	实事具体情况	实事完成情况
教育优质均衡工程	续建中小学3所。新建幼儿园5所，打造智慧科普校园1所，免费开展家庭教育讲座100场次。	投资2.9亿元，续建金凤区第二十四小学、第二十七小学、银川市第三十六中学3所中小学。投资312万元，新建幼儿园5所，其中华远海蓝和光幼儿园、万科锦宸幼儿园、金域蓝湾幼儿园、西夏苑第十八幼儿园4所幼儿园建成交付并完成秋季招生；旭辉江南学府幼儿园建成交付，计划2023年招生。投资4万元，在金凤区第二十一小学打造科普智慧校园。投资3万元，开展公益性家庭教育讲座、活动424场次，完成目标任务的424%，受益2.3万人。
就业创业扶持工程	免费为500人提供职业技术技能培训、为240人提供创业能力培训。为就业困难人员发放灵活就业社保补助。完成城镇新增就业6000人，农村劳动力转移就业6000人，培育创业实体400家。	免费为717人提供职业技术技能培训，完成目标任务的143%；为240人提供创业能力培训，完成目标任务的100%。为2785位就业困难人员发放灵活就业社保补贴总计1135.79万元。完成城镇新增就业6718人，农村劳动力转移就业6836人，培育创业实体661家，分别完成目标任务的112%、114%和165%。
安全隐患防范工程	新建街面警务巡逻站5个。1500人参加应急救护培训。面向沿街商铺、“九小”场所从业人员开展消防安全培训，1000人参加培训。	投资200余万元，新建第八大街警务站、莲湖警务站、中海警务站、文化城警务站、彩虹湾警务站5个街面警务巡逻站。投资5万元，开展应急救护培训5366人，完成目标任务的358%。投资66万元，完成消防安全培训3500人，完成目标任务的350%。
便民服务扩面工程	新建社区日间照料中心2个、老饭桌2个。为金凤区户籍特困人员以及60岁以上残疾、低保、低收入人员购买意外伤害综合保险，为经济困难、失能失智老人购买居家养老服务，为有意愿的金凤区户籍贫困重度残疾人提供集中照护服务，为有需求的分散供养特困人员中的高龄、失能、残疾老年人提供居家适老化改造。	投资307.64万元，完成海珀兰轩社区老年人日间照料中心（含老饭桌）和七子连湖社区老年人日间照料中心（含老饭桌）建设。投入4.76万元为金凤区户籍特困人员、80岁以上高龄低收入老人以及60岁以上残疾、低保、低收入老人共计1588人购买了意外伤害综合保险。投入55.8万元为7437名具有金凤区户籍持证残疾人购买意外伤害保险，已赔付47人，赔付金额16万元。投入33.6万元，为253名经济困难、失能失智等老人购买居家养老服务，为1名贫困重度残疾人提供集中照护服务，完成101户居家适老化改造。
城市功能完善工程	实施新昌路、雪绒巷、康平路南侧（广场东路—尹家渠街）等特色街区改造。实施19个老旧小区改造，惠及群众2690户。	投资3905万元，打造完成新昌路、雪绒巷、康平路南侧（广场东路—尹家渠街）等特色街区。投资1.67亿元，完成19个老旧小区外墙保温等建筑单体施工，惠及群众2690户。
人居环境提升工程	实施万安巷、灵芝巷等4个道路绿化项目，新增绿化3万平方米，造林800亩。因地制宜选择闲置空地打造小型运动场所，新增篮球场2个、五人制足球场2个。	投资252.47万元，完成万安巷、后海路等6个道路绿化项目，超额完成2个项目。投资243.89万元，实施灵芝巷（长城路—宝湖路）西侧生态环境治理项目，新增绿化面积12万平方米；完成人工造林328.42亩，在南环高速完成未成林抚育提升及退化林改造611.58亩，合计940亩，完成目标任务的118%。投资14.6万元，建成黄河东路康苑雅居小区文化广场、满城北街街道满城嘉苑小区文化广场、丰登镇凤北家园二期文化广场、长城中路街道保伏桥小康村健身广场、满城北街街道新苑小区健身广场5个小型运动场所。投资44.39万元，完成良田镇植物园村多功能运动场1个、丰登镇联丰村篮球场1个；投资100万元，完成良田镇泾龙中心村和植物园中心村足球场2个。

续表

实事名称	实事具体情况	实事完成情况
家庭幸福护航工程	完成金凤区农村户籍适龄妇女宫颈癌、乳腺癌筛查各800人。困境两癌妇女实现应救尽救。	投资17.6万元，完成农村适龄妇女1040人宫颈癌HPV检测和1052人乳腺癌筛查，分别完成目标任务的130%、132%。为符合救助条件的36名贫困妇科癌症患者及贫困单亲母亲发放关爱救助金37.71万元，其中贫困“两癌”妇女18人，单亲母亲15人，妇科癌症3人。
乡村振兴助力工程	新建兜底温棚25栋。实施和丰村、植物园村、金星村农村人居环境整治提升项目，新建农村公共厕所3个。完成丰登镇农贸市场规划改造。	投资849.54万元，在良田镇金星村建成25栋兜底温棚。投资2830.9万元，完成和丰村、植物园村、金星村农村人居环境整治提升项目。在植物园三组、四组温棚园区，泾龙村果蔬分拣中心，良田镇植物园村宁夏锦旺果蔬物流配送中心各建公共厕所1所，完成丰登镇农贸市场规范化改造。
文化惠民涵养工程	新建基层综合文化服务中心3个。改造提升凤北家园文化广场。在两镇开展基层文化培训活动120场次。	投资270.64万元，完成临阅家园社区、七子连湖社区基层综合文化服务中心、丰登镇综合文化服务中心建设。改造提升凤北家园文化广场。在两镇开展基层文化培训活动120场次。
智慧城市升级工程	高位推动国家智能社会治理城市管理实验基地建设，启动智慧城市运营中心三期改造，升级社会视频共享平台，建成应急物资管理系统、城市大数据中心、共享单车治理平台、“互联网＋督查”指挥平台，有效解决城市顽疾和群众关心的难点堵点乱点问题。	投资1552万元，完成国家智能社会治理实验特色基地（城市管理）一、二期及智慧金凤社会治理综合平台三期建设工作。完善基层智慧治理应用场景搭建，建成金凤区大数据分析平台，完成2个镇、6个街道办事处、16个职能部门及3家共享单车企业的基础数据汇聚工作。投资580万元，完成金凤区政府无人机数字化指挥中心建设，打造由专业飞手、无人机、无人船、智能系统的数字化体系，发挥“数字督查”“数字政务”“数字处突”成效。

（李浩诚）

重要会议

【第3次常务会议】 2022年1月6日，金凤区五届人民政府第3次常务会议在金凤区会议中心二楼党政会议室召开。会议学习《宁夏回族自治区土壤污染防治条例》，审议《金凤区信息化项目管理办法（送审稿）》《金凤区信息化项目管理办法（送审稿）》《金凤区2022—2023年老旧小区综合整治改造PPP项目实施方案（送审稿）》《金凤区良田镇基础设施建设特许经营项目实施方案（送审稿）》《金凤区环卫道路清扫保洁服务市场化外包方案（送审稿）》《金凤区空间资源管理运营有限公司成立方案（送审稿）》。

【第4次常务会议】 2022年1月25日，金凤区人民政府第4次常务会议在金凤区会议中心二楼党政会议室召开。会议学习《中国共产党纪律检查委员会工作条例》，审议《关于进一步加强金凤区残疾儿童少年入学工作实施方案》《金凤区2021年黄河流域生态保护和高质量发展先行区建设先进集体和先进个人表彰奖励方案》《同海集团公司2022年薪酬方案》。

【第5次常务会议】 2022年3月9日，金凤区人民政府第5次常务会议在金凤区会议中心二楼党政会议室召开。传达学习习近平总书记在中央党校（国家行政学院）中青年干部培训班开班式上发表的重要讲话、习近平总书记在中央全面深化改革委员会第二十四次会议重要讲话精神、习近平总书记在参加十三届全国人大五次会议内蒙古代表团审议时重要讲话精神、习近平总书记在参加全国政协十三届五次会议的农业界社会福利和社会保障界委员联组会上重要讲话精神；传达学习自治区新材料产业高质量发展现场会议精神、《地方党委和政府领导班子及其成员粮食安全责任制规定》；通报自治区招商引资项目推进考核办公室《关于兑现2021年招商引资工作奖励的通知》、银川市信访工作联席会议《关于兑现2021年度目标管理考核奖励的决定》。

【第6次常务会议】 2022年3月21日，金凤区人民政府第6次常务会议在金凤区会议中心二楼党政会议室召开。审议《金凤区创建国家食品安全示范城市实施方案（送审稿）》《金凤区未成年人保护工作实施方案（送审稿）》《关于银川保绿特生物科技有限公司相关问题整改方案（送审稿）》《银川市金凤区农业保险保险费补贴管理实施方案（送审稿）》。研究成立金凤区中央生态环境保护督察整改工作领导小组相关事宜；审议金凤区全面推行林长制相关配套制度。

【第7次常务会议】 2022年4月9日，金凤区人民政府第7次常务会议在金凤区会议中心二楼党政会议室召开。会议传达学习自治区工程建设政府采购等重点领域突出问题专项治理工作领导小组第三次会议、银川市工程建设政府采购等重点领域突出问题专项治理工作领导小组第五次会议精神，听取金凤区工程建设政府采购等重点领域突出问题专项治理工作情况汇报，安排部署相关工作。

【第8次常务会议】 2022年4月24日，金凤人民政府第8次常务会议在金凤区会议中心二楼党政会议室召开。会议传达学习自治区一季度经济运行分析会精神；听取金凤区一季度经济运行情况汇报，安排部署相关工作；审议《智慧金凤社会治理综合平台街镇、委办局工作考核办法（送审稿）》《金凤区2022年招商引资工作方案（送审稿）》《金凤区2022年招商引资考核办法（送审稿）》《金凤区长城中路街道、北京中路街道、黄河东路街道区划调整方案（送审稿）》《金凤区数字政府建设行动计划（送审稿）》《金凤区社区蔬菜直销店提升改造实施方案（送审稿）》。

【第9次常务会议】 2022年5月14日，金凤区人民政府第9次常务会议在金凤区会议中心二楼党政会议室召开。学习《信访工作条例》，安排部署近期信访工作；听取主要经济指标上半年"双过半"预测情况及工作建议；审议2022年上半年地区生产总值、固定资产投资、社会消费品零售总额"双过半"工作方案，安排部署相关工作；审议《金凤区2021年度巩固拓展脱贫攻坚成果同乡村振兴有效衔接考核评估问题整改方案（送审稿）》《金凤区解决群众办理房产证遗留问题专项工作方案（送审稿）》；研究《关于兑现金凤区2021年度健康金凤建设暨全民健康水平提升行动考核以奖代补资金的决定（送审稿）》《关于金凤区兑现2021年度健康宁夏建设考核以奖代补资金的分配方案（送审稿）》。

【第10次常务会议】 2022年5月28日，金凤区人民政府第10次常务会议在金凤区会议中心二楼党政会议室召开。传达学习全国稳住经济大盘电视电话会议精神、5月23日国务院常务会议精神、5月26日自治区党委常委会会议精神、全区稳经济保增长促发展电视电话会议精神、市委书记张雨浦在市委常委会会议上听取一季度经济运行情况汇报时的讲话精神、银川市稳经济保增长促发展专题会议精神；安排部署近期疫情防控相关工作；审议《金凤区各商业综合体2022年6月份促消费免费停车活动方案（送审稿）》《金凤区投资贡献突出企业奖励实施方案（送审稿）》《金凤区国企改革三年行动实施方案（2020—2022）》《金凤区疫情防控一线工作人员健康疗养实施方案（送审稿）》《金凤区2022年年度考核奖发放方案（送审稿）》；研究2020—2021年国有企业退休人员社会化管理补助资金使用分配有关事宜、湖畔嘉苑社区居委会规模调整及增设社区居委会相关事宜。

【第11次常务会议】 2022年6月7日，金凤区人民政府第11次常务会议在金凤区会议中心二楼党政会议室召开。审议《金凤区妇女发展规划（2021—2030年）》（送审稿）、《金凤区儿童发展规划（2021—2030年）》（送审稿）、《金凤区落实自治区、银川市"稳保促"政策措施实施方案（送审稿）》、《金凤区政府安全生产职责清单（送审稿）》、《金凤区政府领导班子2022年度安全生产重点工作责任清单（送审稿)》、《金凤区推进医疗保障基金监管制度体系改革实施方案(送审稿)》。

【第 12 次常务会议】 2022 年 7 月 2 日，金凤区人民政府第 12 次常务会议在金凤区会议中心二楼党政会议室召开。传达学习习近平总书记关于安全生产的重要论述、《中华人民共和国安全生产法》;传达学习习近平总书记《论“三农”工作》主要篇目、习近平总书记给种粮大户的回信精神；传达学习自治区第十三次党代会精神、自治区政府第七次全体(扩大)会议精神;听取 2022 年政府债务化解工作进展情况汇报,安排部署相关工作;听取落实银川市创建国家社会保险基本公共服务试点工作推进情况汇报,安排部署相关工作;审议《金凤区 2022 年八一建军节活动实施方案(送审稿)》《金凤区第二届新时代“最美退役军人”评选活动方案(送审稿)》。

【第 13 次常务会议】 2022 年 7 月 24 日,金凤区人民政府第 13 次常务会议在金凤区会议中心二楼党政会议室召开。传达学习李克强总理对安全生产的批示精神和全国安全生产电视电话会议精神，自治区、银川市安委会 2022 年第三次全体(扩大)会议暨安全生产“百日专项整治行动”动员部署会精神;审议《金凤区安全生产“百日专项整治行动”方案(送审稿)》,听取上半年安全生产情况汇报,安排部署有关工作;传达学习全区上半年经济形势分析会精神,听取辖区上半年经济运行情况汇报，安排部署有关工作；听取巩固拓展脱贫攻坚成果同乡村振兴有效衔接考核评估问题整改工作情况汇报，安排部署相关工作;审议《银川市金凤区残疾人保障和发展“十四五”规划(送审稿)》《金凤区深化应急管理综合行政执法改革实施方案(送审稿)》《因“味”有你　风味金凤——2022 年金凤餐饮老字号评选活动方案（送审稿)》；研究金凤区社区蔬菜直销店踏勘选址相关事宜。

【第 14 次常务会议】 2022 年 8 月 19 日,金凤区人民政府第 14 次常务会议在金凤区会议中心二楼党政会议室召开。传达学习自治区工程建设政府采购等重点领域专项治理领导小组第四次会议精神,银川市工程建设政府采购等重点领域专项治理领导小组第七次会议精神，听取上半年金凤区工程建设政府采购等重点领域专项治理情况汇报，安排部署有关工作;审议《关于 2021 年度金凤区本级财政预算执行和其他财政收支情况的审计报告(送审稿)》《关于 2021 年度审计查出问题整改落实情况的报告(送审稿)》《金凤区工业及畜禽养殖业用水确权方案及确权成果报告(送审稿)》《金凤区农业用水权确权成果报告（送审稿)》《金凤区 2022 年巩固拓展脱贫攻坚成果衔接推进乡村振兴产业就业扶持政策（送审稿)》《金凤区丰登镇润三村、和丰村“多规合一”实用性村庄规划（送审稿)》《金凤区 2022 年上半年国民经济和社会发展计划执行情况报告(送审稿)》;听取金凤区学前教育普及普惠示范县(区)创建工作情况汇报,安排部署有关工作;研究长城中路街道高桥社区规模调整及上海西路街道区建一分公司社区更名事宜、金凤区房改办工作职责有关事宜。

【第 15 次常务会议】 2022 年 9 月 2 日，金凤区人民政府第 15 次常务会议在金凤区会议中心二楼党政会议室召开。会议通报原福安巷全体夜市商户关于设立夜市的感谢信;会议听取 1—8 月经济运行情况汇报,安排部署相关工作;审议《金凤区关于推进新时代残疾人事业高质量发展的实施方案（送审稿)》《金凤区突发事件总体应急预案（送审稿)》《金凤区尹家渠北街、凤凰北街地下通道基础照明提升等工程方案(送审稿)》《金凤区雪绒巷、祥安巷基础照明提升工程方案(送审稿)》。

【第 16 次常务会议】 2022 年 9 月 19 日,金凤区人民政府第 16 次常务会议在金凤区会议中心二楼党政会议室召开。会议传达学习习近平总书记在中央全面深化改革委员会第二十七次会议上的重要讲话精神;传达学习自治区党委专题会议精神,自治区安委会第四次全体(扩大)会议精神,自治区党委副书记、自治区主席张雨浦调研信访工作讲话精神;听取近期疫情防控工作汇报，安排部署相关工作；听取 2022 年 1—9 月主要经济指标预计完成情况汇报，安排部署三季度经济工作；审议《金凤区重大项目要素预审工作办法（送审稿）》《金凤区“宜居在金凤·幸福‘家’年华”活动方案（送审稿）》《金凤区2021年度“6·10”等七起一般安全生产事故调查报告（送审稿）》；研究金凤区平伏桥19队支线路等3条农村公路修复养护工程配套资金支付相关事宜；研究创投大厦、西湖苑、宁安宜居经营性资产处置相关事宜。

【第17次常务会议】 2022年10月28日，金凤区人民政府第17次常务会议在金凤区会议中心二楼党政会议室召开。传达学习自治区党委书记梁言顺在自治区党委常委会会议上分析调度9月经济工作时的讲话精神、全市第三季度经济调度会精神，听取1—9月经济运行情况汇报，安排部署有关工作；听取2023年项目谋划情况汇报，安排部署相关工作；审议《金凤区应对疫情影响推动复工复产复市提振经济工作方案（送审稿）》《金凤区良田镇园林村等7个村“多规合一”实用性村庄规划（送审稿）》；听取“六权改革”工作进展情况汇报，安排部署相关工作；听取“六大提升行动”工作进展情况汇报，安排部署相关工作；研究拨付“9·20”疫情防控工作经费相关事宜。

【第18次常务会议】 2022年11月17日，金凤区人民政府第18次常务会议在金凤区会议中心二楼党政会议室召开。传达学习中共中央政治局常务委员会11月10日会议精神，自治区政府第137次常务会议精神，银川市政府第20、21次常务会议精神；审议《金凤区生态环境保护监督管理责任规定》《银川市金凤区关于深入打好污染防治攻坚战的实施方案》《金凤区贯彻落实第二轮中央生态环境保护督察反馈意见整改方案》《金凤区关于加强物业管理工作提升物业服务水平三年行动计划（2022—2024年）》《金凤区冬季清洁取暖项目实施方案》；研究调整非在编人员劳动关系相关事宜。

【第19次常务会议】 2022年12月7日，金凤区人民政府第19次常务会议在金凤区会议中心二楼党政会议室召开。审议《银川市金凤区关于开展全国“深化乡村地名服务、点亮美好家园”试点的实施方案（送审稿）》《金凤区“活力金凤”消费券发放活动方案（送审稿）》；研究部分学校名称变更相关事宜、金凤区存量房回购及安置项目相关事宜、使用存量房抵顶高桥村拆迁户补偿款相关事宜、农业农村和水务局购买政府服务人员相关事宜。

【第20次常务会议】 2022年12月14日，金凤区五届人民政府第20次常务会议在金凤区会议中心二楼党政会议室召开。传达学习中共中央政治局会议精神，11月28日自治区党委专题会议精神，自治区政府第141次常务会议精神，银川市第十六届人民政府第22次常务会议、经济工作调度会议精神；审议《政府工作报告（送审稿）》《政府承诺为民办十件实事的报告（送审稿）》《关于金凤区2022年国民经济和社会发展计划执行情况与2023年国民经济和社会发展计划草案的报告（送审稿）》《关于金凤区2022年财政预算执行情况和2023年财政预算（草案）的报告（送审稿）》《关于金凤区2022年生态环境状况和生态环境保护目标完成情况的报告（送审稿）》《金凤区2022年12月商业综合体促消费免费停车活动方案（送审稿）》《金凤区中小学教师“县管校聘”改革实施方案（试行）》（送审稿）；研究金凤区部分学校、幼儿园合作办学相关事宜。

（李浩诚）

政务服务

【概况】 2022年，金凤区审批服务管理局以“改进作风、提升质效”专项行动为抓手，聚焦“放管服”改革、优化营商环境建设主责主业，对行政审批及公共服务事项进行流程再造，落实行政审批网上协同办公，完善电子监察系统，有力推进新时代政务服务高质量发展。入驻银川市民大厅一楼D厅办公，设有服务窗口32个（含入驻单位窗口3个、公共服务企业窗口12个）。政务公开网主动公开政务信息390条。2022年6月10日，金凤区被国务院评为全国

2021年商事制度改革成效明显的20个县区之一，优先赋予5项督察激励政策。

【基层党建】 2022年，金凤区审批服务管理局有党支部1个，设书记1名、副书记1名，共有正式党员13名、发展对象1名、积极分子4名。加强党建责任建设，规范党内政治生活。及时制定年度党建工作要点，把党员干部的思想政治建设作为工作重点，先后多次召开党组中心组(扩大)学习会，系统学习习近平新时代中国特色社会主义思想、习近平法治思想、习近平经济思想、习近平生态文明思想、党的十九届六中全会精神、习近平总书记视察宁夏重要讲话指示批示精神等。年内累计召开支委会12次、党员大会4次，讲党课6次，召开班子民主生活会2次、党员组织生活会2次、非党员干部专题会1次、主题党日活动12次、党组会16次。

【政治建设】 2022年，金凤区审批服务管理局组织召开党风廉政及反腐败工作会议9次，班子成员和科室负责人签订党风廉政建设承诺书14份。党员干部参观宁东“社会主义是干出来的”红色教育基地1次、贺兰县廉政警示教育中心1次，学习自治区、银川市、金凤区纪委监委通报的反面典型案例12个，开展违反中央八项规定精神典型问题、侵害群众利益的不正之风和腐败问题、扶贫领域腐败和作风问题典型案例学习教育活动。扎实开展“转变作风、提升质效”专题教育活动、违规收送红包礼金和不当收益及违规借转贷或高额放贷专项整治活动。制订整改方案，落实整改措施，并及时向金凤区纪委监委报送整改清单。创新“七个一”活动抓手，通过廉政谈心谈话、讲授廉政党课、学习典型案例、观看警示教育视频、参观警示教育中心、廉政知识测试、廉政主题党日等活动，教育引导党员干部引以为戒、坚守底线，筑牢拒腐防变的思想防线。

【提升服务能力】 2022年，金凤区审批服务管理局对本级承担的155项事项持续开展“四减一优”改革，打造政务服务“四减一优”模范区。先后印发《金凤区深化商事制度改革优化营商环境工作方案》《金凤区全面推行证明事项告知承诺制实施方案》《金凤区开展“一业一证”改革落实方案》等9个方案，推动“一业一证”，让更多事项“最多跑一次”。法定时限3430天，压缩时限2522天，时限压缩74%；法定材料3071项，免提交材料282项，材料压缩率9.18%。

【“一网通办”服务平台】 2022年，金凤区审批服务管理局梳理整合各级政务服务平台、系统，合理借助办事系统，全面提升“互联网＋政务服务”能力，着力解决办不完的手续、盖不完的章、跑不完的路、进不完的网这些关键小事。积极推动本级政务服务事项87%以上实现“网上办”“掌上办”，进一步释放“互联网＋政务服务”潜能。办事企业和群众可自主选择互联网、手机APP等多种形式网上自主申报、全程网办。搭建办事群众不跑就可办服务平台，引导办事群众由“窗口办”逐步向“网上办”过渡。推动个体登记自助审批，实现个体工商户营业执照立等可取。通过“一网通办”服务平台办理登记个体户9314户，个体工商户登记全程网办率达到90%以上。

【“互联网＋政务”】 2022年，金凤区审批服务管理局建立“首席服务官制”“首办责任制”“全程辅助办”，全面启动“全能型店小二”“全科型医生”育才工程，助力提升业务技能、服务意识，并根据性格特点、业务特长，因人施岗、因岗派人，对服务意识、服务态度差的及时调整。优化设置四大功能区、8项业务窗口、24小时自助服务区，制定完善权力清单、流程清单、资料清单、办理时限清单，配备自助审批机、智能机器人，开通“百度”综合窗口，依托政务审批系统，形成线上线下政务服务工作机制。

【电子证照收集】 2022年，金凤区审批服务管理局充分发挥“互联网＋政务服务”作用，推动更多业态广泛应用电子证照，进一步释放电子证照便民化、智慧化潜力。牵头组织各相关单位加快电子证照的归类收集、系统录入、应用推广，并根据国家发布电子证照标准、规范和样式等统一要求，推进存量证照批量入库、增量证照实时入库、专业系统证照对接入库，加快实现电子证照信息跨层级、跨地域、跨部门共享互认互信。累计完成电子证照收集归类56806个。

【区域协作】 2022年，金凤区审批服务管理局强化区域县(市、区)协作，在全区县区中率先推进跨省通办落地落实。设置“跨省通办”专窗，与山东省德州市宁津县等21个省份88个县(市、区)签订政务服务省际联盟“跨省通办”合作协议，“跨省通办”办件4000余件，实施首批30项政务服务异地打包“套餐办”，涵盖医保结算、身份证等异地办理事项。

【“好差评”精细化应用】 2022年，金凤区审批服务管理局将所有承办事项全部纳入“好差评”评价内容，要求所有窗口人员必须积极引导办事群众参与，办事群众参评率达到97.07%。积极协调第三方升级评价器系统，并为各镇、街道民生服务中心和代办点统一配备评价器，实现三级事项全部纳入评价范围，以“好差评”实现全覆盖监督，评价率达到98.67%，满意度达到100%。金凤区“好差评”系统可评价事项办理25273件，线上服务数16480件，线下服务数8793件，线下评价总数8793，线下评价率98.45%，满意率100%。

【“放管服”改革】 2022年，金凤区深入推进“证照分离”改革，将中央层面、自治区层面设定的涉企经营许可事项全部纳入清单管理，对本级权限内的52项按照直接取消审批、审批改为备案、实行告知承诺、优化审批服务等四种方式改革，大力推行照后减证并证，构建简约高效、公正透明、宽进严管的行业准营模式。对本级承担的155项事项持续开展“三减一优”改革，按照“一件事一次办好”的思路，让数据“多跑路”、企业“少跑腿”。建立33个涉企业态集成受理审批服务模式，对营业执照和后置经营许可证同时受理、同步发证，实行关联审批事项一次告知、同步受理、资料共享、精简流程、统一发证的联审联办新模式，全年减少申请材料32%，缩短办理时限55%，减少办理环节74%。配套出台《金凤区全面推行证明事项告知承诺制实施方案》，在涉企经营许可、证明事项等领域推行告知承诺制，进一步优化涉企经营许可告知承诺审批事中、事后监管，强化以市场主体自律为核心的审批全流程信用监管。对涉企经营审批、项目投资审批、证明事项等57个具体事项实行告知承诺，建立承诺事项清单，公开办事流程，减少提交资料116项。

2022年7月27日，金凤区召开优化营商环境工作联席会暨深化“放管服”改革优化营商环境工作推进会

【优化营商环境】 2022年，金凤区制定《金凤区配合银川市贯彻落实全国和全区深化“放管服”改革着力培育和激发市场主体活力电视电话会议重点任务清单》，明确优化营商环境各成员单位13项整改提升任务，逐项按时完成。制定《金凤区进一步优化营商环境　更好服务市场主体健康发展实施方案》，细化16项工作任务，更新金凤区“放管服”改革优化营商环境考核细则。开展“改进作风、提升质效”营商环境专项行动，提升企业与政府部门之间合作交流。开展部门服务企业满意度评价调查，发出满意度调查问卷40份，收回40份，满意度97.5%，并将企业评价部门服务优劣工作纳入全区优化营商环境年度绩效考评，加快构建“亲”“清”新型政商关系。部门负责人、业务专干包联企业“团队代办”制度，采取点对点上门保姆式服务，完善人才政策奖励兑现机制和党委联系人才专家制度。搭建“政企通”服务平台并做好运营维护，发布本级惠企政策5项。推进落实《营商环境投诉“直通车”制度》，提升投诉办理效率，维护企业合法权益。设立企业投诉“直通车”专线，共受理政策不兑现、服务不到位等营商环境问题投诉7件，办结宁夏恒盛大通工贸有限公司企业研发后补助费用发放、江苏徐工集团财务有限公司解除抵押

登记等具体问题7件，办结率100%。

【便民服务】 2022年，金凤区审批服务管理局在各镇（街道）及村（社区）打造标准化民生服务中心，统一设置办事指南、办事流程、综合窗口、“好差评”评价器、高拍仪等，并协调税务部门，向部分镇（街）、村（社区）投放税务自助服务机。逐步推进更多涉民生高频事项下沉，为镇（街道）、村（社区）赋能扩容，镇（街道）可办事项120余项。建立每周二、周四分批次培训学习、素质提升机制，定期组织各项业务学习、礼仪培训，以便民、亲民、为民为宗旨，在工作中想群众所想，急群众所急，变被动为主动，服务前移，及时向办事群众一次性告知，提高办事效率。建立延时服务工作制度，共开展延时服务120余次、1300余分钟。

（汪　娟）

信　访

【概况】 2022年，金凤区信访局稳步推进镇（街道）信访工作联席会议机制实现全覆盖，以推动信访遗留问题有效解决为目标，以集中治理重复访、化解信访积案攻坚行动为突破口，持续精准发力，推动及时就地解决信访问题，着力解决群众着急难愁盼问题。

【信访件办理】 2022年，金凤区信访局本级受理信访总量为745批1461人次，同比批次上升37.36%、人次上升38.65%。到自治区走访29批739人次，同比批次上升48.78%、人次上升40.19%；到银川市走访371批2128人次，同比批次上升40%、人次上升36.08%，到金凤区走访四级信访部门网上信访登记总量为1988件2540人次，同比批次上升57.39%，主要涉及征地拆迁安置、城乡建设、劳动保障、卫生健康等信访问题。受理率、办结率均为100%，参评率93.33%，满意率97.81%。办理人民网领导留言板留言396件，办结率100%。县处级领导接访63批197人次，到北京走访8批8人次。

2022年3月1日，金凤区信访局召开信访形势分析会商会

【贯彻落实《信访工作条例》】 2022年，金凤区信访局在辖区启动“宣传月”活动，8个镇（街道）及有关部门（单位）按照“实、快、新、精”的原则，全方位、多角度、近距离解读《信访工作条例》，加深群众对《信访工作条例》的认识和了解。活动现场发放宣传资料1万余份，购买《信访工作条例》读本600余本，制作宣传展板4块，悬挂主干道旗20余条、灯杆宣旗130条、宣传品1500个，接受群众咨询200余人次。

【信访工作联席会议】 2022年，金凤区信访局指导推动信访联席会议的工作网络延伸到乡镇（街道）。8个乡镇（街道）信访工作联席机构设立全覆盖，已构建起上下联动、齐抓共管的信访工作大格局。

【网上信访办理】 2022年，金凤区信访局进一步提升网上信访办理效率，按照“日接收、日转办、马上办”的原则，严把管理、督办、审核三个环节，加快、提高涉疫案件办理的速度和质量，不断提升信访事项的及时受理率、按期办结率、群众满意率“三率”水平。疫情防控期间共转送、交办四级信访部门网上信访事项348件，办结155件，正在办理193件。

【复查工作】 2022年，金凤区信访局共收到复查申请30件，其中不予受理17件、办理13件，召开信访听证会、协调会20次，到乡镇（街道）走访调查54人次。

【为民办实事】 2022年，金凤区信访局全体党员干部职工落实在职党员到社区报到机制，下沉到宝湖社区，参加环境卫生整治、交通文明志愿服务等活动61批215人次，用实际行动争做文明城市创建的参与者、实践者与传播者。到良田镇植物园村，开展一对一帮扶工作，坚持每月走访一次，严格落实上级对帮扶工作的政策要求。

2022年6月24日，金凤区信访局党员干部到良田镇植物园村一组开展结对帮扶户走访慰问活动

（郑治国）

地方志工作

【概况】 2020年5月22日，银川市委编办批复同意在银川市金凤区档案馆增挂银川市金凤区地方志编纂研究室牌子。承担《金凤年鉴》和《银川市金凤区志（2001—2018）》编纂工作。2022年5月18日，《银川市金凤区志（2001—2018）》公开出版发行。截至2022年底，金凤区已连续10年出版《金凤年鉴》，完成了全国地方志工作"两全"目标。

【志书编纂出版】 2022年5月18日，银川市金凤区举行《银川市金凤区志（2001—2018）》出版发行暨赠书仪式，公开发行2000册。该志是金凤区建区以来的首部地方志。志书的发行不仅是金凤区精神文明建设的一项重大成果，也是金凤区建区二十周年献礼工程之一。该志书共30篇127章414节，分上下册，共180万字。

【《金凤年鉴（2022）》出版】 2022年1月20日，金凤区正式启动《金凤年鉴（2022）》编纂工作，区委办公室、区政府办公室共同印发《〈金凤年鉴（2022）〉资料征集通知》。年鉴初稿形成后，由金凤区纪检、组织、宣传、保密、宗教等有关部门评审后，12月13日由方志出版社出版。

【业务培训】 2022年1月20日，金凤区地方志编纂研究室举办年鉴撰稿人培训班。来自金凤区各镇（街道）、机关各部门及市属各派出机构等75家供稿单位参加培训。培训班邀请宁夏社会科学院原副院长、宁夏地方史志学科带头人刘天明教授授课。培训会上，传达学习全国地方志系统表彰先进会议暨2022年全国省级地方志机构主任工作会议精神；传达学习中国地方志指导小组《关于对第八届全国地方志优秀成果（年鉴类）的通报表扬》，《金凤年鉴（2020）》荣获全国地方志优秀成果（年鉴类）县级综合年鉴三等奖。培训会上向学员发放培训手册70本。培训班结束之后，参培人员还参观了金凤区方志馆。

2022年1月20日，金凤区地方志编纂研究室举办《金凤年鉴（2022）》撰稿人员培训班

【地方志工作宣传】 2022年5月18日，金凤区地方志编纂研究室利用金凤电子快讯微信平台、"方志金凤"微信公众号、办公楼电子屏、悬挂横幅、制作宣传展板等形式开展"5·18"地方志工作宣传活动。档案馆制作地方志宣传片《国之瑰宝　璀璨金凤文明》在宁夏方志网播放。6月23日，金凤区委办公室、金

凤区档案馆、金凤区生态环境分局联合银川电视台综合广播在金凤十六小开展“诵读区志文明城市创建篇章　培养青少年生态文明行为习惯”主题活动。赵东霞受邀参加全国地方志学术交流年会并作《金凤区第二轮修志工作总结及对第三轮修志工作的几点思考》交流发言，同时，该文章也被《宁夏史志》2022年第6期刊登。

2022年6月23日，金凤区档案馆等单位在金凤区第十六小学开展“诵读区志文明城市创建篇章培养青少年生态文明行为习惯”活动

【“方志金凤”微信公众号】 2022年，金凤区地方志编纂研究室在“方志金凤”微信公众号刊发地方志文章10余篇，受到读者广泛好评，其中《银川市金凤区志(2001—2018)出版发行》《美丽金凤》《银川创城，金凤区做了什么》等系列报道阅读量达千次，受到辖区读者广泛好评。

【方志馆运行】 2022年，金凤区地方志编纂研究室与22个县区交换志书10册，方志馆展厅增加《汶川志》11册和志鉴书籍22册。新增宁夏地方志书展区和国防教育展区，摆放“银川舰”纪念牌、舰模及国防教育书籍，丰富馆藏内容。全年共接待参观18场次，接待3000人次。5月24日，灵武市档案馆馆长马忠海、上海西路街道清水湾社区书记等参观方志馆。5月27日，北京华联银川购物中心总经理孙大路、金凤区总工会副主席杨国林带领党员职工走进区史馆。6月29日，原银川郊区党委书记杨万仁参观金凤区区史馆。接待机关、企业、学校、农村、社区参观30场次，其中接待自治区档案局、灵武市档案馆、西夏区档案馆、盐池县档案馆参观四次。

【服务经济社会发展】 2022年，金凤区地方志编纂研究室为金凤区四套班子领导提供《银川市金凤区志(2001—2018)》《金凤年鉴》。积极配合支持金凤区交通、住建、自然资源、农业农村、民政等有关部门，在规划编制、地理标志产品申报、地名工作、招商服务、项目申报等工作上提供地方志和地情资料。组织开展基层送书活动，向宁安社区、银新苑北社区赠阅志书。全年向国家方志馆、自治区档案馆、自治区地方志办公室、银川市地方志办公室、金凤区悦书房等单位赠送地方志书1500余册。

（赵东霞）

中国人民政治协商会议银川市金凤区委员会

综　述

【概况】 2022年，金凤区政协共召开全体委员会议1次、常委会会议7次(其中专题议政性常委会会议2次)、党组会议19次、主席会议11次。高质量完成年度协商计划，开展调研视察14次，提交协商报告7篇，其中《关于金凤区实施数字赋能行动促进数字经济发展情况的调研报告》被自治区党委办公厅《综合信息》刊载转发。完成提案收集转办工作，金凤区政协五届一次会议立案转办的44件提案已办结43件，办结率97.8%；金凤区政协五届二次会议期间收集提案181件，立案46件，确定重点提案10件。拓宽社情民意收集渠道，全年共收集社情民意102条，其中4条建议被自治区政协采用并转交相关厅局办理，9条建议转交12345平台办理，金凤区本级采用53条，社情民意信息工作位列全市第二。坚持大团结大联合，创新打造委员必修课、委员大讲堂、委员微党课、委员“悦读书”、委员“讲故事”五个凝聚共识载体，开设金凤区政协电子书屋。邀请和组织参加政协的各党派团体和各界人士参与课题调研、协商议事、民主监督等重要活动。强化“两支队伍”建设，组织专题辅导和委员集中学习，开展“改进作风提升质效”专项行动、违规收送红包礼金和不当收益及违规借转贷或高额放贷专项整治工作。完善政协制度建设，修订《政协银川市金凤区委员会党组工作有关规定》，制定《政协金凤区委员会关于网络议政远程协商的实施意见》《金凤区政协网络信息发布管理实施办法》等文件。

【理论武装】 2022年，金凤区政协党组严格执行请示报告制度，重大问题、重要事项和重点工作安排及时向区委汇报，做到一切重要工作在区委领导下开展，一切重要活动围绕区委中心任务进行，一切重要安排上报区委审批后实施。把区委对政协工作的要求全面落实到政协年度工作安排中，转化为责任清单和任务清单，对标对表推进完成了44项重点工作。按照党政所需、群众所盼、政协所能，坚持调研、协商、监督一体推进，精心组织实施年度协商计划，开展了形式多样的履职活动。积极参与文明城市和民族团结进步示范区创建、乡村振兴、联系服务重点项目和企业等工作，确保党政中心工作推进到哪里、政协履职就跟进到哪里、政协作用就发挥到哪里。落实“第一议题”制度，深入学习领会习近平新时代中国特色社会主义思想、党的十九届六中全会精神、党的二十大精神、习近平总书记视察宁夏重要讲话指示批示精神、习近平总书记关于加强和改进人民政协工作的重要思想等。坚持好习近平新时代中国特色社会主义思想学习研讨会制度，完善以党组理论学习中心组学习会为引领，常委会会议专题学、主席会议集中学、周五学习会交流学、网络平台线上学、委员读书群和机关党支部常态学、功能型党支部和界别活动灵活学等相配套的学习体系。全年共开展党组理论学习中心组学习12次、专题研讨6次，常委会专题辅导2次，主席会议集体学习10次，其他学习79次，深刻理解党对政协工作的最新要求，准确把握人民政协性质定位，做到学思用贯通、知信行统一，切实增强做好新时代政协工作的政治自觉、思想自觉和行动自觉。

【党的建设】 2022年，金凤区政协认真贯彻落实新时代党的建设总要求，修订《政协银川市金凤区委员会党组工作有关规定》，制定《政协金凤区委员会关于网络议政远程协商的实施意见》和《金凤区政协网络信息发布管理实施办法》等文件，完善党组成员联系民主党派、中共党员委员联系党外委员机制，加强对重要协商议政活动的领导和意识形态阵地建设、管理，进一步提升政协党组工作规范化、制度化、科学化水平。加强政协党的组织建设，新成立四个专委会功能型党支部，实现党的组织对党员委员全覆盖、党的工作对政协委员全覆盖。

【建言资政】 2022年，金凤区政协紧扣金凤区第四次党代会确定的目标任务，以“实施数字赋能行动促进数字经济发展”和“实施现代服务业提质扩容情况”为切口开展专题调研协商，通过网络议政，广泛收集委员意见，提出持续构建数字经济发展要素支撑体系、推进中小企业数字化转型服务、加快高能级商贸载体运营等33条建议，其中《关于金凤区实施数字赋能行动促进数字经济发展情况的调研报告》被自治区党委办公厅《综合信息》刊载转发。委员发挥专业优势深入调查研究，提交《打造优势瓜菜品牌，提升我区特色农产品影响力和溢价竞争力》《加强脱贫攻坚产业项目管理，巩固脱贫攻坚成果》等提案，被区委、区政府采纳并落实到2022年的各项工作部署之中。发挥三级委员作用，联合4名市政协委员提交《关于把阅海湾中央商务区打造成为宁夏数字经济新业态产业先行区》的提案，助力阅海湾中央商务区成为自治区首批数字经济示范园区。坚持以人民为中心，言为民所建、策为民所献、利为民所谋，聚焦群众最关心最直接最现实的利益问题，精心选择优化社会救助供给，提升困难群体救助水平，增强金凤文化软实力，开展文化惠民活动、落实教育“双减”政策等议题协商建言，提出了统一城乡集中供养标准、持续放大“金凤民丰房”品牌知名度和影响力等21条意见建议，为增加民生福祉多出实招、多谋良策。积极推动民生类提案办理，委员提交的《关于改造金凤二小供暖管网的提案》《关于实施植物园村卫生室扩建工程的提案》《关于硬化兴源安置区东侧道路的提案》等通过提案交办、重点提案督办等多种形式得到落实，促进了办学条件改善、村级中医阁建设、城乡居民生活基础设施改造等民生问题有效解决，把为群众办实事、办好事落到实处。围绕“以铸牢中华民族共同体意识为主线，提升民族团结进步示范区创建工作水平”开展实地调研和高质量协商座谈，提出了加强社会氛围营造、提炼总结先进经验、挖掘打造创建典型案例等22条建议，为推进民族团结进步事业提供助力。聚焦农村人居环境整治，组织委员深入良田镇、丰登镇各村系统调研，提出了加大重点区域整治、注重环境整治示范村打造、构建长效管护机制等13条建议，为全面推进生态宜居美丽乡村建设贡献智慧力量。委员提出的《提高社区公共服务设施利用效率》《加强人民调解员队伍建设》《优化业委会成立流程》等提案，为提高社会治理社会化、法治化、智能化、专业化水平提供了有力参考。

【协商履职】 2022年，金凤区政协在全区率先实现政协委员联络小组在各镇、街道全覆盖，210名委员全部下沉至2个镇、5个街道，投身凝心聚力、协商民主、基层治理第一线。全年共开展理论宣讲、调研走访、协商座谈等小组活动17次，收集提案线索和社情民意线索60余条。创新打造上海西路街道三级政协委员联络小组，建立推行“123”工作模式，组织三级政协委员以协商议事厅、委员会客室、委员大讲堂为载体，开展“五个一”活动，发挥三级委员联动履职优势，及时把党委、政府的决策部署宣传贯彻下去，把人民群众的意愿诉求反映上来。相关工作经验在全国政协贯彻落实中央政协工作会议精神进展情况“回头看”调研视频会上作交流发言，并确定为自治区政协培训班观摩点，全区政协系统领导班子成员、各专委会负责人等260余人观摩学习。

【思想建设】 2022年，金凤区政协把强化思想政治引领同经常性思想政治工作结合起来，促使各党派团体和各族各界人士实现思想上的共同进步。创新打造委员必修课、委员大讲堂、委员微党课、委员“悦读书”、委员“讲故事”5个凝聚共识载体，开设“金凤区政协电子书屋”。110余名委员以线上线下、集中分散相结合的方式，宣讲党的十九届六中全会精神、党的二十大精神、讲授《中华人民共和国民法典》。参加“读书点亮心灵　书香润泽人生”读书分享会，积极撰写读书笔记、录制视频，分享《习近平谈治国理政》第四卷、《之江新语》等书籍阅读体会。结合自身创业、工作经历，讲述党的十八大以来党和国家事业取得的历史性成就、发生的历史性变革，政协成为坚持和加强党对各项工作领导的重要阵地、用党的创新理论团结教育引导各族各界代表人士的重要平台、在共同思想政治基础上化解矛盾和凝聚共识的重要渠道作用有效发挥。

【民主团结】 2022年，金凤区政协邀请和组织政协的各党派团体和各界人士参与课题调研、协商议事、民主监督等重要活动，在合作共事中凝聚社会各界力量。组织民主党派委员开展“黄河流域生态保护和高质量发展先行区建设”主题活动，围绕经济社会发展和生态环境保护提出意见建议16条。积极推荐党外委员参与党政部门决策部署协商讨论、监督评议等活动，拓宽党外委员履职视野和知情明政渠道。政协领导班子成员定期参加统战部门双月座谈会，听取民主党派意见建议。加强同党外知识分子、非公有制经济人士、新的社会阶层人士联系，分批次走访委员，开展谈心谈话，面对面沟通思想，把党的声音传递下去，把群众力量凝聚起来。积极引导少数民族、宗教界委员发挥自身优势，协助党委、政府做好民族宗教工作，促进民族团结、宗教和顺、社会稳定。

【社会服务】 2022年，金凤区政协先后开展教育界别“提升农村家庭教育质量”活动、文体界别“喜迎二十大、奋进新征程”活动、经济界别“我为稳经济促发展建言献策”活动、农林界别“助推乡村振兴”活动等，委员们围绕活动主题共提出90余条意见建议，部分意见建议通过社情民意转化为相关单位工作措施。新打造侯俊涛、杨丽芸委员会客室，就近为社区老年人、农村群众开展服务，拓宽面向社会主动发声、宣传引导渠道。健全社情民意信息收集、编辑、报送、反馈机制，实现社情民意数量、质量双提升，全年共收集社情民意102条，“婴幼儿如厕难问题亟须解决” 等4条建议被自治区政协采用并转交相关厅局办理，9条建议转交12345平台办理，金凤区本级采用53条，社情民意信息工作位列全市第二。

【提升委员履职本领】 2022年，金凤区政协教育广大委员牢记政治身份、遵守政治规矩，始终在政治立场、政治方向、政治原则、政治道路上同以习近平同志为核心的党中央保持高度一致，毫不动摇坚持中国共产党的领导、坚定不移走中国特色社会主义政治发展道路。提升委员履职本领。按照“懂政协、会协商、善议政，守纪律、讲规矩、重品行”要求，以委员读书活动、界别活动、功能型党支部活动等形式，组织开展学习培训17次，参训委员290余人次，不断增强委员政治把握能力、调查研究能力、联系群众能力、合作共事能力。激发委员履职活力。落实《关于强化政协委员责任担当的实施意见》和《金凤区政协委员履职考核办法》，依托“互联网＋政协”平台，使用信息化签到积分方式，量化考核委员全年参加会议活动、提交提案、反映社情民意等情况。在《华兴时报》刊发宣传报道34篇、委员风采15篇。

【干部队伍建设】 2022年，金凤区政协落实“从严教育、从严要求、从严管理、从严监督”要求，以建设一支“讲政治、善团结、有朝气、能干事”的机关干部队伍为目标，持续提升政协干部能力素质。强化思想建设。通过重点学习、集中培训、专题讲座、辅导报告等形式，组织机关干部深入学习党的创新理论，深刻领会新时代人民政协的方位使命，准确把握政协工作的主轴主线，进一步提升做好政协工作的责任感和使命感。强化能力建设。深入开展党的二十大和习近平总书记视察宁夏重要讲话指示批示精神“大学习、大讨论、大宣传、大实践”活动，对标对表查找差距，促进机关工作提质增效。强化作风建设。开展

“改进作风提升质效”专项行动、违规收送红包礼金和不当收益及违规借转贷或高额放贷专项整治工作，牢固树立“严细深实勤俭廉 + 快”的工作作风。组织全体党员干部前往宁东党性教育基地、贺兰警示教育基地等参观学习，开展革命传统教育和廉政警示教育，带动干部队伍政治素养、能力水平、工作作风全面提升。

（张静宜）

综合政务

【概况】 2022 年，金凤区政协办公室起草《金凤区加强和改进新时代政协工作的实施方案》《金凤区贯彻落实中央和自治区党委政协工作会议精神情况督查反馈问题整改方案》，以及政协金凤区第五届委员会常务委员会工作报告、落实中央和自治区党委政协工作精神情况汇报材料、党建工作座谈会材料、宣传思想工作座谈会材料、文史工作座谈会材料等重要文稿。撰写上报信息简报 44 篇，《华兴时报》采用 38 篇。做好文件收发运转工作，及时查收传输各类文件，按照程序发布政协党组、常委会、办公室、机关支部文件。筹备组织了政协银川市金凤区第五届委员会第二次会议以及政协党组会 12 次、主席会 10 次、常委会 8 次，做好会场布置、材料印发、会议记录、宣传报道等会议服务工作。

【理论学习】 2022 年，金凤区政协办公室建立周五学习日制度，组织机关干部职先后开展习近平新时代中国特色社会主义思想、党的二十大精神、自治区第十三次党代会精神、全国两会、自治区和银川市两会精神学习等共计 79 次，开展党的二十大和习近平总书记视察宁夏重要讲话指示批示精神“大学习、大讨论、大宣传、大实践”活动，组织研讨 6 次。

【机关建设】 2022 年，金凤区政协办公室积极创建节约型机关，严格执行各类财务制度，在保障机关正常运转的基础上做到勤俭节约、避免浪费。接待区内外兄弟政协考察学习，加强沟通协作。加强安全保卫工作，按照区委要求安排干部职工值班。安排专人负责保密工作，加强机关文印资料管理，防止泄密事件发生。参加全国文明城市创建和“爱国卫生日”志愿活动服务。按要求开展巩固拓展脱贫攻坚成果同乡村振兴有效衔接监测帮扶工作。与自治区、银川市政协和金凤区各职能部门沟通协调，密切联系，做好上情下达、下情上传工作。

（张静宜）

重要会议

【金凤区政协五届二次会议】 2022 年 12 月 21—23 日，金凤区政协五届二次会议在银川国际交流中心举行。应出席会议委员 222 人，实到 158 人，特邀金凤区在职县级领导参加。会议听取了《政协常委会工作报告》《关于政协五届一次会议以来提案工作情况的报告》，书面听取《金凤区人民政府关于金凤区政协五届一次会议委员提案办理情况的通报》。全体委员列席金凤区第五届人民代表大会第二次会议，听取并讨论《金凤区人民政府工作报告》《法院工作报告》《检察院工作报告》和其他各项报告。会议期间，党委、政府主要领导出席开幕式、闭幕会，并参加委员分组讨论。会议选举鲍永祥为政协金凤区第五届委员会秘书长，通过了 2023 年协商计划、关于五届二次会议委员提案审查情况的报告、银川市金凤区政协五届二次会议政治决议、关于常务委员会

2022 年 12 月 21 日，中国人民政治协商会议金凤区第五届委员会第二次会议召开

工作报告的决议、关于金凤区政协五届一次会议以来提案工作情况报告的决议，金凤区委书记郝春明在闭幕会上讲话。

【金凤区政协五届常委会第二次会议】 2022年6月2日，金凤区政协五届常委会第二次会议在金凤区政府2号楼三楼政协会议室召开。应出席委员34人，实到30人，机关各委、室负责人列席。会议传达学习习近平总书记在庆祝中国共产主义青年团成立100周年大会上的重要讲话，习近平总书记在中央政治局第三十八次、三十九次集体学习时的重要讲话精神，在《求是》发表的重要理论文章以及2022年全国两会精神；协商通过了政协金凤区第五届委员会各专门委员会组成人员名单和人事任免事项。

【金凤区政协五届常委会第三次会议】 2022年7月20日，金凤区政协五届常委会第三次会议在金凤区政府2号楼三楼政协会议室召开。应出席委员34人，实到25人。会议围绕“金凤区实施数字赋能行动促进数字经济发展情况”开展专题协商议政。金凤区副区长余磊及区委网信办、发展和改革局、科技局、农业农村和水务局负责人，银川阅海湾中央商务区管委会相关部门负责人参会。政协经济委负责人汇报了调研金凤区实施数字赋能行动促进数字经济发展情况以及调研报告起草过程和主要内容。委员学习了自治区、银川市党代会关于促进数字经济发展方面的内容和《宁夏回族自治区数字经济发展“十四五”规划》中关于数字经济空间布局的相关内容，听取了金凤区关于促进数字经济发展的相关政策和工作开展情况通报，就发展数字经济提出建议。会议还审议通过人事任免事项。

【金凤区政协五届常委会第四次会议】 2022年11月11日，金凤区政协五届常委会第四次会议在金凤区政府2号楼三楼政协会议室召开。应出席委员34人，实到24人。金凤区委常委、统战部部长韩廷锋及银川阅海湾中央商务区管委会、金凤区商务和经济技术合作局、发展和改革局负责人参会，部分委员列席。会议传达学习《中国共产党第二十次全国代表大会关于十九届中央委员会报告的决议》《中国共产党第二十次全国代表大会关于十九届中央纪律检查委员会工作报告的决议》《中国共产党第二十次全国代表大会关于〈中国共产党章程（修正案）〉的决议》，传达学习全国政协十三届常委会第二十四次会议、自治区党委十三届二次全会、自治区政协十一届常委会第三十一次会议、银川市委十五届六次全会、金

2022年7月20日，金凤区政协五届常委会第三次会议召开

凤区委四届四次全会精神；审议通过《中国人民政治协商会议第五届银川市金凤区委员会常务委员会关于学习贯彻中国共产党第二十次全国代表大会精神的决议》。政协社会治理委员会和经济委员会负责人分别汇报“以铸牢中华民族共同体意识为主线，提升民族团结进步示范区创建工作水平”和“实施现代服务业提质扩容”调研情况以及调研报告的起草过程和主要内容，参会常委等就两个协商报告提出意见建议。

【金凤区政协五届常委会第五次会议】 2022年12月20日，金凤区政协五届常委会第五次会议在金凤区政府2号楼三楼政协会议室召开。应出席委员34人，实到24人。会议审议通过政协银川市金凤区第五届委员会第二次会议议程、日程、秘书长和副秘书长名单、委员提交提案、委员分组及召集人名单、工作机构及职责，通过政协银川市金凤区第五届委员会常务委员会工作报告、关于金凤区政协五届一次会议以来提案工作情况的报告、2023年协商计划、委员退出和增补名单，审议通过人事任免事项。

【金凤区政协五届常委会第六次会议】 2022年12月21日，金凤区政协五届常委会第六次会议在银川国际交流中心酒店召开。应出席委员34人，实到24人。会议听取各委员分组对政协金凤区委员会常务委员会工作报告、关于金凤区政协五届一次会议以来提案工作情况的报告讨论情况，审议补选的政协金凤区第五届委员会秘书长候选人建议人选名单和会议选举办法。

【金凤区政协五届常委会第七次会议】 2022年12月23日，金凤区政协五届常委会第七次会议在银川国际交流中心酒店召开。应出席委员34人，实到24人。会议听取各组讨论金凤区《政府工作报告》《银川市金凤区人民法院工作报告》《银川市金凤区人民检察院工作报告》；审议总监票人、监计票人建议名单和2023年协商计划、关于金凤区政协五届二次会议提案审查情况的报告、金凤区政协五届二次会议政治决议、关于常务委员会工作报告的决议、关于金凤区政协五届一次会议以来提案工作情况报告的决议。

【金凤区政协五届常委会第八次会议】 2022年12月23日，金凤区政协五届常委会第八次会议在银川国际交流中心酒店召开。应出席委员34人，实到23人。会议听取政协金凤区第五届委员会秘书长选举情况的汇报。

【“改进作风提升质效”专项行动动员部署会】 2022年1月29日，金凤区政协召开“改进作风提升质效”专项行动动员部署会。会议传达学习银川市委书记张雨浦在银川市“改进作风提升质效”专项行动动员会上的讲话精神和银川市、金凤区开展“改进作风提升质效”专项行动实施方案，对金凤区政协开展“改进作风提升质效”专项行动进行动员部署。

【党风廉政建设专题会议】 2022年4月2日，金凤区政协机关召开党风廉政建设工作会议，政协党组成员、各委室负责人及机关全体干部职工参会。会议传达学习十九届中央纪委六次全会、自治区纪委十二届六次全会、银川市纪委十五届二次全会和金凤区纪委四届二次全会精神。政协党组书记和班子成员、班子成员和分管委室负责人分层级签订了党风廉政建设责任书。

（张静宜）

重要活动

【数字经济发展情况调研】 2022年4月21日，金凤区政协组织调研组调研金凤区实施数字赋能行动促进数字经济发展情况。调研组先后到金凤区智慧城市运营中心调研智慧城市三期项目实施进度情况，听取有关部门情况介绍，观看智慧城市运营专题片，了解智慧城市治理情况。随后到银川阅海湾中央商务区数字经济产业园和3家园区企业实地走访，听取数字经济产业园目标定位、产业链招商、承接国家算力枢纽节点建设总部项目和研发项目对接招商情况，就存在的短板弱项提出意见建议。

【提升民族团结进步示范区创建工作调研】 2022年6月10日，金凤区政协组织开展“以铸牢中华民族共同体意识为主线　提升民族团结进步示范区创建工作水平”调研。委员们实地调研颐和城府社区、紫馨苑社区、宁夏源众人力资源服务有限公司和宝湖社区等4个民族团结示范点，听取工作人员的介绍，就关心的问题与相关领导和工作人员进行沟通交流，针对工作中存在的不足提出意见建议。

【学习自治区第十三次党代会精神】 2022年6月21日，金凤区政协组织召开政协党组（扩大）会议，专题传达学习自治区第十三次党代会精神，安排部署学习宣传贯彻落实工作。会议传达学习自治区第十三次党代会报告、梁言顺在自治区第十三届委员会第一次全体会议上的讲话精神和在自治区第十三次党代会闭幕会上的讲话精神，并就政协贯彻落实党代会精神进行安排部署。

【界别活动】 2022年6月29日，金凤区政协组织农林界别、科技科协界别、经济界别的部分委员联合开展“助推乡村振兴”主题界别活动。活动中，委员实地考察利思田园蜜语农业生态产业园，了解农业产业发展情况，随后召开座谈会，学习习近平总书记关于加强和改进人民政协工作的重要思想、习近平同志《论“三农”工作》主要篇目及自治区第十三次党代会精神。金凤区政协党组副书记、副主席李岐作《强化责任担当　做合格政协委员》专题辅导，宁夏利思农业科技公司负责人通报利思田园蜜语农业生态产业园项目助推乡村振兴情况，委员们围绕金凤区乡村振兴取得的成果、遇到的问题以及如何发展乡村产业等进行交流探讨，对下一步如何助推乡村振兴提出建议意见。

【现代服务业提质扩容情况调研】 2022年8月24日，金凤区政协组织调研金凤区现代服务业提质扩容情况。调研组先后到宁夏新南公司蓉凤楼餐饮中心和希尔顿酒店、鲜致（宁夏）农业科技公司“互联网+生鲜电商平台”，实地查看建发悠阅城商业综合体项目建设进展情况，重点了解金凤区招商引资情况，悠阅城商业综合体项目在建筑创新、商业创新和消费创新方面新理念融合和运营模式，以及农产品新零售新零供体系和供应链管理服务等情况，就相关工作中存在问题提出对策建议。

【落实义务教育“双减”政策情况视察】 2022年9月7日，金凤区政协组织开展金凤区落实义务教育“双减”政策情况视察。视察组来到银川市金凤区英诺文化培训学校，了解规范培训情况，到银川市金凤区第一小学了解特色课后服务做法，随后召开座谈会。金凤区教育局就落实义务教育“双减”政策的主要做法、取得的成效等情况进行汇报，委员就工作中存在的不足提出意见建议。

【委员大讲堂】 2022年9月8日，金凤区政协“委员大讲堂”在贺兰山中路街道海珀兰轩社区举办，金凤区政协委员、北京中银（银川）律师事务所律师何丽银讲解《中华人民共和国民法典》部分内容。金凤区政协副主席贺佩和部分政协委员、街道干部、物业公司职工以及部分群众参加大讲堂，听取法律宣讲。

【专题研讨会】 2022年9月16日，金凤区政协党组召开党组理论学习中心组（扩大）第9次学习会暨开展党的二十大和习近平总书记视察宁夏重要讲话指示批示精神“大学习、大讨论、大宣传、大实践”活动第1次专题研讨会。政协副科级及以上领导干部和机关全体党员参加会议。会议集中学习习近平总书记在省部级主要领导干部“学习习近平总书记重要讲话精神，迎接党的二十大”专题研讨班上的重要讲话精神、习近平总书记视察宁夏重要讲话指示批示精神、自治区第十三次党代会精神等内容，开展了“六对照六查看”专题研讨交流。

【党的二十大精神专题学习会】 2022年10月27日，金凤区政协党组召开扩大会议，专题学习党的二十大精神，研究政协贯彻落实党的二十大精神意见。

会议强调，政协机关要把学习贯彻落实党的二十大精神作为当前和今后一个时期的首要政治任务，切实提高政治站位，深刻把握大会取得的一系列重大政治、理论和实践成果，在深学笃行上走在前作表率。要深刻理解把握新时代新征程党的使命任务和团结奋斗的时代要求，更加广泛汇聚奋进新征程、建功新时代的强大合力。要切实把党的二十大精神转化为推动政协工作高质量发展的科学思路和务实举措，融入政协履职全过程、各方面。要引导广大政协委员把思想和行动统一到党的二十大精神上来，以更加奋发有为的精神、更加求真务实的作风、更加扎实有效的工作，把政协独特优势转化为服务金凤区中心大局的突出成效。

【重点提案办理情况视察】 2022年8月18日，金凤区政协组织委员对金凤区政协五届一次会议重点提案办理工作进行视察。金凤区政府办公室、教育局、民政局、住建局、卫健局负责同志及部分政协委员等参加视察。视察组先后来到长城中路街道宁安社区，良田镇植物园新二村、兴源村、金星村、良田小学等地，通过实地查看、听取汇报等方式，对承办单位办理建设长城中路街道宁安社区社工站、植物园村卫生室改扩建、打造植物园新二村民俗一条街、硬化兴源安置区东侧道路、实施金星村四组村庄亮化、良田小学增装天然气管道和硬化空地等重点提案办理情况进行了解，并充分肯定了各承办部门单位提案办理的效果，针对办理比较缓慢的提案提出意见建议。

（张静宜）

专门委员会

【提案和委员联络委员会】 2022年，提案和委员联络委员会将金凤区政协五届一次会议立案提案转呈政府，交至各承办单位办理，对超出金凤区管辖的以社情民意方式上报自治区、银川市。建立金凤区政协领导领衔督办提案机制。组织部分委员对重点提案办理工作进行视察督办，提出办理建议，撰写视察报告。召开提案办理协商座谈会，对提案办理情况进行督促。金凤区政协五届二次会议期间收集提案181件，立案46件，确定重点提案10件，及时转交政府。组织党员委员开展功能型党支部活动1次，组织农林、经济、科技科协等界别委员开展界别活动2次。

【经济委员会】 2022年，经济委员会组织经济界别委员开展功能型党支部活动暨界别活动1次。举办“读书点亮心灵 书香润泽人生”主题读书分享会。举办“委员大讲堂”，为社区居民讲解《中华人民共和国民法典》。指导包联的政协联络小组开展重点项目观摩和幼儿教育情况调研活动。全年组织金凤区现代服务业提质扩容情况等调研、视察6次，通过线上平台向委员推送国务院、自治区、银川市和金凤区“稳经济、保增长、促发展”政策120份，通过网络议政征集意见建议24条。撰写的《关于金凤区实施数字赋能行动促进数字经济发展情况的调研报告》被自治区党委办公厅《综合信息》刊载转发。

【社会治理委员会】 2022年，社会治理委员会走访政协委员21人次，打造侯俊涛、杨丽芸委员会客室2个。开展调研视察、观摩学习、专委会各种座谈交流等活动5次。收到委员提交的社情民意9篇，其中被自治区政协采用3篇。围绕金凤区区域社会治理，引导委员提交提案，反映社情民意。组织开展功能型党支部活动2次，组织委员以微党课、视频学习会、网络学习、集中学习等方式进行学习交流。

【教科文卫体委员会】 2022年，教科文卫体委员会组织开展金凤区落实教育“双减”政策情况、增强金凤区文化软实力情况调研，撰写提交协商报告2篇。动员委员撰写提案15个、社情民意13件。组织开展界别活动3次、“委员大讲堂”2次、“委员微党课”2次、“委员悦读书”51人次、“委员讲故事”3人次。开展“关键小事”微调研，组织委员参与金凤区幼儿园和小学入学公开摇号现场监督及党委、政府重点项目视察调研活动和对本级有关部门工作的民主评议。

（张静宜）

中国共产党银川市金凤区纪律检查委员会 金凤区监察委员会

综 述

【概况】 2022年，中国共产党银川市金凤区纪律检查委员会金凤区监察委员会（以下简称“金凤区纪委监委”）落实全面从严治党各项要求，坚定不移推进党风廉政建设和反腐败斗争，持续用力压实管党治党政治责任，推动各项工作再上新台阶。忠诚履行党章和宪法赋予的职责，充分发挥监督保障执行、促进完善发展作用，纪检监察工作高质量发展取得新成效。

【正风肃纪】 2022年，金凤区纪委监委严格落实中央八项规定精神和自治区“八条禁令”，推动纠治“四风”、整顿会风严肃会纪等系列专项整治，开展各类督查30余次，下发通报4期。坚决纠治形式主义、官僚主义，对“改进作风提升质效”专项行动开展监督问效，调查处理典型案例3件，督促党员干部落实“严细深实勤俭廉+快”作风要求。深入开展违规收送红包礼金和不当收益及违规借转贷或高额放贷专项整治。

【查办案件】 2022年，金凤区纪委监委共接收信访举报285件次，处置问题线索126件，立案40件，给予党纪政务处分35人，留置1人，移送司法机关2人。推动工程建设、粮食购销、群众办证难、统计等领

2023年2月6日，中国共产党银川市金凤区第四届纪律检查委员会第三次全体会议召开

域制度建设，着力提高治理腐败能力。扎实开展“廉洁从政警示教育月”活动，创新开展“3+7+N”廉政警示教育系列主题活动，及时召开警示教育大会，通报典型案例，做细做实廉政教育。深入挖掘地方特色廉洁文化元素，在上海西路街道清水湾社区打造全区首家社区党风廉政警示教育馆，大力宣传崇德尚廉、廉政为本、持廉守正廉洁文化。

【巡视巡察整改】　2022年，金凤区纪委监委制定《中共银川市金凤区委员会巡察工作规划（2022—2026）》，科学谋划部署区委巡察任务，明确53个被巡察党组织，落实“应巡尽巡、能巡必巡”要求。组织良田镇、北京中路街道等13个单位开展常规巡察，向被巡察党组织移交巡察发现问题174个，移交问题线索21件，办结17件，办结率81%。督促被巡察单位制定整改措施62条，建立完善制度48项，挽回经济损失56.46万元。制定完善《金凤区委巡察工作实施办法》《金凤区委巡察组工作规则（试行）》等12项制度，持续推进巡察标准化、规范化建设。

【队伍建设】　2022年，金凤区纪委监委积极推进支部规范化建设，严格落实“三会一课”制度，按期对支委班子进行换届，组织开展形式多样的主题党日活动，前往将台堡、苏峪口红色教育基地接受革命传统教育。深入开展“高素质专业化队伍建设年”活动，推进全员培训常态化长效化。开展执纪执法形象专项整治，全面提升纪检监察干部能力素质形象。优化办案协作区，对重要线索实行联合交叉办案。健全内控制度建设，修订完善各类制度30余项。

【学习教育】　2022年，金凤区纪委监委开展专题宣讲5次，组织集中学习36次，交流研讨12次，撰写心得体会120余篇，督促引导全体纪检监察干部全面落实自我革命实践要求，深刻领悟“两个确立”的决定性意义，更加自觉增强“四个意识”、坚定“四个自信”、做到“两个维护”，切实把学习贯彻党的二十大精神转化为推动纪检监察工作高质量发展的强大动力。

【政治监督】　2022年，金凤区纪委监委着力构建“四责”协同责任落实体系，制定印发《金凤区2022年全面从严治党党风廉政建设和反腐败工作主要任务分工方案》等6个方案，组织15个党（工）委、29个党组层层签订责任书，督促53个党组织进一步细化和完善全面从严治党“三个清单”。针对责任落实不力、履职尽责不到位等突出问题，下发监察建议书4份，约谈提醒领导干部15人。突出加强对“关键少数”特别是“一把手”和领导班子的监督，对住房城乡建设和交通局、应急管理局等9家单位“一把手”进行调查测评，发现7类问题，下发整改通知单4份。建立副科级及以上领导干部廉政档案库，收集廉政档案510份。严把干部政治关、廉洁关、形象关，回复党风廉政意见3586人次，坚决防止“带病提拔”。

【日常监督检查】　2022年，金凤区纪委监委精准运用监督执纪“四种形态”批评教育帮助和处理154人次，其中第一种、第二种形态130人次，占比84.4%，切实做到“未病先防”“小病防变”。深化纪检监察体制改革，调整区纪委监委派驻纪检监察组监督范围，实现对47家区一级党和国家机关、群团单位派驻监督全覆盖。推进纪检监察监督与财会监督审计监督贯通协同，推动党内监督与各类监督贯通融合。落实政治生态分析研判评价办法，指导辖区各级党组织精准分析研判政治生态。全面推广“监督一点通”平台，群众点击量达372万次，办结案件203件，办结率99%。持续开展巩固拓展脱贫攻坚成果同乡村振兴有效衔接专项监督，召开工作例会2次，督促各镇（街道）对重点村开展提级监督，深入整治农村“三资”腐败问题，发现问题7个，处分1人。聚焦群众关注的教育、医疗等14个行业领域，公布成果1批次9个，查处问题12个，处分14人。开展困难群众救助补助资金审计发现问题专项治理，梳理问题线索10件，立案2人。认真做好工程建设政府采购、卫生健康、医疗保障和国有产权交易领域突出问题专项治理，发现各类问题688个，办理问题线索24件，立案2人。深入开展“清风校园”专项活动，立案审查4件4人，组织处理5人，作出澄清正名2次。

（刘佳玲）

基层党组织建设方面问题39个。

巡察工作

【政治建设】 2022年，金凤区委巡察办始终坚持把学习贯彻习近平新时代中国特色社会主义思想和党的十九届六中全会、党的二十大精神作为首要政治任务，深入学习习近平总书记视察宁夏重要讲话指示批示精神和关于巡视工作重要指示批示精神，确保各项工作与党中央、区市党委及金凤区委的决策部署目标同向、步调一致。坚持把党建工作与巡察工作融合起来，制定《关于加强党建引领巡察工作的方案》，以党建聚人心、以党建强斗志、以党建严纪律、以党建强作风，深度激发党员的党性意识，引导全体巡察干部坚决扛起政治责任，树立政治意识、纪律意识，全力以赴开展好巡察工作。

【巡察全覆盖】 2022年，金凤区委巡察办制定《中共银川市金凤区委员会巡察工作规划(2022—2026)》，明确53个被巡察单位党组织，每年对不少于13个单位(部门)开展常规巡察三轮，精准落实政治巡察要求。巡察机构严格按照《中国共产党巡视工作条例》要求，提请区委书记审批巡察对象，根据被巡察单位的性质、职能、特点，函请纪委监委、组织、宣传、政法、审计、信访、财政等单位提供被巡察单位领导班子自三年来的信访举报件、班子年终考核、审计报告等，了解被巡察单位政治生态情况、有关举报事项以及问题线索，有针对性地制订巡察工作方案，明确巡察工作开展方向和侧重点，按计划对良田镇、北京中路街道、工会、团委、妇联、上海西路街道、长城中路街道、民政局、住房城乡建设和交通局、农业农村和水务局、商务和经济技术合作局、文化旅游体育广电局、应急管理局开展常规巡察。紧盯群众反映强烈的突出问题，全方位开展巡察工作，不断深化政治监督。第一、二轮巡察共发现基层贯彻落实党的理论和路线方针政策和党中央决策部署方面问题87个，群众身边腐败问题和不正之风方面问题48个，基层党组织建设方面问题39个。

【巡察整改】 2022年，金凤区委巡察办向被巡察党组织移交巡察发现问题174个，向纪委监委移交问题线索21件，办结17件，办结率81%，督促被巡察单位共制定整改措施62条，建立完善制度48项，挽回经济损失56.46万元，现已整改完成51个问题，整改率为83.5%。针对群众反映强烈的北京中路街道安居苑社区丽园小区业委会、上海西路街道悦海新天地社区业委会换届选举不规范问题，上海西路街道立即规范程序，加强对业主委员会换届选举工作的监督指导，坚决防止类似问题再次发生。针对长城中路街道景湖万家小区非机动车地下停车库堆放杂物、车辆乱停乱放，上海西路街道馨和苑小区路面打滑、雨天居民出行难等问题，社区立即制订维修改善方案，全力推进整改，保证人民群众正常生活出行。针对良田镇植物园村与园林村交界处垃圾大量堆积影响周边群众生活问题，良田镇建立常态化工作机制，要求两村定期进行巡查，变“两不管”为“两联管”。

【制度建设】 2022年，金凤区委巡察办先后制定完善《巡察工作实施办法》《金凤区委巡察组巡察工作“后评估”实施办法》等各类制度12项，把巡察工作主体责任的具体内容、落实机制、执行措施从制度层面确定下来，建立党委统一领导，被巡察党组织履行巡察整改主体责任，纪检监察机关和组织部门加强巡察整改监督责任，巡察机构落实巡察整改和成果运用统筹督促责任，运用好巡察成果。

【业务培训】 2022年，金凤区委巡察办先后选派6名巡察干部参加自治区巡视办业务培训；选派3名干部参加市委巡察指导督导和自治区巡视工作，强化实践历练；组织巡察机构全体工作人员赴青铜峡、利通区委巡察办交流学习。抓好每轮巡前培训，邀请纪检、组织、农业、审计及市委巡察工作指导督导组组长等系统专家授课。

(万小平)

民主党派与工商联

民革金凤区支部委员会

【概况】 2022年，中国国民党革命委员会银川市金凤区支部共有党员36人，新发展党员1人，主要来自政府机关、学校、国有企业等。其中男性23人，女性13人，大专以上学历32人。党员担任银川市政协委员2人，金凤区政协委员8人，银川市政协常委4名，银川市人大代表2名，金凤区政协常委2名。

【思想建设】 2022年，民革金凤区支部组织全体党员线上集中学习《习近平谈治国理政》第四卷、《中国共产党统一战线工作条例》，以及中央统战工作会议、银川市统战部长会议、全区统战部长会议精神等6次，积极组织党员参加自治区党委、银川市委、金凤区委统战部组织的各类培训7场次，参加各类线上线下研讨学习2场次，撰写心得体会20余篇。在进一步加强民革宣传思想工作方面，举办“喜迎二十大·同心跟党走”经典诵读活动，组织党员诵读多篇歌颂祖国的诗歌作品，生动展现民革党员忠于祖国、朝气满怀的精神风貌。组织拍摄助残公益微电影，呼吁全社会关爱残疾人。支持鼓励支部党员积极参与民革银川市委会举办的演讲比赛，倾情讲述宁夏生态文明建设取得的显著成就并获二等奖。

【组织建设】 2022年，民革金凤区支部顺利完成金凤区“民革党员之家”的建设工作。春节前夕组织委员走访慰问支部原主委郝传庆、梁志红以及老党员刘会军、眭春龙、范雪玲、郝艳英等。依托“宁夏民革”“银川民革”微信公众号宣传主阵地，及时撰写报送《民革金凤区支部积极助力疫情防控阻击战》《民革金凤区支部突出“深耕广实” 扎实开展“大学习大讨论大宣传大实践”活动》等宣传稿件。积极培育发展党员，年度转正党员1名，积极发展党员1名，召开民主生活会1次。支部主委李淑娟，支部委员张佳、陈思凡、王荣在2022年度被民革宁夏区委会评为参政议政先进工作个人。

【参政议政】 2022年，民革金凤区支部先后组织开展“大力提升社区治理现代化水平”“加强职业技能培训助力乡村人才振兴”“借力高校资源打造铸牢中华民族共同体意识宣教品牌的建议”等3项社会研究课题调研活动。每一次调研活动均及时撰写并提交高质量的调研报告。组织支部党员积极参加政协银川市金凤区第五届委员会第二次会议。会议期间提交集体提案3件，被列为2023年重点督办提案2件。党员围绕民生、防疫、教育等社会热点问题撰写社情民意92篇，其中被《华兴时报》采用并刊登1篇，《宁夏日报》刊发1篇，自治区政协采用9篇，民革宁夏区委会采用6篇、立案1篇，银川市政协采用19篇，民革银川市委会采用39篇。

【社会服务】 2022年，民革金凤区支部赴良田镇第二幼儿园开展法律普及进校园活动、学雷锋环保志愿服务活动，联合民革银川市委会直属三支部在良田镇开展两次送医送药送法活动。“9·20”疫情暴发后，支部全力参与疫情防控，对接民革宁夏区委会企业家联谊会为金凤区人民政府捐赠价值 7 万元的防疫物资，向金凤区红十字会捐赠抗疫款 10 万元。支部副主委郑子斌联合宁夏正丰慈善基金会，分别向中宁县和金凤区捐赠 11.1 万元防疫物资。

（李淑娟）

民盟金凤区总支委员会

【概况】 2022 年，民盟金凤区总支委员会共有盟员 43 人，下设 3 个支部，男性 21 人，女性 22 人。盟员平均年龄 51 岁，在职人员占 72%，中高级职称占 70%。有金凤区政协委员 6 人，常委 1 人，金凤区人大常委会委员 1 人，银川市政协委员 1 人。

【思想建设】 2022 年，民盟金凤区总支委员会组织盟员学习习近平总书记在庆祝中国共产党成立 100 周年大会上的讲话、各级统战工作会议精神及《中国共产党统一战线工作条例》等，向班子成员发放《中国共产党统一战线工作条例》单行本，要求盟员完成上级盟组织安排的线上测评，如《中国共产党统一战线工作条例》知识测试 100 题、党的十九届六中全会知识点等，通过多种形式，丰富宣传学习载体，激发学习热情。推荐优秀盟员参加上级组织的培训学习 12 次。组织召开学习党的十九届六中全会专题会议和学习自治区第十三次党代会专题会议，学习讨论两会提案议案和政府工作报告。

【组织建设】 2022 年，民盟金凤区总支委员会组织盟员参加民盟宁夏回族自治区第十二次代表大会，参与民盟宁夏区委会换届选举。严格按照发展程序，充分听取考察对象所在单位党组织和群众的意见，做到成熟一个发展一个。努力吸纳政治素质好、作风正派、学有专长、富有朝气的中青年同志加入组织，2022 年新晋盟员 1 人。

【参政议政】 2022 年，民盟金凤区总支委员会根据盟员工作特点，完成调研课题《关于在基层医疗机构大力推广中医适宜技术的建议》，并作为大会交流发言提交金凤区政协全体会议审议，两级委员共提案十余件。

【社会活动】 2022 年，民盟金凤区总支委员会组织本级盟员参与民盟宁夏区委会组织的冬季健步行活动；组织新春慰问，走访退休老盟员，向他们送去盟组织的亲切关怀和节日问候；举办插花活动，为总支女性盟员送去节日的慰问；组织盟员参加民盟宁夏区委会庆祝教师节活动；针对辖区新冠疫苗接种情况，开展入户走访和调研活动 7 次；组织盟员及爱心企业向抗疫一线捐赠物资；在 12 月 4 日国家宪法日开展法律宣传与咨询活动。

【盟员风采】 2022 年，民盟金凤区总支委员会在谢韶华主委的带领下，全体盟员积极奋战抗疫一线，多位盟员获得各级表彰。谢韶华、翟志强被民盟宁夏区委会授予抗击疫情先进个人，民盟金凤总支被民盟宁夏区委会、民盟银川市委会评为思想政治宣传工作、社会服务工作先进基层组织等。副主委翟志强在北大核心期刊发表文章一篇；副主委马佳琪在所在单位获得 2022 年度优秀工作者；委员崔澎虎的创业项目被评为自治区党委宣传部重点文艺项目奖励扶持项目、自治区级优秀大学生创业项目，获得第十一届宁夏青年创新创业大赛青创新锐奖、最佳创意奖，崔澎虎个人获得银川市团委、丽景街银虹社区疫情防控优秀志愿者称号。

（马佳琪）

民建金凤区总支委员会

【概况】 2022 年，中国民主建国会银川市金凤区总支委员会现有会员 56 人，平均年龄 42.5 岁。年内发展会员 2 人，平均年龄 35 岁。现有会员中，教育界 7 人，律师界 6 人，其他 43 人。有大专及以上学历 56

人，占会员总数的 100%；有中高级职称 25 人，占 45%。有金凤区政协委员 9 人(其中政协常委 1 人、委员 8 人)。

【思想建设】 2022 年，民建金凤总支坚持把学习贯彻党的二十大精神作为重要政治任务，筑牢理想信念之基，做团结奋斗的坚定拥护者。克服疫情期间各种困难，组织全体会员以各种形式持续不断地学习巩固中共党史、民建会史及党的二十大精神。组织骨干会员参加民建宁夏区委会、民建银川市委会及金凤区委统战部组织的各类理论学习。结合金凤区委统战部喜迎二十大系列活动，组织新老会员参加“喜迎二十大、同心跟党走”经典诵读活动，编排的诗朗诵《党代会给我们引航向》和《诗颂风华》获得一致好。继续加强信息报送工作，共向民建银川市委会报送信息 10 篇，全部被采用。

【组织建设】 2022 年，民建金凤总支新一届领导班子成员坚持民主集中制原则，制定了主委、副主委、委员工作职责分工，班子成员各司其职、相互配合完成各项工作。会内有关的重大问题和重要决策必须召开全委会议集体研究讨论，每次会议都有突出的主题和明确的议题，做到民主决策、团结协作，着力提升领导班子的能力。总支先后获民建宁夏区委会参政议政工作先进集体、民建银川市委会参政议政工作先进集体、征文工作优秀组织奖 3 个集体荣誉，总支主委周晶获民建宁夏区委会参政议政先进个人，副主委潘婷年获民建宁夏区委会组织工作先进个人，副主委张丽丽获民建宁夏区委会宣传工作先进个人，会员曹杨获民建宁夏区委会会务工作先进个人。

【参政议政】 2022 年，民建金凤总支会员中的政协委员周晶、潘婷、王雁、曹杨、武钢等在政协银川市金凤区第五届委员会第二次会议上，提交《关于金凤区丰登镇丰阅南巷路面拓宽改造的提案》《关于建设小区便民菜店的提案》《关于合理规划共享单车停车位的提案》《关于提高社区工作人员薪酬待遇的提案》等 9 件提案，其中主委周晶《关于金凤区丰登镇丰阅南巷路面拓宽改造的提案》《关于配套建设金凤区 27 小学悦书房的提案》被列为 2023 年金凤区重点提案。总支紧紧围绕金凤区委、区政府中心工作，积极开展调研工作，撰写调研报告，结合区情、选准题目、注重效果，完成《加大健康养老供给力度　提升社区养老服务水平》的调研报告。在金凤区委统战部的帮助指导下，主委周晶代表民建金凤总支在金凤区政协五届二次会议上作关于《加大健康养老供给力度　提升社区养老服务水平》的发言，为提升社区养老服务水平、优化服务功能提出建议。全体会员全年反映社情民意 7 条。

（张丽丽）

民进金凤区总支委员会

【概况】 2022 年，中国民主促进会银川市金凤区总支委员会有会员 47 人，年内新发展会员 2 人。会员中有银川市政协委员 2 名、金凤区政协委员 6 名、金凤区书协理事会主席 1 名。2022 年 2 月，总支被民进宁夏区委会评为 2021 年度三星级基层组织。

【思想建设】 2022 年，民进金凤区总支强化政治理论学习，先后组织骨干会员参加民进宁夏区委会、民进银川市委会、金凤区委统战部组织的各类培训班，20 余人次参加。认真学习党的二十大精神、民进十三大会议精神、中央统战工作会议精神、统战工作条例、铸牢中华民族共同体意识、自治区第十三次党代会、民进自治区第八次代表大会精神。继续用好用活线上交流平台，充分利用自治区、银川市优势资源，采取多种形式，组织广大会员参加“开明论坛”“同心大讲堂”等民进中央、自治区、银川市、金凤区举办的线上学习班、报告会、座谈会 10 余场次。利用微信群推送学习资料 8 期，组织广大会员围绕学习贯彻全国两会精神等开展线上交流分享 4 次、班子成员完成学习心得体会 20 篇。

【组织建设】 2022 年，民进金凤区总支班子成员带头落实总支委员会工作制度、会员学习宣传培训制度、委员提交提案等,确保正常的组织生活,促使各项工作有序推进。全年组织召开委员会4次,不定期召开班子成员碰头会,讨论研究会内重大事项,让组织建设充满朝气和活力。落实"五必访"制度,利用春节、端午等传统节日,通过电话、微信等为会员送去节日的问候,紧密组织与会员、会员与会员之间的联系。把好会员入口关,通过严格考察,发展新会员2名,为组织输送了新鲜血液。

【参政议政】 2022年,民进金凤区总支围绕金凤区业主委员会发展现状、存在的问题开展年度重点调研,撰写《关于加强业主委员会建设 提升小区物业管理服务的建议》,并在2022年政协会议进行书面发言。班子成员带头开展调查研究,全年共组织调研3次,撰写调研报告2篇,认真完成调研和撰稿任务。充分利用金凤区两会平台,组织委员认真履行参政职能,积极撰写提案,在金凤区政协五届二次会议期间提交提案9篇。

【社会服务】 2022年元宵节前夕,民进金凤区总支联合金凤区雏鹰志愿服务队组织开展"心系环卫工·佳节送温暖"活动,看望慰问奋战在一线的50名环卫工人,向他们捐赠围巾、手套、牛奶等爱心物资。会员及雏鹰志愿服务队员共同组织表演精彩的节目并和环卫工作进行了深入交流。6月上旬,组织开展"书香民进、同心奋进"读书分享会,邀请会员共同参与,班子成员领学了《民进社会服务工作条例》等内容,其他会员分别结合工作生活实际进行阅读分享。

(谈 鸿)

农工党金凤区总支委员会

【概况】 2022年,农工党金凤区总支委员会共有党员36人,下设2个支部,男性15人,女性21人,大专以上学历34人,年内发展新党员2人。党员中有金凤区政协委员5人、常委1人,银川市政协委员1人。

【思想建设】 2022年,农工党金凤区总支委员会把坚持和发展中国特色社会主义作为巩固共同思想政治基础的主轴,认真学习贯彻习近平新时代中国特色社会主义思想、党的二十大精神,深入贯彻落实习近平总书记视察宁夏重要讲话指示批示精神、农工党十六大及历次全会精神,通过学习不断夯实政治基础。2022年,先后多次组织党员参加自治区党委统战部、农工党宁夏区委会、银川市委统战部、民工党银川市委会、金凤区委统战部组织的各类培训班、座谈会及调研考察12次,参训人员达50人次。

【组织建设】 2022年,农工党金凤区总支注重发展政治素质硬、业务能力强、学历职称达标的各单位骨干力量。坚持结构优化原则,侧重发展公务员以及社会新阶层人士,逐步达到年龄及界别方面的均衡。党员沈迁获得宁夏回族自治区科技厅科技惠民项目课题立项。

【参政议政】 2022年,农工党金凤区总支和个人共有10件提案上报金凤区政协、农工党银川市委会。开展调研并形成《关于提升村(居)公共法律服务能力的建议》调研报告1篇。党员张邦生撰写的《关于搬迁大众巷垃圾中转站的建议》《关于加强规范标语(用语)的建议》《关于维修森林公园路灯的建议》3篇提案被自治区政协采用,党员宋扬撰写的《关于建立儿童读物图画绘制规范及完善审核标准的意见建议》被农工党中央、自治区政协采用。

【社会服务】 2022年,农工党金凤区总支3名党员参加金凤区委统战部组织的"弘扬雷锋精神 践行社会责任 助推乡村振兴"社会服务活动,看望当地村民并送去慰问品。组织法律界及医药卫生界别骨干党员在丰登镇乡镇卫生院开展"义务诊疗+普法宣传"综合性志愿服务活动。联合银川市律师支部在丰登中学举办《中华人民共和国未成年人保护法》专题讲座。组织机关支部党员在丰登镇西新村举办中华人民共和国法律援助法普法讲座,二医院支部组织党员在金凤区银啤苑社区为居民开展慢性病防治

2022 年 1 月 1 日，农工党金凤区总支主委在丰登镇西新村为村民讲解《中华人民共和国法律援助法》

与药学服务规范化讲座，在兴泾镇开展义诊活动，金凤支部组织党员向银川市“爱心屋”捐献衣服和书籍。

（宋　扬）

九三学社金凤区基层委员会

【概况】　2022 年，九三学社金凤区基层委员会有社员 37 名，下设 3 个支社，其中男性 20 人，女性 17 人，社员平均年龄 50 岁，博士、硕士研究生共 6 人，占比 16.6%。在职人员占 75%，高级职称占 71%。

【思想建设】　2022 年，九三学社金凤区基层委员会组织社员深入学习习近平总书记系列重要讲话精神。制订党的二十大精神学习计划，采用腾讯会议方式，召开线上学习会议 4 次，集中学习讨论党的二十大报告。有 30 名社员参加学习，形成学习信息 4 篇，提交学习心得体会 10 余篇。一名社员参加“喜迎二十大、奋进新征程”主题演讲比赛，并荣获第二名的好成绩，同时受金凤电子快报新媒体采访分享学习自治区第十三次党代会精神心得体会，并在社内大力宣传自治区第十三次党代会精神。社员除参加本单位的各类理论学习外，还参加九三学社宁夏区委会、九三学社银川市委会组织的学习，以及银川市、金凤区政协“微课堂”活动，提交《关于新时代加强社的基层组织建设的路径研究》等文章 6 篇。组织多名社员积极参加银川市民主党派骨干社员履职能力提升培训班、党外人士宗旨培训班等，提升社员政治理论水平。

【组织建设】　2022 年，九三学社金凤区基层委员会按照九三学社银川市金凤区五届委员会班子成员职责分工，确定了参政议政、组织、宣传学习、社会服务和财务管理 4 个具体工作岗位，要求班子成员按照岗位分工各司其职，提高整体工作质量和效率。及时了解社员动态，通过建班子成员微信群、社员微信群、上门探望及电话联系等途径，保持与社员的经常沟通和联络，查找基层组织工作中的不足，进一步凝聚思想共识，提升领导班子向心力。全年共上报各类信息 10 条，打造完成社员之家活动阵地，获得九三学社宁夏区委会 2017—2021 参政议政先进集体荣誉称号。

【参政议政】 2022年，九三学社金凤区基层委员会先后提交了《关于禁止在校园周边吸烟的建议》《关于加快完善地震应急避难场所疏散安置的建议》等社情民意近30篇。社员田连升《关于在宁夏建立试点探索东西部“科技创新＋区域高质量发展”合作模式的建议》、社员郭建伟的《婴幼儿如厕难问题亟须解决》等建议被自治区政协采纳。《关于完善雨水蓄排用体系建设 增强城市防洪排涝韧性的建议》在金凤区两会上作为个人口头发言材料。4名社员按时完成九三学社宁夏区委会和九三学社银川市委会重点调研课题6项。

【社会服务】 2022年，九三学社金凤区基层委员会联合工商银行金凤支行、宁夏秦杨中医医院、银川市雷锋车队，走进宁夏塞上鸿儒颐养院开展志愿社会服务活动，为老人们统一理发，并送上价值4000元的慰问品。在第27个全国“爱眼日”来临之际，九三学社金凤区委员会联合金凤区疾控中心、银川爱尔眼科医院，以“共同呵护孩子的眼睛健康·让他们拥有一个光明未来”为主题，在金凤区第十三中学举办九三学社为民服务科普讲堂，近百名师生参加讲座。

（郭建伟）

金凤区工商业联合会

【概况】 2022年，金凤区工商联共有会员749个，执委会员79个。积极组织会员企业深入学习宣传贯彻党的十九大、十九届历次全会及二十大精神、习近平总书记视察宁夏重要讲话指示批示精神和关于新时代民营经济统战工作和工商联工作重要指示批示精神，全面贯彻落实各级党委和政府重大决策部署，为促进金凤区民营经济高质量发展和民营经济人士高素质成长作贡献。与法院建立的共建沟通联系机制工作做法入选2022年全国工商联典型事例，并荣获全国工商联2022年度民营企业调查点工作先进基层单位称号。

【护航企业发展】 2022年，金凤区工商联与金凤区检察院、法院建立常态化沟通联系机制。受邀参加金凤区检察院和宁夏梦驼铃科技有限责任公司的检企互助共建签约活动，就“如何推进法治化营商环境建设，护航企业发展”进行座谈交流。工商联班子成员参加由金凤区检察院组织开展的涉案企业合规工作同堂实务培训讲座。及时收集整理各类意见建议，反馈到党委、政府有关领导和部门，积极帮助企业解决实际困难。同时，与工会、人社等部门联合开展协调劳动关系三方联合检查，深化“春季要约”行动，通过走访、查看档案、座谈交流等方式，积极了解企业运行情况、经营存在的问题等。对辖区12家用工单位履行2021年工资专项集体合同进行检查，发放2022年集体协商要约提示函。

【街道商会规范化建设及民营企业调查】 2022年，金凤区工商联按照金凤区街道商会规范化建设方案，组织召开专题会议，就街道商会建立程序、内容、制度等重点进行再安排、再部署。6家街道商会申请成立，并逐步健全完善组织机构及各项运行机制。阅海湾中央商务区企业家联合会商会被评为全国“四好商会”。组织开展全国工商联民营企业季度运行情况调查，开展全国工商联2022年度万家民营企业评营商环境调查，开展自治区第三季度宁夏民营企业季度运行情况调查，开展银川市民营经济发展情况调研。

【招商引资】 2022年，金凤区工商联相关负责人随同金凤区主要领导赴北京、福建福州进行考察招商，协助宁夏数据科技股份有限公司对接引进中国科学院超算研究中心，对企业落地具体事宜提出解决办法；推进福建宏达盛农业发展有限公司汉白玉萝卜项目落户金凤区良田镇金星村。挖掘阅海湾中央商务区企业家联合会商会招商潜力，为金凤区阅海湾中央商务区企业家联合会商会搭建平台，促成宁夏“东数西算”长三角飞地园在杭州市建成落地。

【理论学习】 2022年，金凤区工商联把学习贯彻习近平新时代中国特色社会主义思想作为常修课、必修课，结合新时期、新任务，更新制定《金凤区工商联理论学习资料汇编》，上门为企业送理论。传达学习银川市民营企业座谈会会议精神，通过微信群等将党的十九届六中全会精神、党的二十大精神、各级党代会精神、两会精神推送至辖区广大非公有制经济人士。广泛宣传动员民营企业积极组织收看收听党的二十大开幕会，撰写心得体会，确保党的二十大精神入脑入心。

【企业走访调研】 2022 年，金凤区工商联班子一行先后走访调研辖区驻宁山东、河南等商会及新航科技有限公司以及猪八戒网等企业 20 余家，和企业面对面交流沟通，深入了解商会及企业当前发展面临的问题及困难，积极宣传金凤区营商环境和各项优惠政策，使民营企业及时享受政策红利。

【服务企业】 2022 年，金凤区工商联将国务院稳经济 33 条、自治区 50 条、银川市 32 条以及金凤区政府制定的 20 条措施及配套政策，整理制作成“稳经济、保增长、促发展”惠企政策宣传折页，通过“送政策进企业、进商会”活动，发放政策宣传册等资料 400 余份，及时指导企业运用好各项惠企政策。

【专项调研】 2022 年，金凤区工商联配合自治区、市工商联开展专项调研两次。自治区工商联党组书记周兆川、副主席康俊杰及银川市工商联主席郝玉峰分别带队考察银川伊百盛生物工程有限公司、宁夏塞北雪面粉有限公司及金凤区良田镇植物园村翔达牧业科技有限公司奶牛养殖场、丰登镇润丰村利思·田园蜜语农业生态产业园建设情况，并与企业代表面对面沟通和交流座谈，及时收集整理各类意见建议，反馈到党委、政府有关领导和部门。

【履行社会责任】 2022 年，金凤区工商联组织辖区 14 家会员企业参加银川市工商联第十四次代表大会暨“万企兴万村”启动会。引导企业参与回报家乡行动，增加脱贫地区群众收入。利思与润丰村签订《就业兜底帮扶协议》，每年可带动就业 1.2 万人次，流转土地 1445.73 亩，每年向润丰村支付土地流转费 60 万元，实施科技特派员项目分红 24 万元。翔达牧业奶牛养殖及产业融合项目，吸纳良田镇 57 名村民就业，人均年劳务收入达到 4.5 万元，按照每头牛每年 2800 元标准向移民户分红，已累计分红 1200 余万元。锦旺吸收良田镇及周边菜农 2300 余户，共与 7 个行政村和 380 多户种植户签订合同，为当地贫困村年销售蔬菜 8000 多吨，带动 500 多户贫困户户均增收 3 万多元。宁夏利思葡萄酒庄有限公司、宁夏正丰慈善基金会等 9 家执委企业分别向金凤区政府、应急局、社区捐款、捐军大衣等防寒物资累计 70 余万元，志愿服务百余次。组织辖区 8 家会员企业参加“春风送岗、圆梦职场”专场招聘会，现场咨询 103 人，达成合作意向 35 人。利用线上线下广泛宣传动员各民营企业吸纳新毕业大学生就业，共吸纳高校毕业生 67 人。

（王　蕾）

群众团体

金凤区总工会

【概况】 2022年，金凤区总工会坚持以习近平新时代中国特色社会主义思想为指导，深入学习宣传贯彻党的二十大精神及习近平总书记关于工人阶级和工会工作的重要论述，紧紧围绕区委、区政府重点工作、重大部署，主动靠前，担当作为，带领广大职工抗疫防疫、复工复产，工会业务工作在2022年自治区总工会、银川市总工会考核中排名第一。

【工会组织建设】 2022年，金凤区总工会单独建会74家，发展会员4717人，新就业形态劳动者会员346人，分别完成目标任务的114%、105%、115%。按照“会、站、家”一体化思路，把组建工会、创办职工服务站点(户外劳动者之家)与建设职工之家有机统一起来，建设7家新就业形态劳动者职工服务站。成立银川市金凤区蓝骑士配送行业联合工会，共有222名蓝骑士参加蓝骑士集中入会仪式并加入工会组织。组织开展工会干部素质提升培训班5期，共计培训干部300余人。金凤区蓝骑士工会户外劳动者服务站荣获全国最美户外劳动者之家荣誉称号。

【各类活动】 2022年，金凤区总工会共组织职工开展各类劳动竞赛44场，覆盖职工1881名。举办砌筑工、电焊工等技术比武2场次，参与职工80余人。举办职业病防治、安全生产、消防知识培训及灭火演练30余次，指导各类企业开展灾害避险逃生、自救互救演练、培训等25场，共900余人次参加。参与金凤区建筑工地、社区、物业等安全生产活动检查7次，组织安全生产现场咨询活动12场次，覆盖职工800余人。

2022年7月7日，金凤区总工会在金凤区疾控中心项目工地举办金凤区建筑行业职工职业技能大赛

【关爱劳模】 2022年，金凤区总工会通过“6+N”线上线下主题活动，在微信公众号开设“中国梦　劳动美——劳模故事汇”专栏，以6名劳模的故事深入宣传宣讲劳模精神、劳动精神、工匠精神。在“七一”节慰问劳模、五一劳动奖章获得者并发放慰问品。组织9名自治区、市级劳模参加上级工会组织的体检。帮助3名劳模申报自治区2022年全国和自治区劳模生活困难补助金和特殊困难帮扶金申报工作。

【维权机制建设】 2022年，金凤区总工会以“遵法守法·携手筑梦”服务农民工公益法律服务行动为抓手,结合金凤区“智慧工会”、微信公众号等平台,实现线上线下同步宣传,广泛开展“法律进企业”“法律进工地”等活动 62 场次。共接待职工来访来电 224 人次，处理 12351 平台转办法律服务案件 77 件,回复率达 100%;通过与企业座谈、走访职工、电话咨询等方式,共对 452 家企业、1 个商业综合体进行了摸底排查,化解碧桂园天汇理项目、宁夏国旅汽车旅游服务有限公司等一批群体性投诉案件。

【送温暖工程】 2022 年，金凤区总工会扎实开展“冬送温暖”“金秋助学”等服务品牌活动,累计救助帮扶困难职工和低收入职工 233 人次，发放慰问金 62 万元。举办困难职工帮扶政策培训班,20 余人参加。全年共有 205 家单位 6275 名职工参加医疗互助,为 121 名职工申请医疗互助报销金 12.5 万元。

【厂务公开民主管理】 2022 年,金凤区总工会充分发挥集体协商指导员专业化水平,采取“1 对 1”或“1 对多”的方式,通过调研指导、共同参与、会后督查等方式推动集体协商工作，工资专项集体合同签约单位 508 家,签订率达 98.6%。厂务公开、职代会制度推行面和建制率达 99%,建立董事会 15 个、监事会 14 个。创新建立“红、黄、绿”三色动态管理机制,维护劳动领域政治安全,实行“红牌”管理企业 6 家,覆盖职工 505 人;实行“黄牌”管理企业 6 家,覆盖职工 147 人;实行“绿牌”管理企业 485 家，覆盖职工 26224 人。召开金凤区协调劳动关系三方会议 2 次。七一前夕，联合金凤区人社局对辖区 10 家用工规范、规章制度完善、劳动关系和谐稳定、职工权益得到有效维护的 10 家企业授予“金凤区劳动关系和谐企业”称号。荣获银川市集体协商技能大赛三等奖。

【文体活动】 2022 年,金凤区总工会带领干部职工赴宁夏葡萄酒与防沙治沙学院、大武口五七干校、工业遗址公园等地进行党性教育培训，同时在各个站点开设“刘健宣讲台”,为广大职工群众展开党的理论与党的精神相关专题讲座,惠及人数超过 200 人。举办红色经典读书活动、红色经典诵读活动、职工故事演说、职工趣味运动会等活动共计 10 场次,参与职工人数达 1000 余人。开展民族舞、合唱团、八段锦、瑜伽、非洲鼓、非遗剪纸、形体塑形(尊巴)等公益课,报名人数达 310 人。建立金凤区总工会职工志愿者服务队和金凤区新时代文明实践关爱农民工志愿服务队,开展志愿服务活动 20 余场次。以“喜迎二十大　建功新时代”活动为契机,深化“中国梦·劳动美”主题教育,积极组织开展庆“七一”文艺演出暨“夏送清凉”慰问活动,劳模代表、外卖行业、物流行业、环卫工人等 200 余名一线职工齐聚一堂,载歌载舞。举办“展魅力风采,享健康生活”“粽情端午·工会有爱”慰问活动暨职工趣味运动会 4 场次,208 名职工参加。

【女职工工作】 2022 年“三八”妇女节期间,金凤区总工会女工委在丰登镇举办“寻找美、发现美,争做最美女职工”主题宣讲活动,40 余人参加。开展插花技艺、剪纸、形体、合唱、舞蹈、八段锦、电钢琴等公益课培训 15 场次。举办“爱读书、读好书、传家风”“书香悦三八　阅读越美丽”读书沙龙活动 8 场次,参与职工 1238 名。为辖区 318 名女职工开展心理健康讲座 6 场次,组织 300 名女职工进行“两癌”筛查及免费体检。“六一”期间,金凤区总工会组织各基层工会慰问困难职工子女 125 名，送去近万元“爱心大礼包”和节日祝福。建立爱心妈咪小屋 4 家。

【新就业形态规范化建设】 2022 年,金凤区总工会针对新就业形态劳动者就业契约去劳动关系化、流动性强、收入不确定等特点,积极转变思路,成立金凤区蓝骑士配送行业联合工会，通过建立“5 有双 10”工作机制,推进快递网点、外卖配送站点普遍建立工会组织,采取扫码入会等方式,最大限度吸引新就业形态劳动者加入工会,实现对小微企业、灵活就业人员、农民工等群体的有效覆盖,加入工会组织的有 222 名。疫情防控期间,各单位提供 26 个可供骑手临时居住的站点,作为外卖骑手临时居住区,免费提供热水、食品、洗手液、褥子、被子等物资,做好外卖骑手的服务工作。在站点周边提供充电柜等充电设施,为骑手提供方便。

【工会服务大篷车】 2022年，金凤区总工会积极打造移动户外劳动者之家——工会服务大篷车，为户外工作者提供便利。车内设有休息区、饮品区、应急用品区、法律服务区、政策宣传区等区域，可为快递员、外卖骑手等新就业形态劳动者和环卫工、交警等户外工作者免费提供解暑避寒、血压测量、应急用物、手机充电、饭菜加热等服务。依托“工会爱心大篷车”，将建会入会、争议调解、维权帮扶、就业推荐、技能培训、医疗互助等所有面向职工的服务项目摆到大篷车前台，企业和户外劳动者只需来到这里或者拨打工会服务卡上的联系电话，就能享受金凤区总工会提供的面对面、心贴心的服务，现场宣讲政策、现场倾听诉求、现场调解争议，确保问题在一线解决，权益在一线维护，争议消除在萌芽状态。发挥大篷车灵活机动的优势，开辟大篷车进企业专线、进商圈专线、进工地专线、进重点项目专线，工会干部人员下沉、服务下沉，搭乘大篷车哪里有需要就出现在哪里，围绕专线周边职工特点，针对不同劳动者开展各种活动，以“工会在身边 服务零距离”为目标，兼备服务保障、政策宣传、健康义诊、心理咨询、法律咨询、就业推荐、劳动争议调解等功能，常态化停靠到职工身边开展“您守护城市·我守护您”户外劳动者公益服务活动、暑期送清凉活动、主题服务日活动20余场次。

2022年8月4日，金凤区总工会流动服务大篷车走进金凤万达广场为群众免费理发

【智慧工会平台】 2022年，金凤区总工会加快推进信息化、智能化、数字化工会服务阵地建设，依托“金凤e家”手机APP，研发“智慧工会”APP，建设“智慧工会”大数据驾驶舱，实现工会管理和服务方式向“数字模式”提升转变。通过收集APP实时数据反馈及大数据多维度分析，对金凤区下辖8个镇（街道）工会的职工入会率、活动参与度、职工服务驿站的活跃度等工会业务工作数据进行全面准确掌握和可视化展现，通过动态数据工具在管理端量化呈现，及时发现工作问题、预判工作重点、展现工作效能，以数字驱动基层工会提高服务质效的积极性和创新性。以会员实名制为基础，为广大职工提供网上一站式服务，从建会入会到免费培训，从政策咨询到法律援助，从大病救助到维权服务，从公益普惠到我要报修，凡是职工身边的事情，都能在手指间实现“一键通达”，建立了职工与“娘家人”的网上服务快捷通道，使职工感受到工会便捷、无障碍的贴心服务。

（徐　佳）

共青团金凤区委员会

【概况】 2022年，金凤区团委聚焦主责主业，深化共青团改革，加强政治建设，坚持思想引领，勇于自我革命，以少先队工作、社会基层治理、乡村振兴、志愿服务、青年帮扶与权益维护、就业创业等为中心，发挥共青团联系青年的桥梁纽带作用，推动各项工作创新发展并取得显著成效，增强共青团的政治性、先进性、群众性，推动共青团事业蓬勃发展。

【政治建设】 2022年，金凤区团委坚持以习近平新时代中国特色社会主义思想为指导，深入学习贯彻党的二十大精神，贯彻自治区第十三次党代会精神。召开学习贯彻习近平总书记在庆祝中国共产主义青年团成立100周年大会上的重要讲话精神，通过主题团、队日活动、专题团课、专题学习班等开展集中学习100余场。7月6日，召开共青团金凤区第四届委员会第六次全体（扩大）会议，传达学习习近平总书记在庆祝中国共产主义青年团成立100周年大会上的重要讲话精神、习近平总书记在中央党校（国家行政学院）青年干部培训班开班式上的重要讲话精神、习近平总书记在中国人民大学考察时的重要讲话精神、自治区第十三次党代会精神、共青团十八届六中全会精神、共青团宁夏区委十二届五次全会等，并安排部署2022年金凤区共青团工作。

2022年7月6日，共青团银川市金凤区委四届六次全体(扩大)会议召开

【思想引领】 2022年，金凤区团委开展“喜迎二十大、永远跟党走、奋进新征程”微宣讲、“红色经典阅读”“团史故事分享会”“参观红色教育基地”“主题志愿服务”等活动22场，7所学校举办“喜迎二十大”线上入队仪式。面向金凤区全体青少年开展“喜迎二十大、永远跟党走、奋进新征程”主题作品征集活动，共征集到绘画类、音视频类、摄影类、书法类、手工类作品1800余份。深入推进“青年大学习”“红领巾爱学习”网上主题团(队)课29期，累计参学5万余人次。在“青春金凤”微信公众号上开辟团史故事专栏，展示团史故事22期，观看量达3000人次。在金凤区全体团员中开展“当先锋、亮承诺、展风采”主题活动，推举金凤区“模范团员”7名、青年岗位能手5名，满城北街街道团工委被选树为自治区“五四红旗团工委”，1名优秀青年被聘任为自治区第二批青年讲师团成员，上海西路街道悦海新天地社区等5个团支部被银川市团委通报表扬。制作推出“不负新时代 青春谱华章”五四青年宣传片，展现金凤区广大青年在岗位上的青春风采。开展马克思主义“五观”教育，把民族团结创建工作作为青少年思想政治教育的重要内容，组织开展民族团结宣讲主题活动10余次，动员各级团组织开展民族团结活动20余次，发动各中小学录制“石榴籽一家亲”民族团结主题团课、队课6节，让民族团结意识深入广大青少年心中，全面推动民族团结进步创建工作。

【团组织建设】 2022年，金凤区团委在机关事业单位、社会领域选用挂职副书记1名、兼职副书记2名，通过校地共建聘任4名优秀高校大学生为兼职团干部，从农村青年致富带头人、返乡大学生等群体中选拔83名优秀青年担任村（社区）团支部书记，从优秀在校大学生选配兼职团支部副书记83名。持续扩大“两新”组织、新兴青年群体团的组织覆盖力度，深入推进楼宇、商圈非公团建，成立金凤区“两新”组织团工委，新建“两新”领域团组织232家。在金凤区学校建立健全教职工团组织，基本实现教职工团组织100%覆盖。制定挂(兼)职干部考核评价办法、团干部岗位任兵责任制和激励机制，专、兼、挂职团干部依岗定责，每半年对团干部开展一次考核和履职评价，助推团干部干事。

【少先队工作】 2022年，金凤区团委开展“红领巾奖章”争章活动，共评选380个二星章个人、67个二星章集体，推选三星章、四星章个人与集体共22个。从严把关团员入口关，通过团员发展培育全过程监督，成立4家中学团校，落实推优入团、积分入团、评议入团等制度，发展团员295名。5月17日，联合金凤区教育局开展2022年学校团(队)干部专题培训班，加强金凤区共青团干部、少先队辅导员队伍建设，增强团、队工作者的政治素养和业务水平。

【青少年就业创业】 2022年，金凤区团委依托青年创业协会打造金凤区青年创新创业示范服务基地、金凤区青年创新创业生态服务社区，深度融入青年发展型城市建设。联合金凤区总工会等单位开展2022年金凤区“春风送岗圆梦职场”春风行动专场招聘会，累计吸引580名青年参加，当场达成求职意向140人。联合金凤区卫健局开展共青团“乡村振兴健康服务项目”线上培训班，组织卫健系统40名青年医务人员参加培训。积极争取2022年“大学生乡村创业帮扶计划”创业项目免息贷款，为两名大学生争取到4万元创业贷款，着力促进青年就业创业。

【基层治理】 2022年，金凤区团委深化团中央“社区青春行动”创建工作，在黄河东路街道通福家园社区创新开展社区青春行动，并作为银川市唯一优秀试点社区被团中央通报表扬。开展“基层社会治理青年在行动”主题实践活动，与宁夏大学新华学院建立大学生实践基地常态化合作机制，联合各镇（街道）为89名大学生志愿者提供社区服务、乡村振兴、文化宣传、政务服务等实践岗位。

【志愿服务】 2022年，金凤区团委广泛开展各类志愿服务活动，弘扬奉献、友爱、互助、进步的志愿服务精神。坚持常态化招募、储备、培训志愿者，储备志愿者达1775人，累计组建71支青年突击队。开通线上直播培训，联合金凤区卫健局开展线上疫情防控医护知识及实际操作技巧培训，提升志愿者疫情防控知识和应急处理能力。对接银川市春雨志愿者协会等爱心组织，筹集10余万元防疫物资，做好保障工作。常态化开展“爱在社区”、留守儿童关爱行动、助残“阳光行动”、助老“金晖行动”等志愿服务项目，组织青少年开展银龄关爱、困境儿童关爱等系列活动10余次，惠及老人、儿童百余人。联合银川市红领巾志愿者协会项目化开展“黄河流域生态保护”志愿服务活动，开展“讲黄河故事、弘扬黄河文化”等活动4次，鼓励带动更多的青少年在志愿服务的生动实践中练就过硬本领，勇担时代重任。

【困难青少年帮扶】 2022年，金凤区团委始终把青年所需所盼作为工作的出发点和落脚点，积极为青年成长成才创造条件、搭建平台。关注家庭经济困难青少年，分批开展第三届“关爱困境青少年 点亮微心愿”活动，号召社会各界爱心人士、爱心企业为400余名困难儿童实现“微心愿”。持续推进“希望工程”项目，争取自治区、银川市项目3个，助力28名青少年圆梦大学；实施“希望书桌”项目，为17名学生改善家庭学习环境；开展“希望小屋”项目，为2名困难儿童打造独立学习空间。

【青少年权益维护】 2022年，金凤区团委加强青少年法治宣传教育，在青少年中广泛开展禁毒、防范电信网络诈骗等知识宣传普及，多种形式开展“三禁三防三自”、禁毒知识进校园、“开学第一课”、“未成年人安全教育”等活动44场次。通过政府购买服务，联合宁夏鱼得水心理咨询有限公司在54个村（社区）开展未成年人心理辅导讲座，开展“12355与你同行”心理健康讲座1场，预防青少年违法犯罪。关注外卖骑手、快递小哥等青年群体，动员各团支部在五一期间组织开展5场关爱辖区快递从业青年慰问活动。

【乡村振兴青年建功行动】 2022年，金凤区团委通过选树服务农业农村发展、农业科技提升、乡村综合治理的青年人才，培育驻村书记、农村致富带头人、青年产业发展带头人、返乡创业青年带头人等5人，鼓励青年带动家乡发展。开展青年农村电商培育工程培训，通过线下讲师培训和线上直播课堂，共计培训100余人。通过青年创业导师结对服务，结对创业青年人数10人，实行“导师帮带机制”，对青年进行产业和技术指导，通过师徒结对传帮带，互相学习，相互取经，为乡村振兴培育人才。通过举办乡村振兴青年先锋故事分享、座谈交流、在线交流活动等5场次，让驻村第一书记、新晋致富带头人讲自己的故事，分享自己的经历，交流成功经验，并由官方媒体对乡村振兴青年先锋进行6次宣传报道，让更多的人投身家乡的热土，为乡村振兴之路助力添彩。

【大学生返乡志愿服务】 2022年，金凤区团委积极开展大学生返乡志愿服务。寒假、暑假期间，共200余名大学生主动参与政务实践、公益服务、网络宣传、课业辅导等志愿服务活动。金凤区团委以返乡社会实践为契机，深入了解青年实践实习情况、就业创业需求和急难愁盼问题等，力图营造服务青年发展的良好环境，吸引更多优秀青年人才为家乡发展贡献青春力量。

【青年联谊】 2022年，金凤区团委扎实开展“我为群众办实事”实践活动，开展了“不‘七’而遇，‘夕’望是你”青年联谊活动。活动共有120余人参加，为适龄青年搭建沟通平台，引导青年树立文明、健康、理性的婚恋观。

（张凯歌）

金凤区妇女联合会

【概况】 2022年，金凤区妇女联合会（以下简称“金凤区妇联”）坚持“党建带妇建、妇建服务党建”，不断提升妇联基层组织能力。制定妇女儿童发展“两规划”，明确妇女儿童发展目标；关心关爱妇女儿童身心健康，积极开展维权、救助活动，化解矛盾纠纷，为辖区妇女搭建各种就业创业平台；完善家庭、学校、社会协同育人体系；推进社会主义核心价值观进家庭，评选“美丽庭院”，促进农村人居环境整治。

【党建引领】 2022年，金凤区妇联开展集中学习38次、主题党日活动11次、专题研讨会10次。加强妇女思想政治引领，深化“巾帼心向党·奋斗新征程”群众性宣传教育活动，通过多种形式“巾帼大宣讲”、巡讲等宣传教育活动，将党的创新理论送到千家万户、送到妇女身边。

【重要会议】 2022年4月15日，金凤区妇联二届十一次执委（扩大）会议召开，总结2021年工作，部署2022年的工作，替补二届执行委员会委员、常务委员会委员，选举金凤区妇联主席、副主席。9月9日，组织召开金凤区第三届妇女代表大会，会议听取金凤区妇女二届执委会工作报告，部署下一个五年工作，选举金凤区妇女联合会第三届执行委员会执委、委员、主席、副主席（含兼职副主席）。

【基层组织能力提升】 2022年，金凤区妇联实施“基层妇联领头雁行动计划”，分层分类对镇（街道）、村（社区）妇联主席、执委1500余人进行轮训，提升基层妇联干部履职能力。巩固区、镇（街道）、村（居）三级妇联组织，把更多领域中的优秀妇女代表吸纳进妇联组织体系，在非公企业和社会组织中成立妇女组织11个。实施自治区妇联“提升基层妇女参政议政能力和妇联组织力”项目点2个（良田镇光明村、园子村）、银川市项目点4个（丰登镇润丰村、新丰村，满城北街街道立交桥社区，黄河东路街道通福家园社区），促进基层妇联组织能力不断提升。

【“两规划”】 2022年6月，金凤区政府发布《金凤区妇女发展规划（2021—2030年）》和《金凤区儿童发展规划（2021—2030年）》，对金凤区妇女儿童规划进行目标责任分解，明确“两规划”统计监测指标，积极推动“两规划”实施。在长城中路街道宝湖社区成立银川市首个“社区儿童议事会”——宝湖社区儿童议事会，更好推动儿童友好型社区建设。

【妇女就业创业】 2022年，金凤区妇联为85位农村妇女发放创业担保贴息贷款838万元。良田镇金星村妇女马菊莲在小额担保贷款政策的支持下，凉皮生意规模扩大，年营业额200万元，《中国妇女报》9月26日头版报道了马菊莲的创业故事。开展妇女技能培训，为辖区千余名妇女创业就业赋能。为润丰村、和顺新村妇联争取银川市“双培双带”项目，带动农村妇女增收。帮助宁夏艺盟礼益文化艺术品有限公司申请“母亲小额循环”项目资金40万元，为带动妇女发展提供资金支持。

2022年6月21日，金凤区妇联举办美甲技能培训班

【家庭教育工作】 2022年，金凤区妇联深入贯彻《中华人民共和国家庭教育促进法》，加强对社区家

庭教育工作的指导，广泛开展家庭教育知识培训，传播科学家教方法。举办各类公益家庭教育讲座400余场，受益家庭1.5万家，宣传普及科学家庭教育理念。选树“文明家庭”“最美家庭”“健康家庭”“绿色家庭”等示范家庭64户。举办“家和万事兴”家风展，开展“树清廉家风、创最美家庭”活动5场次。金凤区良田镇林场社区的贾文贵家庭和金凤区鲁银城市公元乔杰家庭，被全国妇联分别评为全国“五好家庭”和全国最美家庭。

【美丽庭院】 2022年，金凤区妇联以创建“美丽庭院”为抓手，围绕家庭主战场，充分发挥广大妇女、家庭成员和“巾帼志愿者”的作用，开展环境卫生整治。按照“居室美、厨厕美、庭院美、家风美、村庄美”的五美标准开展“美丽庭院”评比工作，命名564户村级“美丽庭院”、236户镇级“美丽庭院”，并从中评选120户作为金凤区级“美丽庭院”，向银川市推荐100户银川市级“美丽庭院”，创建2个银川市“美丽庭院”示范村。

【维护关爱妇女儿童合法权益】 2022年，金凤区妇联为符合救助条件的22名妇科癌症困难患者及15名困难单亲母亲发放关爱救助资金39.17万元。争取银川市9—14岁适龄女童免费宫颈癌疫苗120人次、240剂次，免费为良田镇120名适龄女童接种。争取社会资金6万余元，在“六一”儿童节期间对辖区196名困境女童发放“六个一”幸福包。推广“妇联在你身边”维权小程序和12338妇女维权热线。在上海西路银新苑北社区建立婚姻家庭问题观察点，把婚姻家庭矛盾纠纷化解在基层。

（桂筱羽）

金凤区科学技术协会

【服务能力建设】 2022年，金凤区科协开展集中学习42次，专题研讨10次。组织党员开展重温入党誓词6次，集中观看廉政警示教育片、环保案件警示片以及红色教育影片8次，支部书记讲授5次专题党课。围绕改进作风提升质效和自治区第十三次党代会，支部书记开展2次大宣讲。深入良田镇园子村9户结对帮扶户家中开展入户工作等。对各项规章制度完成集中梳理，清理制度1个，新建制度3个，现有制度7个。

【全民科学素质工作】 2022年，金凤区下发《银川市金凤区全民科学素质行动规划纲要实施方案（2021—2025年）》和《银川市金凤区关于推进全域科普工作的实施意见》，提出明确的工作任务和要求，扎实推进全民科学素质工作的开展。区委、区政府分管领导先后多次听取专题汇报，切实解决纲要实施工作中遇到的困难和问题。引领动员全民科学素质纲要实施工作成员单位开展全领域科普工作。以“科技活动周”“科普日”“三下乡”“科普七进”等系列活动为抓手，组织各成员单位开展各类科普宣传活动，努力提升五大重点人群的科学素质。

【科普项目和科普阵地】 2022年，金凤区科协积极组织申报自治区、银川市科协2022年科普项目及基层科普行动计划项目，争取2022年度自治区、银川市科普项目6个，获批项目资金38.3万元。严格按照项目资金管理办法使用，注重品牌建设，打造通福社区科普墙、植物园新科普小院、园子村科普长廊等科普阵地6处，投入资金6.7万元，已经成为基层科普宣传主阵地。

【服务科技工作者】 2022年，全国科技工作者日期间，金凤区科协对辖区各条战线上的31名优秀科技工作者代表、科技志愿者及老科技工作者代表进行慰问与座谈，并组织到科普教育基地参观学习。以“金凤人才引进和人才工程计划”“基层之星人才培养计划”“银川市学术技术带头人储备”“银川市优秀返乡人才创新创业”等活动为载体，积极举荐金凤区优秀科技人才参与国家和自治区的各项申报评选，激励科技工作者奋发进取，促进科技人才健康成长。

【科普惠民】 2022年，金凤区科协指导帮助镇（街道)科协加强组织建设,广泛吸纳基层“三长”(农技站站长、学校校长和卫生院院长)进入科协组织体系,兼任基层科协主席、副主席。2022 年共成立镇(街道)科协组织 8 个,兼(挂)职主席、副主席共 26 名。其中辖区中小学校长 8 名、医院(卫生院)院长 5 名、农技站站长 2 名,实现“三长”全覆盖。8 月下旬,通福家园社区中医治未病养身保健推广协会成立。依托银川市第二人民医院药学科普基地,开展常态化科技志愿服务,通过健康网站、手机 APP 等举办线上药学科普志愿服务,面向患者和公众开展安全合理用药科普宣传,普及大众药学知识和麻醉药品、精神药品滥用的危害及防范技巧,全年开展科普活动 6 场次,覆盖 3000 人次。

【科普宣传】 2022 年,金凤区科协共组织开展各类科普宣传活动 167 场次,大篷车送科普宣传品到村居、学校 60 余次,行程 4000 余公里。覆盖金凤区 8 个镇(街道)和 95%以上的行政村及城镇社区、中小学校,发放《农业种植实用技术》《全民科学素质纲要行动 300 问》《科普助力乡村振兴》《探秘百科》等科普书籍、科普宣传资料 5 万余份,累计投入 12 万元,参与科普活动群众累计达 3 万人次。组织中小学师生参加区市组织举办的各类青少年科普活动,全年共组织 1200 余名师生报名参加机器人竞赛、创意编程与智能设计等青少年科普品牌活动,辐射带动 1 万余名群众广泛参与。通过打通科普知识传播“最后一公里”,全力促进居民科学素质提升。截至年底,金凤区“科普中国”注册 19005 人。

【服务企业】 2022 年,金凤区充分利用平台资源,积极开展“科创中国”平台推广进企业活动。入驻“科创中国”平台的金凤区企事业单位有 51 家、专家有 17 名,实现企业与技术、人才、科技等创新要素供需对接,为企业的创新科技发展提供人才及技术支持,让科技创造新价值,助力企业技术创新能力不断提升。

(李　娜)

金凤区残疾人联合会

【组织机构】 2022 年,金凤区残联共有干部职工 16 人(其中残疾人 7 人),核定编制 2 人,政策性安置 5 人,政府购买服务 3 人,公益性岗位 6 人,领导职数 2 人,正、副理事长各 1 名。金凤区共有持证残疾人 8010 人,其中 2022 年新办证 619 人,其中视力残疾 880 人,听力残疾 813 人,言语残疾 95 人,肢体残疾 3937 人,智力残疾 646 人,精神残疾 1115 人,多重残疾 524 人。

【康复服务】 2022 年,金凤区残联共转介 443 名 0—6 岁残疾儿童到康复服务机构进行康复训练,其中脑瘫儿童 29 人、智力残疾儿童 35 人、孤独症儿童 88 人、言语残疾儿童 35 人、听力残疾儿童 22 人、肢体残疾儿童 157 人、视力残疾儿童 27 人。配发“爱心接力、循环使用”项目轮椅 50 辆、借用辅具 362 人次,投入资金 3 万余元。为 62 名听障残疾人提供助听器配发服务。发放各类辅助器具 391 件。联合金凤区民政局投入 45 万元,委托宁夏心晴精神专科医院开展精神康复项目,累计服务 284 人。7 家社区残疾人康复站累计服务 163 人次;投入 13 万余元为 203 名精神残疾人提供用药服务;为 4 名住院患者发放住院补助 6000 元;为残疾人适配假肢 13 例,补助资金 277000 元;适配矫形器 7 例,补助资金 21300 元。

【扶残助学】 2022 年,金凤区残联依托自治区残联、银川市残联继续实施残疾人事业专项公益金助学项目,为 15 名大中专教育阶段残疾学生提供 4.8 万元补贴。资助大中专学生和毕业的成人自考大学生 15 人,补贴资金 4.3 万元。

【就业创业】 2022 年,金凤区残疾人参加线上线下招聘会 4 期,开展就业政策宣讲活动 10 场次,走访企业 27 家,挖掘各类用人单位残疾人就业岗位 218 个,开发公益性岗位 33 个,安置残疾人就业 150 人。

为 21 名残疾人发放自主创业补贴 14.7 万元，为 90 名残疾人发放灵活就业补贴 18 万元，为 47 名残疾人发放个体工商户养老保险补贴 20.88 万元。按比例安置残疾人就业单位 354 家，安置残疾人 773 人，征收残疾人就业保障金 2745 万元。打造宁夏盲人按摩“塞上妙手”品牌，制定《金凤区盲人按摩“六统一”规范化建设实施方案》，补贴资金 15 万元，扶持 6 家盲人保健按摩机构按照“六统一”规范化建设。开展残疾大学生一对一就业跟踪服务，摸排 15 名残疾大学毕业生，其中继续求学 3 人，12 人实现 100%就业。

【职业培训】 2022 年，金凤区残联举办农村实用技术培训班 1 期，培训残疾人 60 人。开展手工皮艺、“短视频 + 直播电商”、烩小吃等职业技能培训班 3 期，推荐残疾人参加各级残联组织的各项培训 4 期，共计参加培训 135 人次。组织 8 名残疾人参加银川市残疾人职业技能竞赛，获得团体竞赛二等奖，参赛队员获得个人一等奖 2 名、二等奖 3 名；组织 6 名残疾人参加第七届自治区残疾人职业技能竞赛，获得个人一等奖 2 人、二等奖 2 人。

【防返贫监测】 2022 年，金凤区残联建立健全防返贫动态监测机制，对纳入“三类人员”的 75 户 89 名残疾人进行分批逐户走访，建立“一户一档”监测信息，实行动态管理。按照“重点监测、重点帮扶”的要求，落实好行业部门康复、就业、托养、无障碍改造、权益保障等工作。实施 2022 年“阳光助残小康计划”项目，扶持残疾人家庭发展农村特色产业 50 户（脱贫不稳定户 4 户、边缘易致贫户 2 户、低保 44 户），补贴资金 20 万元。培育和扶持残疾人产业帮扶合作社，为“三类人员”监测户和困难残疾人家庭提供订单支持、种苗扶持、产销对接等帮扶，帮助 50 户以上残疾人家庭发展种植业，每株种苗补贴 0.3 元，鼓励合作社安置残疾人或残疾人家属就业，增加困难残疾人家庭收入。

【社会保障】 2022 年，金凤区残联累计投入 55.76 万元为 7437 名残疾人购买意外伤害保险，累计为 7437 名残疾人申请意外保险补偿金 15.74 万元。每月审核并为 3566 名残疾人发放护理补贴，为 929 名残疾人发放生活困难补贴。以政府购买服务形式为 612 名重度残疾人开展居家托养服务。

【维权工作】 2022 年，金凤区残联受理解答教育、就业、权益保障、残疾人证等残疾人各类信访和智慧金凤综合治理平台案件 52 件，及时办结 12345 平台案件 18 件，主动化解各类信访矛盾，回访满意度 100%，全年未发生群体性上访事件。为 90 户重度贫困残疾人实施家庭无障碍改造项目，成立无障碍环境督导队，对辖区公共停车场、商场、文化体育场所无障碍环境建设进行督导。

【文化体育】 2022 年，金凤区残联举办“健康六一、绽放你的笑容”残疾儿童亲子互动活动、“爱耳日”宣传活动暨公益义诊活动。累计开展残疾预防知识讲座 30 余次，发放宣传册 500 余份。举办第三十二次全国助残日“阅彩城无障碍体验”等系列活动，开展“关注残疾儿童家庭，让爱洒满人间”主题家庭教育讲座及手工制作活动，开展“喜迎二十大、永远跟党走、奋进新征程”爱国主义教育观影活动。助残月期间，累计开展丰富多样的助残月宣传活动 23 场次，发放各类宣传册 4000 余份，走访辖区困难残疾人家庭 82 户，开展宣传教育讲座及健康义诊活动 7 场次。先后分两批次组织 100 余名困难残疾人及家属到西夏博物馆、银川当代美术馆、银川艺术博览中心等开展残疾人文化进家庭“五个一”活动。残联各项工作被宁夏新闻网、《银川日报》、《直播 60 分》等各类媒体报道 23 次。

【组织建设】 2022 年，金凤区残联争取自治区残疾人康复中心挂职副理事长 1 人，挂职期一年。实现乡镇（街道）残联、村（社区）残疾人协会建设两个百分之百全覆盖，8 个镇（街道）全部组建了残联，83 个村（社区）全部建立残疾人协会，全区形成覆盖县区、乡镇（街道）、村（社区）的三级基层残疾人组织网络。落实残疾人组织规范化建设要求，在街道一级建立残联工作职责、上门慰问访视、残疾人需求调查及上报、档案管理、为残疾人办实事 5 项制度；在社区一级建立上门慰问访视、残疾人需求调查及上报、档案管理3项制度，实现组织、制度、残疾人分布和基本情况"四上墙"，实现有阵地、有人员、有制度、有经费、有档案的"五有"建设目标。

【金凤区残疾人联合会第五次代表大会】 2022年12月19日召开。大会应到代表106人，实到82人，符合开会要求。大会选举产生金凤区残联第五届主席团成员，名誉主席杨文法，主席杨成凤，副主席金文静、杨丽娟、曹俊仁、司玉婷。选举产生金凤区残联第五届执行理事会成员，理事长金文静，副理事长李慧娟，挂职副理事长袁小燕，兼职副理事长李佳、理事张建部、付国刚、王雅琴。选举产生金凤区残疾人各专门协会主席、副主席。

【残疾人托养中心】 2022年，金凤区残联启动运营残疾人托养中心，采取"服务+"的服务理念，为就业年龄段有托养意愿的智力、精神、重度肢体残疾人提供托管、康复、培训及辅导性就业等寄宿制托养和日间照料服务，已入住14人，达到了"托养一个人、解放一家人、温暖一群人"的效果。

（詹晓敏）

金凤区文学艺术界联合会

【"我们的中国梦·文化进万家"活动】 2022年1月6—25日，金凤区文联组织辖区摄影家协会、书法家协会组成文艺志愿者服务队开展"我们的中国梦·文化进万家"走基层服务活动，走进宁夏老年大学、银铁文化中心、中房物业、良田镇和顺新村、国网银川供电公司等单位，开展14场文艺志愿服务活动，为基层群众现场书写春联、送福字2600余副。

【展览活动】 2022年，金凤区文联举办2期"艺路上有你"书法作品网络展、2期"艺起向未来"美术作品网络展，展出书法作品19幅、美术作品60幅。7月10日，与金凤区文化旅游体育广电局共同举办的"喜迎二十大 礼赞新时代"乡村振兴主题书法、美术、摄影作品展览在丰登镇利民田园蜜语开展，参展作品100幅。举办"喜迎二十大·翰墨颂党恩""欢庆二十大·奋进新征程"专题书法、摄影作品网络展5期，展出书法作品47幅、摄影作品62幅。

【传统文化进校园、进军营活动】 2022年，金凤区文联组织艺术家进学校、进军营进行文艺宣传活动，举办"书法进校园，翰墨润我心"教师"三笔字"培训活动，银川市金凤区第七小学34名教师参加，传承中华优秀传统文化。举办"同庆建军佳节 共叙鱼水深情" 文艺演出，为大营军官兵献上了一场精神大餐，营造了关心支持军队、尊崇关爱军人的浓厚社会氛围。在中秋节以"天涯共此时"为主题举办中秋诵读会，由"家国情""明月情""团圆情"三个篇章组成，30名嘉宾一起追溯中秋节在中国的源头，品诗词滋味，感受中国传统文化魅力。

【协会换届】 截至2022年底，金凤区有书法、美术、摄影、音乐、舞蹈、戏剧、作家等7个艺术家协会，会员500余名。5月17日、18日、7月4日，金凤区文联所属书法家协会、美术家协会、摄影家协会、作家协会、戏剧家协会、音乐家协会、舞蹈家协会等7个协会圆满完成换届。

【文艺精品】 2022年，金凤区文联努力推出一批思想精深、艺术精湛、制作精良的文艺精品。书法家协会在宁夏第十四届书法篆刻临帖展（网络展）中入展7人，马越获优秀奖；2022中国·永丰"纪念欧阳修诞辰1015周年"全国书法大赛，孙随飞作品入展第三届"赵孟頫杯"全国书法篆刻展，徐建国等10人作品入展"奋进新征程建功新时代、喜迎二十大"宁夏第八届书法篆刻展，在喜迎二十大建功新时代——"金曜塑业杯"全区书法作品展中王旭玲、雷长林、薛永寿作品获优秀奖，美术家协会赵萍的国画作品《幸福时光》入展2022年中国美术馆主办的"第三届'香凝如故'全国美术作品展览"，摄影家协会袁宏彦在《人民日报》《经济日报》《光明日报》《求是》等中央级报刊网络媒体发稿50余篇幅，在'生态黄河 美丽银川”全民摄影作品展中张宗新作品获金奖、陈丽丽作品获银奖,勉春红、席博博、方晓丽、张清晨、王燕鸣、钱守桐摄影作品入展。在全国2021第二届“鸟瞰视界”全国航拍大赛中孙伟的作品《忙碌而有序》获得人文纪实类银奖,陈丽丽的作品《凤舞黄河边》获得抽象艺术类铜奖,许吉建的作品《千山万壑》获得自然风光类最佳创意奖,韩更彩的作品《龙行大地》获得自然风光类优秀奖,作家协会李振娟的散文《远逝的机器轰鸣声》在宁夏第十届文学艺术奖中获得文学类二等奖;戏剧家协会冯斌权板胡独奏《苦韵》在宁夏第十届文学艺术奖中获戏剧类三等奖,马斌、段兴旺表演《悔路》《徐九经升官记·当官难》剧目获中国·宜兴梁祝文化艺术节“中国戏曲红梅荟萃”红梅花奖,武松、彭佩佩演奏表演剧目荣获第五届中国黄河流域戏剧红梅大赛总决赛二等奖,李梦聪辅导的《红灯记》表演在第十届全国残疾人艺术会演(西部片区)中获戏曲类二等奖,王凡表演《窦娥冤·杀场》获“戏码头”全国青年戏曲挑战赛表演奖,孙士坤创作眉户剧《墙界》获“欢乐宁夏”文艺会演表演一等奖。音乐家协会刘朋、苗子朗诵的作品《信念永恒》在全区第四届“诵读中国”经典诵读大赛中获社会组三等奖。苗子在“非遗进万家·文旅展风采”2022年宁夏黄河流域非遗讲解大赛中荣获企业组金奖。第十五届山东国际大众艺术节2022沿黄九省区新时代民歌艺术展演中张娜(原生态唱法)、王淑霞(民族唱法)荣获最佳演唱奖;舞蹈家协会高亮的《公婆戏》、张馨雅的《不到长城非好汉》舞蹈在宁夏第十届文学艺术奖中获舞蹈类二等奖。

（王　媛）

金凤区红十字会

【管理体制】 2022年,金凤区委分管领导、区政府联系领导指导红十字会改革工作,着力解决机构、人事、经费等重点难点问题,划定红十字会编制3人,现有工作人员5人。为全额预算副科级事业单位,2022年申请经费10万元,保障红十字会日常工作开展。制定《关于金凤区红十字会管理体制调整等有关事项的通知》《金凤区红十字会改革方案》等指导性文件,推动改革任务落地。召开金凤区红十字会第一次会员代表大会暨成立大会,67名会员代表参会,大会选举会长、常务副会长、副会长,还选举了第一届理事会和监事会,聘请名誉会长,形成执委会执行、监事会监督的治理结构,理顺了管理体制,红十字会改革任务基本完成。制定《金凤区红十字会执行委员会会议事规则(试行)》《金凤区红十字会监事会工作规则(试行)》《金凤区红十字会理事建议办理办法(试行)》和《金凤区人道救助管理办法》。

【基层组织建设】 2022年,金凤区红十字会印发《金凤区红十字会基层组织实施方案》,按照先建立、后完善、再提升的目标,建立健全红十字会基层组织体系,按照“五有”标准(即有健全的组织架构、有稳定的会员和志愿者队伍、有规范完整的档案资料、有固定的办公场所)。依托社区的新时代文明实践站、应急救护培训基地建立红十字基层组织,红十字会为每个基层红十字会制作组织机构和会员志愿者职责、任务等制度,并在黄河东路街道工业集中区社区、湖畔嘉苑社区、银川十三中学打造基层组织示范点,在银川十三中学、悦海新天地北京华联建立红十字救护站,登记在册会员540名、志愿者138名,建立基层组织92个、团体会员单位7家。同时组建了红十字雏鹰志愿服务队,共同开展志愿服务活动和“三救三献”工作。

【应急救护培训】 2022年,金凤区红十字会从企业、社区等选拔31人到自治区人民医院参加为期一周的应急救护师资培训,学员通过考核合格后取得自治区救护师资培训证。依托自治区红十字应急救护培训基地,开展“生命教育、人道伴行”培训。截至11月1日,开展普及性培训42期2999人次(其中进机关256人,学校1442人,企业135人,进社区1049人,进农村117人),“关爱生命、救在身边”应急救护培训106期5660人次(其中进机关培训563人,进学校培训2950人,进企业983人,进社区1164人)。完成救护员取证培训252人,心肺复苏(CPR+AED)取证培训5409人,应急救护培训完成率达 108%。在阅彩城、火车站、银川十三中、良田中学等场所配备除颤器和急救包，对相关工作人员进行应急救护培训，落实巡检管理机制，全力提升城市应急救护服务水平。

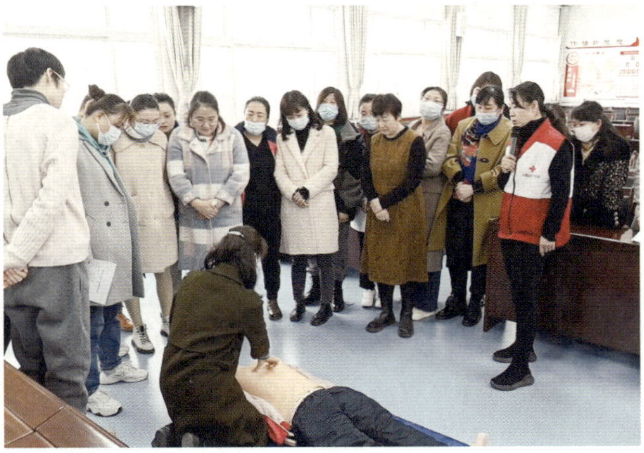

2022 年 3 月 9 日，金凤区红十字会举办心肺复苏培训班

【“5·8”人道公益日募捐活动】 2022 年，金凤区红十字会通过电子快报发出“5·8”人道公益日募捐活动倡议书，动员社会各界力量积极参与博爱家园和博爱未来·老兵你好项目。截至 5 月 12 日，爱心捐款 46574.08 元，博爱家园项目捐款 6016.34 元，博爱未来·老兵你好项目捐款 30892.51 元。与金凤区退役军人事务局对接开展博爱未来·老兵你好项目，将项目捐款 37000 元（其中捐款 31222.51 元，腾讯公益配捐 4360.76 元，银川市红十字会拨付 752.41 元，金凤区红十字会补差 664.32 元）按照凑齐补整的原则，按每人 1000 元的标准予以发放，于年底前将救助金通过中国银行代发账户全部发放完毕。

【账目审计】 2022 年，金凤区红十字会聘请第三方会计记账公司对 2021 年接受社会捐赠款物、会费收入等分类进行核算，还请第三方会计师事务所进行审计出具审计报告。

【博爱送万家活动】 2022 年春节、元宵节期间，金凤区红十字会为辖区的各镇（街道）孤寡老人、困难群众等发放价值 85579 元的棉被、棉衣、大米、运动鞋等生活物资。

【志愿服务】 2022 年，金凤区红十字会组建红十字雏鹰志愿服务队。在元宵佳节，与民进金凤总支开展“心系环卫工、佳节送温暖”活动，为 50 名最美环卫工作者捐赠围巾、手套、保温杯、牛奶和爱心汤圆等价值 3000 余元的生活物资。联合金凤妇联开展以“守护女童　绽放未来”为主题的关爱困境女童活动。发动石嘴山银行“爱心”基金会等企业筹款 5 万余元为 188 名困境女童发放幸福包。在“6·14”世界献血者日活动期间，与金凤区文明办、团委、银川飞天救援促进中心志愿者到宁夏血液中心共同开展志愿服务活动。2022 年参加人体器官组织捐献登记的志愿者有 1600 人。

【接受捐赠资助及使用】 2022 年，金凤区红十字会结转上年“慈善一日捐”捐款 32355 元，当年接受爱心企业、单位及个人捐款共计 65860 元，捐赠资金主要用于“99 公益日”开展的“庆六一”关爱困境女童活动和救助大病困难家庭。上年结转 2021 年“10·17”疫情防控捐款 210.12 万元，分别拨付商务经合局 98.175 万元、卫健局 111.9414 万元，结余 400 元。接受上级红十字会调拨物资价值 85579 元。9 月 20 日至 12 月 31 日 24 时，在抗击疫情过程中，累计接受捐款捐物 715671.81 元。其中参与捐赠的企业及个人共 22 家（人），捐赠物资折合人民币 54412 元，捐款 171259.81 元，申请从自治区红十字会调拨防疫物资 176860 元。捐赠的防疫物资除定向捐赠和自治区红十字会统一调拨外，其余的由金凤区红十字会移交至金凤区新冠肺炎疫情防控工作指挥部物资保障组。金凤区红十字会按照疫情防控指挥部的会议纪要和领导批示，将捐款全部拨付金凤区卫健局，用于疫情防控。

（李　梅）

法 治

政法委与综合治理

【概况】 2022年，金凤区委政法委坚持以习近平新时代中国特色社会主义思想为指导，全面践行习近平法治思想和习近平总书记视察宁夏重要讲话指示批示精神，奋力推动政法工作高质量发展，以更高水平的平安法治金凤建设为区委“1447”总体发展思路保驾护航，先后被评为“2017—2020年度平安建设示范县区”“平安宁夏建设先进集体”。

【维稳安保】 2022年，金凤区委政法委将党的二十大维稳安保工作作为全年工作主线，组建维稳安保工作专班，细化6个方面19项重点任务，严格落实“日报告、周研判、月调度”工作机制，排查各类矛盾纠纷1876件，化解率达99.24%，妥善处置群防事件114次。圆满完成党的二十大、自治区第十三次党代会等安保维稳任务。

【政法队伍建设】 2022年，金凤区委政法委持续巩固拓展党史学习教育及政法队伍教育整顿成果，常态化开展“五项教育”，组织政治轮训4期500人次，深化政治督察、案件评查、队伍建设巡查，党领导政法工作的制度化水平进一步提升。深化司法责任制配套改革、执法司法责任体系改革和政法队伍建设。健全完善政法干警选拔使用机制。贯彻落实自治区“3331”工程，优化政法队伍及领导班子建设，组织部、政法委对现有政法干部任职情况进行摸底，对在领导岗位和重要工作岗位任职满5年、10年的政法干警按照干部管理权限与市委组织部及时沟通，谋划交流调整工作。对辖区436名政法干警建档入库，提前谋划优秀年轻干部培养交流工作，提拔任用“80后”政法系统领导班子成员3名，交流轮岗班子成员9人。

【平安金凤建设】 2022年，金凤区委政法委常态化推进扫黑除恶斗争，深入开展《中华人民共和国反有组织犯罪法》学习宣传，利用微信公众号、短视频APP等宣传载体推送文化作品、宣传报道100余篇，发放《中华人民共和国反有组织犯罪法》图书200册，制作宣传折页1万份，摸排核查线索11条。持续推进重点行业领域专项整治工作，破获非法集资案件5起，抓获传销犯罪骨干13人。全年辖区刑事

2022年4月14日，平安金凤建设协调小组开展安保维稳工作督导

案件、“八类”主要案件和电信网络诈骗案件发案数同比分别下降48.8%、26.1%和53.2%，妥善处置群访事件114次，整改11个重点领域风险隐患1015件，全年未发生重大案件及重大安全生产事故，连续5年被评为自治区“平安县区”。

【打击整治养老诈骗专项行动】 2022年，金凤区委政法委（专项办）抽调4名业务骨干充实到“一办四组”（专项办、综合组、打击组、整治组、宣教组），建立健全《金凤区打击整治养老诈骗专项行动方案》《金凤区打击整治养老诈骗专项行动打击组工作方案》等8项制度。公安分局借鉴扫黑除恶专项斗争经验做法，制定线索核查、联席会商等6项机制，组建“一办六组”（办公室、综合组、打击组、法制审核组、整治组、宣教组、督察组），一体推进“宣防打治建”工作。充分发动各级各部门力量，网上网下联动开展宣传，发动人民群众参与专项行动，共设置举报热线1条、举报邮箱1个、举报信箱181个；发布新媒体信息756条，点击量达18万余次，新闻稿件被各级媒体采编143条，制作宣传片6个，播放3万余次；张贴公告1.3万份，悬挂条幅140余条，发放宣传彩页14万余份，覆盖群众40余万人次；充分发挥网格员、网格警作用，向重点人群发送防骗短信500余条，开展入户“面对面”“点对点”宣传教育及线索摸排，各部门（单位）立足行业实际，在日常执法检查中同步开展线索摸排，政法各单位、市监分局等行政执法单位对受理、办结的诈骗、集资、非吸等案件8276起、警情4996件进行“回头看”，梳理排查出涉养老诈骗类案件11件（立案在侦2件，审查审理2件，已判决4件，行政处罚3件），组织开展案件评查。

【市域社会治理】 2022年，金凤区委政法委制定印发实施方案及试点项目子方案4个，实现组织体系全建立、协调机制全完善、保障力量全到位。推动8名派出所所长、83名社区民警兼任镇（街道）党工委副书记、村（社区）党组织副书记，实现“网格”和“警格”深度融合。充分发挥政法委员统筹协调作用，有效整合基层政法综治资源，推动“网格＋警格”深度融合，创新“社区民警（小区长）＋社区专干（网格长）＋群防群治骨干（楼栋长）”“小区长”“三长联动”模式，组建群防群治队伍140余支，创建“零发案小区”50个。构建全区1张大网、8个镇（街道）中网、83个村居小网、603个单元网格的四级市域社会治理网格体系，采用“信息化＋网格化”的工作方式，平台接收各类案件177603件，已办结176441件，办结率为99.36%。深入推进“清朗”“网上扫黄打非”等各类网络专项行动，开展“7×24”小时网络巡查管控，排查网上不当涉政言论线索5条，打击处置涉政谣言案件2起2人。强力推进“进圈入群”工作，全面梳理掌握网格居民微信群1242个，组织在职党员、社区民警、人民调解员、社区网格员、志愿者、物业经理“六员”入驻居民微信群1242个，覆盖群众20余万人。

【优化营商环境】 2022年，金凤区委政法委组织对涉民生“烂尾工程”进行挂牌立案，由政法委书记带队与项目开发企业负责人、施工单位负责人、市级主管部门等多次沟通协商，推动天山国府、天山国宾、雅仕兰邸、鼎辉时代城等项目复工。组织政法各单位开展法治护航专项行动，法院以强化“执行合同”和“保护中小投资者”为重点，审结涉企案件10945件，执结涉企执行案件2[illegible]43件，实际执行到位金额3.38亿元。检察院开辟服务企业诉求“绿色通道”，办理各类涉民营企业案件123件，与社区矫正管理局联合制定相关管理细则，对涉企业社区矫正对象监管作出简化，为民企发展提供检察服务。公安分局深化落实“一企一警”和重大项目保护警长制，开展知识产权法律服务，全面落实助企纾困惠民措施，累计打击涉企犯罪26起，挽回金额773.8万元。司法局建立涉民营企业社区矫正对象信息库和涉企社区矫正对象“白名单”动态管理及审批绿色通道等机制，最大程度为涉企社区矫正对象外出从事生产经营活动提供便利。政法委（法学会）依托“双百”宣讲活动、“法治文化基层行”活动等，组织开展宣讲5场、法治宣传110场、庭审观摩旁听活动6次。

（马子仲）

法治政府建设

【概况】 2022年，金凤区利用基层普法阵地，将习近平法治思想学习宣传融入普法工作中，通过开展习近平法治思想进社区、进校园、进企业等活动，推动习近平法治思想入脑入心，累计开展学习宣传400余场次。党委、政府主要负责人对法治建设亲自谋划部署，听取法治政府建设工作汇报2次，印发《金凤区委全面依法治区委员会2022年工作要点》。组织各部门、镇（街道）党政“一把手”报告第一责任人职责履行情况，以述法促履职，以述法促提升。印发《金凤区领导干部学法清单制度》，明确区委常委会会议、政府常务会议、党委（组）理论学习中心组学习会等会前学法、工作用法，累计会前学法35次，开展法治专题培训3次。

【“放管服”改革】 2022年，金凤区推进“一件事一次办”和“三减一优”改革，减少申请材料32%，缩短办理时限55%，减少办理环节74%；明确13项深化“放管服”整改任务并制定《金凤区进一步优化营商环境更好服务市场主体健康发展实施方案》，凝聚优化营商环境工作合力，激发市场主体活力；开展“法律顾问进企业”活动，为企业提供法律指导和服务，鼓励企业依法经营；设立营商环境投诉“直通车”专线电话，累计受理投诉问题7件，办结率100%。6月，金凤区被国务院评为在推进企业登记注册便利化、深化“双随机、一公开”监管和信用监管等深化商事制度改革方面成效明显的20个地方之一，是宁夏唯一一个上榜此项督查激励的县区。

【依法决策】 2022年，金凤区在金凤区政府门户网站公布年度重大行政决策事项目录，重大行政决策事项共6项，办结2件。党政部门法律顾问工作实现全覆盖，共组织委派政府法律顾问、公职律师参加政府常务会议、专题会议、信访化解会议等120人次，审核合同、协议、公告、方案等400余件次。

【依法管理】 2022年，金凤区把好行政规范性文件的程序关、质量关、清理关，加强规范性文件合法性审核，及时排除行政规范性文件制发过程的法律风险，实施动态监管和清理工作，共审查规范性文件4件，组织培训3次、专项后评估2件、联席会1次，发出纠正建议2份，进一步强化行政规范性文件全流程管理，提升行政规范性文件质量水平。

【行政复议】 2022年，金凤区印发《金凤区行政复议体制改革实施方案》，明确改革事项，成立集行政争议咨询、受理、调解、和解等于一体的金凤区行政争议调解中心。坚持应调尽调，加强部门协同、府院联动、府检联动工作合力，采取“一调二促三化解”工作模式和“案审会”审理方式，形成“复议为主，诉讼断后”的实质性化解行政争议工作新格局，全年受理案件39起，召开协调会议9次，调解结案3起，其中1起入选宁夏发布的十起行政复议典型案例。

【行政应诉】 2022年，金凤区印发《关于开展全区行政应诉突出问题专项治理的实施方案》，在全区开展为期6个月的行政应诉突出问题专项治理，着力解决人民群众反映强烈的行政机关重实体、轻程序，重行政效率、轻权利保护等突出问题，专项治理期间，发出监督单23份，全区行政机关负责人出庭应诉率达98.59%。金凤区涉及政府及各部门行政诉讼案件共计142件，行政机关负责人出庭应诉率96.72%，败诉101件，结案败诉率为71.63%。政府未收到司法建议书和检察建议书，政府各部门（单位）收到司法建议书2份，已完成答复反馈。

【化解社会风险】 2022年，金凤区在区、镇（街道）、村（社区）调解组织全覆盖基础上，建立道路交通、医疗卫生、物业管理、婚姻家庭等领域的专业性、行业性调解组织，现有调解组织138个、“个人调解室”3个、一站式调解中心1个，织密调解网，推动调解向区域末梢延伸。实现党政领导重视抓、分管领导具体抓、相关部门配合抓、多部门联动的工作模式，在巩固和发展人民调解“四张网”的基础上，形成“诉调、访调、公调”等多元诉前调解，分级分类化解矛盾纠纷。全年排查各类矛盾纠纷4960次，化解重大疑难复杂矛盾纠纷共844件。

【规范公正文明执法】 2022年，金凤区将政府各部门（单位）、各镇（街道）权力清单和责任清单进行“两单融合”，明确行政职权和与之相对应的责任事项，确保权力规范运行。深化基层整合审批服务执法力量改革并顺利通过银川市和自治区评估验收；稳步推进综合行政执法改革，划转39项执法事项到综合执法局，进一步职责边界。加强基层执法中队建设，发挥属地监管优势，打通基层治理“最后一公里”，提升基层执法质效。将执法经费纳入财政预算，加强行政执法装备配备，现配备执法记录仪268部、录音设备2台（含录音笔、录音机）、照相机10台、摄像机2台、无人机3台、执法用平板电脑1台、安全监管执法终端3台，以及其他执法设备或者仪器17台（执法记录采集站）。严格履行行政执法人员“持证上岗，亮证执法”制度。金凤区现有行政执法主体28个，现持有行政执法证人员共185名，2022年新报考执法证人员312人。印发《关于开展全区行政执法人员摸底排查工作的通知》，排查因调动、辞职、辞退、退休或者其他原因不具备持有行政执法证件的人员66名，按照相关规定收回、注销原执法证。各镇（街道）成立案审委员会，严格执行重大执法决定法制审核制度，法制部门及法律顾问参与重大行政执法案件法制审核。对2021年6月至2022年6月按普通程序办结的625件行政处罚案卷，采取自查自评和复评相结合的方式，对存在问题逐一进行反馈，切实落实工作责任。

【法治乡村建设】 2022年，金凤区落实“一村（社区）一法律顾问”制度，实现村居法律顾问全覆盖。签约17家律师事务所28名专职律师，提供规范完善村规民约、普法宣传、矛盾化解等法律服务，积极参与乡村振兴、基层法治治理。扎实开展“法律明白人”靶向培养工作，已培育“法律明白人”712人，累计开展法治宣传127场次，提供法律服务300余人次，成为基层依法治理的重要力量。为和顺新村等13个偏远村配备公共法律服务自动柜员机，减少群众跑路，足不出户即可“智享”法律服务。积极创建民主法治示范村（社区），推动村（社区）落实依法治理工作扎实开展，丰登镇西新村成功入选第九批“全国民主法治示范村（社区）”。

【法治建设督察整改】 2022年，金凤区制定《金凤区关于中央依法治国办反馈意见的整改方案》《金凤区“执法、司法、守法普法”三个协调小组作用发挥不明显专项整改方案》，明确整改措施、责任单位、目标任务，切实做到全面部署、统筹推进。围绕中央依法治国办实地督察反馈意见整改落实情况，对全区各镇（街道）、各单位（部门）开展专项督导检查，及时反馈存在问题，督促整改。召开推进会对整改工作再部署、再推动，加强沟通协调，召开行政规范性联席会1次，转办整改工作3次，发出工作提示函2份，积极推动各项整改任务落实。

（杨小梅）

公 安

【概况】 2022年，银川市公安局金凤区分局紧紧抓住“平安建设”主题主线，启动派出所改革三年计划，推进社会治安防控体系建设、“情指行”一体化实战化改革，6个城市派出所均建设运行综合指挥室。探索推进“警网融合”“平安文化”建设，打造了“侯金知智慧警务室”“湖畔嘉苑警务室”等。推动“石榴籽”警务室创建，“警网融合”等工作成为市局的试点项目，改革和加强派出所等工作得到自治区公安厅、市局主要领导批示肯定。长城中路派出所荣立公安部集体一等功，银川市公安局金凤区分局被评为全区扫黑除恶先进集体。

【反诈干预防骗劝阻】 2022年，银川市公安局金凤区分局强化反诈中心建设，累计网上网下劝阻42万余人次，电信诈骗发案数同比下降41%，抓获人数、挽损数同比各上升39.2%。分局干预专班与社区网格警形成两级反诈干预、强化劝阻的梯次工作新模式，对电信诈骗高风险受骗群体进行闭环干预治理，落实“受骗线索快速落查”工作机制和网格警主体责任，及时干预劝阻，提高人民群众防骗意识，最大限度压降发案，筑牢反诈“防火墙”。工作专班对金凤区内可能或正在受到电信诈骗的风险群体，通过电话告知、短信提醒等方式，及时干预并有效防止受骗。对获取到的风险对象数据进行实时接收，开展无效数据清洗、低风险数据筛除，根据风险等级由高至低开展即时电话干预。对每日电话干预的受骗目标对象，开展实时上门强化劝阻工作，打消目标对象思想反复或心存侥幸的不良思想，监督卸载涉诈APP、告知停止浏览涉诈网站等风险活动，同时就地进行反诈宣传，指导安装国家反诈APP，引导家人对目标对象加强教育引导。通过各社区警、网格警实地工作，有效掌握一批本辖区内重点受骗对象群体并建档立册，建立长效关注机制、风险管控机制、定期回访督促机制，开展有目标、有侧重、有节奏的防诈干预与防骗宣传。

2022年6月30日，银川市公安局金凤区分局举办“喜迎二十大　忠诚保平安”百场万人向人民报告宣讲活动启动仪式

【我为群众破小案】 2022年，银川市公安局金凤区分局开展夏季治安打击整治“百日行动”“我为群众破小案”等专项行动，成立专班全力攻坚。紧抓“一体化”实战化警务运行机制建设和社会治安防控体系建设，围绕工作职能、数据研判、运行机制“三个融合”，推行“三位一体”作战，梳理分析每日、每周、每月警情和案件，形成针对性指导意见，提高打防针对性和实效性。坚持“破现案、压发案、清积案”工作思路，坚持一手抓打击、一手抓整治，取得打击“快速、精准、成体系”和防范“阻源、断链、强震慑”的良好成效。2022年，金凤区刑事案件发案同比下降48.8%，刑事案件破案率同比上升4%，刑事盗窃案件发案同比下降57.9%，抓获盗窃犯罪嫌疑人数同比上升52.7%，收到群众赠送锦旗15面。

【刑事案件查处】 2022年，银川市公安局金凤区分局共立刑事案件1960起，破案871起，破案率为44.4%，较上年同期少立1867起，下降48.8%，破案率上升4个百分点。破隐积协外案件23起，破案绝对数为894起，较上年同期少破701起，下降43.9%。共立八大类刑事案件34起，破34起，破案率为100%，较上年同期少立12起，下降26.1%，破案率持平。

【缉毒执法】 2022年，银川市公安局金凤区分局共查获吸毒人员12人，完成率为120%。采取定期暗访、重点抽查、阶段性检查和每月、每季度网上巡查、实地查看等方式，从严落实对辖区易制毒化学品入网单位、麻醉药品和精神药品生产及使用单位严格监管，严格审批办理购买证、运输备案证明；检查易制毒化学品企事业单位，监督检查率为262%；下发整改通知书2次，办理易制毒化学品行政案件3起，辖区入网企业管理严谨有序，未发生流失脱管情况。

【银川首个智慧禁毒工作中心】 2022年，银川市公安局金凤区分局专设400多平方米用于智慧禁毒中心建设，整合社区警务、禁毒预防教育、社区戒毒康复等业务资源。通过完善监测模块，并与现有公安业务数据、社会数据打通，开发建成VR全景毒情监测系统，将金凤区1600余名在册吸毒人员服务管理信息录入系统，实现了辖区内吸毒人员、重点场所等涉毒要素的动态管控和实时监测。运用3D虚拟现实、人工智能、体感式VR互动等形式，打造集多元化教育体验动态模拟展示、信息化全媒体禁毒立体宣教于一体的毒品预防教育体验区，通过毒品知识展示、中国毒情简介、禁毒知识问答、禁毒图书角、毒品仿真样品陈列、禁毒成果展示等形式，提供参与式、互动式、情景式现场体验教育，使禁毒预防教育更加真实、更加入心。

【毒品预防宣传】 2022 年，银川市公安局金凤区分局组织开展“禁毒一堂课”进校园系列活动 32 次、禁毒普法专题讲座 5 场次。开展毒品预防教育师资骨干评选活动，征集优秀课程 11 件。利用金凤区禁毒“抖音”“快手”平台常态化开展禁毒、反诈及正能量宣传活动，发布通俗易懂的禁毒宣传短视频 291 部，收获粉丝 39 万余人，点赞 82.7 万余次，在国家级媒体刊发稿 145 篇，在自治区和银川市媒体刊发稿件 439 篇。

【戒毒康复管控】 2022 年，金凤区社区戒毒执行率、社区康复执行率均保持 100%，辖区高风险涉毒人员管控率达 100%，社区戒毒康复执行巩固率达 92%，吸毒人员三年戒断巩固率达 90.38%，社会面无脱管失控吸毒人员，未发生吸毒人员肇事肇祸案（事）件。全面落实“逢嫌必检”，最大限度梳理排查隐性吸毒人员、涉毒人员关系人等涉毒高危人群，对以货运车、客运车、公交车、出租车和校车驾驶人员为重点的危险岗位驾驶员开展吸毒核查筛查专项整治工作，共检测 2230 人次，未发现吸毒人员。

【平安文化建设】 2022 年，银川市公安局金凤区分局在凤凰公园打造推出“平安文化”品牌，以平安大道为中轴，贯穿长治久安、法安天下、弘扬正义、德润人心、平安互动“五大区域”和民族团结、英模人物、党史学习、廉洁教育“四大长廊”，全程贯穿“人人创安、人人平安”理念。传播以小治安汇聚大平安，推动优秀乡规民约、家风家训制度化创新，积极探索新时代平安文化建设新路径，着力打造具有时代特征、公安特色、金凤特点的“平安文化”宣传培育品牌。创新打造平安文化宣传员，联合街道、社区、居委会、保安公司等共同成立一支“平安文化”群防群治队伍，将国家安全宣传、反诈宣传、禁毒宣传、普法宣传等融入平安文化宣传活动中，构建平安文化建设人人有责、平安文化成果人人共享的良好局面。各警务室积极联合街道办、居委会、社区等部门，创新培育平安类社会组织，打造了“金盾余晖”“满城卫士”等一大批具有金凤区特色的群防群治队伍。深入推进“零发案小区”“无诈社区”“平安市场”等平安细胞创建。深化公安政务服务、“我为群众办实事”，推动“一网办”“一窗办”“全时办”成为常态。深化“爱民拥警”主题实践活动，广泛开展“千警进万家”“警民恳谈会”“向人民汇报”等开门纳谏活动，听民声、解民忧，切实做好亲民、守民、便民、惠民“四篇文章”。深化公安“放管服”改革，探索政务审批材料时限压减新政策，规范户政管理，让群众办事快、满意度高。精心培育“石榴籽警务室”，持续推动“塞上枫桥”警务品牌建设。

【“网格＋警格”】 2022 年，银川市公安局金凤区分局积极开展矛盾纠纷在“网格＋警格”中调解，社区民警和网格员协同开展人口管理、安全防范、信息采集、矛盾化解、服务群众等工作，有效解决基础信息摸不上来、群众工作不深入的难题。治安难题在“网格＋警格”中破解，大力开展防盗、防骗等活动，实现线上视频巡查、线下巡逻防控有机结合，实现人防、物防、技防立体防控体系。针对派出所警力不足、警情多样化的问题，坚持以网格为前沿阵地，加大网格员入网力量倾斜，定人定岗定责，有效解决警情处置不及时的问题。法治建设在“网格＋警格”中提升，联合开展平安、法治、禁毒、反诈等系列宣传教育工作。加深居民群众对平安创建、扫黑除恶斗争、网格化服务管理、法治信访、社区矫正、禁毒和反诈的了解，提升群众防范意识，争取群众信赖支持。服务群众在“网格＋警格”中精细，通过入户走访、见面交流、主动服务，了解群众需求、解决群众困难、征求群众建议，变“坐班式”服务为“上门式”服务，由 8 小时服务转变为延时服务。居民可在社区微信群内直接提出问题和困难，民警、网格员第一时间在群内解答。

【夏季治安打击整治“百日行动”】 2022 年，银川市公安局金凤区分局将夏季治安打击整治“百日行动”

与“我为群众破小案”专项行动同步推进。强化合成作战，树牢“大案”“小案”一起破理念，不再区分刑事、行政案件，针对辖区所有盗窃及“两抢”案件，做到侦查全覆盖。辖区“八类”主要刑事案件同比下降26.1%，破案率达到100%。抓获电信诈骗及关联犯罪嫌疑人284人，捣毁GOIP、跑分、引流电诈窝点14处。共排摸辖区近5年涉诈骗类案件8276起，梳理警情30万条。依托“千警进万家”“塞上枫桥”警务品牌创建，利用140余支群防群治队伍，点对点发布风险提示和预警信息，组织主题宣传活动620余场次，发放宣传资料10万余份；依托“平安金凤”微信公众号、微博等新媒体平台发布宣传作品320篇；开展保健品行业清理整治专项行动2次，排查场所488家次，及时向主管部门发送公安提示函6份。

【涉企矛盾纠纷排查化解】 2022年，银川市公安局金凤区分局坚持源头治理，针对春节期间劳资纠纷问题开展专项排查，第一时间掌握倾向性、苗头性问题，确保矛盾纠纷发现在萌芽、控制在基层。定期深入企业，指导加强“人防、物防、技防”建设和疫情防控工作，发现问题隐患第一时间整改，防止发生安全事故。每月定期组织开展“律师大讲堂”，邀请当月排查到的矛盾纠纷当事人，由律师深度解读矛盾纠纷涉及的法律法规。按照“培训跟着需求走”的原则，派出所定期为辖区企业保安开展涉企法律法规、警械使用、抓捕控制技巧、突发事件处置、涉企矛盾纠纷研判等培训38次。各派出所将辖区重点企业所在区域列入每日治安巡逻重点，做到企业周边案件警情和纠纷隐患早发现、早控制、早解决。对已化解的矛盾纠纷，通过电话、短信和上门走访等形式进行回访，核实民警在调处纠纷过程中是否规范调解，当事人双方是否满意调解结果。组织社区民警开展经常性、针对性的普法活动。通过与企业负责人和员工交心谈心，了解思想动态，教育引导员工通过合法渠道反映自身的利益诉求，从源头上最大限度地减少矛盾纠纷的发生。

【警务室建设】 2022年，银川市公安局金凤区分局新建2个警务巡逻站。在连湖花园十二区建设进一步缩短服务群众距离、守护平安、化解矛盾和集办案、接处警、户籍办理、日常办公于一体的连湖综合警务工作站，推行“巡处一体”执法执勤模式，辐射高桥、五里台、七子连湖、金域蓝湾4个社区。第八大街警务工作站辐射自治区党委、人大和行政中心等重要党政机关，金凤万达、第八大街、悦海新天地等繁华商圈，以及29个居民小区。建立实行“1+N”联勤机制，即由警务站警力和网格员、物业工作人员、保安、志愿者队伍等群防群治力量组成的联勤警务工作模式，履行警情处置、要素管控、矛盾化解、服务群众、窗口宣传等职能，把工作做到群众家门口、心窝里。

【治安案件查处】 2022年，银川市公安局金凤区分局发现受理行政案件8146起，较上年少744起，下降8.3%；结案5531起9072人，结案率67.9%，结案较上年多186起，结案率上升7.9个百分点。其中：侵犯人身权利、财产权利4515起7518人；扰乱公共秩序229起376人；妨害公共安全22起27人；妨碍社会管理秩序496起841人；违反消防法245起273人，处罚单位33家；违反人民警察警用标志、制式服装等管理规定1起1人；违反禁毒法及易制毒化学品麻醉药品精神药品管理规定2起，处罚单位3家；违反出境入境管理法2起2人；违反网络安全法4起2人，处罚单位1家；其他15起32人。

【酒驾专项治理】 2022年，金凤区交警一大队认真分析研判辖区酒驾、醉驾和事故多发的时间、区域等规律特点，有针对性地部署开展专项整治行动。科学布点、滚动检查，在节假日、重大会议安保等特殊时间节点上，有针对性地加大对万达、大阅城等市区商业圈以及党委、人大、阅海宾馆等政治中心周边道路的酒驾查处力度，全年共组织开展各类集中整治行动78次，出动警力652人次，查处酒驾176起，醉驾96起，并同步带动查处了其他交通违法行为500余起，共发生因酒驾、醉驾引发的道路交通事故18起，同比下降14%；发生死亡事故10起，死亡10人，与2021年同期相比死亡事故起数上升42%，死亡人数上升3人；未发生一起因酒驾、醉驾引发的恶性交通事故，也未引发任何因酒驾、醉驾引起的负面舆情影响，有效打击震慑了酒驾、醉驾等严重交通违法行为。

【交通秩序整治】 2022年，金凤区交警一大队累计查处各类违法行为100142起，其中违停48052起，同比上升0.8%；行人及非机动车违法22125起，同比上升3.4%；机动车超员150起，同比上升172.7%；酒驾180起，同比下降68.5%。金凤区交警二大队严查酒驾、超员等各类交通违法行为9314起，其中饮酒及醉酒驾驶机动车47起，农村地区"两违"重点交通违法行为243起。

【交通隐患治理】 2022年，金凤区交警一大队全面开展事故安全隐患排查治理工作，分析车辆类型及事故多发时间段、路口、路段等事故发生规律，多次组织各中队深入辖区路段实地勘查，同时联合辖区安监、交通住建部门共排查事故多发隐患点9处，整改8处，需完善的标志、标线13处，已整改12处，优化交通信号灯3处。全年大队共接处警23000起，办理简易程序事故7986起，事故四项指标稳中有降。金凤区交警二大队主动出击摸排辖区道路隐患漏点、盲点，共摸排上报农村道路安全隐患19处、城市道路安全隐患8处，均已办结。办理银川市安全工作领导小组办公室暗访专项行动问题清单12处，取缔路段临时停车泊位2处，报请分局设施科优化路口信号灯配时1处，施画道路标线3处，渠化路口交通组织2处，缓解停车乱象对接街道社区施划停车区域1处。全年共走访八类重点车160次，下发隐患整改通知书16次，组织企业集中约谈1次，办理报废8辆，暂扣报废校车1辆，督促各企业驾驶员审验、消除交通违法300余次。

交警排查丰登镇道路隐患

【车驾管服务】 2022年，金凤区交警二大队组织开展"微笑服务"、业务技能大比拼、APP应用学习等活动，持续优化"一窗通办""绿色办理"服务模式。业务大厅全年共计办理车驾管业务4556笔，接待办事群众4.5万余人次，重点企业备案36家，企业人车比录入106家。全力推进电子服务平台建设，拓展交通管理互联网办理业务，业务大厅率先安装"警医通"自助体检机，为办事群众提供"一站式"服务，方便群众更换驾驶证件，积极回应群众热点问题和合理诉求，网上与电话答疑解惑3600条次。同时，采取主动上门的方式，前往企业、社区、校园，为群众办理电动车登记上牌，全年共安装电动车号牌3300余辆，累计帮助群众招领失物15次。

【交通安保任务】 2022年，金凤区交警一大队圆满完成各类交通安保任务459批次，其中等级任务9批95次（不包含两会），非等级任务450批1270次，共计投入警力5240人次。

【"两站两员"建设】 2022年，金凤区交警一大队联合辖区润丰村党支部，通过"警、联、宣"，全面抓好农村道路交通事故预防、秩序整治、隐患排查、警示宣传等工作，提升乡村道路交通秩序管理水平，切实提高农村广大交通参与者的交通安全出行意识，有效预防交通事故和降低交通事故的发生率，做到"隐患不出村、违法不上路"。全年共完成农村交通安全文明劝导登记11000余人次，辖区未发生一起涉及乡村道路的死亡交通事故。

【静态交通管控】 2022年，金凤区交警一大队辖区有经营性停车泊位619[illegible]个、蓝色免费停车泊位5379个。其中新增经营性停车场14处、泊位1525个，摸排上报辖区可施划蓝色免费泊位路段4处，上报停管所已完成施划[illegible]处，共155个；辖区备案经营性停车场210处，停车场智慧系统注册总量为191

处，已上线182处，上线率95%，新增上线量15处。驾驶员可通过百度、银川APP，实时查询周边停车场剩余停车泊位、停车费用等信息，扩大静态交通管理平台覆盖面，实现停车诱导，提升停车效率。金凤区交警二大队共开具违法停车告知单36383起，清拖违停车辆9117辆，对8处新增经营性停车场实行登记备案，新增停车泊位1833个，协调3处闲置空地申办停车场，共增设659个停车泊位以缓解周边停车的压力，进一步解决了辖区内停车难题。处罚不佩戴安全头盔526起、非机动车各类交通违法行为6026起、机动车不礼让行人617起。全年共查处城市道路各类交通违法行为30599起，查处农村道路各类交通违法行为778起。

【交通安全宣传】 2022年，金凤区交警一大队深入辖区社区、农村、学校、企事业单位、危化车企业、外卖快递公司，以悬挂横幅、发放宣传资料、播放警示视频、交通安全知识讲座等方式开展交通安全宣传。共走进企业宣传交通法规41次，农村宣传29次，学校宣传25次，社区宣传21次，发放各类交通宣传资料15000余份，发布微博2100余条。撰写新闻稿件200余篇，其中被中央媒体采用30余篇，同时还以创建全国文明城市工作为依托，深入开展“一盔一带”安全守护行动，强化摩托车、电动自行车骑乘人员佩戴头盔意识，引导教育非机动车骑乘人员佩戴安全头盔21000人次。

2022年8月12日，金凤交警走进校园举办交通安全讲座

【队伍建设】 2022年，金凤区交警一大队积极开展“改进作风提升质效”专项行动，共召开动员部署会3次、推进部署会5次，组织开展专题读书班29期、“严细深实勤俭廉＋快”专题研讨交流16期、应知应会测试2次、各类专题业务培训班13期次、晨练21次。

【勤务机制改革】 2022年，金凤区交警二大队将辖区划分为10个警区、23个网格，覆盖辖区内30个社区（村），67名警力下沉到路面警区和网格区，占大队总人数的82.7%，实现警力下沉最大化。

【执法规范化建设】 2022年，金凤区交警二大队通过对投诉内容梳理、组织座谈会、观看执法录像、现场旁听庭审等方式，加强对全体民警的执法规范化培训，建立健全法治周例会制度，累计召开31次，进一步提升民警执法办案的能力和水平。针对复杂疑难案件，召开事故分析会，群策群力开展案情研讨形成意见，最大程度避免案件办理过程中出现执法不规范、程序不合法、不会做群众工作等问题。大队道路交通事故复核案件共32起，事故复核维持原认定21起，撤销原认定11起，事故复核维持原认定起数及撤销原认定起数分别占总复核事故起数的65.6%、34.4%。

【党的建设】 2022年，金凤区交警二大队积极开展专项读书班、组织研讨交流、党员讲党课及主题党日等形式，将政治理论学习落实做细，全年共举办读书班40期，开展主题党日活动12期，累计组织35人次民辅警研讨交流。利用红色资源开展主题教育，组织45人次民（辅）警前往永宁廉政教育基地、贺兰雷锋纪念馆、红色主题纪念园参观学习。围绕“严细深实勤俭廉＋快”转作风八个强化标准，定期开展摸排工作。共梳理出14项问题，制定整改措施14条，班子成员共梳理出20项问题，制定整改措施20条，立查立改并长期坚持，未发生人员违法违纪问题。

（张婷婷　何帅霏　吴兆财）

检 察

【概况】 2022 年,金凤区人民检察院全力维护社会稳定,严厉打击各类刑事犯罪,常态化开展扫黑除恶斗争,创新信访案件“一函一书”领导包案机制,牵头制定《关于建立完善国家司法救助与社会救助工作衔接机制的意见》。主动参与市域综合治理,充分发挥认罪认罚从宽制度化解矛盾的优势, 适用认罪认罚从宽制度办理案件。坚持“以案释法”,开展电信反诈、“12·4”国家宪法宣传日等主题活动。依托 12309 检察服务中心,办理各类涉民营企业案件,帮助涉案民营企业梳理《合同管理办法》《采购管理制度》等内部规章制度。

【打击整治养老诈骗】 2022 年,金凤区人民检察院加大惩治电信网络诈骗等新型网络犯罪打击力度,组织召开联席会议 20 次, 依法起诉 15 件 32 人,提前介入 26 件,提出补侦意见 150 条。成立打击整治养老诈骗专项行动领导小组,对 2017 年以来办理的集资诈骗等 334 件刑事案件开展“回头看”,进行线索摸排, 办理涉养老诈骗刑事案件 4 件 9 人。印发《关于加强涉养老诈骗案件财产刑执行工作协作配合的实施意见》,开展涉养老诈骗案件财产刑执行专项监督活动,制发检察建议 3 件。办理的秦某某等 5 人集资诈骗案被自治区打击整治养老诈骗专项办评为典型案例。

【市域治理】 2022 年,金凤区人民检察院制发社会治理类检察建议 44 件。在办理督促履行建设项目施工降水监管职责一案中,督促市政、水务等行政机关建立长效监管机制, 向银川市人大常委会提出立法建议并被采纳, 制发的检察建议入选全国检察机关优秀公益诉讼检察建议文书。依法严厉打击假冒伪劣产品,与市场监督管理、邮政等部门开展执法检查 8 次,有力推进行业治理,堵塞管理漏洞。严格落实“谁执法谁普法”责任制,制作法治微视频 9 部,发布宣传原创稿件 348 条,开通“正义金凤普法微课堂”直播平台,点击率高达 47 万余人次。

【维护社会稳定】 2022 年,金凤区人民检察院突出惩治危害人民群众生命财产安全犯罪, 跟踪调查处置 5 起重大安全责任事故,办理“盗抢骗”“侵犯公民人身权利”等多发性犯罪 114 人,交通肇事、危险驾驶、放火等危害公共安全犯罪 256 人。成立知识产权专业化办案团队, 依法起诉涉嫌销售假冒注册商标等犯罪 2 人。常态化开展扫黑除恶斗争,移送涉黑恶线索 6 条,重点对自然资源领域、工程建设领域制发检察建议 5 件,确保人民群众安居乐业。

【刑事检察】 2022 年,金凤区人民检察院受理审查逮捕 150 件 203 人,审查起诉 553 件 724 人。实现辖区侦查监督与协作配合办公室全覆盖, 监督公安机关立、撤案 127 件。制发纠正违法通知书 7 件,纠正漏捕、漏诉 19 人,对确有错误的刑事裁判提出抗诉 5 件,上级法院改判或发回重审 2 件。利用“两法衔接”平台,监督行政机关移送涉刑案件 8 件 14 人。开展财产刑执行、社区矫正、交付执行监督专项检察,核查矫正人员档案信息 319 人次,制发检察建议 17 件,纠正违法通知书 13 件。

【民事检察】 2022 年,金凤区人民检察院办理民事生效裁判监督案件 12 件,提请抗诉、制发再审检察建议 3 件。查阅民事审判及执行案卷 1116 册,制发检察建议 81 件。对农民工、贫困群众等弱势群体依法支持起诉 21 件, 成立农民工讨薪专项领导小组,为农民工追讨劳动报酬、社会保险待遇 28.25 万元。与公安、法院建立线索移送、联合查办机制,加强对民间借贷、房屋买卖等重点领域监督,办理虚假诉讼案件 4 件 4 人。

【行政检察】 2022 年,金凤区人民检察院对行政审判中遗漏诉请、追加被告程序不规范等问题,制发检察建议 11 件。开展“护航民生民利”监督专项活动,针对行政机关申请法院强制执行过程中存在的问题,制发检察建议 24 件,促进行政机关依法行政。打造“府检联动驿站”品牌，化解劳动人事、住房保障、征用赔偿等领域行政争议10件，推动行政争议诉源治理。

【公益诉讼】 2022年，金凤区人民检察院围绕黄河流域生态保护和高质量发展先行区示范市建设，公益诉讼立案117件，深化“河湖长+检察长+警长”机制，督促行政机关及时清理垃圾400吨，复垦土地174亩，清理水域面积1266亩，治理扬尘污染土地270亩，河湖检察长巡河24次，累计巡河80公里。发出诉前检察建议45件，常规化开展公益诉讼“回头看”。部署开展道路安全无障碍环境建设、燃气安全检查等专项活动，督促相关单位规范设置残疾人专用停车位14处，修复维护市政设施、交通指示标志80处，安装燃气报警装置1337个，切实保障人民群众生命财产安全。在全区率先部署印花税国有财产领域专项行动，督促74家单位缴纳印花税。

【未检工作】 2022年，金凤区人民检察院提前介入性侵未成年人刑事案件15件，受理撤销监护人资格案件5件，对未成年人马某某等10人追索抚养费支持起诉。依托未成年人“一站式”取证、救助中心，开展未成年人救助、观护帮教等242人次。制发督促监护令127份，有效监督“甩手家长”依法带娃。开展入职查询1276人次，强制报告案件倒查30件，开展法治宣传进校园59场次，为未成年人健康成长保驾护航。

2022年5月27日，金凤区检察院在良田一小开展法治进校园活动

【反腐倡廉】 2022年，金凤区人民检察院与金凤区纪委监委联合制定《办理职务犯罪案件衔接办法（试行）》，提前介入3件3人，受理监委移送审查起诉职务犯罪2件2人。履行法律赋予检察机关的14个罪名侦查权，办理全市首例司法工作人员职务犯罪案件。

【矛盾纠纷化解】 2022年，金凤区人民检察院扎实开展矛盾排查、化解工作，开展上门听证、简易听证18次，让矛盾化解在基层、问题解决在当地。紧盯重大活动、关键节点，连续5年未发生一起涉检进京访越级访。创新信访案件“一函一书”领导包案机制，被最高人民检察院通报表扬，全区检察机关推广学习。

【司法救助】 2022年，金凤区人民检察院制定《关于建立完善国家司法救助与社会救助工作衔接机制的意见》，为推进多元救助提供制度支撑，办理司法救助案件23件29人，发放司法救助金45.96万元。办理的李某某司法救助案被自治区人民检察院评为优秀案例。

2022年5月27日，金凤区检察院工作人员回访司法救助对象

【法律保障】 2022年，金凤区人民检察院为企业提供常态化的精准司法服务和法律保障，依托12309检察服务中心，办理各类涉民营企业案件123件，帮助涉案民营企业梳理16项内部规章制度，提出完善建议3项。

【化解社会矛盾纠纷】 2022年，金凤区人民检察院创新信访案件“一函一书”领导包案机制，办理群众来信来访190件，领导包案化解17件，该工作机制在全国检察机关控申业务分析会上被点名表扬、予以肯定。牵头制定《关于建立完善国家司法救助与社会救助工作衔接机制的意见》，办理司法救助18件23人，发放救助金37.83万元。

【队伍建设】 2022年，金凤区人民检察院持续深化党建工作，积极创建五星级党支部和"三同心"党支部品牌，开展专题党课6次、专题交流研讨24次。成立金凤检察志愿服务队，投身文明城市建设，凸显党员先锋模范作用。持续深化政法队伍教育整顿成果，专题研究党风廉政建设工作3次，下发作风建设督查通报12期。扎实开展违规收送红包礼金和不当收益及违规借转贷或高额放贷专项整治活动，健全完善7个廉政风险防控机制。狠抓"三个规定"落实，做到逢问必录，全年记录52条。选树优秀共产党员等先进模范28名，开展"导师制"传帮带活动，通过网络培训、集中教学、现场观摩等方式提升队伍综合素能。

【检务公开】 2022年，金凤区人民检察院聘请34名分属不同行业领域、具有一定代表性和社会公信力的人员担任听证员，组建听证员库。特邀11名行政机关专业人员兼任检察官助理，为检察工作提供"外脑"智慧。常态化邀请人大代表、政协委员、人民监督员参加检察开放日、检察听证等检察活动30次，让人民群众深度参与、监督检察工作。探索建立"5+1"信息公开审核机制，确保法律文书公开"零事故"，公开案件信息786条、法律文书320份，发布重要案件信息6条，以公开促公正赢公信。

【获得荣誉】 2022年，金凤区人民检察院荣获国家级荣誉1人次、区市级集体荣誉4个、个人荣誉12人次，连续17年获评自治区级文明单位。入选自治区、银川市检察系统典型案例27篇，调研文章刊发19篇，成功结项理论课题3项。办理的李某某等人生产、销售假药刑事附带民事公益诉讼案件作为宁夏唯一好案件入选最高人民检察院公益诉讼全面实施五周年"五好"宣传素材。在办理督促规范建设项目施工降水监管职责一案中，及时向银川市人大常委会提出立法建议被采纳。制发的检察建议入选全国检察机关优秀公益诉讼检察建议文书。创新信访案件"一函一书"领导包案机制，被最高人民检察院通报表扬。开通养老反诈直通入选全国"两个一百"全国优秀检察新媒体先进典型。

（罗 艺）

法 院

【概况】 2022年，金凤区人民法院共受理各类案件34372件，同比上升17.88%；审执结29225件，同比上升27.59%；结案率85.03%，同比上升6.47个百分点，呈现受案数、结案数、结案率"三升"态势。收结案体量位列宁夏法院第二，法官人均收结案数分别达到625件和531件，分别是宁夏法官平均数的2.72倍和2.31倍，连续7年位居宁夏法院之首。

【政治建设】 2022年，金凤区人民法院深入开展"两个确立"主题教育、党的二十大和习近平总书记视察宁夏重要讲话指示批示精神"大学习、大讨论、大宣传、大实践"活动，持续掀起党的二十大精神学习热潮，全面贯彻区市和金凤区党代会精神，召开党组会、党组理论学习中心组学习会34次，组织参与政治建设专题轮训班9批92人次，深刻领悟"两个确立"的决定性意义，增强"四个意识"、坚定"四个自

2022年6月6日，金凤区人民法院党组书记、院长黑晓虎深入金凤区紫园社区作专题党课宣讲

信”、做到“两个维护”。认真落实《中国共产党政法工作条例》《中国共产党重大事项请示报告条例》，先后26次向区委、上级法院党组请示报告重大工作、重大案件、重大事项，所有“三重一大”事项均由党组集体研究决定。严格落实意识形态工作责任制，全面贯彻“三同步”理念，未产生影响法院工作大局的舆情。

【维护稳定】 2022年，金凤区人民法院扎实开展矛盾纠纷排查化解，制定“一案一事一策”稳控方案，妥善化解各类信访案件79件，确保审判安全、机关安全、舆情安全。坚持善意文明执行理念，调解处理民事纠纷5030件，最大限度减少社会不安定因素，努力营造暖人心、聚民心、强信心的良好氛围。

【优化营商环境】 2022年，金凤区人民法院践行“法治是最好的营商环境”理念，以强化“执行合同”和“保护中小投资者”为重点，共审结涉企案件10945件，受理涉企执行案件2650件，执结2043件，实际执行到位金额3.38亿元。强化涉企纠纷多元调处，建立金凤区工商联、银行业协会、保险行业协会诉调对接工作机制，调处纠纷1396件，调解成功319件。深入企业开展调研、座谈、讲座等11场次，充分听取企业代表优化法治化营商环境的意见建议。院（庭）长组成专班，全力参与营商环境测评。

【惩治刑事犯罪】 2022年，金凤区人民法院受理刑事案件515件590人，同比下降7.54%；审结468件533人，同比上升0.65%；结案率90.87%，同比提高7.39个百分点。坚持标准不降、专班不撤、力度不减，常态化开展扫黑除恶斗争。全力推进打击整治养老诈骗专项行动，依法审结涉养老诈骗案件3件8人，追赃挽损596.20万元。依法严惩抢劫、强奸、故意伤害等严重影响群众安全感的犯罪108件125人，筑牢公众安全防线。依法审结危险驾驶、交通肇事犯罪案件230件，维护群众出行安全。继续推进反诈人民战争，依法审结电信网络诈骗犯罪案件12件27人，涉案金额2400余万元。坚持宽严相济刑事政策，对被告人具有法定、酌定从宽情节或认罪认罚的依法从宽处罚，判处3年以下有期徒刑、拘役451人，其中宣告缓刑236人。

【审理民事纠纷】 2022年，金凤区人民法院受理民事案件21741件，审结18392件，同比分别上升18.92%和33.99%；结案率84.59%，同比提高9.51个百分点。审结建设工程、商品房买卖、房屋租赁等涉房地产合同案件3050件，促进房地产市场健康发展。审结金融借款、民间借贷等案件3691件，着力防范化解金融风险。审结交通事故、医疗事故等侵权责任案件687件，依法保障受损方合法权益。审结家事案件1046件，维护家庭和睦社会和谐。审结涉农案件31件，促进乡村文明邻里和谐。审结劳动争议、劳务合同等案件1630件，为劳动者追回劳动报酬2532万元，促进和谐稳定用工关系。办理司法确认案件475件，赋予诉前调解协议强制执行力，减轻双方当事人诉累。

【执行工作】 2022年，金凤区人民法院受理执行案件12000件，执结10257件，同比分别上升17.31%和18.77%；结案率85.47%，同比提高1.04个百分点；实际执行到位金额29.40亿元，同比上升36.50%。执行“3+1”核心指标走在全区前列。坚决打击规避抗拒执行行为，纳入失信被执行人名单6160人，限制高消费8005人，拘传拘留478人次，移送涉嫌拒不执行判决、裁定罪2案2人。开展常态化集中执行活动15次，执结涉民生、涉金融等案件105件，执行到位金额1072.32万元。支持行政机关依法履职，审查行政非诉执行案件61件，促成主动履行12

2022年3月18日，金凤区人民法院召开执行挑战誓师大会

件，准予执行 36 件，执结非诉执行案件 50 件，执行到位金额 4177 万元。开展“春耕行动”等执行直播活动 2 场次，编发案例信息 35 篇，努力营造支持法院执行的良好氛围。

【案件调解】 2022 年，金凤区人民法院坚持把非诉讼纠纷解决机制挺在前面，新建涉金融案件调解组织、高校法律援助调解组织，诉讼服务中心集成物业、家事、工会等 12 个专业调解室，注册调解组织 25 个，注册调解员 237 名，同比增加 50%。1—11 月，诉前委派案件 14809 件，调解成功 8367 件，诉前调解成功案件数稳居宁夏法院前列。

【诉讼服务】 2022 年，金凤区人民法院构建“1+2”诉讼服务格局，在集中立案的基础上，增设西湖法庭和良田法庭两个立案服务点，开展“家门口式”的诉讼立案服务，法庭立案 2247 件，切实将方便送到群众身边。依托人民法院在线服务平台，深化“互联网 + 诉讼服务”，网上立案 8087 件，居宁夏法院前列。推进司法援助常态化，免费为群众提供法律咨询和援助 8000 余次，为确有困难的当事人减缓免诉讼费 12.3 万元，为符合条件的困难当事人发放司法救助金 18 万元。

【法治宣传】 2022 年，金凤区人民法院深入开展法官进校园、进企业、进乡村等“八五”普法活动，开展法律宣传 95 场次。举办法院开放日活动 3 次，组织庭审观摩 11 次。推行线上线下全方位普法宣传，上网法律文书 2080 份，直播庭审 2178 场，编发以案释法信息 476 条，拍摄微电影 1 部、短视频 14 条。微信公众号阅读总次数超过 20 万次，澎湃问政阅读量超过 400 万次，新浪微博点击量超过 50 万次，新华网、人民网、《法治日报》、《人民法院报》等国家级媒体报道 12 次，《宁夏日报》《宁夏法治报》等区内媒体报道 293 次。

【审执机制】 2022 年，金凤区人民法院巩固繁简分流改革成果，以调整民事法官资源为抓手，以壮大速裁团队为关键，以 20%的法官办理 50%的简易案件，以专业团队办理疑难复杂案件，简易程序适用率 73.46%，调撤率 50.05%，服判息诉率 89.78%，有效推进民事审判新升级。率先向宁夏法院执行工作先进单位隆德法院发起覆盖全流程、全环节、全业务的挑战活动，以最彻底的繁简分流工作，持续深化执行团队改革，创立“执行指挥中心 + 速执团队 + 普执团队”新型工作机制，实现了事务性工作集中办理、小标的案件“简案快执”、大标的案件“繁案精执”，推动执行工作高质量发展。

【智慧法院】 2022 年，金凤区人民法院全面推广“云端”庭审新模式，线上开庭 2178 次，为办案增加“云速度”。组建诉讼事务管理中心，建立以电子送达为主，邮寄送达、直接送达为辅的集约送达体系，电子送达 30902 次，助力审判执行提速增效。引入卷宗流转管理系统，诉讼执行“一码到底”，卷宗流转全程可控。配备语音录入专用设备，助力法官撰写裁判文书。升级“易判智慧执行”系统，实现财产全天查控，个案查控耗时由 20 分钟缩短至 3 分钟。强化法庭智能安全管理，率先在宁夏法院为派出法庭安装“一键式视频联动报警系统”。

2022 年 3 月 3 日，金凤区人民法院组织召开“无书记员”庭审培训会，开启了金凤法院“无书记员”庭审新模式

【基层基础】 2022 年，金凤区人民法院准确把握案件增长态势，推进西湖法庭法官倍增计划，受理案件 1498 件，结案 1253 件，同比分别提高 98.15%和 137.76%，为辖区 20 万群众和两大商圈提供便捷司法服务。启用良田法庭，与镇政府、派出所、“八村一社区”及律师事务所签订协议，主动融入共建共治共享的治理体系，提高乡村善治水平。良田法庭助推良

田镇社会治理与移风易俗改革，被《人民日报》客户端等媒体报道。两个法庭充分利用贴近基层、贴近群众、贴近实际的优势，开创网格化微信群精准普法，覆盖辖区群众10余万人。

【规范管理】 2022年，金凤区人民法院坚持抓党建带队建促审判，规范开展“三会一课”、主题党日、评星定级等组织活动，激发党员干警干事创业激情。充分发挥院（庭）长带头示范作用，院（庭）长收结案分别达13418件和11828件，占全院收结案的39.04%和40.47%。健全法官、助理、书记员权力与责任清单，召开审判委员会会议22次、专业法官会议97次，推行类案检索制度，持续开展重点案件评查工作，着力统一裁判尺度，案件质量明显提升。

【作风建设】 2022年，金凤区人民法院扎实开展改进作风提升质效和司法作风突出问题、“两个违规”等专项整治活动，组织开展警示教育讲座、观看警示教育片等活动3场。常态化清除顽瘴痼疾，共核查问题线索14条，全部查否；自查干警问题5个，给予党纪政务处分2人，诫勉1人，提醒谈话2人，批评教育1人。强化党风廉政建设主体责任和监督责任，严格落实“三个规定”填报、个人事项报告、任职回避等制度，发布纪检监察通报11期，干警作风持续向好。

【干部培养】 2022年，金凤区人民法院完善干部培养机制，推荐选拔任用院庭领导13人次，遴选法官8人，任用执行员4人。强化干警业务培训，参加国家法官学院、政法院校、上级法院培训17批58人次，组织新进干警和司法辅助人员岗位技能培训5批246人次。深化院校合作，与宁夏大学法学院共建宁夏法院首家“研究生联合培养示范基地”和“基层治理研究基地”，与北方民族大学共建“铸牢中华民族共同体意识研究基地”。提升干警研学能力，执行专题调研报告被自治区高级人民法院领导批转全区法院学习，8篇调研成果在《宁夏法学》《宁夏审判》《银川审判》等刊物发表，干警能力不断增强。

【接受监督】 2022年，金凤区人民法院自觉接受金凤区人大及其常委会监督，坚决落实金凤区五届人大一次会议决议，向人大常委会专题报告速裁审判工作。全力支持各级人大开展专题调研3次，接待人大代表32人次，邀请代表旁听庭审、见证执行45人次。及时办理各级人大督办、转办事项5件，均于期限内办结回复。主动接受政协民主监督，配合各级政协委员调研观摩法院、旁听庭审等6批25人次。全力支持纪检监察外部监督，派驻纪检监察组办结举报线索18条。依法接受检察机关法律监督，邀请检察长列席本院审委会14次。广泛接受社会监督，办理群众问政35件。

【获得荣誉】 2022年，金凤区人民法院政治部获评全国法院“人民法院政治工作先进集体”，良田人民法庭入选全国法院新时代人民法庭建设典型案例，民事审判第一庭被评为全区法院先进集体，1名干警被评为自治区三八红旗手，6名干警被评为全区、全市法院优秀法官、办案标兵、先进个人，4名干警荣立三等功。

（张　津）

司法行政

【概况】 2022年，金凤区司法局全面落实管党治党责任，及时组织党组书记与各科室负责人、各所所长签订党风廉政建设责任书20份。截至2022年10月28日，无一例脱管漏管。安置帮教人员，按照“五个及时”做好个人档案及后续帮教管理工作。持续推进“一站式”矛盾纠纷多元调解中心平台建设，对各类矛盾纠纷进行排查和调解。

【党建品牌建设】 2022年，金凤区司法局党支部创新打造“党建引领、司法为民”党建品牌，通过“示范引领＋标准化建设”“公正司法＋热情服务”“传统媒体＋创新载体”，结合各项业务工作，不断扩大司法党建影响力。创建标准化司法所4个，成功将丰登镇西新村打造成为全国民主法治示范村，推出具体便民举措 8 个。创建“让党中央放心、让人民群众满意”模范机关，以“党建红”引领“司法蓝”，把党的基层战斗堡垒、党员先锋模范作用渗透到司法为民工作中，落实到各项法律服务中。依托党员“双报到”机制及银川市志愿者服务网上平台，全体党员干部积极参与社区治理、文明城市创建等志愿服务活动，17 名值班律师、36 名司法行政志愿者共开展各类志愿服务活动 120 余次。

【金凤区委全面依法治区委员会第四次会议】 2022 年 6 月 14 日，召开金凤区委全面依法治区委员会第四次会议，传达学习中央全面依法治国委员会第五次会议、自治区党委全面依法治区委员会第六次会议、银川市委全面依法治市委员会第五次会议精神，听取金凤区 2021 年法治政府建设情况汇报，研究审议《金凤区委全面依法治区委员会 2021 年工作总结报告》《金凤区委全面依法治区委员会办公室及各协调小组 2021 年工作总结报告》《金凤区委全面依法治区委员会 2022 年工作要点》《金凤区关于中央依法治国办实地督察反馈意见整改情况的报告》。

【行政执法】 2022 年，金凤区司法局全面落实行政执法人员持证上岗和资格管理制度，组织参加行政执法证件考试 221 人，通过考试 125 人，通过率达 56.6%，做到应考尽考。大力开展执法监督，对 28 家执法单位开展行政执法工作进行专项督导检查，通过材料查证、座谈交流、案卷评查以及随机抽考的方式开展全面督查。采取自评与抽查复评相结合的形式，对金凤区各执法单位已办结的 625 件行政处罚案卷进行了全面评查，形成评查报告，通报评查情况，督促对照整改。组织 28 个行政执法单位业务骨干开展了行政执法“三项制度”及行政处罚法专题业务培训，将《中华人民共和国行政处罚法》与行政执法“三项制度”紧密结合，从行政执法“三项制度”的详细解读及“三项制度”在行政处罚法的主要体现等方面对行政处罚法具体条文进行解读，着力提升依法行政的能力和水平。

【“八五”普法】 2022 年，金凤区司法局印发《金凤区 2022 年普法依法治理工作要点》，以“法律八进”为载体，加大对领导干部、青少年、农民等重要群体的法治宣传教育力度。围绕习近平法治思想、《中华人民共和国宪法》、《中华人民共和国民法典》及党内法规等开展领导干部培训活动 30 余次，组织“3·15”消费者权益日、“4·15”全民国家安全教育日、民法典宣传月、“6·26”国际禁毒日、“12·4”国家宪法日宣传等各类主题法治宣传活动 500 余场次。组织开展第九批“全国民主法治示范村（社区）”创建工作，丰登镇西新村入选司法部、民政部第九批“全国民主法治示范村（社区）”名单。

【“法律明白人”培养工程】 2022 年，金凤区司法局制定印发《金凤区“法律明白人”培育工程实施方案》，围绕遴选、培育、使用、管理四个方面深入开展基层依法治理工作，重点从村（社区）“两委”干部、中共党员、人民调解员、法律顾问、网格员、村民小组长、退休干部、退役军人等人员中推荐选拔“法律明白人”，充分发挥“法律明白人”在基层普法宣传、法律服务、纠纷化解工作中的重要作用。共培育“法律明白人”712 名、“法律明白人”骨干 95 人，参与法治宣传 44 次，引导法律服务 200 余人次。

【普法责任制】 2022 年，金凤区审议通过《中共银川市金凤区委全面依法治区委员会守法普法协调小组工作规则》《中共银川市金凤区委全面依法治区委员会守法普法协调小组成员单位工作职责》《中共银川市金凤区委全面依法治区委员会守法普法协调小组成员单位联络员工作制度》。组织修订 2022 年度普法责任制“四个清单”，细化明确金凤区各单位普法职责，加强普法成员单位联动，构建多部门联动普法、齐抓共管的法治宣传网络。组织开展 2022 年国家机关“谁执法谁普法”履职报告评议活动，通过自查自评、社会评议、实地考察、现场评议等方式，对教育局、卫生健康局、农业农村和水务局、住房城乡建设和交通局、综合执法局、自然资源局、应急管理局和良田镇落实“谁执法谁普法”普法责任制情况进行综合考评。

【规范性文件清理】 2022年，金凤区公布《金凤区行政规范性文件制定主体及审核主体清单》，将党的十八大以来金凤区政府、各部门、派出机关和法定授权组织制定的行政规范性文件，以及其他政策性文件涉及此次清理重点和标准的，全部纳入清理范围。印发《金凤区关于集中清理行政规范性文件的通知》，经清理，继续有效的行政规范性文件有60件，宣布废止的行政规范性文件有34件，需要修改的行政规范性文件6件，并发布《银川市金凤区人民政府关于公布2020年行政规范性文件清理结果的决定》。

【行政复议体制改革】 2022年1月6日，金凤区下发《金凤区行政复议体制改革实施方案》，金凤区司法局依据方案重新组建金凤区人民政府行政复议与行政应诉办公室，负责金凤区行政复议和应诉工作。先后选派两名具有国家司法考试A证的专业人员负责办公室复议工作，并招聘公岗人员，组成行政复议工作团队，负责行政复议案件的咨询、登记、审查、裁判、统计、档案管理等日常工作；在金凤区法律援助中心一楼大厅设立接待处、听证室、调解室、审理室、阅卷室、资料室、档案室等办公场所；申请启用金凤区人民政府行政复议专用印章和金凤区人民政府行政诉讼专用印章；在法律援助中心大厅设置行政复议接待窗口负责咨询接待、法律宣传、案件登记、材料接收等工作；组织召开金凤区行政复议委员会会议，对行政复议委员会委员进行及时调整；进行行政复议的制度化建设，起草并申请启用《金凤区行政复议工作制度》《金凤区行政复议工作人员守则》《金凤区行政复议工作流程》等制度。

【行政复议案件审理制度】 2022年7月1日，金凤区人民政府行政复议委员会审议通过《金凤区人民政府行政复议委员会案件审理程序规定》。重新调整行政复议案审委会名单，将行政复议问题较为突出的单位和重点执法单位列为成员单位。为开创疑难复杂行政复议案件审理模式，将由原来的领导直接层层签字审核转变成部分重大、复杂、疑难案件集体讨论前置的方式，保障行政复议案件的公平公正。

【矛盾纠纷排查】 2022年，金凤区各人民调解委员会累计排查各类矛盾纠纷4640次，发现纠纷821起，调解成功818起，调解成功率99%以上，以上案件无涉及重点领域、重点人员等。

【人民调解案卷评查】 2022年，金凤区司法局首次采用引入第三方案卷评审法律服务，组织开展人民调解案卷集中评审。接受委托的宁夏诚托律师事务所根据要求第一时间组建金凤区人民调解案件评查专家库，成员由人民调解员、律师、人民陪审员、法律服务工作者、公检法及司法行政系统退休人员构成，每次案卷评查前对可能影响公正评查的“五类人员”进行回避，专家库成员经过案卷制作相关培训和学习，验收合格后方可参与评查。严格按照《宁夏回族自治区人民调解员以案定补管理办法》和《银川市人民调解案件卷宗制作标准》进行评审、回访，确保评判标准统一，案卷客观事实清楚，要素齐全，确保评查审定工作公平、公正。按照每季度案卷数量，从专家库随机抽取人员构成案卷评审小组，对司法局移交的人民调解案件集中评查，针对异议案卷通过回访、集中讨论、座谈等方式确定案件评查结果，并向金凤区司法局提出相关建议意见。案卷评查中，严把卷宗制作关卡，对不符合要求的案卷限期整改重报，倒逼案卷制作细致规范。严格按照标准要求，制作调解卷宗，放置证据材料，开展回访工作，做到案卷内容环环相扣、案件本身事结案了、案件后期跟踪回访。建立层层参与、齐抓共管的案件质量评查模式，由司法所对案件初审后统一报司法局人民参与和促进法室办公室逐件登记核实后移交至第三方法律服务，第三方法律服务评查后出具评查报告，对评查过程中的问题进行反馈，并对案卷中的一般性问题给予指导修正，将不符合要求的卷宗一律退回，且不列入申报范围。根据第三方评查报告，司法局人民参与和促进法室办公室开展案卷质量抽查，重点关注案卷评查中发现的较多且较为突出的问题，实行“一件一改一销号”的管理方法，实时掌握问题整改情况，销号不到位的不予纳入申报范围，确保问题整改见效。

【法律顾问】　2022年,金凤区公共法律服务中心积极开展“一村(居)一法律顾问”工作。整合现有资源利用好公共法律服务工作站(室)平台,创新村居法律顾问工作模式,工作内容不拘泥于解答法律问题及普法宣传内容,在村(居)委会承担普法宣传员、矛盾纠纷调解员、法律援助咨询员、基层干部学法指导员等职责。签约17家律师事务所,由28名专职律师为辖区居民提供法律服务,真正做到村(居)法律顾问全覆盖。持续履行好法律顾问职责,聚焦群众最为关注的法律问题,紧紧围绕法律咨询、法律援助、人民调解等一系列法律问题进行普法宣传,切实为群众提供高质量的法律服务,进一步提高公共法律服务在群众中的普及率和认可度,提升村(居)法律顾问知晓率,引导群众通过合法手段解决矛盾纠纷,提高群众对“一村(居)一法律顾问”工作的满意度,推进法治金凤、平安金凤建设,切实维护社会和谐稳定。

【法律服务】　2022年,金凤区司法局将已建成的公共法律服务中心工作站(室)及智慧法律服务平台设备纳入监督检查范围,保证智慧公共法律服务体系建设好、利用好、监督好。通过组织培训、扩大宣传,进一步提高智能终端知晓率,全面提升金凤区公共法律服务质量。6月底,通过实地走访、考评打分的方式对辖区公共法律服务工作站(室)进行检查。检查小组针对检查结果强调以智慧法律服务为导向,多角度、全方位、有新意地为辖区居民提供法律服务,将智慧公共法律服务作为强力引擎打造金凤区公共法律服务新态势。不断探索新方法、新思路,积极把这项普惠民生的实事做好,完善各项考评制度,多方协调,因地制宜建立起工作运行长效机制。

【社区矫正】　截至2022年12月31日,金凤区社区矫正管理局在册社区矫正对象263人(其中缓刑257人,假释1人,暂予监外执行5人),无脱管漏管情况发生。先后签约银川市心理卫生协会、银川市大远律师事务所,将心理疏导、分类教育、心理测评、法治教育委托给专业化机构,全方位提升社区矫正教育质量。与宁夏睿心管理咨询有限公司签订教育帮扶项目服务合同,由专业队伍负责策划、组织开展不同主题的公益活动,已开展法律培训4场、大型法制教育公益活动1次、趣味运动会1次。强化心理服务,由派驻警官组成心理健康辅导小组,主要负责入矫解矫心理测评、未成年矫正对象心理辅导及咨询等工作,共开展入矫解矫心理测评150余人次、未成年心理咨询11人次。疫情防控期间,联合睿心公司对280余名社区矫正对象开展线上心理辅导6场次。

【安置帮教】　截至2022年12月31日,金凤区司法局在册安置帮教人员354人,安置率99%,帮教率99%。将业务工作同常态化扫黑除恶斗争紧密结合,对刑满释放人员开展常态化、滚动式排查,每季度通过入户走访、电话询问等方式逐一进行走访摸排,详细了解刑满释放人员家庭情况、就业情况等重要信息,做好个人信息登记。对在册刑满释放人员有无特殊职业技能的情况进行全面摸底了解,争取人力资源和社会保障部门的积极配合,紧扣就业防脱管这一工作主线,积极为刑满释放人员自食其力创造条件。

【“智慧矫正”中心建设】　2022年,金凤区司法局基本完成场地基础建设,在局机关五楼完成社区矫正教育培训中心、指挥中心、心理咨询室、心理宣泄室建设,局机关一楼建设完善智慧矫正中心功能室,包括报到室、信息采集室、宣告室、训诫室、警务联络室、驻检室、档案室、工作人员办公室、社会联络室等,并按照要求逐步按照标准及需求配备执法装备,健全工作机制,加强工作人员信息化培训,全面推广社区矫正信息管理平台网上办公、定位跟踪、档案管理、查询统计、远程教育和考核运用,不断完善电子档案录入,确保“智慧矫正”中心各项功能得到有效运用。

（马　阳）

军　事

金凤区人民武装部

【概况】 2022年，金凤区人民武装部（以下简称“金凤区人武部”）党委持续深化党史学习教育成果，抓实“忠诚维护核心、矢志奋斗强军”主题教育成效，跟进学习贯彻党的二十大精神，铸魂育人的思想根基不断牢固。着眼战训耦合，聚集制衡强敌，推进练兵备战走深走实；围绕主责主业抓创新、求突破、解难题，推动国防动员工作提档增效；坚持按纲抓建、精准帮建、强能自建，基层建设蓬勃发展。组织镇（街道）武装部长、教导员现场述职，联合区委、区政府表彰先进基层分队、优秀专武干部和优秀民兵，落实新任职基层武装部长集训、任职谈话，责任担当更加明确。

【党委班子建设】 2022年，金凤区人武部党委严肃组织党委纪委换届，选举产生人武部第五届党委、纪委班子，召开党史学习教育专题民主生活会，结合“讲政治、明大义、守底线”“深化基层风气整肃治理”“功勋荣誉表彰清理纠治”等专项活动开展组织生活会，进行批评与自我批评，定期组织观看党内重要法规系列讲座和《铁纪强军》警示教育片，持续加强廉洁征兵、“微腐败”监管，党员纪律意识不断强化。严格落实党委、纪委书记讲党课和党风廉政建设形势分析等制度，抓实基层风气监察联系点工作，落实“四严四整”教育整训活动，深化基层风气整肃治理成效，风气建设不断巩固发展。

【重要会议】 2022年1月29日，金凤区人武部召开党委扩大会议暨党管武装工作述职会议，传达学习宁夏军区、银川警备区党委全体（扩大）会议精神，全面分析总结2021年度国防动员和后备力量建设形势，研究制定推进2022年度工作措施，各镇（街道）党（工）委书记作党管武装工作述职，通报表彰3个先进民兵单位，良田镇党委书记、武装部教导员李波被评为党管武装好书记，26人被评为优秀民兵。金凤区人武部党委第一书记赵会勇到会并讲话，金凤区人武部党委班子成员、各镇（街道）党（工）委书记、武装部长和专干、区国动委各专业办公室负责人共约40人参加会议。

【党委理论学习教育】 2022年，金凤区人武部党委聚焦党的二十大胜利召开，以深入学习宣传贯彻习近平新时代中国特色社会主义思想和习近平强军思想为中心，持续深化党史学习教育成果。严格落实党委理论学习中心组学习制度，制订年度学习计划，及时跟进学习习近平主席最新讲话指示精神，不断提高理论素养，夯实听党指挥思想根基。以迎接建党101周年为契机，在民兵队伍中广泛开展铸牢中华民族共同体意识专题教育。积极参加警备区大讲堂交流，先后有4名同志走上“警备区大讲堂”，分享身边故事，交流成长感悟。

【党的二十大精神学习宣传】 2022年10月16日，金凤区人武部在组织收看习近平总书记代表十九届中央委员会所作的报告后，立即组织展开“深学二十大、奋进新征程”活动，党委班子全体成员结合“四个不能辜负”，以普通党员身份带头谈认识、讲体会、亮思想，分享交流心得，有效带动全体人员的学习热情。10月17日，金凤区人武部上校政委借助办公楼电子屏，向干部职工解读党的二十大报告，引导大家精准把握党的二十大报告要点，深入领会内涵，迅速掀起学习党的二十大精神热潮。为进一步增强学习宣传实效，政工科整理印制相关学习材料，制作多媒体宣传课件，利用营区电子屏、灯箱、展板等把最新的权威热点解读及时呈现到大家面前，并购置下发党的二十大学习系列读本，营造浓厚学习氛围，不断推进学习活动走深走实。

【纪律教育】 2022年，金凤区人武部以警示教育促进作风建设，持续深入开展纪律教育，认真传达军委纪委违规违纪通报，集中收看党内重要法规系列讲座和《做“四有”新时代革命军人》专题教育片，持续筑牢清廉自律、拒腐防变的思想根基。以各项整训活动促进政治建设，结合“微信泄密专项整顿行动”“保密专项整治”“深化基层风气整肃治理”“深入推进打击整治枪爆违法犯罪专项行动”等专项整治行动，深入查纠问题，开展整治，促进单位政治建设，以良好的局面迎接军委“加强政治建设、严守政治纪律”专项巡视和军委国动部党委巡察。

【主题党日活动】 2022年3月11日，金凤区人武部组织开展以“维护安全稳定、拒绝酒驾醉驾”为主题的党日活动，传达学习文件精神，金凤区人武部上校政委拓守升进行“敲响纪律警钟、坚决杜绝酒驾”专题辅导授课，并组织观看警示教育片，引导人武部干部职工提高思想认识，增强法纪意识。7月14日，金凤区人武部结合庆祝中国共产党成立101周年，组织全体党员在人武部荣誉室开展以“珍重历史、珍惜荣誉”为主题的党日活动，全体党员在参观人武部荣誉室展览、集体重温入党誓词、向党旗宣誓，集体学习伟大建党精神、《中国共产党章程》、《中共中央关于党的百年奋斗重大成就和历史经验的决议》等内容，每名党员分别进行个人思想和工作情况汇报。10月16日，围绕“学习宣传二十大、奋进强军新征程”开展主题党日活动，组织全体党员联系自身实际，结合二十大报告和“四个不辜负”要求谈体会，进一步增强大家以誓言明心志，以行动践行使命，切实做好本职工作，为强军事业作出自己贡献的决心。

2022年7月19日，金凤区人民武装部开展文化惠民进军营慰问演出活动

【基层建设】 2022年，金凤区人武部紧盯“三个过硬”目标，制订年度挂钩帮建和抓建基层计划，党委委员包抓基层武装部和所属民兵应急排，结合专武干部例会，开展民兵整组、兵员征集、后装保障等培训，组织新任职基层武装部长集中培训和谈话，提升抓武带武能力水平，制定基层武装部建设量化评比挂牌实施办法，有效推进基层武装部正规化建设。

【民兵训练】 2022年6—8月，金凤区人武部分3批次组织完成民兵年度训练任务，完成基干民兵训练，综合评定合格民兵，各分队综合成绩评定全部合格。

【联演联训】 2022年1月4日，金凤区人武部组织参加宁夏军区开训动员并组织首长机关、民兵应急分队圆满完成冬季野营拉练；4月2日，组织值班分队黄河东路街道民兵应急排森林草原灭火演练；5月9日，参加自治区抗震救灾演练；7月，选派4名防化、通信、侦察专业民兵教练员参加银川警备区封闭式强化集训，在宁夏军区比武竞赛中取得两个第二名的成绩；7月28日，参加银川市抗震救灾演练。

【安全工作】 2022年，金凤区人武部紧盯安全工作17个关键要素，定期开展安全工作形势分析和安全隐患排查，落实安全教育、安全训练、政治考核、风险评估等制度和常态化疫情防控措施。开展“条令学习月”“军车交通安全月”和“百日安全”活动，以“微信泄密专项整顿行动”“保密专项整治”“深入推进打击整治枪爆违法犯罪专项行动”等专项清查整治活动为契机，及时组织学习失泄密案件通报，查找隐患漏洞，制订整改措施，筑牢安全发展基础。

【兵员征集】 2022年，金凤区人武部完成辖区征兵工作。抓住寒暑假有利时机，大力开展征兵宣传，采取线上和线下相结合的方式，在突破传统宣传形式基础上，通过辖区各大商圈公共电子屏、融媒体平台、手机等多渠道多手段全方位宣传征兵和服兵役相关政策法规，发动社区网格员采取一对一、面对面精准动员的方式，提升大学生报名的积极性。组织15名专武干部、40名医务人员、10名公安民警进行征兵体检、政治考核等业务培训。持续开展廉洁征兵教育，聘请廉洁征兵监督员40人（本级5人、乡村35人），签订廉洁征兵责任书。严把体检、政考、役前教育等关口，切实把身体素质好、思想过硬、政治历史清楚的合格兵员输送到部队。

【民兵整组】 2022年3—5月，金凤区人武部联合金凤区政府制定下发2022年民兵组织整顿实施方案，召开专题会议研究部署民兵整组工作。领导带头多方走访对接企业，深挖辖区编兵潜力，紧盯上级检查指出问题和党员、退役军人、专业对口等比率，高标准完成普通民兵编组和整组点验任务。

【后勤保障】 2022年，金凤区人武部组织开展财务工作全面梳理，迎接军区财务正规化检查，积极主动协调解决民兵伙食费跨年度结算和地方财政拨付迟缓问题。按计划推进资金集中收付改革工作，抓好军财工程2.0系统学习使用，规范新军费体系下预算、决算、会计、资金等方面运用。同时跟进抓好资产可视化管理工作，做好军队“资产信息系统”学习应用，完成资产打码贴签。完成营门人行道和车行道自动识别道闸改造，提升营门管控科学化、便利化水平。完成食品供应采购，完成营区物业化服务采购，实现营区物业管理社会化保障。

【国防教育】 2022年，金凤区人武部积极推进中小学国防教育示范学校创建，在帮扶共建学校开展“兵叔叔进课堂”等国防教育活动。更新改造金凤区实验小学国防教育基地，推进银川市二十一小学湖畔分校国防教育示范学校创建，联合金凤区委宣传部，新考察命名4处国防教育基地，并推荐参评银川市国防教育基地。

（张帆）

双拥共建

【拥政爱民】 2022 年，金凤区人武部巩固拓展丰登镇润丰村脱贫出列成果，与村“两委”班子成员深入沟通，从支部提星、助学提志、乡风提味、产业提效等 4 个方面推进丰登镇润丰村乡村振兴走深走实。金凤区退役军人事务局举办军事日、国防教育讲座、法律文化进军营等活动，进一步巩固军政、军民鱼水关系。

【拥军优属】 2022 年，金凤区四套班子主要领导在春节、八一建军节等重要节日，带队走访慰问驻地官兵，发放慰问物资 200 余万元。及时落实优待政策，审核发放义务兵优待金、各类优抚金等 4000 余万元；帮助协调解决现役军人家属随调 20 余人次，解决现役军人子女入学、入托 500 余人次。金凤区人武部发挥桥梁纽带作用，定期收集驻地部队需求信息，积极协调对接地方党委、政府，研究解决军人军属急盼解决问题，组织看望慰问一线执行任务官兵家属，向立功受奖军人家庭送去喜报、发放慰问金，解决军人子女入学入托问题。金凤区退役军人事务局深入开展“崇军行动”，招募签约崇军合作单位 998 家，努力形成社会化拥军的良好局面。

（张帆　马丽娟）

2022 年 7 月 19 日，金凤区退役军人事务局等单位联合举办“奋进新时代　喜迎二十大——金凤区文化惠民进军营活动”

综合经济管理

综　述

【概况】 2022年，金凤区实现地区生产总值341.7亿元，同比增长0.2%，经济体量保持全区前三，三次产业结构比为1.2∶20.2∶78.6。实现社会消费品零售总额165亿元，同比增长0.4%，增速居银川市第二，居沿黄市辖区第二，分别高于国家、自治区0.6、0.2个百分点。完成全社会固定资产投资151.7亿元，同比下降16%。实现规模以上工业增加值24.6亿元，同比下降2.1%，增速居银川市第四，居沿黄市辖区第五。完成地方一般公共预算收入8.86亿元，同比增长12.6%，居银川市第三，居沿黄市辖区第三，高于银川市4.4个百分点。城镇居民人均可支配收入49509元，同比增长4.9%，居银川市第二位，分别高于全国、全市1、0.2个百分点，体量保持全区第一。农村居民人均可支配收入17206元，同比增长6.6%，居银川市第三，居沿黄市辖区第四，高于全国、全市0.3、0.1个百分点。

【现代都市农业】 2022年，金凤区完成粮食种植4.3万亩、瓜菜种植3.5万亩，粮食安全政治责任、“菜篮子”保供属地责任有力夯实。良田镇农贸市场扩规投用，和顺新村成为银川市规模最大的西红柿田间交易中心，植物园村数字农旅小镇完成主题街区改造，利思·田园蜜语农业生态产业园升级完善，“润丰宿集”“良田味集”开门营业，润丰村入选全国乡村旅游重点村，金凤区成功创建自治区现代农业产业园。全年实现第一产业增加值3.97亿元，同比增长3.8%。

【新型工业】 2022年，金凤区成功申报工业示范项目8个，新增规模以上工业企业4家、“专精特新”企业8家，争取工业技改奖补资金671万元。占规模以上工业增加值43%、25.7%的通用设备制造业，电力、热力生产和供应业分别增长24.3%、4%，合计拉动规上工业增长9.2个百分点。小巨人数控机床、小牛光机电一体化设备、威力传动精密减速器等重点产业链逐步向智能制造、精密制造转型升级，有研发活动的工业企业占比59%，先进制造业对规模以上工业增长的贡献率达70%以上。全年实现第二产业增加值69.03亿元，同比下降1.1%。

【服务业】 2022年，金凤区实现服务业增加值268.7亿元，同比增长0.4%。“一核多极”现代服务业发展体系不断完善，“六大商圈”竞合发展，悠阅城加速建设，服务业对经济增长贡献率达到80%。引进首店33家，未来城、枫林湾小镇等特色街区点亮夜经济，正源街商圈获评自治区商贸服务业集聚区。阅海湾中央商务区“三园一区”建设加速推进，累计注册企业5224家，实现主营业务收入360亿元，跻身中国商务区综合实力20强。“东数西算”长三角飞地产业园在杭州市创新规划、落地投用，圆满完成首届“西部数谷”算力产业大会协办任务，签约落地数字经济项目5个15.3亿元，阅海湾中央商务区获评首批自治区数字经济示范园区。金融产业集聚发展，入驻企业562家，营业收入达140亿元，实现税收3.6亿元。休闲旅游产业加快发展，阅海湾休闲旅游度假区被拟评定为自治区级旅游度假区。

【有效投资】 2022年，金凤区扎实开展自治区“扩大有效投资攻坚年”、银川市项目突破年活动，坚持项目跟着规划走、要素跟着项目走，着力补齐发展短板。101个总投资861亿元基本建设项目全部实现开复工，形象进度投资完成率达79.46%。其中，列入自治区“六个一百”项目30个，完成投资19.09亿元，投资完成率达82%；建发悠阅城等3个市级重点项目完成投资11.17亿元，投资完成率达136%，投资体量领跑全区。建立投资日调度工作机制，优化重大项目投资时序对冲土地费缺口，有效稳住投资基本盘，完成房地产开发投资108.8亿元。加快绿地中心、CBD智慧金融中心建设进度，打通中石化大厦、庆华国际酒店第三方回租盘活路径，打造进驻率超85%楼宇4栋、专业特色楼2栋、“亿元楼”7栋，推动重点楼宇年度综合贡献稳步增长。卫生健康、基础教育等民生领域投资分别增长110.3%、50.1%，投资结构持续改善。

2022年7月30日，城南商贸聚集区悠阅城全面封顶

【项目建设】 2022年，金凤区共谋划本级及园区建设项目101个，总投资861亿元，年度计划投资211亿元。带动完成全口径投资151.7亿元，投资规模位列全区第一。争取保障性安居工程城镇老旧小区改造、黄河流域生态保护和高质量发展方向、污染治理和节能减碳专项等中央预算内投资计划、自治区统筹预算内投资计划及自治区服务业引导资金6583万元，同比大幅增长81%。围绕重点水流域环境、体育强国、生态环保金融支持项目等专项及政策，谋划元宝湖体育公园等20个总投资47.35亿元重点项目。初步谋划2023年基本建设项目102个，总投资692.25亿元，项目储备投资体量位居全市第一。

【社会信用体系建设】 2022年，金凤区积极开展政务严重违法失信行为专项治理行动。开展失信约束措施清理规范工作。提示监管部门重点监管、重点约谈、签订企业信用承诺书500余份，金凤区2家严重失信单位、10起严重失信案件已全部退出台账。持续推进行政许可和行政处罚双公示工作。及时在“信用银川”“信用宁夏”“中国·宁夏”等网站上公示“双公示”信息，为社会提供“一站式”查询服务，全年累计公示行政许可信60790条，公示行政处罚信息3820条。

【市场消费】 2022年，金凤区大力实施扩大内需战略，深入落实自治区促消费12件实事，打造消费新场景、扩大消费新供给、培育消费新热点，正源街核心商圈获批自治区现代商贸服务业集聚区，建发阅彩城荣获国家级夜间文化和旅游消费集聚区。在全区首创停车减免优惠，开展“金凤城市乐活会”主题促销活动30余场次，通过“政银企”联动，累计投入500万元发放消费券23万张，撬动消费4.8亿元，消费市场活力不断激发。打造丰昌路、满城金街等12条特色街区，引进博纳影城、吉幸咖啡等33家首店落地，评选“金凤区餐饮老字号”企业49家，城市烟火气不断提升。贯彻落实自治区搞活汽车流通、扩大汽车消费政策措施，创新开展“你买车、我加油”活动，落实汽车购置补贴，社会消费增速保持全市前列。

【粮食安全】 2022年，金凤区加强商超和供应网点粮油库存监测，保障疫情封闭期间粮油市场供应充足、价格稳定，未出现脱销断供等现象。加强粮食和物资储备行业安全生产和日常监督管理工作，定期组织开展粮油安全普查、安全生产专项检查、粮食流通统计检查、粮食应急供应网点复核检查、应急成品粮检查等，严格落实安全生产责任制，将责任落实到岗、到人，加强安全生产教育培训，切实防范和坚决遏制安全生产事故的发生，累计开展各类粮食专项监督检查15次，下发督办函4件。开展“粮食科技活动周”和“食品安全宣传周”宣传活动，精心组织开展“爱粮节粮”宣传活动2场次，发放宣传册及物品1000余件。持续巩固巡察整改成果，建立长效工作机制，确保粮食安全领域工作合法合规、高效运行，全面推进巡察整改常态化、长效化。

（刘　辉）

财　政

【概况】 2022年，金凤区一般公共预算收入完成88622万元，较上年增长6.35%，其中税收收入完成60510万元，占一般预算收入的68.28%，较上年减少6.66%；非税收入完成28112万元，占一般预算收入的31.72%，较上年增长52%。金凤区一般公共预算支出完成275917万元，较上年增长57.6%。

【国有资产监管】 2022年，金凤区117家行政事业单位及5家国有企业均已按照《2022年金凤区国有产权交易突出问题专项治理工作实施方案》相关要求进行三轮自查，同时根据《金凤区财政局关于开展金凤区行政事业性国有资产产权交易专项治理和地方财经秩序专项整治情况监督检查方案》，对金凤区行政事业单位和国有企业按不低于30%的比例开展现场抽查工作。经过自查自纠及财政监督检查，金凤区43家行政事业单位（含国控公司）共存在7大类295个问题，金凤区3家国有企业共存在4类283个问题，各行政事业单位、国有企业严格对照整改销号标准进行整改，截至12月末，已全部完成整改。

【国有企业监督管理】 2022年，金凤区盘活闲置资产和低效资源，拨付注册资金500万元，组织成立银川市金凤区空间资源城市运营管理有限公司。制定《银川市金凤区国企改革三年行动实施方案（2020—2022年）》，配套的各项制度正在修订完善。按期完成2022国有企业经济效益月报及2021年度国有企业财务会计决算上报及验审工作。按照职责分工完成2022年国有企业资产管理情况上报工作。

【金融管理】 2022年，金凤区制定《金凤区2022年非法集资专项整治工作方案》《金凤区养老领域非法集资专项整治工作方案》《金凤区财政局打击整治养老诈骗专项行动方案》，防止发生区域性、系统性金融风险。采用实地核查的方式组织与配合开展调查共计8次，发放防范养老领域非法集资风险宣传资料3500份。同时结合财政政策解读、“八五”普法、未成年人保护等工作，多次组织联合宣传，不断扩大宣传覆盖面，增强群众的防范意识。

【社会事业】 2022年，金凤区积极发展民生事业，加大社会保障投入。财政支教方面，安排教育方面资金61465万元，主要用于教师工资、“互联网＋教育”、薄弱环节改善等项目，有效推动义务教育均衡化和学前教育普惠化；民生保障方面，安排社会保障和就业项目资金31409万元，全面落实困难群体救助兜底政策和复退军人安置政策，积极助力就业创业工作；卫生健康事业发展方面，安排项目资金21639万元，持续加大卫生健康投入，保障城乡居民基本医疗保险、基本公共卫生服务等项目，不断提升医疗服务水平和质量。

【农村事业】 2022年，金凤区积极争取乡村振兴衔接资金5101.4万元，按照金凤区农办的资金分配方案及时将资金拨付到项目设施单位，督促部门推动项目建设，加快资金支付进度。推动自治区2021年巩固拓展脱贫攻坚成果同乡村振兴有效衔接考核反馈问题整改；配合农业农村和水务局做好2021年农机购置补贴资金、2022年大中型水库移民补贴资金、2022年对种粮农民一次性补贴的审核、发放工作，共发放各类惠民补贴资金598.32万元。争取农村公益事业财政奖补项目资金1700万元，组织、指导两镇开展2021年农村综合改革资金绩效自评，做好 2022 年农村公益事业和整村推进项目的前期准备工作，下达 2022 年项目资金批复共 5 批。制定印发《2022 年金凤区农业保险实施方案》，组织相关部门开展 2021 年农业保险综合绩效自评，做好 2021 年农业保险相关报表的报送。

【债务化解】 2022 年，金凤区牵头制定印发《金凤区 2022 年政府债务化解方案》，加强对各化债主体责任单位的监督监管，紧盯重点单位、重点项目、重点环节，按月挂图作战，及时研究化债工作中的新情况、新问题，确保工作顺利开展。通过优化预算支出结构，全面压减一般性支出。全面清产核资依法处置国有经营性资产，持续盘活国有资产等方式，有序推进债务化解工作，争取年末全口径债务率由红色风险等级降至橙色风险等级。

【预算绩效管理】 2022 年，金凤区财政局印发《关于开展 2021 年度转移支付预算执行情况绩效自评和本级项目支出绩效评价工作的通知》《金凤区财政局关于组织开展项目支出绩效评价和部门整体支出绩效评价工作的通知》，监督指导辖区各部门、单位完成《部门整体支出绩效评价报告》《项目支出绩效评价报告》，着力完善“预算编制有目标、预算执行有监控、预算完成有评价、评价结果有反馈、反馈结果有应用”的预算绩效管理机制，提高财政资金使用质效。

【专项清理】 2022 年，金凤区财政局结合《宁夏回族自治区政府采购领域突出问题专项治理工作实施方案》，通过查看政府采购系统各单位合同备案、实地查验清理事项相关材料，要求各预算单位按照“边查边清”的原则进行自查，并对自查发现问题分类整改，根据各预算单位上报清理排查情况，对部分重点项目进行再核查，督促采购单位建立健全政府采购内控制度；同时，选取金凤区本级 10 家预算单位的 31 个采购项目开展透明度评估工作，并组织对金凤区 2 家代理机构 2021 年以来代理的采购项目开展监督检查评价，强化各预算单位采购主体责任，规范各代理机构政府采购执业行为，努力营造公平、公正、公开的营商环境。

2022 年 8 月 26 日，金凤区财政局召开专项整治专题会

【财政监督检查】 2022 年，金凤区财政局开展公检法、消防救援、应急管理等部门专项资金监督检查，两镇卫生院、国控公司 3 家单位非税收入监督检查。开展 8 家单位 2022 年度会计信息质量监督检查工作；开展金凤区 40 家行政事业单位国有产权交易和行政事业性国有资产财经秩序专项治理监督检查；开展 15 家行政事业单位惠民惠农“一卡通”财政补贴资金自查工作，配合市财政联合检查组开展惠民惠农“一卡通”财政补贴资金监督检查工作。

【PPP 项目】 2022 年，金凤区财政局积极对接上级财政部门，完成金凤区 2022—2023 年老旧小区综合整治改造 PPP 项目入库工作；全面梳理在库 PPP 项目绩效管理执行情况，并上报 PPP 项目绩效管理执行情况报告；开展 PPP 项目自查工作，督促项目实施单位及项目公司限期整改自查发现的问题。

【政府投资】 2022 年，金凤区围绕脱贫攻坚项目建设、老旧小区改造工程、中小学校舍改造工程、为民服务和发展等专项资金，严格审核程序控制，切实提高政府投资绩效。联合各相关参建单位及社会中介造价咨询机构审核完成政府投资项目 196 项，核减工程造价 3056.17 万元，平均核减率达 4.96%。

【招投标工作】 2022 年，金凤区牵头修订优化《金凤区政府投资项目建设管理细则（试行）》，同时接收限额以上必须公开招标的政府投资工程项目16个，总批复金额4.3亿元，按照相关工作流程已组织完成招标16个项目，成交金额3.46亿元，未出现质疑投诉情况。

【政府采购】 2022年，金凤区建立健全政府采购内控制度，依法合理编制政府采购预算，积极做好采购需求管理，完整编制政府采购文件，同时规范政府采购合同管理；简化供应商证明材料，规范保证金收取及退还，加大预付款支付比例，及时支付采购资金；完善投标供应商维权机制，切实保障市场主体参与政府采购活动的积极性，及时处理采购项目存在的质疑投诉，营造公平、公正、公开的政府采购营商环境；推动政府采购工作标准化、规范化、透明化，2022年金凤区政府采购共计审批各类采购项目527个（含网上直购、网上竞价采购项目484个），采购预算资金19346.82万元，实现采购合同金额18949.53万元，节约资金397.29万元，资金节约率为2.05%。

（殷萌萌）

税务

【概况】 2022年，金凤区税务局共开展党委第一议题学习30次、党委理论学习中心组学习13次、青年理论学习小组学习22次，研讨发言130余人次。严格按照“1+4+N”的要求开展主题党日和“三会一课”，设立“党员先锋岗”110个，成立青年突击队2个、志愿服务队2个、青年讲师团1个，形成支部党建特色品牌6个，开展党性教育、读书月、知识竞赛等系列活动17次，宣传报道及微视频被地方采用刊发9次。金凤区税务局党委被命名为2021年度三星级党委、“让党中央放心、让人民群众满意”模范机关称号，3个党支部被命名为三星级党支部。坚持突出政治监督、日常监督，认真履行“一岗双责”，落实“1+6”“1+7”制度要求，推进“三不”机制，召开联席会4次，开展明察暗访12次、廉政讲堂12次、警示教育12次、廉政提醒7次、谈心谈话210人次，召开退税减税工作督促推进会3次。以专报形式定期向金凤区委、区政府汇报党的建设、组织收入、退税减税等工作12次，口头汇报50余次，获表扬性批示9次。组织上报各类信息宣传230余篇，被《中国税务报》《人民日报》《宁夏日报》等各类媒体采用180余篇。

【减税降费】 2022年，金凤区税务局共组织召开11次专项工作推进会，定期定点完成退税减税，向银川市税务局减税办报送退税减税工作日报30篇、简报和案例46篇。一季度，共办理留抵退税16户，退库金额9873万元，较上年同期留抵退税增加3682万元。4—12月，共计退库123031万元，较上年同期留抵退税增加了90583万元。1—12月，累计有132905万元留抵退税款退至纳税人账户。全年新增减税降费42714万元。继续实施制造业中小微企业缓缴政策，累计缓缴税费2380万元。

【组织收入】 2022年，金凤区税务局共组织各项收入110.2亿元，同比增长29.4%。其中：税收收入41.6亿元，同比下降32.4%；社保费入库22.4亿元，同比增长39.1%；其他收入4.4亿元，同比增长29.1%；非税收入41.8亿元，同比增长913.9%。受2022年实施更大规模增值税留抵退税政策影响，共计退库13.3亿元。扣除留抵退税因素还原后，税收收入为54.9亿元，同比下降16.1%。其中中央级税收收入28.1亿元，同比下降18.6%；地方级税收收入26.8亿元，同比下降13.3%；自治区级收入9.7亿元，同比下降16.4%；市本级收入12亿元，同比下降16.3%；县（区）级收入5.1亿元，同比增长2.6%，还原留抵退税后完成县（区）级收入目标的100%。

【征管质效】 2022年，金凤区税务局打造个性化“智能管家”服务。将涉税事项“靶向式”推送给纳税人，发送申报提醒2319户次，发送缴税提醒4561户次；首创试行个体工商户“不见面”申报应纳税经营额业务，对个体工商户从信息补录到定额核定实现“一站式”办结，对1025户新登记的个体工商户采用视频方式定额。全面落实“三项制度”，推进执法信息网上录入、执法程序网上监督、执法结果网上查询，共公示各类数据信息9338条；推行非强制性执法，落实“首违不罚”6[illegible]9条。推行“非必要，不进厅”办税模式，网办业务当日办结率96.99%，5日办结率99.17%，总办结率100%，网上申报率99.2%，网办业务覆盖面达到88.24%，网上办理面达到69.24%。通过“集中预先辅导、随票全面覆盖、网格兜底保障”的组合式首票“精准服”系列措施，对451户重点企业、3631户非重点企业做好全流程服务。抽调业务骨干及时调整领导小组，加快清算进程，2022年底前已将2022年规定项目清理审核完毕。

【税收服务】 2022年，金凤区税务局班子成员带队成立7个工作组，共走访辖区内23户工商联代表企业、188户涉税服务中介、200余户留抵退税重点企业。主动邀请2名人大代表、38名纳税人代表参与“税费服务体验师”活动。建立线上马丽工作室和“e联通智慧中心”，运用多媒体、融媒体等技术进行互动直播、远程帮办、视频连线、语音连线，实现“非接触式”业务指导。帮办中心累计为纳税人提供咨询辅导2.7万人次，解答问题2.35万条，为纳税人平均节约办税时间1.2小时。借鉴“枫桥经验”，增加税费争议调解功能，推动建设公职律师涉税争议咨询调解中心，维护纳税人合法权益；借助跟班学习制度，加速推进银川市“一刻钟办税圈”落地，实现全市业务办理零阻碍；开辟税务行政处罚类业务专窗，打造税务“行政处罚告知”到“罚款缴纳”全流程一窗受理模式。对25054户纳税人进行了年度纳税信用等级评

2022年4月20日，金凤区税务局干部走进商圈送政策送服务

价，助力57户小微企业通过“[illegible]税贷”获得贷款共计2696.5万元。

【教育培训】 2022年，金凤区税务局组织集体政治理论学习30次，参学人数占比达95%以上；5名干部在全区税务系统练兵比武竞赛中取得了前5名，同时代表区局出战全国税务系统练兵比武活动。

2022年11月15日，金凤区税务局邀请党的二十大代表、银川市宣讲团成员、长城花园社区党委书记赵耐香宣讲党的二十大精神

（马冬平 王新华）

国有资产监管

【概况】 2022年，银川市金凤区国有资产投资控股有限公司（以下简称“金凤区国控公司”）董事会由5人组成。公司设5个部门，分别为党政综合办公室、财务风控部、工程部、投资发展部、资产管理运营部。有职工30名，其中政府任命2人，政策性安置非在编人员4人，公益性岗位1人，社聘人员23人。

【国有资产经营管理】 2022年，金凤区国控公司整合重启创投大厦和银丰五栋公寓项目，完成创投大厦项目竣工验收和消防验收，在产权交易所挂牌出租创投大厦12至16层461[illegible].1平方米，年租金74.58万元。与金凤区丰登镇及丰登镇新联村签订《关于丰登镇失地农民[illegible]平方米营业房和20平方米公寓认购资金退还的协议》，退还金凤区丰登镇新联

村认购金 894.735 万元。金凤区国控公司收取财政非税收入 2412.93 万元，其中处置收入 1909.55 万元，租赁收入 503.38 万元。

【安置区项目建设】 2022 年，金凤区国控公司负责实施的安置区项目为盈南四期（福盈瑞锦）。该项目概算投资 7.4 亿元，已完成总工程量的 80%。丰登三期一区、盈南三期一区、银丰三期二区、新联二期、泾龙安置区 A 区和 B 区、丰登安置区四期部分楼栋已完成竣工验收备案，其中丰登安置区四期正在进行审计结算。增减挂钩项目和 10 个棚改项目中，已有 3 个项目上报银川市财政局申请财务决算。

【教育项目建设】 2022 年，金凤区国控公司组织完成泾龙幼儿园、高桥家园第一幼儿园、金凤区第八幼儿园、金凤区第九幼儿园及金凤区第十五小学的消防验收和竣工验收备案。建成投用金凤区第二十四小学，交付使用金凤区第二十七小学 3 栋楼，解决招生学位 540 个，完成银川市第三十六中学、金凤区第三十小学整体工程量的 90%，完成金凤区第二十六小学整体工程量的 95%。银川市第四十一中学项目已开工建设。

金凤区第二十四小学

【安置区不动产登记】 2022 年，金凤区国控公司先后完成丰登 5 平方米营业房及 20 平方米公寓项目，丰登四期三、四标段，泾龙二标段，盈南三期一区 4 栋楼，银丰三期二区 6 栋楼，新联一期 17 栋楼，共计 6 个安置区的 3502 套 35.56 万平方米安置房的消防验收和竣工备案工作；完成银丰一期 4 栋楼、丰登三期一区、盈南三期一区 4 楼、银丰三期二区 6 栋楼、新联一期 17 栋楼、新联二期、植物园一标段、泾龙、良田小城镇、园子中心村，共计 10 个安置区的 10871 套 107.7541 万平方米安置房的不动产首次登记工作，惠及群众 4.4 万人。

【融资工作】 2022 年，金凤区国控公司累计争取各项资金 5.2055 亿元，其中争取丰登四期项目贷款及资本金 0.3360 亿元，元宝湖生态环境整治项目建设资金 0.3041 亿元，教育项目建设资金 1.4630 亿元，教育项目事权改革资金 1.9 亿元，幼儿园项目一般债券资金 0.5474 亿元，政府购买服务补贴资金 0.6550 亿元。

【元宝湖生态环境整治】 金凤区元宝湖生态环境整治项目位于金凤区丰登镇元宝湖北侧，银川市北绕城高速公路南侧，哈尔滨路与正源街交叉口西北侧空地内，总占地面积约 474.13 亩，批复总投资为 4206.37 万元。2022 年 2 月，该项目正式开工实施，采用“对垃圾堆填埋区进行开挖筛分，建筑垃圾破碎后回填覆土绿化，生活垃圾送焚烧厂和填埋场无害化处置”的施工工艺，6 月完成整治工作。8 月 16 日，顺利通过银川市生态环境、自然资源、农业和农村等部门的联合验收。

【子公司发展】 2022 年，金凤区国控公司下属凤洁园林绿化公司绿地养护服务面积 6800 亩。凤洁物业公司典农河项目、环卫项目、公园项目、物业项目总接管面积达 1684 万平方米。凤源人力资源公司与 40 多家行政（事业）单位签订劳务派遣协议，派遣各岗位工作人员 500 余人，并向 3 家民营企业输送用工。

（兰小虎）

国有资本运营

【概况】 宁夏海阅资本运营控股有限公司（以下简

称“海阅资本”)是由2009年成立的宁夏银川金凤投资发展有限公司更名而来,为国有独资公司,注册资本金为10.5亿元人民币。经营范围涵盖城市建设项目管理、房地产开发、经营租赁、融资租赁等。公司股权由银川市国资委全资代持,不设股东会,市国资委作为出资人行使股东权利。按照代管协议,公司在具体事项汇报时先向金凤区人民政府请示,经批示同意后再向市国资委请示。公司设立董事会和监事会,现有在册职工11人,全部为社聘人员,公司内设综合管理部、财务部、投融资部、内审监督风控部4个部门。

【国有资产经营管理】 2022年,海阅资本积极对接金凤区财政局,就金凤区中小微企业担保基金500万元长期闲置的情况提出合理化建议,用于解决2022年度债权融资计划利息的支出,既盘活了低效资金,又解决了海阅资本的付息压力。收回企业欠款本金316万元、利息1841万元,通过多种方式收回法院冻结资金743.8万元。按照金凤区政府统一安排,完成创投大厦消防验收工作,并委托子公司进行管理。

【融资及债务化解】 2022年,海阅资本对接华夏银行、中信银行等金融机构,探讨新增融资模式、增加授信、寻找合适融资用途等,但因2022年宏观融资环境收紧等,导致2022年无新增融资贷款。2022年,按期归还所有金融机构及资本市场本息4039.93万元,其中偿还本金1000万元,支付利息3039.93万元。积极对接宁夏银行,调整2022年至2024年各年度还本计划,还本金额由每年的2500万元调整至1000万元,确保2022年度债务化解任务提前完成,极大程度减轻了金凤区财政的还本付息压力。截至2022年底,海阅资本直接化解政府债务本金17164.82万元、利息2462.95万元,合计19627.77万元。

【国企三年改革行动方案有序推进】 2022年,为推进金凤区国有企业改革,海阅资本借鉴市级国企改革的成功案例,草拟《海阅资本组织架构和人员整合预案》,整合预案秉承“分类管理、专业运营”的理念,旨在做大做强母(集团)公司,做实做专子公司。该方案已经金凤区政府专题会议研究,待金凤区政府常务会议研究后实施。

(刘晓艳)

市场监督管理

【概况】 银川市市场监督管理局金凤区分局辖区营商环境不断优化,全区市场主体已累计达到82988户,其中企业34612户。辖区共有食品生产经营单位5243家,其中餐饮环节3056家、流通环节1644家、生产企业32家、小作坊195家,学校食堂16家、幼儿园食堂101家、小饭桌142家、单位食堂45家、工地食堂12家,建成食品安全实验室24个;药品、器械经营使用单位877家,其中药品和医疗器械批发企业135家,药品零售企业462家,医院、诊所、社区卫生服务站(中心)等使用单位280家;特种设备共18373台(套),其中电梯15014部,锅炉612台,起重机械925台,大型游乐设施35套,场(厂)内机动车辆287辆,压力容器1500台,压力管道95.44公里,另有1647家特种设备使用单位、53家特种设备生产单位、5家特种设备检验检测单位、清洁煤加工配送中心1家。

2022年3月15日,银川市市场监督管理局金凤区分局在新华百货CCpark举办“3·15”食品药品安全宣传活动

【市场监管执法】 2022年,银川市市场监督管理局金凤区分局共查办案件133件(含6件免于处罚),

应收罚没款 532.87 万元，同比增长 16.6%。

【“小个专”党建】 2022 年，银川市市场监督管理局金凤区分局成立银川市金凤区“小个专”综合党委，在各监管所设立“小个专”党建工作指导站 6 个，主动对接辖区街道办事处，开展“小个专”党员“双找”活动，全面摸排，实现“小个专”党组织信息清、党员数量清、组织关系清，进一步夯实“小个专”党建工作基础。目前，辖区有“小个专”党员 567 名，独立组建党支部 64 个，与社区联合成立非公企业党支部 13 个。金凤区“小个专”党委、上海西路“小个专”指导站与上海西路街道办事处联动，将辖区 705 家小微企业、1865 家个体工商户、15 家外卖及快递驿站，纳入党的组织覆盖和工作覆盖。宁夏观光夜市党支部积极探索，结合企业发展实际，着力打造“小个专”党建示范街(区)。宁夏观光夜市“小个专”党建示范阵地，可带动项目驻地党支部 5 个，引领带动党员 40 多人，其中个体工商户党组织 3 个，志愿者 30 人，以党建融合经营全力推进党建与市场监管业务全面融合，夯实“小个专”党建项目基础。综合党委努力积极与街道办事处党工委沟通，逐级请示金凤区委、银川市委组织部及非公有制经济组织和社会组织党工委，决定在“美团”“饿了么”两家外卖平台组建流动党员党支部，为两个“两新”党支部举办授牌仪式，两家外卖送餐平台流动党员党支部的组建实现银川市新业态新就业群体党组织从无到有、从零到一的新突破。

【食品安全治理】 2022 年，银川市市场监督管理局金凤区分局联合公安、农业水利、综合执法等多部门持续加强综合联动，对私屠滥宰、黑作坊、校园食品、农村食品、旅游景区等开展整治行动，查处食品违法案件 43 起，罚没款 51.19 万元，清理食品摊点 70 余个，取缔无证无照食品加工作坊 13 处、无证经营农药网点 1 家、餐厨垃圾桶出户 1361 起（暂扣 118 个），违法案件立案率、查办率和处罚信息公示率均达到 100%。32 家农资网点和 2 家饲料生产企业通过农产品质量安全检查，圆满完成春秋季储粮安全监管保障、自治区第十三次党代会等 14 项重大活动(会议)食品安全保障。农产品农药残留检测 3783 批次、农产品抽检 46 批次，辖区 24 个食品安全快检室(快检车)正常运行，全年未发生食品安全突发应急事件。249 家冷链经营单位登录注册“宁夏进口冷链食品追溯管理系统”，3056 户餐饮单位最大限度实现明厨亮灶，辖区校园食堂全部接入“智慧食安”系统，新发食用农产品合格证 6 家、蔬菜瓜果产品合格证 459 份，64 个农业投入品和农产品质量追溯网点数据交互流畅。4 家食品生产企业主要产品品种批次实现“一品一码”全覆盖，24 家食品生产企业、22 家食品流通企业、88 家线下餐饮供餐单位、1560 户线上餐饮单位主动购买“食安险”，网络供餐单位试点线上运行“透明厨房”并同步建设悦海新天地网络餐饮服务食品安全示范街，建成阅海万家社区、阅彩城观光夜市、银川九中等示范观摩点，阅彩城利用自建食品安全培训基地培训入驻商户负责人和食品安全管理员 61 人次。

2022 年 9 月 6 日，金凤区开展食品安全宣传进餐厅活动

【药品安全监管】 2022 年，金凤区辖区阳光药店纳入率达到 100%，建成率 87.5%。辖区零售药店基础数据应传尽传达到 100%，现有温湿度监测仪使用率 100%，智慧监管平台日常监管数据、抽样数据录入率 100%。按期完成全年药品医疗器械和化妆品抽样送验任务 45 批次，已出结果合格率 100%。扎实开展药品安全专项整治、药品经营和使用专项检查、农村药品安全专项整治、第二类精神药品专项、疫苗专项等检查工作，检查阅彩城化妆品经营商户

14 家，现场办案 3 起，在线下检查的同时，进一步强化网络监管工作，网上巡查 55 次，整改问题 12 项。2022 年，共办理涉药械化案件 19 起，结案 19 件，其中涉药案件 4 件、医疗器械案件 6 件、化妆品案件 9 件，罚没款 28.9 万元。开展医疗器械唯一标识全环节推进使用工作，组织辖区 50 名企业负责人进行集中线下培训，450 人参加了线上培训。在智慧监管系统中录入执业药师人脸识别信息 650 人，录入日常监管信息 1200 条，录入案件信息 19 项、信用监管信息 800 条，对 7 家经营单位网上存在未展示医疗器械经营备案凭证、未更新展示医疗器械注册证、未进行医疗器械网络销售备案等问题下达责令改正通知书，并给予警告和限期改正。

【安全示范城市创建】 2022 年，金凤区出台《金凤区创建国家食品安全示范城市实施方案》《金凤区创建“食品药品安全区”实施方案》，召开区委常委会、政府常务会议、政府专题会安排部署创建工作，调整由政府主要领导任组长、分管领导任副组长，各镇（街道）及 28 个部门主要负责人为成员的创建领导小组，连续两年将“两个创建”写入政府工作报告，将食品安全纳入政府绩效考核体系，增加本级食品安全工作经费 60 万元。各相关部门召开联席会议（风险协商会议）15 次，集中开展检查宣传 57 次，930 余家省级初评明察点位达标率 95%，4390 家暗访点位规范率达 64%，先后 7 次补正近 3 年创建工作资料近 300 项，顺利通过省级验收，择优选取各业态共 825 个明查点位报国家验收组备查，对所有明察暗访点位开展全覆盖整改规范，确保通过国家终评。统筹传统社会宣传、线上宣传和新媒体知识传播等手段，营造创建氛围，金凤电子快报“两个创建”知识问答和应知应会专题板块答题人数超过 2 万人次，建成 7 个示范社区，办结食品安全投诉举报 1362 件，群众满意度达 86%。

【信用监管】 2022 年，宁夏“双随机、一公开”综合业务平台启用。3 月 18 日，召开金凤区部门联合“双随机、一公开”工作安排及平台操作培训会议，对平台操作流程进行详细讲解。在原来 14 个成员单位的基础上进行优化调整，增加民政局、司法局、宗教局为成员单位，并于 5 月 27 日召开第一次联席会议，对部门联合“双随机、一公开”监管工作进行安排部署和督促促进。共完成 70 项抽查任务，抽查市场主体 1991 户，抽查结果公示 2824 条，涉及企业年报、传染病和常见病防治等 57 项抽查事项清单。健全完善行政处罚信息公示内部审核和管理制度。2022 年，已查办行政处罚案件均在信用信息公示系统公示。2022 年，共帮助 539 家列入异常名录、12 家被行政处罚企业进行信用修复。2022 年，将查办的 1 起使用不合格餐具案件列入严重违法失信名单。2022 年，应年报企业 29118 家，实际年报企业 27776 家，年报率为 95.39%，实现连续 3 年增长。将 2185 家未年报企业列入经营异常名录，归集到市场主体名下，通过国家企业信用信息公示系统向社会公示，作为企业信用风险分级管理的依据。开展长期未经营、未年报企业清理，清理“僵尸企业”1433 家。对 143 家未公示 2021 年企业年报的市场主体进行处罚，共罚没款 13.5 万元。

【工业产品质量安全监管】 2022 年，银川市市场监督管理局金凤区分局加强清洁煤配送中心日常巡查检查和煤质监管。抽检煤炭 11 批次，其中 7 批次合格、4 批次待检。开展成品油质量监督抽查，抽检汽柴油 22 批次，全部合格。加大烟花爆竹禁限放管控力度。在春节、元宵节等节日期间加大检查力度，共出动执法人员 34 人次，检查经营主体 21 家，将检查中发现的 4 起非法经营烟花爆竹的违法行为移交相

2022 年 11 月 16 日，银川市市场监督管理局金凤区分局在良田镇清洁煤加工中心开展执法检查

关部门进行调查处理。结合2022年重点工业产品质量安全排查治理专项行动工作部署，围绕农资、食品、电动自行车、燃气灶具、儿童学生用品等开展质量专项整治活动，共抽检各类产品257批次，比上年抽检增加118批次，增长率为84.9%。出具检验报告249批次，不合格26批次。对不合格产品生产流通企业依法予以行政处罚。对辖区经营婴幼儿及儿童服装的60余名主要负责人，开展婴幼儿及儿童服装质量安全知识培训班。

【计量认证监管】 2022年，银川市市场监督管理局金凤区分局对辖区16家早市、集贸市场的1483台秤进行免费强制检定，没收销毁不合格计量器具47台。开展过度包装、定量包装商品净含量计量监督专项抽查，抽查农产品、面粉等定量包装共16批次，3批次不合格，已责令整改。抽检过度包装3批次，全部合格。结合认证监管平台、“双随机、一公开”检查等方式，对辖区17家获证机构进行检查，涉及发证机构8家，检查自愿性认证证书17张。对辖区2家获得强制性产品认证证书的玻璃制品生产企业开展证后监督检查。对辖区3家粮食收购、销售企业及1家粮食储备单位的83台在用计量器具进行检查，建立涉粮企业在用计量器具台账。对辖区环境监测、卫生疾控、机动车审验等5家检验检测机构开展“双随机”检查，下发责令改正通知书2份。

【标准化监管】 2022年，银川市市场监督管理局金凤区分局协调发放金凤区第二批自治区级服务业标准化试点项目评估验收合格企业的项目建设资金50万元。自治区第三批服务业标准化试点建设项目建设时间为2021年10月至2023年9月，原则为两年。全区共20个，其中标准化试点16家，银川市6个，其中金凤区3个，占比50%。综合(区域)标准化试点项目4个，银川市3个，其中金凤区2个，占比66.7%。金凤区第三批试点建设项目共5个，占银川市9个项目的55.66%。按照《自治区市场监督管理厅、工业和信息化厅关于征集2022年度智能制造标准应用试点的通知》精神，帮扶企业修正申报材料，推荐上报金石机器人银川有限公司智能制造标准应用试点至国家市场监督管理总局。按照“双随机、一公开”的要求，开展企业标准自我声明公开事中事后监管。对辖区1家企业进行现场检查，引导市场主体遵循市场规律，制定、实施先进标准，实现产品质量提升。

【特种设备安全监管】 2022年，银川市市场监督管理局金凤区分局特种设备安全日常监督检查工作计划134项、重点监督检查工作计划84项，共计218项，除受疫情影响无法进入现场的6家单位外，其余检查计划已全部按时完成。全年受理特种设备投诉举报70余起，均按时办结并回复，处置率100%。先后开展“两节”、两会、冬奥会、冬残奥会、自治区十二届人大六次全会、自治区第十三次党代会、第二届中国(宁夏)国际葡萄酒文化旅游博览会、第十九届群星奖广场舞决赛、党的二十大期间特种设备安全保障工作。共开展驻会保障8次，涉及使用单位45家，设备100余台次，发现隐患38条，下达特种设备安全监察指令书11份，隐患已全部督促整改完成。春节前夕，出动执法人员40余人次，对辖区内的20家

检查特种设备

气瓶使用单位进行检查。配合宁夏特种设备安全技术检查中心对辖区18家气瓶充装单位开展拉网式大检查，发现并立案查处了一家天然气公司涉嫌使用超期未检压力管道的违法行为，罚款9万元。配合宁夏特检中心对金凤区145部电梯进行维保质量抽查，对3家电梯维保单位未按安全技术规范维保电梯的违法行为立案查处，罚款3.28万元。强化与检验机构的沟通联系，形成信息共享工作机制，每月检验机构向分局推送系统中显示超期设备，由分局组织人员进行核查，查实的一律立案处理。共发现并立案查处使用超期未检特种设备违法行为2起，罚款12万元。及时学习并应用《特种设备安全监督检查办法》，对以往手写版的检查记录中存在信息填写不全、内容记录缺失等问题及时纠错，推广特种设备安全监察笔录电子化，进一步规范特种设备安全监察现场记录。

【知识产权保护】 2022年，银川市市场监督管理局金凤区分局春节前先后组织开展"盐池滩羊""宁夏枸杞"地理标志产品专项整治行动，"贺兰山东麓葡萄酒"地理标志专项保护行动，葡萄酒市场秩序专项整治行动，知识产权代理行业"蓝天"专项整治行动，"彭阳红梅杏"地理标志专项保护行动，涉枸杞地理标志知识产权保护线上线下一体专项行动等一系列专项检查，累计走访经营户1000余户，现场整改90余户，"双随机"抽查129户，非正常专利申请核查326件，办理知识产权、广告案件6起，罚款1.9万。积极推进自治区地理标志运营试点、知识产权专项资金补助、专利导航等项目。指导的3家单位参加地理标志运营试点企业考核，全部通过自治区考评，通过比例占银川市申报总量的75%。为宁夏地理标志产业协会、宁夏利思葡萄酒庄有限公司、宁夏沃福百瑞枸杞产业股份有限公司争取到共计60万元的帮扶资金。

【价格监管】 2022年，银川市市场监督管理局金凤区分局立案查处案件8起，均已结案，罚没款53.3983万元。加强校外培训机构专项治理，检查校外培训机构23家；组织开展公务员录用考试培训机构专项清理整治工作，召开行政约谈会，提醒告诫辖区公务员录用考试培训机构严格执行价格政策，规范经营；组织开展教育收费专项检查，对辖区13家幼儿园、学校等教育机构进行"双随机"抽查，协助自治区市场监督管理厅开展全区教育收费专项检查，送达责令改正通知书3份，查处教育价格案件1件。疫情期间，对存在不明码标价、价外加价等突出问题的经营户进行约谈，共约谈经营户57家。及时化解价格引起的经济纠纷和查处价格违法行为，共处置价格舆情3起，处理消费价格投诉58件。紧紧围绕关乎百姓民生的"米袋子""菜篮子"，以及与疫情相关的消毒、防护物资，不断加大巡查、督查频次，共检查172家次，严厉打击各类价格违法行为，并通过媒体曝光典型案件4起。对辖区内21家中介机构、行业协会商会收费行为进行检查，杜绝行业协会强制或变相强制收费行为；与银川市市场监督管理局联合对5家供气、供热、供电企业收费执行情况进行检查，对违反规定高于成本价收取IC卡补卡费的行为进行立案查处。在辖区范围内组织开展经营性机动车停车场专项检查，检查停车场32家，并对2家停车场进行"双随机"抽查，查处停车收费违法案件1起。对辖区内6家民营医疗机构的医疗收费行为进行检查，查处医疗服务价格违法案件1起。检查养生馆25家，检查宾馆、酒店等9家，发现并清理虚假信息15条，对涉嫌发布虚假广告、虚假宣传等违法行为进行立案查处，为消费者挽回损失8.1万元。重拳整治房地产市场不正当竞争行为，配合稽查部门查处2家房地产公司虚假宣传行为。

【清洁能源质量监管】 2022年，银川市市场监督管理局金凤区分局对清洁煤进行抽检，从源头上控制高污染散煤流入市场，对不符合宁夏民用煤质量标准的，按照有关规定从严处罚。对煤炭销售使用情况进行排查、治理、检查，共出动执法人员43人次、执法车辆31辆，未发现无照经营违法散煤点。同时对辖区清洁煤加工配送中心检查16次，联合宁夏计量质量检验检测院对该中心购进的清洁煤抽检14个批次，经检验均符合标准。

（王梓恒）

统计

【概况】 2022年，金凤区统计局以优化统计数据质量为着力点，推动数据管理能力提档升级。牵头拟定了金凤区《关于进一步加强基础统计工作的通知》，切实提高统计基层基础规范化水平。进一步建立健全区各部门、镇(街道)、村(社区)三级统计网格，金凤区下辖的8个镇(街道)均配备专职或兼职统计员1名，村(社区)有统计员82人，636家“四上”企业、407家非一套表劳动工资报表抽样调查单位 均有专职或兼职统计人员，268家“四下”抽样调查由劳务外包企业辅助调查。组织对辖区企业开展核查工作，进一步核实企业基本信息、入(退)库真实性等，对企业数据填报进行现场指导。全年对245家企业进行了现场数据质量核查。定期前往良田镇和顺新村对20户生态移民监测记账户进行业务指导。

【党建活动】 2022年，金凤区统计局共组织全体党员集中学习30余次，开展专题研讨交流15次，党组成员讲党课、宣讲7次。结合每月主题党日活动，观摩基地、展览4次。完成支部党员评星定级工作。召开专项整治违规收送红包礼金和不当收益及违规借转贷或高额放贷专题民主生活会、组织生活会、专题会议。按照“八个一”活动的创建标准，带领全体党员积极开展“八个一”实践活动。贯彻落实《金凤区“改进作风 提升质效”专项行动工作方案》要求，组织开展“改进作风 提升质效”活动。建立统计工作大走访工作台账，在调研过程中发现问题，督促现场核实立即整改。在2022年度基层党组织评星定级暨模范机关创建工作中，统计局党支部由二星级党组织升至三星级党组织，并被评定为模范机关。

【业务培训】 2022年，金凤区统计局重点对辖区内工业、投资、建筑业、房地产、商贸、重点服务业及部门统计人员开展统计业务专项培训，并发放统计法治宣传资料，详细讲解统计专业基础知识。主动深入项目现场、企业进行实地调研、服务，及时跟进企业填报统计相关资料。组织各镇(街道)统计人员召开农作物抽样样本轮换、住户调查样本框和城乡居民收入核实工作培训会；组织企业召开固定资产投资定期统计报表填报督导会；前往良田镇和顺新村对20户生态移民监测记账户进行业务指导。联合发改局、商务局等部门，先后组织30家企业共77人召开固定资产及房地产投资领域工作培训交流座谈会，详细了解企业项目入库及月报表填报情况。组织召开第一期商贸流通领域企业家座谈会，对相关统计业务及应统尽统工作进行针对性培训。开展劳动工资数据统计线上培训，涉及企业200余家。

【统计产品种类】 2022年，金凤区统计局优化企业和项目服务，制作“四上企业”、项目入库申报指南和金凤区“四上”企业名单宣传手册，向县处级领导和重点部门共计发放700册。制作《房地产投资项目填报指南》《“四上企业”、项目入库申报指南》电子宣传册，并在金凤电子快报微信公众号刊登。

【统计分析报告】 2022年，金凤区统计局共撰写高质量经济运行分析报告12期，总部经济、房地产发展等专项分析5篇，及时反映金凤区经济运行中的苗头性、趋势性问题，提出意见建议，为金凤区委、区政府决策提供科学依据。

【统计专项治理】 2022年，金凤区统计局牵头拟定《金凤区统计领域突出问题专项治理工作实施方案》和《金凤区统计造假不收手不收敛问题专项纠治实施方案》，明确工作领导小组成员和工作内容，健全完善纵向到底的层级责任体系、横向到边的齐抓共管体系、定向到人的推进落实体系，建成了一级抓一级、层层抓落实的工作架构。积极督促各部门单位认真开展好动员部署、自查自纠等工作，不折不扣落实好各环节任务，杜绝防范统计数据造假、弄虚作假等违法行为，织紧织密防惩统计数据造假、弄虚作假“高压线”，确保专项治理和专项纠治工作扎实有序开展、取得实效。

【精神文明建设】 2022年,金凤区统计局将意识形态工作纳入单位学习计划,加强日常学习教育,定期召开党组会议、局务会议学习意识形态有关文件精神。认真开展保密宣传月活动,筑牢干部职工保密思想防线,明确保密责任,增强保密意识,提高保密水平。严把信息论文质量关,坚持正确的思想舆论导向,坚决杜绝不良意识形态传播,共报送信息简报67篇。组织干部职工积极参加文明城市创建、爱国卫生运动、交通文明志愿者执勤等各类志愿服务活动,积极引导、广泛宣传,推进志愿服务常态化制度化。组织观看“家和万事兴”——银川市家庭家教家风展,推进文明实践,传播时代新风。认真开展节能宣传周和低碳日系列宣传、银川市黄河流域生态保护主题宣传实践月活动,积极创建无烟办公室,提倡垃圾分类、低碳生活、厉行节约,切实增强干部职工生态文明意识。研究制定《金凤区统计局关于自治区2021年度巩固拓展脱贫攻坚成果同乡村振兴有效衔接考核评估通报问题的整改方案》,明确整改任务和具体措施,切实把全局干部职工的思想和行动统一到整改工作的部署要求上来。组织干部每月开展走访入户,掌握帮扶户家庭生活生产、就业等基本情况,认真填写帮扶手册,通过谈心交流方式宣讲各类帮扶政策,宣传党的民族宗教政策、法律法规等广泛宣传统计工作、移民致富提升行动,争取社会各界和调查对象的理解和支持。

(尤凤娥)

审 计

【概况】 2022年,金凤区审计局完成审计项目12个,其中预算执行审计1个,经济责任审计4个,自然资源离任审计1个,专项资金审计3个,专项审计调查1个,政府投资审计1个,政策措施落实情况跟踪审计1个。审计查出问题金额19728万元,违规金额53万元,管理不规范金额19675万元,移送处理事项1项。审计整改落实问题资金11504万元。2项审计项目分别获得自治区审计厅质量评比一等奖、二等奖。

【金凤区委审计委员会第五、六次会议】 2022年3月16日,金凤区委审计委员会第五次会议书面传达学习习近平总书记关于审计工作的重要指示批示和李克强总理讲话精神,全国、全区审计工作会议、自治区党委审计委员会第六次会议精神,《自治区党委审计委员会成员单位工作协调推进机制》《自治区党委审计委员会2021年度工作总结和2022年度工作要点》等文件精神,听取2021年度金凤区审计工作开展情况以及整改情况汇报。审议通过《金凤区委审计委员会2021年总结和2022年工作要点》《关于调整增加金凤区委审计委员会委员报告》和《金凤区2022年审计项目计划(草案)》。完善区委审计委员会办公室的日常运行机制和综合协调功能,规范审计委员会审议事项、重大决策、重要指示批示督查督办等机制制度,全面贯彻落实各级审计委员会关于审计工作的各项决策部署,及时报告和备案各类审计报告等文书。8月20日,金凤区委审计委员会第六次会议传达学习中央审计委员会第五次会议、自治区党委审计委员会第八次会议精神,《自治区党委审计委员会第八次会议纪要》和《银川市委审计委员会审计整改工作专题会议纪要》等相关文件精神。研究审议调整金凤区委审计委员会副主任事宜,会议还听取金凤区人民政府2021年度金凤区财政预算执行和其他财政支出的审计报告和2021年度审计查出问题整改情况的报告。

【财政预算执行情况审计】 2022年,金凤区审计局组织人员对区本级2021年度财政预算执行情况进行审计,以促进财政增收节支、盘活存量、提高绩效、防范风险为目标,重点关注预算收支的真实性和完整性、存量资金和闲置资产盘活、项目招投标及合同签订情况、“三公”经费管理使用情况、预算绩效评价管理情况、往来账款清理情况等。运用审计大数据对117个一级预算单位实现审计全覆盖,延伸审计住建局、教育局、良田镇等23个单位。同时,金凤区审计局扎实开展研究型审计工作,将研究型审计理念贯穿财政预算执行审计始终,紧扣“政治—政策—项目—资金”主线,在深入研究项目实施政策的基础上,将本级财政预算执行审计、经济责任审计、专项资金审计有机结合，从资金角度入手反映政策执行情况，沿着财政资金运行脉络，对促进财政资金提质增效、地方政府债务管理、“三保”等政策执行情况中的重大风险隐患和体制机制性问题，研究提出解决对策，积极探索和创新提高审计质量的方法，实施全程管控的审计质量控制和风险防范体系。申报的自治区审计厅研究型审计调研课题，被评为优秀等次，两项审计项目分别获得自治区审计厅质量评比一等奖、二等奖。

2022年7月21日，召开金凤区教育质量提升项目审计进点会

【领导干部经济责任审计】 2022年，金凤区审计局组织实施金凤区文化体育旅游广电局原局长经济责任审计、金凤区自然资源局原局长自然资源资产离任审计、金凤区科技局原局长经济责任审计和金凤区就业创业和人才服务中心主任经济责任现场审计。

2022年7月19日，召开金凤区就业创业和人才服务中心主任经济责任审计进点会议

【民生审计】 2022年，金凤区审计局聚焦保障和改善民生，完成2017年肉羊育种补助资金审计、金凤区2021年奶牛核心育种补助资金审计共2项专项资金审计，以及金凤区基础教育质量提升相关项目专项审计调查。对金凤区乡村振兴衔接资金管理使用情况进行了现场审计。在实施金凤区基础教育质量提升相关项目专项审计调查中，重点关注金凤区国有资产投资控股有限公司代建部分学校、幼儿园情况，并对银川市金凤区第一小学建设项目竣工决算进行审计。在政策跟踪项目审计方面，重点开展金凤区2019—2021年度扶持壮大村集体经济项目资金管理使用情况现场审计，并对中小企业账款进行审计。

【审计问题整改落实】 2022年，金凤区审计局印发《金凤区关于全面落实审计查出问题整改长效机制的实施方案》，从制度层面规范审计整改。针对各级审计机关查出的尚未整改的问题，建立“四函、两清单、一书、一台账、三会”工作机制。通过政府常务会议和专题会等形式，听取审计查出问题整改情况，针对性地提出整改要求，审计部门积极与被审计单位就整改落实中存在的困难和问题进行沟通，确保整改措施落到实处、见到实效。联合党委督查室、政府督查室开展审计整改督查2次，促进审计整改销号6个，下发通报2份。针对审计查出的问题，对长期整改的问题按月下发审计整改督办函、审计整改问题清单，细化审计整改要求。通过现场解惑答疑、召开反馈会、电话咨询等方式提供审计服务，相关单位采纳审计建议，教育工作领导小组制定《金凤区2022年基础教育质量提升行动重点任务分工方案》，农村工作领导小组印发《关于认真组织好项目谋划储备和项目库建设工作通知》，民政局制定《关于进一步健全完善特困人员救助供养制度的实施意见》。针对巡视、巡察、督查反馈的审计方面的问题，通过建立清单台账、跟踪督办、沟通协调等方式，确保整改落到实处。

【党的建设】 2022年，金凤区审计局党支部组织党员干部深入学习贯彻党的十九届历次全会精神，学习习近平新时代中国特色社会主义思想和习近平总书记系列重要讲话精神，学习宣传贯彻落实党的二十大精神和自治区第十三次党代会精神。认真贯彻落实各级审计委员会会议精神，扎实开展“改进作风、提升质效”专项活动，对现有局机关管理制度进行了一次大盘点，对常学常用的法律法规及相关条款进行了补充和替换，及时完善编制局机关工作制度汇编，修订完善内部制度 45 项，对照“改进作风、提升质效”专项行动工作方案中的“严细深实勤俭廉+快”八方面内容，通过自身查摆、巡察督查反馈等形式，广泛听取意见建议，认真梳理各方面反馈的问题，建立问题清单和整改台账，做到即行即改、贯穿始终。认真抓好意识形态工作，加强对微信工作群和政务公开等工作的管理，加强涉密文件管理，严格党员干部纪律约束，增强法治意识和保密意识。持续推进基层党支部标准化规范化建设，严格落实组织生活制度，规范“三会一课”，每月召开一次支部会议，每季度开展一次党课教育，每月按时开展支部主题党日活动，开展党员评星定级、民主评议党员工作，将政治理论学习与业务学习统筹安排，创新活动方式，全年组织开展 12 次主题党日活动。

【文明单位创建】 2022 年，金凤区审计局扎实开展市级文明单位创建复验工作，举办道德讲堂 2 次，积极参加学雷锋、爱国卫生日、文明交通劝导、垃圾分类等志愿者服务活动。全局志愿者参与各类志愿服务活动 98 次，服务时长达 300 余小时。先后开展“爱心一日捐”、帮困、助残等服务项目，常态化开展爱国卫生日、垃圾分类进社区、交通文明劝导、扶贫帮困、节能宣传等系列志愿服务活动。依托服务型党组织和模范机关建设，建立党员带头志愿服务机制。开展“党员进网格、服务在一线”活动，开展“创城志愿服务党员在行动”等主题党日活动。每季度举办 1 期道德讲堂，利用微信工作群、官方微博等渠道进行广泛宣传。志愿服务亮点工作在全区审计系统精神文明建设推进会上进行交流，并得到自治区审计厅领导的充分肯定。

【法治政府创建】 2022 年，金凤区审计局进一步明确局党组书记履行全面从严治党第一责任人和法治建设第一责任人的职责，坚持把法治建设工作与业务工作同部署、同检查、同落实。按照“谁执法谁普法”的责任制要求，加强普法工作领导，一把手在党委常委会、审委会上领学审计法，在党组会、局务会、审计进点会、反馈会上学法宣法。将法治教育和道德教育相结合，制定《金凤区审计局普法责任清单》并在政府门户网站公示。制定《金凤区审计局行政执法公示制度》《金凤区审计局行政执法全过程记录制度》《金凤区审计局重大行政执法决定法制审核制度》3 项制度，组织执法证件到期人员参加行政执法资格考试。积极组织业务学习和培训，除组织全局人员参加审计署、审计厅组织的业务培训外，系统学习新修订的《中华人民共和国审计法》《中华人民共和国审计署审计现场管理办法》。

【党风廉政建设】 2022 年，金凤区审计局党组多次召开局党组会议，安排部署党风廉政建设工作，与审计业务工作同研究、同部署，传达学习各级纪委全会精神以及各级审计机关党风廉政建设工作会议精神，层层签订责任书，班子成员认真抓好分管领域的党风廉政工作，制订年度计划和全面从严治党“两个责任”“三个清单”，并持续督促贯彻落实。多措并举从严从实抓好党风廉政建设工作，做到审前警示、审中检查、审后廉政回访，将党风廉政建设工作列入审计监督中。贯彻民主集中制原则，执行“三重一大”议事制度，实行集体研究、民主决策。坚决贯彻中央八项规定精神，反对“四风”。围绕“违规收送红包礼金和不当收益及违规借转贷或高额放贷”开展专题研讨，做到学深学透、把握精髓。配合纪委扎实开展违规收送红包礼金和不当收益及违规借转贷或高额放贷专项整治，专题安排部署，细化责任分工和整治措施，坚持边查边改、立行立改。积极开展“廉洁从政警示教育月”活动，组织党员干部参观自治区廉政警示教育中心、贺兰县检察院警示教育基地，收看警示教育片等，干部职工廉政意识不断提高。强化与纪检监察机关的沟通协作，加强民生专项资金审计，巩固拓展脱贫攻坚成果同乡村振兴有效衔接，关注专项资金管理、项目建设管理、资产管理等方面，有效巩固拓展脱贫攻坚成果同乡村振兴有效衔接。

（王　峤）

农业水利

综　述

【高标准农田建设】 2022年，金凤区良田镇兴源村、光明村、金星村高标准农田建设项目面积6815亩，通过自治区农业农村厅验收并取得合格证书。完成2020年丰登镇和丰村高标准农田建设项目，建设面积3230亩，开展分部工程验收、单项工程验收及初步验收。完成2021年金凤区良田镇兴源村高标准农田建设项目，建设面积3751亩，开展分部工程验收、单项工程验收。高标准农田建设项目运行情况良好，已发挥节水增产效益。编制《金凤区高标准农田建设规划（2021—2030年）》《银川市金凤区现代高效节水农业"十四五"发展规划》《银川市金凤区"十四五"盐碱地改良规划》。考察并申报金凤区2023年丰登镇永丰村现代高效节水农业项目，并编制了项目实施方案初稿。

科技工作者在田间指导

【秋季农田水利建设】 2022年，金凤区结合扶贫衔接资金，完成秋季农田水利基本建设7000亩，清挖整治沟道10公里，清挖渠道21.5公里，砌护农渠4.8公里，砼硬化路3.2公里，配套建筑物16座，整修田间道路18.6公里，增施有机肥4110亩，机深松翻4070亩，秸秆捡拾打捆2100亩，改善灌溉面积7000亩。农民累计投工投劳0.421万工日，投入资金376万元，其中中央财政资金105万元、自治区财政资金225万元、银川市财政资金46万元。

【农机管理】 截至2022年12月底，金凤区农业机械总动力达到84657千瓦，拥有大型拖拉机167台、中型拖拉机244台、联合收割机43台，配套农机具1899台（套），持有农业机械驾驶证人员326人。农业机械作业面积14.56万亩，其中在金凤区辖区开展农机作业面积8.97万亩，跨区开展农机作业面积5.59万亩。在金凤区辖区进行机械灭茬深翻作业5.62万亩，进行农机深松整地作业0.45万亩。

【农业科技】 2022年，金凤区建立测土配方施肥与农药化肥减量增效示范区0.33万亩，推广测土配方施肥技术6.4万亩。落实秸秆生物反应堆技术示范200亩、蚯蚓生物反应堆200亩；建立农药包装废弃物回收点46个，回收农药包装废弃物1180公斤；农作物秸秆综合利用0.93万吨，畜禽粪污资源化利用总 18.1 万吨。农药利用率、化肥利用率、秸秆综合利用率、残膜回收率、畜禽粪污资源化利用率分别达到 41%、41.5%、89%、87%、97%。同宁夏农科院、宁夏农业技术推广站、宁夏大学农学院等院校建立长期稳定的战略合作关系。

【实施新型农业经营主体培育工程】 2022 年，金凤区出台品牌农业扶持政策 16 条，累计培育农业龙头企业 15 家，开展区级以上农业产业化龙头企业监测和认定工作，累计培育农民专业合作社 61 家、家庭农场 33 家，新认定二星级绿色食品加工企业 4 家，新申报三星级绿色食品加工企业 2 家，新认证绿色食品 6 个，创建国家绿色农产品标准化集成示范基地 1 个，自治区全域绿色食品标准化特色原料基地 1 个。农业产业化加工销售体系逐渐完善，产业集群形态初显。2022 年，申报绿色食品加工企业 4 家，自治区绿色食品加工装备改造升级 3 家，其中蒙牛特仑苏（银川）乳业有限公司、宁夏沃福百瑞企业股份有限公司、银川伊百盛生物工程有限公司各获得绿色食品加工装备改造升级补助资金 50 万元。

【农业产业化】 2022 年，金凤区围绕产业强镇建设，重点打造优质番茄标准化生产基地 8 个（千亩以上），严格执行《绿色食品（A 级）番茄标准化生产技术规程》，创建“良田沙地”“潘杨锦旺”“旺锦妍”等农产品品牌，开展绿色食品（A 级）番茄认证 1.21 万亩。银川市锦旺农业发展股份有限公司在基地市场建有农产品质量安全检测中心，各基地市场按照农产品“农残检测、质量追溯、质量合格证”三证合一体制对进入市场的农产品进行检测。宁夏聚百农农业种植专业合作社联合社在主产区建设了聚百农现代蔬菜集配加工交易中心，占地 37 亩多，填补了农产品加工业短板和弱项。引进福建宏达盛农业发展有限公司，大力发展汉白玉萝卜蔬菜加工产业，投入资金 1383.5 万元，在良田镇建设分拣中心、冷库、初加工车间 5580 平方米，已投入生产。实施 2022 年自治区现代农业产业园项目，由宁夏利思农业科技发展有限公司建设，产业园实施四大工程 10 项重点项目，项目总投资 5425 万元，申请自治区专项资金 1000 万元，金凤区整合配套资金 2015 万元，企业自筹资金 2410 万元。积极开展区级以上农业产业化龙头企业监测认定，有两家自治区级龙头企业因总资产规模、企业效益、带动能力等方面均不符合监测认定条件，被降为市级农业产业化龙头企业，现有监测合格的区级及以上农业产业化龙头企业 8 家，其中国家级 2 家、自治区级 6 家；现有监测合格的银川市级农业产业化龙头企业 7 家。

【农产品加工企业运行情况】 金凤区现有规模以上农产品加工企业（经济运行监测范围内）31 家，总产值 56.2 亿元，营业总收入 59.1 亿元，主营业务收入 47.8 亿元，利润总额 4.65 亿元，从业人员 5182 人，从业人员工资总额 1.62 亿元。

【农产品品牌建设】 2022 年，金凤区整合现有资源，打造金凤区农产品整体品牌形象，发挥策划公司推介、宣传等作用，对“良田沙地”“利思·尚果”等地域特色农产品品牌和沃福百瑞、潘杨锦旺、伊百盛、蒙牛特仑苏、广玉、利思等企业品牌进行宣传推介，组织蒙牛特仑苏（银川）乳业有限公司参加 2022 年中国品牌价值评价活动；组织宁夏杞浓枸杞、沃福百瑞等 10 家经济实体参加“闽宁特产线上行”“宁夏品种中国行”“2022 年金凤区农产品促消费活动”和“迎新春、促消费、助振兴”活动。出台品牌农业扶持政策，累计培育“两品一标”农产品 35 个，认证绿色食品原料基地 1.21 万亩，认证绿色农产品 6548 吨。培育了全国 50 强的“塞北雪”面粉和全国 10 强的“塞北雪”挂面，“沃福百瑞”枸杞产品获十大中国出

大棚吊瓜

口农产品品牌、自治区枸杞知名品牌，培育了“广玉”面粉、“潘杨锦旺”瓜菜等企业农产品品牌。

【休闲农业】 2022年，金凤区充分发挥城郊的区位优势，大力实施“旅游＋现代农业”专项行动，不断拓展传统农业功能，丰富产业业态，重点打造了润丰村利思·田园蜜语三产融合园、植物园村“草莓小镇”、泾龙村“百果园”、园子村三产融合园等14家乡村休闲旅游产业园，初步形成以果品采摘、农事体验等为主的南部观光农业旅游带和以周末观光、休闲民宿等为主的北部休闲旅游产业带，实现乡村休闲旅游产业收入1800余万元，带动周边群众809户，户均增收4000元以上。2022年休闲农业企业实现营业收入1947.26万元，其中农副产品销售收入726.56万元，接待人数21.096万人次，利润总额27.42万元，带动农户1242户。

【获得荣誉】 2022年，金凤区大力发展“产业＋文旅”，打造区域旅游特色亮点，园子村被列入第六批中国传统村落名录，润丰村入选第四批全国乡村旅游重点村，植物园村创建自治区特色旅游村。西新村成功创建全国民主法治示范村，良田镇荣获自治区乡村治理示范镇，联丰村荣获自治区乡村治理示范村。金星村、植物园村成功创建银川市级移民致富提升示范村，光明村创建银川市产业扶贫示范村。

（胡荣梅　杨万明）

种植业

【概况】 2022年，金凤区春小麦种植面积2337亩，小麦平均亩产383.48公斤，总产量896吨；玉米播种面积24942亩，玉米平均亩产626.56公斤，总产量15627吨；水稻播种面积2065亩，水稻平均亩产511.82公斤，总产量1057吨。共完成瓜菜播种面积48259亩，全年瓜菜总产量16.45万吨，总产值达26880.7万元。温棚设施瓜菜播种面积23631亩，总产量达6.88万吨。落实设施冬春生产播种13129亩，其中蔬菜播种面积9104亩，西甜瓜播种面积3505亩，草莓种植520亩；落实秋冬设施生产播种10502亩，其中蔬菜播种面积9785亩，西甜瓜播种面积260亩，草莓种植457亩。露地瓜菜播种面积24628亩，总产量达9.57万吨；落实春夏露地瓜菜生产播种21256亩，其中露地蔬菜13877亩，露地西瓜7379亩；落实秋冬露地瓜菜生产3425亩，其中露地蔬菜3425亩。

【粮食种植】 2022年，金凤区完成粮食播种面积2.93万亩，其中小麦种植面积2337亩，水稻种植面积2065亩，玉米种植面积2.49亩。经济调料作物种植面积1.62万亩，其中青贮玉米1.39万亩，红薯和山药种植0.1万亩，大豆种植0.1万亩，向日葵种植0.03万亩。种植全株青贮玉米1.2万亩、饲用小黑麦0.15万亩，全年制作全株青贮玉米5.6万吨。

金凤区小麦机收现场

【病虫草害防治】 2022年，金凤区各类农业病虫草害累计发生面积18.48万亩，防治面积26.8万亩。三大农作物病虫草害累计发生面积6.06万亩，防治面积7.08万亩。瓜菜病虫害累计发生面积12.04万亩，防治面积19.29万亩。全年绿色防控面积4.36万亩，覆盖率57.64%。其中：粮食作物绿色防控面积2.16万亩，覆盖率48.67%；瓜菜绿色防控面积2.02万亩，覆盖率71.02%。

【设施温棚建设】 2022年，金凤区新建改造蔬菜生产设施166栋470亩，其中良田镇光明村新建大拱棚11栋50亩，园林村新建大拱棚25栋54.6亩，泾龙村新建温棚 20 栋 56.4 亩，丰登镇润丰村新建温棚 15 栋 69 亩，和丰村新建温棚 45 栋 130 亩，实施良田镇植物园村旧棚改造 50 栋 110 亩。

【农产品质量安全】 2022 年，印发《金凤区 2022 年农产品质量安全监测工作实施方案》，完成辖区农药残留定性、定量检测 3642 批次，配合国家和自治区、市抽检农药兽药残留定量抽检 46 批次，农产品质量检测合格率达到 98%。完成农产品质量安全检查农资网点 32 家、饲料生产企业 2 家。

（胡荣梅　杨万明）

养殖业

【畜禽养殖】 截至 2022 年 12 月底，金凤区奶牛存栏 0.516 万头，肉牛存栏 1.46 万头、出栏 1.14 万头，羊只存栏 5.56 万只、出栏 3.65 万只，生猪存栏 0.11 万头、出栏 0.29 万头，家禽存栏 3.7 万羽、出栏 8.1 万羽。生鲜乳年产量 2.45 万吨，主要销往吴忠蒙牛乳企公司。注册生鲜乳收购站 1 家，生鲜乳运输车辆 15 辆。牛羊猪禽肉的总产量 3480 吨。

【动物防疫】 2022 年，金凤区完成牛 A/O 型口蹄疫免疫 1.99 万头、羊口蹄疫免疫 5.16 万只、生猪 A/O 型口蹄疫免疫 0.14 万头、禽流感免疫 23.15 万羽、羊小反刍兽疫免疫 5.16 万只、农村地区狂犬疫苗免疫 0.1 万只。全年强制免疫应免密度达 100%，抗体监测合格率 93.33%。

【卫生监督】 2022 年，金凤区开展动物产地检疫，出具检疫证明牛 1812 头、羊 145 只、鸡 41.11 万只。加强动物运输车辆备案管理，备案审查跨省动物运输车辆 14 辆。加强动物诊疗机构监管，开展动物诊疗机构监督检查 8 场次，处理动物诊疗机构投诉案例 26 起，规范病死畜禽无害化处理。严格落实兽药 GSP 管理规定，开展兽药经营、安全使用监督检查 24 人次，发放整改通知 4 次。

【水产养殖】 2022 年，金凤区水产养殖面积 3500 亩，其中池塘养殖面积 1900 亩，主要位于阅海集团北绕城高速公路以北以及丰登镇永丰村二塘区南侧。湖泊养殖面积 1600 亩，位于丰登镇联丰村。水产品总产量 1700 吨，社会捕捞产量 190 吨，休闲渔业产值 1920 万元。在阅海渔业养殖区实施池塘养殖生产设施标准化改造工程，开展集中连片养殖池塘改造升级、养殖尾水治理 1200 亩。

2022 年 7 月 10 日，金凤区农业农村和水务局在典农河开展水域外来生物普查工作

（胡荣梅　杨万明）

水利水务

【概况】 2022 年，金凤区阶段性完成用水权改革任务，核定辖区灌溉面积 11.8141 万亩，压减面积 2.4341 万亩，确权面积 9.38 万亩，确权用水总量 3110 万立方米。对辖区 83 家工业企业进行用水确权，确权水量 104.274 万立方米；核定 15 家畜牧养殖户，确权 27 万立方米水量分配至两镇进行台账管理。辖区内所管控 91 项 260 眼取水设施，整改销号 193 眼。投资 480 万元构建了良田镇水务一体化运维平台，编制完成《金凤区“互联网 + 城乡供水”科研报告》。

【方案编制】 2022 年，金凤区完成四二干沟金凤区段、马鹤湾、东附沟、芦花沟河道治理和水生态修复工程初设报告。编制完成投资3467万元的现代化示范灌区建设项目实施方案，编制完成投资6350万元的金凤区“互联网+城乡供水”项目可研报告和投资3353万元的银川市金凤区良田镇温棚水源改造建设项目实施方案，为金凤区水利基础设施建设提供技术支撑。

【水利科技】 2022年，宁夏水投集团金凤水务有限公司投资480万元实施良田镇给排水一体化智慧网络平台，为金凤区水务一体化建设夯实基础。

【水资源管理】 2022年，自治区水利厅分配至金凤区黄河干流用水总指标为1.96亿立方米，其中：黄河水农业灌溉0.66亿立方米，生态补水0.92亿立方米。2022年金凤区实际黄河水农业灌溉为0.45亿立方米，河湖生补水为0.6亿立方米。利用世界水日、中国水周等宣传日，积极开展节水宣传进社区、进校园、进企业等供水服务提升年和节约用水宣传教育活动。

【防汛防凌抗旱】 2022年，金凤区编制完成《金凤区农业农村和水务局水旱灾害防御应急响应工作规程》《金凤区桑园沟调度运行方案》《金凤区水利工程安全事故应急预案》，督促检查各成员单位对防汛抗旱责任制、措施、物资储备和防汛值班等的落实，防汛物资储备到位，人员、车辆有保障，遇灾抢险有措施，为金凤区2022年安全度汛提供了有力保障。

【水土保持】 2022年，金凤区共有52个疑似违法违规项目，其中房地产开发建设项目15项，扰动面积5公顷以上的12项，5公顷以下的3项。下发生产建设项目类水土保持限期整改通知书8份（7个已完成）。非生产建设项目31项(农田复耕、农业大棚、自建房、城市道路绿化、废弃场地)，社会事业类项目3项。

【用水权改革】 2022年，金凤区完成11.8141万亩调查面积，核定9.38万亩确权面积，压减面积2.4341万亩，确定18个行政村和172个最适宜灌溉单元，确用水总量3110万立方米。完成83家105.774万立方米的工业企业用水确权，核定56家年用水量1万立方米以下的工业企业；核定15家26.35万立方米畜牧养殖用水权量。颁发用水权证43本，顺利完成了改革任务。

（胡荣梅　杨万明）

商业贸易

商贸服务

【概况】 2022年，金凤区商务和经济技术合作局扎实推动“改进作风提升质效”专项行动，制定了《金凤区商务经合局2022年“学思践悟·岗位练兵”活动实施方案》和《金凤区商务经合局流程再造质量提升工作方案》，推动局机关干部理论素养、业务水平和工作能力不断提升，进一步完善工作机制。充分发挥“乐活会”品牌活动效应，围绕新场景、新消费、新机遇“三新”消费观点开展系列大型活动，不断激活消费需求、激发消费潜力、释放消费活力。

【主要经济社会发展指标】 2022年，金凤区实现社会消费品零售总额165亿元，同比增长0.4%，增速居银川市第二位，居沿黄市辖区第二位，分别高于全国、自治区0.6个和0.2个百分点，与银川市持平。实施招商引资项目63个，到位资金100.43亿元，完成自治区目标任务的100.43%。2022年，招商引资到位资金排名全区前三。

2022年8月10日，金凤区人民政府与山江谣文旅集团召开招商引资项目座谈会

【重点商业项目】 建发悠阅城位于银川市金凤区正源南街与凤仪路交会处东南角，紧邻七子连湖板块，此项目由银川建发集团股份有限公司建设。项目总投资20亿元，项目建筑面积20万平方米，规划建设13万平方米的购物中心、5万平方米的商业外街（含2万平方米精装公寓）、2万平方米的主题商业街，规划停车位2000个。购物中心高5层，地上4层，地下2层，规划40%零售业态、60%体验业态。建发悠阅城秉持“悠闲生活，阅享银川”的商业理念，为银川市带来良好的商业体验。项目于2020年10月动工，计划2023年6月底投入运营，将引入宁夏首店60个，可创造就业岗位近万个，是银川第六代城市商业综合体，填补城南商业空白。项目投入运营后，除吸引宁夏区内群众外，预计辐射陕西、甘肃、内蒙古等300公里平方范围内约2000万人口。

【网上年货节】 2022年，金凤区积极响应自治区“2022宁夏网上年货节”活动，自2021年12月24日启动，持续至2022年2月15日。活动以“爱尚金凤·云享购物”为主题，围绕“乐鉴、乐动、乐购、乐活、乐逛”五大主题，依托金凤区电商产业发展标准化平台，通过多点发力、平台赋能、载体引流等方式，积极组织开展各项活动。本次年货节整合了金凤区内商贸龙头企业、餐饮大牌、特色年货、生鲜商超等众多产业，为广大消费者带来质优价廉的年货产品及服务体验；同时通过搭建金凤区电商产业发展标准化平台，整合辖区相关行业资源，实现电商网红人才聚集、产品资源聚集、网络资源聚集、物流资源聚集和供应链服务资源聚集，有效提升品牌企业知名度。

【政府消费券】 2022年，金凤区采用政府、银行、商户联合出资方式，投入160余万元通过“云闪付”“我的宁夏”政务APP、建行生活APP等平台发放各类消费券10万余张，消费券覆盖辖区新百连超、大润发等大型商贸企业和诸多餐饮商户，政府、平台、商户的补贴让利总额达500多万元，有效拉动经济。

【电商平台】 2022年，金凤区电商产业发展标准化平台按照市区、乡镇划分板块，围绕“乐鉴金凤、乐动金凤、乐购金凤、乐活金凤、云端金凤”五大主题区分类别。平台以整合和发展全民电商为基础，同时开展以网上年货节、“双品网购节” 等为主题的数场促销活动，营造浓厚的线上消费活动氛围，激发群众消费热情。同时，设置金凤农产品专区，免费为辖区各超市、社区蔬菜店及农产品企业、农户等发布求购信息，进一步拓宽农产品产销信息渠道，实现精准对接、产销助农。据第三方统计，自5月起至12月底，共联系丰登镇、良田镇3个合作社，积极联系组织新百超市、永辉超市、大润发超市、新华联超市、北京华联超市5家大型商超，以及四季鲜和海吉星6家蔬菜瓜果批发商家参与采购。采购农产品包含小西红柿、吊瓜、芹菜、萝卜、生菜、桃子等各类蔬菜瓜果，累计完成35吨蔬菜和2600斤水果销售，共计有128户农产品种植农户参与。疫情期间，依托金凤区电商产业发展标准化平台，通过“金凤便民超市”“金凤移动超市”“金凤惠民超市”等形式，实现蔬菜等生活必需品供应全覆盖，确保居民生活保障畅通无忧。

【特色街区】 2022年，金凤区重点推动建发阅彩城中街不夜城、新华联文化特色街区、宝湖文旅观光街区、未来城多彩街区、隆基第八大街5条街区提档升级，推广“首店经济、夜色经济、停留经济”三大经济发展模式，打造文商旅高度融合的区域性消费平台。其中，阅彩城中街不夜城被自治区商务厅命名为宁夏首批特色街区，BHGMall首届全城盛宴潮流夜市打造银川首个“营地＋夜市”美食娱乐场地，已正式开街运营。推动实施正源街商贸服务业集聚区新昌路特色街区改造项目，通过改造，新昌路特色街区将成为体现城市社区商业新功能，塑造城市商业文化新业态、新载体、新体验的消费地。

【金凤汽车生活节】 2022年，金凤区结合“金凤区双品网购节”活动，联合金凤汽车城奥迪、宝马、特斯拉、北京现代、上海大众等品牌开展“驾驭快乐·轻松分享”汽车云展销活动，为车企和经销商提供线上品牌宣传、车型展示、新车销售等支持，进一步挖掘市场新的消费潜力，推动车市全面复苏。“五一”期间，金凤区重点商贸企业实现销售额1.13亿元，客流超81.8万人次。

【第六届“金凤飞舞·城市乐活会”】 2022年，金凤区全面启动第六届“金凤飞舞·城市乐活会”，公布全年16场大型主题活动，通过活动的全面提档升级，提升消费活力。组织开展“双品暖心·惠民助企”2022年金凤区双品网购节，整合了金凤区内商贸龙头企业、餐饮大牌、生鲜商超、休闲农业等众多产业，实现惠民助企、促进消费。据第三方数据统计，此次双品网购节带动参与商圈、4S店等经营主体营收达7000万元，客流约70万人次。举办金凤区企业家座谈会两期，以酒店、餐饮、车企等为主体，邀请等多方专家及企业家代表参观座谈，进一步发挥企业在“稳经济、保增长、促发展”中的作用。

【电子商务】 2022年，金凤区共有电商综合服务中心1个、电商综合服务站5个，并配套电商直播间。引进圆通、申通、韵达、百世、极兔、天天等快递公司。电商综合服务中心以银川市各大社区为主要客户群体，并积极对接银川市餐饮机构及机关、银行、企业食堂，采取线上下单、线下配送的模式，通过平台下单、电商直播、设立社区旗舰店的方式，实现“互联网、物联网＋农业”、优质农产品到城市餐桌“最后一公里”服务目标。

【智慧商圈建设】 2022年，金凤区积极开展智慧商圈建设。建发阅彩城以大数据为基础，分析商圈消费者特征，集成并利用各种物联网技术设备，精准识别消费者，建立消费者画像和行为轨迹数据采集。进一步优化智慧商圈平台、优服智能物业管理平台、智慧停车场、汇客云客流数据采集平台，推进智慧商圈建设。通过实施数字化商业，提高商业整体运营能力，更加清晰精准地识别客群属性，建立商户与消费者的有效通道，使商圈、商户、消费者更加有效地互动，与小程序、APP等移动端应用结合，展开全场营销。新华联购物中心以猫酷数字化移动化的手段优化线下服务，实现会员申请、积分换礼、活动报名、停车交费等功能。建立商户服务平台，实现线上物业保修、销售数据上报、电子券的发放和核销。建立无人智慧停车应用场景，会员可以利用积分、停车券线上交纳停车费，实现车辆快速出场。建立会员精准营销和BI数据分析平台。通过猫酷SCRM会员管理平台，建立线上购物、团购、秒杀、数字化营销游戏等不同方式的场景营销，与会员属性关联，逐步形成会员个人数据仓库和标签。建立微信小程序，引入互联网流量接入，打通微信和支付宝、京东等平台。通过小程序电商和直播等服务和营销模块，帮助购物中心全方位引流，轻松转化会员。建立微信智慧商圈和支付宝智慧商圈，引导会员消费，实现无感自动积分，极大提升了会员的体验感。

【农村商业体系】 截至2022年底，金凤区涉及农村商业发展主要集中在良田、丰登两镇，其中良田镇有8个行政村、1个社区，面积为93.3平方公里，总人口36000人；丰登镇有7个行政村，面积为41.75平方公里，总人口16170人。目前，两镇共建有农村商贸中心（商场超市）3家，分别为良田镇客思乐超市（面积3700平方米）、丰登镇阳光百盛超市（810平方米）、丰登镇和平超市（260平方米）；有良田镇和顺果蔬分拣交易中心1家农产品批发市场，主要为西红柿批发市场（面积1500平方米，正在改（扩）建2000平方米）；农贸市场2家，分别为良田镇集镇农贸市场、丰登农贸市场；有1家农产品流通企业——银川市锦旺农业发展股份有限公司，以蔬菜销售、存储、物流配送为主，建有1万吨蔬菜保鲜冷库；培育发展金凤区良田镇电商综合服务中心；打造丰登镇利思·田园蜜语生态园区田园综合体；培育建立农村经济合作组织10家，其中良田镇8家、丰登镇2家。

和顺果蔬分拣交易中心西红柿交易

【电子商务体系】 截至2022年底，金凤区引进宁夏金智信息软件公司在良田镇泾龙村建成宁夏农商网数字农业检测中心、宁夏农商网电商调度中心、物流配送体系和农商网智慧农业主控设备试验及展示中心，借助“互联网+”平台，推广“互联网+现代农业”、物联网农业，带动辖区发展智慧农业、高端农业，不断提升农产品品牌影响力和市场竞争力。打造金凤区智慧农业服务管理平台和良田镇电商销售平台，建成聚百农、百果园等2个物联网平台，针对农业信息化、农村电子商务等方面积极开展农村信息服务，促进金凤区智慧农业和现代农业发展。

【市场保供】 2022年，金凤区商务和经济技术合作局制定《进一步加强金凤区疫情防控期间保供从业人员管理和生活物资保供工作方案》，建立完善“三个清单”。完善金凤区重要生活物资储备清单，梳理对接重点批发、零售、加工企业，摸排主要果蔬及粮油、肉等政府储备规模，已投放、现存量实际情况，正常可保障供应天数情况，准确掌握重要生活物资保障能力。联合金凤区农业农村和水务局、两镇及涉农街道建立完善金凤区种植养殖清单，组织重点企业加强产地对接，多方组织货源，确保疫情防控期间重要生活物资保供稳价。积极对接新百连超、大润发、天天鲜等辖区保供重点企业，建立生活必需品供应“点对点”监测补货机制，实行重点生活必需品市场保供定期报告制度，及时掌握市场供需动态，监测生活必需品存量。

【食品安全监督】 2022 年，金凤区有商业综合体 7 家、超市 17 家、社区蔬菜直销店 38 家。金凤区商务和经济技术合作局围绕商贸领域重点工作和要求，成立以局长为组长、分管副局长为副组长、相关工作人员为成员的食品安全监督小组，实行每周 2 次对辖区商贸流通企业进行督导检查食品安全，发现问题立查立改。加大食品安全排查。对商业综合体、超市、社区蔬菜直销店等重点场所进行逐一排查，主要对商业综合体的餐饮商户、饮品商户，超市的预包装食品、肉类、菜类，社区蔬菜直销店水果、蔬菜等食品进行检查。重点检查肉品收货制度、水产品收货台账、餐饮区熟生案板是否混用、预包装食品是否过期、蔬菜农残是否超标、水果是否存在腐烂特价出售等。营造食品安全氛围。营造创建国家食品安全示范城市和全域创建食品药品安全区氛围。利用商场超市电子屏、展板、横幅等，宣传食品药品安全知识，提升群众对食品药品的安全满意度，提升知晓率和支持率，营造人人参与的浓厚氛围。

（崔　静　田　梅）

招商引资

【概况】 2022 年，金凤区共实施招商引资项目 63 个（新建 37 个，续建 26 个），招商引资到位资金认定金额 100.43 亿元，完成自治区目标任务的100.43%。争取自治区、银川市各类资金共计 1338.94 万元。

【招商项目】 2022 年，金凤区招商重点项目有新南大厦项目（到位资金 2.33 亿元）、中国移动 5G 基站项目（到位资金 4.58 亿元）、银川市餐厨废弃物资源化利用和无害化处理扩能提标改造项目等。新签约项目有力德新科广场项目、山东高速路桥资产收购项目等 66 个，签约项目落地率 96%，到位资金 88 亿元。自治区、银川市重大招商引资活动签约项目有中移铁通数智产业园项目、良田镇汉白玉萝卜种植深加工项目等 19 个，签约项目落地率 74%，到位资金 10.74 亿元。在谈项目有“泰康之家”医养项目、华强方特集团项目等 77 个。

2022 年 7 月 4 日，金凤区召开招商引资项目对接座谈会

【招商举措】 2022 年，金凤区赴京津冀、长三角、成渝地区等开展“小分队”招商 15 次，新增对接宁波方特主题公园项目、中科北龙科技有限责任公司宁夏超算中心及数字经济项目、北京电能行新能源项目等 86 个。通过“请进来”对接得利斯集团、寿光蔬菜集团、广域铭岛数字科技等意向企业 277 批次、413 家。组织举办“云聚金凤·共话发展”“东数西算”线上招商等线上推介会 40 余场次。

（崔　静　田　梅）

项目建设

【中国移动 5G 基站项目】 宁夏移动是中国移动在宁夏设立的独立运营和独立纳税的全资子公司，是运营商中唯一一家在宁夏本地注册的法人企业。2021 年 12 月至 2022 年 10 月，项目累计投资 3.55

亿元。银川累计投资5517.11万元，其中金凤区1798.76万元。5G机房银川累计投资1727.8万元，其中金凤区721.97万元。云计算银川累计投资3407.38万元，其中金凤区1843.26万元。

【新南大厦项目】 新南大厦项目位于银川市金凤区城市中心，坐落于悦海新天地商业广场，建筑面积34650平方米，地上20层，地下2层，总投资3.62亿元。一至五层为餐饮中心。一层为广式特色茶点、酒店大厅；三、四层为豪华宴会厅；五层为多功能宴会厅，有豪华雅间40个，可提供大型商务宴会、婚宴及各档次的餐饮接待，可一次性接待120桌、1500余人次；六层为集团办公室及贵宾接待、商务会议洽谈厅；七至十九层为酒店客房，配备健身房、洗衣房、大小会议室，可一次性接待360人左右入住。宁夏新南酒店管理有限公司于2020年9月注册成立，法定代表人陈元品，四川成都人。宁夏新南总公司旗下有7个分公司、11个加气站，700余名员工稳定就业。营商业务覆盖三市一区一县，是招商引资民营企业的佼佼者、纳税大户、环保节能优秀企业。

（崔　静　田　梅）

供销合作

【概况】 2022年，金凤区供销合作社超额完成预定目标任务，全系统实现销售总额36333.97万元，同比增长11.22%；资产总额6013.2万元，同比增长1.21%；所有者权益1858.855万元，同比增长27.17%。净利润97.61万元，与同期相比大幅上升。荣获2022年度全区供销合作社系统综合业绩考核一等奖。

【思想建设】 2022年，金凤区供销合作社坚持以习近平新时代中国特色社会主义思想为指导，贯彻落实自治区第十三次党代会精神，学习《习近平谈治国理政》第四卷等，开展党的二十大和习近平总书记视察宁夏重要讲话指示批示精神“大学习、大讨论、大宣传、大实践”活动，巩固党史学习教育成果，强化学习引领，营造良好学习氛围。制定印发《学习贯彻党的二十大精神实施方案》，采取集中学、个人学、领导上党课、现场学和知识测试等方式，开展集中学习教育35次、党委理论学习中心组集中学习12次、专题研讨交流8次、班子成员讲授党课12次，开展主题党日活动12次，组织知识测试4次，撰写心得体会38篇，观看红色电影、《贺兰山盛典》史诗剧，运用“学习强国”“金凤电子报”等平台进行云学习。

【组织体系建设】 2022年4月，金凤区供销合作社召开金凤区供销合作社八届二次理事会和监事会会议，补选产生金凤区供销合作社理事会主任，配齐理事会、监事会领导班子。对本系统开展内部审计，加强企业经营管理，保证社有资产保值增值。制定完善《银川市金凤区供销合作联社社有资产租赁管理制度》《银川市金凤区供销合作联社冷库安全生产管理制度（试行）》等规章制度，公开招聘两名大学生，续聘1名工作人员。6月，机关党支部顺利完成支部委员会委员补选，配齐党支部班子，宁夏裕陇石油公司党支部被金凤区委组织部评为三星级党组织。党员教育培训轮训率达98%，确定中共预备党员1名，按照有关规定调整54名退休党员党费收缴标准，完成5名退休党员组织关系转接工作。

2022年3月4日，金凤区供销合作社联合社召开八届二次理事会监事会会议

【安全生产】 2022年，金凤区供销合作社开展专题消防安全知识培训讲座1次，全面开展安全生产隐患排查4次，自费36000元对社有资产进行安全检

测鉴定，对银新供销合作社被鉴定为D级的2栋危房进行拆除，坚决消除安全隐患。

【群团组织】 2022年，金凤区供销社健全工会经费管理等各项规章制度，严格管控经费收支，由专人收缴工会会费，规范管理和使用工会经费，发放慰问资金2000元。

【化解历史债务】 2022年，金凤区供销合作社对逾期未缴纳租金的租户采取电话、短信催缴，现场催收等措施，共收回拖欠租金13万元，对欠缴房屋租金30.15万元的租户采取司法手段进行诉讼，筹措资金清偿中小企业账款50万元，与金凤区政府协调，争取解决政策性财务挂账资金97.3万元，获得由金凤区财政局负责、审计，供销社配合，委托第三方评估机构进行核实，根据核定情况列入次年财政预算予以化解批复。

【数字供销建设】 2022年，金凤区供销合作社在良田镇建设金凤区供销合作社良田川上鲜电商运营中心，建成6个村级电商服务站，拓展电子商务、快递配送业务，通过电商平台，自主开发微信小程序，开展网络直播，累计实现电商销售额3000多万元。引导成员单位宁夏锦旺农业科技发展有限公司对接银川市商务局直播带货平台，围绕智慧农业，建设现代农业数字营运服务中心，开通1000兆移动光纤数据网络，建设完成了易订货销售系统、冷链保鲜智能化管理系统、农产品智能检测追溯系统等软件系统，配备管理运维团队，与顺丰快递团队签订意向性发展协议，服务带动金凤区良田镇群众大力发展绿色种植、农产品加工和冷链物流产业，实现良田镇现有的山药、番茄、辣椒、吊瓜、草莓等绿色农产品优质优价销售，年增加销售收入100万元以上。

【村社共建】 2022年，金凤区供销合作社与丰登镇润丰村、良田镇光明村村“两委”合作，创建“村社共建”示范点，以“村社共建”为切入点，创新服务载体，共建发展项目，举办“村社共建”电商助农培训班。在金凤区丰登镇组织举办农业生产培训班和乡村振兴电商助农培训会2场次，参训人员150多人次。

【农业社会化服务】 2022年，金凤区供销合作社对

2022年5月12日，金凤区供销社开展电子商务培训讲座

接银川市三区成员社农资企业、门店，动态掌握农资价格和库存情况，做好种子、肥料、农药、农膜等农资储备，确保春耕生产物资及时供应到位。在金凤区开展“绿色农资”清查行动，金凤区供销社辖区 33 余家农资企业销售肥料 13521 吨、农药 21 吨，地膜 60 吨，销售金额 3092 万元，确保辖区农资供应充足、质量可靠、价格平稳，有效发挥农资保供主渠道作用。开展测土配方、施肥服务，为农户提供水稻耕、种、防、收，配施专用肥 2000 亩，每亩为农户节约成本 20 元，增收粮食 5 万斤，直接增收 5 万多元，完成土地托管 2 万亩、农业社会化服务 3 万亩，农业社会化服务助力农业增效、农民增收。

【“三位一体”综合合作】 2022 年，金凤区供销合作社联系宁夏银行、银联商务，多次与各成员社、农民专业合作社和农民种植养殖专业户沟通、座谈，推进“三位一体”综合服务平台建设，在良田镇以架设新型农业经营主体与金融机构的桥梁为着力点，以良田镇购物中心、良田镇电商服务中心、宁夏聚百农农业种植专业合作社等 3 家成员单位为依托，推进便捷化、个性化、差异化金融服务，发放 200 张乡村振兴卡，推动新型农业信用体系建设。

【县域流通体系建设】 2022 年，金凤区供销合作社引入宁夏川上鲜物流配送有限公司入社，运营村级综合服务站 6 个、农产品冷链仓储配送中心 2 个。与金凤区空间资源城市运营管理有限公司签订战略合作框架协议，建成投入使用社区蔬菜直销店 3 家，与宁夏客思乐商业管理有限公司洽谈合作，运营 3800 平方米乡镇综合超市 1 个，促进农产品进城、工业品下乡。组织辖区成员社、企业参加宁夏供销社、银川市人民政府等单位共同举办的“闽宁特产线上行”活动，促进线上线下产品销售推广。成员单位宁夏锦旺农业科技发展有限公司与 13 家超市专柜、52 家机关食堂达成供货协议，配送生鲜果蔬，促进了农副产品销售，被自治区商务厅授予“县区级商贸物流配送中心”称号。

【“两个体系”建设项目】 2022 年，金凤区供销合作社组织申报自治区供销社新型基层组织体系建设项目 2 个，共争取自治区财政资金 105 万元。成功申报 2022 年度银川市金凤区银新供销合作社改造提升建设项目，项目总投资 102.9[illegible] 万元，申请财政资金 50 万元，自筹资金 52.9[illegible] 万元。该项目对经营设施、服务场所、社容店貌进行全面升级改造，辐射带动芦花村、三闸村、顾家桥村等周边农民就业创业，帮助农民销售农副产品，拓展增收空间，以点带面搭建起集农业产业示范、规模经济作物种植、休闲观光农业等功能于一体的现代化产业体系。成功申报 2022 年度银川市金凤区良田镇光明村供销合作社新建项目，项目总投资 148.7 万元，申请财政资金 55 万元，单位自筹资金 93.7 万元，该项目带动光明村 135 户农户 500 余人发展瓜菜产业，年增收 65 万元。实施掌政供销社冷鲜库服务中心提升改造项目，为辖区种植大户提供西蓝花、芹菜等蔬菜冷藏保鲜储存服务，实现错峰销售，助农增收，基层社增收 2 万元。

【再生资源回收利用体系建设】 2022 年，金凤区供销合作社指导金凤区、兴庆区各成员单位开展再生资源加工处理工作，为助力宁夏绿色循环发展贡献供销力量。按照“政府推动、企业带动、农户参与、市场运作”工作方式，形成“供销社 + 农户 + 企业 + 回收网点 + 加工利用”的综合利用模式。在良田镇协调宁夏地丰生物科技有限公司设立回收站 4 个，建设加工处理项目 2 个，形成农户积极捡拾、网点应收尽收，覆盖金凤区乡村的农膜、秸秆循环利用体系，累计回收蔬菜秸秆、尾菜、树枝、树根等 4800 吨，废旧农膜 50 吨，金凤区农用残膜回收率 87%以上，资源循环利用产业值达 200 万元。

【宣传工作】 2022 年，金凤区供销合作社向自治区供销合作社、金凤区委宣传部、金凤区融媒体中心等信息平台报送工作信息简报 5[illegible] 篇，《宁夏日报》刊发 2 篇，中华全国供销合作总社采用 1 篇。

（马　凡）

工业与园区建设

工　业

【概况】 2022 年，金凤区发展和改革局认真贯彻落实国家、自治区、银川市工业经济发展的一系列稳经济、保增长、促发展工作会议精神，抓好工业固定资产投资、企业技扩改、节能降耗、信息化建设及安全生产工作，以保增长、调结构、促转型为导向，通过政策扶持、项目带动、科技支撑等方式，进一步激发活力、深挖潜力、破解难题，稳步推进辖区工业企业发展。新纳入银川中电环保水务、金沃精工、广天夏科技、华能达环保 4 家规上企业，金凤区规模以上工业企业达到 44 家。

【工业经济运行情况】 2022 年，金凤区聚焦提升工业发展，贯彻落实银川市“工业强市”战略部署，结合实际，提出支持工业经济发展的实施意见。制定《金凤区落实自治区、银川市“稳保促”政策措施实施方案》，本级叠加措施“20 条”。召开企业座谈会，了解企业当前面临的主要困难和问题，准确掌握金凤区工业经济发展现状。积极组织辖区企业申报自治区、银川市工业发展资金、工业企业风险补偿金和各类项目。因受宏观经济形势与疫情影响，企业生产能力未达预期，部分企业处于停产和限产状态，工业经济增长动力明显不足。工业总产值过亿元企业虽达到 16 家，但工业增加值完成略有下降，完成 24.6 亿元，同比下降 2.1%，增速居银川市第四，居沿黄市辖区第五。

【产业转型升级】 2022 年，金凤区共有 6 个工业项目，总投资 356752.65 万元，年度计划投资 31350 万元。其中新建项目 4 个，年计划投资 5350 万元；续建项目 2 个，年度计划投资 26000 万元。截至年底已完成投资 25824 万元。金凤区由于高科技企业较少，企业普遍规模小、附加值低，缺乏大型企业大项目支撑，还需进一步挖掘金凤区工业发展潜力。

【节能降耗】 2022 年，金凤区加大节能工作力度，定期分析季度节能工作，通报节能形势和预警调控实施效果，适时启动并组织实施。对签订目标责任书的企业进行跟踪督查，预警调控成效并及时评估。对拒不执行预警调控指令的，按相关规定采取强制措施并依法追究相关责任。从源头上严格控制“两高”行业的项目和投资，对高耗能行业中属于限制类的新建项目和淘汰类项目一律不予审批、核准、备案，金融机构不予发放贷款。

阅海湾中央商务区

【概况】 2022 年，阅海湾中央商务区实现税收 13.45 亿元，同比增长 78.85%；园区“四上企业”完成营业收入 60 亿元（其中，规上服务业营收 22 亿元），增速10%；招商引资到位资金37.16亿元，同比增长4.4%；完成固定资产投资年初目标任务6.3亿元，同比增长47.73%；新注册企业1355家，实际入驻企业441家，注册企业5204家，园区的吸附力、集聚力和影响力不断增强。

【党的建设】 2022年，阅海湾中央商务区召开党工委会议6次，组织理论学习中心组学习12次。集中学习党的二十大精神、习近平总书记在参加党的二十大广西代表团讨论时的重要讲话、习近平总书记在党的二十届一中全会上的重要讲话精神以及自治区第十三次党代会、银川市第十五次党代会等内容，把系统学习同专题学习、重点发言、互动交流结合起来，推动党的理论武装走深走心走实。夯实党建责任。始终将党的建设摆在园区整体工作的中心位置，持续抓深抓实园区基层党建工作。不断压实党建主体责任，明确基层党组织目标任务，签订党建工作责任书，层层传导压力，逐级细化责任，确保党建工作任务落到实处。大力推行“党建+”工作模式，深入实施“党建+企业服务+创新创业”项目，全力打造阅海湾数字经济“飞地园区”、金凤区知识产权保护中心等，着力解决影响园区和企业发展的问题10余项，实现党建与业务工作同谋划、同落实、同推进。推进非公企业党组织标准化规范化建设。对园区的45个企业党支部坚持月督导、季例会、半年述职评议，每月定期深入非公企业党支部检查指导党建工作，召开非公企业党建工作例会20余次，组织党务理论和业务培训班3场次，全年新成立党支部14个，发展党员3人，培养入党积极分子18人，实现非公企业党的组织全覆盖和党的工作全覆盖，基层党建工作质量不断提升。落实全面从严治党主体责任。健全完善党风廉政建设制度，制定完善《关于建立全面从严治党“四责协同”机制的实施意见》《阅海湾中央商务区全面从严治党、党风廉政建设和反腐败主要任务分工》《2022年党风廉政建设和反腐败工作实施方案》等制度，形成了用制度管权、按制度办事、靠制度管人的长效工作机制。把监督检查中央八项规定精神落实情况及党风廉政各项制度落实作为重点任务和经常性工作，密切关注“四风”隐形变异新动向，紧盯重要时间节点，做实常态化纪律督察工作，开展监督检查6次。

【园区规划建设】 2022年，阅海湾中央商务区着力推动力德新科广场、宁夏[illegible]开发大厦、中海新都会、绿地中心等4个重点项目[illegible]复工建设。积极对接争取建发CBD智慧金融中心、建行综合业务用房等储备项目落地建设，协调完成项目规划审批手续及现场开工建设的各项准备工作，建发CBD智慧金融中心于8月1日正式开工建设，建行综合业务用房于9月开工建设。8月3[illegible]日完成134亩商住用地土地招拍挂手续，并完成地下管线迁改，正在协助办理前期规划建设审批手续。全力推动中石化大厦、庆华国际酒店、庆华写字楼B座等4个停工闲置项目复工建设，复工率达到57%。完成《银川阅海湾中央商务区核心区控制性详细规划》编制、专家评审及论证，优化调整阅海湾商务区建设规划，为园区下一步高质量规划建设打下坚实基础。

2022年9月2日，银川阅海湾中央商务区荣获“中国商务区综合竞争力20强”荣誉称号，其楼宇经济发展经验材料入选《中国楼宇经济(总部经济)白皮书(2022)》

【招商引资】 2022年，阅海湾中央商务区大力开展“走出去、请进来”招商活动，全过程配合参与首届“西部数谷”算力产业大会，对接签约上海启源芯动力、北京电能行、工行宁夏分行数字档案中心、杭州又拍云、武汉中地数码等5个数字产业项目，签约金额共计15.3亿元，在全市各县(市、区)、园区签约成果中名列前茅。成功举办阅海湾中央商务区楼宇项目资本对接会、阿里巴巴国际站跨境电商峰会以及各类招商引资解读会、金融企业沙龙、招商路演等活

2022 年 9 月 15 日，首届“西部数谷”算力产业大会银川智慧城市峰会签约现场

动 40 余场，组成招商小组前往北京、重庆、青岛等地开展“走出去”招商活动 8 次，开展“东数西算”线上云招商 20 多次，对接意向企业 160 余家，招商储备腾讯云、超聚变等 50 多家总部及企业入驻项目，在各大媒体宣传推介各类招商信息超过 70 篇，园区招商知名度和产业吸引力显著提升。总部经济集聚优势持续显现，成功引进建行宁夏分行、中资海外、西鲜记、华为集团等 9 家区域性总部或办事机构落户园区，持续跟进工行总行数据中心、中科北龙集团、庆华集团总部等 10 家跨区域知名企业入驻园区事宜。

【数字经济产业】 2022 年，阅海湾中央商务区加强数字园区建设整体布局，高标准制定楼宇产业规划，规划布局并统筹建设了数字经济产业园、跨境电商产业园、科技服务产业园及人力资本产业园。大力发展互联网数字经济，制定数字经济产业发展规划，建立数字经济企业及项目“三库一池”，围绕科技研发、房租奖补、高层次人才等出台数字经济发展专项政策 17 条，吸引华为、中国移动、中国电信、天翼云、新碟科技、猪八戒网、中电光谷、阿里巴巴、58 科创等 200 余家数字经济企业及平台入驻，注册企业 2048 家，完成线上交易额近 200 亿元，带动就业 1500 余人。立足自治区、银川市数字经济示范园区，建成落地易华录数据示范湖、中国移动大数据中心、国家北斗导航位置服务数据中心等项目，承接“东数西算”宁夏枢纽全国一体化算力总部、研发、结算功能，与中卫云数据基地、宁夏“东数西算”杭州飞地园区形成楼宇经济“前店后厂”合作模式。依托科技服务产业园引入科技企业和服务机构，形成科技创新服务产业链条，帮助各类企业注册商标及申报科技服务项目近 200 个。建立区内外专家智库，引进海外高层次回国人才 80 余人、硕士及以上高层次人才 300 余人。构建“1+N”产研训融合、政企社协作的生态圈，政企共建万界数字学院、宁夏跨境电商人才基地等，不断激活楼宇经济内生动力。目前，基于数字产业化和产业数字化建成金融产业楼宇、生产性服务业楼宇、商贸业楼宇、中小企业孵化楼宇等 7 个特色楼宇，平均入驻率达 70%，楼宇特色化、集约化、联动化效益凸显。

【现代服务业】 2022 年，园区累计入驻各类人力资源服务机构及企业 25 家，业务涵盖招聘、派遣、外包、猎头、培训、测评、咨询等业态，开展各类就业技能培训活动 60 余期，服务 100 多家企业，参与学员近 1000 人次。尤其是联合人力资源部门和区内高校开展了人才金街系列稳岗促就业大型公益系列活动，吸引区内外 100 余家企业参展，提供 2000 个就业岗位，推动大学生创业就业。累计引入科技企业和服务机构 37 家，包括 14 家科技服务机构和 23 家科技型企业。园区科技服务机构新认定培育自治区科技型中小企业89家，新认定国家高新技术企业5家，申报孵化器1家、众创空间1家，挖掘申请专利114件，申请软著商标等知识产权合计895件，开展线上线下双创培训活动8场。加大吸引银行、基金、证券、信托等金融机构力度，大力发展供应链金融等新兴业务，构建良好的金融服务生态圈，园区金融类机构与企业实现税收5.4亿元。成功引进建行宁夏分行、中资海外、西鲜记、华为集团等12家区域性总部落户园区，持续跟进浪潮、工行数据中心等跨区域知名企业入驻园区，楼宇经济产出效率大幅提高。围绕园区产业定位，多措并举推动楼宇经济集聚发展，已建7个特色商务楼宇，入列中国商务区综合实力20强。

【盘活闲置楼宇】 2022年，阅海湾中央商务区坚持楼宇招商引资“一盘棋”，建立“信息互通、服务共享、环境共建、政企参与”的楼宇经济发展联席机制，广泛组织开展“走出去、请进来”招商活动，通过线上招商、联合招商、以商招商、全员招商等方式，成功引进东方雨虹、山东路桥等中国500强企业投资，推动园区产业强链延链补链。组织楼宇方参与数字产业化、产业数字化高质量发展论坛、闽宁协作联席会、“东数西算”西部枢纽“云招商”、“问道塞上”跨境电商峰会、“互联网+”人才创新项目大赛等活动，常态化举办路演沙龙、政策解读、资本对接会、楼宇服务培训等千余场次，为楼宇经济高质量发展聚集资源流、技术流、人才流、资金流、政策流。推动土地、楼宇空间高效集约利用，探索股权转让、合作共建、资产收购、规划调整等路径，大力盘活闲置楼宇。通过领导包抓、规划调整、精准招引、融资服务、平台搭建及政策优化等举措，实现了绿地双子塔、庆华大厦等6栋楼宇47万平方米高标准、高品质载体复工建设，为央企、国企及民营企业总部功能拓展、能级提升提供更多发展空间。

【营商环境】 2022年，阅海湾中央商务区制定《银川阅海湾中央商务区稳经济保增长促发展贯彻落实方案》，明确12条具体惠企政策，落实落细稳经济保增长促发展各项政策举措。兑现企业房租补贴513万元，落实各项惠企奖补资金308万元，清欠中小企业欠款7000万元，有效助力企业平稳渡过疫情难关和应对经济下行压力。优化完善《阅海湾中央商务区企业考核管理办法》，最大限度放宽企业考核标准，扶持企业发展，为企业解决实际问题，将企业留在商务区，发展壮大企业。全区企业智慧服务中心惠企便企服务平台已进入试运营阶段，已发布项目申报文件284条、政策解读文件233条、政策文件761条、通知公告247条，并充分发挥政策解读团队作用，对接走访企业300家以上，提供咨询服务达1900次，创建微信公众号，发布1150条惠企政策项目信息，组织参与送政策下企业政策解读培训会4场次，为企业申报兑现项目资金1570万元。

【文旅产业】 2022年，阅海湾中央商务区以水上公园成功创建3A级旅游景区为契机，积极拓展夜游银川业态和丰富园区文旅内容，优化水上旅游产品，向游客免费开放“凤舞丝路”水幕秀，创意编排了“献礼七一歌颂祖国”、八一建军节主题水幕秀表演。成功协办了中国（宁夏）国际葡萄酒文化旅游博览会“贺兰山葡萄酒之夜”音乐会等多场文艺演出，增强了园区文旅景观的吸引力，累计接待游客320万人次，已成为银川旅游休闲重要目的地。

【科技创新】 2022年，阅海湾中央商务区总计认定国家高新技术企业5家、自治区级科技小巨人8家、国家级科技型中小企业51家、自治区级科技型中小企业62家；获批自治区级众创空间3家、自治区级孵化器3家、自治区技术创新中心7个、自治区科技中介示范机构4家、国家中小企业公共服务示范平台2家，园区企业R&D投入累计13231.5万元。

（刘文婷）

宁夏阅海实业集团

【概况】 2022年，宁夏阅海实业集团面积18508

亩,其中耕地4635亩、大湖水面8178亩、旅游用地1094亩、北绕城高速以北湿地3152亩、居民点1449亩。同时经营管理览山西侧水域面积4700亩。公司主营业务为旅游业。2022年底公司资产总额30936万元,负债总额3067万元,国有资本27869万元。11月16日,宁夏阅海实业集团被自治区全民健身领导小组评为“2018—2021年度全区群众体育先进单位”。

【党的建设】 2022年,宁夏阅海实业集团认真学习贯彻党的十九大和十九届历次全会精神、党的二十大精神、习近平总书记视察宁夏重要讲话指示批示精神、自治区第十三次党代会精神,开展“大学习、大讨论,大宣传、大实践”活动,持续抓好党员干部、职工群众政治理论学习,巩固拓展党史学习教育成果。严格落实党委理论学习中心组学习制度、谈心谈话制度、重大事项请示报告制度、支部书记抓党建述职述廉述法述审制度,各支部从严落实组织生活会制度、民主评议党员制度、党费收缴制度、“三会一课”制度,按要求开展支部主题党日活动。召开党委班子民主生活会2次、党委理论学习中心组学习12次,4个支部开展组织生活会共8次、主题党日活动共40次。党委切实履行全面从严治党主体责任,签订党风廉政建设责任书和“一岗双责”责任书各11份,建立全面从严治党“三个清单”,召开党风廉政建设专题会4次,强化纪委责任落实,开展公司内部审计,加强重点工作、重要项目落实情况监督检查。扎实开展

2022年6月16日,宁夏阅海实业集团党委到宁东党性教育基地接受红色教育

“改进作风、提升质效”专项行动、违规收送红包礼金和不当收益及违规借转贷或高额放贷专项整治工作,在学查改中锤炼过硬作风。公司纪委共办理案件4件,初核了结4件,诫勉谈话2人,通报1人,对1个子公司给予通报批评。

【支部换届】 2022年9月9日,宁夏阅海实业集团党委督促指导4个支部按期召开党员大会,选举产生新一届支委会,支委会由3名同志组成,选举产生书记1名;信德物业公司支部于9月9日选举产生书记1名、副书记1名;滑雪服务公司支部于9月9日选举产生书记1名、副书记1名;旅游开发公司支部于11月16日选举产生新一届支委会,支委会由5名同志组成,选举产生书记1名、副书记1名。

【经营情况】 宁夏阅海实业集团公司经营范围为湿地保护开发、旅游开发、水产品、物业管理、劳务服务等。主营业务为旅游业,集团本部以资源租赁收益为主要收入来源。旅游开发公司以阅海欢乐岛门票、游船项目、垂钓为收入来源;滑雪服务公司收入来源以阅海滑雪场门票、滑雪项目为主;信德物业公司收入来源以巡护保洁、绿化工程、温棚种植为主。2022年,集团完成企业经营收入2020万元,比上年增长4.7%,上缴税金251万元,实现利润90万元,全年接待游客53万人次,阅海湖水质保持在Ⅲ类以上。

【安全生产】 2022年,宁夏阅海实业集团健全完善安全制度体系,层层签订安全生产责任书,落实全员安全生产责任制,扎实开展自治区安全生产专项整治三年行动,创新安全生产工作方式,成立安保服务部,转变监管服务模式,有效提升企业安全生产管理水平。加强应急值守,落实集团公司领导带班、24小时值班值守制度。

【环境治理】 2022年,宁夏阅海实业集团对阅海大湖区域730亩芦苇实施刈割和清运,春夏两季结合文明城市创建工作开展湿地生态治理,采取人工机械清捞和生物防治相结合的方式治理阅海湖水草,投入人工2872人次、人工机械费50万元,清捞水草

3491 吨，筹措资金 90.2 万元开展生物防治，在阅海湖增殖放流，有效遏制大湖水草疯长的现象。结合河长制工作的开展，加强对污水排放、外来有害入侵动植物等的巡查监管，实施常规检查 22 次，专项检查 4 次，严格落实水资源管控，积极推进阅海湖取用水管理专项整治行动，着力规范取用水行为，对原阅海 4 号、9 号泵站等予以拆除封控，使水资源得到有效监管利用。配合典农河生态修复项目和大湖北岸治理项目实施，协调解决好施工对周边环境及湖泊水生植物和动物栖息环境的影响。2022 年，典农河生态修复项目新增鸟类栖息浅滩 9 处，新增浅滩面积1123.17 亩，植被修复 94473 平方米，驳岸治理 8.9 公里。

【国企改革】 2022 年，宁夏阅海实业集团改革薪酬方案，按照管理岗和经营岗的考核制度，落实基础工资档级晋升机制，出台《宁夏阅海实业集团企业管理人员能上能下管理办法》，实现员工能进能出、管理人员能上能下、薪酬能增能减。企业公开招聘 3 人，提拔使用 5 人，平职交流 2 人，免职 1 人。进一步规范和完善资源配置市场化，引进市场竞争机制，对滑雪场冰面、鱼池租赁权、耕地等资源进行网络竞拍租

2022 年 7 月 28 日，阅海集团职工打捞阅海湖水草

赁权，租赁收益增长 32.22%，实现资产价值最大化，确保国有资产保值增值。组建安保服务部，专职负责集团公司各领域安全生产工作。结合企业发展，在巩固现有冰雪项目的基础上，组建阅海冰雪运动俱乐部有限公司，推动企业由冰雪项目经营向冰雪产业方向发展，更好促进企业高质量发展。

【湿地研学】 2022 年，宁夏阅海实业集团充分利用湿地资源优势，发挥研学基地作用，制定优质研学课程，展现“研学 + 非遗 + 旅游”的综合功能，夏季以点串线，制定“湿地文化长廊 + 游船观鸟 + 非遗鱼拓 + 体能拓展 + 动物认知”主题研学课程，开展两期研学活动，接待 702 名学生。

【阅海滑雪场冰雪旅游】 2022 年，宁夏阅海实业集团先后承办滑向 2022 全国滑雪俱乐部大众公开赛（宁夏站）、第九届全国大众冰雪季暨全国大众高山滑雪公开赛（宁夏站）、2022 宁夏新年登高健身大会、“助力冬奥·冬游银川”冬季冰雪嘉年华启动仪式、银川市迎冬奥 2022 年冰上龙舟赛等特色鲜明、参与性强的体育健身活动，承接自治区残疾人助力冬奥冰雪运动会、银川市残疾人冰雪运动会及各企业团建活动，大力发展群众冰雪运动。推出滑雪季卡，学生优惠月卡，周二、周四滑雪特惠日等系列活动，开展银川市特殊学校滑雪技能训练 12 人 74 天，开展学生冬令营、学生滑雪公开课、学生上冰雪活动，共接待 200 余名学生。投入 [illegible] 万元，营造夜场亮化氛围，优化服务大厅布局，投入 133 万元增加滑雪设备，投入 20 万元打造 200 平方米游客休息中心，于 1 月 21 日开放夜场滑雪。阅海滑雪场夜场接待游客 4200 人次，实现经营收入 37[illegible] 万元。

（陈　倩）

城乡建设与交通管理

城乡建设

【概况】 2022年,金凤区住房城乡建设和交通局以银川市黄河流域生态保护和高质量发展先行区建设为目标,紧紧围绕金凤区委、区政府中心工作,科学谋划,精心组织,真抓实干,统筹推进道路打通工程、老旧小区改造、市政街巷提升改造、农村公路建设、环卫治理、物业管理等目标任务,着力改善人居环境,提升城市品位。

【街巷改造和道路美化】 2022年,金凤区以打造"最美回家路"为主题,实施雪绒巷(宁安东巷—正源街)和祥安巷(宁安东巷—正源街)街巷升级改造和尹家渠北街、凤凰北街、雪绒巷、祥安巷4条道路照明提升工程,改善了周边居民的居住环境,让街道变得更加亮丽,"最美回家路"已经成为城市新标志。

改造后的祥安巷

【老旧小区综合改造】 2022年,金凤区按照政府和社会资本合作(PPP)模式深入推进老旧小区建设工作,组织编制"两评一案",推动项目纳入财政部政府和社会资本合作中心项目库,打造全区第一个老旧小区综合整治改造项目,推动成立金凤区老旧小区综合整治改造项目管理公司——银川市金凤区城迎建设发展有限责任公司。投资10.6亿元,稳步推进75个老旧小区、452栋住宅楼改造,惠及15711户居民。2022年,投入资金1.67亿元实施19个小区,涉及59栋住宅楼29.93万平方米,项目于2022年10月23日开工建设,2022年11月完成19个老旧小区外墙保温改造。

【冬季清洁取暖项目】 2022年,金凤区住房城乡建设和交通局协调良田镇、丰登镇推动农村居民、公共建筑冬季清洁能源取暖项目,组织开展多轮观摩调研,拟定金凤区农村居民清洁取暖项目技术导则,指导两镇推动任务落实,已全面完成试点户安装,同步实施煤改气项目。

【抗震农房加固】 2022年,金凤区住房城乡建设和交通局联合良田镇、丰登镇完成农村房屋风险排查鉴定,建立住房安全动态监测及农房安全日常巡查机制,定期排查,发现一户,整治一户,销号一户。采用高延性混凝土工艺加固砌筑质量较差的墙体,完成 500 户抗震房加固任务。

【城乡环境整治】 2022 年，金凤区制定 2022 年“爱国卫生日”实施方案，明确目标，细分任务，组织自治区、银川市、金凤区机关单位开展城乡环境卫生集中整治，整治卫生死角和市容难点 300 余处。推行环卫深度洁净，加大主次干道及背街小巷“4+1”推洗、道路洒水和洗扫频次，针对道路扬尘、树花树蜜等顽疾持续开展整治。打造了庆丰街、枕水巷、兴旺巷、平湖巷 4 条示范街区。在加强 102 座公厕每日清扫保洁频次基础上，通过星级公厕评选的方式，提升公厕的清洁度，首批评选了 9 个三星级公厕、12 个二星级公厕，剩余公厕正在改造。推行机械化清扫保洁向农村延伸，金凤区生活垃圾无害化处理率达 100%。

2022 年 2 月 14 日，环卫工人擦拭果皮箱

【物业管理】 2022 年，金凤区住房城乡建设和交通局根据“三定四查八符合”模式，采取建立台账、现场检查等措施对 423 个住宅小区等检查 4622 次，下发限期整改通知书 664 份。对逾期未整改或整改不彻底的企业及项目经理人扣减信用分，对 37 家落实物业服务企业申请增加信用记分，全年开展培训 19 场，联合街道、社区及部门协调问题 60 余次。探索物业管理“三步工作法”，建立优胜劣汰的市场竞争机制。印发住宅小区物业服务质量星级化评定方案，通过综合评价，依据评星结果，对物业服务项目实行差别化管理。

【公共设施修缮】 2022 年，金凤区住房城乡建设和交通局全面排查路灯、路名牌、垃圾箱、无障碍设施等公共设施损毁情况，对主次干道、背街小巷路面破损或坑洼，道牙树框道砖井盖损坏及隔离设施缺损等及时整修，共维修沥青路面 [illegible]500 平方米、人行道砖 5500 平方米、道牙 300 延米、树框 320 套、雨水检查井 413 套。

【美丽宜居村庄建设】 2022 年，金凤区住房城乡建设和交通局按照自治区高质量美丽宜居村庄建设要求，积极对接自治区住建厅，将良田镇植物园村列入 2022 年高质量美丽宜居村庄建设项目，争取自治区奖补资金 200 万元，完成植物园新二村中央大道白改黑项目。

【建筑行业监管】 2022 年，金凤区住房城乡建设和交通局按照建筑工地安全生产专项整治三年行动方案，明确任务，落实责任，及时传达学习习近平总书记关于安全生产的重要论述和银川市、金凤区安全生产专项整治等文件，召开推进会 10 次，培训 3 次。对在建的 100 个建筑工地开展巡查，联合市住建、消防等部门及金凤区应急管理、综合执法等部门开展检查共 400 余次，下发责令整改通知单 330 份，重点对在建工地安全培训、施工现场管理、深基坑、脚手架、高空作业、生活区临时用房消防器材等开展专项排查，对发现的问题跟踪复查，消除隐患。

【渣土处置】 2022 年，金凤区住房城乡建设和交通局共受理建筑工地、道路修建、电缆工程等渣土业务 53 件，收取渣土处置费 354 万元。联合综合执法局巡查建筑工地 15 余次，查处未密闭运输及污染路面行为 2 起，查处未办理建筑渣土处置手续工地 2 个，已移交金凤区综合执法局处理。

【人防工程】 2022 年，金凤区住房城乡建设和交通局组织辖区各街道、社区、学校、小区等开展防空疏散应急演练。组织开展“战时防空、平时服务、应急支援”人防进校园活动，通过赠送校园人防应急袋、发放宣传手册、观看人防科普展等方式，有效提升师生的国防观念和人防意识。编制《金凤区人民防空应急预案》并提交银川市人防办。联合物业办摸排辖区人防设施。

【地震应急演练】 2022年，金凤区住房城乡建设和交通局积极参加大型地震实战应急演练，并按照银川市地震局“7·28”大型地震实战应急演练安排，制定《金凤区2022年地震应急实战演练方案》，于7月28日组织卫健、公安、消防等部门50余人，调集车辆4辆，按流程完成整体演练。联系教育、街道、社区等相关部门，完成“5·12”地震应急演练。编制完成《金凤区住房城乡建设和交通局地震应急预案》。

【人大议案及政协提案办理】 2022年，金凤区住房城乡建设和交通局承办并完成金凤区人大议案4件，人大意见建议46件(已完成30件，正在推进13件，无法办理3件)，政协提案及建议11件（已完成8件，正在推进3件)。

【美丽乡村建设】 2022年，金凤区住房城乡建设和交通局将良田镇植物园村列入2022年高质量美丽宜居村庄建设项目。植物园村高质量美丽宜居村庄建设项目估算总投资27141.91万元，其中2022年计划实施建设项目12个，总投资6906.12万元(村庄投资4078.31万元，村域投资2827.81万元)；实际开工建设10个项目(其中竣工10个项目)，未开工2个项目，完成投资5905.31万元。

【污水处理】 2022年，金凤区全面摸清良田镇、丰登镇所有污水设施，共摸清良田镇植物园村123户污水堵塞、和顺新村54户污水堵塞、银川林场污水设施未配套等问题。为实现辖区污水处理全覆盖，根据《银川市金凤区人民政府第80次常务会议纪要》研究决定，将良田镇和顺新村污水处理工程资金列入良田镇给排水一体化特许经营项目费用。4月12日至5月15日，宁夏水投集团金凤水务有限公司组织完成良田镇和顺新村污水管网维修，解决54户农户污水排放问题。9月10日，金凤区住房和城乡建设和交通局委托大连安能杰科技有限公司对和丰村污水处理站进行为期一年运营管理。同时加强污水处理站及各水厂每月出水水质监测，确保出水达标。

【安全饮水】 2022年，金凤区建设良田镇给排水一体化工程智慧信息化平台，将22座一体化泵站、金星村污水处理站、园子村污水处理站、园林水厂、兴源水厂、光明水厂等设备接入终端，整合污水处理厂、自来水厂，提升泵站的数据资源、通信资源、网络资源，建立数据监控，进一步实现金凤区农村给排水处理业务的数字化、可视化，为金凤区给排水运营企业的运营、调度指挥、分析决策提供有效的数据支撑。

【建筑工地安全生产】 2022年，金凤区住房城乡建设和交通局积极配合银川市建筑行业管理处对辖区建筑工地进行安全生产日常监督检查，并联合金凤区应急管理、消防救援大队、综合执法、生态环境等多部门开展联动检查。截至年底，金凤区共有在建工地105家，累计检查建筑工地450多次，下发责令整改通知书350份，排查安全隐患52处。2022年，累计召开安全生产推进会15次，开展专项安全检查5次，聘请建筑领域安全生产专家组对辖区建筑工地安全生产管理、安全生产责任制落实、有限空间作业、消防安全、食堂食品安全等进行4轮拉网式排查，下发建筑工地督查检查情况通报5份，上报银川市建筑行业管理处申请处理16家建筑工地。制定完善《金凤区建筑工地安全生产专项整治方案》并严格落实，积极推进百日安全专项整治行动，对检查中发现的安全问题，要求建筑企业立即整改，并对整改情况进行复查，形成闭环管理，消除安全隐患，确保金凤区安全生产环境持续稳定。

【智慧金凤平台】 2022年，智慧金凤平台共接收案件2294件，结案1962件，退单332件，正在办理44件。处理市政维修专线电话投诉案件共420件，无逾期办理情况，总体完成情况较好。

【物业行业文明城市创建】 2022年3—8月，物业管理服务中心在文明城市创建期间，组织各物业服务企业召开文明城市创建推进会2次，共对辖区335个物业小区监督检查1693次，下发物业巡察整改通知书468份，下发《关于金凤区物业小区全国文明城市创建工作的督查通报》9期，16家物业服务企业因文明城市创建工作落实不到位而扣减企业及项目经理信用信息记分。

【垃圾分类】 2022 年，金凤区住房城乡建设和交通局制定下发生活垃圾分类实施方案和考核办法，垃圾分类设施覆盖率达 100%，共建设垃圾分类房 145 个、积分兑换超市 26 个、智能回收柜 120 个。打造分类示范达标小区 68 个，以庆丰街为试点，打造了垃圾分类示范街区。组织 245 个物业小区与保绿特公司签订收运协议，实行“桶车对接”密闭运输。对表现良好的 9 家企业信用记分加分奖励，对 4 个小区及 4 名督导员以奖代补奖励 35000 元，鼓励物业企业开展垃圾分类。

【农村生活垃圾分类】 2022 年，金凤区推动辖区两镇（良田镇和丰登镇）农村生活垃圾治理工作，建立健全实施方案，成立领导小组，实行“户分类、村收集、集中清运、可持续治理”模式和“两次六分、四级联动”、市场化外包的工作模式。完善基础设施配置，增配 20 辆电动四分类垃圾收集车、4750 对两分类垃圾桶（20 升）。对农村生活垃圾实行上门收集，上门收集的同时向村民普及垃圾分类小知识，收集与转运做到了日产日清，无害化处理率达到 100%。坚持环卫城乡一体化管理，加大宣传与知识普及，营造“人人有责、家家参与、户户受益”的浓厚氛围，全力发动群众投入到乡村人居环境整治行动中，获得农村生活垃圾分类和资源化利用二级示范县区奖补资金 225 万元。

【城镇生活垃圾分类】 2022 年，金凤区成立生活垃圾分类工作领导小组，由区长担任领导小组组长，印发《金凤区 2022 年生活垃圾分类实施方案》《金凤区城市生活垃圾分类工作考核办法》，同时与各部门签订《金凤区生活垃圾分类目标责任书》。制定《金凤区党建引领垃圾分类常态化联动工作机制》《金凤区机关党员干部带头开展垃圾分类工作实施方案》，召开 4 次垃圾分类工作联席会议，研究部署阶段性工作和解决推进中存在的问题，定期组织党员和干部职工参与垃圾分类。组织各镇（街道）到西夏区观摩先进经验活动 1 次，召开服务企业业务培训会议 5 次。开展宣传活动 2000 余场次，入户宣传。开展主题宣传月活动 20 余次。联合金凤区政协、总工会、教育局等单位开展“黄河流域生态保护主题宣传实践月”、垃圾分类进校园等宣传活动 300 余次。利用居民小区及公共机构电子屏幕滚动播放《银川市生活垃圾分类管理条例》及生活垃圾分类相关宣传标语 500 余次，设置宣传栏和展板 500 余个，悬挂宣传标语 200 多条，发放宣传资料 1 万余份、各类宣传品 2500 余个，让群众随时接受垃圾分类条例宣传教育。联合各成员单位、街道、社区开展志愿服务活动 600 余场次，志愿者参与达 1000 余人次。调动社会企业力量在 47 个小区开展垃圾分类宣传活动，发动 2000 余人学习垃圾分类知识。在各居民小区累计建设垃圾分类房 45 个，升级改造投放点 781 处，设立积分兑换超市 26 个。226 个示范达标小区已与银川市保绿特生物技术有限公司签订收运协议，采取“桶车对接”的方式密闭运输。68 个居民小区开展厨余垃圾分类收运。联合政府督查室对生活垃圾分类工作进行了 5 次督查。辖区综合执法局采取一次警告、二次处罚的方式，对沿街商铺进行垃圾分类执法检查，对 5 家商户进行行政处罚。对在生活垃圾分类工作中表现良好的 9 家物业服务企业进行企业信用信息记分加分奖励，并对 4 个居民小区和 4 名督导员给予以奖代补经费奖励共 35000 元。对垃圾分类工作推进不力的 14 家 AAA 信用等级为物业服务企业进行约谈，对 2 家物业企业下发《物业企业及项目经理人信用信息扣减告知书》。

【环卫保洁】 2022 年，金凤区安排各环卫服务外包公司清理整治卫生死角，深度清理绿化带垃圾、粪便、枯枝败叶，清理高空垃圾，冲洗、清掏垃圾箱和灭烟柱；清洗路面油、泥、漏撒污染，清理树池垃圾，利用小型机械清理人行道僵尸车位积存垃圾，清扫地下通道等，稳步提升辖区环境卫生质量。累计冲洗 15000 余次，铲除小广告 1.6 万余次。共擦拭果皮箱 2 万余次，擦拭灭烟柱 4 万余次，清理水草约 4800 吨；清理岸线两侧杂草长约 80 公里，清运树枝、杂草等 680 车次约 900 吨。将庆丰巷、枕水巷、兴旺巷、平湖巷4条背街小巷打造成环境整洁、秩序优良、具有活力的文明示范街；对辖区25个公厕提档升级，打造三星级公厕10个、二星级公厕15个。6月21日突降暴雨，组织100人突击队和5辆吸污车、37台水泵，全力抽排34个较大积水点，清理路面淤泥和垃圾杂物，确保市民出行畅通安全。

（李　莉）

道路交通管理

【城市道路畅通工程】 2022年，金凤区结合银川市交通疏堵“6+N”工程，投资6500万元实施尹家渠北街（大连路—后海路）及凤凰北街（大连路—沈阳路）道路打通工程，4月6日开工，6月7日通车。两条道路的贯通解决了周边市民及中小学、幼儿园师生出行难的问题，彻底改善了断头路周边脏乱差的现状。

2022年6月7日，凤凰北街（大连路—沈阳路）正式通车

【农村公路建设】 2022年，金凤区争取自治区“车购税”资金330万元，金凤区本级配套资金858.29万元，投资1188.29万元完成银兴公路（兴盛巷至桑园沟桥段）改建工程。道路全长2.783公里，新建路面5.1497万平方米，处理路床9361立方米，设置平交道口5处，工程7月5日开工，8月20日建成通车。

【农村公路养护】 2022年，金凤区争取2022年第一批政府还贷二级公路取消收费后补助资金105万元和日常养护资金10万元，投资119.84万元实施银兴公路修复养护工程（六盘山路至南绕城高速段），养护农村公路1.51公里。将“最美农村路”银兴公路从桑园沟桥向北延伸至六盘山路段，延长6公里，里程达21.8公里。争取2022年第二批政府还贷二级公路取消收费后补助资金439万元，投资819万元实施了丰登镇农村公路养护工程3个，分别是平伏桥19组支线路（C278平阅公路至平伏桥19组路）、金凤区永贺公路（C305正源北街至X106贺新公路段）、丰永公路（C205阅海路至永贺公路交叉口段）。自治区交通运输厅下达2022年燃油税补助资金78万元，投资222.3205万元实施农村公路养护维修及安保工程。

2022年8月20日，银兴公路（兴盛巷至桑园沟段）改造工程完工

【交通海事整治】 2022年，金凤区住房城乡建设和交通局与各责任部门及水运企业分别签订《2022年船舶安全责任书》，利用节假日开展10次水上安全检查，查处并整改隐患5处。

（李　莉）

综合执法

【概况】 2022年，金凤区综合执法局坚持贯彻落实城市精细化管理及综合行政执法改革的决策部署，扎实推进市容市貌整治、城乡环境卫生治理等工作。积极开展全国文明城市复审工作。依托视频智能分析系统，针对小区门口、背街小巷、学校周边等重点区域占道游商，灵活调整视频监控区和监管重点。依托智慧监管平台和网格，精准掌握辖区有证、无证养犬的数量及分布区域，有效破解犬类管理难题。积极协调共享单车青桔运营企业在永丰村、润丰村设立共享单车停放点。对新昌路商业街基础设施老化且不完善、外立面杂乱等进行重点改造，打造特色网红美食街。

2022年1月13日，金凤区综合执法局开展“强素质、转作风、树形象”队列训练评比及会操表演

【联合办案】 2022年，金凤区综合执法局与民政等部门建立联席会议制度，形成“统一指挥、部门协同、整体联动”的工作机制，先后处理涉及房地产、市政、园林绿化、水务、农业等方面的各类行政处罚案件59起，累计罚款4333516.99元。

【执法办案场所】 2022年，金凤区综合执法局按照综合执法系统“三室一所一栏”规范化建设要求，先后以长城路、北京路、贺兰山路、上海路、良田路5个基层执法中队为试点，逐步优化办公环境，强化执法力量，规范执法标准等。北京中路中队、长城中路中队新办公场所已投入使用，已有6个执法中队完成规范化建设。

【市容秩序整治】 2022年，金凤区综合执法局利用视频智能分析系统对重点区域的违规占道经营、店外经营进行智能抓拍，重点监管。全年累计清理占道经营、店外经营14400余起，罚款239735元。办理犬只准养证635张，年审9[illegible]8张，抓捕流浪犬400只，处理犬类投诉150余起，处罚不文明养犬行为55起，罚款2750元。共计规范摆放车辆3万余辆。对新昌路商业街基础设施老化且不完善、外立面杂乱、商业氛围缺失问题进行重点改造，为群众打造出特色网红美食街。落实属地管理原则，将农村、城乡接合部、行政区域交界处等作为重点排查区域，开展排查整治工作，坚决防止异地转移、死灰复燃现象，确保全区“散乱污”企业动态清零。

2022年2月18日，金凤区综合执法局干部职工在上海西路扫雪

【理论学习】 2022年，金凤区综合执法局党组严格制订学习计划，依托中心组学习、每周一政治理论集中学习、全局政治理论学习以及“主题党日+”等活动，以集中学与自学相结合的学习方式，坚持把学习贯彻习近平新时代中国特色社会主义思想、党的二十大精神、习近平法治思想、习近平总书记视察宁夏重要讲话指示批示精神、自治区第十三次党代会精神作为当前首要政治任务，紧密结合综合执法工作实际，有针对性地重点学习，在读原著原文中加深理论

理解，在研讨沟通中拓宽思路，学深悟透。全年开展中心理论组学习19次、政治理论学习40次、专题研讨9次。

【党的建设】 2022年，金凤区综合执法局党组书记切实履行党建工作第一责任人职责，做到党建工作亲自部署、疑难问题亲自协调、重点任务亲自落实。完善党组会议事规则和决策程序，不断提高科学决策、民主决策、依法决策水平，先后召开党组会议17次。深入实施基层党组织建设提质增效工程，开展“党建互观互检”活动，夯实党建工作基础。邀请宣讲团成员赵耐香、施宏伟开展自治区第十三次党代会宣讲。成立金凤区综合执法局宣讲团队，向融媒体中心专题专栏投稿自治区第十三次党代会宣讲视频。定期开展党建开放日宣传活动，辖区企业员工走进机关，实地参观党建阵地、执法中队标准化建设、无人机执法流程。积极参加综合执法系统“喜迎二十大、建功新时代”系列活动，邀请专业团队录制“喜迎二十大”党建微视频，强化党建引领，讲好党建故事，展示党员风采。制定《金凤区综合执法局2022年党风廉政建设和反腐败工作安排》、全面从严治党“三个清单”，按照党组书记与党组成员、党总支书记与各支部书记、分管领导与分管各中队（科室）模式，层层签订党风廉政建设责任书。通过召开集体警示教育大会、观看警示教育纪录片、参观廉政教育基地、深入开展金凤区违规收送红包礼金和不当收益及违规借转贷或高额放贷专项整治工作等形式，对全体干部职工加强廉洁从政教育，强化不敢腐的震慑，增强不想腐的自觉。经常性组织开展谈心谈话活动，特别是针对年轻干部思想、工作上可能出现的苗头性倾向性问题，及时提醒纠正，确保扣好年轻干部廉洁从政“第一粒扣子”。聘请法律顾问面对面向执法队员讲解执法程序、案例分析、疑难解答。建立周“半日学法”制度，提升执法队员理论素养和依法行政的法律意识，确保改革后的执法事项能够接得住、管得好。累计开展周“半日学法”活动10次、优秀案卷评审活动2次、法律法规知识竞赛1次，参加市局组织的执法培训7次、司法局专业领域执法培训5次。

2022年8月26日，金凤区综合执法局参加银川市综合执法监督局举办的“喜迎党的二十大 颂歌献给党”歌唱比赛并获一等奖

【意识形态工作】 2022年，金凤区综合执法局党组加强对意识形态工作的组织领导，把意识形态工作纳入党组重要议事日程，纳入党建工作，纳入领导班子民主生活会和领导班子领导干部年度述职考核内容。党组会议研究部署意识形态工作3次，组织机关干部职工集中学习意识形态工作内容40次。通过局政务、微博等渠道宣传好习近平新时代中国特色社会主义思想，加大对职责范围内群众关注度高的热点问题的宣传报道。加强本单位网评员队伍建设和网络安全运行保障，严格信息审核，发布内容须经主要领导审批。

（买晶晶）

征地拆迁

【概况】 2022年，金凤区土地整理中心完成丰泽美居北侧规划路、丰登镇中心幼儿园、金凤区第二十六小学建设项目、金凤五路（正源街—民族街）道路工程、银川经济技术开发区高端产业综合配套住宅5个项目。做好正源街西侧土地专项债券收储（唐徕中学北校区）建设项目、银川老看守所周边区域棚户区改造、宁夏银川西新110千伏输变电工程3个项目的土地现状调查勘测丈量、社会稳定风险评估报告等征收前期准备工作。对接银川市住建局,完成景观石和渣土移除清运等工作。共争取拆迁补偿资金5705.45万元,办理康居安置房屋合同6520户。制定《金凤区土地整理中心领导班子分工及网格化管理职责》,切实解决修建包银高铁项目涉及平伏桥村800余名失地农民的养老保险问题。共答复智慧金凤平台案件36条,群众信访8件,化解历史遗留问题2件。

表3 2022年金凤区拆迁项目一览表

项目名称	项目详情	完成情况
丰泽美居北侧规划路项目	位于丰泽美居小区北侧,起点为西侧规划路,终点为宁安北街。新征集体土地6.22亩,补偿资金33.84万元。	全部补偿完毕
丰登镇中心幼儿园项目	位于金凤区规划康养路以南,丰登镇政府西侧规划路以西,哈尔滨路北侧规划路以北,幼儿园二期用地以东。征地面积29.89亩,补偿资金139.36万元。	全部补偿完毕
金凤区第二十六小学建设项目	位于金凤区,东至典农河,西至灵芝巷,南至气象局用地,北至黄河路。该项目涉及拆迁户25户,征地面积42.54亩,涉及资金3180.73万元。	全部补偿完毕
金凤五路(正源街—民族街)道路工程项目	位于银川市金凤区南部,正源街以东,民族街以西,宝湖路以南,六盘山路以北,道路全长2845.8米。该项目征收金凤区长城中路街道高桥村集体土地1.45公顷、五里台村集体土地0.03公顷。	已完成土地征收和补偿工作
银川经济技术开发区高端产业综合配套住宅项目	位于金凤区长城中路以南、恒大名都以北、凤翔街以东、良田渠以西,土地面积5.27公顷。征收黄河东路街道双渠口村集体土地66.47亩及地上附着物,补偿总费用502.16万元。	已完成土地征收和补偿工作,土地已移交银川经济技术开发区管委会
银川西新110千伏输变电工程项目	位于正源北街以东、规划新联路以北、哈尔滨路以南,征收土地面积9.8亩,测算补偿共计47.24万元。	实施中
银川老看守所周边区域棚户区改造项目	位于金凤区,东至宁安南大街,西至天山熙湖小区,南至华雁湖及原银川市看守所用地,北至龙马阳光城小区。该项目涉及征收市政府机关农场、原银川市广播电视局、自治区原粮食局农场、银川市公安局农场、自治区民政厅农场5家单位,35户住户,征收国有土地约192.2亩,征收各类房屋10705.57平方米。	实施中
银川市金凤区正源街西侧土地专项债券收储(唐徕中学北校区)建设项目	位于丰登安置区三、四期以东,丰庆沟(道路)以北,正源北街林带以西,洱海路以南,是银川市政府争取国家发行的专项债券资金,由银川市土地储备中心具体实施土地征收储备中的一宗土地。征收储备土地总面积932.88亩,其中,集体耕地865.14亩,鱼池38.9亩,国有划拨用地28.84亩。拆迁国有划拨用地企业3家、集体土地上养殖场51户、农家乐2户,拆迁各类建筑面积约11万平方米。	实施中

【拆迁安置】 2022年，金凤区土地整理中心审核丰登镇增减挂钩、大整治大绿化、“十三五”移民、老街道改造等项目，长城中路街道七十二连湖、丰银保障性住房、南部生态公园项目（五里台村），满城北街街道回购房（平伏桥村）拆迁安置补偿协议共计6234份，审核合格并返还各镇（街道）5155份。抽调6名工作人员下沉黄河东路街道盈南家园三期、满城北街平伏桥村悦湖家园、丰登镇西新村丰泰家园等20多个小区，上门集中办理了康居房屋安置合同。2022年，为辖区拆迁安置群众办理康居安置房屋合同6520户。

（陆宏翔）

智慧城市运营

【概况】 2022年，金凤区智慧城市运营中心以金凤区“1447”总体发展思路为引领，以努力提升社会治理现代化水平为目标，紧扣金凤区2022年十大工程项目、金凤区“10+1”重点项目、为民办实事等工作任务，做好智慧金凤社会治理综合平台三期建设、国家智能社会治理实验特色基地（城市管理）建设、智慧金凤社会治理综合平台运行等工作。

【案件办理】 2022年，金凤区智慧金凤社会治理综合平台对接自治区12345政务服务便民热线管理平台，对自治区、银川市12345市民服务热线、电话投诉、“金凤e家”等来源问题进行“一口式受理、线上分类流转”，提升基层治理问题流转、解决效率。智慧金凤社会治理综合平台共受理各类案件433981件，已办结423763件，办结率为98%。

【考核督查】 2022年，金凤区智慧城市运营中心督查组对金凤区各镇、街道共425个小区、13个村居、9个农贸市场及辖区236条主次干道、背街小巷的环境、秩序、安全等问题进行实地督查，共发现各类问题1214件，已全部结案，起草下发督查通报20期，督促各责任单位及时整改存在的问题，维护公共秩序、公共环境和公共安全。

【视频巡查】 2022年，金凤区智慧城市运营中心主要围绕大气污染防治、林带缺株、全国文明城市建设等开展专项巡查，共发现问题7281件，已办结7278件，结案率99.96%。利用46种智能算法，对占道经营、店外堆物、车辆乱停放等常见问题不间断抓拍监测，对非机动车逆行、快递外卖车辆违规行驶、共享单车违规载人等行为，抓拍后制作不文明行为PPT，通过电子大屏投放警示，督促提升居民自觉意识。截至年底，视频智能分析发现问题2947件，已办结2947件，办结率为100%。

【创建文明城市】 2022年，金凤区智慧城市运营中心出动全体干部职工33人开展志愿服务活动24次，志愿者在创建文明城市期间每天在紫园社区各街道内进行卫生清理、非机动车辆有序摆放、劝阻沿街商户禁止私拉电线等服务活动，在满城街与上海路交会处开展文明交通志愿疏导活动。对辖区各街道文明城市建设情况进行督查，对工作落实不到位的上报智慧金凤社会治理综合平台，督促及时整改。针对街面环境、公共秩序等不文明、违规行为进行电子抓拍并上报平台，为文明城市建设工作保驾护航。

【平台建设】 2022年，金凤区智慧城市运营中心对智慧金凤社会治理综合平台进行迭代升级，建设金凤区大数据分析平台。完成2个镇、6个街道办事处第一阶段的人口基础数据收集工作，完成16家单位的数据调研工作，将美团单车、哈啰单车、青桔单车3家企业的数据资源导入大数据专题。完成社会治理、智能监管、社会治安、市场主体、共享单车治理、数字社区6个大数据专题的数据分析指标体系构建工作、系统原型设计及可视化开发工作，系统进入试运行阶段。在金凤区应急管理局物资仓库中安装数据采集设备5台、标签打印机5台，用于物资数字化管理工作。选定170个智能设备安装目标点位，已经完成5套涵洞、15套路面内涝监测设备，100个智慧井盖及50套视频监控设备的安装工作。将各类智能设备对接至社会视频共享平台，结合降雨天气，实时监测水位及报警信息，根据运行情况优化完善平台功能，测试调整设备状态。

【智能油烟监测】 2022 年，金凤区智慧城市运营中心优化升级金凤区油烟监测模块，扩大监测覆盖面，将泰康街、庆丰街、良田路等 4 条街区纳入监测范围，对 10 条特色街区 84 家餐饮企业的 100 个烟道进行监测，实时监测每条街区及每家商户的油烟排放数据。共发现油烟超标现象 1045 次，给超标商户推送提醒短信 996 条，智慧金凤社会治理综合平台立案 49 件，综合执法人员上门督促整改 39 次，环保部门现场执法 10 次。

（烟　云）

2022 年 8 月 16 日，金凤区总网络部到金凤区智慧城市运营中心调研金凤区“智慧工会”运行情况

自然资源与环境保护

国土资源管理

【概况】 2022年，金凤区耕地面积共计7437.46公顷，主要分布在丰登镇、良田镇、黄河东路街道办事处、银川林场和阅海实业集团，其中国有耕地面积5022.29公顷，主要分布在良田镇、银川林场和阅海实业集团。较上年度耕地面积减少103.4公顷(建设用地占用)。

【土地权改革】 2022年，金凤区形成10个成建制移民村和1个生态移民林场社区的“多规合一”实用性村庄规划成果（和顺新村编制百万移民致富提升方案），并审批实施。累计为30776亩农村承包地、461亩宅基地、62亩集体建设用地颁发了相关确权证书5532本。推进原郊区政府办公楼拆迁地块等共计178.85亩闲置低效建设用地盘活利用；将宁夏丰源面制品有限公司开发项目等18个项目共计923.27公顷低效用地纳入《银川市辖区城镇低效用地再开发专项规划(2021—2023年)》；配合银川市自然资源局共处置疑似闲置土地四宗185.75亩。优

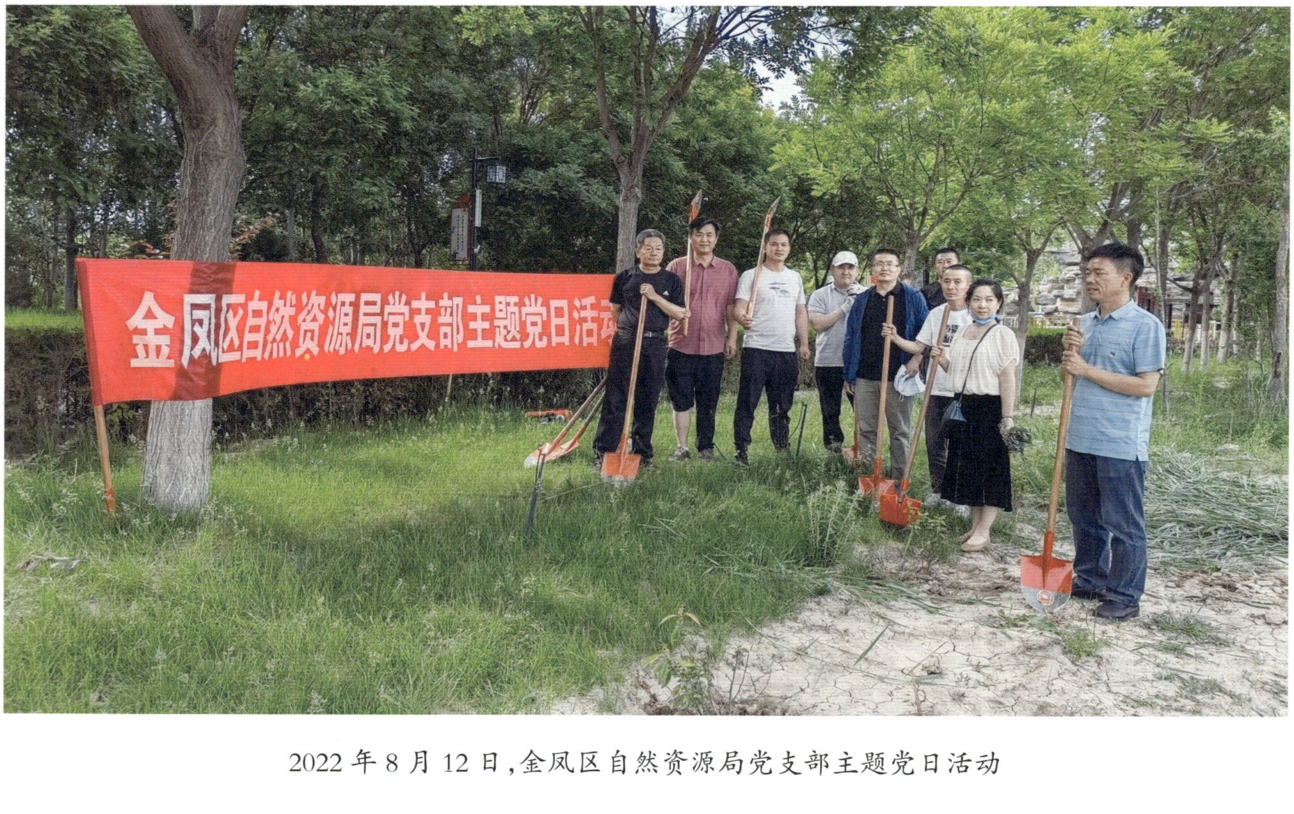

2022年8月12日，金凤区自然资源局党支部主题党日活动

化国土空间布局，编制《金凤区近期国土空间规划实施方案》，保障金凤区北部高级中学建设项目等56个重点建设项目257.30公顷新增建设用地指标。

【山林权改革】 2022年，金凤区根据银川市自然资源局第三方作业单位数据比对，初步选定20个图斑进行深入排查，核对是否具备发证条件。完成县、乡镇（街道）、村（社区）三级林长制组织体系建设。印发林长会议制度、林长巡林制度、考核评价办法、督查督办制度、信息通报制度等10项制度，将林长制工作目标、运行等制度化。健全工作机构，组织召开金凤区总林长会议，同时做好信息发布和工作提示。市级林长完成巡林1次，金凤区级总林长巡林1次，副总林长巡林4次，乡镇级巡林21次，村（社区）级巡林174次。银川林场被自治区审定为2022年设施果树优质基地，不断探索林下种植和养殖新模式。

【国土绿化】 2022年，金凤区自然资源局完成人工造林327.16亩，在南环高速完成未成林抚育提升及退化林改造611.58亩，全面完成自治区下达造林任务。同时实施绿化项目7个，新增绿化面积12万平方米。加强对凤洁园林绿化有限公司的监督、指导、考核，辖区2900亩公园绿地、1.2万株行道树、11.7万平方米分车带、30余万平方米道路绿化、1200亩防护林带、32万平方米村镇绿化的林木全面落实浇水、修枝、病虫害防治等一系列管护养护措施。

2022年3月31日，金凤区人大常委会领导参加义务植树活动

【土地资源利用】 2022年，金凤区以2020年国土变更调查成果为底图，严格按照国家划定规则，划定耕地和永久基本农田。划定成果已经自治区、银川市同意，报送自然资源部。成果较“十三五”期间耕地保有量任务指标核减2.14万亩，永久基本农田任务指标核减1.05万亩。累计移交银川市国土资源执法监察支队问题图斑12处，移交农业农村和水务局、各镇（街道）推进整改图斑65处。会同金凤区农业农村和水务局积极指导辖区两镇开展设施农用地项目审批和备案工作，共完成金凤区良田镇金星村汉白玉萝卜分拣中心设施项目、宁夏鑫润丰农机作业服务有限公司设施农用地建设项目等41宗、571.2亩设施农用地项目的审批及自然资源部设施农用地备案系统的备案工作。

【法律法规宣传】 2022年，金凤区结合2月2日世界湿地日、3月12日植树节、4月22日世界地球日、6月25日全国土地日等，大力开展法律法规宣传活动，引导群众自觉保护自然资源。共开展法规宣传12次，发放宣传彩页3000余份。

（任思扬）

林草管理

【概况】 2022年，金凤区共有草地1347.11公顷，其中国有草地面积942.03公顷，主要分布在丰登镇、银川林场和良田镇。有园地935.53公顷，其中国有园地面积761.41公顷，主要分布在银川林场。有各类林地总面积2792.86公顷，森林面积2362.92公顷，森林覆盖率8.74%。林地主要分布在黄河东路街道、上海西路街道、北京中路街道、长城中路街道、丰登镇和良田镇。

【森林防火】 2022年，金凤区结合森林防火特点，科学划分防火区域，在节假日加大巡查力度和频次，建立巡察整改机制，共巡查98次，发现风险隐患13处，下发整改通知8份，督促有关单位整改隐患13

处，现场劝返垂钓人员 14 次，劝返野外烧烤人员 10 次。及时督促各有林单位及时清理林带内可燃物。发布金凤区 2022 年森林防火通告，切实加强森林防火工作，辖区无较大火灾事故发生。

【林业执法】 2022 年，金凤区以森林督查为主线，切实加强森林防火、野生动物保护等森林资源保护工作，先后开展巡查 40 余次，科普宣传 20 场次，出动人员 90 人次，受理林木采伐许可 19 件，占用绿地开设路口 11 处，使用林地审批 4 件，处理投诉 22 起。联合 8 部门开展了以“清风行动”为主的保护野生动植物专项行动 3 次，截至年底共处理涉野生动物投诉 4 起。

2022 年 6 月 21 日，良田镇耕地违法建房拆除现场

【安全生产】 2022 年，金凤区自然资源局与承包项目的企业签订安全生产责任书，并按照区域划分，明确责任严格执行。积极落实群防群治措施，联系 2 个镇、6 个街道办事处加强监督管理，减少人为火灾事故发生。加大安全生产大检查力度，对辖区各管辖工地及维护项目加密巡查频次，对各类设施进行检查。截至年底，安全生产巡查 62 次，出动车辆 62 辆次，出动人员 186 人次。做好应急物资库管理，维护好应急避难场所，保管好树木有害生物防治药品。清除宝湖公园有火灾隐患的松树，种植草坪和三叶草 2300 平方米，维修或加固各类公园设施 10 处。

（任思扬）

环境保护

【概况】 2022 年，金凤区控阅海、典农河贺兰山路与唐徕渠交接处、典农河亲水大街桥 3 个断面全年平均水质为Ⅲ类，典农河阅海闸以北 1 公里处、四二干沟 2 个断面全年平均水质为Ⅳ类，均达到或优于考核要求。土壤环境总体平稳，未发生因耕地土壤污染导致农产品出现质量问题，未发生污染地块再开发利用不当造成不良社会影响的事件。2022 年，金凤区成功举办“黄河流域生态保护主题宣传实践月活动”。率先在全市完成企业实际排放量核查。

【空气质量】 2022 年，金凤区优良天数为 303 天，优良天数比例为 83%，位列银川市六个县（市、区）第二。$PM_{2.5}$ 平均浓度为 33 μg/m³，同比上升 3.1%；PM_{10} 平均浓度 74 μg/m³，同比降低 19.6%。

【蓝天保卫战】 2022 年，金凤区制定印发《金凤区绿化养护考核管理办法》，完成造林 940 亩，建成区增绿 12 万平方米，宝湖路林带、绕城高速、铁路沿线环境状况大为改观，城市“三绿”指标保持全市首位。积极应对沙尘天气，加密机械化清扫频次，共出动喷雾车、洒水车、清扫车 1.26 万车次，人员 1.28 万人次，主干道路机械化清扫率达到 95%，有效降低道路扬尘污染。建筑工地严格落实“红黄绿”三色动态管理制度，坚决落实“6 个 100%”治理标准，渣土运输车实行 24 小时全天候、无缝隙管理，全年共整治建筑工地 65 个，对存在的 75 个问题逐一紧盯整改，严格管控建筑工地扬尘。建立裸露堆土、空地台账，采取硬化、绿化、洒水浇灌、铺设防尘网等措施有效降尘，治理裸露空地 44.62 万平方米，达到治理全覆盖。努力防控臭氧污染，严格落实日常执法、全域监管模式，持续加大对小巨人、宁夏报业等涉挥发性有机物企业和加油加气站监管力度，定期开展餐饮业集中整治，最大限度降低臭氧生成。持续推进秸秆禁烧，利用无人机等高科技手段对秸秆焚烧易发区、多发区开展监督检查10余次，及时处置焚烧秸秆行为，最大程度降低污染排放。全年已开工农村居民煤改电项目、金凤区老旧小区基础设施改造（供热管网改造）项目等冬季清洁取暖项目7个，部分居民享受上“绿色暖冬”，辖区重点时段、重点区域大气污染进一步降低，居民生活环境质量明显改善。

【碧水保卫战】 2022年，金凤区落地实施陈家湖水环境治理工程，采取“生态治理—生态修复”总体治理方案，恢复陈家湖北部太阳岛区域湖体生态环境，为全面改善水生态创造有利条件。加强辖区河湖岸线保护，常态化落实河（湖）长制，制定完善“一河（湖）一策”治理方案，持续开展“清河专项行动”，整治河湖突出问题30余处。累计出动180余人次整治西线排沟、解放沟等沟渠47公里，辖区黑臭水体动态清零。强化用水强度约束，持续做好节水控水工作，有效保障生态用水，2022年总灌溉水量约3600万立方米，黄河水分配率未突破指标红线。多部门联合开展三一支沟、解放沟等重点沟渠水体问题整治工作，加强对接壤地区的巡查力度，封堵违规污水管网排放口1处，确保三一支沟、解放沟水体安全。持续强化水源地保护工作，集中式饮用水水源地规范化整治率达到100%，全年共开展水源地巡查24次，及时制止水源地保护区内违法行为。紧盯四污、六污、七污城镇污水处理厂出水水质，加强对辖区医疗机构的监管，全年共开展涉水企业检查48次，229家诊所全部安装小型污水处理设施，12家大型医院、3家污水处理厂、2个酒庄全部安装污水处理设施，城镇污水、医疗废水均实现达标排放。

【净土保卫战】 2022年，金凤区完成24处重点建设用地土壤污染状况调查工作，重点建设用地安全利用率达100%。建立土壤污染防治工作联席会议制度，扎实推进“三禁三减”行动，推广测土配方施肥面积3.15万亩，农药利用率、秸秆综合利用率、残膜回收率分别达到40%、88%、86%以上。编制印发《金凤区农村生活污水治理专项规划（2021—2030年）》，明确农村生活污水治理目标，通过建立农村生活污水处理设施管理和考核办法，构建农村生活污水处理设施及管网运维管理体系，有效降低污染物排放。完成畜禽养殖场、养殖小区备案工作，粪污资源化利用率、规模养殖场粪污处理设施装备配套率分别达96%、100%，制定《金凤区畜禽养殖污染防治规划》，进一步指导金凤区畜禽养殖标准化、污染防治精准化。督促涉固废企业依法依规处理固体废物，辖区重点企业一般工业固体废物处置利用率达100%。

【节能减排】 2022年，金凤区全面落实区市工作要求，积极对接银川经济技术开发区管委会，进一步扩大排污权交易主体基数，引导现有排污单位在宁夏公共资源交易平台完成核定、注册、交易流程。共完成一、二级市场交易5笔，17家企业完成初始排污权确权，在全市率先完成企业实际排放量核查工作。

【生态保护】 2022年，金凤区印发《金凤区2022年生态环境工作要点》《金凤区首届“黄河流域生态保护主题宣传实践月活动”方案》《金凤区全面深化河长制加强黄河流域生态保护和高质量发展暨美丽河湖建设工作实施方案（2022—2025年）》等文件，进一步明确细化职责分工，确保各项任务高质高效完成。区委、区政府主要领导多次主持召开会议研究部署生态环境工作，对中央环保督察反馈问题整改、河湖治理、大气攻坚等生态文明建设重点工作任务进行现场督查督办20余次，切实解决基层生态环境突出问题。累计投入8982万元用于生态环境保护及污染防治工作，助力生态环境持续改善。党委、政府及相关部门压实环境保护责任，切实把环境保护“党政同责、一岗双责”的要求落到实处，形成有责必担、失责必问、问责必严的环保工作氛围。

【环保执法】 2022年，金凤区常态化开展工业企业达标排放、排水沟整治、建筑工地夜间违法施工、餐饮服务场所油烟噪声等专项整治行动，坚决惩处环境违法行为。全年出动检查执法人员1020余人次，下达现场检查记录600余份，立案处罚3件，罚款

21.4 万元，坚决制止和惩处破坏环境行为。全年共处理生态环境类信访投诉 2424 件，办结率 100%，群众满意率 85%以上。经过各部门密切配合、齐抓共管，群众最为关切的大气污染、油烟噪声污染问题投诉总量同比下降 94 件，下降率为 14.62%。

【问题整改】 2022 年，金凤区制定《金凤区第二轮中央生态环境保护督察报告整改方案》，逐项细化整改目标任务与具体措施，扎实抓好反馈问题整改落实。第二轮中央生态环境保护督察转办件涉及金凤区 31 批 125 件均已办结；典型案例涉及的银川保绿特生物科技有限公司相关问题已完成年度整改任务；黄河警示片反映金凤区解放沟、三一支沟水体黑臭问题已整改销号；2020 年自治区党委例行督察涉及金凤区 13 件投诉转办件均已按期办结回复，现场核查反馈 27 项问题均已完成整改，并上报验收销号资料，反馈意见中 13 项任务均已完成整改并长期坚持；2021 年自治区生态保护专项督察反馈意见中 3 项任务均已完成整改并长期坚持。通过各级各类督察反馈问题的有效整改和解决，进一步夯实辖区生态环境基础，助推环境质量不断提升。

【宣传教育】 2022 年，金凤区在银川市花博园举办“黄河流域生态保护主题宣传实践月活动”启动仪式，举办学习贯彻习近平生态文明思想专题培训班、微访谈等丰富多彩的活动。依托“法律进乡村活动”载体和科普大篷车等资源，积极开展生态环境保护法律法规宣传、咨询等“六进”活动。通过“专场演出 + 非遗展示 + 旅游 + 休闲”等活动，金凤绿色发展底蕴深入人心。全面推进金凤区生态环境保护志愿服务队伍建设和职能发挥，累计开展活动 537 次，参与志愿者 3290 余人次。结合世界环境日、世界低碳日等节点开展宣传活动 10 余次，发放宣传彩页、宣传包等物品超 1 万个(盒)。

（王　聪）

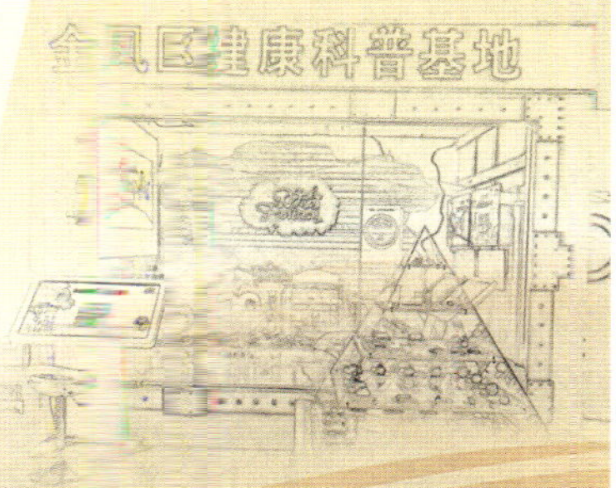

科技　教育

科　技

【概况】 2022年，金凤区争取自治区、银川市科技项目资金4952.76万元，自治区各类科技项目111个，推荐银川市各类科技创新项目115个。科学技术合同成交总金额5.4亿元。科技成果登记180个。创新投入持续增加，本级财政R&D经费投入增长30%。全社会R&D经费投入9.63亿元，投入强度2.9%，较上年分别增长62.4%、47.2%，辖区科技企业创新水平进一步跃升。2022年自治区科技工作考核，金凤区创新能力监测在全区位列A类第二名。

金凤区科技局荣誉证书

【推荐项目】 2022年，金凤区推荐自治区级项目89个，其中科技助力小微成果转化项目7个，重点研发计划项目26个，企业年度研发费用后补助1个，重点研发计划项目（软科学方向）1个，高新技术领域自治区一般科技研发项目2个，自然科学基金项目2个，基础理论、软科学类科技成果5个，自治区科技创新领军人才1个，应用技术类科技成果32个，自治区技术交易补助资金2个，自治区科技惠民计划2个，自治区企业购置关键核心设备补助1个，自治区创新团队建设1个，科技金融补助6个。推荐银川市级项目70个，其中银川市科技创新产品认定2个、银川市创新联合体组建引导专项入库1个、银川市创新平台专项项目5个、银川市校企联合创新专项7个、银川市“银川新星”科技创新引导基金项目1个、银川市中试熟化项目2个、银川市中小企业创新发展专项21个、银川市科技创新专项（高新技术领域）12个、银川市科技创新专项（科技服务业领域）11个、银川市科技创新专项（社会发展领域）8个。农业类推荐区市级项目56个。

【争取资金和项目】 2022年，金凤区争取自治区、银川市科技项目资金4952.76万元，其中工业类项目资金4563.76万元，农业类362万元，社会类项目27万元。争取自治区科技服务项目10个，自治区县域科技成果引进示范推广项目5个、140万元，银川市科技创新项目（农业领域）3个、75万元。争取自治区科技特派员创业创新服务项目14个、130万元，银川市科技特派员项目3个、17万元。

【技术企业认定和建设】 2022年，金凤区新认定国家高新技术企业9家，国家高新技术企业达到75家。新认定自治区农业高新技术企业2家、“小巨人”企业11家、备案科技型中小企业173家，现有自治区农业高新技术企业8家、“小巨人” 企业40家、科技型中小企业达到481家。突出科技创新，全面实施创新驱动战略，创建国家级科技企业孵化器2家、众创空间4家、重点实验室1个、工程技术研究中心2家，自治区级科技企业孵化器3家、众创空间14家，重点实验室8个、工程技术研究中心13家、技术创新中心65家。

【科技人才】 2022年，金凤区科技局深入企业开展招才、引才、留才、育才等方面的调研，参加金凤区人才工作领导小组2022年第一次会议暨人才工作联席会议。推荐银川市科技创新领军人才项目7个、银川市科技创新团队项目5个。半亩良人中草药即食冲泡创新项目入选银川市人才小高地。增聘科技特派员30人，选派科技特派团，成立科技特派员服务小分队，金凤区22个行政村实现科技服务全覆盖。

【区市合作项目】 2022年，金凤区获批自治区重点研发计划对外科技合作项目1个，资金125万元；银川市校企联合创新专项重大项目1个，资金40万元。

【科技服务】 2022年，金凤区科技局组织开展企业家创新精神培训11期，辖区100家企业1200余人参加培训；举办国家高新技术企业申报培训班，110人参加培训；举办全市企业研发统计培训班，160余人参加培训；举办金凤区技术合同认定登记暨创新创业大赛培训班，辖区50家企业负责人参加培训；举办第七届中国创新挑战赛(宁夏)装备制造产业技术需求线上专场对接会，辖区10家企业20人参加培训；举办2022年度自治区级科技企业孵化器和众创空间认定培训，6家科技企业孵化器和众创空间12人参加培训。

【科普宣传】 2022年，金凤区科技局利用“科技活动周”开展以“走进科技、你我同行，创新争先、自立自强”为主题的科技活动周系列科普宣传活动，以科技实验、科技展览、科技咨询服务等方式展开，为群众送去政策宣传、科技培训、信息服务等，发放各类科技宣传资料5000余份，展出科普挂图200多套、科普展板100余块，并接受群众现场技术咨询1000人次，取得了良好的社会成效。联合银川金匠体育科技俱乐部、布洛克机器人、卡巴机器人和宁夏众奥科技在金凤二小开展“喜迎二十大、同心护未来”科技引领未来科普进校园活动。打造自治区级科普基地1家，现有自治区、银川市科普基地13家。

2022年5月16日，金凤区科技局在新华百货举办科技活动周启动仪式

(贺梦婕)

教　育

【概况】 2022年，金凤区所属中小学校共有35所，其中初中5所(含1所九年一贯制学校)、小学30所(含1所民办小学)。在校学生44538人，其中小学39774人，中学4764 人。金凤区所属幼儿园共有118所，其中已开园108所，5所公办园新建未开，5所民办园停办。在园幼儿共30772人。公办园62所，占比52.54%，在园幼儿16945人。普惠性幼儿园101所(公办园62所，民办园39所)，在园幼儿28141人；非普惠性幼儿园在园幼儿2631人。学前

三年毛入园率达 106.67%。公办园在园幼儿占比 55%,普惠园在园幼儿占比 91.45%。全面消除义务教育阶段大班额,九年义务教育巩固率 107.86%,高中阶段教育毛入学率达 94.64%。金凤区教育局统筹义务教育薄弱学校改造与能力提升计划等项目,2022 年续建银川市第三十六中学、金凤区第二十四小学、金凤区第二十七小学、金凤区第三十小学、高桥幼儿园,扩建金凤区第三十九小学,建成后新增学位 7440 个。新增公办幼儿园 8 个,企业小区配套建设移交幼儿园 6 所,新增学位 4180 个。开设覆盖园长、保教主任、骨干教师及保育员的培训班,全面提升幼儿园教师整体素质。全年开展师德师风、教师专业素养、课程标准、班级管理、心理健康等培训,培训教师 3200 人次。开展教研员专题讲座 12 场,进一步提升教研员教研水平。2022 年度入选自治区人工智能实验学校 2 所、教育数字化转型项目学校 1 所、创新素养实验校 1 所,4 所学校承担国家中小学智慧教育平台试点应用任务。

2022 年 7 月 6 日,银川市深化学习贯彻习近平总书记视察宁夏重要讲话指示批示精神暨自治区第十三次党代会精神专题宣讲走进银川市实验小学

【基础设施建设】 2022 年,金凤区续建、扩建 6 所中小学、幼儿园,新增学位 7980 个,有效缓解入学压力。续建金凤区高桥家园幼儿园,位于高桥家园安置区一期内,规划用地约 6 亩,建筑面积 2869 平方米,6 个教学班、180 个学位、概算投资 1830 万元,2021 年 6 月开工建设,2022 年 6 月底建设完成;续建金凤区第二十七小学项目,位于六盘山路以南、香树花城以西、建发悠阅城以东,占地约 49 亩,建筑面积 18970 平方米,36 个教学班,1620 个学位,概算投资 10462 万元,2021 年 4 月开工建设,2023 年 6 月建设完成;续建金凤区第二十四小学项目,位于贺兰山中路宝塔悦海加油站以北、第九中学以东、海珀兰轩三期以西,占地约 56.6 亩,建筑面积 21609 平方米,36 个教学班、1620 个学位,概算投资 11601 万元,2020 年 4 月开工建设,2022 年 [illegible] 月建设完成;续建金凤区第三十小学项目,位于金凤区满城北街以西、培华路以南,占地约 44.42 亩,建筑面积 12888 平方米,36 个教学班、1620 个学位,概算投资 6626 万元,2020 年 5 月开工建设,2022 年 6 月建设完成;续建金凤区第三十六中学项目,位于金凤区平湖巷以西、培华路以南,占地约 107.58 亩,建筑面积 33714 平方米,48 个教学班、2400 个学位,概算投资 19472 万元,2020 年 7 月开工建设,扩建金凤区第三十九小学教学楼项目,位于金凤区良田镇金星村,新建一栋教学楼,建筑面积 3500 平方米,概算投资 1549 万元,12 个教学班,可容纳学生 540 个,2022 年 5 月开工建设。

【五育并举】 2022 年,金凤区开展课程思政大教研活动,探讨覆盖全学科、全过程的课程思政教育理念,打磨 24 节中小学德育精品课程,全国 8 家媒体宣传报道。以体验教育为基础,加强主题道德教育实践活动,深入开展青少年"夯基育苗"工程,弘扬优秀传统文化,录制"民族团结在身边"短视频 60 余个。组织开展"扣好人生第一粒扣子""向国旗敬礼"等未成年人思想道德建设活动,实现德育教育内涵式发展,金凤一小、四小、七小被评为自治区德育示范校。开展智慧体育教学研究,承办全区青少年排球锦标赛、全区青少年篮球三人制锦标赛,承担银川市青少年冰壶锦标赛。优化劳动教育课程体系,设立劳动教育周,创建第二批自治区级中小学劳动教育示范校 7 所。加强心理健康教育,配齐配足专兼职教师,定期开展线上心理健康专题讲座,建立健全学校、家庭、社会"三结合"教育工作体系,金凤二十一小、丰登中学和金凤七幼被评为自治区优秀家长学校,金凤二小、宁大南校区幼儿园被评为家庭教育指导服务示范校(园)。

【教师培养】 2022年，金凤区深化师德师风建设，完善考评机制，广泛开展主题教育，营造良好育人氛围。不断提升师资水平，构建梯级教师培养体系，着力打造“四支队伍”。开展作业设计精准教研、作业设计比赛12次，征集中小学优秀作业设计案例600余份。2022年培养金凤区级骨干教师143名，推荐银川市级骨干教师培养对象80名，成立“金凤名师”工作室45个，获自治区级精品课一等奖70人次，获自治区级四课一等奖17人、二等奖7人，全年获各级各类教育教学比赛、教育成果、教育案例等奖项923人次。

2022年6月23日，金凤区“说学教育”轮值研讨活动在金凤第二小学举办

【集团化办学】 2022年，金凤区深化教育集团化办学，充分发挥优质教育资源辐射、示范和带动作用，不断缩小校际差距、城乡差距，创新教育集团化办学改革，从集团管理、资源共享等5个方面对13个教育集团开展捆绑式一体化联动考核评价，实现集团内融合发展、协作发展和互促发展。

【“互联网+教育”】 2022年，金凤区投入2350万元，完成7个“互联网+教育”项目建设。承办自治区“互联网+教育”示范区建设成果展示与经验交流现场会、自治区第十二期“互联网+教育”大讲堂，举办金凤区“互联网+教育”校长论坛，打造金凤十六小“培·教·研”422工作模式、金凤区实验小学“人工智能课堂常态化开设255教学模式”、良田中学“三步五阶”课堂教学模式、金凤四十小大数据支撑的马兰花教师评价机制和金凤十二小“三融”教师专业发展技术方案等一系列创新成果。上线“互联网+教育”大数据分析指挥中心，10篇典型案例收入自治区“互联网+教育”建设应用成果系列丛书，4项案例获评自治区级成果一等奖，18人获自治区“互联网+教育”应用大赛一、二等奖，金凤区教育局被评为自治区“互联网+教育”示范区建设成果展示交流活动优秀单位。在全区率先开展智慧校园第三方评估，认定星级校园24所，其中二星级以上智慧校园13所，四星级以上智慧校园2所。2022年，金凤区教师信息素养测评达标率100%，优秀率75.1%。宁教云积分增长率达211%，居金凤前列。

【校园治理】 2022年，金凤区深入开展教育系统“忠诚保平安　喜迎二十大”校园安全大排查大整治工作，对涉及校园安全的21个方面、16项工作措施逐一落实。坚持预防为主，开展防溺水、防电信诈骗、防欺凌欺诈、防震减灾、交通安全等主题活动。开展少儿出版物、宣传品专项检查，护航学生健康成长；开展“无诈校园”创建工作和雷霆行动；开展消防安全标准化管理达标验收，组织校园逃生应急演练30余次，提高师生自我保护意识和应急处突能力。联合银川市交警分局开讲交通道路安全现场课，增强学生安全防范意识，开展道路交通安全专项排查整治，共计排查出问题376个，已全部完成整改。抓实教育系统疫情防控，建立学校、年级、班级、家长四级联系制，层层压实责任。成立12个督察组，开展疫情防控工作督查，确保各项措施落实落地。

【学前教育】 2022年，金凤区新投入使用幼儿园7所，新增学位2200个。全面保障学前教育财政经费，落实教师待遇保障，公办幼儿园聘用教师薪酬由人均4万元提升至5万元，足额足项为教职工缴纳五险一金。聚焦教师素养提升，注重保教质量，树立科学保教理念，合理安排幼儿生活，坚决纠正学前教育小学化倾向。落实幼儿园责任督学挂牌督导制度，幼儿园责任督学挂牌实现全覆盖。完成第一轮办园行为督导评估，科学开展幼儿园分类评定工作，现有自治区示范园5所，拟申报银川市示范园67所，认定一类园 14 所、二类园 9 所、三类园 2 所。

【“双减”工作】 2022 年，金凤区深入落实“双减”“五项管理”，制定《金凤区义务教育阶段课后服务工作实施方案》，开设超百种素质拓展课，学生参与率 80.2%。强化校外培训机构监管，协调解决退费约 2176 万元，做法成为自治区教育厅“双减”工作典型案例。把校外培训机构纳入全流程监管，将预收费全部存入监管银行专用账户。查处无证无照机构 7 家、隐形变异机构 6 家。

【教学教研】 2022 年，金凤区教育局加强课题研究，先后组织各校申报国家级课题 2 项、省级课题 73 项、市级课题 76 项，其中立项 25 项，结题 8 项，充分利用先进的教学管理理念解决教育发展难题。

【师德师风建设】 2022 年，金凤区教育局开展违规收送红包礼金和不当收益及违规借转贷或高额放贷专项整治、关于群众身边腐败和不正之风专项整治行动，积极营造风清气正的教育生态。坚持党管意识形态，妥善化解教育系统舆情风险。强化教育工作正向宣传，年内报送信息 154 期，传播金凤教育好声音，政务新媒体信息报送受到自治区教育厅通报表扬。

【队伍建设】 2022 年，金凤区增加中小学教师编制 138 个，选调在编教师 66 人、幼儿园管理人员 18 人，招聘事业编教师 90 人、公费师范生 32 人，教师队伍不断壮大。落实“县管校聘”，加强区域内教师聘用、管理，促使教师管理机制更加完善、师资配置更加均衡、队伍结构更加合理。坚持和完善中小学党组织领导的校长负责制，遴选 5 所中小学实行书记、校长分设，提拔任用 83 名学校领导干部，储备重点培养对象 150 名。

【济困助学】 2022 年，金凤区坚持济困助学，落实学前、义务教育、大学生资助政策，学前资助幼儿 600 人，发放资金 110.8 万元；义务教育资助学生 3509 人，发放资金 94 万元；受理大学生助学贷款 1070 人，发放资金 1047 万元，为困难学生全面发展、成长成才提供有力支持。

（马云洁）

文化　体育　旅游

文　化

【概况】 2022年，金凤区文化旅游体育广电局持续推进“书香金凤”建设。截至2022年底，共建设完成18处金凤悦书房。各金凤悦书房不断优化完善图书种类，藏书量达10万余册，全部免费向公众开放，年接待读者20万余人。推动文化专干指导团队提升业务能力，从合唱表演、文艺节目编排、声乐、舞蹈等层面提升基层文化素养，安排文化专干指导带队赴石嘴山参加全区广场舞大赛。举办“文化进万家·幸福中国年”银川市金凤区2022年“迎新春赏年画·过大年”系列活动。在良田镇举办“移风易俗进万家·欢乐喜气庆元宵”文化活动。举办2022年银川市金凤区第四届乡村文化旅游节活动、金凤区文化惠民进军营演出活动、“文化和自然遗产日” 金凤区非遗宣传展演活动。

【文化惠民活动】 2022年，金凤区文化旅游体育广电局举办“文化金凤·四季欢歌”送戏下乡演出100场、广场演出200场。采取菜单式、订单式、流动式服务模式，深入推进广场、乡村、社区、校园、企业、军营文化品牌。积极营造了金凤区天天有演出、月月有活动的浓厚文化氛围。

2022年6月27日，金凤区文化旅游体育广电局在金凤区满春园广场举办“传承红色基因　弘扬红色法治文化”专场文艺演出

【畅游宁夏·文旅惠民】 2022年6月2日，金凤区文化旅游体育广电局主办的“畅游宁夏·文旅惠民”扩大文化旅游消费活动启动仪式在金凤区满春园文化广场举行。自治区文化和旅游厅联合自治区财政厅，筹集资金2800万元，围绕稳经济、促消费，通过引客入宁以奖代补、“惠享五一·畅游宁夏”A级旅游景区免门票、“一市一品牌”、“一县一节庆”、“宁夏旅游惠民月”等方式开展“畅游宁夏·文旅惠民”系列活动。

【“文化和自然遗产日”宣传展示活动】 2022年6月9日，“激发非遗活力·创造美好生活”2022年“文化和自然遗产日”金凤区专场宣传展示活动在金凤区阅彩城B1楼中厅拉开帷幕，300余人参加活动。活动围绕“喜迎二十大·奋进新时代”、庆祝金凤区建区二十周年主题，以非遗创意艺术形式唱响时代主旋律，充分展示金凤区在非遗传承创新中取得的优异成果。2022年成功组织申报第四批银川市级非物质文化遗产保护传承基地10个，组织开展金凤区级第六批非物质文化遗产项目及第七批非物质文化遗产代表性传承人申报工作，确定金凤区级非遗项目6类21项，传承人12人。

【创新节目评审展演活动】 2022年4月，金凤区文化旅游体育广电局开展金凤区2022年创新节目评审展演活动。参加节目评审的团队共57个，通过评选最终选出27个综合团队和9个戏曲团队，通过以奖代补的方式参加金凤区2022年“文化金凤·四季欢歌”广场演出及送戏下乡活动。全年展演期间吸引群众10万人次现场观看。出色完成了2022年“文化金凤·四季欢歌”送戏下乡演出100场、广场演出200场。

【基层公共文化服务设施建设】 2022年，金凤区文化旅游体育广电局继续推进基层公共文化服务中心建设，提升改造丰登镇综合公共文化服务中心、长城中路七子连湖社区综合公共文化服务中心、满城北街临阅家园社区综合公共文化服务中心，加强镇（街道）综合文化站和村、社区文化活动中心（室）的建设，全面建成覆盖城乡的公共文化服务硬件设施。为社区开展各类非遗互动体验和公益培训活动提供场所，积极发挥文化阵地的作用。辖区内有87个文化活动中心有序开放运营。充分发挥文化站服务基层群众文化生活和农村思想文化阵地的重要作用。

【文艺作品创作】 2022年，金凤区文化旅游体育广电局以反诈为题材创作《幸亏有“你”》微视频进行宣传教育。该作品内容积极向上、通俗易懂，得到了广大群众的认可。创作了舞蹈作品《山美水美人更美》，该舞蹈以祖国的大好山河为主题，展现了在山水之间劳作的人们，体现了新时代人民的幸福生活。

【“书香金凤”建设】 2022年，金凤区文化旅游体育广电局先后建设金凤悦书房、二十四小金凤悦书房、湖畔中学金凤悦书房，占地面积385平方米，共有藏书5986册，总投资约110万元。为市民提供免费办证、免费借阅及自习服务。截至12月31日，金凤区图书馆及金凤悦书房办证3[illegible]99张，馆藏图书共126283种，总藏量263209册。四送六进图书流通10余次，流通各类书籍20296册。接待观摩、调研23次，累计接待234人次。金凤区图书馆全面完成第七次全国县级以上公共图书馆评估定级工作。7月，由金凤区图书馆牵头，数家企业参与，成立金凤区全民阅读促进会，推动金凤区全民阅读。

【数字图书馆】 2022年，金凤区进一步强化数字文化资源、数字图书馆服务项目建设，并开通官方微信公众号，拓宽线上宣传渠道。至2022年末，金凤区图书馆微信小程序对外服务资源总量为6.28TB，包含电子图书38000本、期刊3000本、讲座9900集、绘本1062本、慕课380门；汇雅电子书数据库对外服务资源总量为139.02TB，包含电子图书1354698册；歌德瀑布流电子书借阅机对外服务资源总量为0.19TB，包含电子图书不少于5000册、期刊200种、视频400集、音频600集、少儿绘本400本；歌德电子书借阅机对外服务资源总量为0.185TB，包含电子图书不少于3000册、期刊200种、视频400集、音频600集。

【文化市场管理】 2022年4月7日，金凤区文化旅游体育广电局联合应急管理局和金凤区消防救援大队对宁夏大剧院、宁夏图书馆、宁夏博物馆等大型人员密集型场馆进行安全生产和疫情防控检查。4月13日，联合金凤区人民检察院对银川市金凤区第一小学、银川市金凤区第三小学、银川市第六中学等多所校园周边的文具店、书店、网吧、游戏厅等文化经营单位进行专项检查。4月15日，组织文化市场工作人员参加金凤区“4·15”全民国家安全教育日集中宣传活动，发放宣传册100份，解答50名群众问题。5月10日，联合教育局对辖区18家校外培训机构进行督查，出动36人次，对一家违规开放的机构现场责令整改，并有序疏散学员。5月31日，组织文化旅游体育行业代表50余人，围绕“遵守安全生产法，当好第一责任人”主题进行庄严宣誓，集中观看《生命重于泰山》电视专题片，引导全员学习消防知识，提高逃生技能意识，积累应急处置实践经验，增强大家在紧急情况下的应变能力和自我防护能力。6月12日晚，联合市场监管局、消防大队、派出所和街道对辖区梦想王国KTV、迈阿密电音剧场、凉缘音乐餐厅酒吧等歌舞娱乐场所疫情防控措施落实情况进行联合督查，重点看“两码”查验、测温、消毒等防控措施落实情况，对落实不到位的企业现场督促整改。7月7日，深入辖区A级景区、星级宾馆、网吧、KTV歌舞厅、艺术类校外培训机构等进行督查，重点排查整治安全生产，现场督促整改存在的问题隐患，杜绝各类安全生产事故发生。

【艺考培训机构专项治理】 2022年11月15日，金凤区文化旅游体育广电局研究制定《金凤区艺考培训机构专项治理行动方案》，召开金凤区艺术类校外培训机构专项治理部署会，对辖区艺考类培训机构进行全面排查，摸排艺考培训机构13家，共有师生1782人，其中教职工269人，学生1513人。

（茹佳静）

体　育

【概况】 2022年，金凤区安装19套健身路径，新建2个多功能运动场、2个文体广场、2个篮球场、8个小微健身场，维修更换老旧破损健身路径320余件，处理解决体育场地设施破损、体育培训机构纠纷等投诉案267件。开展社区运动会20场次、群众体育活动8场次，组织229名运动员参加自治区第十六届全区运动会，推动3个公共体育场馆向社会免费开放。向机关企事业单位推广广播体操，举办健康知识讲座27场次，普及运动健康相关知识和野外救护知识，惠及干部群众1600余人。

【体育设施建设及维护】 2022年，金凤区文化旅游体育广电局完成德馨公园1.2公里健身步道建设、良田镇金星村2.5公里健身步道建设，新建良田镇植物园村多功能运动场、泾龙村中心村多功能运动场，新联村文体广场、植物园村文体广场各新建篮球场1个，打造8个小健身场，安装19套180余件健身路径。实施全民健身体育场地补短板工程，对公共体育设施进行提档升级。投资78万元，对丰登镇和丰村、良田镇光明村、良田镇园林村、良田镇金星村实施全民健身体育场地补短板，对4个村的篮球场进行提档升级，将水泥路面改造为新国标硅PU篮球场，增加了羽毛球场、排球场、乒乓球等活动场地。对辖区内体育基础设施开展多次摸排，各乡镇、街道健身器材总计1981件，其中正常使用1506件。2022年拆除、更新以及维修器材累计320件。

【群众体育】 2022年，金凤区文化旅游体育广电局配合自治区体育局积极组织开展“滑向2022”全国滑雪俱乐部大众公开赛（宁夏站）、首届“黄河流域生态保护主题宣传实践月活动”启动仪式健步行活动、第五届农民篮球争霸赛、宁夏首届工间操大赛、宁夏第九届社会体育指导员交流展示大赛、“超级杯”全

2022年8月20日，金凤区在银川市职业技术学院体育馆举办2022年全国气排球联赛暨“博途杯”宁夏大众海选赛

国气排球联赛、2022年金凤区枫林湾小镇广场杯气排球擂台赛。开展工间操、柔力球等全民健身体育培训等，积极协调区市相关部门，委托协会开办广场舞、户外领队、自行车等社会体育指导员培训班，一年内累计培训550人次。各镇(街道)举办各类主题趣味运动会20余次，共计25000人参与。

【青少年体育】 2022年，金凤区成功举办“奔跑吧·少年”青少年越野滑雪(轮滑)比赛、“奔跑吧·少年”青少年足球联赛、“奔跑吧·少年”2021—2022年赛季“滑启”全国两会巡回赛、“奔跑吧·少年”金凤区校园足球邀请赛、金凤区第三届青少年校园篮球赛、金凤区第十三届青少年校园足球联赛、金凤区首届青少年陆地冰壶赛、金凤区第十八届中小学田径运动会、金凤区校园足球集训营(暑假)、金凤区青少年校园足球嘉年华活动。金凤区新注册青少年运动员51名，代表金凤区参加自治区第十六届全区运动会运动员共229名。

【督导检查】 2022年，金凤区体育中心与辖区内的130余家体育健身场馆、体育协会、培训机构等签订安全生产责任书，实施了5轮全覆盖摸排督导检查，纠正执业不规范行为25次，以强有力的监督和工作措施维护群众切身利益。

【国民体质监测】 2022年，金凤区完成国民体质监测1000人，合格率94.1%。调查对象是6周岁及以上的城乡居民。采取多阶段分层随机抽样的方法，在金凤区2个乡镇、6个街道办事处的休闲集中的活动场地，采用现场填表的方式进行调查，共发放样本1600份，回收有效样本1480份，其中6—19岁少年儿童256份，20周岁及以上人群1224份。本次样本采集，男性660份，占比44.59%；女性820份，占比55.41%。其中儿童256份，占比17.30%；青年360份，占比24.32%；中年461份，占比31.15%；老年403份，占比27.23%。完成体育三级社会指导员培训407人。

【低碳环保健步行主题活动】 2022年6月24日，金凤区文化旅游体育广电局在毓秀公园组织召开“喜迎二十大、庆祝建党101周年”低碳环保健步行主题活动。活动以“回顾党的光辉历程、推行低碳环保绿色理念”为主题，将建党百年与生态文明建设主题相结合，对于学习党史和践行绿色发展理念具有重要教育意义。

【“奔跑吧·少年金凤区2022年青少年越野滑雪(滑轮)赛”】 2022年5月28日，银川市金凤区文化旅游体育广电局在金凤区毓秀公园举办“奔跑吧·少年金凤区2022年青少年越野滑雪(滑轮)赛”，来自金凤区的4个代表队92名运动员参赛。此次比赛依照《关于深化体教融合促进青少年健康发展的意见》，持续推动2022年全国“奔跑吧·少年”主题健身系列活动，旨在促进儿童青少年在体育锻炼中享受乐趣、增强体质，营造良好的体育竞技氛围，推进学校体教融合发展，促进辖区青少年体育健康可持续发展，《宁夏日报》等多家媒体报道。

【第九届全国大众冰雪季冰雪运动系列活动】 2022年12月30日，由自治区体育局、银川市政府共同主办，银川市金凤区文化旅游体育广电局协办的第九届全国大众冰雪季(宁夏分会场)活动银川市金凤区阅海滑雪场开幕。其间，开展了全国大众高山滑雪公开赛(宁夏站)、群众性冰雪活动、青少年冰雪运动技巧培训、冰雪运动器材展销、全区青少年冰雪冬令营等多项赛事活动。全国大众高山滑雪公开赛(宁夏站)吸引了来自河北、山东、内蒙古、陕西、甘肃和东道主宁夏的 110 名运动员参加比赛。此次活动在央视、新华社、宁夏新闻联播、《宁夏日报》等各大媒体报道。

【体育成绩】 2022 年,金凤区各代表队荣获"体总杯"中国城市气排球联赛热身活动系列赛暨 2022 年"超级杯"全国气排球联赛"博途杯"宁夏大众海选赛中年女子级第一名、宁夏第九届社会体育指导员交流展示大赛"健身气功·气舞"二等奖、宁夏第九届社会体育指导员交流展示大赛柔力球二等奖、宁夏第九届社会体育指导员交流展示大赛团体总分六等奖、宁夏首届工间操大赛三等奖、自治区青少年锦标赛沙滩排球项目女子组第三名,在宁夏健身气功站点联赛中金凤区代表队荣获一等奖 1 名、二等奖 2 名、三等奖 1 名。

(茹佳静)

旅 游

【概况】 2022 年,金凤区文化旅游体育广电局推进金凤区旅游产业快速健康发展,指导利思·田园蜜语生态园、银川文化艺术博览中心创建 A 级旅游厕所,全面优化旅游环境,进一步提升游客旅游体验。全年旅游接待人数 279.86 万人次,旅游收入 4039.6 万元。

【文旅优势项目申报】 2022 年,金凤区文化旅游体育广电局积极开展优势项目申报。建发阅彩城成功创建为第二批国家级夜间文化和旅游消费集聚区,阅海湾休闲旅游度假区成功获批省级旅游度假区,枫林湾小镇旅游休闲街区升级为自治区级旅游休闲街区。

【特色景点建设】 2022 年,金凤区文化旅游体育广电局成功推荐良田镇植物园村为第二批宁夏特色旅游村镇、丰登镇润丰村为第四批全国乡村重点村镇;指导辖区成功申报银川市一星级和二星级民宿各 1 家、三星级乡村旅游示范点 1 家。

【文旅活动】 2022 年,金凤区文化旅游体育广电局举办"喜迎二十大·助力绿色生态乡村游暨 2022 年银川市金凤区第四届乡村文化旅游节"活动。让乡村生态旅游成为旅游业发展的新领域,乡村振兴的新亮点。成功举办第二届中国(宁夏)国际葡萄酒文化旅游博览会金凤区分会场开幕式,协助举办贺兰山葡萄酒之夜音乐会。联合银川市文化城开展宁夏贺兰山东麓国际葡萄酒文化旅游节分会场活动,全面推进宁夏贺兰山东麓葡萄酒文化与金凤区旅游产业融合发展。

【旅游消费】 2022 年,金凤区文化旅游体育广电局组织辖区各文旅企业参加自治区文化和旅游厅"畅游宁夏 文旅惠民"扩大文化旅游消费活动,促进文旅消费恢复,助力区域经济发展。配合银川市开展"6·18"年中大促,通过达人打卡、线上直播、话题投稿、视频推广等形式,推出"美好银川抖起来"系列活动。举办"两晒一促"文旅推介活动,广泛深入宣传推介金凤区风光美景、好物优品。

(茹佳静)

阅海滑雪场

阅海澄堤垂钓

卫生健康

综 述

【医疗卫生机构】 2022年，金凤区共有各级各类医疗卫生机构325家，其中有三级公立医院7家，分别是宁夏回族自治区人民医院、宁夏医科大学总医院心脑血管病医院、自治区人民医院眼科医院、银川市妇幼保健院阅海分院、宁夏回族自治区妇幼保健院、银川市中医医院金凤区分院、银川市第一人民医院康复医院。二级公立医院6家，分别是宁夏民政厅民康医院、宁夏回族自治区公安厅安康医院、宁夏回族自治区工人医院、银川市第二人民医院、宁夏康复医院、银川市口腔医院。民营医院11家，其中综合性医院有银川爱康博大医院、银川华安医院、宁夏康元泽润医院、宁夏祥安医院4家，专科性医院有银川上医堂中医医院、宁夏思迈尔口腔医院、宁夏秦杨中医医院、宁夏康源肛肠医院、银川明慈眼科医院、银川进川医院、银川心晴专科医院

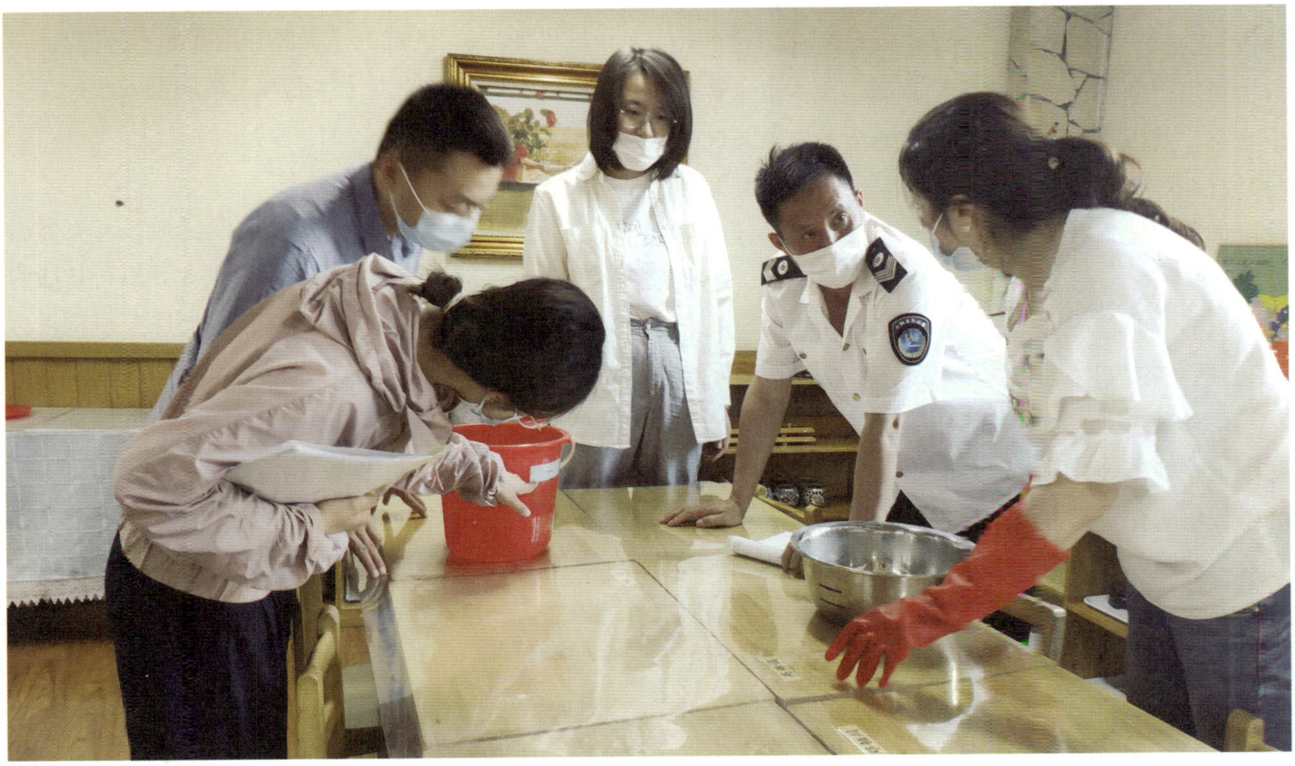

2022年5月24日，金凤区卫生健康局检查枫林湾幼儿园水痘传染病情况

7家。公共卫生服务机构7家，分别是银川市计划生育服务中心、银川市疾病预防控制中心、银川市卫生监督所、金凤区健康教育所、金凤区疾病预防控制中心、金凤区卫生监督所、金凤区妇幼保健计划生育服务中心。基层医疗卫生机构49家，其中乡镇卫生院2家、社区卫生服务中心8家、社区卫生服务站24家、村卫生室15家。个体诊所(含门诊部、医务室)共计246家。

【优质服务基层行】 2022年，金凤区卫生健康局制定《2022年金凤区开展“优质服务基层行”活动实施方案》，成立工作领导小组，细化工作职责，促进项目有效实施。组织乡镇卫生院、社区卫生服务中心一行20余人分别赴贺兰县、永宁县下辖乡镇卫生院进行观摩学习，交流创建经验，组织辖区各基层医疗机构对标创建要求，梳理思路，明确整改措施。积极向本级政府争取资金164.75万元，为丰登镇卫生院采购麻醉机、呼吸机等医疗设备，同时投入70.3万元对丰登镇卫生院手术室、中医科住院病房及数字化接种门诊等进行改造提升。探索建立辖区乡镇卫生院和辖区二级医院对口帮扶，签订《银川市第二人民医院优质医疗资源下沉技术帮扶金凤区丰登镇卫生院协议》项目合同书，组建普外科、内科、妇科、耳鼻喉科中级以上职称的专家团队，每周一次下沉丰登镇卫生院，对卫生院的常见病、慢性病予以诊断和治疗，通过专家团队长期驻点业务指导，临床带教及理论培训等措施，帮助基层医疗机构弥补自身缺陷和不足。

【家庭医生签约】 2022年，金凤区各基层医疗机构79支家庭医生服务团队，统一注册“好大夫在线”家庭医生签约系统，团队成员通过人群分类、主动上门等多种形式在手机客户端积极签约居民，落实各类人群签约服务包内容，为居民提供长期的健康管理和咨询式服务，进一步提高群众对家庭医生签约服务的知晓率和获得感。截至12月31日，金凤区线上签约常住居民28.90万人，签约率44.88%；重点人群签约123231人，签约率80.41%。

【医疗人才队伍建设】 2022年，金凤区卫生健康局下辖7个事业单位，在编人员中82人为卫生专业技术人员，其他人员中202人为卫生专业技术人员，其中大专137人、本科123人、硕士研究生4人，高级职称7人、中级职称43人、初级职称234人。金凤区进一步完善社区卫生人才培养体系和人才引进机制，核拨运行经费，落实自治区“凡晋必下”“千名医师下基层”制度，通过“传、帮、带”形式加强基层医务人员业务能力；采取集中培训、远程培训、应急演练、全科转岗培训等方式，全面提高医疗卫生机构在岗人员的基本医疗和公共卫生服务能力，保证基层医疗卫生队伍的专业化。

(许　琳)

医药卫生体制改革

【概况】 2022年，金凤区开展紧密型医联体建设、上海西路网格化紧密型医联体建设试点工作，建立完善医联体运行机制和内部分工协作构架，采取“网格化紧密型医联体”管理运行模式，使优质医疗资源布局更加均衡，区域医疗资源利用效率不断提高，基层医疗卫生服务能力持续提升，优质高效医疗卫生服务体系初步形成。

【“互联网+医疗健康”】 2022年，金凤区与安徽科大讯飞医疗信息技术有限公司、创业慧康科技股份有限公司签订合同，积极在辖区基层医疗机构推广安装银川市基层医疗机构信息管理系统、人工智能辅助诊疗系统、人工智能质控审核系统等，加快推进信息化互联互通。系统上线以来，累计产生基层医生账号341个，规范病历数57.9万份，门诊病历规范率97.33%。依托银川市级优势医疗资源，远程指导基层医生规范处理常见病、多发病，为疑难及复杂患者提供精准高质量远程专家门诊服务，共开展远程心电2.23万人次、远程放射8170例、远程B超40人次、远程教学培训40期152人次。

【医联体建设】 2022年,金凤区委、区政府印发《金凤区紧密型医联体建设工作实施方案》(银金党办发〔2022〕70号),成立以区委书记任主任,区长任常务副主任,区委、人大、政府、政协分管领导任副主任,组织部、编办、发改局、财政局、民政局、卫生健康局、人社局、医疗保障局和医疗健康集团等单位负责人为成员的金凤区紧密型医联体管理委员会,负责研究医疗健康集团改革发展、重大项目实施、投入保障、运行监管、绩效考核、项目实施、人事安排等重点工作。成立银川市金凤区医疗健康集团,明确由银川市第二人民医院牵头,包括市级公立医院和基层医疗卫生服务单位在内的共计40家单位组成。8月28日,集团成立,旨在逐步建立不同级别、类别医疗卫生机构间目标明确、权责清晰、公平有效的分工协作机制,建立完善新型医疗卫生服务体系,增强医疗卫生服务能力,提高医保基金使用效率,提升城乡居民健康管理水平,落实分级诊疗各项制度。

【医政药政管理】 2022年,金凤区卫生健康局印发《2022年金凤区医疗乱象专项治理工作方案》《金凤区打击非法医疗美容服务专项整治工作方案》,及时召开专项整治行动安排部署会,组织卫生监督所对辖区医疗机构开展各类专项检查行动。根据《医疗机构管理条例》《医疗机构校验管理办法(试行)》《医疗机构基本标准》的要求,开展辖区医疗机构年度校验工作,共对167家医疗机构完成年度校验。按照“双随机、一公开”要求,对辖区医疗机构开展执法监督检查,针对检查过程中发现的卫生违法行为,约谈负责人,督促医疗机构自觉开展自查整改,制定切实有效的整改方案,按照卫生监督意见书要求按时按质按量完成整改。持续贯彻落实国家基本药物制度,各基层医疗机构严格按照国家基本药物目录实行药品网上集中采购,药品均通过宁夏医药采购平台购进,并执行药品集中带量采购政策和药品“两票制”验收制度,药品均零差率销售。社区卫生服务中心(乡镇卫生院)基药配置数量平均达到280种;社区卫生服务站基药配置数量平均达到165种;村卫生室基药配置数量平均达到110种;非基本药物配置平均达到25种。

【中医药管理】 2022年,金凤区制定印发《金凤区促进中医药传承创新发展与实施方案(2021—2022)》,以中医药传承创新为抓手,通过氛围营造、设备及人员配置等,不断提升中医药服务能力,争取区级建设项目,分别在满城北社区卫生服务中心、阅海万家E区社区卫生服务中心建设中医馆,实现中医馆建设全覆盖,在良田镇植物园村卫生室建成全区首家基层“中医阁”。中医馆内中医药文化氛围浓郁,均配备中医医师,配置完善的中医药诊疗设备,中药饮片达300种以上、中成药100种以上。中医阁配制中药饮片200种、中成药68种,提供拔罐、刮痧、艾灸等4类6项以上中医适宜技术。在《中华人民共和国中医药法》实施5周年之际,联合银川市卫健委,组织辖区基层医疗机构代表在西湖苑社区举行大型中医药文化宣传演出活动。组织中医馆内12名中医师参加中医馆骨干人才培训,组织基层医疗机构102名中医药健康管理服务项目工作人员参加市级培训班,全面提升公共卫生中医健康管理能力。

(许　琳)

公共卫生

【概况】 2022年,金凤区有疾控中心1家,二级以上医疗机构设置艾滋病筛查点8家、检测点5家、美沙酮门诊1家,传染病定点医院1家。截至12月31日,金凤区顺利通过国家第三批慢性病综合防治示范区复审,大肠癌早诊早治项目领跑全区,艾滋病、结核病等重大传染病防控各项指标均已完成。

【疫情防控】 2022年,金凤区卫生健康局严格落实疫情防控日报告、零报告制度,紧盯重点区域、重点人群,始终做到人、物、环境同防。流调溯源人员加强与公安局、教育局等相关部门沟通,对密接、次密接、中高风险地区来银等涉疫人员分类建立台账,进行排查管控,做好集中隔离、居家隔离、居家健康监测等工作。组织开展全域(区域)核酸检测工作,统一调度自治区、银川市各医院支援采样人员和辖区各基层医疗机构医务人员，科学测算运力需求，合理部署转运力量，确保辖区居民应检尽检。协调辖区定点医疗机构，做好封控区域重点人群居家隔离及居家健康监测期间的就医保障，确保就医医院有人接收，回家社区有人接收，落实全程闭环转运工作要求。建立长效工作机制，锁定混管涉阳人员，安排专人上门抗原检测及核酸单采并送至指定检测机构，同步启动流调溯源、转运隔离、所在区域临时封控，对新增阳性区域做到风险人员全部挖根，确保混阳追踪到位。对辖区基层医疗卫生机构、学校、核酸采样点位及洗浴、按摩院、足疗店等营业场所进行监督检查，及时查漏补缺，严格预检分诊、发热门诊等管理，严格落实验码、测温、戴口罩疫情防控要求，规范医疗垃圾处置，对督导中发现问题督促其立即整改到位，力保辖区疫情防控形势稳定。2022 年以来高效处置了“4·24”“4·28”“9·20”突发疫情，累计确诊阳性病例 674 例，隔离管控密接 29667 人、次密接 21634 人，完成核酸采样检测约 3500 万人次，完成各类重点人群监测 195985 人次，转运外出就医人员 3559 人次；“9·20”以来完成 3133 人混管阳性追踪，确诊阳性病例 409 人。

【疾病防控】 2022 年，金凤区全面落实艾滋病、结核病等重点传染病和慢性病防治结合措施，切实筑牢传染病、慢性病等疾病防控第一道防线。建立传染病防控组织体系及防控工作机制，组织疾控中心及各基层医疗机构加强对重点人群、重点区域的重点传染病日常监测工作，将有接触史、有临床症状的病人作为重点，开展病例搜索，科学分析防控形势，力争不发生重大传染病疫情。完善疾控机构—医疗—基层医疗卫生机构“三位一体”的慢性病综合防控体系，构建了与居民健康需求相匹配、体系完整、分工协作、优势互补、上下联动的整合型慢性病综合防控体系，有效保障了危重慢性病人救治，逐步形成了信息共享、互联互通、督导评价、对口支援的医防联合机制，每季度组织疾控中心对各医疗机构慢性病工作指标完成情况进行督导，慢性病规范管理率逐年上升。

【卫生应急】 2022 年，金凤区逐步形成以政府为中心，涵盖政府各相关职能部门、各镇（街道）、各学校以及辖区内二级以上医院、乡镇卫生院、各社区卫生服务机构等组成的卫生应急网络体系。辖区内二级以上医疗机构均设立发热门诊、肠道门诊，两镇卫生院设立发热门诊，各社区卫生服务中心均设立发热哨点诊室，门诊医务人员对就诊病人进行门诊登记和可疑病人筛查，确保发现各种突发公共卫生事件都能及时上报，杜绝漏报误报现象，进一步提高突发公共卫生事件应急处理的快速反应能力。

【公共卫生委员会】 2022 年，金凤区卫生健康局联合民政局印发《关于全面推进金凤区村（社区）公共卫生委员会建设的通知》，成立金凤区村（社区）民委员会公共卫生委员会建设领导小组，统筹协调村（居）公共卫生委员会建设的组织推进。建立由 1 名村（社区）委会主任担任公共卫生委员会主任，副主任分别由村（居）委会卫生委员和所在村（社区）基层卫生服务机构负责同志兼任；成员分别由村（社区）基层医疗卫生服务机构医务人员、村（居）民代表、楼（单元）长、村民小组长等人员组成，形成各方人员共同参与的“1+N”村（社区）公共卫生委员会组织体系。探索性建立了由上海西路街道办事处、银川市中医医院、碧水蓝天社区卫生服务中心、清水湾社区卫生服务站、银新苑社区卫生服务站是成员单位的紧密型医联体。3 月 2 日，在网格化医联体试点内的上海西路办事处银新苑北社区挂牌成立宁夏首家公共卫生委员会。12 月 31 日，辖区各镇（街道）83 家村（社区）公共卫生委员会建设实现全覆盖，主要职责是开展卫生健康政策宣传，做好辖区内公共卫生工作的协调组织和动员，协助开展基本公共卫生服务、疫苗接种、突发事件医疗救援、收集涉及疫情等卫生健康重要信息，开展爱国卫生运动、婴幼儿照护服务、医养结合等工作，全面提升村（社区）公共卫生治理水平，为人民群众的生命健康安全保驾护航。

（许　琳）

妇幼保健

【概况】 2022年，金凤区有北京大学第一医院宁夏妇女儿童医院（宁夏回族自治区妇幼保健院）和银川市妇幼保健院阅海分院2家专科妇幼保健机构，北京大学第一医院宁夏妇女儿童医院（宁夏回族自治区妇幼保健院）、银川市妇幼保健院阅海分院、自治区人民医院和银川市第二人民医院4家助产机构。

【妇儿保健】 2022年，金凤区辖区共管理孕产妇7305人，活产数7380人，早孕建册率98.98%，孕产妇产前筛查率96.04%，产妇产后访视98.94%，产妇系统管理率97.44%。全年孕产妇死亡1例，死亡率13.55/10万。儿童健康管理率95.79%，新生儿访视率99.92%，纯母乳喂养率88.70%，0岁至6岁儿童眼保健和视力检查覆盖率95.79%，5岁以下儿童死亡率3.52‰，婴儿死亡率2.44‰，新生儿死亡率0.18‰。

【妇幼健康行动计划项目】 2022年，金凤区卫生健康局印发《金凤区2022年妇幼健康项目实施方案》《金凤区母婴安全行动提升计划实施方案（2022—2025年）》和《金凤区健康儿童行动提升计划实施方案（2022—2025年）》，明确责任分工，细化工作措施，周密部署全年各项工作任务，确保项目工作如期完成。充分发挥辖区优质医疗资源优势，积极开展婚前医学检查和孕前优生健康检查。大力宣传国家免费婚检、孕检政策，每月及时与民政局对接当月预约办理结婚证和领取结婚证人员的信息，分派给各镇（街道）随访是否进行免费婚检、孕检，尽量做到政策宣传到位，免费服务落实到位。完成免费孕前优生健康检查1752对3504人，完成率97.33%，优生咨询指导率达到99%；完成免费产前筛查6350人，筛查率91.23%，产前筛查孕妇妊娠结局追访率达到90%；结婚登记人数3206人，免费婚前医学检查2746人，完成率达85.65%。广泛宣传，摸清底数，主动为金凤区准备怀孕的农村妇女、区内流动及区外户籍长期在金凤区居住的农村适龄妇女免费发放叶酸，重点指导其在孕前3个月至孕早期3个月增补叶酸预防神经管缺陷。叶酸发放率99.87%，服用率99.87%，依从率92.15%，并及时对服用情况进行随访和监督。认真开展预防艾滋病、梅毒和乙肝母婴传播项目，辖区各医疗机构全年共检测孕妇10308人。

【妇幼民生实事项目】 2022年，金凤区卫生健康局对新生儿应筛尽筛，对农村适龄妇女按照三年一轮全覆盖的任务应查尽查，确保惠民生实事办实办好。新生儿遗传代谢疾病筛查完成率98%，听力筛查完成率98.67%，耳聋基因筛查率96.39%，严格按照要求规范新生儿遗传代谢疾病筛查及耳聋基因筛查采血流程和听力筛查流程。完成35岁至64岁农村妇女宫颈癌HPV检测1280人，乳腺癌筛查1280人，三年一覆盖宫颈癌、乳腺癌筛查覆盖率97.71%，深入开展妇女"两癌"健康教育宣传，加大宣传培训，提高目标人群知晓率。

【出生医学证明管理】 2022年，金凤区卫生健康局按照《宁夏出生医学证明管理办法（修订）》要求，严格执行出入库登记，做到实时登记，随时掌握辖区出生医学证明的发放、签发和库存情况。首次签发按顺序签发，不跳号，登记表填写整齐、齐全。废证实行登记制度，并在废证上作出"作废"标记，规范废证管理。2022年首次签发16153张，补发81张，换发16张，机构外首次签发1张，废证5张。

【避孕药具管理】 2022年，金凤区已婚育龄妇女数128326人，采取综合节育措施人数105082人，其中上环24653人，免费避孕服务101002人，实际使用避孕药具96594人，使用避孕药具人数占已婚育龄妇女总人数的95.64%，上环人数占已婚育龄妇女总人数的19.21%。设立免费药具发放点201个，社区卫生服务机构发放点33家，其中自助机发放10处、人工发放23处，尚未纳入医疗机构168家。

【婴幼儿照护服务】 2022年，金凤区完成国家备案托育机构19家，备案托位8[illegible]个，现入托婴幼儿

422人，入托率为50.5%，每千人托位数达到1.29个。创建2022年度自治区优质服务托育机构1家，正在筹建社区普惠性托育机构1家。严格按照托育机构设置标准、管理规范、建设规范、备案细则等文件，针对待建咨询政策、装修了解规范，备案明确流程的各类托育机构积极进行分类指导、规范建设。完善托育机构卫生评价制度，优化卫生评价内容及流程，邀请银川市卫生管理部门领导和银川市妇幼保健专家团队参与卫生评价，共开展卫生评价23次，通过19家。2022年创建自治区优质服务托育机构1家，争取运营补贴5.5万元。组织辖区已经备案和待备案的托育机构负责人和保健人员50余人积极参加银川市托育机构卫生保健、安全管理等各类培训班并通过考试，提高了托育机构人员管理水平和服务质量。

（许　琳）

健康金凤建设

【概况】 2022年，金凤区持续推进领导小组统筹组织、重点部门牵头协调、责任单位协同落实的工作运行机制，全面落实健康金凤26项专项行动和健康水平提升行动等“十二大工程”，将健康金凤和提升行动纳入政府工作报告，制定印发年度工作要点和重点任务台账，细化分解工作任务，年内开展人大专题调研1次，在党委常委会会议、政府常务会议专题会议及推进会研究部署重点工作5次。将健康金凤建设和健康水平提升行动纳入政府绩效考核和政府督查计划，实行“线上＋线下”“督查＋考核”模式对各单位进行考核，并根据考核结果由本级财政配套31.9万元专项经费，对年度考核较好的乡镇（街道），部门兑现奖励资金。将健康金凤建设和全民健康水平提升行动工作经费有效整合，年内本级财政设立专项经费102万元用于健康办开展日常工作，经费较上年提升11%。从健康影响因素控制、重大疾病防控、健康服务与保障等5个维度着手，组织对健康金凤行动和健康水平提升行动进行监测评估，掌握指标进度，谋划下一步工作。申报创建健康细胞88个，全面完成本年度健康细胞建设任务。开展“优质服务基层行”创建活动，投入230万元提升改造基层基础设施建设。成立金凤区医疗健康集团，持续推进上海西路街道网格化医联体建设。建设县域医共体信息平台，实现了基层住院、上级检查、结果互认。

2022年6月10日，金凤区第七届“健康金凤·万步有约”健走激励大赛在森林公园启动

【健康素养促进行动】 2022年，金凤区制定出台《关于印发〈金凤区2022年健康素养促进项目工作实施方案〉的通知》《新冠肺炎疫情防控常态化下健康教育实施方案》等政策性文件，明确工作目标及措施。建立健康促进工作体系，工作网络覆盖率100%。依托健康金凤建设专项经费推进健康素养促进项目。将健康素养促进工作纳入基本公共卫生服务和健康金凤建设考核重点工作内容，与基本公共卫生和健康金凤建设工作同安排、同部署、同推进、同考核。组织召开项目推进会议2次，培训4次，督导考核3次。累计更换健康教育宣传栏705余块，开展健康讲座796场次、卫生日宣传活动879场次，发放各类宣传资料20万余份，在新媒体平台累计推送健康知识信息2060余条。深入推进“健康场所”创建活动，累计建设健康促进医院17个，阅海万家F中心正在申报市级健康促进医院。持续完善“两库一机制”，扩充专家库成员至49名。采用声、光、电等高科技手段，先后在阅海万家F区社区卫生服务中心、碧水蓝天社区医院打造人机互动健康科普基地。2022年完成

居民健康素养调查 1200 份，中医文化健康素养监测 240 份。经监测，金凤区 2022 年健康素养水平为 26.25%，较上年增长 4.15 个百分点。

【基本公共卫生服务健康教育】 2022 年，金凤区制定印发《金凤区 2022 年基本公共卫生服务健康教育工作计划暨服务规范》《金凤区 2022 年健康知识普及行动巡讲活动方案》《金凤区健康科普“六进”活动实施方案》等文件，明确各阶段健康教育目标和措施，将工作任务细化分解并全面实施。充分利用金凤区现有的网站、微博、微信、电子屏、宣传栏等宣传载体，普及健康知识和健康理念，提升居民健康素养。各基层医疗机构累计更换健康教育宣传栏 205 次，开展健康知识讲座 230 场次，公众咨询 62619 人次，音像播放 696 种 42431 小时，发放各类宣传单（册）160209 份。

【控烟行动】 2022 年，金凤区制定印发《金凤区社区戒烟综合干预试点项目实施方案》《金凤区 2022 年控烟要点实施方案》等文件，成立项目工作领导小组，召开工作推进会议 4 次。将社区戒烟综合干预试点项目同健康金凤建设一并纳入政府绩效考核以及基本公共卫生健康教育考核。争取市级项目资金，突出金凤区“悦健康”文化品牌理念，在试点医疗机构和社区居委会打造戒烟干预功能室，为群众提供集戒烟咨询、心理干预及科普教育于一体的戒烟综合服务，累计投入近 200 万元。组建社区“2+N”控烟服务团队 10 支、社区卫生服务中心“3+1”医疗戒烟服务团队 8 支、心理干预团队 3 支。累计摸排登记吸烟居民 3635 人，基线调查 675 人次，建档 255 人，免费健康体检 288 人次，随访服务 1020 人次。委托第三方对 161 人开展心理咨询辅导 608 人次，团体心理辅导 21 场 220 人次，实现 59 人持续戒烟超过 1 个月、31 人戒烟超过 3 个月、18 人戒烟超过 6 个月，吸烟者时点戒烟率分别为 23.1%、12.2%、7.1%，减烟 103 人，减烟率为 40%。委托第三方完成 258 家党政机关事业单位 2 轮次、医疗卫生机构 58 家次、幼儿园及中小学校 2 轮次督查，辖区无烟党政机关、无烟医疗机构、无烟学校创建达标率均为 100%，二级及以上医疗机构戒烟门诊设置率 100%。

【老龄健康】 2022 年，金凤区整合辖区医疗卫生和养老服务资源，以“丰登社区卫生服务中心医养结合服务能力提升示范项目”为抓手，探索开展“三中心合一”试点工作，对有医养服务及临终关怀需求的老人提供医疗护理及安宁疗护服务，充分发挥社区卫生服务中心以预防、医疗、保健、康复及养老一体化的服务新模式。截至 12 月 31 日，辖区 7 家养老机构均与周边医院及社区卫生服务中心（站）建立合作关系，医务人员每周上门巡查、诊疗，为老年人提供常见病、慢性病的诊疗服务。积极动员辖区各级综合医院、康复医院、护理院和基层医疗机构开展老年友善医疗机构创建工作，各机构自筹资金，从院内布局、设施配备等方面进行适老环境和无障碍设施的改造和建设，安装安全扶手、老年人专用座椅等设施，完善院内标识系统，增设老年就医绿色通道，为老年人就医提供便利。

【基层卫生健康】 2022 年，金凤区通过多种形式争取项目资金，不断推进基础设施建设、特色科室建设、人才队伍建设，经自治区卫生健康委专家现场评估，上海西路碧水蓝天社区卫生服务中心达到自治区社区医院建设标准，增挂银川市金凤区碧水蓝天社区医院牌子，成为宁夏首家社区医院。印发《金凤区卫生健康局关于实行村卫生室星级管理工作的通知》，明确评定标准及评定内容，积极推进村卫生室星级管理工作，抽调两镇卫生院业务骨干，采取两镇卫生院交叉互评的方式，对辖区 14 家村卫生室按照星级评定标准进行了初评，辖区村卫生室达到五星级标准 6 家、四星级 5 家、三星级 2 家，待评审 1 家。落实乡村医生待遇保障，建立执业资质补贴制度，对取得执业（助理）医师、执业护士的村医，每月额外增加 1000 元生活补助，对村卫生室负责人每月额外增加 200 元生活补助，鼓励村医提高技术水平。完善养老、医保等社会保障机制，将在岗乡村医生纳入职工养老保险管理，每月按照上年度职工养老保险的最低标准和居民医疗保险的最高标准给予补贴，辖区乡村医生参保率达到 100%。建立住房公积金补贴制度，丰登镇卫生院为在村卫生室工作满一年的工作人员缴纳住房公积金，每月单位和个人各承担300元。2022年，共计发放村医生活补助105.9万元。

【巩固拓展脱贫攻坚成果同乡村振兴有效衔接】 2022年，金凤区卫生健康局制定印发《2022年金凤区卫生健康系统巩固拓展健康扶贫成果同乡村振兴有效衔接重点任务分工》《金凤区巩固拓展健康扶贫成果同乡村振兴有效衔接考核评估问题整改方案》，进一步完善工作机制，全面提升农村地区居民文化水平，积极主动提升疾病预防能力、改善生活条件。杜绝脱贫户和三类人群出现因病致贫、因病返贫等问题，紧扣基本医疗有保障标准，查找补齐各基层医疗机构服务能力及建设等方面的短板。对三类人群等因患大病重病或慢性病需住院治疗的进行身份核准，跟踪个人自费开支情况，杜绝出现三类人群因医疗救治费用支出较大，发生返贫致贫情况。截至12月31日，金凤区共有乡村振兴监测对象5055人，家庭签约服务率达100%；三类重点监测对象脱贫不稳定户176人，核实率100%，救治率100%；边缘易致贫户436人，核实率100%，救治率100%；突发严重困难户308人，核实100%，救治率100%；共排查重点监测人员大病患者26人，长期慢性病患者57人，重病1人，其他疾病12人，已全部录入国家防返贫监测系统。

（许　琳）

疾病预防与控制

【免疫规划】 2022年，金凤区满1月龄儿童建卡、建证率达100%。适龄儿童国家免疫规划疫苗报告接种率均在98%以上，乙肝疫苗24小时及时接种率达98.25%。学校和托幼机构入学、入托儿童预防接种查验覆盖率为100%，补种率为91.96%。脊髓灰质炎等国家免疫规划疫苗查漏补种接种率99.74。疫苗针对疾病监测AFP报告发病率0.31/10万，麻疹、风疹、乙脑和流脑未报告病例。疑似预防接种异常反应报告率和处置率均为100%。

【传染病防控】 2022年，金凤区无甲类传染病报告，共报告乙、丙类传染病2557例，死亡病例3例，报告发病率为397.08/10万，较上年下降7.39%；共报告乙类传染病13种924例，报告发病率为143.49/10万；报告丙类传染病5种1602例，报告发病率为248.78/10万。本年度金凤区共发生13起传染病聚集性疫情，其中5起水痘聚集性疫情、2起腹泻聚集性疫情、2起流行性感冒聚集性疫情、2起新冠聚集性疫情、1起手足口聚集性疫情、1起百日咳聚集性疫情。

【公共卫生监测】 2022年，金凤区辖区42家哨点医院累计报告食源性疾病827例、食源性疾病暴发事件4起，发病人数10人，住院4人，无死亡病例。生活饮用水枯水期、丰水期共监测水样74份，必检项目31项，监测覆盖率100%，单项指标监测2412项，合格2412项，整体合格率100%。8家职业病健康体检、诊断机构报告职业病7例，疑似职业病68例，职业性有害因素监测管理405家，职业病健康检查档案47999人。

【地方病防治】 2022年，金凤区卫生健康局在对300份盐碘监测中发现非碘盐1份、不合格碘盐4份，合格碘盐食用率98.33%，碘盐覆盖率99.67%。达到国家消除标准（合格碘盐食用率≥90%）。200名8岁至10岁学生和100名孕妇尿碘检测结果分析显示学生尿碘中位数为204.55 μg/L、孕妇尿碘中位数为204.65 μg/L。B超筛查5000名居民、1520名学生，均未发现棘球蚴病，累计管理包虫病人7例，其中服药病人4例。布病高危人群筛查3074人，筛查出42例布病病例，累计报告病例147例。

【病媒生物预防控制】 2022年，金凤区开展鼠类、蚊虫、蝇类、蟑螂、臭虫、蜱虫监测共33次。其中，鼠密度监测6次；蟑螂密度监测6次，侵害率为10.93%，密度为1.23只/(张·夜)，种群为德国小蠊；5—9月监测蚊虫密度10次，密度为9.27只/(灯·夜)，较上年同期下降 9.3 只，七八月为全年蚊密度高峰期；5—9 月监测苍蝇密度 5 次，密度为 1.75 只 / 笼，较上年同期下降 0.05 只，8 月是全年蝇密度最高期；2 次臭虫监测未发现臭虫或其卵；2 次蜱虫监测未发现蜱虫。6 个乙脑疫情蚊媒密度应急监测点，蚊虫密度最高 17.67 只 /(灯·夜)，最低 5.67 只 /(灯·夜)，根据监测结果为爱卫办消杀蚊虫提出建议。

【空气污染对人群健康影响监测】 2022 年，金凤区按照《2022 年宁夏空气污染对人群健康影响监测工作方案》要求，选择 5 家医疗机构收集门诊及住院病人资料，并按病种进行统计上报，选择金凤第五小学开展小学生健康影响调查及雾霾特征污染物($PM_{2.5}$)监测，完成问卷调查 1330 份，$PM_{2.5}$ 采样 99 天，监测数据均已录入空气污染健康影响监测信息系统。

【疾病干预】 2022 年，金凤区辖区居民健康档案建档人数 464737 人，电子健康档案建档率 72.17%，居民健康档案动态使用率 52.46%。65 岁及以上常住居民 55419 人，接受健康管理 50995 人，老年人健康管理率 59.15%。按照规范要求进行血压健康管理 27346 人，高血压患者规范管理率 89.58%。按照规范要求进行 2 型糖尿病患者健康管理 9440 人，2 型糖尿病患者规范管理率 85.64%。严重精神障碍患者管理治疗项目报告患病率 2.93‰(国家要求 4‰)，登记在册的确诊严重精神障碍患者 1890 人，规范管理严重精神障碍患者 1709 人，规范管理率 90.42%。癫痫患者管理治疗项目累计筛查癫痫患者 500 人，入组治疗患者 9 人，累计随访治疗管理 107 人。

【疾病监测】 2022 年，金凤区辖区各死因监测点共报告死亡病例 2631 例，报告粗死亡率为 408.57/10 万。按现住址，共报告死亡病例 1993 例，报告粗死亡率为 309.49/10 万。上报恶性肿瘤报告 2519 例，其中新发病例 1790 例，死亡病例报告卡 515 例，随访病例 5385 人次。报告心脑血管病例 449 例，报告发病率为 69.72/10 万。共完成大肠癌早诊早治筛查项目初筛 10198 人，高危人数 1999 人，肠镜检查 990 例。脑卒中高危人群筛查和干预项目已筛查及干预 4269 人，高危 771 人。4 月底完成 2021 年度心血管病高危人群早期筛查与综合干预项目工作，完成初筛信息登记，血压、身高、体重、腰围测量，指尖血快速血糖和血脂检测 1215 人(任务数 1100 人)，检出高危对象 303 人。

【实验室能力建设】 2022 年，金凤区投入 53 万元配置了全自动医用 PCR 分析系统，提升了新冠病毒核酸样本检测能力。累计检测各类新冠病毒核酸样本 143647 管 543584 份，检出阳性样本 2757 份。处置食源性疾病事件 8 起，采集肛拭子 124 份，检出诺如病毒阳性 21 份；食品及环境样本 28 份，未检出致病菌。流感聚集性事件 2 起，采集咽拭子 10 份，检出乙型流感病毒阳性 4 份。参加国家临检中心新型冠状病毒核酸检测室间质评 12 次，结果均为合格；参加自治区疾控中心和临检中心新型冠状病毒核酸检测室间质评各 2 次，结果均为合格。参加自治区疾控中心盐碘、尿碘、水氟、水砷、水中六价铬、空气中氮氧化合物、布病、梅毒、HIV 项目室间质评各 1 次，结果均为合格。

(许　琳)

卫生监督

【概况】 2022 年，金凤区卫生监督所以“文明执法、阳光执法，诚实服务、为民办事”为工作出发点，严格履行卫生监督职责，规范行政执法行为，积极参与案卷评查，不断提升卫生行政执法综合管理水平和监管质量。

【宣传培训】 2022 年，金凤区卫生监督所举办职业病危害专项治理工作培训班，对辖区 35 家职业卫生管理人员开展职业病危害专项治理工作培训，组织开展“职业健康达人”“一切为了劳动者健康”等集中宣传活动，悬挂横幅 4 条、宣传展板 10 块，发放各类宣传折页、宣传品 450 余份，进一步落实企业主体责任，切实保障广大劳动者的健康。利用网络媒体等平台加强卫生监督工作信息宣传报道，撰写各类卫生监督信息38篇。

【经常性卫生监督】 2022年，金凤区卫生监督所对辖区1737家公共场所经营单位开展监督检查，监督覆盖率100%，对7家违反《公共场所卫生管理条例》的经营单位立案查处，罚款金额4000元。对辖区384家二次供水设施进行了监督检查，监督检查384家，监督覆盖率100%，建立了统一的卫生管理档案，对2家二次供水经营单位立案查处，罚款金额4500元。对291家医疗机构医疗卫生及传染病防治进行了监督检查，监督覆盖率100%。依据监督检查结果，对132家医疗机构、3名医务人员进行了不良执业行为记分；对25家次医疗机构、6名卫生专业技术人员进行了行政处罚，罚款13.3万元。对52家从事放射诊疗活动的医疗机构开展监督检查，监督覆盖率100%。对2家从事计划生育母婴保健技术服务工作的单位进行了检查，监督覆盖率100%，辖区开展计划生育技术服务的机构均合法，均能依法开展计划生育技术服务项目；对41家医疗机构预防接种工作进行了监督检查，监督覆盖率100%，均未发现私自采购疫苗进行接种；对实行药品网上集中采购的49家基层医疗机构进行监督检查，监督覆盖率为89.7%，均为网上集中采购，未发现私自线下采购；检查各级各类中小学校44所，监督覆盖率100%。

【"双随机"监督抽检】 2022年，金凤区制定《2022年金凤区卫生健康国家随机监督抽查工作实施方案》，国家下达的"双随机"监督抽检任务为119家，自2022年5月开始全面组织实施，10月初完成检测任务并上报总结。对公共场所"双随机"工作开展监督检查，监督完成82家，任务完成81家，关闭1家，监督完成率98.78%，完结率100%。有生活饮用水单位1家，监督完成1家，监督完成率100%，完结率100%。对医疗机构"双随机"工作开展监督检查，医疗卫生机构7家，监督完成7家，任务完成6家，1家医疗机构已停业，监督完成率85.71%，完结率100%；传染病防治11家，监督完成11家，任务完成10家，1家医疗机构已停业，监督完成率90.91%，完结率100%；妇幼健康机构4家，监督完成4家，任务完成4家，监督完成率100%，完结率100%；放射卫生机构4家，监督完成4家，任务完成4家，监督完成率100%，完结率100%。对学校、托幼机构"双随机"工作开展监督检查，学校卫生7所，监督完成7家，监督完成率100%，完结率100%。对职业卫生、消毒产品"双随机"工作开展监督检查，职业卫生2家，监督完成2家，监督完成率100%，完结率100%；消毒产品1家，监督完成1家，监督完成率100%，完结率100%。

【职业卫生监督执法】 2022年，金凤区强化职业健康执法检查，对33家企业的职业卫生管理工作情况进行监督检查；加强职业病申报，辖区41家企业在网上进行了职业病的申报工作，职业病申报率达到90%以上，工作场所职业病危害因素监测合格率达到85%以上；在宁夏东方气力设备有限公司开展重点人群职业健康素养监测与干预摸底调查工作。

【现制现售饮用水卫生安全监管】 2022年，金凤区加大对《宁夏回族自治区生活饮用水卫生监督管理条例》的宣传力度，加强对辖区现制现售饮用水卫生安全监管，对13家公司108个小区安装的现制现售饮水机进行备案。

【消毒产品】 2022年，金凤区卫生监督所对辖区消毒企业、销售消毒产品及抗抑菌剂消毒产品经营单位开展卫生监督检查，完成消毒企业3家、药店116家监督检查。在检查过程中，发现23家药店的12个抗抑菌剂消毒产品标签说明书不符合《消毒产品标签说明书管理规范》，责令下架消毒产品140个，下达卫生监督意见书，责令立即下架。

【投诉举报和案件查处】 2022年，金凤区卫生监督所受理群众举报、上级部门批转的各类投诉共计257起，其中涉及医疗机构的投诉175件，涉及二次供水的投诉17件，涉及公共场所的投诉65件，均及时调查并回复。立案查处各类违法案件45起，其中一般程序案件43起,简易程序案件2起,罚款金额共计31.65万元,没收违法所得1.5587万元。无行政复议、行政诉讼案件。

(许　琳)

人口发展

【关怀帮扶】 2022年,金凤区利用“5·29”会员日“世界人口日”等重要纪念日,深入基层多角度全方位普及优生优育、生殖健康等科学知识,积极倡导科学、文明、进步的生育观念。春节慰问困难计生家庭149户,每户发放慰问金500元,共计发放慰问金7.45万元。开展“心系计生特殊家庭　抗疫送温暖”慰问,为国家计划生育家庭特别扶助540人,以每人300元标准购买米、面、油,慰问经费共计16.2万元;开展2022年度“好家风　健康行”健康家庭主题推进活动,免费为辖区40名计划生育特扶家庭进行三伏贴的贴敷治疗。

【人口监测与家庭发展】 2022年,金凤区常住人口65.76万人,出生人口0.77万人,出生率为11.76‰;死亡人口0.21万人,人口死亡率为3.21‰;增长人口0.56万人,人口自然增长率为8.55‰。全面落实三孩政策,进一步优化生育登记服务流程,开展生育服务登记网上办理,明确生育登记程序、内容、方式和需要提供的材料、信息等,群众通过网上咨询和申请即可实现办理生育服务登记。大幅提高网上办理比例,助推群众“最多跑一次”。全年办理一孩生育服务证4909人,二孩生育服务证2799人,三孩审核296人。

(许　琳)

社会管理

人力资源和社会保障

【概况】 2022年，金凤区人力资源和社会保障局紧紧围绕提升民生水平、构建和谐劳动关系、筑牢人事人才平台等开展各项工作。组织开展城乡居民、已征地农转非人员养老保险参保工作；依法行使劳动保障监察、行政监督检查职责，做好人事争议调解仲裁和劳动争议调解仲裁工作，维护农民工合法权益；推进金凤区深化职称制度改革，做好事业单位工作人员及离退休人员工资管理工作，负责辖区民办初级职业资格和技能培训。金凤区社保中心被人力资源和社保障部评为“全国人力资源社会保障系统优质服务窗口”。

2022年，金凤区社会保险事业管理中心被评为全国人社系统优质服务窗口

【人才引进】 2022年，金凤区人力资源和社会保障局协助企事业单位人才开展申报工作，推荐上报享受银川市特殊津贴4人，推荐上报自治区青年拔尖人才培养工程人选4人，推荐上报人才小高地1人；推荐上报自治区高层次人才认定1人，推荐上报高层次人才认定2人。申请核拨自治区全职引进全日制博士硕士安家费、补助费27人，共计95万元。从全区选调优秀教师以及优秀工作人员83人。

【职称评定】 2022年，金凤区人力资源和社会保障局审核上报农林业高级职称1人、中级4人；卫生系列高级职称9人；教育系统正高级职称1人、副高级职称47人，破格一级13人，正常评审一级教师59人。

【职工人事档案管理】 2022年底，金凤区人力资源和社会保障局共管理职工人事档案369卷，其中：在职职工档案220卷，退休职工档案124卷，死亡职工档案25卷。档案管理专职人员在档案专项审核工作中，对79本职工人事档案进行全面审核，重点审核“三龄二历一身份”等信息。

【“三支一扶”大学生管理】 2022年，金凤区共面向社会招募“三支一扶”高校毕业生145名，其中，支教10人，支农67人，支医10人，水利16人，帮扶乡村振兴42人。为金凤区招募“基层服务专项计划”工作人员211人(其中学前教育保教130人，城乡社区服务57人，基层医疗卫生15人，乡镇司法协理9人。

按照《宁夏回族自治区高校毕业生“三支一扶”工作管理办法》要求，协调相关部门逐一落实“三支一扶”大学生的各项待遇。同时，加强服务期内“三支一扶”大学生的日常管理工作，实行考核制度，定期召开座谈会，对“三支一扶”工作人员日常工作和生活中存在的问题及时给予妥善解决。

【劳动人事争议仲裁】 2022 年，金凤区劳动人事争议仲裁院共受理 2088 件案件，月均受理 189 件，办理、调解各类劳动争议纠纷案件 1094 起。为解决“案多人少”突出矛盾，创新成立金凤区劳动仲裁矛盾调解小组，化解劳动纠纷共 220 余起，追回劳动报酬 190 余万元，结案率达 90%以上，调解成功率达 60%以上。北京中路劳动人事争议调解中心共受理劳动争议案件 497 件，涉及 562 人，追回欠薪 78 万元。被人力资源和社会保障部、全国总工会、中国企联、全国工商联 4 部门联合评为 2021 年度“金牌调解组织”，是银川市唯一获此殊荣的基层调解组织。

【劳动保障监察】 2022 年，银川市金凤区劳动保障监察大队共接到各类投诉 1 万余件（含不同平台重复投诉），劳动监察员人均办案量 317 件，办结率达到 96%以上。深入开展劳动关系“和谐同行”能力提升三年行动，组织开展“百场普法进工地”活动，开展“根治欠薪”“高温权益保障”“和谐劳动关系”等各项执法检查 5 次，检查用人单位 800 余家，下发责令改正文书 216 份，针对未及时整改的用人单位下发行政处罚 16 起。辖区内劳动关系基本和谐稳定，未发生因劳动纠纷引发的群体性极端事件。同时推进劳动监察和仲裁工作融合打造维权一体化平台，一站式服务主动化解矛盾纠纷。

【普法宣传】 2022 年，银川市金凤区劳动保障监察大队联合工会、街道办事处等部门在辖区内开展“学条例、用条例、百场普法进工地”活动共 5 场次，发放宣传资料 360 份，悬挂横幅 13 条，现场宣传、培训 760 人次，现场讲解、答疑 500 余人次。多次组织各类法律法规宣传，宣传对象涉及农民工约 900 人，发放各类宣传资料 160 余份，讲解、答疑 300 余人次。

【灵活就业人员档案管理】 2022 年，金凤区人力资源和社会保障局通过人社网上服务大厅共受理审核劳动关系 200461 件，办理退休业务 625 人，办理档案托管业务 1471 人，转出档案 1018 人，开具调档函 817 人，办理合同招收备案 125626 件，办理合同解除备案 74835 件。

【获得荣誉】 2022 年 1 月，金凤区人力资源和社会保障局荣获金凤区黄河流域生态保护和高质量发展先行区先进集体，银川市金凤区社会保险事业管理中心被人力资源和社会保障部评为“全国人力资源社会保障系统优质服务窗口”。4 月，北京中路街道劳动人事争议调解中心被人社部评为“2021 年度工作突出基层劳动人事争议调解组织”；11 月，银川市金凤区社会保险事业管理中心选送征文《社保速度与温度》入选《中国社会保障》杂志；12 月，金凤区人力资源和社会保障局被自治区人社厅评为“全区人力资源和社会保障先进集体”。

（赵羽菲）

社会保险

【社保覆盖面】 2022 年，金凤区城乡居民基本养老保险实际参保人数 19713 人，领取城乡居民养老保险待遇人均月养老金 270 元，高于自治区其他市县区城乡居民养老保险待遇，完成城乡居民养老保险参保率 98%以上的扩面任务。金凤区参加被征地农民养老保险 15431 人，人均月养老金 1333 元，参保人数占银川市总参保人数的 55%左右，居银川市辖三区之首。

【社会保障卡发行】 2022 年，金凤区电子社保卡签发 160614 张，为辖区居民现场办理社会保障补卡制卡 18778 张，其中：初次免费申领社会保障卡 10081 张，补卡 7664 张，办理残疾人社保卡 1033 张。实体卡发卡量 188965 张，签发量占比 83.73%，高于自治区签发量 1.08%，参保缴人银川市考核在自治区排名优秀等次。

【贫困群众社会保障兜底】 2022年,金凤区有一级残疾人1115人,二级残疾人2757人,三级、四级精神、视力、智力障碍人员722人。城乡居民最低生活保障人员3236人,特困供养人员66人,低保边缘家庭1062人,脱贫不稳定人员187人,边缘易致贫346人,突发严重困难户187人,特殊人群参保率均达到100%。金凤区有易致贫返贫三类监测人员701人,三类监测人员中16周岁到59周岁已参保463人(参加城乡居民养老保险321人,参加职工养老保险37人,享受城乡居民待遇105人);不符合参保条件221人(在校生40人,未到龄181人),新识别人群中需跟进核查17人(未推送特殊身份数据人员12人,已致函乡村振兴局推送身份;外省户籍无法办理参保登记5人)。以上法定参保人群均实现了应保尽保、应代尽代、应发尽发。

【社保服务】 2022年,金凤区审批服务大厅和各镇(街道)共设置8个社保服务窗口,村(社区)设置84个社保服务代办点。积极拓展便民服务网,推行"互联网+社保"服务模式,大力推广应用"我的宁夏"APP、12333、电子社保卡等掌上业务办理途径。

(赵羽菲)

就业与创业

【概况】 2022年,金凤区城镇新增就业6718人,完成目标任务5300人的126.75%;失业人员实现再就业5481人,完成目标任务3700人的148.14%;就业困难人员实现就业1209人,完成目标任务520人的232.5%;农村劳动力转移就业6836人,完成目标任务5500人的124.29%;工资性收入1.23亿元,完成目标任务1亿元的123%;重点群体职业技能培训717人,完成目标任务500人的143.4%;企业职工培训1698人,完成目标任务1500人的113.2%;创业培训240人,完成目标任务210人的114.3%;培育创业实体661个,完成目标任务450人的146.89%;创造新岗位1423个,完成目标任务600人的237.17%;创业带动就业2230人,完成目标任务2200人的101.36%;发放创业担保贷款1807万元,完成目标任务1500万元的120.47%;铁杆庄稼保投保人数4427人,完成目标任务3850人的114.99%。安置城镇公益性岗位356个、乡村公益性岗位20个,离校未就业高校毕业生就业率95.83%,城镇调查失业率控制在5.5%以内。

【专项招聘】 2022年,金凤区就业创业和人才服务中心举办2022年"春风行动"、直播带岗、就业援助等线上线下招聘会45期(场),674家企业提供就业岗位3134个。健全"创业培训+创业担保贷款+创新服务"帮扶机制,开展创业培训,发放创业担保贷款58人1807万元,落实各项创业支持政策,全民创业带动就业2230人,多渠道灵活就业2785人。

【高校毕业生服务】 2022年,金凤区就业创业和人才服务中心积极落实青年就业见习政策,结合本地区优势产业,根据企业发展和吸纳青年就业情况,鼓励辖区生产经营正常、劳动关系健全、生产安全有保障的企业、社会组织积极申报青年就业见习基地,申报见习基地72家,到岗见习136人。

【公益性岗位管理】 2022年,金凤区就业创业和人才服务中心落实自治区、银川市购买的376人公益性岗位指标(其中:城镇公益性岗位335人,乡村公益性岗位20人,高校毕业生公益性岗位21人),实行托底就业帮扶,确保零就业家庭动态清零。

【失业人员服务管理】 2022年,金凤区就业创业和人才服务中心发挥基层公共就业服务平台作用,建立失业人员再就业、培训、创业等基本信息台账,全面落实就业创业各项政策。对1337名就业困难人员进行就业援助。为落实好失业补助政策,对失业人员加大失业保障力度,保障失业人员基本生活,金凤区在做好政策解读的前提下,积极受理辖区内符合条件的失业人员申领失业补助金工作。线下共受理上报失业补助金30人。

【创业服务管理】 2022年，金凤区健全完善“创业培训+创业担保贷款+创新服务”创业帮扶机制，鼓励符合贷款条件的个体工商户、种植养殖户积极申请创业担保贷款，享受国家的优惠政策，创业担保贷款目前发放58人1807万元，进一步营造支持创业就业的氛围。落实一次性创业补贴。鼓励农村转移就业人员、因疫情滞留在家的农民工、高校毕业生等群体在金凤区创业，给予创业补贴。发放创业补贴33人28.8万元。

【促进家庭服务业发展】 2022年，金凤区就业创业和人才服务中心及时掌握家庭服务业发展及带动就业创业情况，举办家庭服务调查培训会，在疫情期间，采用线上、电话、发放调查问卷等不见面方式进行数据采集。对照年初确定的目标任务，金凤区政府拿出49.65万元补贴资金，对在2021年度全民创业、统筹城乡就业、家庭服务业促进就业创业工作中表现突出的16个先进集体和27家企业及个人给予就业创业补贴。

【职业技能培训】 2022年，金凤区就业创业和人才服务中心面向农村转移劳动力、就业困难人员、失业人员等重点就业群体开展免费职业技能培训15期717人；针对企业职工开展岗位技能提升培训，1698人参加培训；“两后生”技能培训15人，针对高校毕业生、退役军人等群体开展创业培训8期240人。

【助力乡村振兴】 2022年，成立金凤区移民就业服务专班，在15个移民村（社区）开展劳动力摸底调查，建立健全农村劳动力就业信息台账；在良田镇、丰登镇、长城中路、黄河东路、满城北街建立脱贫人口就业服务台账。在良田镇、丰登镇开展挖掘机、焊工中级、电工四级等职业技能培训8期392人次，创业培训2期60人。举办金凤区劳务中介组织法人及劳务经纪人培训班1期35人，取得培训合格证书35人。鼓励移民创业带动就业，为良田镇移民群众发放创业担保贷款30人386万元，带动就业78人，进一步营造支持创业就业的氛围。落实一次性创业补贴政策。发放农村转移就业人员创业补贴13人12.3万元，脱贫劳动力创业补贴4人4万元。发布企业招聘信息、合作社及劳务中介组织用工需求，及时推送给有求职需求的移民群众，转移就业800余人。农村劳动力转移就业6836人，实现工资性收入1.23亿元。为良田镇、丰登镇法定劳动年龄内的农村外出务工人员购买铁杆庄稼保4427人。

【就业奖惩】 2022年，金凤区按照金凤区委、区政府《关于印发〈金凤区城乡就业保障体系实施意见〉的通知》精神，对在2021年度全民创业、统筹城乡就业创业工作中表现突出的16个先进集体和27家企业及个人给予就业创业补贴，金凤区政府兑现奖补资金49.65万元。

【创新创业博览会】 2022年，金凤区成功举办金凤区第三届“引凤创梦”青年创新创业博览会暨青年创新创业服务社区启动仪式，在全区首创“引凤创梦”青年创新创业博览会新型人才载体，率先建立数字化青年创新创业共享服务平台和创新创业专家智库，活动现场展示20余家各领域代表性企业创新成果，并为10名创新创业专家智库导师颁发聘书。

【创新创业共享孵化基地】 2022年，金凤区盘活长城中路盈华大厦闲置楼宇，盈华商厦A座5楼，总面积1400平方米，打造“引凤创梦盈华社区”，内设有宁夏特色产业展示交流中心、特色产业创新创业中心、电子商务运营中心、直播推广中心等创新创业项目中心，创业者能够根据功能设施定位，可在不限定行业的基础上服务所有需要品牌建设的企业。8月18日，宁夏银川市金凤区“引凤创梦”创新创业共享孵化基地、青年创新创业示范服务基地正式揭牌，为创业者筑巢圆梦，赋能金凤聚才。基地年营业收入在3000万元以上，每年带动就业100余人，目前，该基地已带动就业150余人，解决2022年应届毕业大学生就业26人。

【转移就业】 2022年，金凤区依托良田镇植物园村党群活动服务站，采取“政府引导、企业主体、市场运作”模式，引进银川市金凤区劳务协会（宁夏智邦劳务有限公司）打造了植物园村良田镇劳务工作站，工作站办公室建筑面积60平方米。建设“智邦劳务数字化平台”，将良田镇植物园村劳动力纳入数字化管理，对劳动力资源进行登记，建立就业失业台账，实现转移对象、用工单位有效对接，提高转移就业成功率。良田镇劳务工作站有组织转移就业1400余人，主要从事保安、保洁、服务员、厨师等工作。

（王　萌）

医疗保障

【医保费征缴】　2022年，金凤区城乡居民基本医疗保险参保缴费人数191645人，缴费率103.59%，其中13549名特殊困难群体缴费率为100%，参保缴费工作全区排名第一，并在全区医保工作会议上就参保扩面进行交流发言。

【医保宣传】　2022年，金凤区医保局采取线上解读与线下普及相结合、脱贫攻坚与乡村振兴相联合的方式，广泛开展城乡居民基本医保、大病保险、医疗救助等政策宣传活动。累计开展“医保大讲堂”活动4期，集中宣传21次，微信、微博推送医保政策解读文章30余篇，银川市电子医保凭证激活率74.07%，两定机构电子凭证结算使用率为26.21%。协调卫健、教育、民政、残联、乡村振兴等部门共享数据，加强未参保人员数据比对，以低保、特困、重残、个体工商户、灵活就业人员等重点对象为切口，建立人员台账，组织各镇（街道）开展入村入户入企业参保动员工作，将医保政策渗透到居民的日常生活中。

【三重保障】　2022年，金凤区医保局充分发挥基本医疗保障、大病保险、医疗救助三重医疗保障作用，巩固拓展医疗保障脱贫攻坚成果，辖区定点医疗机构持续实行“一站式”即时结算，落实困难人员医疗保障资助及倾斜救助政策。逐一核实经三重制度保障后自付费用较高的178人次，其中38人符合医疗救助条件，不符合医疗救助待遇的117人移交至民政及乡村振兴部门，其中3人新申请低保、9人申请临时救助、5人被纳入监测范围。

【“两病”行动】　2022年，金凤区医保局扎实开展银川市“两病”专项行动，通过组织培训、强化督导、加强宣传引导等方式确保“两病”认定工作稳步推进，两家乡镇卫生院推送资格认定高血压306人、糖尿病72人，高血压患者当年享受待遇460人、糖尿病194人次。

【医保基金监管】　2022年，金凤区制定《金凤区推进医疗保障基金监管制度体系改革实施方案》《金凤区2022年医疗保障基金监督检查全覆盖方案》，明确部门职责，建立健全医保基金监督管理长效机制。组织开展医保基金宣传月活动，累计开展线下宣传活动30余次，发放政策基金监管宣传材料10万余份，制作短视频8条，推送政策文章30篇，播放量达8万余次。持续开展打击欺诈骗保专项整治行动。完成430家定点零售药店的现场检查，暂停定点协议资格4家，追回医保基金1.15万元。配合开展2022年度银川市飞行检查，联合纪检组长对两镇卫生院负责人进行约谈，及时追回违规基金41.62万元。

【医保领域突出问题专项整治】　2022年，金凤区医保局成立以党组书记为组长的专项治理工作领导小组，制订工作方案，明确工作职责。领导干部分别深入辖区药店、两镇卫生院进行调研督导7次，强化专项治理工作督查。强化部署安排，组织推进会议分解重点工作任务，明确现存问题及下一步工作计划，召开7次会议研究部署专项治理工作进展。开展自查自纠，经排查，共收到两镇卫生院3类25个问题，全部整改完成；局本级6类15个问题，已整改完成13个，剩余2个长期推进整改；242家药店、42家诊所未上报自查问题。开展辖区公立医疗机构药品耗材专项检查工作，2020年及2021年度药品网采率为100%（除中药饮片线下采购外）。2020年平均耗材网采率为17.75%，2021年平均耗材网采率为22.55%。

【医保服务窗口建设】 2022年，金凤区医保局强化政策宣传培训，深入辖区街道对医保经办人员开展业务政策水平与业务能力培训，通过政策详解、案例分析等多形式解读医保政策，基层医保经办人员对照日常业务办理情况，查找工作中短板弱项，有效提升相关工作人员的业务水平。举办培训班4次，覆盖各镇（街道）医保专干、12345接线工作人员100余人次。提升经办服务能力，实行“综合柜员制”经办模式，将医疗保障公共服务全部事项在市民大厅医保经办窗口集中办理。针对异地就医零星报销、医疗救助手工结算等工作，按照《宁夏医疗保障经办政务服务事项清单》明确政务服务事项的办理材料、办理时限、办理流程等，推行一次告知、一表受理、一次办好。推进“互联网＋医疗保障”发展，通过“社区＋课堂”的方式，面对面为群众激活医保电子凭证。积极对接区市部门争取项目资金支持，能力提升资金124万元，城乡居民医疗救助1174万元。2022年，金凤区“一站式”救助498人次，其中基本医保支付232.99万元、大病保险支付85.17万元、医疗救助10.21万元；本级手工（零星）救助59人次，支付医疗救助金139.59万元；手工（零星）报销500人次，支出基本医保基金243.43万元、医疗救助金14.44万元。办理经办业务8500余件次，核定新生儿参保缴费6000余人次。

【党的建设】 2022年，金凤区医保局制定《2022年金凤区医疗保障重点工作责任分工》，调整银川市金凤区医疗保障局领导班子及人员分工，明确书记第一责任人职责，细化任务，压实责任，齐抓共管，形成合力，切实把各项工作落到实处。认真落实“三会一课”“主题党日”等党内组织生活制度，落实会前学法制度，共计开展各类学习32次、专题研讨15次，观看红色电影4次，讲党课6次，廉政警示教育基地学习观摩2次。领导班子走访调研3次，梳理问题4条，提出具体措施4项。全年共召开党组会议14次、局务会议9次、干部职工会议5次。认真落实全面从严治党要求，7月圆满完成支部书记换届工作，同时抓好干部职工入党思想教育，规范教育管理。

（王　艳）

2022年8月29日，金凤区医保局召开违规收受红包和不当利益及违规借贷或高额放贷排查专题会议

民　政

【概况】 2022年，金凤区民政局不断创新社会救助服务模式，大力推动“社工＋社会救助”新模式；推行“一核三联五治五化”的社区治理模式，统筹整合社会资源，进一步优化社区布局。实现金凤区镇（街道）社工站全覆盖，巩固“金凤悦邻里”品牌，持续完善社区阵地服务功能，积极筹建金凤区社会组织孵化基地建设；以“金凤悦邻里”社区服务体系建设为抓手，打造“一老一小”养老服务示范点，促进养老服务提质增效。争创全国未成年人保护示范区，顺利迎接创建“全国未成年人保护示范区”国家级考核评价。枫林湾等4个社区被纳入银川市社区慈善基金项目首批试点社区。良田镇金星村被列为自治区乡村振兴

金凤区民政局荣获金凤区2021年黄河流域生态保护和高质量发展先行区建设推进乡村振兴年度贡献奖先进集体称号

地名文化进社区重点推进村。金凤区成功入选全国首批“深化乡村地名服务　点亮美好家园”试点地区。2022年，金凤区民政局被评为“让党中央放心、让人民群众满意”模范机关、三星级党支部，荣获“2019—2021年星级和谐社区创建”一等奖、疫情防控“四不两直”交叉互检三等奖、金凤区2021年黄河流域生态保护和高质量发展先行区建设推进乡村振兴年度贡献奖、2021年度绩效考评优秀等次。

【社会救助】　2022年，金凤区为2222户3228名城乡低保户发放低保资金2238.71万元，为370名高龄低收入老年人累计发放高龄津贴180.85万元，为66名特困供养人员累计发放特困供养资金116.62万元，为426名符合临时救助条件的困难群众发放临时救助资金112.84万元，为3597名重度残疾人累计发放护理补贴511.12万元，为2544名困难残疾人累计发放生活补贴571.8万元，为13名散居孤儿和59名事实无人抚养儿童累计发放孤儿养育津贴82.5万元，为353户低保边缘家庭和56户较低收入家庭发放春节慰问金20.45万元，为低保边缘家庭、较低收入家庭中的833名子女累计发放1—6月困难家庭子女教育救助资金89.89万元，为336户低保边缘家庭和77户较低收入家庭发放采暖补贴24.01万元。

【养老服务】　截至2022年12月，金凤区辖区内有养老机构7家，养老床位数4751张，每千名老年人拥有养老床位数达到59张。累计建成社区日间照料中心22个、社区老年活动中心35个、城乡老饭桌45个，其中，新建社区日间照料中心3个、老饭桌2个。改造升级社区老年大学4所。完成困难老年人居家适老化改造101户。为253名经济困难、失能失智老人购买居家养老服务8项；为360名80周岁以上高龄低收入老人和1206名60岁以上经济困难和残疾老年人购买意外伤害综合保险；为147名经济困难失能、重度失能发放生活补贴、护理补贴共计82550元；为8名百岁老人发放长寿保健费共计4000元。开展打击整治养老诈骗专项行动，制作举报箱8个，张贴宣传海报191份，发放宣传材料7772份，核查专项办转办问题线索3个。

2022年10月4日，金凤区民政局到银川市怡居养老服务中心开展重阳节慰问活动

表 4　2022 年金凤区新增城乡老年人助餐点一览表

街道	名称	就餐人数（位）	建设性质	地址
上海西路街道	银新苑北社区悦餐厅	20	改扩建	银新苑社区居委会南侧
贺兰山中路街道	自治区老年大学助餐点	30	改扩建	宁夏回族自治区人民医院东侧
长城中路街道	七子连湖社区老饭桌	20	改扩建	连湖花园一区 17 号楼
贺兰山中路街道	海珀兰轩社区老饭桌	15	改扩建	培华路海珀兰轩小区三期 1、3 层
满城北街街道	临阅家园社区老饭桌	15	改扩建	满城北街平湖巷临阅家园小区西门 32 号营业房

表 5　2022 年金凤区新增社区日间照料中心一览表

街道	名称	面积（平方米）	建设性质	地址
贺兰山中路街道	海珀兰轩社区	751	改扩建	培华路海珀兰轩小区三期 1、3 层
长城中路街道	七子连湖社区养老服务中心	1904.39	改扩建	连湖花园一区 17 号楼
满城北街街道	临阅家园社区养老服务中心	800	改扩建	满城北街平湖巷临阅家园小区西门 32 号营业房

【社区治理】 2022 年，金凤区持续推行“一核三联五治五化”社区治理模式，深化“一居一品”。金凤区锦绣苑社区“‘小巷管家’打通背街小巷‘肠梗阻’”纳入自治区第一批基层治理创新典型案例。推进“五定一畅”工作法，社区民主协商“板凳会”样板课程被银川市党组织书记社区治理专题培训班列为特色课程。向自治区民政厅推荐第二批基层治理创新典型案例 5 篇，其中长城中路街道宝湖社区“一书三单”典型案例被推荐至民政部。金凤区《深化“一核三联五治五化”着力打造党建引领社区治理“金凤样板”》典型案例在全区民政工作会议上作发言交流。

【基层政权建设】 2022 年，金凤区统筹整合街道党群服务中心、邻里中心（驿站）等资源，持续完善社区阵地服务功能，累计建成七子连湖社区“悦邻里”等邻里中心（驿站）8 个、建成镇（街道）级社会工作服务站 7 个。充实社区工作力量，自筹资金招聘社区网格员 166 名，招募城乡社区专项服务计划人才 57 名，启动首届智库筹建工作，发布社区发展治理智库招募令，面向全国招募智库成员 20 余家，为社区治理储备社会组织类人才。落实“六大提升行动”，在植物园村建设百姓之家。建立管理单元动态调整机制，对长城中路街道林湖左岸社区、育苑社区、紫园社区规模进行了调整，将林湖左岸社区更名为亲水阳光社区；对黄河东路街道湖畔嘉苑社区、长城中路高桥社区规模调整提请自治区三级会商，新增社区 2 个。截至 2022 年 12 月，金凤区共有村民委员会 20 个、社区居民委员会 63 个。

表6　2022年金凤区村民委员会一览表

序号	镇(街道)	行政村	总户数	总人数
1	丰登镇	西新村	1301	2892
2		润丰村	327	1479
3		永丰村	1469	2936
4		新联村	1180	2508
5		和丰村	332	1575
6		联丰村	1456	2889
7		新丰村	848	1870
8	良田镇	金星村	1309	5146
9		园子村	754	3054
10		光明村	513	2277
11		兴源村	2284	9138
12		泾龙村	1302	5036
13		园林村	1073	4620
14		和顺村	776	3758
15		植物园村	1339	5069
16	黄河东路街道	双渠口村	1557	4990
17		砖渠村	2449	3798
18		魏家桥村	1594	4247
19		盈南村	2482	5860
20	满城北街街道	平伏桥村	2546	5279

表7　2022年金凤区居民委员会一览表

序号	镇(街道)	社　区	社区户数	社区人数
1	长城中路街道	金宇名庭	7975	16706
2		宁安社区	5955	15409
3		亲水阳光社区	4013	8178
4		长城花园社区	7569	19457
5		保伏桥社区	6624	14020
6		南苑社区	6260	11323
7		花样年华社区	6649	15032
8		宝湖社区	7651	15650

续表

序号	镇（街道）	社区	社区户数	社区人数
9	长城中路街道	香溪美地社区	5126	10420
10		紫园社区	5055	10402
11		鲁银社区	7759	17100
12		枫林湾社区	7114	11624
13		五里水乡社区	6596	13690
14		五里湖畔社区	5550	13201
15		金域蓝湾社区	2632	4202
16		七子连湖社区	11169	26634
17		五里台社区	4575	12561
18		高桥社区	9962	16800
19	北京中路街道	森林公园社区	8057	13869
20		锦绣苑社区	4287	12193
21		清馨苑社区	3185	6745
22		安居苑社区	2465	6780
23		蓝山名邸社区	2127	4530
24		民生花园社区	2436	4950
25	黄河东路街道	盈南家园社区	4144	7493
26		荣锦苑社区	4918	11252
27		颐和城府社区	4065	10191
28		湖畔嘉苑社区	8486	15310
29		工业集中区社区	4740	11850
30		新苑社区	3477	8280
31		金家巷社区	2085	7144
32		新琇苑社区	5794	14495
33		银啤苑社区	4508	8178
34		福通社区	3710	9158
35		恒大名都社区	3560	5174
36		金地花园社区	5024	10031
37		通福家园社区	6985	7373
38	满城北街街道	彩虹湾社区	6635	8754
39		阅海社区	875	1940
40		满春园社区	3937	9620

续表

序号	镇(街道)	社区	社区户数	社区人数
41	满城北街街道	紫馨苑社区	6470	11493
42		临阅家园社区	3862	4527
43		紫阳社区	3690	8034
44		立交桥社区	2375	5681
45		居安家园社区	5527	7924
46		中强巷社区	5018	10289
47	上海西路街道	清水湾社区	7252	16593
48		区建一分公司社区	3991	5029
49		悦海新天地社区	4656	5368
50		逸馨苑社区	5582	12030
51		银新苑北社区	3451	7895
52		银新苑南社区	7488	14453
53		馨和苑社区	8426	13582
54	贺兰山中路街道	双福社区	5916	14287
55		阅海湾社区	2430	3776
56		唐徕社区	4784	6672
57		景湖社区	3240	7640
58	贺兰山中路街道	西湖社区	7136	14499
59		银丰社区	8976	15758
60		世悦社区	6034	9808
61		阅海万家社区	6478	17516
62		海珀兰轩社区	1534	6560
63	良田镇	银川林场社区	762	2379

【婚姻登记】 2022年，金凤区民政局办理结婚登记3489对、离婚申请2615对、离婚登记1292对，补办结婚证717本、离婚证122本。自2022年8月1日起，开通婚姻登记省内通办。全市通办办理结婚登记434对、离婚申请159对、离婚登记72对；全区通办（带居住证）办理结婚登记118对、离婚申请3对、离婚登记3对，推动实现婚姻登记信息化、规范化、网络化建设目标。

【殡葬管理】 截至2022年底，金凤区辖区有松鹤陵园、福寿园、齐天园等5家经营性公墓陵园。清明节期间，按照预约、错峰、限流的要求，各公墓陵园累计接待祭扫群众339784人，接待车辆93566辆，网上祭扫699人，“鲜花换烧纸”活动累计送出鲜花169856支。3月27日，在福寿园组织开展“大爱无疆·传承文明”节地生态安葬暨社会公祭活动，现场为14名逝者进行节地安葬，宣传绿色殡葬、厚养薄葬等文明新风尚。完成2021年度全区经营性公墓年度检查，深化“活人墓”等突出问题专项整治行动，规范殡葬服务管理。

【未成年人保护】 截至2022年12月，金凤区共有社会散居孤儿13人、事实无人抚养儿童59人、农村留守儿童2人、其他困境儿童436人，社会散居孤儿和事实无人抚养儿童均纳入孤儿养育津贴范围。聚焦“六大保护”，落实落细未成年人保护各项工作任务，高质量完成创建“全国未成年人保护示范区”第三方评估。自治区未保办举办的2022年全区未成年人保护工作培训班，金凤区作为全区唯一未保工作现场教学点，接受全区学员观摩学习。

【慈善工作】 2022年，金凤区长城花园社区、枫林湾社区、宁安社区和七子连湖社区等4个社区被纳入银川市社区慈善基金项目首批试点，设立慈善基金，以发展慈善事业为目的，立足于解决社区居民需求，开发设计社区公益慈善项目，通过链接本地慈善资源、动员多元力量参与、提供精准慈善服务，推动基层社会治理改革和创新。

【社会组织管理】 截至2022年12月，金凤区共登记注册社会组织202家，其中，民办非企业单位159家，社会团体43家，共培育发展备案类社区社会组织370家。业务范围涵盖政治、经济、科技、农业、文教、卫生、体育、社区服务等诸多领域，业务主管单位涉及19个委办局和8个镇(街道)。新增社会组织7家(其中社会团体2家)，注销26家(其中社会团体4家)，变更登记17家，社会团体人员备案2件，培育社区社会组织12家。完成社会组织年检107家。实施购买社会工作服务、社会组织公益创投、社会组织培育孵化、未成年人保护、社工站建设等项目，共计投入资金210万元。

【志愿服务管理】 截至2022年底，金凤区注册志愿者92399人，有时长记录的志愿者50860人，约占实名注册志愿者55%。注册志愿服务队伍562支，志愿服务活动项目累计发布总数9490个，累计服务总时长3162767小时，清理“僵尸型”志愿队伍176支。推行“政府+社会组织+公益团体”的共建模式，通过政府购买服务，形成志愿服务扶持、培育、孵化机制。

（马　鸽）

退役军人事务

【概况】 2022年，金凤区退役军人事务局组织成立了金凤区党委退役军人领导小组，完成了金凤区三级退役军人服务体系建设。对各类优抚对象进行了全面核查清理，完成退役军人登记建档。强化“五项”举措(促进合力、政策引导、宣传教育、就业培训、职业介绍)，切实推进“就业创业暖心工程”。组织开展了退役军人矛盾信访问题清零攻坚战，积极推广落实新时代“枫桥经验”，在镇(街道)和重点村(社区)建立退役军人矛盾纠纷调解委员会，设立退役军人矛盾纠纷调解室。

【党史学习教育】 2022年，金凤区退役军人事务局共开展主题党日活动12次，按时足额交纳党费5203.5元。定期学习《习近平谈治国理政》第四卷、《习近平关于依规治党论述摘编》、《习近平新时代中国特色社会主义思想学习问答》等书籍，坚持每周开展党史学习读书会，每月撰写学习心得体会，落实党史学习教育的长效机制。开展集中学习40余次，围绕“深入学习宣传贯彻自治区第十三次党代会精神，牢记嘱托、担当使命，在推动党代会精神在银川落地见效上发挥先锋模范作用”等12个主题开展专题研讨，党支部书记讲党课4次，领导班子成员讲党课1次，组织党员干部赴武警西沙窝艰苦奋斗史馆参观学习1次，集中观看《黄河流域生态环境警示教育片》等专题节目，组织参战老兵、退役军人开展“老兵永远跟党走”宣讲活动，参观灵武市党员干部警示教育基地等等。

【退役军人服务保障体系建设】 2022年，金凤区退役军人事务局制定印发金凤区退役军人工作26项工作职责制度，规范工作流程和方法。严格落实“三基本”工作法和“三个一线”工作机制，组织对服务对象进行核查清理，摸清底数，完善退役军人登记建档工作，实现退役军人“一人一档”全覆盖。召开金凤区委议军会议暨退役军人事务工作领导小组会议，审议通过《关于加强新时代退役军人工作实施方案》《金凤区委退役军人事务工作领导小组成员单位工作职责》等制度。探索实施“1+3+N”退役军人思想政治教育模式，建立社区、镇（街道）、单位三方退役军人思想政治教育责任机制。结合党史学习教育，在退役军人中组织开展“学共产党史、庆建党百年”专题活动，组织退役军人集中参加清明祭奠英烈、老班长谈心交流、邀请抗美援朝老兵开展先进典型事迹宣讲等活动5次。

【权益维护】 2022年，金凤区退役军人事务局始终把退役军人权益维护和信访工作作为重点工作来抓，与金凤区委、区政府重点工作同安排、同部署，结合退役军人信访问题“六包一”，依托退役军人三级服务保障体系，常态化开展退役军人信访维稳，联合公安、政法、信访等部门，不定期召开退役军人信访联席会议，分析研判可能存在的风险隐患，针对重点信访人群，实施一人一策，逐一梳理案情，制订化解方案，确保案件妥善化解，确保自治区第十三次党代会、党的二十大会议期间社会稳定，辖区内未发生集体访、进京访等问题。先后受理各类信访案件235人次，接待政策咨询人员365人次，已办结202人次。

【退役军人就业创业】 2022年，金凤区退役军人事务局积极推进“就业创业暖心工程”，建立“1+1+N”就业创业帮扶机制，退役军人服务中心（站）与企业、人才市场及时进行用工信息沟通，发布各类招聘信息1000余条，邀请140余家企业举办3场招聘会，提供岗位近千个，深入开展“浪花计划”，6名退役军人被录用为海员。积极搭建培训机构合作平台，公开筛选8家职业技能培训机构，开展线上线下订单式职业技能培训110余人，为132名退役军人及家属协调解决就业岗位。2022年，金凤区接收符合政府安排工作条件退役士兵34人。

2022年2月22日，金凤区立功现役军人家庭集体送立功喜报仪式

【银川松鹤陵园军魂园入选金凤区首批国防教育基地】 2022年，金凤区退役军人事务局推荐的银川松鹤陵园军魂园、银川福寿园人文纪念园英烈纪念广场、宁夏科技体育国防教育科普基地入选金凤区首批国防教育基地。

【“崇军联盟”社会化拥军新模式】 2022年，金凤区退役军人事务局积极打造“崇军联盟”社会化拥军新模式，引导市场主体、社会组织为军人军属、退役军人和其他优抚对象提供优待、优质、优惠服务。采取“商家承诺、自愿申报、部门审核”的筛选模式，确保“崇军联盟”实现规范化、标准化建设。将崇军联盟招募与就业创业工作相结合，通过摸排的军创企业台账，筛选甄别符合条件的潜在企业进行回访，一对一介绍崇军联盟相关政策，精准吸纳优秀军创企业加入崇军联盟。退役军人事务局与中国人寿保险股份有限公司等3家单位达成合作意向。

（马丽娟）

乡村振兴

【组织保障】 2022年，金凤区严格落实“四个不摘”要求，4个重点帮扶村由2名县处级领导“双包抓”，11个村（社区）确定1名县处级领导负责包抓，选派4名县处级领导担任乡村振兴指导员下沉指导。派驻驻村第一书记20名、驻村工作队员21名，安排51个单位955名干部帮扶1163户脱贫户及“三类人员”监测对象，形成了“人人要担责、人人必尽责”的工作体系。

【完善推进机制】 2022年，金凤区成立“五大振兴”工作专班，由金凤区委、区政府分管领导负责。制定印发《金凤区2022年巩固拓展脱贫攻坚成果同乡村振兴有效衔接工作要点》等工作文件20余个，将30个承担任务的部门纳入考核范围。党委农办会同纪委监委、政府督查室开展专项督导11次，印发督查通报11期。

【健全动态监测预警机制】 2022年，金凤区坚持把动态监测预警作为防返贫的第一道防线，推动“应纳尽纳”与“有序退出”同步进行，确保不返贫，梳理9类到户帮扶政策32项。

【完善常态化“四查四补”制度】 2022年，金凤区紧盯“两不愁三保障”，常态化开展“四查四补”，制定区、镇、村“三级台账”和“镇级周调度、区级月调度”制度，通过帮扶干部入户、镇村干部（网格员）排查、农户自主反映等渠道，在每月20日前梳理汇总“四查四补”工作台账，解决群众困难。累计排查各类问题192个，已全部完成整改。积极应对疫情、灾情影响，制定《金凤区应对疫情灾情影响持续巩固拓展脱贫攻坚成果若干措施》《金凤区关于做好疫情防控期间临时救助工作的方案》等，用27条具体措施最大限度减少疫情灾情对巩固拓展脱贫攻坚成果的影响。

【扶持政策落地】 2022年，金凤区制定出台《金凤区2022年巩固拓展脱贫攻坚成果衔接推进乡村振兴产业就业扶持政策》，安排597.7万元资金确保8项产业项目顺利实施。

【壮大特色产业】 2022年，金凤区推进良田镇国家级农业产业强镇、丰登镇自治区现代农业产业园等重点项目建设。实施金星村汉白玉萝卜分拣中心冷库、和丰村设施农业产业园等43个项目，探索建立“土地流转得租金、就近务工得薪金、入股经营得股金、资产收益得利金”的联农带农模式，让脱贫群众在产业发展中共建、共富、共享。和顺新村果蔬交易市场不但解决了本村农产品的销售路径问题，还吸引周边县区到此售卖，年销售额近2亿元。

良田镇金星村汉白玉萝卜帮扶车间务工人员清洗萝卜

【就业帮扶】 2022年，金凤区举办“直播带岗”“春风行动”等线上线下招聘会。优化调整就业帮扶车间3家。新增公益性岗位109个，兜底安置就业困难人员，新增农村低保101户193人，为169名农村困难群众发放临时救助金36万元，为128名符合条件的残疾人每户每年提供1500元的“保姆式”居家托养服务。

【金融支农】 2022年，金凤区设立乡村振兴基金1000万元，优化调整扶贫产业担保基金。截至10月底，为31家主体投放贷款1110万元，为320余人办理小额信贷、创业贴息贷款等2000余万元，本级财政出资为4889人购买“乡村振兴健康保”，为3792名农村外出务工群众购买铁杆庄稼保。

【就创基地】 2022年，金凤区良田镇金星村依托新建成的25栋日光温棚，通过“政府+村集体+企业（合作社）+三类人员”参与的多元化结合模式，带动全镇“三类人员”监测对象经济创收，以点带面打造“三类人员”兜底就创基地。“三类人员”兜底就创基地11栋温棚已全部被监测对象签约认领，6户已入园种植。

【农旅融合】 2022年，金凤区丰登镇突出“利思+润丰宿集+手工坊”三方带动，充分发挥润丰村近郊区位优势，推进“润丰宿集”、润丰村商业街三期扩建、乡村振兴手工坊等项目建设，以“文旅+”的思路对原有民居进行改造和建设，打造高端民宿餐饮区、特色小吃村落、农副产品加工销售商业区、萌宠乐园亲子体验区、采摘垂钓区、移民民俗展览区、润丰村文化宣传区、休闲广场区等子项目，繁荣农村农旅文化。

（胡荣梅）

应急管理

【概况】 2022年，金凤区召开安全生产委员会全体（扩大）会议7次，安全生产大检查专项行动启动会、区委常委会、政府常务会议、专题会等会议12次，专题听取安全生产工作汇报，分析安全生产形势，研究部署安全生产工作。印发《金凤区安全生产大检查专项行动实施方案》《金凤区安全生产“百日专项整治”实施方案》《关于进一步加强党的二十大期间安全防范工作的通知》等文件，在春节、全国两会、自治区第十三次党代会、党的二十大等重要时间节点，成立了7个督导组，对道路交通、危险化学品、建筑施工、消防安全等12个重点行业领域开展风险隐患排查整治，对各镇（街道）、部门工作开展情况进行全面督导督查。累计开展督导检查24次，下发安全预警和督办通知单22期。制定《金凤区委常委会、领导班子安全生产职责清单》和《金凤区委常委会、领导班子安全生产职责清单》，压实领导包联、部门监管、企业主体责任，拧紧“一级抓一级、层层抓落实”的责任链条。

【隐患排查】 2022年，金凤区采取企业交叉互查方式，对各等级企业实行对账销号，分级管理检查，排查出隐患185条，下达各类执法文书36份，立即整改176条，限期整改9条，整改率100%，切实消除安全隐患。全年安全生产事故起数比上年下降43%，死亡人数同比下降17%，受伤人数同比持平，未发生较大及以上事故。聘请专家57人次，深入危化、建筑工地、工贸等企业，找漏洞、开良方，查找各类安全漏洞，找准问题隐患，指导制定整改措施，不断提升安全生产工作能力水平。各镇（街道）、行业监管部门对森林草原防灭火、燃气、消防、人员密集场所等重点行业领域开展安全大检查，逐一建立台账，做到整改一条、销号一条，动态管理。累计排查出各类问题隐患2768条，下发责令整改指令书181份，整改1768条，整改率100%。

【监管执法】 2022年，金凤区运用“互联网+执法”平台执法检查，加大安全生产行政执法力度，对存在安全生产隐患的相关企业负责人行政处罚1200元。同时对存在重大安全隐患的农贸市场挂牌督办，成立工作专班，建立工作机制，细化任务分工，确保隐患整改到位。查获一起未建立专门安全管理制度储存液化气罐案件，依法对其储存的16瓶液化石油气、24瓶丙烷予以扣押查封，及时消除安全隐患。深入开展行政处罚宽松软专项整治，强化执法力度。对企业主体责任落实不到位、“三违”、无证生产、冒险作业等违法行为，持续动真碰硬，行政处罚348.61万元。

【警示教育】 2022年，金凤区组织召开“5·9”“6·8”“7·31”事故现场警示教育会，深刻吸取事故教训，举一反三，筑牢安全发展理念，切实预防和控制同类事故再次发生。按照《金凤区建筑行业发生事故的单位悬挂事故警示牌的制度》要求，制作事故警示教育牌，悬挂在企业项目工地，倒逼建筑施工企业压实企业安全生产主体责任。组织住房城乡建设和交通局、银川煤气灌装检修厂、恒大名都小区等开展了城市内涝、液化气泄漏、高层住宅火灾应急演练等各类应急演练100余次，极大地提升了辖区各企业和从业人员及广大市民安全意识。

【森林防灭火】 2022年，金凤区组织召开金凤区森林草原防火工作安排部署会议，制定《金凤区火灾防控工作方案》。定期开展防火检查，充分发挥护林员作用，对南绕城两侧林带、元宝湖周边林带、森淼生态园、毓秀公园、银川林场等重点区域采取突击检查、定期巡检、暗访等检查措施，出动检查人员187

人次，检查重点区域51处，发现隐患57条，已全部整改。组织相关单位清理易燃杂草和落叶17处，严密监控生产用火情况，先后两次对森淼生态园、森林公园、火车站广场等11处督导检查，发现7条隐患并通报，已全部整改。

【防汛应急】 2022年，金凤区召开政府常务会议研究确定防汛抗旱指挥部领导小组调整名单。由区委常委、副区长担任防汛抗旱指挥部指挥长，分管副区长为常务副指挥长，应急局局长担任防汛办主任。下发暴雨灾害天气预警6期，采购160余万元的防汛应急救援物资，确保关键时刻能够调得出、用得上，全面提升城市排水防涝风险防控能力和水平。

【宣传教育】 2022年，金凤区应急管理局开展系列防灾减灾宣传活动，结合全区防汛抗旱专题培训会议，将防灾减灾日部署工作覆盖至村级单位；同时，向社会公众发送2万条防灾减灾宣传短信，利用金凤电子快报，每天推送防灾减灾、应急科普、安全指南等文章，普及防灾减灾知识。开展2022年“安全生产月”和“安全生产专题行”活动，结合疫情防控期间的安全生产工作实际，以“消除事故隐患、筑牢安全防线”为主题，积极开展“6·16”安全生产宣传日活动。在新华联广场组织开展“安全宣传咨询日”活动，安委会部分成员单位参加集中宣传活动，发放各类宣传册2000余册、纪念品1000余件，参与人数达1000余人。

2022年6月16日，金凤区举办第21个全国“安全生产月”安全宣传咨询日活动

（田进鹏）

消防救援

【概况】 金凤区消防救援大队下辖铁东、宁安2个消防救援站，共有行政车5辆、消防车12辆、消防摩托车1辆、全地形消防车1辆、橡皮艇2艘。其中，铁东救援站设有泡沫消防车1辆、32米举高喷射消防车1辆、抢险救援车1辆、水罐消防车1辆；宁安南街救援站设有抢险救援车1辆、城市多功能主战消防车1辆、水罐消防车2辆、25米举高喷射消防车1辆、高层供液消防车1辆、水域救援轻卡车1辆、消防摩托车1辆、全地形消防车1辆、橡皮艇2艘。大队担负着2个乡镇、6个街道、83个社区（村）、5个大型商业综合体、259家消安重点单位、32家火灾高危单位和其他一般单位的防火、灭火和抢险救援任务。2022年，大队及所属队站2人荣立三等功，25名人员获得总队、支队表彰奖励，大队被自治区安全生产委员会评为“2021年度全区安全生产工作成绩突出集体”，宁安南街救援站被总队评为先进站，1人获“银川好人”“最美金凤人”称号。

【抢险救灾】 2022年，金凤区消防救援大队共接处警1141起，其中火灾扑救424起，抢险救援346起，社会救助217起，公务执勤154起，抢救被困人员143人，疏散被困人员625人，抢救财产价值376万元，保护财产价值1418万元。

【思想建设】 2022年，金凤区消防救援大队部署开展“喜迎二十大，全力保安全”深化“牢记领袖训词，永做忠诚卫士”主题教育、党的二十大精神学习宣贯等16项系列活动，撰写发言材料210余篇。结合队伍实际购置配发《中国共产党宣传工作简史》14本，深入汲取百年宣传思想工作宝贵经验和历史智慧。开展“3·5”学雷锋志愿服务、清明祭扫、筑牢消防安全“防火墙”联学联建等主题党日活动。大队获得“学习党的二十大、踔厉奋发新征程、永做忠诚守夜人”知识竞赛第三名、演讲比赛第二名的好成绩，1人在自治区第四届中华经典诵写讲大赛“诵读中国”经典诵读大赛中荣获一等奖。

【文化建设】 2022 年，金凤区消防救援大队邀请银川市文化艺术馆专业老师下队开展 10 期 “结对子、种文化” 声乐知识授课活动，大力培养文化艺术骨干，夯实“一队一特色”建设基础。大队文艺小分队在全区消防救援队伍“喜迎二十大　放歌新时代”歌咏比赛中获得第二名的好成绩。对接辖区文艺骨干，开展剪纸、书法、腰鼓舞、钢琴等文化活动。开展篮球赛、主题演讲等文体活动，全力打造全新 “活力队站”、干事创业的“创新队站”、防灾救灾的“能力队站”、事业发展的“跨越队站”。

【典型引领】 2022 年，金凤区消防救援大队制定《金凤区消防救援大队 2022 年度典型培树工作计划》，推选 4 名先进典型对象，其中铁东救援站宋有志荣获“银川好人”“最美金凤人”称号。

【安全训练】 2022 年，金凤区消防救援大队开展冬训体能训练科目和夏训技能训练科目共计 600 余课时，重点针对基本体能、技能训练，坚持日常练、周测试、月考核常态化练兵模式，利用 Keep、华为运动等 APP 软件和抖音运动视频等手段，分类别、分阶段制定训练计划和成绩目标，以阶段巩固带动成绩提升，提升队伍实战化水平。

【队伍建设】 2022 年，金凤区消防救援大队开展专业培训 36 次。推动大队、消防站联勤，深入开展“六熟悉” 演练 192 次，修订完善灭火救援预案 208 余份，有效夯实应急救援基础。立足实战谋打赢，以“一短三快”为切入点，铁东站站长汤奇自主研发了自发光反光撤离水带、无线遥控灭虫灭火装置、后挂式器材运输车、多功能器材运输车、普通器瓶声音测试、多功能快速绳箱、多功能阻门器、双向自降温水枪、旋转省力扑火把、近电预警器等 10 余项实用性较强的装备技术革新成果，并取得国家专利两项，大大提升了队伍作战能力。圆满完成党的二十大、“西部数谷”算力产业大会、第二届中国（宁夏）国际葡萄酒文化旅游博览会、黄河流域“双碳”创新高峰论坛、北京冬奥会和冬残奥会、全国两会、自治区党代会等重要会议和时间节点安保任务。

【消防安全整治】 2022 年，金凤区消防救援大队开展消防安全三年专项整治、消防安全大检查“百日攻坚”、消防安全大检查、村民自建房隐患排查整治、城镇燃气专项整治、农村火灾隐患整治、电动自行车整治、高层混合体火灾隐患排查整治等各类专项行动，安装独立式感烟火灾探测报警器 300 个、简易喷淋 5 套，共检查单位 2666 家，发现火灾隐患 1833 处，督促整改火灾隐患 1270 处，下发责令改正通知书 828 份，行政处罚决定书 75 份，临时查封 12 份，责令“三停”单位 14 家，罚款 54.08 万元，处理举报投诉 1126 起，核查舆情 35 起，办理公众聚集场所投入使用营业前检查 204 次，“信用银川” 公示行政处罚单位 138 家、行政许可单位 231 家。排查经营性自建房 296 栋，发现火灾隐患 99 处，督促整改 99 处。开展燃气安全执法 52 次，督导检查 52 次，排查整治问题隐患 55 处，督促餐饮用户安装燃气报警装置 1363 家。检查校外托管机构、中小学、幼儿园 160 家，发现整改火灾隐患 382 处。深入 124 个居民小区开展打通“生命通道”行动，劝驶机动车辆 53 辆，清理电动自行车、自行车 71 辆、老年代步车 22 辆，警告人员 78 人，宣传教育培训 2500 余人。出动 754 人

2022 年 7 月 31 日，金凤区消防救援大队在森林半岛小区救援 3 名被困在 6 米深污水井里的工人

次提前介入帮扶，及时处置突发情况，圆满完成26项安保任务。

【基层消防力量建设】 2022年，消防救援大队推动金凤区2个镇、6个街道“一委一办一中心”实体化运作，明确18名消防专兼职人员从事消防工作。培树学校、社区、医疗、养老、宗教等6类重点行业部门消防安全管理示范创建达标领跑单位。向行业主管部门发送各类消防安全提示函30余份，全面开展行业系统火灾隐患排查。多次联合住建部门推动辖区在建工地生活区安装简易消防设施80个，向100余家在建工地下发火灾防控提示函。指导派出所510余名民（辅）警、新入职民警依法履行日常消防监督检查、宣传教育职责。发动乡镇、街道网格化力量和消防志愿者对沿街商铺和“九小场所”、自建房等小火多发场所开展拉网式排查，共检查各类场所2583个，现场立行立改368个问题。对辖区1000余名沿街商铺业主开展消防安全培训，切实提升“九小”场所从业者消防安全意识。

【宣传教育】 2022年，消防救援大队持续开展“五进”工作，依托丰登镇润丰村建设消防科普教育点，增强村民消防安全意识。结合“开学第一课”消防安全教育活动，对辖区7所中小学、幼儿园6000余名师生进行消防宣传培训。指导各物业服务企业在高层公寓出入口、楼梯口、电梯间、入户门等醒目位置张贴《致金凤区居民消防安全一封信》3600份。通过宣和教并行的宣传方式，在开展监督检查的同时同步开展消防宣传工作，培训单位650余家，对中小企业经营者、个体工商户等群体教育培训300余次，受教育人群1.2万人次。结合重大节日、消防产品宣传日、安全生产宣传月、“119”消防宣传月等工作契机，采取“线上＋线下”相结合的方式，对辖区250余家重点单位及消防从业人员、消防安全重点岗位人员开展消防专项能力培训和消防职业技能培训。在央视新闻、《中国应急管理报》、宁夏电视台、《宁夏法治报》、宁夏新闻网等主流媒体发稿216篇，拍摄平安119电视专栏7期。

（沈雅君）

镇(街道)

丰登镇

【概况】 2022年,丰登镇完成固定资产投资10.2亿元,农林牧渔业总产值超过1亿元,农村居民人均可支配收入预计达到16350元,同比增长8.55%。

【基层组织建设】 2022年,丰登镇深入开展党的二十大和习近平总书记视察宁夏重要讲话指示批示精神"大学习、大讨论、大宣传、大实践"活动,探索建设"乡镇党校", 通过田间地头等开展各类宣讲40余场,开展交流研讨70余次,农村党员教育轮训率超过90%。646名党员实现因人设岗、因岗定责,划定党员责任区184个,建立党小组43个,构建起党支部—网格党小组—党员联系户三级党组织纵向链条。培育致富带头人43名、后备干部21名。深入推进"一抓两整""六个强化"各项工作,开展"一村一品"党建示范创建,形成"新联网格红管家""西新一核五化"等7个特色党建品牌。建设农村党员教育培训示范基地,形成"一核七带多元"现场教学示范带。创新丰登镇"10+1+1"分众化导师帮带模式,组织开展基层党组织建设"擂台赛","培、带、考"三向发力,促进村级组织能力提升。"改进作风、提升质效"专项行动走深走实,镇党委班子先后开展走访调查工作80余次。违规收受红包礼金和不当收益及违规借贷或高额放贷专项整治深入推进,开展"三个全覆盖"谈话39人次,签订承诺书78份,推动全面从严治党向纵深发展,为推动丰登高质量发展汇聚强大正能量。

2022年11月10日,丰登镇开展学习党的二十大精神快板宣讲活动

【农业基础】 2022年,丰登镇实施润丰村秋季农田水利建设300余亩,砌护新丰村北双渠、永丰村一斗渠2.4公里,实现3200亩农田高效节水滴灌,全年粮食种植17378亩,粮食生产根基进一步夯实。

【产业发展】 2022年,丰登镇谋划布局基础设施建设、设施农业产业等涉农惠民项目23个,到位资金5400余万元。实施自治区蔬菜绿色标准化生产示范项目、自治区现代农业产业园示范项目,盘活和丰村设施农业产业园(东区),新建日光温室49栋、分拣冷链中心1700平方米,启动丰登镇综合管网改造工程,润丰村整村亮化、乡村振兴手工坊、商业街升级改造项目齐头并进，扶持企业、农户大力发展小吊瓜、奶油草莓、口感西红柿、羊肚菌等高附加值设施农业，棚均产值超 6 万元。

丰登镇和丰村分拣冷链中心顺利建成

【农旅融合】 2022 年，丰登镇培育壮大乡村旅游、休闲采摘、观光研学、农事体验、科普教育等主题业态，持续扩大“利思·田园蜜语”“润丰宿集”等旅游品牌效应，高端民宿餐饮区、乡亲美食街等 8 个子项目有序开发，“典农云居”“润丰院子” 特色民宿投入运营，年接待游客超过 5 万人次。润丰村成功入选第四批全国乡村旅游重点村。

【劳务经济】 2022 年，丰登镇培育创业实体 41 个、劳务经纪人 24 人，带动创业就业 1000 余人。依托金凤区家政服务孵化产业园，开展中式面点、电工、瓦工等系列培训，实现零就业家庭动态清零，输送 2000 余人次至周边商圈就业，发放妇女小额创业贷款 53 万元，全年实现劳动力转移收入 3522 万元。

【人居环境整治】 2022 年，丰登镇创新“3345”人居环境整治模式，做实用活“积分制”“红蓝榜”制度，开展“五子”专项整治和“四平四拆四清四治”集中整治行动，新改建厕所 42 户，美化改造庭院 109 户。实施贺永公路、三永公路、润丰村公共卫生间、和丰村小微公园、新三村文化长廊和西新村“邻里幸福路”等一批民生工程。丰登镇获评自治区级 2022 年卫生乡镇。新建垃圾分类示范点 3 个，形成户分类、村收集、镇转运、区处理的农村垃圾社会化治理一盘棋运作机制。全力推进散煤污染治理与清洁能源替代工作，建设农村生活垃圾资源化利用项目，保绿特实施银川市餐厨废弃物资源化利用和无害化处理扩能提标改造项目。润丰村、和丰村获评自治区农村生活垃圾分类治理和资源化利用二级示范村，丰登镇获评自治区农村生活垃圾分类治理和资源化利用二级示范镇。重点区域安装监控 7 处，实现多点布控，推动环境卫生监管全天候智能化。持续巩固清四乱成果，完成四二干沟、解放沟、丰庆沟及元宝湖周边环境综合整治，环保督察案件办结率 100%。深入推进“三禁三减”行动，农膜回收处理率达到 90%，农产品抽检合格率 100%。

【社会治理】 2022 年，丰登镇深入推进 “八五”普法，“一村一法律顾问”“一村一民警”实现全覆盖，全年调处各类矛盾 100 余起，调解率 100%。西新村成功创建“全国民主法治示范村”，建设石榴籽警务室，东耀家政、润丰村争创自治区民族团结示范单位。制定《信访案件专项治理活动实施方案》，梳理排查 6 个群体性和 16 个个体信访积案，实行信访案件“六包一”，自治区主要领导亲临现场调研督办，贺兰水源地及周边环境综合整治拆迁补偿、新联村 5 平方米营业房和 20 平方米公寓建设项目、“十三五”移民拆迁安置等多年信访遗留问题化解初见成效。明确村级管辖范围和公共服务事项权限，构建基层共治一盘棋。加快推进乡村治理中心试点建设，积极探索党建引领、多方参与、共建共有、共治共享的乡村善治模式。

【巩固脱贫攻坚成果】 2022 年，丰登镇粮食种植面积 17459 亩，建设各类设施大棚 180 栋，总占地面积 665 亩，以吊瓜、黄瓜、西红柿、芹菜、鲜食葡萄、草莓等作物为主。引进公司 3 家、合作社 1 家，盘活润丰村 22 套闲置安置房。“[illegible]屋”特色民宿初步建成，吸引游客旅游超 1.5 万人次，带动就业人数超 1000 人。配套建设润丰设施农业产业园 1.7 公里的生产道路 1 条、300 平方米蔬菜分拣中心 1 个，翻建永丰村斗渠、支渠 3.5 公里，实施北汉渠(新丰段)砌护工程，完成和丰村 3200 亩耕地节水滴灌改造项目。打造丰登镇农产品展销中心，新建销售展台1800平方米，集中展示特色农产品。凭借近郊区位优势，努力形成现代服务业体系，创建就业帮扶基地3个，吸纳带动就业人数90人，通过农村致富带头人的示范引领作用，吸纳带动就业699人，其中208人为脱贫劳动力。依托银川市金凤区家庭服务业孵化产业园，实施宁夏东耀“家政百千万计划”，推动家政就业、创业工作同步推进。对全镇所有脱贫户和“三类人员”建立台账信息，确定帮扶责任人，全镇14户48名“三类人员”帮扶措施到户，没有因疫情原因发生家庭生活困难现象。常态化防返贫动态监测帮扶、“四查四补”、“三类人员”动态监测工作全面落实，全镇18户61人监测对象“一户一档一策”，润丰村、和丰村脱贫人口人均收入较上年同期提高25%，初步实现了“两个高于”目标。

【畅通办证渠道】 2022年，丰登镇审核通过拆迁安置补偿协议2161份，完成首次登记3576套，录入银川市住宅专项维修资金交存通知书信息3576套，具备办证条件2900套，已办理银川市康居安置房屋合同1635套。全年兵役登记131人，发放光荣牌215个、优待证161个、双拥卡215。

【教育事业】 2022年，丰登镇完成“两后生”培训2人。摸排残疾儿童10人，其中随班就读6人，送教上门4人，实现零辍学。积极保障银川市丰登片区中心幼儿园及银川唐徕中学北校区建设，组织开展“扣好人生第一粒扣子”主题教育和未成年人保护系列活动30余次，“家校社政”共育水平稳步提升。

【全民健康】 2022年，丰登镇出生缺陷预防覆盖率达100%，辖区60岁以上老年人第一针预防新冠疫苗接种率93.29%。率先成立全区首家村级公共卫生委员会，公共卫生基层网底全面夯实。城乡基本医疗保险参保率、缴费率100%。丰登卫生院开展优质服务基层行活动，发热门诊加装电梯等民生项目落实落地。

【社会保障】 2022年，丰登镇累计新增最低生活保障26户39人、“三类人员”15户49人，救助事实孤儿和困境儿童29人，发放救助补贴6.6万元。特困供养14人，全年发放临时救助20.66万元、低保金239.4万元、高龄补贴38.3万元。为307名残疾人员发放“两项补贴”42.3万元。润丰村“老饭桌”顺利运营。不断优化“不见面、马上办”政务服务体系，全年共办件2673件，办结率100%。

【丰登镇四届人大二次会议】 2022年12月12日，丰登镇第四届人民代表大会第二次会议在镇政府四楼会议室召开。来自全镇4个选区的56名人大代表出席大会，辖区驻镇派出机构及镇机关各办（中心）的47名负责人及工作人员列席大会。金凤区人大常委会副主任张艺博到会指导。会议审议《丰登镇政府工作报告》和《丰登镇人大主席团工作报告》。以无记名投票的方式选举马世思为丰登镇人大主席。

【移风易俗】 2022年，丰登镇将移风易俗作为新时代文明实践工作的重要内容，通过村规民约和红白理事会、道德评议会、村民议事会等方式广泛开展移风易俗、破除陈规陋习活动，辖区7个村形成了各具特色的移风易俗常态化活动。在永丰村动员党员签订《移风易俗承诺书》。在新联村，橙光移风易俗志愿者服务队在广场、小区发放宣传册，采用一对一的方式宣传移风易俗新风尚。全年开展移风易俗各类宣传活动20余场，发放致党员群众的一封信2500余份、移风易俗年历画和倡议书16000份，培育自治区级移风易俗示范户1户，新时代文明新风深入人心。

【六权改革】 2022年，丰登镇完成润丰村、和丰村“多规合一”编制工作，颁发农村宅基地不动产权证书86个、集体建设用地不动产权证书7个，有效盘活低效用地及空闲用地，积极推进润丰村14亩集体经营性建设用地和22套空置院落入市。林长体系全覆盖，设立镇村两级林长23人，组建24人护林员队伍，对全镇7处重点管控区域实现常态化巡查防护200余次，完成贺丰公路两侧2188棵树木美化养护。引进宁夏水投金凤水务有限公司，实现农业灌溉用水规范化运营，完成和丰村3200亩耕地高效节水滴灌改造，永丰村4250亩高标准农田建设项目落地实施，全年节约农业用水约400万立方米。

【就业创业】 2022年，丰登镇持续实施劳务产业“123”工程，全镇实现劳务收入2059.02万元，6个月以上稳定务工4474人，实现人均家庭收入20533元。培育创业实体与发挥劳务经纪人作用双管齐下，全年培育创业实体41个、劳务经纪人24人，带动创业就业1000余人。依托金凤区家政服务孵化产业园开展中式面点、电工、瓦工等系列培训，实现零就业家庭动态清零，输送2000余人次至周边商圈就业，发放妇女小额创业贷款53万元，依托东耀家政开展家政服务培训1100余人，开展登记认定2000余人，全年实现劳动力转移收入3522万元。

（袁 旭）

良田镇

【概况】 银川市金凤区良田镇是自治区优质“菜篮子”基地，全镇总面积93.3平方公里，耕地4.3万亩，是以宁夏南部山区泾源县和彭阳县吊庄移民为主的纯移民乡镇，现辖“八村一居”，9559户36945人，其中回族占总人口的88%。近年来，通过持续织牢脱贫成果巩固、产业、人才、文化、生态、组织六张网，紧扣新时代“塞上乡村乐园”和“乡村振兴示范镇”总目标持续发力，全镇经济社会持续健康发展。2022年，全镇农民人均可支配收入达18478.6元，完成社会固定资产投资1.24亿元。先后获评自治区卫生乡镇、文明乡镇、民族团结进步先进集体等26项荣誉，妇女儿童工作接受全国妇联观摩，《瓜果飘香　绿色良田》专题片在中央电视台专题播出，园子村传统村落项目拟被列入第六批中国传统村落名录，植物园村、园子村入选宁夏特色旅游村镇名录。

【基层组织建设】 2022年，良田镇吸收14名同志为预备党员，完成拟转正党员联审，不定期对基层支部开展党建督查6次，农村党员设岗定责工作基本完成。深化农村党员积分制管理，创建“五事争先五心服务”党建品牌，开展党员户挂牌、党员定岗设责、八个一实践活动，深化和顺新村党群创富帮带基地作用，建立基地功能性党员互助小组，组织开展创富经验交流会4次。在植物园村“草莓小镇”成立产业帮带小组，建立“三联三育三带”机制，开展导师帮带活动10次。结合千场党课下基层等活动，创新形式抓学习，共邀请党代会代表、各级领导干部等到村宣讲27次，园区宣讲、田间地头宣讲、炕头送课等形式开展宣讲16次，党员学习日、主题党日等开展集中学习40余次。

【人才建设】 2022年，良田镇将40名优秀年轻人才纳入村级后备干部库，实行动态管理、梯次培养。鼓励大学生、退役军人、致富能手带头返乡创业，引进专业合作社85个，16家扶贫基地带动650人就业，培育电商团队1个、大学生创业典型2名，培养乡村振兴产业带头人46人。按照“挖掘、培育、使用”的工作思路，累计摸排出服务乡村精英19人、乡村创客带头人11人、在外能人10人、专业技术能人117人等一批具有创新带富能力的农村“土专家”“田秀才”，成为推进乡村振兴的生力军。

【文化惠民】 2022年，良田镇打造“1+9+8+1”新时代文明实践体系，定期举办妇女手工技艺作品展示大赛、农民趣味运动会、良田好媳妇评选、最美家庭评选、美丽乡村文化大集等各类精神文明活动900余场次。与宁夏广播电视台开展战略合作，《老姨妈的疑问》《乡村大喇叭》等合办节目在移风易俗、安全生产、土地管理等方面发挥积极作用。

【人居环境整治】 2022年，良田镇全面完善林长制、河长制，累计巡林、巡河65次，实现全年草场、林场零火灾；稳步推进“六权改革”任务，重点抓好用水权、土地权改革，通过引进宁夏水投金凤水务有限公司，利用智慧水务系统，实现水资源科学管理、高效利用；深入推进农村人居环境整治提升五年行动，以“四拆四平四清四治”攻坚行动为抓手，分阶段有序推进人居环境整治工作，镇村实行环卫外包管理模式，形成了市场运营、政府把关、村民监督、全体动员的良好局面。2022年成功创建金星村、植物园村人居环境示范点。

【矛盾化解】 2022年，良田镇建成人民调解委员会10个，有人民调解员84人，举办人民调解员培训班6次，培训调解员300余人次。全年开展矛盾纠纷排查299次，调解纠纷140起，调解成功率达到90%。受理信访渠道信访件79件，其中4件为涉疫信访件，答复人民网领导留言板案件5件，办结自治区百日攻坚信访件5件，按期受理与按期答复均为100%。接收信访案件1444件，其中12345转派1363件，创城督办4件，电话投诉1件，非警务警情1件，人大代表督办3件，视频人工巡检26件。视频智能分析27件，专项调查19件。现已结案1371件，待申请核查11件，已退回市级62件，结案率99.2%。

【植物园村"百姓之家"】 2022年5月20日，良田镇按照自治区六大提升行动要求，聚焦"一老一小"服务保障，建成植物园村"百姓之家"，探索互助式养老服务模式，着力解决农村公共服务痛点。自运营以来，惠及辖区高龄老人、残疾人等群体50余名，未成年困境儿童20余名，释放妇女劳动力20余人，全力构筑老人和未成年人关爱保护网。

【金星村汉白玉萝卜分拣中心项目】 2022年6月2日，金星村汉白玉萝卜分拣中心和冷库项目建设顺利完工，截至年底，累计出库汉白玉萝卜17635吨，

2022年8月，汉白玉萝卜基地

实现销售收入2945万元。4—10月销售高峰期间，平均每日用工86人，累计用工15378人次，人均发放日工资174.67元，累计发放劳务工资268.61万元。与此同时，通过外租冷库项目，每年增加8万元村集体收益，切实以资产量化、投资分红等方式拓宽壮大村集体经济增收渠道。

【移风易俗专题文艺会演】 2022年6月10日，金凤区"拒绝高额彩礼　推进移风易俗"专场文艺演出在良田广场举行。由村民组成良田镇移风易俗宣传队，自编自导《孝老爱亲到我家》《移风易俗唱新歌》《夫妻学识字》等群众喜闻乐见的节目，呈现新时代小康村推进移风易俗新风尚。有30余位村(社区)代表在文艺演出中签订移风易俗承诺书。

2022年1月，良田镇召开婚姻家事矛盾治理座谈会

【脱贫攻坚成果巩固】 2022年7月24日，良田镇建成"三类人员"就业创业基地，全镇10户"三类人员"通过政府兜底、拎包入驻的方式，开启了自力更生开创美好生活的新道路。建立镇村两级劳务工作站，2022年全镇累计劳务输出6126人次，实现劳务收入1.34亿元，"两个高于"目标顺利完成，群众增收致富内生动力不断提升，牢牢守住了不发生规模性返贫底线。

【村集体经济项目】 2022年，良田镇申报实施兴源村壮大村集体经济、良田镇文化大集改造等项目，村集体经济收入由2021年的531万元增长至2022年的1047.57万元。探索实现和顺新村果蔬交易市场实体化运营，全年累计创收33万元，较2021年同比

增长接近400%。

【清洁能源取暖项目】 2022年,良田镇按照银川市和金凤区农村清洁能源试点建设工作安排,共建设清洁能源示范户22户,其中15户空气热源泵、3户生物质炉具、1户碳纤维电暖器、3户热风机供暖。10月开工建设,截至年底,已完成天然气安装500户(园林村400户、光明村100户),门窗节能改造安装完成300户。

【新时代就业创业服务站】 良田镇新时代就业创业服务站自2022年11月试运行以来,逐步建立村民就业创业数据库,先后对接银川汇川服装有限公司、宁夏宝立集团有限公司等10余家用工企业,与辖区康洁物业、风洁物业等多家小微企业建立合作关系。同时,开设保育员、家政服务员、企业人力资源管理师、多媒体营销带货等技能培训班,为辖区150名务工人员提供"走出去就业"与"家门口就业"双向选择。

2022年2月,良田镇民俗一条街

【共青团金凤区良田镇第五次代表大会】 2022年11月11日,良田镇召开共青团金凤区良田镇第五次代表大会,高标准、高质量选举产生新一届委员会委员13名、书记1名、副书记3名。大会审议通过《共青团良田镇第五次代表大会工作报告》。濮文瀚全票当选为良田镇团委书记,李娟、孙莉娜、杨晓花全票当选为良田镇团委副书记。

【良田镇四届人大二次会议】 2022年12月12日,良田镇召开第四届人民代表大会第二次会议,62名代表参会,6名办(中心)主要负责人列席会议。大会审议通过了《良田镇人民政府工作报告》《良田镇人大主席团工作报告》《良田镇第四届人民代表大会意见建议办理情况的报告》《良田镇2022年财政预算执行情况及2023年财政预算的报告》和《2022年集体资金管理和使用情况的报告》等五项报告。杨利军全票当选为良田镇人大主席,濮文瀚、艾娜全票当选为副镇长。3位同志在全体与会人员见证下庄严宣誓。各代表就基础设施类、农业水利、道路交通、科教文卫等方面提出12条意见建议。

新二村航拍图

(孙莉娜)

长城中路街道

【概况】 长城中路街道办事处成立于2003年8月,位于金凤区城市建成区东南部,东起唐徕渠、西至亲水南大街,南起南环高速公路,北至黄河东路,辖区面积29.8平方公里,人口约23.67万,直管党员6070余名,辖七子连湖、金域蓝湾等18个社区居委会。2022年,长城中路街道党工委、办事处持续推进基层治理体系和治理能力现代化建设,获评全市2021年度武装工作先进单位等荣誉,街道党工委升格为四星级党工委。

【组织建设】 2022年,长城中路街道持续深化拓展

“四优四提”“一核三联五治五化”工作载体，通过书记抓书记，抓思想教育、抓队伍建设，促进基层组织体系和治理体系规范化。立足辖区城市化进程加快的特点，加大小区党支部组建力度，延伸构建自治区“1个街道党工委+18个社区党委（党支部）+99个居民小区党支部+951个楼栋联合党小组”的四级组织链条，确保党建引领城市基层治理工作“一竿到底”。初步完成紫园社区、南苑社区、林湖左岸社区区划调整。对标金凤区“三个十”党建示范点创建工作安排部署，在香溪美地社区打造了“汇E+”社区党建品牌，在宝湖社区成立全市首家社区儿童议事会，在鲁银社区搭建“党群微家”阵地平台。鲁银社区湖映康晨小区党支部“国企退休党员教育管理”之“党群微家”和金宇名庭社区“党建带群建群团组团服务”党建观摩点迎接金凤区组织的2022年上半年基层党建工作互观互检观摩会。

【思想建设】 2022年，长城中路街道邀请党校教授、讲师团成员为街道班子成员、各中心主任、干部职工及社区书记等基层干部开展理论培训12次，共2700余人参加；组织开展党组织书记培训17场次，306人次参加；组织开展社区“两委”班子成员培训3场次，街道18个社区干部共162人参加；组织辖区各基层党组织开展党员轮训2轮次，5000余人参加。采取集中学习、分散学习和送门上学等方式扎实推进党员教育工作，轮训期间举办专题培训92场次、宣讲活动30次，围绕党的二十大精神等方面开展交流研讨100次。

【学习宣传党的二十大精神】 2022年，长城中路街道组织开展一系列内容丰富、形式多样的宣讲活动，推动党的二十大精神走进基层、走进群众。在新时代文明实践所开展“喜迎二十大、永远跟党走、奋进新征程”故事分享会，号召广大干部群众在平凡的工作中奋发作为，充分展示新时代的社区风采；在鲁银社区举办“翰墨喜迎二十大、同心共开团结花”主题书画展活动；邀请党的二十大代表赵耐香在中海地产为非公企业党支部宣讲“传递党的声音，凝聚奋进力量”党的二十大精神专题党课，以共驻共建推动党的二十大精神学习宣传在非公企业走深走实；邀请剪纸非物质文化遗产传承人白仲会在长城花园社区开展“喜迎二十大、剪纸颂党恩”主题活动，通过剪纸讴歌颂扬党的丰功伟绩。紧盯自治区第十三次党代会各项部署要求，以“千场党课下基层”活动为载体，通过书记讲党课、邀请党的二十大代表赵耐香和塞上金秋宣讲团成员积极开展集中宣讲。全年组织开展集中宣讲87场次，参与人数达4950余人。

2022年10月31日，党的二十大代表赵耐香走进辖区老旧小区改造现场宣讲党的二十大精神

【党风廉政建设】 2022年，长城中路街道多次召开党风廉政建设工作专题会议，研究部署党风廉政工作。下发《长城中路街道党风廉政建设和反腐败工作安排》和《党风廉政建设及反腐败工作责任书》，街道党工委书记分别与班子成员、18个社区书记、各办公室（中心）主任签订目标责任书29份，形成一级抓一级、一级对一级负责的责任体系和领导机制。组织干部认真学习《中国共产党章程》《中国共产党纪律处分条例》《中华人民共和国监察法》等党规党纪和法律法规。认真开展违规收送红包礼金和不当收益及违规借转贷或高额放贷专项整治、违规吃喝隐形变异问题专项整治、群众身边腐败和不正之风专项整治查纠、廉洁警示教育、高桥社区“三资”提级监督等重点工作，切实推动全面从严治党要求落实落细。

【彩云社区】 2022年，长城中路街道通过调研论证，对所辖高桥社区服务规模进行调整，将原高桥社区管辖的高桥街以西、文南路以北区域从社区划出，增设彩云社区。新增设社区东至七子连湖中心线，南至文南路，北至六盘山路，西至高桥街，共管辖8个小区，规划户数13057户，已入住5039户10406人。

街道成立彩云社区筹备组，负责彩云社区的筹备、组建等工作。筹备组设组长 1 名、副组长 2 名、工作人员 5 名。在连湖花园十二区 1-1# 商业楼一层至二层和 2-1# 商业楼一层至三层，打造面积为 1811.99 平方米的社区(阵地)。

【党群活动阵地】 2022 年，长城中路街道分别在亲水阳光社区、金宇名庭社区和枫林湾社区打造了党群活动阵地，投入项目资金 69.62 万元。亲水阳光社区“共享阳光”服务建设项目于 2022 年 8 月正式启动，该项目位于亲水花园小区西侧营业房四楼，面积 970 平方米。项目整合社区阵地资源，规范“五室一站”及“一室八中心”功能设置，打造集百姓大舞台、图书馆、自习室、健身房、儿童乐园、书画室、舞蹈室、隔音练琴房、棋牌室、心理辅导室、青年创客吧、乒乓球室等于一体的共享空间，为辖区群众提供 24 小时开放的多功能服务阵地。金宇名庭社区“红房子幸福邻里”党建服务项目于 2022 年 7 月开工，项目位于庆丰街紫檀水景小区内，理想家园小区紧邻紫檀水景小区，共用活动阵地面积 500 平方米。以“红房子幸福邻里”为载体，将党组织和群团服务触角延伸至小区楼栋单元，推进形成“党建引领小区党支部(楼栋党小组)+ 物业公司(业委会)+ 群团组织”基层自治组织服务体系，开展文明城市建设、科普宣传等各项志愿服务活动。枫林湾社区党建引领社区数字文化建设项目于 2022 年 8 月开工，项目位于枫林湾小区 13 号楼二层南社区党群文化活动服务站。运用大数据、人工智能、区块链等技术手段，实现线上线下融合发展，以数字化为社区治理赋能。结合枫林湾数字社区建设，在社区党群综合文化活动室搭建“智慧钥匙”平台，24 小时对辖区群众开放。

【文明示范街区】 2022 年，长城中路街道与住建局、爱卫办、综合执法局等多部门协作，在庆丰街打造金凤区首个绿色低碳文明示范街区。对庆丰街沿线实施亮化、美化提升工程，涵盖市政改造、绿化提升、基础设施完善、景观小品等内容。在街道民生服务中心建设 100 平方米绿色低碳文明展示厅，突出智能环卫、垃圾分类、资源回收等内容，提供参观、体验、科普及成果展示服务。

【文明城市建设】 2022 年，长城中路街道持续对“脏、乱、差”现象进行整治。先后对银凤市场、庆丰街 130 号、铁路沿线、五里台小康村、高桥小康村、金域蓝湾东侧的裸露空地等多处卫生死角、市容市貌管理难点区域开展重点清理整治。对塔渠街东侧乾豪商混站进行拆除，拆除面积达 3200 平方米；对金域蓝湾东侧和宝湖公园附近的裸露空地进行治理，协调自然资源局调拨树苗 1200 株、低矮灌木 600 平方米，种植面积 2 万平方米；组织辖区物业企业、机关单位及居民开展环境整治，整治环境卫生脏点 420 处，清理小广告 200 份，清运垃圾 22.3 吨，制作发放国家卫生城市宣传彩页 23000 份、宣传海报 3700 份。在中央环保督察期间，共受收转办件 46.5 件，全部按时办结。全年共处置卫生督查通报 22 期、金凤区创建全国文明城市督办单 50 期。

2022 年 8 月 2 日，长城中路街道召开深化全国文明城市建设工作推进会

【民生服务】 2022 年，长城中路街道民生服务中心完善综合岗位设置，协调设置医保、低保、就业、住建、退役军人等综合岗位 5 个。简化代办服务流程；完善“好差评”制度，设置评价器 4 台，完成好差评 7600 余件，好评率为 99%。办结政务服务事项 21927 件，政务云平台办理业务 6670 件，专网 15245 件，线下办理 3 件，上门办件 9 件，办结率均达 100%。设置 18 个社区代办点，将 26 项代办业务下放到社区，实现就近能办、多点可办、少跑快办。积极

推进就业创业工作，街道城镇新增就业 1365 人，安置失业人员再就业 820 人，零就业家庭实现动态清零，完成目标任务 100%，城镇登记失业率 4.5%以下。培育创业实体 276 家，创造新岗位 516 个，创业带动就业 700 人。新增创业实体 276 户，完成目标任务 276%。组织城乡 300 人进行职业技能培训，办理就业创业登记证 1800 本。

【信访工作】 2022 年，长城中路街道健全完善《长城中路街道信访工作制度》，研究制定信访人员一人一档、一月一走访、一案一稳控方案“三个一”工作法，通过信访疑难资金救助化解两人拆迁安置问题，化解 1 名涉军人员信访事项，成功调解辖区保安猝死案件讨要补偿群体访案件。自治区第十三次党代会、党的二十大召开期间重点信访人员实现零进京，实现了矛盾不上交，化解在基层。聚焦重点人员管控、综治维稳、扫黑除恶、防范电信诈骗等工作，大力推动“网格 + 警格”深度融合，整合社区网格力量联合办公，提高管控能力，形成社会治安治理新格局。联合街道制定下发《智慧金凤社会治理综合平台网格员个人考核办法》，对各社区进行严格考核，通过月通报、季考核的方式，对不达标社区及网格员进行奖优罚劣，以达到鼓励先进、鞭策后进的目的。街道连续两个季度在金凤区考核中排名第一。

【不动产权证办理】 2022 年，为全力破解房产证办证难问题，长城中路街道把化解办证难问题作为解决群众急难愁盼的大事，作为践行“我为群众办实事”实践活动的重要内容，多次召开专题推进会，认真研究完善工作方案，成立领导小组和工作专班，压实工作责任，积极协调相关部门，推进涉及辖区 18 个小区群众不动产权证办理事宜，为长兴花园 B 区、五里宜居、墅城·公园壹号、景湖万家、高桥家园 B 区、宁安宜居一期等小区内已具备办证条件的 2715 户居民办理不动产权证。

【志愿服务】 2022 年，长城中路街道共有雷锋志愿服务站 55 处，创建志愿服务品牌 26 个，志愿服务队 98 个，志愿者 8076 人，开展志愿服务活动共计 4500 余次。组织党员干部积极开展文明交通执勤志愿服务活动，为市民提供文明劝导、路线指引、交通知识宣传等服务，积极引导市民遵法守规；组织街道干部在每周五积极深入包抓社区开展环境卫生治理、共享单车摆放、楼栋单元安全隐患排查等志愿服务活动，助力整治辖区环境卫生，营造绿色生活氛围；联合市场监督管理局金凤分局、综合执法局开展学雷锋志愿服务活动，发动并引导辖区商户注册志愿者。

（秦亚杰）

黄河东路街道

【概况】 黄河东路街道位于金凤区西南部，东至亲水大街，西至包兰铁路，北至北京中路，南至南环高速公路，总面积 33.63 平方公里，黄河东路街道办事处位于福州街银啤巷内。街道下辖工业集中区、颐和城府、荣锦苑、新苑、福通家园、银啤苑、新琇苑、金家巷、湖畔嘉苑、盈南家园、金地花园、通福家园、恒大名都 13 个社区和魏家桥、盈南、砖渠、双渠口 4 个整建制行政村，常住人口 59024 户 134430 人，少数民族约占 16%。现有基层党组织 92 个，其中五星级党组织两个（福通社区和魏家桥村），共有直管党员 3647 人。全年辖区完成固定资产投资 16.57 亿元。2022 年，黄河东路街道盈南村被金凤区命名为文明村镇；9 月，经团中央考察，通福家园社区在全国首

2022 年 11 月 8 日，金凤区委书记郝春明调研金凤区黄河东路街道工作情况

批社区青春行动试点中被评为优秀等次;11月,颐和城府社区被银川市委、市政府表彰为银川市民族团结进步先进单位。

【党的建设】 2022年,黄河东路街道党工委始终把党的建设作为抓好基层治理的总开关,依托新时代文明实践所(站)、“板凳会”、“阳光说吧”、“庭院议事会”等平台,扎实开展党史学习教育、改进作风提升质效专项行动。组织编制基层党组织“三会一课”记录范例汇编,指导基层支部规范记录,印发《关于调整黄河东路街道小区党支部包抓联系点的通知》《关于向非公企业和社会组织派驻党建工作指导员的通知》,进一步规范基层党组织工作。大力推进标杆小区党支部创建,利用“街道党工委—社区党委—小区党支部—楼栋党小组”四级组织体系,研究制定《黄河东路街道小区党支部示范点创建方案》《党员评星定格积分制管理方案(试行)》,鼓励辖区党员做基层治理的中坚力量。深入推进“一社一品”党建品牌建设,不断提升银啤苑“板凳会”、通福家园“邻里中心”等品牌影响力。以红色业委会和红色物业的建立推广为契机,选用有责任心、有号召力和有威信的居民代表加入业委成员之中,以点带面,充分发动群众进行自治自理。

【文明城市建设】 2022年,黄河东路街道严格对标全国文明城市建设测评体系指标要求,充分发挥志愿服务作用,组织开展经常性环境卫生整治,实现文明城市创建常态化。加大城乡接合部及高铁、南绕城沿线环境卫生排查整治力度,集中对灵芝巷周边、南郊水源地等重点区域乱堆物料、乱倒垃圾、乱排污水等突出问题进行整治;对辖区7处裸露空地、8处裸露堆土采取绿网覆盖、洒水、设置围挡等措施进行清理;在18个村、社区92个小区门岗设立新时代文明实践志愿服务点,为居民提供充气筒、雨伞、急救箱等。

【生态环境】 2022年,黄河东路街道摸排南郊水源地禁养情况,下发水源地禁养整改通知单9份、散乱污整改通知单46份。按照冬春季大气污染防治工作要求,对辖区范围内秸秆焚烧、散煤使用情况进行深度摸排,张贴禁烧燃煤告知书1[illegible]0份。实施宝湖路南侧环境卫生整治项目。实地走访清查占地行为图斑,拆除违法图斑面积。大力推进“四权”改革,对辖区现有44家排污单位初始排污权确权进行排查,建立清单台账定期监管。成立街道、村(社区)两级林长组织体系,竖立街道级林长公示牌1个、村级林长公示牌2个,整治森林防火通报3次。严格落实河湖长制,进一步强化河道巡查和治理督查,不定期对南绕城典农河占用河道、垂钓问题进行督查,维护良好的河道管理秩序。

【精神文明建设】 2022年,黄河东路街道围绕树立正确舆论导向、讲好基层故事,先后在《中国日报》、中国新闻网、《宁夏日报》、银川新闻网、《银川日报》等主流媒体刊登新闻稿件292篇。加强团队自身建设,17个村、社区优化志愿者队伍93支,累计注册志愿者1.3万人。利用电子屏、宣传栏、微信群等广泛推进社会主义核心价值观传播,开展“最美家庭”“最美小区党支部书记”等道德模范、最美人物评选活动7场次。在广大村民中广泛开展抵制高价彩礼、丧事简办、婚事缓办、宴会不办、崇尚科学、反对迷信等宣传活动,积极倡导厚养薄葬,孝老爱亲、尊重科学,有力推进了农村精神文明建设工作,开展移风易俗主题活动16场。

【社会保障】 2022年,发放就业务工补贴62000元,提供扶贫公益性岗位[illegible]0个,岗位生活补贴每人每月1950元;为3名移民申请小贷款贴息9514.46元;为6名中高职学院学生申请春季雨露计划补贴9000元,秋季雨露计划补贴2人3000元,为1名本科生申请教育补助3000元。摸排出脱贫户1人,因就读大学本科给予教育补贴2000元;身患疾病脱贫户2人,给予生活补贴3[illegible]00元;家中突发事故1人,给予生活补贴1660元;家中有精神疾病患者脱贫户1户,每月补贴200元。全年共计发放教育、医疗兜底保障资金7160元。在双渠口村建立劳务工作站,配备扶贫网格员1名,做好村情民意收集及招聘信息转发,积极推荐劳务移民务工就业。开展城乡困难救助，重点救助城乡五保户、低保户、贫困户，全年受理临时救助29人，共计发放临时救助金76000元。关注老龄人群生活，摸排困难老年人居家适老改造需求12人，核查出低保、低收入家庭重度失能老年人4人，发放护理补贴和生活补贴52000元；做好低保户认定、审批、管理工作，累计发放低保金290.42万元；持续做好未成年人保护工作，关注辖区孤儿及困境儿童，为4名孤儿及事实无人抚养儿童申请孤儿津贴38000元。

【拆迁安置】 2022年，黄河东路街道成立解决群众办理房产证遗留问题专班，完成盈南三期二区798户的化解工作、网签备案工作及288户房产证办理工作，签订银啤苑旧城改造项目安置协议330份。解决五里台村养殖户养殖圈舍拆除后续事宜，与养殖户签订补偿协议1份、房屋安置协议4份，安置面积370平方米，签订息诉罢访承诺书1份。完成金凤区第二十九小学、银川市第三十四中学项目用地土地交接，协调解决银川市科技园建设项目1401户村民拆迁协议未完成的事宜，发放2021年度水源地土地流转费用175.265万元。

【城乡就业】 2022年，黄河东路街道统筹城乡就业工作，打造复合式双创基地。街道着力打造"引凤创梦创新创业共享孵化基地"，是宁夏首家由政府牵头组织、社会组织运营、专注服务非公经济体的复合式平台型双创基地。基地内设宁夏特色产业展示交流中心、特色产业创新创业中心、品牌孵化中心等11个服务中心，现有服务企业超过500家，专家智库导师团100名，引进24名细分领域专家级特殊人才，获得知识产权15件，独立开发数字化就业创业和人才服务平台1个。举办"春风行动"专场招聘会，城镇新增就业1545人，完成责任目标118.8%；失业人员实现再就业905人，完成责任目标129.3%；就业困难人员实现就业151人，完成目标任务151%，失业就业实名制管理达到100%。

【退役军人服务】 2022年，黄河东路街道辖区有退役军人3382人，其中党员1889人，优抚对象121人。完善全国退役军人建档立卡系统数据录入，退役军人和现役军人家属一人一档，双拥卡、光荣牌、重点优抚对象、党员、信访、就业等八大类一类一档。办理全国优待证3040余张，发放双拥卡36张、光荣牌23块。在春节、端午节等节假日期间共计慰问退役军人276人，其中荣立二等功12人、三等功9人，抗美援朝退役军人16人，非优抚参战人员30人；慰问优抚对象119人、现役新兵家属11人、获得"四有"喜报现役军人家属7人，慰问边海防官兵26人。

【司法工作】 2022年，黄河东路街道加强公共法律服务供给，持续推进智慧公法模式，加强法律援助宣传力度，依托辖区全覆盖公共法律服务站，为群众提供法律服务。加强制度建设，持续抓好各类文件制定和监督管理，对街道出台涉及重大决策各类文件、协议，严格落实合法性审查制度，保障科学民主合法决策。加强社区矫正及安置帮教重点人群监管，引入社会力量，创新帮教模式，管教结合促进辖区和谐稳定。以"八五"普法为抓手，围绕重要节庆和打击整治养老诈骗和电信诈骗、《信访工作条例》宣传等重点工作，扎实开展"法律十进"，共开展各类法治讲座16次、各类普法宣传活动1500余次，制作黄河东路司法所《法制小报》8期，全年开展"法律明白人"培训3次。结合司法厅"调解促稳定、喜迎二十大"专项行动，认真开展矛盾纠纷排查，切实做到对纠纷苗头早发现、早预测、早调处、早解决，实现"小矛盾不出村（社区）、大矛盾不出街道"的目标。各村、社区开展矛盾纠纷排查680次，无因民间纠纷调解不及时或调解不当而引发的民转刑案件和群体性事件的发生。全年开展警司联调6起，专职人民调解员联合村居调解矛盾纠纷24起。开展人民调解案卷评查，各村、社区及各人民调解委员会共制作人民调解案卷83件，其中疑难卷70件。

【卫生健康】 2022年，黄河东路街道以健康社区示范点创建为着力点，开展"健康细胞"创建活动。强化平台数据录入，做好免费孕前优生教育和普查工作；组织各村、社区利用线上线下相结合的宣传方式对居民进行传染病、卫生保健、心理健康方面的教育；积极开展各项健康促进行动，规范药具管理和发放，加强社会心理服务体系建设，创建市级无烟党政机关。全年组织开展爱国卫生日及周末大扫除活动37次，报送活动信息51篇，金凤区机关单位、街道村、社区工作人员及志愿者累计2000余人次参加，辖区铁路沿线、四二干沟沿线、良田渠沿线、无物业小区等环境面貌明显提升。创建自治区级健康社区3个（新苑社区、通福家园社区、恒大名都社区），银川市级健康村（社区）3个（银啤苑社区、荣锦苑社区、魏家桥村），银川市级健康企业2个（宁夏正熙酒店咨询管理有限公司、宁夏广玉面粉有限公司）。

【公共服务】 2022年，黄河东路街道加强住宅小区垃圾分类宣传活动，充分利用宣传栏、电子屏、温馨提示、宣传册、微信群等方式，向居民普及垃圾分类知识53次。在小区内开展垃圾分类各项专题活动19次，可回收物收量达到7023.58吨。组织各村、社区开展生活垃圾分类撤桶建房，现已创建银啤苑、嘉润花园、金翠芳庭3个垃圾分类示范小区。召开数字社区建设工作推进会，积极与三大运营商对接，对辖区老旧小区进行数字化改造，分两批上报改造13个老旧小区，其中6个小区已安装人脸识别，围绕人、房、车进行远程控制管理，为居民日常生活提供极大便利。验收2021年已完成的老旧小区改造项目，改造完成的商贸楼、物资楼、时尚公寓、邮电楼已完成拆小并大。

【民族团结示范】 2022年，黄河东路街道通过铸牢中华民族共同体意识演讲比赛、志愿者积分兑换、最美家庭申报、优秀志愿者表彰、好家风好家训传承等途径，先后選树出马军、郑红等多名民族团结示范榜样。以石榴籽爱心服务站、警务室、民族团结主题公园为依托，打造颐和城府“石榴籽社区”民族团结示范点，提炼出具有社区特色的“五融合六平台”工作法。11月，颐和城府社区被银川市委、市政府表彰为银川市民族团结进步先进单位，累计接待自治区、银川市等各级领导调研观摩20余次、300余人次。

【社区青春行动】 2022年，黄河东路街道通福家园社区聚焦社区建设发展规律和青年聚集发展要求，通过健全组织体系、夯实工作力量、完善工作项目、创新工作机制等措施，为居民提供各类技能培训、公益活动、心理辅导、家庭教育、助老助残等服务，形成了居民点单、社区下单、社会组织或志愿者接单的工作模式，引领广大青少年在社区中提高参与意识、加强实践锻炼、增长本领才干。经过一年努力，通福家园社区全面完成社区青春行动各项改革举措，9月，经团中央考察，通福家园社区在全国首批试点社区中被评为优秀等次。

【红色物业】 2022年，黄河东路街道魏家桥村积极探索成立村集体物业公司，顺利完成股权变更，物业公司由村集体100%持股，受村党支部、村委会管理，村“两委”干部与物业公司交叉任职，物业经理进入党支部班子，实现党组织建设与物业服务互促共进。同时，构建“村党支部＋网格党小组＋党员示范户”三级组织体系，划分5个网格区，及时收集村情民意，带头开展志愿服务活动，不断提升村民幸福感、获得感，打通红色物业服务“最后一百米”。

2022年5月19日，黄河东路街道魏家桥村开展村规民约宣传

【楼宇经济】 2022年，黄河东路街道以盈南商厦“双创基地”为依托，以就业公共服务体系平台为基础，成立银川市金凤区黄河东路街道推动经济高质量发展服务中心，持续发展楼宇经济。新引进葡萄酒产业项目、枸杞研发项目和区块屏技术项目，新注册

工商个体10余家，项目招商为盈南村村集体增加年收入近230万元。砖渠村投入集体资金1.8亿元，依托银川市车管所规划建设配套商务服务区项目，解决集体经济增收和失地农民就业问题，先后招商万通汽车培训学校、新华互联网科技学校、三木艺术学校、心晴精神专科医院、中铁三局等5家企业入驻。双渠口村投资1.7亿元建设失地农民创业园，主要为汽车修理、医疗器械仓储、加工制造业等中小微企业提供平台，年出租收入450余万元。

【人大工作】 2022年，黄河东路街道人大工委紧紧围绕区委、区人大中心工作，充分发挥人大代表作用，将辖区18个选区的39名人大代表和10名自治区、银川市及金凤区人大代表整合到5个代表联络小组，组织代表开展接待选民、“三查（察）”等活动，共计开展走访活动30余次，对代表接访中征集到的环境卫生整治、基础设施建设、公共安全治理、道路交通规划等相关问题移交责任单位推动协调解决10件。

【群团组织】 2022年，黄河东路街道工会新建12家单独企业工会，发展会员670人，吸纳103名新就业形态劳动者加入街道工会联合会。签订工资专项合同66份，女职工权益保障专项合同11份，覆盖职工7399人。开展形式多样的职工文体活动9场次，参加人数781人。利用劳动节、端午节深入开展“四送”慰问，慰问职工600人次，累计资金44000元，慰问辖区3名困难职工子女，为辖区34名女职工开展两癌筛查体检。依托新苑社区新时代文明实践站，开设服务职工子女的公益性课堂，暑期“工会相伴·爱心托管”活动为44名小学阶段的双职工家庭缓解子女暑期看护难问题。街道团工委全年开展“3·5”雷锋日、五四青年节主题演讲、“喜迎二十大、青春最闪亮”主题演讲比赛等活动213场次，2000多名青年志愿者参与其中。在春节和儿童节前夕，走访慰问辖区困境青少年30人，组织返乡大学生为青少年开展“七彩假期”活动54场次，受众青少年1000余人。新成立22个非公团支部，转接团员300余名。街道妇联积极组织“文明家庭”“最美家庭”“健康家庭”“无烟家庭”评选表彰，定期举办女性创新创业培训班，带动妇女转变思路，鼓励妇女一人学一技，自力更生。

（虎　宁）

上海西路街道

【概况】 金凤区上海西路街道东至唐徕渠，西至满城街，南至北京路，北至贺兰山路，面积9.86平方公里，辖区建一分公司、清水湾、银新苑南、银新苑北、逸馨苑、馨和苑、悦海新天地共7个城市社区。街道党工委下设7个社区党委、75个基层党（总）支部，有党员2480名。辖区常住人口6.9万人，其中少数民族人口13474人。2022年，上海西路街道成立宁夏首家非公党建示范街区、宁夏首家城市社区公共卫生委员会，打造银川市首家社区廉政警示教育馆，率先开展银川市首个“城市基层治理十大项目”进网格项目，打造国家级共青团城市基层组织改革试点，荣获“银川市2022年民族团结进步先进集体”称号。

2022年5月18日，金凤区上海西路街道举行非公党建示范街区揭牌仪式

【理论学习】 2022年，上海西路街道党工委深入开展党的二十大和习近平总书记视察宁夏重要讲话指示批示精神“大学习、大讨论、大宣传、大实践”活动，依托理论学习中心组、周一学习例会、主题党日、“三会一课”等，采取学习强国线上学、党建互助相互学、网络云端拓展学等多种方式确保学深学细。共

开展党工委中心组理论学习 11 次、集中学习会 65 场次，领导班子带头讲党课 12 次，党的二十大专题学习 2 次。坚持线上宣传和线下宣传同频共振，利用微信直播开展党员“微”直播，邀请各类宣讲团走进辖区开展“廊亭故事会”“板凳会”宣讲，开展宣讲 50 余次。

【民生事业】 2022 年，完成房屋漏雨、道路塌陷、安置小区基础设施改造提升等实事项目 10 余件，联合辖区多部门（单位）解决街巷环境整治、停车难等民生难题 40 余件。积极化解历史遗留问题，成立街道悦海新天地房产证办证专班，创新开展集中办公，为 1148 户居民解决 12 年办证难问题。全力推进水利小区拆迁，召开专题会议 5 次、现场会 2 次，助推水利小区棚户区改造项目征收拆迁工作。主办人大议案 1 件，协办意见建议 3 件。将原城市候机楼打造为逸馨苑社区办公阵地。协办意见建议 3 件均已办结。街道不断深化三级政协委员联络小组作用，广泛收集社情民意，协助解决各类民生问题，接待全区市县政协领导干部培训班学员四批次观摩学习，获得区级政协领导的一致好评。

【组织建设】 2022 年，上海西路街道党工委持续深化“四优四提”城市党建引领社区治理，形成“街道党工委—社区党委—小区党支部—楼栋党小组” 四级组织。积极开展党建示范点创建行动，突出制度、阵地、活动三个标准化重点，打造社区党委示范点 4 个、小区党支部示范点 5 个。街道“城市基层治理十大项目”进网格项目被《中国日报》《宁夏日报》等多次报道推广。《搭建平台互联共建　全力打通党建引领社区治理“末梢神经”》被写入《全国街道社区化管理实践与发展》一书，作为典型案例推广学习。悦海新天地社区、银新苑北社区悦邻里、清水湾社区等党建引领基层治理创新经验做法在《中国社区报》《社区》杂志、银川新闻网等多个媒体刊登宣传。银新苑南社区被评为五星级基层党组织。积极探索“楼宇 + 社区”“商圈 + 社区”服务模式，成立非公企业党组织 6 个，其中创新成立新业态群体流动党员党支部 2 个。在泰康街成功打造宁夏首个非公党建示范街区，中国新闻网、《宁夏日报》等主流媒体争先报道，建设完成 8 个新就业群体服务驿站。积极组织辖区各非公企业党组织积极参与文明城市创建等工作。培养发展新党员 11 名，预备党员转正 27 名。

【党风廉政建设】 2022 年，上海西路街道党工委召开街道党风廉政专题会议 4 次。全力配合完成金凤区委第二轮巡察任务。组织开展“改进作风、提升质效”专项行动，进一步加强街道班子成员及全体干部职工纪律作风建设，严格干部教育监督管理，坚决防止“四风”问题反弹。组织开展反面典型警示教育活动 30 余次，观看专题片 40 余场。打造银川市首家社区廉政警示教育馆，不断提高社区警示教育的精准度、有效性。接待各级警示教育 600 余人次，接受自治区、银川市各级领导指导观摩 8 次。

【社会治理信息化】 2022 年，上海西路街道积极发挥智慧金凤社会治理综合平台作用，广泛发动居民通过金凤 e 家 APP 平台拍拍举报各类不文明行为，共处置案件 62872 件，已结案 62867 件，结案率 99.9%。持续推进红色物业建设，提升物业管理水平和质量。组织成立红色物业 3 家、红色业委会 6 家，建立了社区红网格，真正做到民有所呼、我有所应，让物业成为贯通基层党组织联系群众的“毛细血管”。

【文明城市建设】 2022 年，上海西路街道坚决打赢蓝天、碧水、净土三大保卫战，积极排查面源污染防治。落实河湖长制、街巷长制，积极开展集中清理卫生脏点，辖区综合环境得到有效改善。大力推进垃圾分类工作，共建设垃圾分类房 24 个，垃圾分类积分兑换超市 8 个。各级媒体宣传报道 300 余篇，广泛宣传典型工作经验做法。

【综合治理】 2022 年，上海西路街道联合打造规范化人民调解委员会 13 个，建立一站式矛盾纠纷多元化调解中心 3 个。创新宣传模式，成功打造文化城“无诈园区”，实现文化城 439 家商户 3000 余人电信诈骗零发案。上海西路街道银新苑北社区“反诈小粽子”被自治区专项办写入亮点经验做法，悦海新天地社区“小手拉大手”反诈模式被自治区党委政法委点名表扬。组织“安全生产月”各项活动，累计开展集中学习17场次，观看专题片5场次。开展安全隐患大排查200余次，清理私拉电线80余处；开展应急消防安全演练活动17场次，受众800余人；开展“石榴共筑梦”“石榴籽学非遗”等各类活动40余场次，引导辖区各族群众构筑中华民族共有精神家园，荣获银川市2022年民族团结进步先进集体称号。

（李　喆　赵汉青）

北京中路街道

【概况】 北京中路街道办事处位于金凤区核心地带，辖区东起唐徕渠，西至满城南街，南起黄河东路，北至北京路，正源街、宁安大街、亲水大街、满城南街等主干道路横贯南北，北京路、黄河路横贯东西，唐徕公园和森林公园分别位于东、西两头，银川高新技术开发区、中国电信宁夏分公司、统计局、神华宁煤集团总部等56家大中型行政、企事业单位分布其中。辖区总面积5.38平方公里，共20487户40559人，辖锦绣苑、安居苑、民生花园、蓝山名邸、清馨苑和森林公园6个社区55个居民小区，下设6个社区党委、34个小区党支部，直管党员1899人、流动党员43人。街道办事处内设四办三中心，即综合办公室、党建办公室、社会事务管理办公室、综合执法办公室、民生服务中心、公用事业服务中心、综治中心。2022年，北京中路街道锦绣苑社区获得全国先进基层群众性自治组织；安居苑社区“小喇叭”党员志愿服务项目被评为自治区学雷锋志愿服务“四个十佳”先进典型、“安居大妈”志愿服务项目荣获银川市第二届志愿服务项目大赛暨第五届青年志愿服务项目大赛社区组二等奖；锦绣苑社区获得全国先进基层群众性自治组织；森林公园荣获2021年度五星级和谐社区；银川市金凤区北京中路街道劳动人事争议调解中心获得2021年度工作突出基层劳动人事争议调解组织名单。

【基层组织建设】 2022年，北京中路街道党工委共召开会议研究部署党建工作13次，指导完善党建工作整体思路和目标任务，结合“改进作风、提升质效”专项行动，深入辖区社区党组织调研指导，先后协调解决了党建领域重点难点问题，带动班子成员深入包抓党建联系点开展工作。街道持续开展每周党员学习日，结合周例会、主题党日、“三会一课”等，采取个人自学和中心组学习、理论辅导相结合，认真落实“把学习思考、提高认识贯穿始终”的工作要求，进一步明确理论学习内容及要求，紧紧围绕习近平新时代中国特色社会主义思想、习近平法治思想学习纲要等进行专题学习11次，围绕“坚定理想信念，主动担当作为”等交流研讨5次。深入学习党的二十大和二十届一中全会精神，认真学习贯彻新修改的党章和十九届中央纪委工作报告，全面提高党的工作和党的建设科学化、制度化、规范化水平。各社区结合实际工作，举办文艺演出等各具特色的党建活动累计6场次。开展“七一”慰问活动，并为17名符合条件的老党员颁发“光荣在党50年”纪念章。坚持“五室一站”（党员活动室、教育培训室、群团工作室、居委会议事室、综合活动室、社区便民服务站）标准功能布局，以服务零距离为标准建设规范化的党群活动服务站，向群众免费开放，制作党群活动服务站导向图及为民服务清单，公开服务事项，更好地发挥红色阵地的政治引领作用，促进区域和谐发展。

【党风廉政建设】 2022年，北京中路街道党工委持续加大纪律审查力度，持续正风肃纪，办理党风廉政案件1件。责令书面检查4人，通报批评2人，开展谈话提醒5人。召开党工委会议部署研究党风廉政工作10次，召开党风廉政专题工作会议6次，签订《党风廉政建设责任书》15份。组织学习《中国共产党廉洁自律准则》《中华人民共和国宪法》《中国共产党纪律处分条例》《习近平法治思想学习纲要》等，以《党的十九届六中全会精神解读》《党的十九届中央纪委六次全会精神解读》等为题讲授党课4次，观看《零容忍》电教片3部。

【理论学习】 2022 年,北京中路街道开展专项学习 20 次,邀请讲师团成员宣讲 13 次,组织班子成员赴社区包抓点开展宣讲辅导 20 次, 组建由 11 人组成的街道理论宣讲师资库。邀请老党员在街道铸牢中华民族共同体意识主题公园长廊里开展品牌活动——“长廊故事会”,将两会精神搬到群众身边。

【宣传工作】 2022 年 10 月, 金凤电子快报推送信息 22 条、银川发布 34 条、宁夏日报客户端 10 条、宁夏新闻网 3 条、银川新闻联播 3 条、“学习强国”学习平台 2 条、《人民日报》1 次、宁夏文明网 3 次。开展各类活动 100 余次,1650 人次参加。

【服务驿站】 2022 年, 北京中路街道党工委推行“双向服务”模式,建设清馨苑暖蜂驿站、蓝山名邸新业态新就业群体服务驿站,驿站中配备了微波炉、饮用水等物品,为快递员、外卖小哥等新就业群体提供了人性化服务。同时,发挥党建引领作用,协调辖区共建单位面对面交谈、点单送服务,为服务驿站捐赠了冰柜和 1000 元雪糕,定期开展为小哥们拍摄全家福等服务。

【作风建设】 2022 年,北京中路街道创新制定“绿黄红”重点工作三色管理清单,为“改进作风、提升质效”专项行动出硬招。按期召开党(工)委会,梳理四办、三中心 54 项重点工作,制定《北京中路街道重点工作清单》,确保各项工作有序高效开展。修订完善《北京中路街道制度汇编》, 发挥用制度管权管事管人的约束作用,从考勤、学习教育等各方面规范党员干部作风管理。街道持续开展“每周党员学习日”,结合周例会、主题党日、“三会一课”等,紧紧围绕习近平新时代中国特色社会主义思想等进行专题学习 11 次,围绕“坚定理想信念、主动担当作为”等交流研讨 4 次。街道对辖区基层党组织换届情况进行梳理,更新换届工作台账,实行动态管理,及时完成换届整改工作。

【物业管理】 2022 年,北京中路街道指导规范各社区落实开展街道公用事业服务中心、社区党支部、业主委员会、物业公司、派出所、城管执法中队、卫健局协商议事制度,共召开协商议事会议 5 次,解决物业疑难问题 5 件。全力推进业委会组建工作,不断规范业委会组建程序, 持续做好业委会候选人的人选把关工作。

北京中路街道办锦绣苑小巷管家

【垃圾分类】 2022 年,北京中路街道认真落实“户分类、社区收集、二泉公司转运、环卫站处理”四级运行机制, 邀请专业人士对街道专业及社区专干、辖区居民进行垃圾分类知识培训, 切实提高垃圾分类工作成效。辖区内 55 个小区四分类垃圾亭覆盖率达 98%,全部完成撤桶设点;新建四分类垃圾收集房 4 个,共计 14 个;各小区与伟绿特公司签订厨余垃圾清运协议, 小区内的厨余垃圾全部分类运输处理。

【创建全国文明城市】 2022 年,北京中路街道回复各类创城督查通报 44 期,反馈问题全部完成整改并坚持长效机制。组织、发动辖区党政机关、企事业单位、社区干部职工、社区志愿者、居民群众积极参与,重点对背街小巷、老旧小区等卫生薄弱区域和小餐饮店等人员聚集场所进行环境卫生专项整治, 确保爱国卫生日活动落地见效。共开展 8 次 “爱国卫生日”活动,参与活动 978 人次,全力推进环境综合整治,打造干净整洁的城市环境,重点抓好背街小巷、人员密集场所等薄弱环境治理, 全力打造干净整洁的城市环境。共开展周末大扫除活动 24 次,参加活动 2487 人次。用信息宣传文明健康绿色环保生活方式80篇，铲除小广告1190余处，清除卫生脏点90余处，捡拾白色垃圾0.4吨，并在辖区沿街摆放乱停放共享单车5500余辆，清理整治私占绿地种菜15处，还绿295平方米，通过自查发现解决各类卫生督导问题共计825起。

【落实河长制】 2022年，北京中路街道配合金凤区综合执法局疏通和修缮森林公园河道处堵塞或损毁的管网，查处首善花园小区河道岸边乱搭乱建3起，累计清理河道9公里，清运河岸、河道河草树枝等54吨。共查处森林公园河段非法撒网捕鱼16起，拆除占用河道钓鱼台23处，收缴渔网12副、渔笼17个，劝离钓鱼爱好者306人。开展河湖保护进社区、进学校、进超市宣讲活动，向居民、相关企业发放河湖保护相关宣传资料2万余份，设立环境保护宣传牌、警示牌、公示牌38块。

【社会保障】 2022年，北京中路街道综合窗口累计办件4571件，其中重度残疾人护理补贴51件，申请困难残疾人生活补贴30件，核发残疾证31件，生育登记服务（一、二孩生育登记）162件，审核补办独生子女父母光荣证23件，失业登记211件，就业创业证申领335件，就业困难人员认定71件，城镇公益性岗位申请16件，个体经营人员登记287件，灵活就业人员就业登记126件，对就业困难人员灵活就业缴纳社会保险费的给予社会保险补贴219件，参加社会保险人员待遇资格认证2479件，参加社会保险人员领取死亡待遇申报69件，城乡居民基本医疗保险参保登记411件，参加养老保险定期领取待遇资格申报6件，暂停养老保险待遇申请38件，恢复养老保险待遇申请6件，办结率均为100%。

【退役军人服务】 2022年，北京中路街道清馨苑社区退役军人服务站达到全国示范退役军人服务站创建标准。退役军人窗口接待实地到访退役军人1856人，接待来电退役军人1568人，矛盾化解3人，权益维护2人，退役军人建档1378人，优待证申请1287人，发放优待证1228人。悬挂退役军人光荣牌1363块（其中现役军人23块），发放双拥卡1348张，完成43本换证工作（针对行动不便伤残军人、因公伤残人员、伤残人民警察三类人员上门入户完成换证工作），完成43人优抚认证工作，开展退役军人政策宣传15次，解决退役军人家属工作1人，在八一建军节等节日为3位重点优抚对象发放慰问金和粮油等物品。

【法治建设】 2022年，北京中路街道广泛开展“法律十进”活动，开展学雷锋日“志愿者+”活动、“全民国家安全教育日送法进社区”活动、“美好生活·民法典相伴”主题宣传活动、《中华人民共和国老年人权益保障法》宣传活动、暑期青少年法治宣传活动、防范电信诈骗法治宣传活动、《中华人民共和国法律援助法》宣传活动等专题法治宣传活动，以“安全生产和森林草原防火宣传周”“国际消费者权益保护日”“政法综治宣传月”“民族团结进步宣传月”“宪法宣传周”等节日为契机开展一系列法治宣传活动，共计开展法治宣传活动40余场，发放各类普法宣传材料5000余份，解答法律咨询200余人次。整合派出所、司法所、综治等力量，累计排查调处各类纠纷70余件。办理信访局交办信访案件36件，答复率100%。

【社会保障】 2022年，北京中路街道审核上报低保18户18人，累计发放资金146644元；残疾津贴13人，累计发放资金32640元；临时救助2人，救助资金9000元；高龄低收入救助9人，累计发放资金51600元。新增残疾人护理补贴12人，停发残疾人护理补贴20人；新增残疾人生活补贴4人，停发残疾人生活补贴人10人，累计发放残疾人补贴218280元，享受残疾人生活补贴69人，累计发放补贴金额160460元。

【卫生健康】 2022年，北京中路街道发放2021年度独生子女保健费317户417人，审核2022年度独生子女保健费258户334人。审核报批3户6人特扶对象，落实2021年度30户50人特扶金，发放到位40.32万元；发放2021年度计划生育特殊家庭老年人护理补助20人9万元，审核上报2020年度33

户56人45.6万元特扶金。创建健康家庭20户、健康单位1个、健康社区1个。在健康小屋、健康长廊等场所开展科学就医、传染病预防、合理膳食、适量运动、戒烟限酒、健康老龄为主题的各类健康知识主题讲座60余次；开展健康科普进社区、进机关、进企业、进学校、进家庭"六进"活动28场次。组织"减油减盐减糖，健康骨骼、健康口腔、健康体重"活动28场次，开展控烟活动14场次。配合卫健局、文旅局等部门推进全民健身，开展形式多样的健身活动17场次，完成金凤区卫健局安排的心理健康讲座15场，并利用社区心理咨询室组织开展活动30场，受众共2600余人。组织开展糖尿病、高血压、"三减三健"等卫生健康宣传服务活动25场次，受众1500余人。

【共青团工作】 2022年，北京中路街道在辖区22家非公企业中组建了团组织，并深入辖区商户为青年创业者进行创业担保贷款宣传20余次。组织各团支部开展"青阅读"红色经典诵读活动24场。开展金融反诈骗活动18次，普法宣传30场，反诈骗39场，科普教育活动23场，青少年志愿服务活动56场。组织"手写入团誓词 重温入团初心"作品评选活动、"青时代 勤运动"青年节职工趣味运动会等20余场。开展党的二十大精神专题学习会和专题组织生活会，同步开展团员先进性评价和教育评价、年度团籍注册，完成2022年度团支部对标定级工作。智慧团建学社衔接率、活动录入率等均已100%达标。11月18日，成功召开共青团北京中路街道第五次代表大会，选举出新一届委员会成员和书记、副书记。

【工会建设】 2022年，北京中路街道指导辖区企业组建工会，广泛吸纳职工加入工会组织。现有工会组织95家，2022年共签订工资专项合同87家，集体合同36家，劳动安全合同36家，女职工专项合同36家。开展"深化民主管理进民企·创建'双优'示范点"活动，上报民主管理"双优"示范点典型案例1家。上报困难职工4人，摸底上报金秋助学6人，工会班2人，同时做好疫情期间困难职工家庭线上慰问调查工作，并做好困难职工档案审核、信息录入等工作。

【社区品牌特色】 2022年，北京中路街道党工委巩固森林公园"大邻里 零距离"、清馨苑"五彩同辉"党建品牌，提升安居苑"安居大妈"、锦绣苑"小巷管家"，打造蓝山名邸"悦享"直播间、民生"老党员+"党建品牌，不断通过创新载体发挥实效。

北京中路街道办蓝山民邸"悦享"直播间

【获得荣誉】 2022年6月20日，安居苑社区"小喇叭"党员志愿服务项目被评为自治区学雷锋志愿服务"四个十佳"先进典型。10月，北京中路街道锦绣苑社区党建品牌"小巷管家"被自治区民政厅确认为第一批基层治理创新典型案例。12月20日，"安居大妈"志愿服务项目荣获银川市第二届志愿服务项目大赛暨第五届青年志愿服务项目大赛社区组二等奖。

（马思媛）

满城北街街道

【概况】 金凤区满城北街街道办事处位于金凤区居安家园南巷139号，东至满城北街，南至北京中路，西至包兰铁路，北与南梁农场、丰登镇接壤，辖区总面积83.92平方公里。辖区有中强、紫阳、立交桥、紫馨苑、满春园、彩虹湾、居安家园、阅海、临阅家园9

个社区居委会和平伏桥村1个行政村，服务总人口数71585人。街道内设四办四中心，分别为综合办公室、党建工作办公室、社会事务管理办公室、综合执法办公室（应急管理办公室）、民生服务中心（退役军人服务站）、公用事业服务中心、综治中心、农业综合服务中心。2022年，满城北街街道荣获“银川市基层服务标准化示范单位”“金凤区国防教育基地”称号，街道团工委荣获自治区“五四红旗团委”称号，阅海社区荣获“全国防灾减灾示范社区”称号，立交桥社区、彩虹湾社区、居安家园社区、紫阳社区、满春园社区被评定为自治区健康细胞社区示范点。

物业服务面对面

【基层党组织建设】 2022年，满城北街街道党工委会议先后13次会议研究基层党建、党风廉政建设、意识形态等工作。新增30个小区党支部并重新调整党员分布，划分成立了70个楼栋党小组，及时调整补充党小组组长。形成“街道党工委+社区党委+小区党支部+楼栋党小组”的全链条组织体系。打造2个社区示范点，创新2个社区示范点，巩固2个社区示范点，培育2个小区党支部示范点，建立红色物业、红色业委会2个。开展专题学习14次、专题研讨交流会4次。班子成员下基层走访调研共56次，帮助社区、村解决实际问题。完成街道非公经济组织和社会组织综合党委的建立和委员选举工作。新增非公企业党组织3家，指派非公企业党建指导员20余名。在立交桥社区辖区蓝骑士站点挂牌新就业群体红色驿站，成立“蓝骑士”志愿巡逻队1支，颁发流动网格员聘书5份，实现组织联建、活动共搞、服务双向。

【理论学习】 2022年，满城北街街道党工委组织各社区（村）利用“三会一课”、主题党日、新时代文明实践站、小凉亭故事会、初心之路微展馆、红色网格等载体，开展基层理论武装。通过集中促学、网格帮学、线上自学、入户送学等形式达到党员学习全覆盖。全年召开街道党工委理论学习中心组学习交流研讨会13次，开展理论宣讲65次，在《宁夏日报》、银川发布等媒体推送宣传信息370篇。

【普法宣传】 2022年，满城北街街道组建70人的“法律明白人”队伍和15名“法律明白人骨干”队伍，组织3家律所在辖区10个社区（村）开展法律服务工作，建立1个由普法骨干、社区（村）法律顾问为成员的法律服务微信联络群，利用10个社区（村）共17个居民网格群解答群众法律咨询，组织普法骨干、法律明白人、律师等持续开展形式多样的“法律十进”普法宣传活动。打造高素质的人民调解员队伍，通过组织学习法律法规、调解技巧及案卷制作，进一步提高人民调解工作质效。采取定期排查与不定期排查相结合，重点排查与一般排查相结合，动态排查与静态排查相结合，认真开展矛盾纠纷排查工作。2022年共开展矛盾纠纷大排查568次，排查矛盾纠纷21起，成功化解15起，其中邻里纠纷6起，婚姻家庭纠纷3起，赔偿纠纷2起，物业纠纷1起，合同纠纷1起，其他纠纷2起。

【党风廉政建设】 2022年，满城北街街道组织干部开展集中廉政警示教育8次，对街道、村居干部进行22次廉政谈话，配合金凤区纪委完成案件1件，其他违纪线索2件，给予党内诫勉谈话1人，调整工作岗位1人，持续敲响遵纪守法警钟。认真开展违规收送红包礼金和不当收益及违规借转贷或高额放贷专项整治活动并召开专题民主生活会，查找并纠正班子及班子成员在思想、政治、作风、能力等方面存在的突出问题，严格落实廉政责任。认真履行党风廉政主体责任，加强对辖区执行政治纪律和组织纪律情况的监督检查，引导干部职工知敬畏、存戒惧、守底线。

【基层政务服务改革】 2022 年，金凤区在镇（街道）机构改革评估工作中荣获第二名。推进执法力量赋权赋能，深化“街乡吹哨、部门报到”工作机制。民生服务中心全面深化政务服务改革，多措并举推动流程再造、办事提速和环境优化，提升政务服务水平，累计服务群众 1.4 万次，年办件量达 2.1 万件次。8 月，国家社会救助部级联席会议办公室对银川市基层服务标准化示范单位满城北街民生服务中心进行调研。

2022 年 8 月 24 日，满城北街街道民生服务中心为退役军人办理优待证

【提升公共服务水平】 2022 年，满城北街街道成立专班，协调相关部门积极推进辖区 10 个小区群众解决办证事宜，涉及 6450 户、55.16 万平方米。截至年底，悦湖家园办理 1800 户，平伏桥新村办理 373 户。推动食品安全示范区创建工作，打造未来城多彩街区和新华联商圈两个示范街区。落实未成年人保护示范区创建工作，对辖区 60 名孤儿和困境儿童建立一人一档，纳入低保、民政救助范围，组织儿童公益活动。推进健康细胞创建工作，立交桥社区、彩虹湾社区、居安家园社区、紫阳社区被评为自治区健康社区示范点，居安家园社区史建国家庭被评为自治区健康家庭示范点。

【文明城市建设】 2022 年，满城北街街道清理小区建筑垃圾、废旧家具、楼道堆物等 100 余处。清掏化粪池 11 个，清理乱堆乱放 90 多处、小广告 200 多处，整治私拉电线 152 多处。新增公益广告 20 处、文明守礼牌 40 块，更换公益广告 38 处，修复公益广告 13 处。依托社区家长学校开展家庭教育活动 7 次，依托未成年人心理辅导站开展心理辅导、家庭教育等活动 50 次。先后争取和投入资金近 300 万元，按时高效完成中央环保督察案件 6 件、土地违法图斑整治 23 处、高铁沿线专项环境卫生整治 4 次，裸露空地铺设滤网 13 万平方米，更换绿植 152 处。

【巩固脱贫攻坚成果】 2022 年，满城北街街道将 8 个无稳定收入建档立卡人员纳入公益性岗位，鼓励有劳动能力的移民外出就业务工，提高收入。126 户移民人均纯收入达 14222.4 元，较 2021 年底增长 22%。投入 6 万元提升临阅家园邻里中心儿童乐园硬件设施，为劳务移民子女提供短期儿童托管、教育培训及残疾儿童的专业康复项目。

【安全监管】 2022 年，满城北街街道全面完成自建房专项治理摸排工作，摸排建筑工地 15 处、农村自建房 7 户、危房 1 处，及时对接住建部门纳入清理。持续开展“九小”“多合一”场所和沿街门店等重点区域消防安全专项整治，发现火灾隐患和消防违法行为 20 余处，现场督促整改，发放消防安全告知书 1000 余份，开展消防安全常识培训 12 场，消防演练 3 场，提升居民安全防范意识，筑牢安全发展底线。

【劳务移民子女托育项目】 2022 年，满城北街街道依托临阅家园社区邻里中心项目，为居民提供政务代办、养老托幼等服务，申报实施劳务移民子女托育项目，为劳务移民家庭提供短期儿童托管及幼儿早教、启蒙、课业辅导等教育培训。

【河长制】 2022 年，满城北街街道召开河长工作专项会议 4 次，街道、社区（村）两级河长共巡河 889 次，1000 余公里，对发现的问题，以“自查—认定—

整改—验收—销号”的闭环管理追踪方式，提供完整明确、清晰可行的处置策略。对辖区挡浸沟、小四清沟、丰庆沟等沟道的水草进行全面清捞，共出动人工30人次，清理沟道近8公里，清捞水草约3吨，并及时进行清运，保障沟道畅通。

【林长制】 2022年，满城北街街道各级林长共巡林699次，开展树木修剪、垃圾清理、补种树苗102次。制定《满城北街街道森林防火应急预案》，成立满城北街街道森林防火扑火队，配备森林防灭火物资。召开安全生产、森林防火工作安部署会，针对辖区重点防火区域，实施网格化管理，加大日常巡查力度，落实24小时值班和领导带班制度。

【人大议案办理】 2022年，满城北街街道与建设部门沟通协调，积极推动人大议案平伏桥新村小区屋面防水工程早开工早建设，并全过程监督工程实施，该工程成为金凤区2022年度完成的第一件议案工程，获得群众认可。完成居安家园社区星级人大代表联络站创建工作，全年依托街道“代表之家”及社区代表联络站开展联系群众活动22次，解决平伏桥新村8号楼门前道路狭窄、满城怡园小区地下车库漏水等16个群众反映问题。

【征兵工作】 2022年，满城北街街道适龄青年报名参军人数大幅上升，197名年满18周岁男性青年兵役登记率为100%，为国防事业输送了几名优质应征新兵。

【物业管理】 2022年，满城北街街道10个村居先后搭建了“顺馨议事会”“红领会客空间”“庭院讲堂”“红色网格”等议事交流载体，解决居民与物业公司沟通不畅的问题。坚持实施规范化管理，通过工作实践摸索，逐步完善规范业主大会成立规程、物业管理纠纷调解、日常投诉回复、网络舆情督办、日常巡查考核、物业小区交接等各项工作制度。规范业主大会和业主委员会的成立和换届选举工作，指导组建业主委员会2个，换届业主委员会7个，规范运行业主委员会3个。巡查物业管理项目42个、385余次，下

2022年6月7日，满城北街彩虹湾小区“彩虹约你”议事亭组织举办“湾”里说事、助推小区物业管理水平再提升民主议事会

发《物业巡查限期整改通知书》147余次，均已督促整改。妥善解决七彩云天拖欠电费、云凤花苑电梯困人问题等，保障业主的合法权益。在明园小区老旧小区改造过程中，采用“拆小并大”的方式，划分物业管理区域，选聘新的物业服务企业。成功打造颐海苑特色垃圾分类试点。

【社会保障】 2022年，满城北街街道城市低保新增39户51人，城市高龄津贴新增5人，摸排较低收入家庭14户，发放临时救助76人201600元。“9·20”疫情防控期间，发放80元购物券288张，新华联17号公寓发放熟食包和整箱牛奶312份，价值300元。春节慰问辖区困难群众，发放“三色包”1090份，慰问“一老一小”，发放5公斤面粉600份。

【就业创业】 2022年，满城北街街道成功举办夏季招聘会，组织55家企业提供200个用工岗位，提供“家门口”招聘用工服务，招聘800余人。完成城镇新增就业704人，失业人员再就业428人，解决安置就业困难人员80人，培育创业实体92个、新岗位155个，全民创业带动就业207人。

（吕洋洋）

贺兰山中路街道

【概况】 贺兰山中路街道于2021年12月7日挂牌成立，地处金凤区中北部，东起唐徕渠，西至满城北街，南接贺兰山中路，北临沈阳路，辖阅海万家、景湖、双福、西湖、唐徕、银丰、世悦、阅海湾、海珀兰轩9个社区，面积23.3平方公里，常住人口9.8万人。街道内设四办三中心（综合办公室、党建工作办公室、社会事务管理办公室、综合执法办公室、民生服务中心、公用事业服务中心、综治中心），派驻单位有司法所、禁毒办和综合执法中队等。先后化解西湖苑西门工地整治，茂悦府小区东门迁移，万安巷夜市整治，西湖村股份经济合作社开户分红，西湖苑、金安家园拆迁安置房不动产证办理等遗留问题。成功申报实施陈家湖水系生态环境卫生治理工程项目，有效提高阅海万家片区水系生态环境。持续优化拓展阅彩城党群活动服务中心党建示范点功能，多次迎接自治区、银川市及外市、县(区)部门单位调研观摩，以“悦党建”为品牌，构建党建圈、服务圈、经济圈“三圈”融合共同体，不断激发商圈发展新活力。深入实施“同心·和谐”工程，开展民族团结创建工作，成功打造阅海万家社区“博阅通四海，家和万事兴”社区品牌、西湖社区铸牢中华民族共同体意识文化长廊。

【基层党组织建设】 2022年，贺兰山中路街道构建完善“街道党工委—社区党委—小区党支部—楼栋党小组”四级组织体系，新成立社区党委1个、小区党支部4个、楼栋党小组25个。成立街道非公有制经济组织和社会组织综合党委和2个非公企业党支部。组织开展党建工作互观互学互评，举办社区工作者能力提升活动，运用考评结果优化调整干部队伍结构3次，选拔配备专职副书记9名，储备党建工作后备力量13人。深入开展党的二十大和习近平总书记视察宁夏重要讲话指示批示精神“大学习、大讨论、大宣传、大实践”活动、“改进作风、提升质效”专项行动，组织各类专题学习及研讨交流62次，探索推行面对面工作法，有效改进工作作风。强化党建引领基层治理效能，发挥红色物业、红色业委会作用，推广“1136”社区网格治理工作法。聚焦小区治理难点、居民诉求，创设“党群协商议事会”“邻里会话”等红色议事平台。针对辖区退休党员多、文化素养高的实际，以繁荣红色文化为依托，组织开展文化展演活动5场次，凝聚党员群众，提高居民参与自治的热情及积极性。突出示范带动作用，打造阅彩城商圈新就业群体“1+1”服务圈，以点带面凝聚新就业群体，延伸党的工作触角。丰富“博阅通四海 家和万事兴”“一心五享”“五线共鸣 悦享芳邻”等党建品牌内涵，探索党建引领共建共治共享新路径。根据辖区居民需求，争取为民服务和发展专项资金以及党建项目为失地农民安置小区安装监控设施，打造金安家园党群活动广场、阅海万家友邻暖心议事亭、业主会客厅，建设3个睦邻活动驿站、1个小区党支部阵地，为阅海万家社区加装电梯，有效提升辖区居民满意度。

【精神文明创建】 2022年，贺兰山中路街道成立新时代文明实践所，下设9个新时代文明实践站，建立健全领导组织架构及各项规章制度。街道组织开展“诵读《火种》追寻红色初心”“喜迎二十大 悦乒越精彩——乒乓球友谊赛”“丝韵悠扬 乐动童心——葫芦丝公益课”等文艺会演、体育比赛、技能培训、科学普及活动。全年共开展新时代文明实践活动781

2022年6月8日，贺兰山中路街道阅海万家社区组织辖区老年人开展乒乓球比赛

场、各类文化活动120次。组织指导各社区成立志愿者服务队36支，注册志愿者达1000人，全年开展各类志愿服务活动425次。扎实推进文明城市创建工作，发放宣传袋1万个、宣传纸巾10800盒、扇子6000把、笔6000支，更换公益广告190个，结合创城办下发的督查通报及督办单，共处理创城督查通报34期、督办单50余件。

【团委工作】 2022年，贺兰山中路街道团工委选配专、兼职副书记2名，配齐9个社区团支部班子，由各社区选派1名优秀在校大学生担任兼职社区团支部副书记，组建“两新”组织33支，办理毕业生团组织关系转接501件。打造“向阳花”“七巧板”“福娃小分队”等志愿服务品牌9个，组建青年突击队9支，以“青年之家”为主阵地广泛开展志愿服务活动。各团支部开展“青春喜迎二十大，砥砺奋进话百年”“喜迎二十大　奋进新宁夏　同心跟党走”等系列主题团日活动20场次。落实希望工程助学圆梦等项目，严格把关审核，摸底建档21人，已资助4人；征集青少年微心愿40余个，联合金凤区团委开展未成年人心理健康辅导讲座和青少年普法讲座18场次。六一儿童节开展“同心奋斗新征程，快乐六一粽动员”等活动8场。组织“七彩假期”活动，对100余名小学生进行课业辅导、组织参与志愿活动及开展普法讲座等。开展全区大学生实践计划，对接宁夏大学新华学院返家乡大学生16名，号召辖区15名团员青年志愿者、大学生志愿者主动报名参与疫情防控志愿服务，发挥青年的先锋模范作用。

【红十字会】 2022年，贺兰山中路街道印发《贺兰山中路街道社区红十字会基层组织建设方案》，组建红十字基层组织9个，覆盖领域以社区为主，同时完善组织架构，共计发展会员150余人，组建红十字会志愿者队伍10支。在“5·8人道公益日”募捐活动中，筹款1000多元。春节期间开展“红十字博爱送万家”慰问活动，慰问经济困难，因病、因学致贫的23个家庭；六一儿童节联合妇联组织慰问14名困境儿童；配合金凤区红十字会为辖区见义勇为人员闫益军进行人道主义救助；7月中旬举办了两期心肺复苏培训班，覆盖辖区社区工作者、物业人员及街道干部共100余人，经过培训，60余人取得了红十字心肺复苏培训证。

【综合治理】 2022年，在党的二十大、冬奥会、自治区第十三次党代会等重大会议、活动及节假日期间，街道对重点人员、重点事项逐一制定了稳控工作方案，对重点涉访人员安排专班进行24小时盯控，确保重点人员不发生脱管失控情况，办结网上信访案件83件。将社区民警及时调整兼任各社区副书记（副主任），推动社区警务融入基层网格化治理，充分发挥“网格员+社区民警+楼栋长+志愿者+物业”等多方力量，不断健全治安防控体系，共排查矛盾纠纷204件，化解204件，化解率100%。对辖区涉及的铂悦府项目、天山国府项目延期交房的群体访事件，及时督促处理，做好矛盾化解和人员稳控工作；打击治理电信诈骗和养老诈骗专项行动，明确职责分工，进一步压紧压实工作责任。街道各职能机构通力协作，积极发挥党组织引领作用，建立由辖区派出所、物业公司、企事业单位等参与配合的横向到边、纵向到底的工作体系，全面压实打击整治养老诈骗专项行动和反诈人民战争工作责任。结合新时代文明实践活动开展宣传，壮大反诈宣传队伍，不断提高公民防范意识和能力，提高国家反诈中心APP注册安装使用率，2022年新增国家反诈中心APP注册12745人次。对上级部门反馈的辖区3名滞留缅北涉诈高危人员，逐一督促前往派出所进行登记备案；加强重点人群管理，充分发挥综治网格职能作用，及时掌握辖区内吸毒人员、涉邪人员、易肇事肇祸精神病人员、社区矫正对象、“两释”人员等基本情况；组织开展国家安全集中宣传活动和宣传讲座10次、禁毒宣传活动87余次、养老诈骗集中宣传活动和宣传讲座12余次，播放养老诈骗和电信网络诈骗宣传标语1500余次，打击电信网络诈骗集中宣传活动和宣传讲座20余次；开展扫黑除恶常态化宣传等宣传活动10余次，发放各类宣传资料和宣传品3500余份。

【公共事业服务】 2022年，贺兰山中路街道共组织开展25次大型爱国卫生运动，辖区单位志愿者，街道干部和社区工作人员共2000余人参加。发放爱国卫生健康手册3600余份，制作横幅36条，清理生活垃圾10余吨；开展违法图斑整治工作，对天山观澜项目临时占用耕地进行整治，清理木方材料15吨，平整积土及空地55亩，清理生活垃圾2吨；对国际交流中心西侧、望海路东侧两处违法图斑进行整治，恢复耕地共计90亩，清运回填土方11万立方米，铺设绿网6万平方米，清理垃圾3吨；对满城北街东侧荒地过火遗留的黑色图斑及时处理，雇佣机械进行环境卫生整治，消除图斑40亩，消除荒草30亩、芦苇4亩，清除秸秆及生活垃圾5吨；关圣庙东侧平整积土及空地1.4亩，施画非机动车停车线207处，共计6729米，修复路面塌陷16处，共计318.41平方米；文明城市创建中整治九中东侧渣土39603平方米；拆除民悦街至团结路临建板房60余间，清理生活垃圾2吨；拆除中海九樾工地北侧临建工棚210间，中梁印项目工地西北侧临建板房26间。

2022年11月11日，贺兰山中路街道悦社区在茂悦府小区开展“安全乘梯　幸福通行”电梯应急救护知识与技能培训

【河长林长制】 2022年，贺兰山中路街道开展清河行动8次、巡河湖400余次，湖泊水系养护2处，对罗家湖、唐徕渠、小达子渠、四二干沟渠沟周边芦苇荒草进行整治，清理秸秆10余吨，生活垃圾3吨。建立健全林长制工作会议、巡查、督查和考核，全年街道累计巡林702次。

【就业创业】 2022年，城镇新增就业454人，城镇失业人员再就业342人，就业困难人员实现就业104人，创业担保贷款445万元，“两后生”培训2人，职业技能培训48人，培育创业实体185个，创造新岗位310个，全民创业带动就业360人，失业库回访10478人，排查失业库人数[illegible]704人、残疾人就业人数278人，低保户就业48人，零就业家庭实现就业12人。

【民生服务】 2022年，贺兰山中路街道以“互联网+政务服务”为引领，加强信息化建设，不断完善平台建设，实行接待—告知—受理—回复(办结)的工作流程，推行当场办结、限时办结、协同办理、首问责任、全程代办、一次性告知制度。便民服务事项线上线下一网通办，方便辖区群众畅享“网上办”“掌上办”“指尖办”，2022年通过综合窗口受理平台、“我的宁夏”APP、掌上12333中心等线上平台，完成各类代办件7582件，办结率100%。

【民政救助】 2022年，贺兰山中路街道组织开展“救助政策进万家、党的温暖记心头”宣传活动，发放社会救助政策宣传单360余张，为居民解答政策70余人次。收集低保、特困复审入户资料共50户，发放临时救助2人，救助金额各8000元，对分散供养人员、集中供养育人员进行入户，签订分散供养协议。

【退役军人事务管理】 2022年，贺兰山中路街道有退役军人2826人，其中，退役军人2815人，“三属”11人，优抚对象97人(含残疾军人、伤残人民警察、因公伤残人员、60岁农村籍退役士兵等)。全年办理优待证1820个、双拥卡2826张，在春节和“八一”期间分别慰问优抚对象97人、退休军转干部4人，发放慰问金58200元；为辖区退役军人、现役军人和“三属”悬挂光荣牌86块，发放双拥卡36张；慰问困难老兵2人，发放慰问金[illegible]000元；评选10名善做群众工作、乐于奉献退役军人为荣誉站长，完成武装部11名45岁以下退役军人民兵训练。

【司法调解】 2022年，贺兰山中路街道开展专项矛盾纠纷排查12次，日常排查矛盾纠纷600余次，调解辖区矛盾纠纷29件，组织辖区法律顾问开展普法宣传活动11场，组织普法讲座4场，参与矛盾纠纷4次，发布线上法律宣传300余条。开展社区矫正活动，矫正对象28人，安置帮教人员84人，集中教育13次，线上学习50余次，随堂测试4次，现场问答1次，签订维稳安保承诺书70余份。组织司法矫正会议培训50余场次，撰写上报信息29篇，分别在法治头条、"金凤司法"公众号刊登。

【卫生健康】 2022年，贺兰山中路街道开展健康知识讲座和公众健康咨询活动60余次，发放宣传资料3万余份，发放各类宣传品5000余份。开展主题宣传日活动28场次，推进戒烟综合干预试点项目，树立戒烟宣传栏32处，张贴戒烟宣传海报150处，发布戒烟宣传知识400余条，推送戒烟公益广告、健康科普文章、健康养生知识800余条，专题讲座25余场次，捡拾烟头志愿服务活动40余次。开展健康社区、健康机关、健康家庭创建活动，累计评选42个示范户。全年完成孕前检查200人，办理一孩262人，二孩201人，三孩11人，发放独生子女保健费246户285人、8万元。

【征兵工作】 2022年，开展国防知识主题队会2次，兵役登记工作登记273人。贯彻落实各项优抚政策，慰问立功受奖和戍边官兵，为优抚对象核发抚恤金，召开新兵家属慰问会，及时掌握入伍新兵的训练及生活状况。

【应急工作】 2022年，贺兰山中路街道对辖区商店、重点餐饮、居民楼、高层住宅楼、电动车停车棚等场所现场进行检查，及时整改消防隐患灭火器过期单位50余家，修补处理灭火栓玻璃破损20处，疏通并上报堵塞消防通道单元30处。设立"两个创建"宣传广告33个、条幅20余条、宣传栏30个、宣传海报120余张。

【物业管理】 2022年，物业站发布督查整改通知单35张，检查辖区内物业公司18家，累计巡查40余次，发现各类问题30个。开展垃圾分类活动，悬挂横幅标语、海报550余份，播放垃圾分类知识广告110次，开展宣传活动95次，开展"生活垃圾分类社区大家谈"活动16次，解答垃圾分类问题40余人次。

（马富兴）

荣　誉

先进个人

【赵东霞】 女，中共党员，法律硕士，金凤区档案馆馆长，1998年参加工作，先后在宣传、检察、巡察、档案等多个基层部门工作。2014—2015年，参与金凤区委组织部“三严三实”专题教育档案整理与编研工作，编辑出版图书《固本强基正作风》。2016年4月，被银川市党史研究室聘为青年党史专家。2018—2019年，参与金凤区委巡察办七轮巡察档案的整理归档及编研工作。2021年，负责编制《金凤区档案事业发展“十四五”规划》（征求意见稿）。2021年1月，负责完成金凤区档案馆馆藏1963年至1999年形成的满25年的历史档案开放鉴定，鉴定88593条，开放47636条。2021年，参与完成宁夏新型智库课题《完善我区巡视巡察成果运用制度研究》。2021年4月，主持建成金凤区首个区史馆。主持完成《银川市金凤区志（2001—2018）》编纂出版工作。2022年1月，自治区档案馆审核验收，开放目录和原文数据进入宁夏档案馆际共享服务系统，实现档案信息资源共享，让网络多跑路，让群众少跑腿，方便群众查档。2012年，荣获宁夏检察机关青年人才称号。2013年，荣立个人三等功。2014年，《论检察廉政文化建设与中央八项规定》一文获第二届中国检察官文化论坛征文活动三等奖。主编的《金凤年鉴（2020）》荣获第八届全国地方志优秀成果（年鉴类）优秀年鉴。2020年，荣获全市优秀巡察干部称号。2020年2月，受到金凤区“不忘初心、牢记使命”主题教育工作领导小组办公室通报表扬。2022年2月，受到金凤区委党史学习教育领导小组办公室通报表扬。2022年12月13日，被国家档案局评为全国青年档案业务骨干。

【屠建波】 男，1968年8月生，中共党员，银川市公安局金凤区分局巡防大队大队长，三级高级警长，1991年4月参加工作。2017年以来，带领队伍圆满完成重大安保任务、警卫任务共1235批次；带领队伍有效处置突发性、群体性事件和其他类警情共400余起，妥善移交、安置1760余人；组织辖区巡逻共1818次，累计巡逻时长10980多小时，巡逻里程1.8万多公里，处理群众救助400余起，帮助群众140余人，打击犯罪30余起。共检疫来银列车25660次，处理群众现场求助、人员走失、物品丢失等实际困难130余次。先后被自治区公安厅、银川市公安局以及金凤区公安分局多次表彰嘉奖，荣立个人二等功1次、个人三等功5次。2022年5月，被公安部表彰为全国优秀人民警察。

【赵耐香】 女，1974年9月生，中共党员，大专学历，宁夏盐池人。银川市金凤区长城中路街道长城花园社区居委会党总支书记，自治区妇联副主席（兼职）。2003年5月参加社区工作，先后在西门巷社区、长城花园社区工作，2008年12月25日任长城花园社区党总支书记代居委会主任，2009年8月选聘为社区居委会主任，2020年3月当选为社区党委书记。她大胆创新，建立“大党建、共发展”联合机制，与辖区36家单位成立联合党支部，推行“1356”常态化服务模式，解决老年人就餐难、孩子入托难、困难群体就业难“三难”问题。在她的努力下，长城花园社区先后获全国和谐社区、全国学雷锋志愿者示范点等7个国家奖项，自治区、银川市级荣誉称号60余项。她本人也多次获得各种奖励。2010年12月，被银川市评为社区服务先进个人；2012年3月，荣获自治区“三八红旗手”荣誉称号；2012年4月，被自治区评为全区文化演出先进个人；2012年6月，荣获银川市创先争优优秀共产党员称号；2012月7月，被银川市命名为“五创”工作先进个人；2012年10月，当选银川市和金凤区两级党代表和人大代表；2013年7月，荣获银川市重点项目突出贡献奖；2014年7月，获银川市优秀共产党员；2015年10月，获第二届“最美银川人”称号；2016年8月，被评为自治区六五普法先进个人；2016年9月，被评为全国敬老爱老模范；2016年12月，赵耐香家庭被评为银川市“最美家庭”；2017年3月，被评为全国“三八红旗手”；2017年12月，被评为银川市深化全国文明城市建设工作先进个人；2018年6月，获银川市“凤城领头雁”荣誉称号；2018年9月，获自治区60年感动宁夏人物提名奖；2019年4月，获宁夏五一劳动奖章；2020年12月，被评为自治区劳动模范；2021年6月，被评为全区优秀共产党员；2022年当选为党的二十大代表。

【马丽】 女，银川市税务局金凤区税务局纳税服务中心副主任、金凤区税务局第一税务分局党支部书记、银川市税务局“马丽工作室”负责人。2007年3月，马丽被分配到办税服务厅工作。其所在的办税厅是宁夏最大的办税服务厅，日均受理业务量2000件，接待纳税人、缴费人1000余人，为了让纳税人、缴费人办税更便利，以她为总教官，对全市7个办税服务厅进行统一培训，规范业务受理流程，压缩办税时间，开创了办税厅“晨课夕会”等练兵模式。提升前台人员业务素质，推行“主副岗业务一窗通办”，与市场监管、银行等5部门联合设立企业开办“一日办结”“清税注销一站式”服务专窗，实现企业设立、注销业务全市通办，压缩了企业设立与注销的办结时限。2019年，银川市税务局成立了马丽工作室，2020年工作室由最初的4人小分队发展成为遍布银川市7个办税服务厅的金字招牌。以税务干部的名字来命名一个工作室，在宁夏税务系统尚属首例。多年来，马丽所在的银川市金凤区税务局办税服务厅先后获得国家级青年文明号、巾帼文明岗、银川市政务服务系统标准化服务冠军团队等多项荣誉。她本人也先后获全国税务系统先进工作者、全国百佳办税服务厅主任、宁夏好税官、全国先进工作者等荣誉称号。2021年1月26日，她被中宣部和国家税务总局联合表彰为2021“最美税务人”。2022年，当选为全国人大代表。

表8 2022年金凤区教育系统先进个人

姓　名	荣誉称号	授奖单位
马燕燕	优秀教师	银川市委办公室、银川市人民政府办公室
卢晓曦	优秀教师	银川市委办公室、银川市人民政府办公室
王　蕊	优秀教师	银川市委办公室、银川市人民政府办公室
鲁　明	优秀教师	银川市委办公室、银川市人民政府办公室
杨　瑾	优秀教师	银川市委办公室、银川市人民政府办公室
黄乐乐	2021—2022全市表现突出先进个人	银川市人民政府

续表

姓　名	荣誉称号	授奖单位
张静婷	2022年表现突出的少先队辅导员	自治区团委、自治区教育厅、 自治区人力资源和社会保障厅、自治区少工委
李东方	2022年表现突出的少先队辅导员	自治区团委、自治区教育厅、 自治区人力资源和社会保障厅、自治区少工委
哈燕香	2022年表现突出的少先队辅导员	自治区团委、自治区教育厅、 自治区人力资源和社会保障厅、自治区少工委
沈晓萍	2022年表现突出的少先队辅导员	自治区团委、自治区教育厅、 自治区人力资源和社会保障厅、自治区少工委
王庆洁	2022年表现突出的少先队辅导员	自治区团委、自治区教育厅、 自治区人力资源和社会保障厅、自治区少工委
王静思	2022年表现突出的少先队辅导员	自治区团委、自治区教育厅、 自治区人力资源和社会保障厅、自治区少工委
杜巧霞	2022年表现突出的少先队辅导员	自治区团委、自治区教育厅、 自治区人力资源和社会保障厅、自治区少工委
卢德升	银川市2022年少先队组织优秀大队辅导员	银川市少工委
马赛雪	银川市优秀班主任	银川市委办公室、银川市人民政府办公室
李建华	银川市优秀班主任	银川市委办公室、银川市人民政府办公室
哈玉璇	第十五届宋庆龄奖学金	教育部
李月萍	第一届基础教育教学成果评选《学校课程从综合实践活动到劳动教育的价值升维》	自治区教育厅
李月萍	创新素养教育名校(园)长工作室	自治区教育厅
凤　帅	“互联网 + 创新素养教育”优质课一等奖	自治区教育厅教学研究室
杜晶晶	“互联网 + 创新素养教育”优质课一等奖	自治区教育厅教学研究室
杨新丽	优秀指导教师奖	自治区教育厅、宁夏广播电视台
吴菁菁	优秀指导教师奖	自治区教育厅、宁夏广播电视台
罗发渊	优秀教育工作者	银川市委、银川市人民政府
丁金萍	优秀教育工作者	银川市委、银川市人民政府
王　嘉	优秀教师	银川市委、银川市人民政府
曹　艳	优秀教师	银川市委、银川市人民政府
罗小菊	优秀教师	银川市委、银川市人民政府
潘瑞萍	优秀教师	银川市委、银川市人民政府
马秀敏	优秀教师	银川市委、银川市人民政府

续表

姓　名	荣誉称号	授奖单位
郭敏媛	优秀教师	银川市委、银川市人民政府
徐红莉	优秀教师	银川市委、银川市人民政府
高　菁	优秀教师	银川市委、银川市人民政府
杨　佳	优秀教师	银川市委、银川市人民政府
周学燕	优秀教师	银川市委、银川市人民政府
毛菊英	优秀教师	银川市委、银川市人民政府
李　艳	优秀教师	银川市委、银川市人民政府
李春梅	优秀教师	银川市委、银川市人民政府
仲　阳	优秀教师	银川市委、银川市人民政府
张迎春	优秀教师	银川市委、银川市人民政府
马　芳	优秀教师	银川市委、银川市人民政府
马少锋	优秀教师	银川市委、银川市人民政府
陆　萍	优秀教师	银川市委、银川市人民政府
尹彦鹏	优秀教师	银川市委、银川市人民政府
吴　瑜	优秀教师	银川市委、银川市人民政府
黄乐乐	优秀教师	银川市委、银川市人民政府
陈　娇	优秀教师	银川市委、银川市人民政府
邹　静	优秀教师	银川市委、银川市人民政府
任旭栋	优秀教师	银川市委、银川市人民政府
于立荣	优秀教师	银川市委、银川市人民政府
白小燕	优秀教师	银川市委、银川市人民政府
方　硕	优秀教师	银川市委、银川市人民政府
程晓园	优秀教师	银川市委、银川市人民政府
杨　玲	优秀教师	金凤区委、金凤区政府
吴小鹏	优秀教师	金凤区委、金凤区政府
张淑芬	优秀教师	金凤区委、金凤区政府
徐　嫔	优秀教师	金凤区委、金凤区政府
邢爱莲	优秀教师	金凤区委、金凤区政府
李晓琳	优秀教育工作者	金凤区委、金凤区政府
孙学芳	师德先进个人	金凤区委、金凤区政府
马　慧	优秀班主任	金凤区委、金凤区政府
张永蕊	优秀中队辅导员	金凤区委、金凤区政府

续表

姓　名	荣誉称号	授奖单位
杨新惠	师德先进个人	金凤区人民政府
张秀苇	优秀教师	金凤区人民政府
杨巧玲	优秀教师	金凤区人民政府
张迎春	优秀教育工作者	金凤区人民政府

表 9　2022 年金凤区公安系统先进个人

姓　名	单位	职务	荣誉称号	授奖单位
杨　娟	金凤区公安分局黄河东路派出所	民警	二等功	自治区公安厅
王　帅	金凤区公安分局治安大队	民警	三等功	自治区公安厅
朱少华	金凤区公安分局	民警	三等功	自治区公安厅
李会贤	金凤区公安分局黄河东路派出所	民警	三等功	自治区公安厅
张新禹	金凤区公安分局刑侦大队	民警	三等功	自治区公安厅
张志明	金凤区公安分局长城中路派出所	民警	三等功	自治区公安厅
张海洋	金凤区公安分局贺兰山中路派出所	民警	二十大维稳工作先进个人	自治区公安厅
张前前	金凤区公安分局满城北街派出所	民警	二十大维稳工作先进个人	自治区公安厅
张　军	金凤区公安分局上海西路派出所	民警	二十大维稳工作先进个人	自治区公安厅
胡志明	金凤区公安分局北京中路派出所	民警	二十大维稳工作先进个人	自治区公安厅
张灿华	金凤区公安分局经侦大队	民警	二十大维稳工作先进个人	自治区公安厅
王月笙	金凤区公安分局经侦大队	民警	二十大维稳工作先进个人	自治区公安厅
张　壮	金凤区公安分局上海西路派出所	辅警	二十大维稳工作先进个人	自治区公安厅
刘智博	金凤区公安分局长城中路派出所	辅警	二十大维稳工作先进个人	自治区公安厅
张一博	金凤区公安分局贺兰山中路派出所	辅警	二十大维稳工作先进个人	自治区公安厅
丁晓伟	金凤区公安分局满城北街派出所	辅警	二十大维稳工作先进个人	自治区公安厅
邓进昭	金凤区公安分局黄河东路派出所	辅警	二十大维稳工作先进个人	自治区公安厅
康志超	金凤区公安分局北京中路派出所	辅警	二十大维稳工作先进个人	自治区公安厅
李　磊	金凤区公安分局良田镇派出所	辅警	二十大维稳工作先进个人	自治区公安厅
田人瑜	金凤区公安分局特警大队	辅警	二十大维稳工作先进个人	自治区公安厅
马斯雯	金凤区公安分局政治处	民警	优秀人民警察	银川市公安局
贾元亮	金凤区公安分局刑侦大队	民警	优秀人民警察	银川市公安局
马　平	金凤区公安分局经侦大队	民警	优秀人民警察	银川市公安局
刘镇航	金凤区公安分局上海西路派出所	民警	优秀人民警察	银川市公安局

续表

姓　名	单位	职务	荣誉称号	授奖单位
宗廷远	金凤区公安分局北京中路派出所	民警	优秀人民警察	银川市公安局
马海飞	金凤区公安分局长城中路派出所	民警	优秀人民警察	银川市公安局
马　宁	金凤区公安分局纪检委	辅警	优秀辅警	银川市公安局
谢炳林	金凤区公安分局指挥中心	辅警	优秀辅警	银川市公安局
张　越	金凤区公安分局法制大队	辅警	优秀辅警	银川市公安局
姜子煜	金凤区公安分局治安大队	辅警	优秀辅警	银川市公安局
蒲敏超	金凤区公安分局缉毒大队	辅警	优秀辅警	银川市公安局
苏　才	金凤区公安分局特警大队	辅警	优秀辅警	银川市公安局
候　睿	金凤区公安分局满城北街派出所	辅警	优秀辅警	银川市公安局
赫晓峰	金凤区公安分局良田镇派出所	辅警	优秀辅警	银川市公安局
刘亚辉	金凤区公安分局贺兰山中路派出所	辅警	优秀辅警	银川市公安局
王璐薇	金凤区公安分局经侦大队	民警	全市最美女警	银川市公安局
王怡璇	金凤区公安分局长城中路派出所	民警	全市最美女警	银川市公安局
胡家荣	金凤区公安分局特警大队	辅警	优秀共青团干部	银川市公安局
王宗柏	金凤区公安分局刑侦大队	民警	银川公安青年岗位能手	银川市公安局
赵毅航	金凤区公安分局上海西路派出所	民警	向上向善好青年	银川市公安局
贾元亮	金凤区公安分局刑侦大队	民警	三等功	银川市公安局
陈少虎	金凤区公安分局刑侦大队	民警	三等功	银川市公安局
马玮坤	金凤区公安分局满城北街派出所	民警	全市社区警务工作成绩突出个人	银川市公安局
张文韬	金凤区公安分局长城中路派出所	民警	全市社区警务工作成绩突出个人	银川市公安局
尚欣欣	金凤区公安分局北京中路派出所	辅警	全市社区警务工作成绩突出个人	银川市公安局
任振苇	金凤区公安分局丰登镇派出所	辅警	全市社区警务工作成绩突出个人	银川市公安局
王德惠	金凤区公安分局贺兰山中路派出所	辅警	全市社区警务工作成绩突出个人	银川市公安局
郭建才	金凤区公安分局满城北街派出所	民警	三等功	银川市公安局

表10　2022年金凤区人民法院先进个人

姓　名	单位	荣誉称号	授奖单位
李雅菲	金凤区人民法院	2021年度全区法院先进个人	自治区高级人民法院
秦慧超	金凤区人民法院	2021年度全区法院先进个人	自治区高级人民法院
李　蕾	金凤区人民法院	全市法院2021年度优秀法官	银川市中级人民法院
王立军	金凤区人民法院	全市法院2021年度办案标兵	银川市中级人民法院
杨晴雯	金凤区人民法院	全市法院2021年度办案标兵	银川市中级人民法院

续表

姓　名	单位	荣誉称号	授奖单位
纪经伟	金凤区人民法院	全市法院繁简分流改革试点先进个人	银川市中级人民法院
冯　芳	金凤区人民法院	自治区三八红旗手	自治区妇联
政治部	金凤区人民法院	人民法院政治工作先进集体	最高人民法院
王　强	金凤区人民法院	个人三等功	金凤区委、金凤区政府
刘　珊	金凤区人民法院	个人三等功	金凤区委、金凤区政府
王有军	金凤区人民法院	个人三等功	金凤区委、金凤区政府
张　珪	金凤区人民法院	个人三等功	金凤区委、金凤区政府

表 11　2022 年金凤区其他先进个人

姓　名	单位及职务	获奖名称	授奖单位
马秀军	银川市市场监督管理局金凤区分局上海西路市场监管所所长	自治区第十三次党代会服务保障工作先进个人	自治区党委办公厅
马　玲	银川市市场监督管理局金凤区分局上海西路市场监管所三级主办	自治区第十三次党代会服务保障工作先进个人	自治区党委办公厅
张　龙	金凤区人力资源和社会保障局社会保险事业管理中心主任	全区人力资源和社会保障工作先进个人	自治区人力资源和社会保障厅
温小娟	金凤区人力资源和社会保障局劳动争议仲裁委员会仲裁员	全区人力资源和社会保障工作先进个人	自治区人力资源和社会保障厅
王新林	金凤区住房城乡建设和交通局副局长	全区交通运输工作先进个人	自治区交通运输厅
徐冰心	银川市市场监督管理局金凤区分局一级行政执法员	2021 年度民革全市参政议政工作先进个人	民革银川市委会
		2021 年度民革全市思想宣传工作先进个人	民革银川市委会
		“保护生态环境、守护美丽家园”主题演讲比赛第三名	民革银川市委会
		2021 民革全区参政议政工作先进个人	民革宁夏区委会
郭献银	金凤区委办公室	保密故事优秀讲述人	自治区党委保密办、自治区国家保密局
李红彩	金凤区长城中路街道宝湖社区党委书记、妇联主席	自治区三八红旗手	自治区妇联
冯　芳	金凤区人民法院民事审判委员会专职委员	自治区三八红旗手	自治区妇联
张望梅	金凤区良田镇专职妇联副主席	自治区三八红旗手	自治区妇联
关丽荣	金凤区妇女联合会原主席、妇儿工委办主任	全区实施妇女儿童发展规划先进个人	自治区政府妇工委
赵志俊	北京中路街道党工委副书记	银川市民族团结进步先进个人	银川市委、银川市人民政府
孔淑侠	金凤区黄河东路街道党工委书记	银川市民族团结进步先进个人	银川市委、银川市人民政府

续表

姓　名	单位及职务	获奖名称	授奖单位
冯海燕	金凤区人民检察院副检察长	2022年检察理论研究论坛征文获二等奖	银川市人民检察院政治部
牛海玲	金凤区人民检察院党组成员、政治部主任	全国检察宣传先进个人	检察日报社
		2022年检察理论研究论坛征文获优秀奖	银川市人民检察院政治部
马俊琴	金凤区人民检察院检查会专职委员	2022年检察理论研究论坛征文获三等奖	银川市人民检察院政治部
代江玲	金凤区人民检察院第四检察部主任	案件入选最高检"五好"宣传素材	最高人民检察院
		2022年检察理论研究论坛征文获二等奖	银川市人民检察院政治部
		检察官讲述办案故事大赛三等奖	银川市人民检察院
		全区民事检察优秀案例	自治区人民检察院第五检察部
		督促规范建筑工程施工降水管理行政公益案件被自治区党委政法委评为优秀案例	自治区党委政法委
邹晶晶	金凤区人民检察院第三检察部主任	司法救助优秀案例	自治区检察院第八检察部
万改宁	金凤区人民检察院第一检察部主任	全区卷烟打假打私工作先进个人	自治区公安厅
		案件被自治区党委政法委评为优秀案例	自治区党委政法委
耿肖薇	金凤区住房城乡建设和交通局	银川市住房和城乡建设局先进个人	银川市住房和城乡建设局
乔春玲	金凤区住房城乡建设和交通局物业管理服务中心	物业行业疫情防控表现突出个人	银川市住房和城乡建设局
郭　莉	金凤区人民检察院第二检察部检察官	2022年检察理论研究论坛征文获二等奖	银川市人民检察院政治部
		2022年度全区行政检察优秀案例	自治区人民检察院第五检察部
苏　慧	金凤区人民检察院第一监察部副主任	2022年检察理论研究论坛征文获优秀奖	银川市人民检察院政治部
孙　丹	金凤区人民检察院政治部副主任	全区检察机关先进个人	自治区检察院政治部
李彦敏	金凤区人民检察院第四监察部检察官助理	2022年检察理论研究论坛征文获二等奖	银川市人民检察院政治部
齐　昂	金凤区人民检察院第一检察部检察官	司法救助优秀案例	自治区检察院第八检察部
		演讲比赛二等奖	银川市人民检察院
宋有志	银川市消防救援支队金凤区大队铁东站站长助理	2022年"银川好人"敬业奉献奖	银川市文明办

表12　2022年五好家族、文明家庭、最美家庭

家庭	家庭住址	荣誉	颁奖单位
贾文贵家庭	金凤区良田镇林场社区	全国五好家庭	全国妇联
乔杰家庭	金凤区鲁银城市公元	全国最美家庭	全国妇联
刘婧家庭	金凤区丰瑞景苑	银川市文明家庭	银川市妇联、文明办

续表

家庭	家庭住址	荣誉	颁奖单位
冉凡华家庭	金凤区海珀兰轩一期	银川市文明家庭	银川市妇联、文明办
马琍彬家庭	金凤区银啤苑东区	银川市文明家庭	银川市妇联、文明办
俞明建家庭	金凤区馨和苑	银川市文明家庭	银川市妇联、文明办
梁云峰家庭	金凤区宝湖湾小区	银川市文明家庭	银川市妇联、文明办
袁萍家庭	金凤区五里水乡	银川市文明家庭	银川市妇联、文明办
马丽慧家庭	金凤区阅海万家 G2 区	银川市文明家庭	银川市妇联、文明办
姬建军家庭	金凤区阅海万家 F2 区	银川市文明家庭	银川市妇联、文明办
王辉家庭	金凤区阅海万家 F2 区	银川市文明家庭	银川市妇联、文明办
武舒静家庭	金凤区阅海万家 F3 区	银川市文明家庭	银川市妇联、文明办
马云惠家庭	金凤区阅海万家 D 区	银川市最美家庭	银川市妇联、文明办
党延海家庭	金凤区聚合公寓	银川市最美家庭	银川市妇联、文明办
马云家庭	金凤区西苑小区	银川市最美家庭	银川市妇联、文明办
苏燕家庭	金凤区紫金花商务中心 H 座	银川市最美家庭	银川市妇联、文明办
石磊家庭	金凤区阅海万家 F3 区	银川市最美家庭	银川市妇联、文明办
杜威家庭	金凤区湖畔嘉苑一期	银川市最美家庭	银川市妇联、文明办
张用强家庭	金凤区新海家园二期	银川市最美家庭	银川市妇联、文明办
张天元家庭	金凤区满城北街	银川市最美家庭	银川市妇联、文明办
马静家庭	金凤区平伏桥新村	银川市最美家庭	银川市妇联、文明办
孙向东家庭	金凤区碧水蓝天	银川市最美家庭	银川市妇联、文明办
王妍家庭	金凤区阅海万家 G2 区	银川市最美家庭	银川市妇联、文明办
谭彦红家庭	金凤区枫林湾小区	银川市最美家庭	银川市妇联、文明办
张露艳家庭	金凤区枫林湾小区	银川市最美家庭	银川市妇联、文明办
禹玉梅家庭	金凤区良田镇泾龙村安置区	银川市最美家庭	银川市妇联、文明办
张晓军家庭	金凤区清水湾	银川市最美家庭	银川市妇联、文明办
范强家庭	金凤区阅海万家 F3 区	银川市最美家庭	银川市妇联、文明办
段佳卉家庭	金凤区宝湖湾	银川市最美家庭	银川市妇联、文明办
杜志章家庭	金凤区阅海万家 D 区	银川市最美家庭	银川市妇联、文明办
牛婉婉家庭	金凤区荣锦苑	银川市最美家庭	银川市妇联、文明办
李利云家庭	金凤区望湖景苑	银川市最美家庭	银川市妇联、文明办
梁蓉家庭	金凤区农垦商贸楼	银川市最美家庭	银川市妇联、文明办
李晓丽家庭	金凤区中海国际社区橙郡	银川市最美家庭	银川市妇联、文明办
李燕家庭	金凤区阅海万家 F2 区	银川市最美家庭	银川市妇联、文明办
李鹏程家庭	金凤区枫林湾	银川市最美家庭	银川市妇联、文明办
陈向东家庭	金凤区阅海万家 G2 区	银川市最美家庭	银川市妇联、文明办
马丽媛家庭	金凤区宝湖湾小区	银川市最美家庭	银川市妇联、文明办
丁莉家庭	金凤区湖畔嘉苑丽景苑	银川市最美家庭	银川市妇联、文明办

续表

家庭	家庭住址	荣誉	颁奖单位
付赟家庭	金凤区长城中路盈南家园	银川市最美家庭	银川市妇联、文明办
马蓉家庭	金凤区湖畔嘉苑丽景苑	银川市最美家庭	银川市妇联、文明办
丁浩家庭	金凤区阅海万家 A 区	银川市最美家庭	银川市妇联、文明办
段永华家庭	金凤区阅海万家 A 区	银川市最美家庭	银川市妇联、文明办
田瑞军家庭	金凤区阅海万家 G1 区	银川市最美家庭	银川市妇联、文明办
王华荣家庭	金凤区阅海万家 F3 区	银川市最美家庭	银川市妇联、文明办
刘学芳家庭	金凤区阅海万家 G2 区	银川市最美家庭	银川市妇联、文明办
王金梅家庭	金凤区阅海万家 B 区	银川市最美家庭	银川市妇联、文明办

【金凤区 2020—2022 年度连续三年获得优秀等次公务员记三等功人员】

纪委监委:唐新鹏

区委办公室:李彬

区委组织部:肖晨晨、李宏伟

区委宣传部:王韵迪

区委统战部:王明

区委编办:吴桐

人力资源和社会保障局:韩阳

农业农村和水务局:洪涛

银川阅海湾中央商务区管委会:纳新勇

良田镇:张文俊

上海西路街道:白文敏

长城中路街道:李雪燕

法院:唐娣娟、魏丽波、何建钰、王冰

检察院:张涛

【“最美金凤人”】

一、诚实守信(1 人)

李　珍　金凤区北京中路街道安居苑社区居民

二、见义勇为(2 人)

王小龙　宁夏农林科学院后勤服务中心副主任

郭军潇　自治区人大常委会预算工委经济处处长

三、敬业奉献(12 人)

任　强　中盐宁夏商业集团有限公司副总经理

刘建荣　金凤区环卫站主任、爱卫办副主任

陈　洋　金凤区公安分局刑侦大队三级警长

李　蕾　金凤区人民法院民一庭副庭长

代江玲　金凤区检察院检察委员会委员、第四检察部主任

程晓园　金凤区第一幼儿园支部书记、园长

贺艳宁　金凤区疾病预防控制中心主任

苏海宁　金凤区农业农村和水务局干部

吴　玲　金凤区良田镇民生服务中心主任

吴海明　金凤区上海西路街道清水湾社区党委书记、居委会主任

汤　奇　金凤区铁东消防救援站站长

虎　文　金凤区综合执法局办公室主任

四、助人为乐(6 人)

俞明建　宁夏水润升商贸有限公司总经理

李　佳　金凤区残联办公室工作人员

张　莉　金凤区贺兰山中路街道景湖社区居民

罗桂芳　金凤区满城北街街道居安家园社区居民

唐　亮　自治区煤炭地质局职工

田　静　银川市红领巾志愿者协会会长

五、新时代好少年(2 人)

唐予涵　银川市金凤区第四小学五年级学生

史梓航　银川市金凤区第二小学四年级学生

六、移风易俗(2 人)

王晓梅　金凤区丰登镇永丰村村监会委员

冯玉兰　金凤区黄河东路街道盈南家园社区居民

【2022年金凤区"新时代好少年"】

一、国家级"新时代好少年"(1个)

马奕菲 宁夏特殊教育学校高二学生

二、自治区级"新时代好少年"(2个)

马奕菲 宁夏特殊教育学校高二学生

杨雅辛 银川市湖畔中学学生

三、银川市级"新时代好少年"(4个)

马艺溶 银川市外国语实验学校学生

王萧和 银川市金凤区第十二小学学生

张喜喜 银川市金凤区第五小学学生

赵艺涵 银川市金凤区第九小学学生

【金凤区2021年度黄河流域生态保护和高质量发展先行区建设先进个人】

一、经济高质量发展年度贡献奖

艾 锋 银川经济技术开发区经济发展局局长

石 贤 金凤区发展和改革局工作人员

殷萌萌 金凤区财政局工作人员

杨万明 金凤区农业农村和水务局工作人员

李 晨 金凤区国控公司工作人员

罗 丹 金凤区商务和经济技术合作局副局长

胡雪梅 金凤区长城中路街道办事处工作人员

马 明 金凤区满城北街街道办事处党工委委员、副主任

杨天新 银川阅海湾中央商务区管委会应急管理部部长

吴利军 宁夏阅海实业集团有限公司工会副主席

蔡 晨 银川阅海湾中央商务区管委会科技创新服务部工作人员

文海燕 金凤区审计局副局长

赵一博 金凤区财政局工作人员

苏 娟 金凤区发展和改革局副局长

王 焱 金凤区统计局副局长

于经纬 金凤区委办公室副主任

郭 乐 金凤区政府办公室副主任

王 娟 金凤区长城中路街道办事处工作人员

薛逸轩 金凤区丰登镇人民政府统计专干

全 军 金凤区黄河中路街道办事处统计专干

何 刚 宁夏黄河农村商业银行银川黄河路支行行长

王永达 中国人民财产保险股份有限公司银川分公司营业部农险部经理

朱宏魁 银川市白云房地产开发有限公司董事长

杨志泰 银川建发集团股份有限公司总裁

许建民 宁夏中阿创业投资产业园有限公司总经理

黄胡中 宁夏顺亿资产管理有限公司董事长

王宁君 宁夏阅彩商业集团有限公司总经理

马艳茹 宁夏天天鲜菜篮子冷链物流有限公司项目经理

陈会兵 宁夏中房实业集团有限公司花语轩项目负责人

李 斌 银川建发地产有限公司悠阅城项目经理

二、推进乡村振兴年度贡献奖

张学东 金凤区政协二级调研员

卢玉平 金凤区教育局基建室主任

郭爱芬 金凤区乡村振兴局工作人员

王 硕 金凤区住房城乡建设和交通局工作人员

王 刚 金凤区丰登镇和丰村党支部书记

杨 亮 金凤区良田镇金星村党支部书记

李梦阳 金凤区良田镇园子村驻村第一书记

常 春 金凤区丰登镇润丰村驻村第一书记

陈 晨 金凤区丰登镇联丰村党务工作者

周彩宁 金凤区良田镇泾龙村党务工作者

华秀丽 金凤区良田镇农业综合服务中心公益岗工作人员

夏 辉 金凤区黄河东路街道办事处扶贫公益岗工作人员

张 惠 金凤区长城中路街道高桥社区扶贫网格员

刘晓红 金凤区满城北街街道办事处扶贫网格员

唐 辉 金凤区丰登镇人民政府工作人员

拜春光 金凤区良田镇园林村宝民果蔬种植农民专业合作社育苗种植户

禹永刚 宁夏移天建设工程有限公司经理

杨亚忠 金凤区丰登镇和丰村致富带头人

王绍兵 宁夏利思农业科技发展有限公司经理

徐文潮 银川市富友蔬菜瓜果专业合作社理事长

三、生态文明建设年度贡献奖

王 聪 银川市生态环境局金凤分局工作人员

张海波 金凤区污防办主任

鄢　艳　金凤区上海西路街道办事处副主任
韩　虎　金凤区国控公司副总经理
沈　超　银川市生态环境局金凤分局工作人员
汪元文　金凤区综合执法局丰登执法中队队长
马　阳　金凤区司法局工作人员
任思扬　金凤区自然资源局工作人员
王小英　金凤区纪委监委信访案管室主任
陈　铭　金凤区农业农村和水务局工作人员
马小军　金凤区民政局工作人员
王　琦　金凤区北京中路街道办事处工作人员
陈　兵　金凤区黄河东路街道办事处工作人员
王　涛　金凤区上海西路街道办事处工作人员
陈瑞斌　金凤区满城北街街道办事处工作人员
陈晓斌　金凤区贺兰山中路街道办事处工作人员
曹立宏　金凤区良田镇人民政府工作人员
戴峰云　金凤区丰登镇人民政府工作人员
何　宏　宁夏二泉环境科技有限公司运营副总兼金凤项目总经理
张　锟　银川玉禾田环境发展有限公司总经理
马佳楠　银川凤洁物业服务有限公司副总经理
陈　涛　宁夏仝力砼业工程有限公司副经理
李文龙　银川市威尔信商品混凝土工程有限公司总经理
李永久　银川凤洁园林绿化工程有限公司副总经理
孙万喜　宁夏翔达牧业科技有限公司办公室主任

四、保障改善民生年度贡献奖

杨永恒　银川市第十三中学支部书记、校长
岳清平　金凤区第十小学支部书记、校长
刘丽波　金凤区泾龙小学支部书记、校长
程晓园　银川市金凤区第一幼儿园支部书记、园长
王剑君　金凤区良田镇卫生院院长
马　静　金凤区卫生健康局工作人员
贺艳宁　金凤区疾病预防控制中心主任
白雪亮　金凤区卫生监督所工作人员
耿肖微　金凤区住房城乡建设和交通局副局长
许　丹　金凤区纪委监委工作人员
幺玉慧　金凤区满城北街街道中强巷社区副书记
吴　雪　金凤区长城中路街道长城花园社区副主任
胡　鑫　金凤区综合福利中心主任
张建部　金凤区残联工作人员
邱晓洁　金凤区医疗保障局工作人员
白　杨　金凤区人力资源和社会保障局工作人员
王维斌　金凤区公安分局满城北街派出所民警
张　华　金凤区信访局副局长
杨寨兴　金凤区退役军人事务局工作人员
牛　杰　金凤区审批服务管理局工作人员

五、人文金凤建设年度贡献奖

杨成凤　金凤区人民政府副区长
翟志强　金凤区人民法院第三审判庭副庭长
孔淑侠　金凤区黄河东路街道办事处党工委书记
邵明勋　金凤区文化旅游体育广电局文化市场服务办公室主任
王　帅　金凤区公安分局治安队大队长
包力强　金凤区商务和经济技术合作局工作人员
李晓弟　金凤区市场监督管理分局工作人员
闫幸福　金凤区住房城乡建设和交通局工作人员
茹云鹤　北京中路街道办事处工作人员
刘　鹏　金凤区综合执法局长城中路执法中队队长
咸秀琴　金凤区文明办工作人员
何晓玢　金凤区创城办工作人员
殷立华　金凤区黄河东路街道铁路护路工作人员
王立群　金凤区上海西路街道悦海新天地社区副主任
保　芳　金凤区宁安社区宁安宜居党支部书记、居委会委员、综治专干
贾　正　宁夏书海博缘文化传媒有限公司经理（宝湖悦书房负责人）
任振斌　宁夏宝印文化传媒有限公司经理
薛　萍　金凤区宝湖健身舞队团长
郝亚飞　银川寸草心社会组织服务中心咨询中心主任
杨和平　金凤区贺兰山中路街道景湖社区阅海万家新时代文明实践中心负责人

六、加强基层治理年度贡献奖

张晓瑜　金凤区委组织部工作人员
王利利　金凤区民政局基层政权建设与社区治理工作人员
方　薇　金凤区智慧城市运营中心工作人员
蔡子澎　金凤区融媒体中心工作人员
石瑞平　金凤区第十八小学支部书记、校长
代江玲　金凤区人民检察院第四检察部副主任
马家龙　金凤区新城清真寺寺管会主任

勉学花　金凤区和美婚姻家庭辅导中心负责人
文成伟　金凤区颐海苑小区业主委员会主任
吴树兴　金凤区魏家桥村委会党支部书记
纳小静　金凤区长城中路街道办事处枫林湾社区书记、居委会主任

七、年度"四争"工作优秀奖

卢震桓　金凤区税务局局长
张学明　国家统计局银川调查队队长
骆　静　自治区税务局第二税务分局局长
王晓明　银川市税务局第一税务分局党总支书记、局长
孙　刚　宁夏海阅资本运营控股有限公司董事长
杨晓娟　金凤区商业联盟协会秘书长
韩廷锋　金凤区人民政府副区长
汪生平　金凤区卫生健康局党组书记
张　荣　金凤区就业创业和人才服务中心主任
章建军　金凤区人大常委会教科文卫委主任委员

【2022年度考核优秀等次给予嘉奖科级领导干部】

一、优秀等次单位（部门）负责人（17人）

区委办公室：李彬
区政府办公室：杨涛
区委组织部：杨晗
区委宣传部：王韵迪
区委政研室：李娟
区委网信办：何成坤
教育局：张学兵
司法局：贺兴瑜
人力资源和社会保障局：韩阳
文化旅游体育广电局：马小忠
统计局：张肖飞
综合执法局：刘钰
丰登镇：王芳
良田镇：李波
上海西路街道：南峰
长城中路街道：李雪燕
土地整理中心：袁伟

二、优秀等次单位（部门）班子成员（29人）

纪委监委：杨泽中
区委巡察办：姚睿
人大常委会办公室：李兴华
政府办公室：李阳
政协办公室：李凤军
区委组织部：肖晨晨
区委宣传部：保杉杉
区委政法委：王小英
区委编办：马惠民
司法局：吴月华
自然资源局：聂永锋
住房城乡建设和交通局：耿肖[illegible]
农业农村和水务局：洪涛
商务和经济技术合作局：马丹
卫生健康局：柳彩云
应急管理局：陆银宁
审计局：文海燕
综合执法局：范自忠
信访局：张华
丰登镇：潘多晨、马小龙
良田镇：张文俊
上海西路街道：白文敏、[illegible]
北京中路街道：赵志俊
黄河东路街道：田学东
满城北街街道：高山雨
贺兰山中路街道：杨春霞　马玉[illegible]
法院：陈荣武
银川阅海湾中央商务区管理委员会：赵洋洋
国控公司：韩虎

三、优秀等次其他科级领导干部（10人）

纪委监委：唐新鹏
教育局：崔茜
民政局：甘小兵
人力资源和社会保障局：张龙
住房城乡建设和交通局：刘亚[illegible]
卫生健康局：贺艳宁
良田镇：吴玲、魏志颖
北京中路街道：马弋童
长城中路街道：朱北辰
黄河东路街道：杨少华

先进集体

表 13　2022 年金凤区获得奖励的集体

获奖单位	奖　项	授奖单位
金凤区	全国落实重大政策措施成效明显区	国务院办公厅
金凤区人民法院	人民法院政治工作先进集体	最高人民法院
金凤区人力资源和社会保障局	2021 年度工作突出基层劳动人事争议调解组织	人力资源和社会保障部、全国总工会、中国企业联合会、全国工商联
金凤区人力资源和社会保障局	全国人力资源社会保障系统优质服务窗口	人力资源和社会保障部
金凤区卫生健康局	“中国儿童青少年脊柱侧弯流行病学调查”先进集体	中国疾病预防控制中心慢性病非传染性疾病预防控制中心
金凤区教育局	2021 年国家义务教育质量监测县级优秀组织单位	教育部基础教育质量监测中心
银川阅海湾中央商务区	中国商务区综合竞争力 20 强	2022 中国楼宇经济北京论坛
良田镇园子村	第六批中国传统村落	住房和城乡建设部村镇建设司
金凤区就业创业和人才服务中心	节约型机关	国家机关事务管理局、中共中央直属机关事务管理局、国家发展改革委、财政局
金凤区工商联	“五好”县级工商联	中华全国工商业联合会
金凤区工商联	工商联与人民法院沟通联系机制典型事例（2020—2022）	中华全国工商业联合会
金凤区工商联	2022 年调查点先进基层单位	中华全国工商业联合会
金凤区卫生健康局	节约型机关	国家机关事务管理局
金凤区综合执法局	节约型机关	国家机关事务管理局、中共中央直属机关事务管理局、国家发展改革委、财政部
金凤区档案馆	节约型机关	国家机关事务管理局、中共中央直属机关事务管理局、国家发展改革委、财政部
北京中路街道锦绣苑社区	全国先进基层群众性自治组织	全国城乡社区治理专项表彰评审委员会办公室
金凤区满城北街街道阅海社区	全国综合减灾示范社区	应急管理部风险监测和综合减灾司
金凤区黄河东路街道通福家园社区	社区青春行动全国首批试点社区优秀等次	共青团中央
上海西路市场监管所	自治区第十三次党代会服务保障工作先进单位	自治区党委办公厅
金凤区人民法院民事审判第一庭	2021 年度全区法院先进集体	自治区高级人民法院
金凤区委	2022 年度人民网网上群众工作单位“民心汇聚单位”	人民网
金凤区商务经合局	2021 年招商引资工作荣获自治区第一名	自治区商务厅
金凤区住建局	2021 年农村生活垃圾分类治理和资源化利用示范县（区）二级示范	自治区财政厅

续表

获奖单位	奖 项	受奖单位
金凤区审批局	2021宁夏优化营商环境评价市辖区排名第一	2021年度宁夏营商环境第三方评价组
金凤区卫生健康局	2021年度健康宁夏建设考核二等奖	自治区健康宁夏建设领导小组
金凤区妇联	自治区三八红旗集体	自治区妇女联合会
金凤区审计局	2021年度全区审计机关 审计项目质量等级评定	自治区审计厅
金凤区科技局	“大美科技特派员”优秀组织单位	自治区科学技术厅
银川金丘体育科技俱乐部	2022—2026年科普基地	自治区科学技术厅
金凤区市场监督管理分局	自治区第十三次党代会服务保障工作先进单位	自治区党委办公厅
银川市金凤区上海西路监管所	自治区第十三次党代会 服务保障工作先进单位	自治区党委办公厅
北京中路街道锦绣苑社区	基层治理创新典型案例名单(第一批)	自治区民政厅
北京中路街道安居苑社区	“小喇叭”志愿服务项目	自治区文明办
金凤区就业创业和人才服务中心	2021年全区就业创业工作考评C类	自治区就业工作领导小组
金凤区就业创业和人才服务中心	自治区就业创业工作先进集体	自治区就业工作领导小组
金凤区工商联	与金凤区人民法院“126”沟通联系机制	自治区工商联
金凤区人力资源和社会保障局	全区人力资源和社会保障工作先进集体	自治区人力资源和社会保障厅
金凤区就业创业和人才服务中心	实施乡村振兴战略综合考评良好等次	自治区人力资源和社会保障厅
金凤区人民检察院	自治区文明单位	自治区精神文明建设指导委员会
丰登镇	自治区文明乡镇	自治区精神文明建设指导委员会
良田镇	自治区文明乡镇	自治区精神文明建设指导委员会
金凤区	2019—2021年星级和谐社区 创建工作先进县(市、区)	自治区基层政权建设和 社区治理工作领导小组
金凤区国家保密局	优秀组织奖	自治区党委保密办、自治区国家保密局
金凤区黄河东路街道新苑社区、 通福家园社区、恒大名都社区	自治区健康社区	自治区健康水平提升行动领导 小组办公室、自治区爱卫办
金凤区供销合作社	2022年度市县(区)供销合作社综合 业绩考核县(区)供销合作社一等奖	自治区供销合作社
金凤区文化旅游体育广电局	2022年“文化进万家视频直播家乡年” 宁夏非遗短视频展播二等奖	自治区文化馆
金凤区文化旅游体育广电局	“喜迎二十大 奋进新征程”2022年 全区广场舞大赛优秀组织奖	自治区文化和旅游厅
丰登镇润丰村	第四批全国乡村旅游重点村镇	自治区文化和旅游厅
金凤区文化旅游体育广电局	喜迎二十大 童心向未来2022年第八届“六一” 全区少儿美术书法优秀作品展优秀组织奖	自治区文化馆
金凤区文化旅游体育广电局	2022年“超级杯”全国气排球联赛“博途杯” 宁夏大众海选赛中年女子组第一名	宁夏排球协会

续表

获奖单位	奖　项	授奖单位
金凤区文化旅游体育广电局	宁夏第九届社会体育指导员交流展示大赛团体总分第六名	自治区体育局
金凤区文化旅游体育广电局	宁夏第九届社会体育指导员交流展示大赛柔力球二等奖	自治区体育局
金凤区文化旅游体育广电局	宁夏首届工间操大赛三等奖	自治区体育局
金凤区文化旅游体育广电局	宁夏第九届社会体育指导员交流展示大赛健身气功·气舞二等奖	自治区体育局
良田镇植物园村	第二批宁夏特色旅游村镇	自治区文化和旅游厅
阅海湾休闲旅游度假区	宁夏回族自治区(省)级旅游度假区	自治区文化和旅游厅
建发大阅城	第二批国家级夜间文化和旅游消费集聚区	自治区文化和旅游厅
金凤区枫林湾小镇旅游休闲街区	自治区级旅游休闲街区	自治区文化和旅游厅
金凤区黄河东路街道颐和城府社区	银川市民族团结进步先进集体	银川市委、银川市人民政府
金凤区上海西路街道办事处	银川市民族团结进步先进集体	银川市委、银川市人民政府
金凤区上海西路街道银新苑南社区党委	银川市五星级基层党组织	中共银川市委员会
良田镇	银川市二星级社区戒毒所康复工作中心	银川市禁毒委员会办公室
银川市市场监督管理局金凤区分局	2022 年度知识产权工作先进集体	银川市市场监督管理局
银川市市场监督管理局金凤区分局	2022 年度“小个专”党建工作先进集体	银川市市场监督管理局
银川市市场监督管理局金凤区分局长城中路市场监管所	抗击疫情先进集体	银川市市场监督管理局
金凤区上海西路街道悦海新天地社区团支部	银川市共青团工作表现突出集体	银川市团委
金凤区综合执法局	银川市综合执法系统“喜迎党的二十大　颂歌献给党”歌唱比赛一等奖	银川市综合执法监督局
金凤区文化旅游体育广电局	“欢天喜地迎新春”2022 年银川市云上社火大赛优秀组织奖	银川市文化旅游广电局
金凤区文化旅游体育广电局	第四批银川市级非物质文化遗产保护传承基地	银川市文化旅游广电局
金凤区黄河东路街道银啤苑社区、荣锦苑社区	银川市健康社区	银川市爱国卫生运动委员会
金凤区黄河东路街道魏家桥村	银川市健康村	银川市爱国卫生运动委员会
宁夏正熙酒店咨询管理有限公司、宁夏广玉面粉有限公司	银川市健康企业	银川市爱国卫生运动委员会
金凤区黄河东路街道盈南村	金凤区级文明村镇	银川市金凤区精神文明建设委员会

表 14 2022 年金凤区教育系统先进集体

获奖单位	奖 项	颁奖单位
金凤区第十六小学	第十三届蓝桥杯全国软件和信息技术专业人才大赛青少年创意编程组团体二等奖	全国软件和信息技术专业人才大赛组委会
金凤区第十二小学	自治区优秀少先队中队	自治区团委、自治区教育厅、自治区人力资源和社会保障厅、自治区少工委
金凤区良田中学	自治区优秀少先队中队	自治区团委、自治区教育厅、自治区人力资源和社会保障厅、自治区少工委
金凤区第六小学	自治区优秀少先队中队	自治区团委、自治区教育厅、自治区人力资源和社会保障厅、自治区少工委
金凤区第四小学	自治区优秀少先队中队	自治区团委、自治区教育厅、自治区人力资源和社会保障厅、自治区少工委
银川市中小学幼儿园	第七届校园剧活动一等奖	银川市教育局
金凤区第十六小学	银川市第十一届中小学生现场作文大赛暨奥林匹克杯作文征文银川选拔活动优秀组织奖	银川市教育局
金凤区第十六小学	银川市青少年编程社团校级活动三等奖	银川市教育局
金凤区第五小学	自治区文明校园	自治区精神文明建设指导委员会
金凤区第一小学	自治区优秀少先大队	自治区团委、自治区教育厅、自治区人力资源和社会保障厅、自治区少工委
金凤区第一小学	2022 年度国家中小学智慧教育平台应用试点工作应用场景试点学校	宁夏电化教育中心
金凤区第一小学	全区学校思想政治质量提升工程项目结题	自治区教育工委办公室 自治区教育厅办公室
金凤区第一小学	自治区级中小学德育示范校	自治区教育厅
金凤区第四小学	自治区级中小学德育示范校	自治区教育厅
金凤区第七小学	自治区级中小学德育示范校	自治区教育厅
金凤区第十一小学	自治区优秀少先队大队	自治区团委、自治区教育厅、自治区人力资源和社会保障厅、自治区少工委
金凤区教育局	教育资源增量达标工程先进单位	银川市委、银川市人民政府
金凤区第十六小学	全区第四届中华经典诵写讲大赛“诵读中国”小学生组优秀奖	自治区教育厅、宁夏广播电视台

【金凤区 2022 年度绩效考评优秀和良好等次集体】

一、党建综合类

优秀等次：区委办公室（档案馆）、区委组织部、区委网信办、纪委监委（巡察办）、区委政策研究室

良好等次：区委宣传部、区委统战部（民族宗教事务局）、区委政法委、区委编办

二、群众团体类

优秀等次：总工会、科协、妇联

良好等次：工商联、团委、残联、文联、红十字会

三、经济发展类

优秀等次：政府办公室（机关事务服务中心）、阅海湾中央商务区管委会、农业农村和水务局（乡村振兴局）、住房城乡建设和交通局（市容环境卫生服务中心、物业管理服务中心、爱卫办）

良好等次：商务和经济技术合作局、财政局（国库支付中心）、科技局、工业和信息化局、自然资源局（园林管理局）、土地整理中心、发展和改革局

四、社会发展类

优秀等次：人大常委会机关、政协机关、卫生健康局、民政局、教育局、人力资源和社会保障局（就创中心）、统计局

良好等次：文化旅游体育广电局、审批服务管理局、医疗保障局、信访局、退役军人事务局、智慧城市运营中心

五、执法监管类

优秀等次：综合执法局

良好等次：应急管理局、司法局、审计局

六、乡镇

优秀等次：丰登镇

良好等次：良田镇

七、街道

优秀等次：上海西路街道、长城中路街道

良好等次：满城北街街道、黄河东路街道、北京中路街道、贺兰山中路街道

八、企业

优秀等次：供销合作联合社

良好等次：海阅资本运营公司（国控公司）、阅海集团、空间资源城市运营有限公司

九、垂直管理及派出机构

优秀等次：检察院、公安分局、税务局、消防救援大队、法院、市场监督分局

良好等次：生态环境分局、交警二大队、交警一大队

【金凤区2021年度黄河流域生态保护和高质量发展先行区建设先进集体】

一、经济高质量发展年度贡献奖

银川阅海湾中央商务区管委会

金凤区统计局

金凤区农业农村和水务局（乡村振兴局）

金凤区长城中路街道办事处

银川建发地产有限公司

宁夏中房万科房地产有限公司

中海宏洋地产（银川）有限公司

银川威力传动技术股份有限公司

银川伊百盛生物工程有限公司

宁夏青龙塑料管材有限公司

国电电力宁夏新能源开发有限公司

银川新华百货连锁超市有限公司

银川王府井奥特莱斯商业有限公司

银川金凤万达广场商业管理有限公司

长燃智享（宁夏）新能源科技有限公司

宁夏建工集团有限公司

宁夏路桥工程股份有限公司

宁夏政安信息科技有限公司

宁夏数据科技股份有限公司

二、推进乡村振兴年度贡献奖

金凤区委组织部

金凤区医疗保障局

金凤区住房城乡建设和交通局

金凤区良田镇人民政府

金凤区丰登镇人民政府

银川王虎成蔬菜种植农民专业合作社

宁夏鹏程浩种植农民专业合作社

宁夏洋洋种植农民专业合作社

银川市金凤区富友蔬菜瓜果专业合作社

宁夏鸿昇农业科技发展有限公司

三、生态文明建设年度贡献奖

银川市生态环境局金凤分局

金凤区自然资源局

金凤区上海西路街道办事处

金凤区黄河东路街道办事处

金凤区土地整理中心

宁夏小巨人机床有限公司

宁夏工人疗养院

宁夏利思农业科技发展有限公司

银川家业兴物业服务有限公司

小黄狗环保科技有限公司

四、保障改善民生年度贡献奖

金凤区教育局

金凤区人力资源和社会保障局

金凤区民政局

金凤区残联

金凤区黄河东路街道银啤苑社区

金凤区满城北街街道紫馨苑社区

金凤区长城中路街道长城花园社区

金凤区北京中路街道锦绣苑社区
金凤区贺兰山中路街道西湖社区
金凤区上海西路街道银新苑北社区

五、人文金凤建设年度贡献奖

金凤区委宣传部
金凤区文化旅游体育广电局
金凤区满城北街街道办事处
大学生志愿服务西部计划金凤区服务队
银川市“暖阳”爱心志愿服务团队
宁夏玖玖福康医疗科技有限公司
宁夏秦杨中医医院
宁夏中耀建设工程有限公司

六、加强基层治理年度贡献奖

金凤区综合执法局
金凤区良田镇植物园村
金凤区智慧城市运营中心
中国移动通信集团宁夏有限公司金凤分公司
福州北街未来城多彩街区自律小组

七、年度“四争”工作优秀奖

金凤区财政局
金凤区农业农村和水务局(乡村振兴局)
金凤区应急管理局
金凤区科学技术局
金凤区就业创业和人才服务中心

【2022 年新命名金凤区级文明单位、文明村镇、文明校园】

一、文明单位(18 个)

银川市产业基金管理有限公司
金凤区第七幼儿园
银川市公共交通有限公司
宁夏众业工程造价咨询有限公司
银川市春熙社会工作发展服务中心
金凤区上海西路街道银新苑北社区
银川市文物管理处
国网宁夏电力有限公司建设分公司
国网宁夏电力有限公司营销服务中心（国网宁夏电力有限公司计量中心）
金凤区铁东消防救援站
金凤区委统战部
金凤区统计局
金凤区科协
华夏银行股份有限公司银川分行
宁夏银行股份有限公司新城支行
宁夏回族自治区兽药饲料监察所
国华(宁夏)新能源有限公司
国家能源集团宁夏煤业公司新闻中心

二、文明村镇(3 个)

金凤区黄河东路街道盈南村
金凤区丰登镇西新村
金凤区丰登镇永丰村

三、文明校园(2 个)

银川市金凤区第三十七小学
银川市金凤区外国语实验小学

【第十九批自治区文明村镇、文明单位、文明校园】

一、自治区文明单位(4 个)

银川市上前城地区人民检察院
银川市公安局交通警察分局
国网宁夏电力有限公司检修公司
银川市消防救援支队

二、自治区文明村镇(1 个)

金凤区良田镇

三、自治区文明校园(1 个)

金凤区第五小学

（梁博琳）

附　录

金凤区组织机构及负责人

（任职时间截至 2022 年 12 月 31 日）

中国共产党银川市金凤区委员会

书　记　赵会勇（2021 年 2 月任，2022 年 3 月免）
　　　　郝春明（2022 年 8 月任）
副书记　张　涛（2021 年 4 月任）
　　　　杨文法（2022 年 11 月任）
常　委　刘学礼（2016 年 8 月任）
　　　　赵向华（2022 年 1 月任）
　　　　张　才（2021 年 6 月任）
　　　　高　亮（2021 年 7 月任）
　　　　马小龙（2021 年 7 月任）
　　　　任元启（2021 年 7 月任）
　　　　拓守升（2021 年 1 月任）
　　　　韩廷峰（2022 年 4 月任）
　　　　黄文东（2022 年 3 月任）

金凤区人民代表大会常务委员会

党组书记、主任　陈邢妍（2016 年 7 月任）
副主任　李文陈（2021 年 11 月任）
　　　　唐晓棠（2021 年 11 月任）
　　　　潘太升（2021 年 11 月任）
　　　　张艺博（2021 年 11 月任）

金凤区人民政府

区　长　张　涛（2021 年 11 月任）
副区长　刘学礼（2011 年 9 月任）
　　　　高　亮（2019 年 5 月任）
　　　　马小龙（2021 年 8 月任）
　　　　王占东（2021 年 8 月任）
　　　　余　磊（2021 年 8 月任）
　　　　杨成凤（2021 年 8 月任）
　　　　李　鹏（2022 年 4 月任）

中国人民政治协商会议银川市金凤区委员会

党组书记、主席　胡志刚（2021 年 11 月任）
副书记　李　岐（2021 年 11 月任）
　　　　王　玫（2021 年 10 月任）
副主席　杨永清（2021 年 11 月任）
　　　　贺　佩（2021 年 9 月任）

中国共产党银川市金凤区纪律检查委员会
金凤区监察委员会

书　记、监委主任　任元启（2021 年 11 月任）

副书记、监委副主任

祁世荣（2021 年 10 月任）

保学琴（2021 年 11 月任）

纪委常委　万小平（2020 年 3 月任）

杨泽中（2021 年 10 月任）

李颖第（2021 年 9 月任）

监察委员会委员　万小平（2021 年 10 月任）

杨泽中（2021 年 10 月任）

卢国春（2017 年 12 月任）

金凤区人民法院

院　长　黑晓虎（2021 年 11 月任）

副院长　毛晓红（2020 年 7 月任）

杜成军（2017 年 7 月任）

政治部主任　陈荣武（2019 年 9 月任）

金凤区人民检察院

检察长　王建勇（2021 年 11 月任）

副检察长　冯海燕（2020 年 7 月任）

史文鹏（2016 年 11 月任，2022 年 3 月免）

叶　冰（2022 年 4 月任）

邵　玮（2022 年 4 月任）

政治部主任　牛海玲（2019 年 6 月任）

金凤区人民武装部

部　长　刘加亮（2021 年 12 月任）

政　委　拓守升（2021 年 10 月任）

银川市公安局金凤区分局

局　长　王占东（2021 年 7 月任）

政　委　孙　林（2019 年 11 月任）

金凤区委工作部门及直属事业单位

金凤区委办公室

主　任　李　彬（2021 年 7 月任，2022 年 11 月免）

张肖飞（2022 年 11 月任）

保密委员会办公室（区国家保密局）

主任、局长　李静洋（2021 年 6 月任，2022 年 1 月免）

马亚军（2022 年 1 月任）

金凤区档案局

局　长　李冬冬（2021 年 7 月任，2022 年 2 月免）

金凤区档案馆

馆　长　赵东霞（2020 年 3 月任）

金凤区委组织部

部　长　张　才（2021 年 7 月任）

直属机关工委

书　记　张　才（2021 年 7 月任）

金凤区委老干部局

局　长　杨　晗（2021 年 7 月任，2022 年 11 月免）

李　娟（2022 年 11 月任）

公务员局局长　（空缺）

非公经济组织和社会组织工委

书　记　肖晨晨（2021 年 11 月任，2022 年 12 月免）

刘敦娟（2022 年 12 月任）

离退休干部工作委员会

书　记　杨　晗（2021 年 7 月任，2022 年 11 月免）

李　娟（2022 年 11 月任）

金凤区委宣传部（文明办）

部　长　赵向华（2022 年 2 月任）

文明办主任　王韵迪（2021 年 10 月任）

新闻出版局

局　长　保杉杉（2021 年 10 月任）

金凤区委政法委

书　记　黄文东（2022 年 4 月任）

秘书长　高　慧（2021 年 3 月任，2022 年 11 月免）

王　彬（2022 年 11 月任）

国家安全委员会办公室

主　任　高　慧（2021 年 3 月任，2022 年 11 月免）

金凤区委统战部(宗教局)
部　长　黄学忠(2021年6月任,2022年4月免)
　　　　韩廷峰(2022年4月任)
民族宗教事务局
局　长　伍　强(2021年8月任)
政府侨务办公室
主　任　伍　强(2021年8月任)
港澳台工作办公室
主　任　伍　强(2021年8月任)
金凤区委政策研究室
主　任　李　娟(2021年8月任,2022年11月免)
　　　　白文敏(2022年12月任)
全面深化改革委员会办公室
主　任　李　娟(2021年9月任,2022年11月免)
　　　　白文敏(2022年12月任)
金凤区委网络安全和信息化委员会办公室
主　任　何成坤(2021年10月任)
网络信息化局
局　长　何成坤(2021年10月任)
金凤区委机构编制委员会办公室
主　任　徐艳萍(2021年8月任)

金凤区人大常委会工作部门

金凤区人大常委会办公室
主　任　张学兵(2019年3月任,2022年2月免)
　　　　李兴华(2022年2月任)
副主任　谢　甜(2022年2月免)
金凤区人大常委会各专门委员会
财政经济委员会
主　任　陈立东(2019年12月任)
内务司法委员会
主　任　马泉林(2021年8月任,2022年11月免)
　　　　林　叶(2022年11月任)
人事代表联络委员会
主　任　李兴华(2019年12月任,2022年2月免)
　　　　何　鹏(2022年2月任)
教科文卫委员会
主　任　章建军(2021年8月任)

金凤区人民政府工作部门及直属事业单位

金凤区政府办公室
主　任　杨　涛(2021年9月任)
区委外事工作委员会办公室
主　任　杨　亮(2020年11月任,2022年2月免)
　　　　李　阳(2022年2月任,2022年12月免)
金凤区发展和改革局
局　长　徐方远(2021年10月任)
金凤区工业和信息化局
局　长　徐方远(2021年10月任)
金凤区粮食和物资储备局
局　长　徐方远(2021年10月任)
金凤区教育局
局　长　王永志(2019年3月任,2022年2月免)
　　　　张学兵(2022年2月任)
教育工作领导小组办公室
主　任　王永志(2019年3月任,2022年2月免)
　　　　张学兵(2022年2月任)
教育工作委员会
书　记　王永志(2019年3月任,2022年2月免)
　　　　张学兵(2022年2月任)
金凤区科学技术和工业信息化局
局　长　何　鹏(2019年3月任,2022年2月免)
　　　　胡金华(2022年2月任)
金凤区民政局
局　长　杨丽娟(2019年5月任)
金凤区司法局
局　长　贺兴瑜(2021年10月任)
全面依法治区委员会办公室
副主任　贺兴瑜(2021年10月任)
金凤区财政局
局　长　张　军(2021年6月任)
金凤区金融工作局
局　长　张　军(2021年6月任)

财经委员会办公室

主　任　张　军(2021 年 6 月任)

金凤区人力资源和社会保障局

局　长　韩　阳(2021 年 10 月任)

就业创业和人才服务中心

主　任　张　荣(2017 年 3 月任,2022 年 11 月免)

　　　　范自忠(2022 年 12 月任)

金凤区自然资源局

局　长　郭　震(2021 年 11 月任)

银川火车站广场公园管理所

主　任　王绍龙(2021 年 12 月任)

金凤区住房城乡建设和交通局

局　长　李季平(2019 年 9 月任,2022 年 2 月免)

　　　　王永志(2022 年 2 月任)

城市管理局

局　长　李季平(2019 年 9 月任,2022 年 2 月免)

　　　　王永志(2022 年 2 月任)

人民防空办公室

主　任　李季平(2019 年 9 月任,2022 年 2 月免)

　　　　王永志(2022 年 2 月任)

地震局

局　长　李季平(2019 年 9 月任,2022 年 2 月免)

　　　　王永志(2022 年 2 月任)

金凤区农业农村和水务局

书　记　王小梅(2021 年 10 月任,2022 年 11 月免)

　　　　杨　晗(2022 年 11 月任)

局　长　王小梅(2021 年 10 月任,2022 年 11 月免)

　　　　李淑娟(2022 年 11 月任)

金凤区乡村振兴局

局　长　郭东川(2021 年 8 月任)

金凤区商务和经济技术合作局

局　长　李圻洋(2021 年 10 月任)

金凤区文化旅游体育广电局

局　长　马小忠(2021 年 8 月任)

文物局　马小忠(2021 年 8 月任)

金凤区卫生健康局

党组书记

　　　　谢韶华(2021 年 8 月任,2022 年 11 月免)

　　　　曹俊仁(2022 年 [illegible] 月任

局　长　谢韶华(2021 年 [illegible] 月任 2022 年 11 月免)

　　　　曹俊仁(2022 年 [illegible] 月任

金凤区退役军人事务局

局　长　南　峰(2021 年 [illegible] 月任 2022 年 3 月免)

　　　　杜明润(2022 年 [illegible] 月任

金凤区应急管理局

局　长　鲍永祥(2020 年 [illegible] 月任 2022 年 1 月免)

　　　　田涌福(2022 年 [illegible] 月任

金凤区审计局

局　长　邵　磊(2019 年 [illegible] 月任 2022 年 11 月免)

　　　　孔淑侠(2022 年 [illegible]1 月任)

审计委员会办公室

主　任　邵　磊(2019 年 [illegible] 月任 2022 年 11 月免)

　　　　孔淑侠(2022 年 [illegible]1 月任)

金凤区统计局

局　长　张肖飞(2021 年 [illegible] 月任 2022 年 11 月免)

　　　　闫　广(2022 年 [illegible]1 月任)

金凤区综合执法局

局　长　刘　钰(2021 年 10 月任 2022 年 11 月免)

　　　　袁　旭(2022 年 [illegible]1 月任)

综合执法大队

　　　　刘　钰(2021 年 10 月任,2022 年 11 月免)

　　　　袁　旭(2022 年 [illegible]1 月任)

金凤区信访局

局　长　曹燕红(2021 年 [illegible] 月任

金凤区审批服务管理局

书　记　闫　江(2021 年 [illegible]0 月任)

局　长　胡雅文(2021 年 [illegible] 月任

金凤区医疗保障局

党组书记　于晓勇(2021 年 8 月任)

局　长　　李淑娟(2021 年 8 月任,2022 年 11 月免)

金凤区国有资产投资控股有限公司

董事长　　胡彦文(2021 年 9 月任)

金凤区土地整理中心

主　任　　袁　伟(2021 年 12 月任)

金凤区智慧城市运营中心

主　任　　王泽深(2021 年 11 月任)

银川阅海湾中央商务区管委会

党工委书记

赵会勇(2021 年 2 月任,2022 年 3 月免)

郝春明(2022 年 9 月任)

副书记、主任

刘学礼(2019 年 6 月任)

副书记　安茂连(2019 年 9 月任,2022 年 12 月免)

纪工委书记

冯金萍(2022 年 1 月任)

副主任　张　涛(2019 年 8 月任)

窦丽英(2019 年 9 月任)

宁管记(2022 年 6 月任)

刘鲜兰(2019 年 9 月任,2022 年 6 月免)

党政办公室主任

赵洋洋(2021 年 8 月任)

国土和规划建设部部长

王　军(2020 年 5 月任)

科技创新服务部部长

林　叶(2021 年 8 月任,2022 年 11 月免)

杨嘉文(2022 年 11 月任)

宁夏阅海实业集团有限公司

党委书记、董事长　罗志刚(2017 年 2 月任)

副总经理　胡文启(2008 年 12 月任)

金凤区供销联社

书　记　刘　涛(2021 年 12 月任)

中国人民政治协商会议银川市金凤区委员会工作部门

政协金凤区委员会办公室

主　任　鲍永祥(2022 年 1 月任)

金凤区政协各专门委员会

经济委员会

主　任　李凤军(2018 年 1 月任)

提案和委员联络委员会

主　任　王　辉(2021 年 8 月任,2022 年 6 月免)

李　岐(2022 年 6 月任)

高　慧(2022 年 11 月任)

教科文卫体委员会

主　任　王子军(2021 年 6 月任)

社会治理委员会

主　任　杨永清(2022 年 6 月任)

金凤区群众团体

金凤区总工会

主　席　王　玫(2021 年 10 月任)

共青团金凤区委员会

书　记　刘　超(2021 年 10 月任,2022 年 11 月免)

李　阳(2022 年 12 月任)

金凤区妇女联合会

主　席　关丽荣(2019 年 3 月任,2022 年 2 月免)

胡　娟(2022 年 9 月任)

金凤区科学技术协会

主　席　宁俊芹(2019 年 3 月任)

金凤区残疾人联合会

理事长　胡　娟(2020 年 5 月任,2022 年 3 月免)

金文静(2022 年 5 月任)

金凤区工商业联合会

党组书记、副主席

田涌福(2021 年 8 月任,2022 年 1 月免)

李　萍(2022 年 1 月任)

金凤区镇(街道)

金凤区良田镇

书　　记　李　波(2020 年 7 月任)

人大主席　杨利军(2022 年 12 月任)

镇　　长　张庆轩(2021 年 9 月任)

金凤区丰登镇

书　　记　周　坤(2021 年 6 月任,2022 年 3 月免)

王　芳(2022 年 3 月任)

人大主席　马世思(2022 年 12 月任)

镇　　长　黎康宁(2021 年 9 月任)

金凤区上海西路街道办事处

书　　记　王　芳(2021 年 7 月任,2022 年 3 月免)

南 峰(2022年3月任)
主 任 张 程(2021年7月任)

金凤区北京中路街道办事处

书 记 曹俊仁(2021年7月任,2022年2月免)
汪生平(2022年2月任)
主 任 夏 天(2021年7月任,2022年8月免)
马辉琴(2022年11月任)

金凤区长城中路街道办事处

书 记 袁 旭(2021年7月任,2022年11月免)
李雪燕(2022年11月任)
主 任 李雪燕(2021年10月任,2022年11月免)
张文俊(2022年11月任)

金凤区黄河东路街道办事处

书 记 孔淑侠(2021年7月任,2022年11月免)
李季平(2022年11月任)
主 任 胡金华(2021年7月任,2022年2月免)
刘 超(2022年11月任)

金凤区满城北街街道办事处

书 记 闫 广(2021年11月任,2022年2月免)
刘 钰(2022年11月任)
主 任 马辉琴(2021年7月任,2022年11免)
潘多晨(2022年11月任)

(张佳蕾)

在中国共产党银川市金凤区第四届委员会第五次全会上的报告

金凤区委书记　郝春明

（2022年12月19日）

一、2022年工作回顾

今年以来，区委常委会坚持以习近平新时代中国特色社会主义思想为指导，全面贯彻落实党的二十大精神，深入学习贯彻习近平总书记视察宁夏重要讲话指示批示精神，全面落实党中央“疫情要防住、经济要稳住、发展要安全”的重要要求，坚决执行自治区、银川市党委及金凤区党代会各项部署要求，团结带领辖区各级党组织和广大党员干部群众，凝心聚力促发展、众志成城战疫情、常抓不懈保安全，全面推进经济社会各项事业持续健康发展。预计全年地区生产总值突破350亿元关口；完成固定资产投资约150亿元，规模保持全区第一；社会消费品零售总额迈向170亿元，总量稳居全区前列；一般公共预算收入同比增长5%以上，增速居全区前列；城镇居民人均可支配收入超过4.9万元，总额居全区首位；农村居民人均可支配收入跨过1.7万元，增速全区领先，经济综合实力实现稳步提升。

一年来，我们以效率提效益，经济发展平稳有序。服务业提档升级。“一核多极”现代服务业发展体系不断完善，“六大商圈”竞合发展，悠阅城加速建设，服务业对经济增长贡献率达到80%。引进首店33家，未来城、枫林湾小镇等特色街区点亮夜经济，正源街商圈获评自治区商贸服务业集聚区。工业提速转型。深化服务业制造业“两业”融合，兑现工业技改奖补资金近千万元，新增入规企业4家、“专精特新”企业8家，有研发活动规上企业占比达到60%。小牛自动化划片串焊一体机产能、小巨人机床卧式加工中心高端市场占有率双双跃居全国首位。农业提质增效。扛稳粮食安全和耕地保护责任，完成粮食种植面积4.3万亩。争取各类资金7749万元，实施项目43个，润丰宿集、植物园数字农旅小镇延展现代农业产业链。良田沙地吊瓜获评全国名特优新农产品品牌，成功创建自治区级农业现代产业园。投资消费提规扩容。本级101个总投资861亿元重大项目加快建设，投资时序超80%。举办首届“房博会”，带动房地产市场企稳回升。落地招商引资项目93个，到位资金百亿元，引资规模创历史新高。政企联动撬动消费4.8亿元，“消费在金凤”品牌影响力持续扩大。园区发展提能聚势。放大“三园一区”平台功能，累计注册数字经济企业2048家，线上交易额突破150亿元，荣获自治区首批数字经济示范园区。汇集金融企业624家，CBD智慧金融中心加快实施，打造金融服务桥头堡。落户华为等区域性总部10家，楼宇经济聚集优势持续显现，晋升中国商务区综合实力20强。

一年来，我们以先试争先位，发展动能持续增强。创新活力竞相进发。率先在全区搭建数字经济青年创新创业共享服务平台，建立创新创业专家智库，培育引进高层次人才419人，构建创新人才新高地。创建国家级创新平台9家，培育科技型企业596家，数量跃居全区第一。技术合同成交额超过6000万元，万人发明专利拥有量15.87件，全社会R&D经费投入强度达2.9%，居全区首位。改革开放蹄疾步稳。“六权改革”成效显著，节约农业灌溉用水3000余万立方米，颁发土地确权证书5532本，完成排污权交易5笔，用能权、碳排放权交易有序推进。深化国企改革三年行动，组建空间运营公司，实现多元化经营和资产保值增值。发展空间持续拓展，在杭州建成“东数西算”长三角飞地园区，经济发展外向度有效提升。营商环境不断优化。“放管服”改革纵深推进，压减政务服务事项流程213项，“跨省通办”覆盖88个外省县区，商事制度改革得到国务院通报表扬。常态化召开民企座谈会，出台“金凤20条”，减免税费1.8亿元，日均新增市场主体70户，市场活力充分迸发。

一年来，我们以共建带共享，城市品质全面提升。城乡面貌绽放新颜。尹家渠北街、凤凰北街打通工程畅通城市脉络，新昌路特色街区扮靓城市“橱窗”，雪绒巷等街巷改造照亮“最美回家路”。启动北部雨污分流工程，完成路面透水性改造1.4万平方米，海绵城市建设成效初显。实施19个30万平方米老旧小区改造，惠及群众近万人。打造示范样板村2个，园子村入选第六批中国传统村落名录，农村人居环境显著改善。文体事业繁荣发展。阅彩城入选第二批国家级夜间文化和旅游消费集聚区，润丰村获评第四批全国乡村旅游重点村，文旅融合加速升级。改造提升基层综合文化服务中心3个，新建悦书房4个，基层公共文化服务阵地、“10分钟健身圈”覆盖率稳居全区前列，文体服务惠民悦民。生态环境不断优化。高质量推动中央及自治区生态环保督察反馈问题整改，群众满意度持续提升。打好蓝天、碧水、净土保卫战，空气质量优良天数保持在80%以上，河湖水质稳定达标，土壤安全总体可控。新增绿化面积12万平方米，城市“三绿”指标保持全市首位。单位工业增加值能耗降幅居全区前列。

一年来，我们以民生聚民心，百姓福祉殷实厚植。教育供给持续拓展。大力解决入学难问题，新改扩建中小学、幼儿园18所，增加学位1.1万个，基础教育资源全面扩充。深入推进“三名工作室”、梯级名师培养工程，争取教师编制138个，师资力量持续加强。承办自治区“互联网+教育”成果经验交流展示会，教学环境向数字化加速转型，师均部级优课数连续四年全区第一，加快实现从“有学上”向“上好学”转变。健康水平持续提升。坚持人民至上、生命至上，科学高效处置“9·20”等多轮突发疫情，公共卫生应急体系运行效率和服务保障能力明显提升。成立金凤区医疗健康集团，率先完成基层中医药服务、村（社区）公共卫生委员会设置，基层医疗健康服务体系不断完善。社会保障持续强化。城镇新增就业6718人，农村劳动力转移就业6836人，城乡居民人均可支配收入跑赢GDP增速。新打造“悦邻里”3家，改造升级社区老年大学4所，启动运营残疾人托养服务中心。发放各类救助资金4200余万元，疫情蔬菜包、粮油包、防疫包惠及3万余人，兜牢困难群众基本生活线。2.5万套房屋完成不动产初始登记，办证难问题解开百姓心结，赢得市民点赞。乡村振兴持续推进。产业带动、就业拉动、政策兜底三向发力，583名监测对象全部落实“一户一策”帮扶措施，兑现到户类补贴资金385万元，坚决守住不发生规模性返贫底线。深化农村改革，大力发展村集体经济，近六成行政村集体收入突破百万元。加强乡村文明建设，自治、法治、德治“三治”融合，破解乡村治理难题。

一年来，我们以安全保安宁，社会治理有效提升。平安金凤保稳护航。圆满完成党的二十大、自治区第十三次党代会期间维稳安保任务。各类违法犯罪行为持续下降，矛盾纠纷多元化解机制不断完善，连续5年获评“平安县区”。严防各类安全生产风险，专项整治三年行动圆满收官。常态化扫黑除恶斗争深入推进，荣获“自治区禁毒示范县区”。预计年内政府债务风险等级“退红转橙”。基层治理多方联动。深化“一核三联五治五化”治理模式，“板凳会”“庭院会”等民主协商载体持续涌现，“小巷管家”入选自治区基层治理创新典型案例，锦绣苑社区荣膺全国先进群众性基层自治组织，西新村获评全国民主法治示范村。国家智能社会治理实验特色基地和“数字社区”加速建设，智治体系逐步完善，成为全区首批社区治理实验区。民族团结花开长盛。打造铸牢中华民族共同体意识示范点32个，举办百场“中华民族一家亲”连心活动，“五个认同”持续增进。建成“五进”宗教活动场所示范点6个、民主党派之家4个，挂牌新的社会阶层人士实践创新基地10处，大统战工作格局加快构建。

一年来，我们以作风促作为，从全面从严治党扎实推进。党的建设全面加强。深入开展党的二十大和习近平总书记视察宁夏重要讲话指示批示精神“大学习、大讨论、大宣传、大实践”活动，思想政治建设持续加强。意识形态工作责任制全面落实，舆论导向把握有力，精神文明建设成效明显。扎实开展“三个十”党建示范项目创建活动，党建引领社区治理经验入选自治区典型范例。推进党支部标准化建设，评定三星级以上党组织156家。干部队伍严管厚爱。坚持正确选人用人导向，加强干部日常跟踪培养储备，落实“两榜四机制”，激励干部在疫情防控、改革发展一线奋勇争先，确保关键时刻站得出来、危难关头冲得上去。全年提拔使用干部57名，晋升职级135人。党风廉政走深走实。驰而不息纠治“四风”，处理履职不力干部6人，综合运用执纪监督“四种形态”处置112人次。深入开展“两个专项”整治，上交资金17万余元，查摆问题227个。全面推广小微权力“监督一点通”平台，启动3轮政治巡察，移交问题线索21件。民主政治不断发展。加强党的集中统一领导，支持人大、政府、政协和法院、检察院依法依章程履行职能、开展工作、发挥作用。国家安全、老干部、双拥、国防后备力量建设等工作不断加强，各民主党派、工商联、群团组织作用进一步发挥，形成了团结和谐、干事创业的良好氛围。

各位委员、同志们，今年是政治大年，又恰逢金凤区建区20周年，二十载栉风沐雨、不忘初心，二十载披荆斩棘、砥砺前行，历届金凤的建设者，以自强不息、百折不挠的创业毅力，团结一心、奋发有为的拼搏定力，敢为人先、守正创新的改革魄力，创造了一个又一个发展奇迹，实现了“老郊区”到“首府核心区”的华丽蝶变！

20年来，我们的城市从启航筑梦迈向崛起腾飞。建成区面积突破100平方公里，固定资产投资是建区时的35倍，规模持续领跑全区。城市功能不断完善，生产、生活、生态科学布局、相融共生，“六大商圈”拔地而起，超千万平方米新建小区鳞次栉比，宁夏国际会堂等代表性建筑塑造全区形象展示新窗口。我们的产业从夯基垒台迈向集链成群。地区生产总值连续突破三个百亿元大关，打造全区唯一中央商务区，聚集现代服务业全产业链，社会消费品零售总额增速常年居全区前列，第三产业对经济增长贡献率高达80%，服务业成为经济增长核心动能。我们的环境从粗放生长迈向精致精美。阅海湖、典农河、七子连湖等湖泊湿地全面贯通，水域面积拓展至5.6万亩，再现塞上湖城胜景。凤凰公园、宝湖公园、毓秀公园串联城市绿环，生态绿色在城市蔓延生长。沈阳路、贺兰山路、六盘山路等主干道路撑起城市发展骨架，美好城市画卷全面铺展。我们的民生从兜底保障迈向优质共享。累计建成中小学、幼儿园157所，新增学位超4.9万个，医疗机构由7家增至310家，城乡居民收入分别是建区时的6.6倍和5.3倍，常住人口是建区时的近6倍，增量全区第一，全面小康社会如期建成。这些成绩的取得，得益于习近平新时代中国特色社会主义思想科学指引，得益于区市党委的坚强领导，得益于历届领导班子打下的良好基础，得益于全区干部群众和企业家们的共同努力！在此，我代表区委向团结奋斗在各条战线上的广大干部职工、人民群众、离退休干部、解放军指战员、武警部队官兵以及关心支持金凤发展的社会各界人士和朋友们表示崇高敬意和衷心感谢！

历史画卷总是在前后相继中铺展，时代华章总是在接续奋斗中书写。回顾奋斗历程，我们深刻体会到，做好金凤工作、推动金凤发展，最根本的是我们坚持对标看齐、绝对忠诚，衷心拥护“两个确立”，忠诚践行“两个维护”，始终坚持以习近平新时代中国特色社会主义思想为指导，坚决把忠诚刻进心坎里、写在岗位上、融入事业中，确保各项工作始终沿着正确方向奋勇前进。最关键的是我们坚持守好底线、走出新路，完整准确全面贯彻新发展理念，着力推动质量变革、效率变革、动力变革，始终通过高质量发展促进结构升级、增强综合实力。最重要的是我们坚持读懂民心、不忘初心，坚定人民立场，持之以恒保障改善民生，尽力而为办好民生实事，让人民群众充分享受改革发展成果、有更多获得感幸福感安全感。最可贵的是我们坚持精诚团结、实干快干，上下一心、众志成城，一张蓝图绘到底，一棒接着一棒跑，一任接着一任干，确保各项工作善始善终、善作善成。这些经验启示，我们必须倍加珍惜、长期坚持、丰富发展。

在充分肯定成绩的同时，我们也要清醒地看到，对照高质量发展新要求和人民群众新期盼，工作中还存在一些问题和不足。一是经济高质量发展动能还不够强劲。投资结构不优问题长期存在，大项目好项目接续不足，服务业主导优势不够突出，拉动经济增长作用还不充分。二是城市高品质建设路径还不够宽阔。中心城区首位度不够高、竞争力不够强，城乡发展还不平衡，改革开放仍需加力，市场主体规模和实力有待提升。三是民生高标准保障措施还不够完善。教育、医疗、养老等优质公共服务供给不足，基层社会治理能力仍需提高，增进民生福祉还有大量工作要做。四是干部高效能工作作风还不够扎实。少数干部思想观念、专业能力、进取意识与高质量发展要求还不相适应，形式主义、官僚主义还一定程度存在。对此，我们必须高度重视，直面突出问题，聚焦主要矛盾，切实加以解决。

二、2023 年主要工作

2023 年的指导思想是：坚持以习近平新时代中国特色社会主义思想为指导，全面贯彻落实党的二十大精神，深入学习贯彻习近平总书记视察宁夏重要讲话指示批示精神，弘扬伟大建党精神，坚持稳中求进工作总基调，坚持统筹发展和安全，坚持全面从严治党，完整准确全面贯彻新发展理念，主动服务和融入新发展格局，全面落实自治区第十三次党代会、银川市第十五次党代会和金凤区第四次党代会决策部署，大抓发展、抓大发展、抓高质量发展，聚焦经济建设、协调发展、共同富裕、和谐稳定，在产业体系现代化、城市建设现代化、民生事业现代化、社会治理现代化上实现新突破，奋力谱写金凤区现代化建设新篇章！

经济社会发展预期目标是：地区生产总值同比增长 6.5%左右，固定资产投资同比增长 8%左右，规上工业增加值同比增长 8.5%左右，社会消费品零售总额同比增长 5%以上，一般公共预算收入同比增长 5.5%左右，城镇居民人均可支配收入同比增长 6.5%以上，农村居民人均可支配收入同比增长 7.5%以上。全面完成区市下达的节能减排目标任务。

为实现上述目标，必须做好以下工作：

(一)坚持深学细悟笃行，推动党的二十大精神落地落实

深入学习领会，以新思想引领新实践。坚持以上率下学，以“关键少数”带动“绝大多数”，引导党员干部知其言更知其义、知其然更知其所以然。多形式、分层次、全领域开展学习教育，做到学习对象无遗漏、学习内容全覆盖。坚持准确深入学，重点围绕“七个牢牢把握”，认真学原文读原著、悟原理知原义，真正对党的二十大精神是什么、干什么、怎么干了然于胸，学出坚定信仰、学出绝对忠诚、学出使命担当。以思想的力量激扬奋进的力量，以“赶考”的清醒和坚定答好新时代新征程的“金凤答卷”。

广泛宣传教育，以新状态担当新使命。做好深度宣传，开展全景式、立体化、高频次宣传，做到传统媒体和新媒体齐头并进、线上与线下同频共振。做好集中宣讲，分层分级分类把党的二十大精神讲清楚、讲明白，让人民群众听得懂、能领会、可落实。做好阐述解读，适时举办学习宣传党的二十大精神理论研讨会，组织专家学者开展研究阐释，提出一批有价值的对策建议，增强学习宣传的理论深度、传播广度、实践力度、情感温度。持续掀起宣传党的二十大精神热潮，勠力同心打牢全面建设社会主义现代化美丽新宁夏的“金凤担当”。

坚定不移落实，以新作为走好新征程。积极践行“社会主义是干出来的”伟大号召，以主题教育和“大学习、大讨论、大宣传、大实践”活动为抓手，切实把学习成效转化为谋实事的“真本领”、出实招的“真自觉”、求实效的“真举措”。紧紧围绕争做“四个示范”要求，深入开展调查研究，切实把比较优势、阶段特征、瓶颈制约、战略机遇研究透，找准推进高质量发展的实现路径，明确“时间表”，立下“责任书”，跑出“加速度”，以实干争先展现赶超跨越的“金凤作为”。

(二)聚焦经济建设，在产业体系现代化上实现新突破

紧扣产业升级主线。统筹产业结构战略性优化，全面提升经济整体竞争力。推动三产规模化发展。运用数字赋能手段，推动传统服务业衍生新的服务环节和服务内容。围绕平台经济、创意经济、体验经济，加快信息服务、金融保险、康养文旅等领域发展，提升中心城区服务业层次。全面梳理商业楼宇等可利用空间，规划产业平台打造，探索成立服务业发展联盟，加强小微企业培育，积极引入轻资产、高增值类

产业项目，力争规模以上服务业企业突破100家，平台化打造英力特大厦、银基大厦等经济产值亿元楼、纳税贡献千万元楼10栋以上。推动二产集约化发展。积极对接服务宁东能源基地和银川经开区，协调加大工业低效用地再开发力度，推进闲置厂房“腾笼换鸟”、“专精特新”企业升规扩容，打造六盘山路、通达街片区先进制造业配套示范双极。发挥楼宇聚集优势，推进“工业上楼”，打造区域工业总部集群。供给端、需求端双向发力，促进先进制造业同现代服务业深度融合，加快实现从“卖产品”向“卖服务”转变。

坚持投资消费引领。增强投资对优化供给结构的关键性作用。树牢“项目为王”理念，扩大有效投资，重点抓好90个总投资673亿元基本项目建设，站稳全区投资规模第一梯队。扎实开展“五比”活动，更好满足企业用地、用工、用能需求，推动35个年度计划投资71亿元的新建项目顺利开工，55个年度计划投资120亿元的续建项目全速建设。增强消费对经济发展的基础性作用。优化商业布局，发挥悠阅城新商业引领功能，引导各大商圈错位发展，打造辐射周边、面向西北的重要消费中心。顺应消费场景变化，丰富消费品种门类，挖掘农村消费潜力，畅通城乡双向循环，力争社会消费品零售总额升规扩容。提升消费环境，做强“首店经济”“首发经济”“夜间经济”，激发“金凤老字号”新活力，引进品牌首店40家以上。打造消费热点，探索建设城市免税店，引导区外高端消费回流。撬动社会资本，加快高桥小康村商业街区改造，盘活长城中路片区、银新铁路沿线等闲置资源，打造消费体验中心和文化产业园，激发消费新供给。发展社区经济，依托空间运营公司，市场化引培一批社区企业，打造一刻钟便民商圈，加快实现“一站式”消费便捷到家。

力促园区扩能提效。优化产业和空间布局，融入城市生活和都市服务元素，加快阅海湾中央商务区向产业社区转变，建设全区最优的生产性服务业聚集区。谋划园区东区项目，拓展多元产业发展空间。推行“管委会+企业”管理模式，开展星级楼宇评价和绩效评价，提升楼宇产出效益。强化保险大厦、领航大厦等重点楼宇产业定位，打造一批专业特色楼宇，力争“四上”企业年营业收入达到70亿元以上，园区产值突破400亿元。加快数字产业化、产业数字化，推动5G、大数据等智能交互技术与商务楼宇深度融合，促进实体经济与互联网平台有机嫁接，深化自治区数字经济示范园区建设。盘活中石化大厦、庆华酒店等闲置楼宇，建立招商项目储备库，激发二次招商活力。推进阅锦湾、云上阅海等商住项目建设，完善餐饮、商超、文娱等配套，助推力德新科广场、CBD智慧金融中心等新建商务楼宇成为企业办公优选，打造团结路生活居住带，加快实现产城融合。

推动乡村全面振兴。巩固拓展脱贫攻坚成果。严格落实“四个不摘”要求，加强动态监测和帮扶，及时消除返贫致贫风险。着力解决好移民产业、就业和社会融入三件事，实施品种培优、品质提升、品牌打造和标准化生产提升行动，推动农产品市场化营销、品牌化运营，增强脱贫地区内生发展动力。深入实施乡村建设行动。遵循乡村建设规律，统筹镇域和“多规合一”实用性村庄规划管理，坚决禁止新增乱占耕地建房。实施分布式光伏、农村清洁能源替代项目，提升农村清洁能源使用量。接续推进农村人居环境综合整治，突出示范带动，以点带面、以面带全，让乡村生活更加怡人。全面激发农村发展活力。落实粮食安全责任制，牢牢守住耕地红线。深化农村集体产权制度改革成果，盘活农村闲置土地资源，探索发展壮大农村集体经济新路径。深入开展“万企兴万村”行动，试点数字供销建设，打造良田现代农业产业强镇、丰登城市微度假目的地，争创全国乡村振兴示范县区。

（三）聚焦协调发展，在城市建设现代化上实现新突破

打造文明典范城市。弘扬时代文明风尚。围绕举旗帜、聚民心、育新人、兴文化、展形象的使命任务，着力加强公民道德和家庭家教家风建设，积极培育具有金凤特色的家风文化、民风品牌、乡风形象。拓展新时代文明实践阵地建设，丰富志愿服务活动，实现县级及以上文明村镇占比超75%。繁荣文体事业发展。实施“文化+”行动计划，发挥银川文化园等公共文化空间功能，壮大文体产业市场。创新实施文化惠民工程，拓展悦书房、农家书屋服务功能，推动基本公共文化服务标准化、均等化。加快体育强区建设，完善全民健身公共服务体系，促进群众体育和竞

技体育全面发展。推动文旅深度融合。借力葡萄酒博览会平台，围绕环阅海省级旅游度假区，整合城乡旅游资源，提标升级现有业态，融合集聚新型业态，推陈出新城乡旅游精品线路，营销策划四季游系列主题活动，持续打造金凤文化旅游新亮点，不断提升城市文化软实力。

打造开放包容城市。全面深化改革开放。持续巩固国企改革三年行动成果，实现国有资本收益稳步增长。加快财税金融体制改革，不断增强预算约束力和透明度。释放基层综合执法改革效能，构建简约高效的基层管理机制。加快"六权"改革步伐，赋予水、地、污、林、能等资源要素更大的商品属性、市场属性、金融属性，激活美丽金凤"一池春水"。延展对外开放广度。抢抓先行区建设等重大机遇，谋划打造先行区建设成果展示中心。用好西部数谷算力产业大会和内陆开放型经济试验区平台，加强与区内外兄弟县区一体化协同发展，鼓励企业积极参与"一带一路"商务交流，深化对外人文交流，增强金凤对外知名度和影响力。扎实推进招商引资。对标"六新六特六优"产业，深入研究各领域产业布局和投资导向，加大"四争"力度，高效聚集资金流、信息流、技术流。坚持问题导向，完善招商图谱，瞄准产业链引领者、价值链最前沿，招引头部企业、"链主"企业，引进一个、带来一片，凸显以商招商"磁场效应"。紧跟银川市入选中国投资热点城市步伐，筹办西北招商引资洽谈会、总部经济高峰论坛，坚持以商招商、上门招商、"填空"招商，力争招商引资到位资金100亿元以上。持续优化营商环境。定期发布市场主体准入准营办事指南，扩大"一件事一次办"覆盖面。全面对接全国一体化在线政务服务平台，打破政务信息壁垒，实现数据交互共享、"一网通办"。完善"双随机、一公开"监管和"互联网＋监管"机制，构建"无处不在、无事不扰、无微不至、管服一体"新模式。健全政企沟通服务机制，定期召开民营企业家座谈会，构建亲清新型政商关系，弘扬企业家精神，经济发展积蓄基本力量。

打造全域创新城市。建设高能级创新平台。主动融入银川市创新发展引领市建设，实施科技体制改革三年攻坚行动，加快构建政府引导、企业为主、产学研结合的技术创新体系，加快阅海湾中央商务区科技服务产业集聚区"一基地、一平台、一中心"建设，争创自治区科技企业孵化器2家、众创空间3家，保持R&D经费投入全区领先。发挥阅海湾中央商务区科技服务产业园优势，打造创新企业集聚基地，推动经济发展从"要素驱动"转向"创新驱动"。培育高成长创新主体。实施高新技术企业梯次培育计划，坚持"抓大、扶小、育新"，新培育一批国家高新技术企业和自治区科技型中小企业。支持企业建立创新联合体、飞地研发中心，积极开展新产品、新工艺和关键技术研发，形成创新发展新势能。优化高效能创新生态。建立财政投入稳定增长机制，加强知识产权保护，营造崇尚创新创造的浓厚氛围。强化与西交大苏州研究院等高校、科研院所协同创新攻关，动态凝练一批重点科研项目。落实自治区新时代人才强区战略，健全"周末工程师""候鸟式专家"等人才柔性引进机制，构建人才竞争优势。完善全方位、多层次的人才服务保障体系，用心用情解决好人才"后院""后代""后路"问题，让各类人才在金凤安心、放心、舒心。

打造生态宜居城市。增强城市承载能力。把握规划、建设、管理三大环节，统筹生产、生活、生态三大布局，精心设计打造一批体现高颜值、充满时尚感、洋溢文化味的"城市家具"，塑造城市特色，凸显城市记忆。有序实施城市更新行动，启动海绵城市示范片区建设，加快修补城市功能，综合治理城市内涝，畅通城市内循环，持续增强城市韧性。加快城市更新向好。推进城北片区提速发展，加快环阅海片区综合开发，助推阅海湾中央商务区产城文旅融合。推进城市中部有机复兴，实施庆丰街、新华西路等街区功能提升项目，加速16个33.4万平方米老旧小区改造。推进城南生活品质提升，丰富中央居住区内涵，加快补齐商业、教育、道路等公共配套资源，构建环七子连湖生态型生活圈。提升城市管理水平。坚持人民城市为人民，健全城市管理协同联动机制，全面提升城市精细化管理水平，有效破解停车难、交通拥堵等"城市病"，提升市民的认同感、归属感、获得感。坚决整改中央环保督察反馈问题和群众投诉转办件，确保问题见底清零不反弹。深入打好污染防治攻坚战，统筹实施水资源调配、水环境治理、水生态修复，协同推进降碳、减污、扩绿、增长，努力让天更蓝、水更绿、空气更清新。

（四）聚焦共同富裕，在民生事业现代化上实现新突破

坚定实施就业优先战略。坚持把就业作为最基本的民生，实施更加积极的就业政策，健全就业促进机制，全年实现城镇新增就业、农村劳动力转移就业各6000人以上，城镇调查失业率控制在5.5%以内。健全劳动关系协商协调机制，注重拓展新经济、新业态就业空间，解决好高校毕业生、农民工、退役军人等重点群体就业，加强困难群体就业兜底帮扶，实现零就业家庭动态清零。发挥青年创业协会服务功能，实施创新创业引领行动，提高劳动者素质，让供需更匹配、就业结构更优化。大力弘扬劳模精神、劳动精神、工匠精神，鼓励勤劳创新致富，拓宽先富带后富路径，推动形成橄榄型收入群体结构。

促进教育优质均衡发展。持续加大教育事业投入力度，统筹推进四十一中、十九小、二十一幼等7个教育项目，接续实施老旧校舍维修改造，加快民办园普及普惠进程，打造优质教育资源集聚群，推动教育资源布局与首府核心区定位相匹配。坚持把孩子们的事情办好，落实立德树人根本任务，拓展“互联网+教育”示范区创建成果，深化集团化办学改革，推广课堂教学示范经验，“五育”并举提升育人质量。持续巩固“双减”成效，加强校外培训机构监管，促进中小学生身心健康发展。认真贯彻落实中小学校党组织领导下的校长负责制，深化“县管校聘”改革，加快教育教研成果转换，加强师德师风建设，优化考核评价体系，打造素质优良、结构合理、充满活力的教师队伍。

全面提升健康金凤水平。树立大卫生、大健康理念，推动以治病为中心向以健康为中心转变，全方位全周期守护人民健康。全面提升县域医共体层次水平，加大对基层医疗卫生机构投入，完善分级诊疗体系，促进优质医疗资源扩容下沉和均衡发展，让群众看病多一些便利、少一些负担。启动疾控中心实验楼建设，加强重大疫情防控救治体系和应急能力建设，做好新冠疫情常态化防控，有效遏制重大传染性疾病传播。深入开展健康金凤行动和爱国卫生运动，教育引导群众当好个人健康第一责任人。深入实施积极应对人口老龄化国家战略，示范打造自治区级医养结合能力提升中心。落实三孩生育政策，筹建辖区首家普惠性社区托育机构，深化“老年友好型社区”示范创建，多渠道增加养老服务供给，让儿童快乐成长，老人安享晚年。

持续健全社会保障体系。坚持兜底线、织密网、建机制，稳步提高社会保险统筹层次，扩大各类社会保险覆盖面，健全覆盖全民、统筹城乡、公平统一、安全规范、可持续的多层次社会保障体系，托起群众稳稳的幸福。深入推进社会救助改革创新试点，健全分层分类救助帮扶机制，大力发展社会福利、社会工作和公益慈善事业，加快形成社会救助服务多元供给格局，切实兜牢困难群体民生底线。保障妇女、未成年人、残疾人合法权益，支持社会组织、志愿服务、公益慈善事业协同发展。开展拖欠农民工工资专项治理，严厉打击恶意欠薪，维护农民工合法权益。

（五）聚焦和谐稳定，在社会治理现代化上实现新突破

夯实民主法治基础。坚持法治政府、法治社会一体建设，深入推进科学立法、严格执法、公正司法、全民守法，全面推进各方面工作法治化。持续推进行政复议体制机制改革，提升行政应诉能力，高质量实施“八五”普法。积极发展全过程人民民主，支持和保证人大及其常委会依法行使职权，完善人民政协民主监督和委员联系界别群众制度机制。坚持大团结大联合，加强同民主党派、无党派人士合作共事，完善大统战工作格局，彰显新时代统一战线的强大法宝作用。加快铸牢中华民族共同体意识示范区建设，全面推进民族团结进步事业，促进各民族交往交流交融。坚持党的宗教工作基本方针，深化“五进”宗教活动场所，依法加强宗教事务管理，推进宗教治理体系和治理能力现代化。

筑牢安全稳定防线。深化平安金凤建设。全面落实国家安全责任制，坚定维护国家政权安全、制度安全，守好维护政治安全生命线。结合扫黑除恶、政法队伍教育整顿暴露问题，不断完善政法系统内部制约和流程控制机制。常态化开展禁毒综合治理，打好

反诈人民战争，加强信访积案和矛盾纠纷化解，建设更高水平平安金凤。强化党管武装，加强国防后备力量建设，深化双拥共建，推进军民融合深度发展。全面加强党对保密、外事工作的领导。充分发挥群团组织桥梁纽带作用，促进社会和谐稳定。防范重大风险隐患。深入推进政府债务化解，牢固树立过紧日子思想，建立房地产监测预警机制，严厉打击非法金融活动，坚决守住不发生区域性、系统性金融风险底线，确保社会大局和谐稳定。严格落实安全生产和消防安全责任制，大力推进智慧工地建设，及时预警违规超标事项，提升施工现场安全管理水平。强化食品药品全链条、全周期监管，让人民群众吃得更放心、用药更安心。

优化基层治理体系。激发自治活力。巩固拓展“一核三联五治五化”社区治理模式，做好街道行政区划调整和机制改革“后半篇”文章，配齐配强社区工作力量，努力以社区之治促进城市之变。凝聚共治合力。全面推行“五社联动”，统筹基层党组织和群团组织资源配置，支持社会组织、社会资源深度参与社会治理，发展壮大群防群治力量，建设人人有责、人人尽责、人人享有的社会治理共同体。提升智治能力。全面升级社区数字基础设施，集约建设便民惠民智慧服务圈，提升智慧社区黏性。完善城市大脑数字底座，迭代升级智慧金凤社会治理综合平台，推动更多智慧民生场景应用落地，加快构建“一屏观全城”“一网管全域”“一体联动指挥”的城市运行管理新模式。

三、深化自我革命，坚定不移推进全面从严治党

永葆绝对忠诚政治品格。坚持把党的政治建设摆在首位，始终在政治立场、政治方向、政治原则、政治道路上同以习近平同志为核心的党中央保持高度一致，坚定拥护“两个确立”，坚决做到“两个维护”。建立健全贯彻落实党的二十大精神、习近平总书记视察宁夏重要讲话指示批示精神工作台账，强化过程监督和结果反馈，让“总书记怎么说、我们就怎么做，不仅要做到，而且要做好”成为金凤最鲜明的政治底色。严格执行党章党规，严肃党内政治生活，严明党的政治纪律和政治规矩，切实把对党忠诚体现在贯彻党中央决策部署的行动上，体现在推动金凤经济社会发展的实效上。

淬炼坚如磐石理想信念。坚持不懈用习近平新时代中国特色社会主义思想凝心铸魂，全面落实“第一议题”制度，持续强化党委（党组）理论学习中心组示范带动效应。深入实施党的创新理论思想教育学习计划，着力破除与新时代不相适应的思想观念和思维定式，不断提高运用党的创新理论解决实际问题的能力。巩固壮大主流思想舆论，牢牢掌握意识形态工作主动权。深化拓展党史学习教育成果，深入开展“四史”宣传教育，引导激励各级党员干部坚定理想信念、坚守初心使命。

筑牢坚强有力战斗堡垒。深入贯彻新时代党的组织路线，大力实施基层党组织建设提质增效工程，强力推进农村基层党组织强能增力、城市党建引领基层治理赋能增效等“八项行动”，推动党组织政治功能和组织功能明显提升。聚力“一抓两整”创建行动，不断夯实全面实施乡村振兴的组织基础。突出城市党建引领基层治理，率先在全区试点党员流动管理信息平台，创新激活党建治理一盘棋机制，实现党建和综合治理网格“双网融合”。探索党建赋能企业高质量发展，着力解决机关、国企、非公等领域党建工作突出问题，加强互联网等新业态党建，创设“金凤骑手之家”新平台新载体，不断增强党在新兴领域的号召力凝聚力影响力。

锻造全面过硬干部队伍。落实新时代好干部标准，用好“两榜四机制”，选拔忠诚干净担当的高素质专业化干部，选优配强各级领导班子。深入开展“干部能力提升年”活动，加强斗争精神和斗争能力养成，分期分批组织干部全员轮训，增强领导班子“八大本领”。坚持严管和厚爱结合、激励与约束并重，选好用好各年龄段干部，统筹做好女干部、少数民族干部和党外干部选配工作。优化完善综合考核评价体系，做到能者上、优者奖、庸者下、劣者汰，激励广大党员干部在现代化新征程上建功立业。坚持党管人才原则，加强对人才的政治吸纳和政治引领。

厚植争先创优干事氛围。以永远在路上的坚韧执着，严格执行中央八项规定及其实施细则精神，严格落实自治区“八条禁令”，锲而不舍纠“四风”树新风。走好新时代党的群众路线，扎扎实实解决好群众

最关心、最直接、最现实的利益问题。加大基层减负力度，严防会议过多、留痕过度、考核过频，让基层把更多精力用在干实事上。积极发扬“不到长城非好汉”的革命精神，弘扬“社会主义是干出来的”实干精神，践行“严细深实勤俭廉+快”的工作作风，奋进金凤创业征程，笃行金凤实干作为，担当好党和人民赋予的使命。

涵养风清气正政治生态。坚持不敢腐、不能腐、不想腐一体推进，惩治震慑、制度约束、提高觉悟一体发力，紧盯“关键少数”和重点领域，严肃查处各类腐败案件，加大隐性腐败治理力度，巩固拓展反腐败斗争压倒性胜利。加强对“一把手”和领导班子的监督，开展政治生态分析研判，深化巡视巡察，精准运用“四种形态”，推动党内监督和其他各类监督贯通融合。加强新时代廉洁文化建设，坚持警示教育常态化制度化，推动党员领导干部带头加强家庭家教家风建设，始终做到一心为公、一身正气、一尘不染。

各位代表，同志们！道阻且长，行则将至；行而不辍，未来可期。一切辉煌成就来自接续奋斗，一切伟大事业召唤继往开来。站在新的历史方位上，我们要更加紧密地团结在以习近平同志为核心的党中央周围，高举中国特色社会主义伟大旗帜，弘扬伟大建党精神，牢记殷殷嘱托，同心同德、砥砺前行，为奋力谱写建设经济繁荣、民族团结、环境优美、人民富裕的社会主义现代化美丽新宁夏壮丽篇章而不懈奋斗！

相关词语注解：

1.两个确立：确立习近平同志党中央的核心、全党的核心地位，确立习近平新时代中国特色社会主义思想的指导地位。

2.两个维护：坚决维护习近平总书记党中央的核心、全党的核心地位，坚决维护党中央权威和集中统一领导。

3.五个牢牢把握：牢牢把握过去5年工作和新时代10年伟大变革的重大意义，牢牢把握新时代中国特色社会主义思想的世界观和方法论，牢牢把握以中国式现代化推进中华民族伟大复兴的使命任务，牢牢把握以伟大自我革命引领伟大社会革命的重要要求，牢牢把握团结奋斗的时代要求。

4.争做“四个示范”：争做创新发展的示范、现代服务业发展的示范、品质城市建设的示范、城市治理体系和治理能力现代化的示范。

5.一核多极：以消费经济为主导，金融保险、文化旅游、电子商务、商贸会展等为支撑的“一核多极”现代服务业发展体系。

6.三园一区：阅海湾中央商务区数字经济产业园、科技服务产业园、人力资本产业园、金融和信息服务业集聚区。

7.“六权”改革：用水权、土地权、排污权、山林权、用能权、碳排放权改革。

8.六大商圈：正源街与北京路区域商圈、银川火车站商圈、阅海万家商圈、环阅海湖商圈、森林公园商圈、环七子连湖商圈。

9.R&D经费投入强度：全社会研究与试验发展(R&D)经费支出与地区生产总值之比。

10.一核三联五治五化：以党建为核心引领，以基层组织、物业公司、业主委员会三方联管居民小区为抓手，完善社区共治、自治、法治、德治、智治“五治”并举的治理体系，实现治理主体社会化、治理单元精细化、治理流程规范化、治理模式人性化、治理载体数字化“五化驱动”的治理共同体。

11.五个认同：对伟大祖国的认同、对中华民族的认同、对中华文化的认同、对中国共产党的认同、对中国特色社会主义道路的认同。

12.“五进”宗教活动场所：习近平新时代中国特色社会主义思想和党的二十大精神、中华人民共和国国旗、宪法和法律法规、社会主义核心价值观、中华优秀传统文化进宗教活动场所。

13.四风：形式主义、官僚主义、享乐主义、奢靡之风。

14.四种形态：经常开展批评和自我批评、约谈函询，让“红红脸、出出汗”成为常态；党纪轻处分、组织调整成为违纪处理的大多数；党纪重处分、重大职务调整的成为少数；严重违纪涉嫌违法立案审查的成为极少数。

15.EOD项目：生态环境导向的开发模式简称EOD模式，是一种创新性的项目组织实施方式。

16.“两个专项”整治：违规收送红包和不当收益

及违规借转贷或高额放贷专项整治。

17.“六新六特六优”产业：“六新”产业，即新型材料、清洁能源、装备制造、数字信息、现代化工、轻工纺织；“六特”产业，即葡萄酒、枸杞、牛奶、肉牛、滩羊、冷凉蔬菜；“六优”产业，即文化旅游、现代物流、现代金融、健康养老、电子商务、会展博览。

18.双随机、一公开：在监管过程中随机抽取检查对象，随机选派执法检查人员，抽查情况及查处结果及时向社会公开。

19.五育：德育、智育、体育、美育、劳育。

20.双减：有效减轻义务教育阶段学生过重作业负担和校外培训负担。

21.五社联动：社区与社会组织、社会工作者、社区志愿者、社会慈善资源联动发展。

22.一抓两整：抓乡促村、整乡推进、整县提升。

23.两榜四机制：干部正向激励“红”榜；警示提醒“黄”榜；“摸、听、辨”识别干部机制；“谈、省、改”提醒谈话机制；“提、调、免”能上能下机制；“考、挂、用”跟踪评管理机制。

24.八大本领：学习本领、政治领导本领、改革创新本领、科学发展本领、依法执政本领、群众工作本领、狠抓落实本领、驾驭风险本领。

（金凤区委办公室）

银川市金凤区人民代表大会常务委员会工作报告
——在金凤区第五届人民代表大会第二次会议上

金凤区第五届人大常委会主任　陈邢妍

（2022年12月23日）

一、2022年的主要工作

2022年是党和国家历史上具有里程碑意义的一年，在迈向第二个百年奋斗目标新征程中，我们迎来了党的二十大胜利召开。一年来，金凤区人大常委会在区委的坚强领导和区市人大常委会的有力指导下，坚持以习近平新时代中国特色社会主义思想为指导，认真学习贯彻党的二十大和中央人大工作会议精神，深入贯彻习近平法治思想、习近平总书记关于坚持和完善人民代表大会制度的重要思想、习近平总书记视察宁夏重要讲话指示批示精神，紧扣金凤区第四次党代会决策部署，把发展全过程人民民主作为重要职责和光荣使命，不断提高新时代人大工作水平，为谱写美丽新宁夏的金凤篇章作出了积极贡献。

一年来，共召开常委会会议11次、主任会议26次，开展视察6次、执法检查2次、专项检查4次、专题调研7次，听取和审议“一府一委两院”专项工作报告17项，提出审议意见56条，作出决议、决定29项，全面完成了五届人大一次会议确定的各项目标任务。

（一）坚持党的领导，在政治思想引领中展现新高度

常委会准确把握政治机关定位，将坚持党的全面领导作为最高政治原则，贯穿人大工作的全过程、各方面，确保人大工作始终沿着正确政治方向前进。统一思想凝共识。坚持以习近平新时代中国特色社会主义思想统揽和指导人大工作，高举思想旗帜，坚定理想信念，在学思践悟中坚决拥护“两个确立”，自觉增强“四个意识”、坚定“四个自信”、做到“两个维护”，不断夯实履职尽责的思想政治根基。组织理论学习中心组学习12次、交流研讨30人次，把深学细研党的十九届历次全会和党的二十大精神、习近平法治思想、习近平总书记关于坚持和完善人民代表大会制度的重要思想作为首要政治任务，把认真学习贯彻习近平总书记视察宁夏重要讲话指示批示精神作为必修课题，在融会贯通、真信笃行上下功夫，切实用党的创新理论指导谋划推动人大工作。

旗帜鲜明讲政治。自觉维护区委总揽全局、协调各方的领导核心地位，严格执行请示报告制度，作出重要决定、召开重要会议、组织重要活动及时请示区委，确保人大工作始终在区委领导下进行。发挥常委会党组把方向、管大局、促落实的领导作用，严格落实民主集中制和“三重一大”集体决策制度。召开党组会议23次，研究意识形态、党风廉政、人事任免、机关党建以及常委会重要议题，修订人大常委会党组工作规则、议事规则，保证常委会在党的领导下依法有效履职。

落实决策显担当。坚持区委工作重心在哪里，人大工作就跟进到哪里，力量就汇聚到哪里，作用就发挥到哪里，做到区委有部署、人大见行动。常委会班子成员积极落实项目首席服务官等各项包联制度，定期走访联系、现场办公，参与服务重点项目实施、重点企业运营、保交楼遗留问题化解以及疫情防控和文明城市创建等工作，抓好河湖长和林长制责任落实，尽心尽力为群众解难、为区委分忧。

（二）维护宪法权威，在坚守初心使命中担当新作为

常委会深入贯彻落实习近平法治思想，坚持以宪法为根本活动准则，严格依照宪法行使权力、履行职责，切实捍卫法治权威。

不断增强法治意识。坚持学法用法，建立理论学习中心组学法制度，开展“三查（察）”前集中学法活动，深入学习组织法、选举法、代表法及相关法律法规，不断提高依法履职能力水平。促进遵法崇法，开展“12·4”国家宪法日、宪法宣传周和“黄河流域生态保护主题宣传实践月”普法宣传活动，大力弘扬宪法精神，树立法治权威，引导辖区群众做社会主义法治的忠实崇尚者、自觉遵守者、坚定捍卫者。全力守法护法，认真落实宪法宣誓制度，组织6批次68名新一届政府组成人员和新任命国家机关工作人员参加任前法律考试，进行宪法宣誓，推动新任职领导干部增强宪法意识，自觉运用法治思维和法治方式开展工作。

长效助推民主法治。致力于维护国家法治统一，严格落实备案审查制度，举办规范性文件备案审查学习培训班，对“一府一委两院”规范性文件有件必备、有备必审、有错必纠，审查规范性文件2件、向上级人大报备规范性文件目录23件。致力于参与推动地方立法，发挥长城中路街道自治区级立法联系点作用，积极配合上级人大立法调研，召开银川市城市供热条例立法座谈会，拓宽群众参与立法的广度和深度，促进基层民意在地方立法中得到充分体现。致力于维护社会公平正义，常委会领导认真落实信访接待日安排，协调处理涉法涉诉信访事项，领导班子和常委会机关全年接待、转办来信来访19件次，有力维护了群众合法权益。严格执行人民陪审员制度，自《中华人民共和国人民陪审员法》实施以来，第二次大规模依法任命人民陪审员103名，推动扩大司法民主，提升司法公信力。

严格依法行使权力。依法行使重大事项决定权，通过法定程序将区委决策部署转化为辖区人民的共同意志。作出调整长城中路、北京中路、黄河东路等街道行政区划的决议，为优化街道区划布局、高水平推进市域社会治理现代化打牢基础。任命常委会各街道工作委员会组成人员30人，强化了基层人大工作的组织基础。依法行使人事任免权，完善任免流程，履行法定程序，落实任前审查、投票表决、颁发任命书、供职报告制度，依法任免国家机关工作人员90人次，确保通过法定程序实现党组织人事安排。

（三）行使监督职权，在服务发展大局中彰显新成效

常委会自觉用好宪法法律赋予的监督权，围绕改革发展需要和人民群众期盼，统筹运用听取审议专项工作报告、执法检查、视察调研等监督方式，实行正确监督、有效监督、依法监督。

助推经济发展高质量。把促进经济社会发展作为监督重点，听取和审议国民经济和社会发展计划执行情况报告，建议政府克服疫情影响，紧盯目标任务，科学精准施策，确保经济平稳运行。开展重点项目建设情况视察，建议政府多措并举做好招商安商稳商工作，全力推进项目建设。把推动产业转型升级作为监督重点，开展现代服务业发展情况视察，建议政府加快完善现代服务业政策体系，优化营商环境，以数字技术为引领打造智慧化商圈，促进现代服务业高端发展。把规范预算编制执行作为监督重点，听取和审议本级预算执行情况、财政决算、审计工作报告，审查批准本级预算调整方案，持续深化预算联网监督工作，实现对财政资金使用绩效和政策实施效果的全过程监督。把防范化解风险作为监督重点，以区委文件印发《关于进一步加强人大对政府债务审查监督的实施意见》，调研政府债务管理和企业国有资产监督管理工作，督促政府提高债务风险防控能力，提升重要资产管理水平、充分发挥国有资产效益。增强监督刚性，首次运用专题询问方式，采用政府和社会资本合作（PPP）模式推进老旧小区综合整治改造项目进行监督，批准政府在严控债务风险前提下，量力而行、循序渐进推进项目实施。

助推依法治区高水平。精准推进法律监督，充分发挥执法检查“法律巡视”作用，检查《中华人民共和国乡村振兴促进法》《宁夏回族自治区科学技术普及条例》实施情况，督促法律法规有效贯彻执行。精准推进对监察机关的监督，首次听取监委开展廉政教育工作情况报告，全力支持监察机关依法监察，助力

政治生态风清气正、持续向好，实现了人大监督全覆盖。精准推进司法监督，调研法院速裁审判金凤实践工作情况，支持法院深化民事诉讼制度改革，促进民事案件繁简分流、速裁快审。调研检察院司法救助工作情况，推动国家司法救助制度落实落细落地，以司法力度释放为民温度。

助推民生建设高品质。着眼于推动教育优质均衡发展，视察学前教育普及普惠推进情况，建议政府加强教师队伍建设，优化学前教育规划布局，推动解决学前教育“入园难”问题。着眼于满足人民群众多层次、多样化的健康需求，视察全民健康水平提升行动工作情况，建议政府完善基层医疗服务体系和人才队伍建设，助力补齐医疗领域短板，加快推进健康金凤建设。着眼于让改革发展成果惠及全体人民，视察为民办实事进展情况，聚焦政府承诺十大民生工程，督促政府全力打造优质工程、精品工程和放心工程，让民生实事更贴近民意、更惠及民生。

助推社会治理高效能。聚力民族团结进步创建，开展打造铸牢中华民族共同体意识示范区工作推进情况视察，建议政府提高思想认识，充分发挥示范典型带动作用，营造示范区打造的良好氛围。聚力天蓝地绿水美，开展生态环境状况和生态环境保护工作情况视察，提出树立环保法治理念，提高依法治理能力，强化环保整改工作等建议。聚力传播文明、引领风尚，开展常态化推进文明城市创建工作情况督查，督促抓好问题整改，助力常态化、高质量推进创建工作。

（四）强化履职保障，在发挥代表作用中探索新实践

常委会把发挥代表作用作为发展全过程人民民主、保障人民当家作主的重要内容，健全工作制度，提升服务水平，确保代表依法履职。

抓实服务保障，提升代表履职能力。加强代表履职培训，举办代表履职培训班 3 期，组织初任代表赴六盘山干部学院学习，促进代表政治素养和履职能力双提升。拓宽代表履职渠道，组织代表列席常委会会议，旁听法院庭审，参加常委会“三查（察）”、“检察开放日”等活动 300 余人次，代表履职主体意识明显增强。完善代表履职保障，严格执行人大工作经费标准，把代表活动经费纳入财政预算，拨付代表活动经费、交通通信补贴以及代表联络站建设资金 107 万元，不断提升代表履职保障水平。为每位代表订阅《人民代表报》《中国人大》《宁夏人大》《代表视角》等刊物，有效拓宽了代表知情知政视野。

抓实阵地建设，激发代表履职活力。推进新时代人大代表“家、站”建设提档升级，组织镇（街）人大工作者互观互学互评，开展星级代表联络站创建工作，着力打造密切联系群众、畅达社情民意的重要窗口。通过整合现有资源，规范建设代表之家、代表联络站 49 个，创建星级代表联络站 8 个，“一站一品”初具规模。创新编组模式，打破选区局限，将辖区内四级人大代表混合编为 41 个代表联组，通过驻“站”接待、定期回“家”，累计接待群众 4257 人次，丰富和发展了基层全过程人民民主的内涵。完善制度建设，制定修订代表履职评价办法、履职行为规定、闭会期间活动暂行办法，制作代表履职手册，召开代表述职推进会，不断规范代表履职行为。

抓实建议办理，增强代表履职动力。坚持问题导向，增强议案建议“提”的质量，开展“我为乡村振兴献一策”“人大代表进小区·共话社区微改造”等活动，为代表建言献策创造有利条件。建立代表建议两级双审制，加强建议质量审核把关，确保议案建议的提出、确立有的放矢。坚持目标导向，增强议案建议“办”的质量，开展代表议案建议办理专项检查，常委会领导分工督办议案建议办理情况，督促加大办理力度，推进办理进度。坚持效果导向，增强议案建议“督”的质量，立足让代表满意、让群众受益，组织人大代表实地督办议案建议的办理，并进行满意度测评，促进办理成果全面提质。经过努力，五届人大一次会议提出的 5 件议案全部办结，112 件意见建议办结 83 件，办结率 74%，一批事关经济发展、民生改善、基层治理的热点难点堵点问题得到妥善解决。

抓实作用发挥，汇集代表履职合力。丰富活动形式，坚持一年一主题，开展“市域社会治理·人大代表在行动”主题活动，助力金凤区 2022 年市域社会治理现代化试点工作。结合代表行业和专业特点，在自治区率先组建企业、教育 2 个专业代表小组，代表专业化监督水平全面提升。深化“双联”工作，制定《金凤

区人民代表大会常务委员会组成人员联系人大代表和人大代表联系人民群众的实施意见》,“七进三联”“横向扩面、纵向增点”“联”字工作法等一批经验做法,营造了代表动起来、工作活起来的生动局面。常委会组成人员及人大代表通过“双联”共收集意见建议443条,真正实现了让民情民意民智贯穿履职全过程。深化“互联网+代表履职”平台建设,34名代表收集民情民意19件,全部转交并督促办结,有效解决了人民群众急难愁盼问题。在自治区首次探索开展了街道人大工委听取办事处工作报告,代表现场点评并提出意见建议,延伸贯通了基层民主政治通道。在“9·20”等多轮突发疫情中,300余名各级人大代表全力投身疫情防控大考,坚守在防控最前线、为民服务第一线,以多种方式提供人力物力支持,展现了新时代人大代表的责任担当。

(五)提升自身素质,在“四个机关”建设中迈出新步伐

常委会牢牢把握新时代人大工作新要求,锚定“四个机关”定位目标,内强素质、外树形象,不断提升履职能力和水平,推动人大工作与时俱进。

政治建设全面加强。落实新时代党的建设总要求,坚持以政治建设为统领,推进党的各项建设纵深发展。扎实开展习近平总书记视察宁夏重要讲话指示批示精神“大学习、大讨论、大宣传、大实践”活动,以理论清醒保证政治坚定。认真开展“改进作风提升质效”专项行动,大力弘扬“严细深实勤俭廉+快”的工作作风,持续推进正风肃纪。压紧压实党风廉政建设主体责任,严格履行“一岗双责”,认真执行中央八项规定及其实施细则精神,落实意识形态工作责任制,扎实做好违规收送红包礼金和不当利益及违规借转贷或高额放贷专项整治工作,确保人大工作队伍政治坚定、遵法守纪。

履职水平持续提升。总结吸纳历届常委会经验做法和制度创新成果,制定修订第五届人大常委会议事规则、组成人员守则以及执法检查、视察和调查研究工作规定等工作制度19项,为常委会履职提供制度保障;组建新一届人大常委会专家咨询委员会,正确科学决定重大事项,确保决议决定符合实际。认真开展调查研究,扎实写好理论文章,全年形成高质量调研报告7篇,为区委决策提供理论参考。加强宣传引导,与宣传部门、主流媒体沟通协作,办好内刊《代表视角》,改版升级《听小吉讲人大故事》,深入挖掘、推介人大工作创新亮点、暖心热点,全年被《人民代表报》、《宁夏日报》、《银川晚报》、新华网、人民日报客户端等各级媒体平台刊载稿件70余篇,人大好声音广泛传播。

纵横联动取长补短。落实常委会领导分片联系指导镇(街)制度,加强政策法规、工作程序、制度建设、履行职责等方面指导。在自治区率先建立定期召开镇(街道)人大工作例会制度,开展工作汇报、观摩学习,促进工作质效评比,增强镇(街)人大工作内生动力,基层人大工作提质增效成果显著。推行纵向联动,围绕常委会重要监督议题,各镇(街道)开展执法检查、视察调研,密切工作协同,扩大上下“一盘棋”效应,提升人大工作整体水平。坚持横向联系,接待贺兰县等县区人大考察调研,前往平罗县等县区交流学习,取长补短、互通有无,实现工作理念、方法、机制推陈出新。

各位代表,过去一年,常委会各项工作取得了新进展新突破,为五届人大常委会履职开启了良好开端。成绩的取得,离不开区委坚强领导和区市人大有力指导,离不开全体代表和人大工作者勤奋履职、辛苦付出,离不开“一府一委两院”、政协及各部门、各镇(街道)通力协作、密切配合,离不开金凤区广大人民群众及社会各界积极参与、充分信任。在此,我谨代表金凤区人大常委会向大家致以崇高的敬意和衷心的感谢!

回首过去,成绩来之不易;展望未来,清醒尤为重要。与践行全过程人民民主理念、推动人大工作高质量发展相比,与区委加强和改进人大工作要求相比,与人民群众新时代新期盼相比,常委会工作还有一些差距。主要是:增强监督实效,抓好审议意见办理的力度还不够大;创新代表活动,更好支持保障代表履职的方式还不够多;加强自身建设,推进“四个机关”建设的水平还不够高;等等。我们将高度重视这些问题,破瓶颈、补短板,以更加务实的举措认真改进。

二、2023 年工作任务

各位代表，2023 年人大常委会工作的总体要求是：以习近平新时代中国特色社会主义思想为指导，深入学习贯彻党的二十大和中央人大工作会议精神，认真贯彻落实习近平法治思想、习近平总书记关于坚持和完善人民代表大会制度的重要思想、习近平总书记视察宁夏重要讲话指示批示精神，围绕自治区第十三次党代会和银川市第十五次党代会目标任务，按照自治区党委人大工作会议要求，紧扣区委四届五次全会决策部署，聚焦中心工作，聚情民生关切，依法履职尽责，为实现金凤区全面建设社会主义现代化国家新征程新开局，谱写金凤区现代化建设新篇章贡献人大力量、展现人大担当。

（一）坚持党的领导，把加强政治建设作为第一要务

坚持以习近平新时代中国特色社会主义思想为指导，深入学习贯彻落实党的二十大精神，深刻领悟“两个确立”的决定性意义，增强“四个意识”、坚定“四个自信”、做到“两个维护”，不断夯实信仰之基、把稳思想之舵。把坚持党的领导贯穿人大履职全过程、各方面，坚持请示报告制度，重大决策、重大事项及时请示区委，定期向区委汇报人大工作，把牢人大工作正确政治方向。发挥常委会党组在人大工作中领导核心作用，确保重点任务、重要安排均在党的领导下推进。对标区委决策部署、人民群众美好期盼谋划人大工作，全力以赴落实区委交办各项任务，更好实现党的领导、人民当家作主、依法治国有机统一。

（二）弘扬宪法精神，把树立法治意识作为第一目标

深入贯彻落实习近平法治思想，加强法律知识学习，切实强化法治理念、法治思维。认真履行宪法法律赋予的职责，依法行使重大事项决定权、人事任免权和监督权，确保始终在法治轨道上推进人大工作。调研“八五”普法工作进展情况，助力持续加强普法力度，弘扬社会主义法治精神，推动全社会尊法学法守法用法。认真执行宪法宣誓制度，坚持逢任职必宣誓、任前必考试，加强对人大任命人员的监督，推动国家机关工作人员牢固树立法治意识，严格依照宪法行使权力、履行职责。坚持备案审查制度，完善审查机制，听取备案审查专项报告，切实维护国家法治统一。

（三）增强监督实效，把坚持群众满意作为第一标准

围绕经济社会发展中心任务，突出监督重点，不断改进监督方式，确保法律法规有效实施，确保行政权、监察权、审判权、检察权正确行使。加强常委会审议意见办理情况的跟踪督办，做好监督“后半篇”文章，形成监督—落实—再监督—再落实的闭环监督工作流程。紧扣经济发展大局，加强国民经济和社会发展规划（计划）、预算执行、预算调整、财政决算、审计、国有资产管理及政府债务情况的审查监督，持续推进预算联网监督工作，开展重点项目建设情况视察，推动“稳保促”政策措施落实落细，助推经济高质量发展。紧扣人民群众美好生活期盼，对政府落实“双减”工作、镇（村）公共文化阵地建设、生态环境保护、为民办实事情况进行监督，检查《中华人民共和国未成年人保护法》实施情况，不断增强人民群众获得感、幸福感、安全感。紧扣依法治区实际，对法院打击治理电信诈骗及下游犯罪刑事审判工作和检察院危险驾驶罪案件办理工作进行监督，助推司法为民、公正司法。

（四）坚持人民至上，把发挥代表作用作为第一课题

密切常委会组成人员同代表、代表同人民群众联系，落实述职评议制度，邀请代表列席常委会会议、参加“三查（察）”活动，拓宽代表有序参政渠道。不断完善代表履职服务保障，提升代表履职培训精准化、专业化水平，落实代表活动经费，深化代表履职阵地建设，推进星级代表联络站创建工作，为管好用活“家、站”赋能增效。加强“互联网＋代表履职”平台建设，持续拓展组建专业代表小组，开展“健康金凤·人大代表在行动”主题活动，不断丰富闭会期间代表活动形式，增强活动实效，打造更加立体多元的代表履职新格局。完善代表议案建议提好、办好机制，加大跟踪督办力度，推动实现意见建议办理答复、落实双满意。

（五）提升履职能力，把推进自身建设作为第一责任

落实全面从严治党主体责任，深化党风廉政建设，进一步严明政治纪律和政治规矩。严格执行中央八项规定及其实施细则精神，持之以恒改进工作作风，坚决抵制形式主义、官僚主义，营造风清气正、和谐团结干事氛围。落实意识形态工作责任制，抓实舆论管理和宣传思想工作。强化学习调研，认真学习习近平总书记最新讲话文章、最新指示批示和重要法律法规，带头深入基层调查研究，切实提高常委会服务大局、议决大事的能力水平。加强对镇（街）人大的指导联系，促进各级人大协同联动，推动新时代人大工作高质量发展，努力打造让党中央放心、人民群众满意的政治机关、权力机关、工作机关、代表机关。

各位代表，我们由人民选举产生，受人民监督，只有依法履职、团结奋斗、担当作为，才能不负人民厚望，才能不负时代重任。让我们更加紧密地团结在以习近平同志为核心的党中央周围，以党的二十大精神为指引，踏上向第二个百年奋斗目标进军的新征程，在区委的坚强领导下，深入践行全过程人民民主，奋力开创金凤人大工作新局面，为金凤区谱写建设社会主义现代化美丽新宁夏的壮丽篇章贡献人大力量。

（金凤区人大常委会办公室）

政府工作报告
——在金凤区第五届人民代表大会第二次会议上

金凤区区长　张　涛

（2022 年 12 月 22 日）

一、2022 年工作回顾

2022 年是极不寻常、极不平凡、极具挑战的一年。政府始终坚持以习近平新时代中国特色社会主义思想为指导，深入贯彻落实习近平总书记视察宁夏重要讲话指示批示精神，认真学习领会党的二十大精神，在区市党委、政府和金凤区委的坚强领导下，坚持稳中求进工作总基调，全面落实“疫情要防住、经济要稳住、发展要安全”重要要求，经济社会保持平稳健康发展。这一年，我们共同迎来了党的二十大胜利召开这场瞩目盛会。以习近平同志为核心的党中央胸怀“国之大者”，着眼国之大事，推动党和国家事业取得历史性成就、发生历史性变革，全体金凤人民欢欣鼓舞、倍感振奋。长城花园社区书记赵耐香作为党的二十大代表光荣赴京参会、现场聆听见证。政府坚持把学习宣传贯彻党的二十大精神作为首要政治任务和头等大事，深学笃行、率先垂范，致力于用大会精神武装头脑、指导实践、推动发展。这一年，我们有力应对了多轮新冠疫情反复冲击这一不利局面。坚持常规工作与疫情防控“一键切换”，扁平化指挥体系迅速激活，网格化防控力量火速集结，专业化核酸队伍全速组建，精准化服务保障快速落地，扎实开展“敲门、挖根、追阳、扫尾”四大攻坚清零行动，有效遏制了“4·24”“9·20”“11·20”等突发疫情。广大党员、干部职工、医务工作者、政法干警、村居工作人员、志愿者闻令而动、冲锋在前，辖区群众同舟共济、守望相助，筑起了群防群治、联防联控的严密防线，凝聚了勠力同心、共克时艰的强大正能量。这一年，我们圆满交出了金凤建区 20 周年这份优异答卷。二十年来，特别是党的十八大以来，辖区经济社会快速发展，地区生产总值达到 350 亿元，是建区初期的 14.4 倍，综合实力迈入自治区县域经济第一梯队。基础设施日趋完善，城镇化率从 48.7%提高到 82.8%。城市能级不断提升，常住人口从 11.1 万跃增至 65.5 万。民生事业全面进步，城乡居民人均可支配收入从 6550 元、2750 元增加到 49300 元、17300 元，分别增长 6.5 倍、5.3 倍。今日金凤，已然成为首府银川乃至自治区对外开放的主窗口、产业转型的主阵地、项目建设的主力军，正在以奋进者的昂扬姿态，勇当先行区建设的先锋官、高质量发展的排头兵。

预计全年地区生产总值增长 4%；完成固定资产投资 150 亿元；完成社会消费品零售总额 170 亿元，总量稳居全区前列；一般公共预算收入同比增长 5%，增速居全区前列；城镇居民人均可支配收入同比增长 6%，总额居全区首位；农村居民人均可支配收入同比增长 7.5%。

（一）一年来，城市产业功能不断提升，高质量发展取得了新突破

发展动能更加强劲。全面启动项目突破年活动，101 个总投资 861 亿元的本级重点项目全部开工，31 个自治区“六个一百”重大项目全速建设，3 个市级重点项目投资完成率 105%，投资体量领跑全区。上争资金 19.7 亿元，同比增长 66%；招商引资到位资金 107 亿元，同比增长 6.5%。阅海湾中央商务区“三园一区”建设加速推进，累计注册企业 5224 家，实现主营业务收入 360 亿元，跻身中国商务区综合实力 20 强。“东数西算”长三角飞地产业园在杭州市

创新规划、落地投用，圆满完成首届“西部数谷”算力产业大会协办任务，签约落地数字经济项目5个15.3亿元，阅海湾中央商务区获评首批自治区数字经济示范园区。消费活力更加凸显。成功举办第六届“金凤飞舞·城市乐活会”，首创商圈免费停车活动带动客流日均增加2万人次，累计发放消费券23万张，拉动消费4.8亿元。接续实施“服务业发展六大行动”，引进落地区域首店33家，评选“金凤餐饮老字号”49家，新昌路特色商业街改造一新，阅彩城获评国家级夜间文化和旅游消费集聚区，正源街核心商圈获批自治区现代商贸服务业集聚区，阅海湾休闲旅游度假区晋升自治区级旅游度假区。社区商业蓬勃发展，新改建蔬菜直销店3个，开设便民市场7个，“一刻钟便民生活圈”有力满足市民刚性消费需求。金凤电商标准化平台启动运行，实现网上实物商品零售额3.7亿元，同比增长182.7%。产业特色更加鲜明。成功申报工业示范项目8个，新增规上工业企业4家、“专精特新”企业4家，争取工业技改奖补资金671万元，小牛自动化光伏组件产品市场占有率全球领先，上榜国家级制造业单项冠军。完成粮食种植4.3万亩、瓜菜种植3.5万亩，粮食安全政治责任、“菜篮子”保供属地责任有力夯实。良田镇农贸市场扩规投用，和顺新村成为银川市规模最大的西红柿田间交易中心，植物园村数字农旅小镇完成主题街区改造，利思·田园蜜语农业生态产业园升级完善，“润丰宿集”“良田味集”开门营业，润丰村入选全国乡村旅游重点村，金凤区成功创建自治区现代农业产业园。

（二）一年来，城市人文功能不断放大，高水平开放迈上了新台阶

城市活力有效释放。出台“稳保促金凤20条”，退税减税降费16.3亿元，减免企业房租1961万元，新增市场主体1.6万户。“放管服”改革持续深化，“跨省通办”延伸至22个省88个县区，本级政务服务事项网上可办率达到87%，“商事制度”改革成效获国务院通报表扬。争取科技项目资金3800万元，认定国家级高新技术企业78家，R&D经费投入强度达到2.9%，万人发明专利拥有量15.87件，位居全区前列。建立企业人才储备库，引进高层次人才419名。“六权”改革走深走实，95家企业用水确权圆满落地，3.1万亩土地完成颁证释放增值潜力，4000亩林地信息纳入山林权基础数据库，5笔排污权入市交易，12家企业完成用能摸排，碳排放权改革稳步推进。成立空间资源城市运营管理有限公司，切实保障国有资产经营有方、处置有效。城市品质有力提升。凤凰北街、尹家渠北街全线贯通，团结路“断头”问题彻底消除，金凤五路塔渠街至正源街段提前通车，区医院、宝湖路2座过街天桥建成投用，道路通行能力显著提高。实施北部雨污分流工程，整改内涝隐患点位6处，城市防涝能力持续提升。引入社会资本改造老旧小区19个30万平方米，雪绒巷、祥安巷等3条“最美街巷”提升出行体验，杜水巷、兴旺巷等4条环境样板示范街面貌一新。新建基层文化服务中心3个、“悦书房”4个，新增便民体育设施31套，开展“文化金凤·四季欢歌”系列活动300场，城乡“十分钟健身圈”全覆盖。历时4年编纂出版首部《银川市金凤区志（2001—2018）》。城乡融合有序加快。全力巩固拓展脱贫攻坚成果同乡村振兴有效衔接，高质量完成国家后评估反馈问题整改，争取资金7749万元实施涉农项目43个，兑现到户补贴资金385万元，已脱贫人口、易返贫监测对象和移民群众收入稳步提升。建立农村住房安全动态监测机制，加固抗震农房260户。投资1900万元建造农村公路5条，共享单车首次在农村投放。高标准推进农村人居环境整治，打造示范样板村2个，园子村纳入第六批中国传统村落名录，金凤区入选“深化乡村地名服务·点亮美好家园”首批全国试点。

（三）一年来，城市生态功能不断厚植，高品质生活展现了新形象

环境质量全面改善。125件中央环保督察转办件全部整改，生态环境各项约束性指标好于或达到自治区考核标准，全年空气质量优良天数比例保持在80%以上。严格落实河湖长制，“黑臭水体”动态清零，30条重点河湖水质保持优良，元宝湖垃圾堆场污染风险彻底消除，宝湖路林带、绕城高速、铁路沿线环境状况大为改观。完成造林940亩，建成区新增绿化12万平方米，城市“三绿”指标保持全市首位。生态安全全面保障。严格实行“三线一单”生态环

境分区管控，科学精准划定耕地和永久基本农田控制线，编制“多规合一”实用性村庄规划10个。农业“三减”行动深入开展，受污染耕地安全利用率98%以上，重点建设用地安全利用率100%。实施典农河水生态修复项目，建成投用水质自动监测站2个，全域护水智治体系得到补强。绿色转型全面推进。坚决落实“四水四定”，黄河水农业灌溉年节水50%。工业能效持续提升，规上工业单位增加值能耗降低6.4%。散煤污染治理成效持续巩固，完成清洁取暖能源替代788户。创建垃圾分类示范小区68个，城乡垃圾分类设施全域覆盖。高质量落实黄河流域生态保护主题宣传实践月活动各项任务，低碳生活成为新风尚。

（四）一年来，城市服务功能不断拓宽，高效能治理激发了新活力

基层治理能力显著提升。贺兰山中路街道办事处挂牌运行，5个社区完成规模调整，基层治理单元更加均衡。“一核三联五治五化”治理模式持续拓展，建成邻里中心8个、社会工作服务站7个，新招录网格员100名，通福家园社区入选全国首批社区青春行动优秀试点，锦绣苑社区获评全国先进群众性基层自治组织。村居法律顾问实现全覆盖，西新村获评全国法治示范村。扎实开展物业服务专项整治行动，整改突出问题951个，区属国企兜底管理无物业小区20个，住宅小区物业服务覆盖率达80%。智慧金凤社会治理综合平台三期升级完善，4大系统6个专题上线运行，受理群众诉求4.4万件，办结率99.2%。公共服务能力显著提升。民生支出占比保持在75%以上，10件承诺实事全部办结。新(改、扩)建教育项目18个，新增学位1.1万个，争取教师编制138个，学前教育普及普惠达标县通过自治区验收，学科类培训机构压减率89.7%，部级优课数与教师数占比位居全区第一，“互联网+教育”成果经验在全区交流展示。金凤区医疗健康集团揭牌成立，银川市中医院金凤院区建成投用，自治区首家社区医院落地启用。城镇新增就业6718人，农村劳动力转移就业6836人。启动运行残疾人托养中心，新建社区日间照料中心2个、老饭桌2个，改造升级社区老年大学4所，完成困难老年人、残疾人居家改造197户。发放各类社会救助资金4218万元，疫情蔬菜包、粮油包和防疫包有力兜牢3万余名困难群体基本生活线。专班推进“办证难”遗留问题化解，打通2.5万套房屋办证渠道，完成不动产权登记4274套。风险防范能力显著提升。“平安金凤”建设扎实推进，排查化解矛盾纠纷1770起，成功创建自治区禁毒示范县区，荣获平安宁夏建设示范县区，有力保障了党的二十大、自治区第十三次党代会期间安全稳定。严格执行政府债务监测化解机制，年度化债9.1亿元，预计政府债务风险等级“由红降橙”。工程建设政府采购等重点领域突出问题专项治理取得阶段性成效。安全生产专项整治三年行动圆满收官，摸排整改各类安全隐患2229条。扎实开展食品药品安全区创建，建成悦海新天地食品安全示范街，打造阅彩城食品安全培训基地。退役军人、双拥共建、妇女儿童、民族宗教等各项事业取得新成效。工会、共青团、妇联、红十字会等群团组织桥梁纽带作用有效发挥。

各位代表，一年来，政府旗帜鲜明讲政治，坚决贯彻落实民主集中制，严格执行重大事项请示报告制度，全年召开常务会议20次，提请区委常委会研究“三重一大”事项65项。自觉接受人大、政协监督，办理人大代表议案5项、建议111件，政协提案42件。加强审计监督，建立健全审计查出问题整改长效机制。全面加强督查考核，深入实施全部门预算绩效管理，一般性支出压减10%，“三公”经费缩减5%。认真落实党风廉政建设“一岗双责”，持续纠治“四风”问题，印发公文、召开会议数量进一步减少，切实减轻基层负担。深入推进法治政府建设，法律顾问作用充分发挥，严格规范公正文明执法，依法行政水平显著提升。

各位代表，以上成绩的取得，是以习近平同志为核心的党中央举旗定向、指路领航的结果，是区市党委、政府和区委统揽全局、科学谋划的结果，是历届政府班子团结协作、接续奋斗的结果，是区人大、区政协监督支持、群策群力的结果，是社会各界锐意进取、奋力拼搏的结果。在此，我代表金凤区人民政府，向所有为金凤区发展作出贡献的同志们、朋友们表示衷心的感谢并致以崇高的敬意！

在肯定成绩的同时，我们也清醒看到，经济社会

发展还存在不少困难和挑战：发展不平衡、不充分的问题仍然突出，质量不高、结构不优、后劲不足的短板持续存在，部分年度经济指标未完成预期目标，经济恢复的基础尚不牢固；首府中心区首位度不高，科技创新能力不够，区域竞争力、辐射力和带动力有待加强；城市综合承载力不足，基础设施尚不完善、要素保障不够到位，精细化现代化管理水平仍需提高；群众反映强烈的突出问题不少，看病就医、住房保障、子女上学等方面还有短板；干部队伍专业素养、法治水平、创新精神、落实能力还需进一步提升。对此，我们将采取有力措施，认真改进和解决！

二、2023 年工作安排

2023 年是贯彻党的二十大精神、全面建设社会主义现代化国家的开局之年，是落实自治区第十三次党代会部署、实施“十四五”规划承上启下的关键一年，也是“青春金凤”二次创业、争做“四个示范引领”的奋进之年，做好全年工作意义重大、影响深远。政府工作的总体要求是：坚持以习近平新时代中国特色社会主义思想为指导，全面贯彻落实党的二十大精神，深入学习贯彻习近平总书记视察宁夏重要讲话指示批示精神，弘扬伟大建党精神，坚持稳中求进工作总基调，坚持统筹发展和安全，坚持全面从严治党，完整准确全面贯彻新发展理念，主动服务和融入新发展格局，全面落实自治区第十三次党代会、银川市第十五次党代会、金凤区第四次党代会决策部署和区委四届五次全会“四个聚焦、四个新突破”具体要求，深化“五大战略”，坚定不移推动经济、城市、生态、社会事业和治理安全高质量发展，奋力谱写金凤区现代化建设新篇章！

经济社会发展主要预期目标是：地区生产总值同比增长 6.5%左右，固定资产投资同比增长 8%左右，规上工业增加值同比增长 8.5%左右，社会消费品零售总额同比增长 5%以上，一般公共预算收入同比增长 5.5%左右，城镇居民人均可支配收入同比增长 6.5%以上。农村居民人均可支配收入同比增长 7.5%以上。完成区市下达的节能减排目标任务。重点抓好以下工作：

（一）深化产业振兴战略，坚定不移推动经济高质量发展

产业振兴是高质量发展的必然选择。我们将坚持大抓发展、抓大发展、抓高质量发展，加快推进农业、工业、服务业高水平融合，在项目牵动、产业优化、消费引领、数字赋能、营商环境等方面持续发力，奋力打造区域高质量发展增长极。

实施项目提速行动。树牢“项目为王”理念，打好有效投资翻身仗，为高质量发展蓄势积能。强化建设攻坚。深入实施产业项目三年攻坚行动，扎实开展“五比”活动，重点抓好 90 个总投资 673 亿元基本项目建设，力争全年投资完成率 90%以上，站稳全区投资规模第一梯队。紧盯首季“开门红”，推动 35 个年度计划投资 71 亿元的新建项目顺利开工，55 个年度计划投资 120 亿元的续建项目全速建设，确保进度不掉队、质量不打折。优化要素保障。落实重大项目要素预审，主动跟踪前期进度，确保备案项目即时办、核准项目容缺办、审批项目跟踪办。坚持领导包抓、专班推进，靠前解决水、电、气等施工要件，更好满足企业用地、用工、用能需求。深化投资招引。紧跟银川市入选中国投资热点城市步伐，开展招商项目大回访，举办线上推介会 4 场、“请进来”招商活动 4 场，实现意向企业全覆盖。完善“1+5+N”招商模式，健全城市、园区、农村“五库一图”，坚持以商招商、上门招商、“填空”招商，筹办“走出去”对接会 4 场，引进亿元以上项目 10 个、5 亿元以上项目 2 个，招商引资到位资金 100 亿元以上。

实施产业提质行动。坚持以产兴城、以城促产，找准自治区“六新六特六优”产业、银川市“三新”产业金凤发力点，加快完善现代产业体系。推进服务业向高端方向延伸。以阅海湾中央商务区为核心，高标准完成“三园一区”建设，推动自治区现代服务业集聚区升级扩规，力争“四上”企业年营业收入达到 70 亿元以上，园区产值突破 400 亿元。建设垂直园区，加快绿地中心、CBD 智慧金融中心建设进度，打通中石化大厦、庆华国际酒店第三方回租盘活路径，打造进驻率超 85%楼宇 4 栋、专业特色楼 2 栋、“亿元楼”7 栋，推动重点楼宇年度综合贡献稳步增长。建设总部基地，制定总部经济招引激励政策，举办总部

经济高峰论坛，落地信达资产、宁鲁石化等区域总部10家以上。建设金融中心，争取浦发银行、民生银行进驻办公，做优保险大厦、投资大厦等金融楼宇服务保障，鼓励顺亿资产、建信财险等机构在新产品、新服务方面探索创新，实现金融服务业增加值增长10%以上。推进工业向集约方向拓展。建立完善与经开区定期沟通会商机制，主动向上对接落实各类补贴政策，着力推动重点企业满产稳产，助力工业经济降本增效。加快新旧动能转换，培育工业互联网应用标杆企业3家，新建数字工厂4个。鼓励企业加大技改投入，新增规上工业企业5家、“专精特新”企业4家。支持威力传动加快上市步伐。启动综合建材园基础设施提升改造。推进农业向融合方向迈进。新建良田镇特色农产品配送中心，实施和顺新村番茄产业、金星村萝卜产业精深加工提档升级项目，完善植物园村数字农旅小镇功能配套，争取良田沙地等品牌农产品纳入“宁夏品质中国行”推介目录，持续巩固良田镇全国农业产业强镇向好发展势头。放大“润丰宿集”辐射带动面，启动运营乡村振兴手工坊、乡亲美食街，丰富“两园一河”农事体验基地经营业态，筹办全国美丽乡村休闲行推介活动，升级“城市微度假、新鲜在丰登”城郊休闲旅游线路。

实施消费提档行动。顺应消费升级趋势，持续培育和挖掘新消费增长点，不断提升金凤消费品质和体验。打造消费中心城区。坚持围绕商圈发力，启幕运营悠阅城，加快完善环七子连湖商圈功能，布局特色街区、大型商超、零售网点，带动城南商业板块提能升级。支持“六大商圈”开展“六大场景”应用创新，加快差异化、体验式商圈建设，引进区域首店40家，持续放大“消费在金凤”品牌影响力。因地制宜发展街区经济，新建烟墩巷特色商业街，实施庆丰街商业氛围提升项目，分段推进新华西路庆祥街“T”字慢生活街区改造，创建自治区级特色商业示范街2条，进一步畅通城市商业脉络。打造消费热点城区。常态化组织开展多领域、多层次、多元化促消费活动，办好第七届“金凤飞舞·城市乐活会”，发放消费券不少于300万元，制定每月消费热点走势图、每周网红打卡推荐单、每日特色店铺推送表，举办“汽车生活节”“美食嘉年华”等活动10场，鼓励民俗文化、艺术展演、体育运动进商圈，营造全年热度不降、惠民力度不减浓厚氛围。打造消费便捷城区。划出居民衣食住行舒适半径，新增便民市场3个、社区商业中心5个，新改建社区蔬菜直销店20个，引入社会资本在住宅小区、商业楼宇试点投放智能零售设备，推动“家门口消费”持续升温。放大金凤电商标准化平台集配功能，鼓励新百连超等大型零售企业深耕社区电商，优化“线上购”配送效率，实现“一站式”消费便捷到家。

实施数字提效行动。抢抓全国一体化算力网络宁夏枢纽节点建设机遇，落地新产业、新业态、新模式，构筑数字经济集群。夯实数字基础。加快5G网络规模化部署，新建5G基站200个。完善数字经济“三库一池”，营造开放、健康、安全的数字生态。支持企业“上云用数赋智”，加快培育一批数字化转型标杆企业，实现数字经济增加值增长10%以上。拓展数字规模。深化自治区数字经济示范园区建设，推动工商银行宁夏分行数字档案中心、新能源数字充换电站等签约项目落地。发挥“东数西算”长三角飞地产业园招引优势，支持园区注册、异地办公，引进产业链企业300家。发挥华为、天翼云等入园头部企业吸附效应，落地软件研发、人工智能等数字企业30家。放大数字成效。借力银川市跨境电商综试区、供应链创新与应用示范城市建设契机，鼓励阿里巴巴国际站、谷道数字跨境综合服务平台做大做强。支持智慧城市、智慧农业、智慧交通等数字应用场景建设，加快发展数字创意和数据服务产业，试点启动数字供销，办好“产业数字化·数字产业化”高质量发展论坛。

实施环境提优行动。驰而不息优化营商环境，深化“放管服”改革，在高质量发展软环境上实现硬提升。紧盯“放”的精准性。

深化个体开办便利化改革，简化办理程序13项，减少办理要件60个。定期发布市场主体准入准营办事指南，扩大“一件事一次办”覆盖面。推进“一网通办”与全国一体化政务服务平台完成对接，拓展“跨省通办”合作县区10个以上，实现政务服务事项100%网上办。突出“管”的科学性。深化“双随机、一公开”监管，加强社会信用体系建设，严格执行“守信激励、失信惩戒”监管要求。加大对投诉举报频发、经营存在问题市场主体检查力度，严厉打击扰乱市场秩序行为，营造公平竞争的市场环境。体现“服”的高效性。探索推广高频事项延时服务，着力破解“工作时间没空办、休息时间没处办”难题。深化企业诉求收集办理机制，定期召开民营企业家座谈会，涉企遗留问题应办尽办，减税降费应享尽享，市场主体增速保持全区领先水平。

（二）深化创新驱动战略，坚定不移推动城市高质量发展

教育、科技、人才是全面建设社会主义现代化国家的基础性、战略性支撑。我们将主动融入银川市创新发展引领市建设，坚持创新驱动、人才强区、科教兴区，打造文明典范城市、开放包容城市、全域创新城市、生态宜居城市。

紧盯科技创新核心。下好创新“先手棋”，建设具有区域影响力的科创中心，增强高质量发展内生动力。壮大创新力量。坚持“抓大、扶小、育新”，争取科技项目资金4000万元以上，新培育国家高新技术企业10家以上、自治区科技型中小企业80家以上，保持R&D经费投入强度全区领先。积极对接国家枸杞工程技术研究中心等驻区科研机构，吸引一批科技领军人才、卓越工程师，组建“金凤科创智囊团”。深化农业科技成果转化，与国家级种苗生物工程重点实验室开展“产学研”合作，新建农业科研基地50亩，联合培养乡村振兴人才30人、土专家10人。优化创新平台。鼓励发展技术孵化、融资投资、政务服务一体化创新载体，争创自治区科技企业孵化器2家、众创空间3家，构建开放共享创新生态。加快阅海湾中央商务区科技服务产业集聚区“一基地、一平台、一中心”建设，密切与iBi育成中心、宁夏大学国家大学科技园联系，整合属地创新资源，探索建立创新创业联盟，打造首府协同创新高地。厚植创新环境。优化科技服务管理方式，完善科技项目管理制度，确保本级科研投入增速稳定在10%以上。丰富金凤区知识产权保护中心功能，打通产权交易、质押融资、托管服务通道，加速知识产权“变现”。用好银川市“科创中国”试点城市建设契机，加快科普信息化建设进度，提升公民科学素质。

找准招才引智重心。牢固树立“人才是第一资源”理念，全力做好人才指引、培育、服务工作，为高质量发展提供有力支撑。诚心诚意引才。种好一线招引“梧桐树”，试点设立高校引才工作站5个，落实宁籍学子引凤归巢行动。放大阅海湾中央商务区中国科协海智计划工作基地影响力，加快银川市人力资本产业园商务区分园建设，建立自治区级人才引进、项目合作、决策咨询平台，靶向引进高层次人才500人。倾心竭力育才。坚持“授渔式”培育理念，申报人才小高地项目2个、导师帯带项目5个。落实“人才兴市30条”政策，鼓励高校学子将社会实践、论文课题与金凤实际结合，接续举办青年创新创业博览会，擦亮“引凤创梦”特色人才品牌。真心实意留才。当好人才服务管家，设立人才发展专项资金，积极协调租金减免、融资担保、市场拓展等发展大事，着力解决住房保障、医疗保健、子女就学等关键小事，营造识才爱才、敬才用才良好环境。

坚守教学育人初心。全面贯彻党的教育方针，落实立德树人根本任务，努力办好人民满意教育。让孩子享有更普惠、更优质的教育。围绕“有学上”和“上好学”目标，不遗余力推进学校建设，新（改、扩）建幼儿园2所、小学3所、中学2所，新增学位6930个。升级完善17所学校硬件设施，深化集团化办学和“互联网+教育”示范区建设成果，巩固学前教育普及普惠达标县创建成效，加快优质教育资源向全域延伸，持续缩小城乡、区域教育差距。让老师实现更充分、更全面的发展。加强“三名”工作室建设，开展师德师风、专业素养培训4200人次，培育本级骨干教师180人，争取纳入市级骨干教师培养对象80人。深化“县管校聘”改革，实行教师队伍跨区域、跨学校、跨学段调配，实现师资优化、配置均衡。建立健全义务教育教师与公务员平均工资收入水平联动增长机制，依法保障幼儿园教职工配备和待遇，确保教师队伍稳定。让家长感受更信赖、更公平的环境。推动“双减”常态长效，实施课后服务质量跟踪评价，巩固学科类校外培训机构治理成效。全程公开片区划分、入学报名、转校分班等关键环节信息，提升办学透明度。完善学校、社会、家庭三位一体联动育人机制，构建德智体美劳全面发展教育体系，合力缓解当

下教育焦虑。

保持改革开放恒心。坚持深层次改革与高水平开放互促共进，汇聚高质量发展优势。以改革增动力。深入推进“六权改革”，倒逼水资源节约集约利用，持续活跃农村土地交易市场，加快释放林业经营主体发展潜力，鼓励企业开展排污权出让交易，履行碳排放控制责任，争创自治区用能权改革试点。巩固国企改革成效，组建供销资产运营管理公司、阅海冰雪运动公司，支持海阅资本等平台公司转型发展，优化空间运营公司业态布局，持续提高国有企业经营能力。破立并举推进园区改革，拓宽“管委会 + 公司”10 条改革路径，推动产业突围、平衡运行、良性发展。争取农业农村、社会保障等领域自治区改革试点落地，努力形成一批可复制可推广经验。以开放添活力。积极融入银川都市圈建设，密切与宁东能源基地、兄弟县区合作，促进城市发展相向共生、公共服务合建共享、生态环保联防共治、产业协同优势共筑。主动服务国家战略，全力保障包银高铁施工，加快并入“八纵八横”高铁网。依托宁夏国际会堂、银川国际会展中心等资源，发挥中阿博览会等重大活动主场优势，借力中国（宁夏）国际葡萄酒博览会外宣效应，抓好整区营销、全域推介，拓宽对外合作广度和深度。

塑造品质城市中心。坚持以“绣花功夫”做好微更新微改造微提升，秀出城市高颜值。补城市之缺。启动银兴公路、泾平公路改建，实施天源巷机非分离改造，完成 145 条背街小巷修缮。实施中部雨污管网清淤分流工程，打造海绵城市建设示范区。盘活正源街富贵城等 6.5 万平方米低效用地，实施 16 个 33.4 万平方米老旧小区改造，建成交付 11.6 万平方米福盈瑞锦安置区。积极推进环阅海片区综合开发，引入意向企业启动五里台新村整体开发，加快城南生态型生活圈建设。增城市之美。推进城市公园绿地建设，新建小微公园 3 个，实施尹家渠北街延伸段等道路配套绿化项目 4 个，助力银川市创建国家森林城市。提速商务区产城融合步伐，加快云上阅海等商住项目建设，健全阅海湾省级休闲旅游度假区运营管理机制，完善餐饮娱乐、商务休闲、夜游观光一体化生活服务体系，带动团结路人文景观长廊升级为宜居宜游优质生活带。强城市之治。常态化开展文明城市十大整治行动，做好国家卫生城市、全国文明城市复评准备。启动学校周边交通设施优化提升行动，建立完善快速反应机制和堵点值守管理机制，因地制宜增加停车位 1000 个，畅通城市道路微循环。推广前置式“服务 + 执法”机制，着力解决占道经营、非机动车乱停放等管理难题，实现由突击管理向长效治理转变。

（三）深化生态优先战略，坚定不移推动绿色高质量发展

良好的生态环境是最普惠的民生福祉。我们将深入学习贯彻习近平生态文明思想，聚力保护蓝天、呵护碧水、守护净土，以绿色理念引领发展，以绿色产业助力发展，以绿色低碳护航发展，努力把绿水青山建得更美、把金山银山做得更大。

打好污染防治攻坚战。坚持“四尘同治”，深入开展重污染天气消除、臭氧污染防治行动，加大涉 VOCs 企业、商混企业和秸秆焚烧监管力度，确保全年空气优良天数比例稳定在 84%以上。坚持“五水共治”，严格落实河湖长责任，坚持“人防 + 技防”，运用无人机、无人船等先进设备，常态化开展河湖水域岸线巡查，坚决杜绝违法排污、污染水体行为。坚持“六废联治”，加强土壤污染源头管控，推进固体废弃物、农业面源污染等重点领域治理，确保土壤环境质量稳定达标。

打好生态修复攻坚战。开展中央和各级各类环保督察反馈问题“回头看”，推动整改成效走深走实。统筹山水林田湖草沙系统治理，严守“三线一单”，落实最严格水资源管理制度和国土空间用途管制制度，全面压实耕地保护目标责任。严格落实林长制，科学开展国土绿化行动，完成造林 200 亩。深化区域生态环境协同治理，谋划启动典农河流域 EOD 项目，实施陈家湖、元宝湖、胭川湖水生态修复项目，定期组织开展铁路、高速沿线环境综合整治，加强外来物种入侵治理，持续提升区域环境整治水平和生物多样性保护水平。

打好绿色发展攻坚战。常态化抓好重点区域重点行业重点企业节能挖潜，严格落实“双碳”政策，严把“两高”项目准入关，确保单位工业增加值能耗保

持全市较低水平。强化绿色建筑成果应用,将银川市四十一中建成自治区首个"低碳校园"示范基地。深化"无废城市"建设,全面推行生活垃圾分类制度,在两镇新建垃圾分类回收分拣中心,争创自治区农村生活垃圾分类和资源化利用一级示范县区。积极推进清洁取暖项目,完成能源替代500户。落实全面节约战略,创建绿色机关10个、绿色校园5个、绿色社区15个,健全完善生态环境违法行为举报奖励机制,让人人成为美丽金凤的监督者、建设者、享有者。

(四)深化共同富裕战略,坚定不移推动社会事业高质量发展

民之所向,政之所施。我们将把提高民生供给质量和服务效益作为发力方向,聚焦群众普遍关心关注的就业、医疗、养老、文化等民生领域,坚持尽力而为、量力而行,谋民生之利、解民生之忧、做民生实事。

着力打造乡村振兴样板区。严格按照"四个不摘"要求,健全完善防返贫动态监测机制,常态化开展"四查四补",精准落实"三类人员"帮扶措施,坚决守住不发生规模性返贫底线。保持财政投入力度不减,充分发挥各级衔接资金作用,深化易地搬迁后续扶持,让脱贫基础更加稳固。加快发展富民产业,深入开展"万企兴万村"行动,深化村集体经济组织、种植户利益联结机制,建成高标准农田4000亩,加快实施兴源村现代农业产业园等17个农业产业项目,支持良田镇争创自治区移民致富提升示范镇,让农业质效更加突出。开展城乡风貌整治提升年专项行动,实施丰登镇集镇综合管网改造项目、良田镇保留庄点基础设施提升改造项目,推广金星村、和丰村人居环境整治经验,紧盯城乡接合部、集中安置区、移民老庄点等重点区域,打造城乡风貌样板村4个,让乡村生活更加宜人。全面推进乡村"五大振兴",健全自治、德治、法治相结合的治理体系,争创全国乡村振兴示范县区。

着力打造就业增收领跑区。强化就业优先导向,突出做好高校毕业生、农民工、退役军人等重点群体就业,城镇调查失业率控制在5.5%以内。建立常态化援企稳岗帮扶机制,鼓励商贸服务企业、建筑工地定向吸纳本地劳动力,放大家庭服务孵化产业园、劳务工作站"集中培训、专人引导、定向就业"运行成效,拓宽外出务工和就近就业增收渠道,城镇新增就业6000人以上,农村劳动力转移就业6000人以上。实施创业带动就业行动,发放创业担保贷款1500万元,支持农村转移就业人员、高校毕业生、残疾人等群体积极创业。强化新就业形态劳动者权益保障,加大困难群体精准就业帮扶力度,动态消除零就业家庭,确保农村人均可支配收入增速高于城镇增速,城镇居民人均可支配收入突破5万元。

着力打造健康金凤示范区。深化医药卫生体制改革,放大金凤区医疗健康集团资源集聚效应,持续完善紧密型医联体网格化布局,在自治区率先建成全域分级诊疗体系。启动金凤区疾控中心实验楼建设项目,新建高桥社区卫生服务中心,加快补齐公共卫生短板。推动优质资源"双下沉、两提升",建立完善卫生紧缺人才引进机制,实施丰登社区卫生服务中心医养结合示范项目,良田镇卫生院达到"优质服务基层行"国家推荐标准,区域内就诊率提升至90%。开展医防融合慢性病管理试点建设,建立中医药、妇幼专科联盟,完成农村适龄妇女"两癌"筛查1600人,家庭医生签约率45%以上。深化健康金凤26项专项行动和健康水平提升12大工程,深入开展爱国卫生运动,支持两镇创建国家卫生乡镇。

着力打造社会保障暖心区。筹备成立金凤区慈善总会,设立扶弱助困爱心基金,完善分层分类帮扶体系,全面落实社会救助、优抚安置等各项兜底政策。深入实施全民参保计划,扩大城乡居民养老保险、医疗保险覆盖面,医保参保率稳定在98%以上。健全完善残疾人托养服务体系,接续实施残疾人精准康复项目,做好困难残疾人家庭无障碍改造。打造养老服务示范点8个,完成老旧小区养老基础设施改造2个、适老化改造100户、为300户老人购买居家养老服务,探索建立植物园村"百姓之家"互助式养老试点,创建老年友好型示范社区1个。新建辖区首家普惠性社区托育中心,构建多元化、多样化婴幼儿照护服务体系。加强未成年人关心关爱和权益保护,新建镇(街)"未保工作站"3个,争创全国未成年人保护示范县区。

着力打造文化惠民活跃区。深入实施文明素养

提升七大工程，提高“1+50+N”特色志愿服务项目质效，持续巩固拓展文明城市创建成果。充分挖掘乡风民俗、移民文化，扶持剪纸等非遗文化厚植根基、永续传承。优化公共文化服务，推动优秀文化载体向农村地区下沉，新增基层文化服务中心3个、金凤“悦书房”2个、图书流通点6个，构建全民阅读新矩阵。丰富群众文化生活，举办“送戏下乡”文化惠民演出100场、广场文艺演出200场，办好“丝路银川·魅力金凤”第五届中国·银川黄河合唱节。完善全民健身公共服务体系，实施环阅海骑行步道项目，新建培华路气模体育馆，新增多功能运动场2处，开展广场舞大赛、农民运动会等群众性文体活动300场次以上，创建国家级全民健身示范区。

（五）深化依法治区战略，坚定不移推动治理安全高质量发展

和谐稳定是发展的根本保障。我们将坚持运用法治思维和法治方式化解矛盾、维护稳定、应对风险，持续推进基层治理体系和治理能力现代化建设，全力营造群众安居乐业、社会安定有序的良好局面。多措并举提高治理能力。加快推进街道区划变更，调整社区4个，新增治理网格30个，实现资源配置与管理服务同步优化。深化“一核三联五治五化”基层治理模式，用好党建联席会、民主议事会两大平台，完善“五社联动”服务机制，巩固“民事民提、民事民议、民事民办”基层善治良好局面。推动金凤“悦邻里”从硬件齐全向服务优质迈进，创建“完整社区”2个，探索建立自治区首批社区服务综合体，申报自治区基层治理创新典型案例。开展物业服务水平提升三年行动，持续提升业委会组建率、物业管理覆盖率，培育四星级以上物业服务项目40个。高质量推进国家智能社会治理城市管理实验基地建设，上线运行监测预警、决策分析模块，建立完善城市“数字体征”。

精准防范化解各类风险。认真落实新阶段疫情防控各项举措，做好疫情政策宣传解读，保障群众就医用药需求，最大限度减少疫情对经济社会发展的影响。加强政府债务全过程管理，坚决遏制新增政府隐性债务，全力化解存量债务。扎实推进“缓交楼、烂尾楼、办证难”问题化解，稳妥处置房地产企业履约风险。深入开展养老领域非法集资隐患排查整治，全力守护群众养老钱。严厉打击非法金融活动，坚决守住不发生区域性、系统性金融风险底线。完善舆情监测、研判和回复机制，提升网络舆情风险处置能力。落实最严格耕地保护制度，坚决遏制耕地“非农化”、防止“非粮化”，牢牢守住粮食安全底线。

营造和谐稳定社会环境。深化“八五”普法，纵深推进“平安金凤”建设，常态化开展扫黑除恶斗争，持续提升社会治安水平。深入开展民族团结进步“十进”活动，高标准落实铸牢中华民族共同体意识示范区创建各项任务。健全矛盾纠纷预防调处化解机制，全面推行网办信访工作模式，依法有序合理解决群众信访诉求。加强基层应急救援队伍建设，优化城市消防站布局，开展交通运输、城镇燃气、工程建设等领域专项整治，坚决防范遏制重特大事故发生。深化食品药品安全示范区创建，把好人民群众饮食用药安全每一道关口。充分发挥群团组织桥梁纽带作用，促进社会和谐稳定。

各位代表，新时代赋予新使命，新征程要有新作为。实现2023年经济社会发展目标，需要更加注重加强政府自身建设，进一步提高政府效能。建设忠诚型政府。始终坚持把党的政治建设贯穿政府工作各领域、全过程，严格落实“第一议题”制度，学懂弄通做实习近平新时代中国特色社会主义思想，忠诚拥护“两个确立”，增强“四个意识”、坚定“四个自信”、做到“两个维护”，做到总书记怎么说、我们就怎么做，真正把政治判断力、政治领悟力、政治执行力体现到贯彻落实党的路线方针政策的实际行动上，确保各项决策部署落地生根、开花结果。建设服务型政府。认真践行以人民为中心的发展思想，走好新时代群众路线，始终以群众呼声为第一信号，以群众需要为第一选择，以群众满意为第一标准，持续推进政府职能转变，坚持政策向民生聚焦，服务向民生覆盖，用心用情用力解决群众关心的难点、堵点和痛点问题，真正把群众“盼的事”变成政府“干的事”，不断满足人民对美好生活的向往。建设责任型政府。始终把实干担当贯穿政府工作全过程，大力倡导“严细深实勤俭廉+快”工作作风，坚持领导包抓、现场办公、台账管理、定期调度等机制，全面贯彻落实区市党委、

政府和区委各项决策部署，坚决防止简单化、乱作为，坚决反对不担当、不作为，真正做到事不过夜、雷厉风行，真正把难办的事情办成、把该办的事情办好。建设法治型政府。深入贯彻习近平法治思想，忠实履行宪法和法律赋予的职责，依法接受人大法律监督、工作监督，自觉接受政协民主监督，切实强化审计监督，主动接受司法监督、社会监督，认真办好代表议案建议和政协提案。积极推进政务公开，主动及时回应社会关切。实行政府权责清单制度，严格落实重大行政决策程序，不断提高科学决策、民主决策、依法决策水平。建设廉洁型政府。坚决贯彻全面从严治党各项要求，纵深推进政府系统党风廉政建设和反腐败斗争，筑牢不敢腐、不能腐、不想腐坚实防线。锲而不舍落实中央八项规定及其实施细则精神，驰而不息纠"四风"树新风，让勤政廉政成为每名政府工作人员的思想自觉和行动自觉。坚持政府过紧日子，严控"三公"经费，把宝贵资金用在发展紧要处、民生急需上。

各位代表，时代浪潮奔腾向前，责任使命催人奋进。让我们更加紧密地团结在以习近平同志为核心的党中央周围，在区市党委、政府和区委的坚强领导下，踔厉奋发、笃行不怠，埋头苦干、勇毅前行，努力把党的二十大擘画的宏伟蓝图变成富民强区的生动实践，为奋力谱写经济繁荣、民族团结、环境优美、人民富裕的社会主义现代化美丽新宁夏壮丽篇章而不懈奋斗！

金凤区人民政府
2023 年承诺为民办十件实事

第一件 教育均衡发展工程。新（改、扩）建幼儿园 2 所、小学 3 所、中学 2 所，新增学位 6930 个。免费开展家庭教育讲座 100 场次。

第二件 就业创业富民工程。城镇新增就业 6000 人以上，农村劳动力转移就业 6000 人以上。培育创业实体 300 家。免费开展职业技能培训 500 人、创业能力培训 180 人。就业困难人员灵活就业社保补贴应发尽发。

第三件 城市更新改造工程。改造老旧小区 16 个、33.4 万平方米，建成交付 11.6 万平方米福盈瑞锦安置区。实施中部雨污管网清污分流工程，打造海绵城市建设示范区。新增停车泊位 1000 个。

第四件 安全发展保障工程。加装住宅小区电梯"车阻系统"500 个。在老旧场所、老年福利机构安装烟感报警器 500 个、喷淋系统 20 套。引入打击电信诈骗数字侦察系统 2 套。开展预防未成年人犯罪宣讲 100 场次。完成 16 周岁以上青少年应急救护培训 1500 人。

第五件 便民服务拓展工程。创建"完整社区"2 个，新增便民市场 3 个、社区商业中心 5 个、社区蔬菜直销店 20 个。新改建老年人助餐点 3 个，打造综合养老服务中心 2 个。新增爱心服务流动驿站 3 个，为新就业形态劳动者和户外工作者提供服务。

第六件 扶弱助困暖心工程。免费开展农村户籍适龄妇女"两癌"筛查 1600 人。打造养老服务示范点 8 个，完成社区老年大学改造 3 个、老旧小区养老基础设施改造 2 个、适老化改造 100 户，为 300 户老人购买居家养老服务。为辖区持证残疾人购买意外伤害保险。

第七件 人居环境提升工程。完成 145 条背街小巷修缮工作。新建小微公园 3 个，改造提升紫园三期小广场。实施 4 条道路配套绿化项目，完成造林 200 亩。打造城乡风貌样板村 4 个。

第八件 乡村设施改善工程。实施丰登镇集镇综合管网改造项目、和丰村天然气接入项目、永丰村高效节水项目。实施良田镇清洁取暖项目、保留庄点基础设施一体化提升改造项目。

第九件 文化惠民涵养工程。新增基层文化服务中心 3 个、金凤"悦书房"2 个、图书流通点 6 个。新建社区多功能运动场 2 个，开展广场舞大赛、农民运动会等群众性文体活动 300 场次以上。

第十件 智慧城市升级工程。加快 5G 网络规模化部署，新建 5G 基站 200 个。深化国家智能社会治理城市管理实验基地建设，上线物业企业智慧监管平台，运行监测预警、决策分析模块。启动运行金凤区无人机（无人船）数字化指挥中心。

相关词语解释：

1.自治区“六个一百”重大项目：自治区谋划确定的100个重大传统产业改造提升项目、100个重大新兴产业转型发展项目、100个重大产业扩规提质项目、100个重大服务业提档升级项目、100个“四大提升行动”项目、100个重点项目。

2.阅海湾中央商务区“三园一区”：数字经济产业园、科技服务产业园、人力资本产业园，金融和信息服务业集聚区。

3.服务业发展六大行动：平台经济引领行动、数字企业培育行动、商务区产城融合行动、文旅消费转化行动、创新商业升级行动、商圈布局优化行动。

4.“六权”改革：用水权改革、土地权改革、用能权改革、排污权改革、山林权改革、碳排放权改革。

5.“三绿”指标：绿地率、绿化覆盖率、人均公共绿地面积。

6.三线一单：生态保护红线、环境质量底线、资源利用上线、生态环境准入清单。

7.农业“三减”：减化肥、减农药、减除草剂。

8.四水四定：以水定城、以水定地、以水定人、以水定产。

9.一核三联五治五化：以党建引领为核心，以基层组织、物业公司、业主委员会三方联管居民小区为抓手，完善社区共治、自治、法治、德治、智治“五治”并举的治理体系，实现治理主体社会化、治理单元精细化、治理流程规范化、治理模式人性化、治理载体数字化。

10.4大系统、6个专题：4大系统，即大数据分析系统、应急物资综合保障信息系统、社会视频共享系统、智能考评系统；6个专题，即社会治理、智能监管、社会治安、市场主体、共享单车、数字社区。

11.四个聚焦、四个新突破：聚焦经济建设，在产业体系现代化上实现新突破；聚焦协调发展，在城市建设现代化上实现新突破；聚焦共同富裕，在民生事业现代化上实现新突破；聚焦和谐稳定，在社会治理现代化上实现新突破。

12.“五比”活动：春比开工、夏比进度、秋比成果、冬比储备、全年比增幅。

13.“1+5+N”招商模式：成立1个招商引资工作领导小组，组建现代服务业、数字经济、总部经济、品牌农业、文化旅游五大优势主导产业招商专班，组建N个招商联盟。

14.五库一图：闲置楼宇资源库、存量土地资源库、闲置厂房资源库、闲置临街商铺资源库、在谈项目信息库及各自对应的地理位置图。

15.自治区“六新六特六优”产业：六新，即新型材料、清洁能源、装备制造、数字信息、现代化工、轻工纺织；六特，即葡萄酒、枸杞、牛奶、肉牛、滩羊、冷凉蔬菜；六优，即文化旅游、现代物流、现代金融、健康养老、电子商务、会展博览。

16.银川市“三新”产业：新材料产业、新能源产业、新食品加工产业。

17.四上企业：规模以上工业企业、有资质等级以上的建筑业企业、限额以上批零住餐企业、规模以上服务业。

18.两园一河：润丰利思·田园蜜语农业生态产业园、润丰村农业设施园区、典农河。

19.六大商圈：正源街与北京路区域商圈、银川火车站商圈、阅海万家商圈、环阅海湖商圈、森林公园商圈、环七子连湖商圈。

20.六大场景：智慧商务、智慧设施、智慧服务、智慧营销、智慧环境、智慧管理。

21.数字经济“三库一池”：政策库、项目库、人才库、资金池。

22.科技服务产业集聚区“一基地、一平台、一中心”：科技服务孵化基地、科技要素服务平台、科技要素交易展示中心。

23.“三名”工作室：名教师、名校(园)长、名班主任工作室。

24.文明城市十大整治行动：重点区域环境卫生整治行动、道路交通秩序治理行动、治理不文明行为行动、农村文明乡风建设行动、农贸市场环境综合治理行动、生活垃圾分类行动、校园周边环境治理行动、窗口单位文明服务提升行动、公园绿地河湖整治行动、健康生活方式倡导行动。

25.涉VOCs企业：涉及挥发性有机物排放的企业。

26.四尘同治：煤尘、烟尘、汽尘和扬尘治理。

27.五水共治：饮用水源、黑臭水体、工业废水、城乡污水和农业退水治理。

28.六废联治：建筑垃圾、生活垃圾、危险废物、畜禽粪污、工业固废和电子废弃物治理。

29.四个不摘：摘帽不摘责任、摘帽不摘政策、摘帽不摘帮扶、摘帽不摘监管。

30.三类人员：脱贫不稳定户、边缘易致贫户以及因病因残因灾因意外事故等刚性支出较大或收入大幅缩减导致基本生活出现严重困难户。

31.五个振兴：产业振兴、人才振兴、文化振兴、生态振兴、组织振兴。

32.双下沉、两提升：城市优质医疗资源下沉、医务人员下基层，提升县域内医疗卫生机构服务能力、群众就医满意度。

33.1+50+N：1条主线"文明金凤志愿有你"，50个特定的文明实践志愿服务项目，N个拓展延伸的文明实践志愿项目。

34.完整社区：指居民居住的社区有完善的基本公共服务设施、健全的便民商业服务设施、完备的市政配套基础设施、充足的公共活动空间、全覆盖的物业管理以及健全的社区管理机制。

35.五社联动：以社区为平台、社会工作专业人才为支撑、社会组织为载体、社区志愿服务队伍为依托、社会慈善资源为补充的社区治理联动机制。

（金凤区政府办公室）

中国人民政治协商会议
银川市金凤区第五届委员会常务委员会工作报告
——在金凤区政协五届二次会议上

金凤区政协主席　胡志刚

（2022 年 12月 20 日）

一、2022 年工作总结

2022 年是我们踏上全面建设社会主义现代化国家，向第二个百年奋斗目标进军新征程的开局之年。一年来，在中共金凤区委的坚强领导下，在区人大、政府和社会各界的大力支持下，五届金凤区政协常委会团结带领全体政协委员，坚持以习近平新时代中国特色社会主义思想为指导，深入学习贯彻党的二十大精神，坚决贯彻习近平总书记视察宁夏重要讲话指示批示精神，全面贯彻落实自治区、银川市党委及区党代会各项部署要求，充分发挥专门协商机构作用，紧扣中心服务大局，以大团结大联合画出最大同心圆，以协商民主凝聚强大正能量，以改革创新激发工作新活力，为金凤区经济社会高质量发展贡献了政协智慧和力量。

（一）注重理论武装，强化党的建设，人民政协履职方向更加笃定

常委会牢牢把握人民政协作为政治组织的根本属性，把坚持党的领导作为根本政治原则，深刻领悟“两个确立”的决定性意义，不断增强“四个意识”、坚定“四个自信”、做到“两个维护”，引领带动各党派团体、各族各界人士紧密团结在以习近平同志为核心的党中央周围，以强烈的历史主动精神奋进新征程、建功新时代。

始终不渝坚持党的全面领导。政协党组切实发挥好把方向、管大局、促落实重要作用，始终坚持在区委领导下主动负责、协调一致开展工作。严格执行请示报告制度，重大问题、重要事项和重点工作安排及时向区委汇报，做到一切重要工作在区委领导下开展，一切重要活动围绕区委中心任务进行，一切重要安排上报区委审批后实施。把区委对政协工作的要求全面落实到政协年度工作安排中，转化为责任清单和任务清单，对标对表推进完成了 44 项重点工作。按照党政所需、群众所盼、政协所能，坚持调研、协商、监督一体推进，精心组织实施年度协商计划，开展了形式多样的履职活动。积极参与文明城市和民族团结进步示范区创建、乡村振兴、疫情防控、联系服务重点项目和企业等工作，确保党政中心工作推进到哪里、政协履职就跟进到哪里、政协作用就发挥到哪里。

坚持不懈强化思想理论武装。落实“第一议题”制度，深入学习贯彻习近平新时代中国特色社会主义思想、党的十九届六中全会精神、党的二十大精神、习近平总书记视察宁夏重要讲话指示批示精神、习近平总书记关于加强和改进人民政协工作的重要思想等。坚持好习近平新时代中国特色社会主义思想学习研讨会制度，完善以党组理论学习中心组学习会为引领，常委会会议专题学、主席会议集中学、周五学习会交流学、网络平台线上学、委员读书群和机关党支部常态学、功能型党支部和界别活动灵活学等相配套的学习体系。全年共开展了党组理论学习中心组学习 12 次、专题研讨 6 次，常委会专题辅导 2 次，主席会议集体学习 10 次，其他学习 79 次，

深刻理解党对政协工作的最新要求，准确把握人民政协性质定位，做到学思用贯通、知信行统一，切实增强做好新时代政协工作的政治自觉、思想自觉和行动自觉。

坚定不移加强政协党的建设。认真贯彻落实新时代党的建设总要求，修订了《政协银川市金凤区委员会党组工作有关规定》，制定了《政协金凤区委员会关于网络议政、远程协商的实施意见》和《金凤区政协网络信息发布管理实施办法》等文件，完善了党组成员联系民主党派、中共党员委员联系党外委员机制，加强对重要协商议政活动的领导和意识形态阵地建设、管理，进一步提升了政协党组工作规范化、制度化、科学化水平。加强政协党的组织建设，新成立四个专委会功能型党支部，实现了党的组织对党员委员全覆盖、党的工作对政协委员全覆盖。

（二）注重服务大局，助推高质量发展，专门协商机构作用更加彰显

常委会自觉把政协工作放到金凤区发展大局中思考、谋划和推进，聚焦首府核心区经济社会发展重大问题和群众关切的身边事，深入调查研究，有效协商议政，精准建言献策，以高质量建言助推高质量发展。

围绕经济发展建言资政。紧扣金凤区第四次党代会确定的目标任务，以"实施数字赋能行动促进数字经济发展"和"实施现代服务业提质扩容情况"为切口开展专题调研协商，通过网络议政广泛收集委员意见，提出了持续构建数字经济发展要素支撑体系、推进中小企业数字化转型服务、加快高能级商贸载体运营等33条建议，其中《关于金凤区实施数字赋能行动促进数字经济发展情况的调研报告》被自治区党委办公厅《综合信息》刊载转发。委员发挥专业优势深入调查研究，提交了《打造优势瓜菜品牌，提升我区特色农产品影响力和溢价竞争力》《加强脱贫攻坚产业项目管理，巩固脱贫攻坚成果》等提案，被区委、区政府采纳并落实到今年的各项工作部署之中。发挥三级委员作用，联合4名市政协委员提交了《关于把阅海湾中央商务区打造成为"宁夏数字经济新业态产业先行区"的提案》，助力阅海湾中央商务区成为自治区首批数字经济示范园区。

围绕民生关切献计献策。坚持以人民为中心，言为民所建、策为民所献、利为民所谋，聚焦群众最关心最直接最现实的利益问题，精心选择优化社会救助供给，提升困难群体救助水平，增强金凤文化软实力，开展文化惠民活动，落实教育"双减"政策等议题协商建言，提出了统一城乡集中供养标准，持续放大"金凤悦书房"品牌知名度和影响力，发挥课堂教育主阵地作用、不断提升课堂教学质量等21条意见建议，为民生福祉增加多出实招、多谋良策。积极推动民生类提案办理，委员提交的《关于改造金凤二小供暖管网的提案》《关于实施植物园村卫生室扩建工程的提案》《关于硬化兴源安置区东侧道路的提案》等通过提案交办、重点提案督办等多种形式得到落实，促进了办学条件改善、村级中医阁建设、城乡居民生活基础设施改造等民生问题有效解决，把为群众办实事、办好事落到实处。

围绕社会治理主动作为。立足人民政协作为国家治理体系重要组成部分职能作用，推动政协协商与基层治理有机结合，引导委员当好基层社会治理的参与者和实践者。围绕"以铸牢中华民族共同体意识为主线，提升民族团结进步示范区创建工作水平"开展实地调研和高质量协商座谈，提出了加强社会面氛围营造、提炼总结先进经验、挖掘打造创建典型案例等22条建议，为推进民族团结进步事业提供助力。聚焦农村人居环境整治，组织委员深入良田镇、丰登镇各村系统调研，提出了加大重点区域整治、注重环境整治示范村打造、构建长效管护机制等13条建议，为全面推进生态宜居美丽乡村建设贡献智慧力量。委员提出的提高社区公共服务设施利用效率、加强人民调解员队伍建设、优化业委会成立流程等提案，为提高社会治理社会化、法治化、智能化、专业化水平提供了有力参考。

围绕守正创新联动履职。创新协商方式方法，拓展协商内涵外延，切实把政协履职触角延伸到基层、把履职基础根植在基层。在全区率先实现政协委员

联络小组在各镇（街道）全覆盖，210名委员全部下沉至两镇、六街道，投身凝心聚力、协商民主、基层治理第一线。全年共开展理论宣讲、调研走访、协商座谈等小组活动17次，收集提案线索和社情民意线索60余条。创新打造上海西路街道三级政协委员联络小组，建立推行“123”工作模式，组织三级政协委员以协商议事厅、委员会客室、委员大讲堂为载体，开展“五个一”活动，发挥三级委员联动履职优势，及时把党委、政府的决策部署宣传贯彻下去，把人民群众的意愿诉求反映上来。相关工作经验在全国政协贯彻落实中央政协工作会议精神进展情况“回头看”调研视频会上作交流发言，并确定为自治区政协培训班观摩点，全区政协系统领导班子成员、各专委会负责人等260余人观摩学习。

围绕疫情防控尽显担当。面对“4·24”“9·20”疫情严峻形势，政协党组按照区委部署，迅速动员政协机关和政协委员全力以赴、主动参战。机关全体干部下沉一线协助防疫工作；委员们踊跃参与核酸检测、封控区域值守、物资保障等志愿服务，围绕疫情防控、“六稳”“六保”、公共卫生服务体系建设等方面积极报送社情民意；医药卫生界别委员白衣执甲、逆行出征、夙夜奋战；企业委员慷慨解囊、捐资捐物，慰问一线工作人员；更多委员坚守工作岗位，倾心汇聚抗疫力量，以实际行动诠释为国履职、为民尽责的情怀。

（三）注重双向发力，广泛凝聚共识，共同思想政治基础更加扎实

常委会充分发挥人民政协代表性强、联系面广、包容性大的优势，聚焦聚力中心环节，以协商聚共识，以共识固团结，最大限度团结一切可以团结的力量，调动一切可以调动的积极因素，广泛凝聚人心、汇聚合力。

“五个载体”凝聚共识。把强化思想政治引领同经常性思想政治工作结合起来，促进各党派团体和各族各界人士实现思想上的共同进步。创新打造委员必修课、委员大讲堂、委员微党课、委员“悦读书”、委员“讲故事”五个凝聚共识载体，开设“金凤区政协电子书屋”。110余名委员以线上线下、集中分散相结合的方式，宣讲党的十九届六中全会精神、党的二十大精神，讲授民法典；参加“读书点亮心灵　书香润泽人生”读书分享会，积极撰写读书笔记，录制视频，分享《习近平谈治国理政》第四卷、《之江新语》等书籍阅读体会。结合自身创业、工作经历，讲述中共十八大以来党和国家事业取得的历史性成就、发生的历史性变革，政协成为坚持和加强党对各项工作领导的重要阵地、用党的创新理论团结教育引导各族各界代表人士的重要平台，在共同思想政治基础上化解矛盾和凝聚共识的重要渠道作用有效发挥。

民主团结凝聚共识。准确把握一致性和多样性的关系，在根本问题、重大问题上统一认识，推动形成更广泛的大团结大联合。邀请和组织参加政协的各党派团体和各界人士参与课题调研、协商议事、民主监督等重要活动，在合作共事中凝聚社会各界力量。组织民主党派委员开展黄河流域生态保护和高质量发展先行区建设主题活动，围绕经济社会发展和生态环境保护提出意见建议16条。积极推荐党外委员参与党政部门决策部署协商讨论、监督评议等活动，拓宽了党外委员履职视野和知情明政渠道。政协领导班子成员定期参加统战部门双月座谈会，听取民主党派意见建议。加强同党外知识分子、非公有制经济人士、新的社会阶层人士联系，分批次走访委员，开展谈心谈话，面对面沟通思想，把党的声音传递下去，把群众力量凝聚起来。积极引导少数民族、宗教界委员发挥自身优势，协助党委、政府做好民族宗教工作，促进民族团结、宗教和顺、社会稳定。

联动互动凝聚共识。有效推进委员联系界别群众工作，把凝聚共识工作做在平时、落在实处，增进最大共识度，形成最大向心力。先后开展了教育界别“提升农村家庭教育质量”活动、文体界别“喜迎二十大、奋进新征程”活动、经济界别“我为稳经济促发展建言献策”活动、农林界别“助推乡村振兴”活动等，委员们围绕活动主题共提出90余条意见建议，部分意见建议通过社情民意转化为相关单位工作措施。新打造侯俊涛、杨丽芸委员会客室，就近为社区老年

人、农村群众开展服务，拓宽面向社会主动发声、宣传引导渠道。健全社情民意信息收集、编辑、报送、反馈机制，实现社情民意数量、质量"双提升"，全年共收集社情民意102条，婴幼儿如厕难问题亟须解决等4条建议被自治区政协采用并转交相关厅局办理，9条建议转交12345平台办理，金凤区本级采用53条，社情民意信息工作位列全市第二。

（四）注重强基固本，强化责任担当，政协队伍自身建设更加有力

常委会坚持从严从实要求，加强"两支队伍"建设，着力提升政治素质、涵养家国情怀、磨炼作风本领，切实强化责任担当，肩负起新时代赋予的职责使命。

加强委员履职能力建设。坚持以委员为主体，强化委员责任担当，引导广大委员把事业放在心上，把责任扛在肩上。强化委员政治责任。教育广大委员牢记政治身份、遵守政治规矩，始终在政治立场、政治方向、政治原则、政治道路上同以习近平同志为核心的党中央保持高度一致，毫不动摇坚持中国共产党的领导，坚定不移走中国特色社会主义政治发展道路。提升委员履职本领。按照"懂政协、会协商、善议政，守纪律、讲规矩、重品行"要求，以委员读书活动、界别活动、功能型党支部活动等形式，组织开展学习培训17次，参训委员290余人次，不断增强委员政治把握能力、调查研究能力、联系群众能力、合作共事能力。激发委员履职活力。落实《关于强化政协委员责任担当的实施意见》和《金凤区政协委员履职考核办法》，依托"互联网＋政协"平台，使用信息化签到积分方式，量化考核委员全年参加会议活动、提交提案、反映社情民意等情况。在《华兴时报》刊发宣传报道34篇、"委员风采"15篇，委员履职积极性和主动性不断增强。

加强机关干部队伍建设。落实"从严教育、从严要求、从严管理、从严监督"要求，以建设一支"讲政治、善团结、有朝气、能干事"的机关干部队伍为目标，持续提升政协干部能力素质。强化思想建设。通过重点学习、集中培训、专题讲座、辅导报告等形式，组织机关干部深入学习党的创新理论，深刻领会新时代人民政协的方位使命，准确把握政协工作的主轴主线，进一步提升了做好政协工作的责任感和使命感。强化能力建设。深入开展党的二十大和习近平总书记视察宁夏重要讲话指示批示精神"大学习、大讨论、大宣传、大实践"活动，对标对表查找差距，促进机关工作提质增效。强化作风建设。开展"改进作风提升质效"专项行动、违规收送红包礼金和不当收益及违规借转贷或高额放贷专项整治工作，牢固树立"严细深实勤俭廉＋快"的工作作风。组织全体党员干部前往宁东党性教育基地、贺兰警示教育基地等参观学习，开展革命传统教育和廉政警示教育，带动干部队伍政治素养、能力水平、工作作风全面提升。

各位委员，这一年取得的成绩，是中共金凤区委正确领导的结果，是人大、政府大力支持的结果，是各民主党派、工商联、有关人民团体等政协参加单位、全体政协委员和各族各界人士团结奋斗的结果。在此，我代表政协金凤区第五届委员会常务委员会，向关心和支持人民政协事业的各位领导、同志们、朋友们致以崇高的敬意和衷心的感谢！

在肯定成绩的同时，我们也清醒地看到，与新时代人民政协工作的要求相比，与区委和群众的期望相比，政协工作还有一些差距和不足。比如，建言资政针对性、前瞻性还不够强，协商成果转化还不够到位，委员履职成效还需进一步提升等等。我们真诚希望各位委员和同志们提出意见和建议，常委会将高度重视，认真研究，积极实践，切实加以改进。

二、2023年工作安排

2023年是开启全面建成社会主义现代化强国、实现第二个百年奋斗目标，以中国式现代化全面推进中华民族伟大复兴的第一年，也是金凤区开创高质量发展新局面的重要一年。政协工作的总体要求是：坚持以习近平新时代中国特色社会主义思想为指导，以深入学习贯彻党的二十大精神为主线，把坚持和发展中国特色社会主义作为巩固共同思想政治基础主轴，把加强思想政治引领、广泛凝聚共识作为中心环节，大力弘扬伟大建党精神，认真贯彻落实习

近平总书记视察宁夏重要讲话指示批示精神，全面落实自治区第十三次党代会、银川市第十五次党代会和金凤区第四次党代会以及四届五次全委会决策部署，充分发挥专门协商机构作用，坚持党的领导、统一战线、协商民主有机结合，进一步加强制度化、规范化、程序化等功能建设，提高深度协商互动、意见充分表达、广泛凝聚共识水平，为谱写金凤区现代化建设新篇章贡献政协智慧和力量。

（一）坚持以新思想为引领，自觉维护核心

政协机关和广大委员要把学习宣传贯彻党的二十大精神作为当前和今后一个时期的首要政治任务，结合实际融会贯通，广泛宣传凝聚共识，努力营造浓厚学习氛围。要突出重点关键。落实“七个牢牢把握”重要要求，以党组理论学习中心组学习、主席会议、常委会会议、专题辅导报告、委员读书等形式开展学习，深刻理解、准确把握党的二十大报告核心要义和精神实质，做到牢记嘱托学、原原本本学、融会贯通学，学出坚定信仰，学出绝对忠诚，学出使命担当，切实把思想和行动统一到党的二十大精神上来。要强化党的领导。引导广大委员和各界群众坚定拥护“两个确立”、坚决做到“两个维护”，更加紧密地团结在以习近平同志为核心的党中央周围，落实好中央和各级党委决策部署。要做到学以致用。对标党的二十大对人民政协工作新部署新要求，践行全过程人民民主，着力提升建言质量，不断突出履职成果，切实把党的二十大精神转化为工作思路、具体行动，形成更多生动实践，开创政协事业新局面。

（二）坚持以高质量为目标，倾力服务中心

认真学习贯彻区委四届五次全会精神，围绕区委、区政府中心工作更加积极主动履行职能。落实年度协商计划。聚焦高质量发展和民生热点问题，围绕“发展壮大特色产业，促进乡村全面振兴”“强化学前教育普惠发展，办好人民满意的教育”议题，开好专题议政性常委会议；就“培育发展商贸服务类中小企业，促进消费市场提质扩容”“加强基层医疗卫生服务体系建设，提升人民群众健康水平”“加强物业管理工作，提升物业服务水平”等议题开展专题协商；围绕“加快科技服务载体建设，发挥科技创新引领作用”“加快国家智能城市试验基地建设，推进社会治理现代化”等议题开展民主监督。灵活开展界别协商、对口协商。选取“以铸牢中华民族共同体意识为主线，提升民族团结进步示范区创建水平”“做优做强‘金凤悦书房’公共文化服务品牌”等议题进行调研视察。探索提案“清单式”管理，严格提案立案标准，增加集体提案比重，完善提案办理评价机制，增强提案工作实效。拓展社情民意信息收集网络，动员委员察民情、知民意、问民需，反映群众诉求，推动问题解决。

（三）坚持以聚合力为根本，共筑政治圆心

充分发挥重要阵地、重要平台、重要渠道作用，努力寻求最大公约数，画出最大同心圆。完善和推进委员学习培训“五个载体”，打造政协有效开展思想政治引领、广泛凝聚共识的新名片。建立健全政协党组成员和党员委员联系党外委员、主席会议成员走访看望委员、专门委员会联系界别委员等制度，不断增强凝聚力和向心力。健全政协委员联系党外知识分子、非公有制经济人士、新的社会阶层人士、少数民族人士、宗教界人士等机制，畅通诉求表达渠道，把更多的人团结在党的周围。将凝聚共识贯穿履职全过程各方面，推动实现反映意见建议和解疑释惑良性互动、民主氛围和协商效果有机统一。完善委员联系界别群众制度机制，推进界别工作室、委员会客室建设，引导委员按界别联系社会组织，协助党委和政府做好协调关系、理顺情绪、化解矛盾的工作。推进政协联络小组建设，鼓励委员就近就地开展群众工作，积极参与基层民主的实践探索，打通联系服务群众“最后一公里”。

（四）坚持以善担当为己任，始终不忘初心

着力推进专门协商机构建设。精心培育协商文化，积极搭建协商平台，优化协商环节，扩大委员参与协商覆盖面，促进协商成果多元转化、延展深化。着力加强委员队伍建设。加大委员培训力度，广泛运用各类教育资源，引导委员把握政协工作规律、增强协商能力，更好发挥委员在政协工作中的主体作用、本职工作中的带头作用、界别群众中的代表作用。健全委员管理、联络、考核和激励机制，强化委员履职成果运用，引导广大委员踊跃投身履职实践，交好委员作业，做好时代答卷。着力加强政协机关建设。持续巩固“让党中央放心、让人民群众满意模范机关”创建成效，不断强化机关服务保障能力；以“干部能力提升年”活动为抓手，提升机关干部政治能力和专业能力；加强党风廉政建设责任制落实，锲而不舍落实中央八项规定及其实施细则精神，严格执行自治区“八条禁令”，持续改进工作作风，在机关营造想干、能干、会干、干成事的良好氛围，推动机关干部勤于学习、勇于实践、敢于创新，为政协履职工作提供坚强保障。

各位委员，蓝图已经绘就，奋进正当其时。让我们更加紧密地团结在以习近平同志为核心的党中央周围，高举中国特色社会主义伟大旗帜，全面贯彻习近平新时代中国特色社会主义思想，弘扬伟大建党精神，在中共金凤区委领导下，高扬理想信念的旗帜，凝聚众志成城的力量，保持勇毅笃行的坚定，为奋力谱写建设经济繁荣、民族团结、环境优美、人民富裕的社会主义现代化美丽新宁夏壮丽篇章作出新的更大贡献！

（金凤区政协办公室）

银川市金凤区人民法院工作报告

——在金凤区第五届人民代表大会第二次会议上

金凤区人民法院院长　黑晓虎

（2022 年 12月 23 日）

一、2022 年工作回顾

2022 年，在金凤区委的坚强领导和金凤区人大及其常委会的有力监督下，在金凤区政府、金凤区政协和社会各界的关心支持下，在上级法院的大力指导下，金凤区法院坚持以习近平新时代中国特色社会主义思想为指导，深入学习贯彻党的二十大精神，全面践行习近平法治思想，坚决贯彻习近平总书记视察宁夏重要讲话指示批示精神，坚决落实区市党委、金凤区委和上级法院党组工作部署，紧紧围绕“努力让人民群众在每一个司法案件中感受到公平正义”目标，以“强主责、护稳定、迎二十大”为年度工作主题，忠实履行宪法法律赋予的职责，现代化核心强院建设迈出坚定步伐，为金凤区建设“四个示范”高品质首府核心区提供了有力司法服务和保障。截至 11 月 30 日，共受理各类案件 34372 件，同比上升 17.88%；审执结 29225 件，同比上升 27.59%；结案率 85.03%，同比上升 6.47 个百分点，呈现受案数、结案数、结案率“三升”态势。收结案体量位列宁夏法院第二，法官人均、收结案数分别达到 625 件和 531 件，分别是宁夏法官平均数的 2.72 倍和 2.31 倍，连续七年位居宁夏法院之首。

（一）坚持政治建院，凝心铸魂举旗定向更加自觉

坚持党的绝对领导。突出政治建设的根本性地位，深入开展“两个确立”主题教育、党的二十大和习近平总书记视察宁夏重要讲话指示批示精神“大学习、大讨论、大宣传、大实践”活动，持续掀起党的二十大精神学习热潮，全面贯彻区市和金凤区党代会精神，召开党组会、党组理论学习中心组学习会 34 次，组织参与政治建设专题轮训班 9 批 92 人次，深刻领悟“两个确立”的决定性意义，增强“四个意识”、坚定“四个自信”、做到“两个维护”。认真落实《中国共产党政法工作条例》《中国共产党重大事项请示报告条例》，先后 26 次向区委、上级法院党组请示报告重大工作、重大案件、重大事项，所有“三重一大”事项均由党组集体研究决定。严格落实意识形态工作责任制，全面贯彻“三同步”理念，未产生影响法院工作大局的舆情。

坚定维护大局稳定。坚决扛起党的二十大维稳安保政治责任，构建党组书记亲自抓、各部门和全体干警共同抓的维稳安保责任体系。扎实开展矛盾纠纷排查化解，制定“一案一事一策”稳控方案，妥善化解各类信访案件 79 件，确保审判安全、机关安全、舆情安全。坚决落实党委、政府及上级法院疫情防控工作要求，共调度 10 批 3000 余人次下沉高风险封控区，开展巡查防控、核酸检测、秩序维护、闭环转运等工作，累计服务时长超过 30000 小时。坚持善意文明司法理念，调解处理民事纠纷 5030 件，最大限度减少社会不安定因素，努力营造暖人心、聚民心、强信心的良好氛围。

服务优化营商环境。践行“法治是最好的营商环境”理念，以强化执行合同和保护中小投资者为重点，共审结涉企案件 10945 件，受理涉企执行案件 2650 件，执结 2043 件，实际执行到位金额 3.38 亿元。强化涉企纠纷多元调处，建立金凤区工商联、银行业协会、保险行业协会诉调对接工作机制，调处纠纷 1396 件，调解成功 319 件。深入企业调研、座谈、

讲座等11场次，充分听取企业代表优化法治化营商环境的意见建议。院（庭）长组成专班，全力参与营商环境测评。

（二）坚决履职尽责，聚焦中心服务大局更加有力

依法惩治刑事犯罪，共建"平安金凤"。受理刑事案件515件590人，同比下降7.54%；审结468件533人，同比上升0.65%；结案率90.87%，同比提高7.39个百分点。坚持标准不降、专班不撤、力度不减，常态化开展扫黑除恶斗争。全力推进打击整治养老诈骗专项行动，依法审结涉养老诈骗案件3件8人，追赃挽损596.20万元。依法严惩抢劫、强奸、故意伤害等严重影响群众安全感的犯罪108件125人，筑牢公众安全防线。依法审结危险驾驶、交通肇事犯罪案件230件，维护群众出行安全。继续推进反诈人民战争，依法审结电信网络诈骗犯罪案件12件27人，涉案金额2400余万元。坚持宽严相济刑事政策，对被告人具有法定、酌定从宽情节或认罪认罚的依法从宽处罚，判处三年以下有期徒刑、拘役451人，其中宣告缓刑236人。

妥善审理民事纠纷，共促"和谐金凤"。受理民事案件21741件，审结18392件，同比分别上升18.92%和33.99%；结案率84.59%，同比提高9.51个百分点。审结建设工程、商品房买卖、房屋租赁等涉房地产合同案件3050件，促进房地产市场健康发展。审结金融借款、民间借贷等案件3691件，着力防范化解金融风险。审结交通事故、医疗事故等侵权责任案件687件，依法保障受损方合法权益。审结家事案件1046件，维护家庭和睦、社会和谐。审结涉农案件31件，促进乡村文明邻里和谐。审结劳动争议、劳务合同等案件1630件，为劳动者追回劳动报酬2532万元，促进和谐稳定用工关系。办理司法确认案件475件，赋予诉前调解协议强制执行力，减轻双方当事人讼累。

全力攻坚执行难题，共创"信用金凤"。受理执行案件12000件，执结10257件，同比分别上升17.31%和18.77%；结案率85.47%，同比提高1.04个百分点；实际执行到位金额29.40亿元，同比上升36.50%，执行"3+1"核心指标走在全区前列。坚决打击规避抗拒执行行为，纳入失信被执行人名单6160人，限制高消费8005人，拘传拘留478人次，移送涉嫌拒不执行判决、裁定罪二案二人。开展常态化集中执行活动15次，执结涉民生、涉金融等案件105件，执行到位金额1072.32万元。支持行政机关依法履职，审查行政非诉执行案件61件，促成主动履行12件，准予执行36件，执结非诉执行案件50件，执行到位金额4177万元。开展"春耕行动"等执行直播活动2场次，编发案例信息35篇，努力营造支持法院执行的良好氛围。

（三）坚守初心使命，司法为民公正司法更加贴心

以利民为方向，深化诉源治理。坚持把非诉讼纠纷解决机制挺在前面，新建涉金融案件调解组织、高校法律援助调解组织，诉讼服务中心集成物业、家事、工会等12个专业调解室，注册调解组织25个，注册调解员237名，同比增加50%。今年1月至11月，诉前委派案件14809件，调解成功8367件，诉前调解成功案件数稳居宁夏法院前列。积极开展调解平台进乡村、进社区、进网格工作，西湖法庭、良田法庭大力推进"无讼村居"创建，诉源治理走深走实。

以便民为导向，优化诉讼服务。构建"1+2"诉讼服务格局，在集中立案的基础上，增设西湖法庭和良田法庭两个立案服务点，开展"家门口式"的诉讼立案服务，法庭立案2247件，切实将方便送到群众身边。依托人民法院在线服务平台，深化"互联网+诉讼服务"，网上立案8087件，居宁夏法院前列。推进司法援助常态化，免费为群众提供法律咨询和援助8000余次，为确有困难的当事人减缓免诉讼费12.3万元，为符合条件的困难当事人发放司法救助金18万元。

以亲民为指向，强化法治宣传。深入开展法官进校园、进企业、进乡村等"八五"普法活动，开展法律宣传95场次。举办法院开放日3次，组织庭审观摩11次。推行线上线下全方位普法宣传，上网法律文书2080份，直播庭审2178场，编发以案释法信息476条，拍摄微电影1部、短视频14条。微信公众号阅读量超过20万次，澎湃问政阅读量超过400万次，新浪微博点击量超过50万次，新华网、人民网、《法治日报》、《人民法院报》等国家级媒体报道12

次，《宁夏日报》《宁夏法治报》等区内媒体报道293次，取得了良好的政治效果、法律效果和社会效果。

（四）坚定深化改革，系统集成协同高效更加完善

审执机制再优化。巩固繁简分流改革成果，以调整民事法官资源为抓手，以壮大速裁团队为关键，以20%的法官办理50%的简易案件，以专业团队办理疑难复杂案件，简易程序适用率73.46%，调撤率50.05%，服判息诉率89.78%，有效推进民事审判新升级。率先向宁夏法院执行工作先进单位——隆德法院发起覆盖全流程、全环节、全业务的挑战活动，以最彻底的繁简分流工作，持续深化执行团队改革，创立“执行指挥中心＋速执团队＋普执团队”新型工作机制，实现了事务性工作集中办理，小标的案件“简案快执”，大标的案件“繁案精执”，推动执行工作高质量发展。

智慧法院再深化。全面推广“云端”庭审新模式，线上开庭2178次，为办案增加“云速度”。组建诉讼事务管理中心，建立以电子送达为主，邮寄送达、直接送达为辅的集约送达体系，电子送达30902次，助力审判执行提速增效。引入卷宗流转管理系统，诉讼执行“一码到底”，卷宗流转全程可控。配备语音录入专用设备，助力法官撰写裁判文书。升级“易判智慧执行系统”，实现财产全天查控，个案查控耗时由20分钟缩短至3分钟。强化法庭智能安全管理，率先在宁夏法院为派出法庭安装“一键式视频联动报警系统”。

基层基础再提升。准确把握案件增长态势，推进西湖法庭法官倍增计划，受理案件1498件，结案1253件，同比分别提高98.15%和137.76%，为辖区20万群众和两大商圈提供便捷司法服务。启用良田法庭，与镇政府、派出所、“八村一社区”及律师事务所签订协议，主动融入共建共治共享的治理体系，提高乡村善治水平。良田法庭助推良田镇社会治理与移风易俗改革，被《人民日报》客户端等媒体报道。两个法庭充分利用贴近基层、贴近群众、贴近实际的优势，开创网格化微信群精准普法，覆盖辖区群众10余万人。

（五）坚持队伍管理，自我革命规范从严更加担当

规范管理纲举目张。坚持抓党建带队建促审判，规范开展“三会一课”“主题党日”“评星定级”等组织活动，激发党员干警创业激情。充分发挥院庭长带头示范作用，院、庭长收结案分别达13418件和11828件，占全院收结案的39.04%和40.47%。健全法官、助理、书记员权力与责任清单，召开审判委员会会议22次、专业法官会议97次，推行类案检索制度，持续开展重点案件评查工作，着力统一裁判尺度，案件质量明显提升。

改进作风正本清源。扎实开展改进作风提升质效、司法作风突出问题、“两个违规”等专项整治活动，组织警示教育讲座、观看警示教育片等3场。常态化清除顽瘴痼疾，共核查问题线索14条，全部查否；自查干警问题5个，给予党纪政务处分2人，诫勉1人，提醒谈话2人，批评教育1人。强化党风廉政建设主体责任和监督责任，严格落实“三个规定”填报、个人事项报告、任职回避等制度，发布纪检监察通报11期，干警作风持续向好。

提升能力固本强基。完善干部培养机制，推荐选拔任用院庭领导13人次，遴选法官8人，任用执行员4人。强化干警业务培训，参加国家法官学院、政法院校、上级法院培训17批58人次，组织新进干警和司法辅助人员岗位技能培训5批246人次。深化院校合作，与宁夏大学法学院共建宁夏法院首家“研究生联合培养示范基地”和“基层治理研究基地”，与北方民族大学共建“铸牢中华民族共同体意识研究基地”。提升干警研学能力，执行专题调研报告被自治区高级人民法院领导批转全区法院学习，8篇调研成果在《宁夏法学》《宁夏审判》《银川审判》等刊物发表，干警能力不断增强。

（六）坚固外部支撑，自觉接受各方监督更加有效

自觉接受金凤区人大及其常委会监督，坚决落实五届人大一次会议决议，向人大常委会专题报告速裁审判工作；全力支持各级人大开展专题调研3次，接待人大代表32人次，邀请代表旁听庭审、见证执行45人次；及时办理各级人大督办、转办事项5件，均于期限内办结回复。主动接受政协民主监督，配合各级政协委员调研观摩法院、旁听庭审等6批25人。全力支持纪检监察外部监督，派驻纪检监察组办结举报线索18条。依法接受检察机关法律监

督，邀请检察长列席本院审委会 14 次。广泛接受社会监督，办理群众问政 35 件。

各位代表，习近平总书记强调："第一步要迈准迈稳，迈出新气象，迈出新成效。"2022 年金凤区法院现代化核心强院建设迈出了坚实的第一步，政治部获评全国法院"人民法院政治工作先进集体"，良田人民法庭入选全国法院新时代人民法庭建设典型案例，民事审判第一庭被评为全区法院先进集体，1 名干警被评为自治区三八红旗手，6 名干警被评为全区、全市法院优秀法官、办案标兵、先进个人，4 名干警荣立三等功。成绩的取得，离不开区委的坚强领导、人大的有力监督，离不开政府、政协及社会各界的关心支持。在此，我代表金凤区人民法院向各位代表、各位委员及所有关心法院工作的领导和社会各界人士表示衷心的感谢，并致以崇高的敬意！

我们清醒地认识到，法院工作还存在一些问题和困难：一是对照高品质核心区对司法工作的新需求，司法服务的前瞻性、精准性、实效性还需提高；二是案件数量持续高位增长，人案矛盾尖锐，司法供给力还需增强；三是对标人民群众司法新期待，个别干警办案能力和司法作风还有差距。对此，我们将直面问题，采取有力措施，切实加以解决。

二、2023 年主要工作

2023 年，金凤区人民法院将坚持以习近平新时代中国特色社会主义思想为指导，深入学习宣传贯彻党的二十大精神，大力弘扬伟大建党精神，深学笃行习近平法治思想，认真贯彻落实习近平总书记视察宁夏重要讲话指示批示精神，聚焦自治区第十三次党代会、银川市第十五次党代会、金凤区第四次党代会发展蓝图，全面落实区委五次全会工作部署，紧紧围绕"努力让人民群众在每一个司法案件中感受到公平正义"目标，坚持服务大局、司法为民、公正司法，深化"三地"法院建设，锚定"三首"职能定位，加快建设现代化核心强院，为奋力谱写金凤区现代化建设新篇章提供更加坚强有力的司法服务和保障。

高站位坚持党的领导。把深入学习宣传贯彻党的二十大精神作为当前和今后一个时期首要政治任务，坚持不懈用习近平新时代中国特色社会主义思想武装头脑，深刻领悟"两个确立"的决定性意义，坚决做到"两个维护"。深入践行习近平法治思想，坚决贯彻《中国共产党政法工作条例》，严格执行重大事项请示报告制度，坚决执行中央、区市党委、金凤区委和上级法院党组工作部署，忠诚履职尽责。旗帜鲜明做好意识形态工作，加强思想阵地管理与宣传阵地建设，切实维护司法领域意识形态安全，坚定不移走中国特色社会主义法治道路。

高质量服务保障大局。立足新发展阶段、贯彻新发展理念，围绕区委产业体系现代化、城市建设现代化、社会治理现代化工作部署，统筹疫情防控和审判执行工作，主动融入大局，增强司法服务的前瞻性、精准性和实效性。依法严惩各类刑事犯罪，维护国家安全和社会稳定；妥善审理民事纠纷，维护社会和谐人民安宁；强化商事审判工作，不断优化营商环境；加强基层法庭建设，持续服务乡村振兴；提升执行工作质效，向"切实解决执行难"目标迈进。

高品质践行司法为民。站稳人民立场，聚焦服务保障民生事业现代化取得新突破，努力满足人民群众在教育、就业、医疗、社会保障等方面更高层次的司法需求，不断增强司法获得感、幸福感、满意度。坚持把非诉讼纠纷解决机制挺在前面，丰富多元解纷方式，完善分层递进、有序衔接、实质化解的司法供给体系。优化窗口功能，提升服务水平，为群众提供更舒心的智慧诉讼新体验。强化"八五"普法工作，加大以案释法力度，让法治精神深入人心。

高水平推进改革创新。深化司法责任制综合配套改革，完善审判权力和责任清单，规范"四类案件"监督指引，持续推进专业法官会议制度，切实将司法责任制落到实处。以简案快审快执、繁案精审精执为目标，健全覆盖民事、刑事、执行的全领域繁简分流工作机制，全面提升案件质效。坚持智慧法院建设，打造全方位、全业务、全流程的智慧管理新格局。完善员额法官、司法辅助人员、司法行政人员、聘用制书记员、辅警管理制度，提高人员分类管理制度化、规范化、专业化水平。

高标准建设法院铁军。坚持从严治党、从严治院、从严管理，更加自觉落实"两个责任"，严格执行"三个规定""十个严禁"等铁规禁令，持续整治司法作风突出问题，厚植干事创业良好氛围，涵养风清气正政治生态，努力打造一支党和人民信得过、靠得住、能放心的法院铁军。更加注重司法能力提升，通过招录、选调、遴选等方式补强一线力量，强化教育培养力度，着力培育专家型审判人才，加快培养专业化后备力量。

各位代表，乘势而上千帆竞，策马扬鞭正当时。金凤区人民法院将在金凤区委的坚强领导和金凤区人大的有力监督下，认真贯彻落实区委五次全会精神和本次大会决议，撸起袖子加油干，风雨无阻向前行，以现代化核心强院建设的更好成绩，为奋力谱写金凤区现代化建设新篇章作出更大贡献！

附件 1

名词解释：

1.强主责、护稳定、迎廿大：2022 年 1 月，全区法院院长会议部署，2022 年度全区法院工作主题为“强主责、护稳定、迎廿大”。

2.“两个确立”主题教育：按照最高人民法院党组的部署，从 3 月开始贯穿全年，在全国法院开展“深刻领悟‘两个确立’的决定性意义、坚决做到‘两个维护’主题教育”。

3.三重一大：重大事项决策、重要干部任免、重大项目安排和大额资金使用。

4.司法确认：非诉讼调解司法确认机制，是指由人民法院对经行政机关、人民调解组织、商事调解组织、行业调解组织或者其他依法设立的具有调解职能的组织调解达成的具有民事合同性质的协议，在双方当事人申请后，经审查认为协议合法有效，制作裁定书确认该调解协议，赋予该调解协议强制执行效力的工作机制。

5.“3+1”核心指标：有财产可供执行案件法定审限内结案率、无财产可供执行案件终本合格率、执行信访办结率三项指标不低于 90%，执行案件执结率不低于 80%。

6.行政非诉执行：指公民、法人或者其他组织既不向人民法院提起行政诉讼，又拒不履行已经发生法律效力的具体行政行为所确定的义务，行政机关或行政裁决确定的权利人向人民法院提出执行申请，由人民法院采取强制措施，使行政机关的具体行政行为得以实现的一种制度。

7.两个违规：根据区市党委、金凤区委工作部署，于 7 月至 10 月，集中开展违规收送红包礼金和不当收益及违规借转贷或高额放贷专项整治工作。

8.三个规定：《领导干部干预司法活动、插手具体案件处理的记录、通报和责任追究规定》《司法机关内部人员过问案件的记录和责任追究规定》《关于进一步规范司法人员与当事人、律师、特殊关系人、中介组织接触交往行为的若干规定》。

9.“三地”法院：自治区高级人民法院提出的努力将宁夏法院打造成为争端解决的“优选地”、公平正义的“标志地”、司法权威的“制高地”的建设目标。

10.“三首”职能定位：2019 年，由银川中院提出。银川两级法院作为宁夏首府法院，职能定位是“司法生态首善之区、司法职能首要之地、司法任务首重之院”。

11.四类案件：《最高人民法院关于完善人民法院司法责任制的若干意见》第二十四条规定：对于有下列情形之一的案件，院长、副院长、庭长有权要求独任法官或者合议庭报告案件进展和评议结果：(1)涉及群体性纠纷，可能影响社会稳定的；(2)疑难、复杂且在社会上有重大影响的；(3)与本院或者上级法院的类案判决可能发生冲突的；(4)有关单位或者个人反映法官有违法审判行为的。院长、副院长、庭长对上述案件的审理过程或者评议结果有异议的，不得直接改变合议庭的意见，但可以决定将案件提交专业法官会议、审判委员会进行讨论。院长、副院长、庭长针对上述案件监督建议的时间、内容、处理结果等应当在案卷和办公平台上全程留痕。

12.十个严禁：2022 年 2 月，中央政法委、最高人民法院、最高人民检察院、公安部、国家安全部、司法部联合出台《新时代政法干警“十个严禁”》并印发通知。一、严禁搞两面派、做两面人。二、严禁有令不行、有禁不止。三、严禁放任错误思潮侵蚀影响。四、严禁不当交往、干预执法司法。五、严禁玩忽职守、徇私枉法。六、严禁违规参与营利活动。七、严禁包庇纵容黑恶势力。八、严禁滥用执法司法权。九、严禁不作为乱作为、耍特权抖威风。十、严禁跑风漏气、失密泄密。凡违反“十个严禁”的，依规依纪依法严肃处理。

附件 2

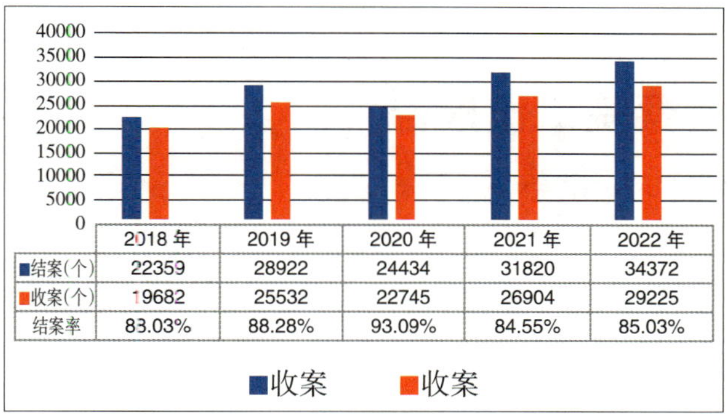

	2018 年	2019 年	2020 年	2021 年	2022 年
结案(个)	22359	28922	24434	31820	34372
收案(个)	19682	25532	22745	26904	29225
结案率	83.03%	88.28%	93.09%	84.55%	85.03%

注:统计数据截至 2022 年 11 月 30 日。

图 1　2018—2022 年金凤区法院收案、结案态势图

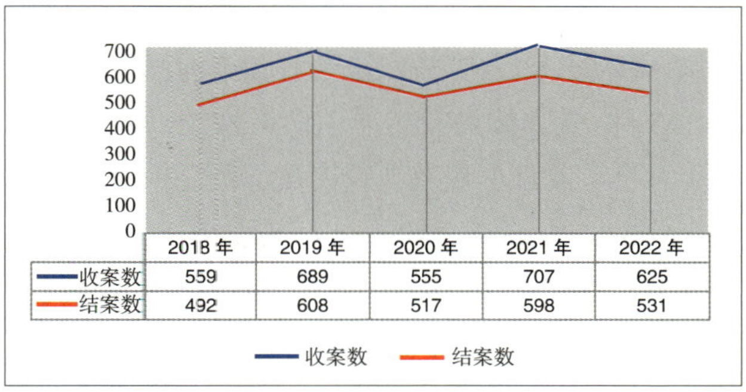

	2018 年	2019 年	2020 年	2021 年	2022 年
收案数	559	689	555	707	625
结案数	492	608	517	598	531

注:统计数据截至 2022 年 11 月 30 日。

图2　2018—2022 年金凤区
法院法官人均收案、结案态势图

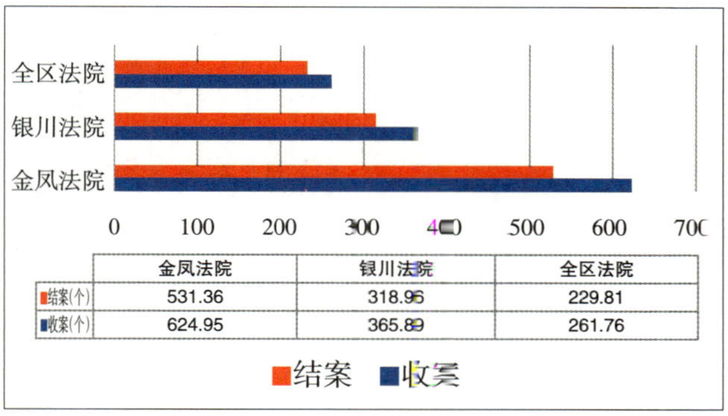

	金凤法院	银川法院	全区法院
结案(个)	531.36	318.96	229.81
收案(个)	624.95	365.89	261.76

注:统计数据截至 2022 年 11 月 30 日。

图 3　金凤区法院法官收案、结案压力对比图

（金凤区人民法院）

银川市金凤区人民检察院工作报告

——在金凤区第五届人民代表大会第二次会议上

银川市金凤区人民检察院检察长　王建勇

（2022 年 12 月 23 日）

一、2022 年检察工作回顾

2022 年，金凤区人民检察院在金凤区委和上级检察机关的坚强领导下，在金凤区人大及其常委会的有力监督下，在政府和政协的大力支持下，坚持以习近平新时代中国特色社会主义思想为指导，深入践行习近平法治思想，认真贯彻落实《中共中央关于加强新时代检察机关法律监督工作的意见》，紧紧围绕金凤区第四次党代会“1447”总体发展思路，按照“质量建设年”部署要求，忠实履行检察职责，各项工作取得新突破新成效。荣获区、市级以上集体荣誉 4 个、个人荣誉 12 人次，被命名为四星级党支部，连续 17 年获评自治区级文明单位。

（一）强化政治引领、主动融入大局，全力保障金凤区“十四五”开好局起好步

一年来，我们始终把检察工作置于党的绝对领导之下，主动作为、能动履职，积极助力金凤区社会和谐稳定、经济持续健康发展。

坚持党对检察工作的绝对领导。深入开展党史学习教育常态化长效化，认真开展习近平总书记视察宁夏重要讲话指示批示精神“大学习、大讨论、大宣传、大实践”活动和“改进作风提升质效”专项行动，时刻保持理论清醒，政治坚定。以多形式、全方位、立体化模式学习宣传贯彻党的二十大和自治区第十三次党代会精神，不断强化学习力度，确保学习热度，拓展学习广度，引导全体干警深刻领悟“两个确立”的决定性意义，增强“四个意识”、坚定“四个自信”、做到“两个维护”。坚持重大案件、事项请示报告制度，18 项工作被书面批示肯定。

主动服务法治化营商环境。加大涉企犯罪打击力度，办理职务侵占、挪用资金等各类涉民营企业案件 123 件，受理涉民营企业信访案件 16 件，对涉罪但无社会危险性的民营企业人员，依法采取更加灵活务实的司法措施，不诉 10 人，最大限度减少司法办案对企业生产经营的影响。积极开展企业合规性审查，帮助企业建立健全合规经营长效机制。与金凤区社区矫正管理局联合制定《银川市金凤区涉企业社区矫正对象经常性跨市县活动管理细则》，简化涉企业社区矫正对象监管审批程序，做好企业社区矫正对象的“老娘舅”。

积极推动市域社会治理现代化。毫不放松推动一至八号检察建议落实，针对相关部门存在的监管漏洞，制发社会治理类检察建议 44 件，努力做到“办理一案，治理一片”。在办理督促履行建设项目施工降水监管职责一案中，督促市政、水务等行政机关建立长效监管机制，及时向银川市人大常委会提出立法建议并被采纳，制发的检察建议入选全国检察机关优秀公益诉讼检察建议文书。依法严厉打击假冒伪劣产品，筑牢寄递安全屏障，促进落实安全生产责任，与市场监督管理、邮政等部门开展执法检查 8 次，有力推进行业治理，堵塞管理漏洞。严格落实“谁执法谁普法”责任制，制作法治微视频 9 部，发布宣传原创稿件 348 条，开通“正义金凤普法微课堂”直播平台，点击率高达 47 万余人次，以案释法传播法治文化，讲好金凤检察故事。

多元化解社会矛盾纠纷。注重一体落实认罪认罚从宽制度和少捕慎诉慎押刑事司法政策，适用认罪认罚办理案件569件620人，适用率91.04%，诉前羁押率13.92%，对犯罪情节较轻、社会危害性较小的轻微刑事案件不捕不诉264人，有效化解矛盾，节约司法资源，促进刑事司法由"治罪"向"治理"转化。深入践行新时代"枫桥经验"，积极开展上门听证、简易听证18次，让矛盾化解在基层，问题解决在当地。紧盯重大活动、关键节点，扎实开展矛盾排查、化解工作，连续五年未发生一起涉检进京访越级访。创新信访案件"一函一书"领导包案机制，被最高人民检察院通报表扬，全区检察机关推广学习。制定《关于建立完善国家司法救助与社会救助工作衔接机制的意见》，为推进多元救助提供制度支撑，办理司法救助案件23件29人，发放司法救助金45.96万元，金凤区人大调研本院司法救助工作全票满意通过。办理的李某某司法救助案被自治区人民检察院评为优秀案例。

统筹抓好防疫与办案工作。全院干警闻"疫"而动，全身心投入疫情防控战斗，轮流在金地花园、湖畔嘉苑等社区承担值守、核酸检测扫码、物资运送等工作，与辖区群众同舟共济、共克时艰。采取电话、视频等零接触方式实现案件全流程线上办理，对143名犯罪嫌疑人进行讯问并顺利完成认罪认罚工作，自行补充侦查96件，全面保障办案质效。

（二）主动履职尽责，厚植民生福祉，在平安金凤建设中贡献检察力量

一年来，我们坚守为民初心，践行检察使命，完善便民利民举措，努力解决好人民群众的操心事、烦心事、揪心事。

全力维护社会稳定大局。严厉打击各类刑事犯罪，受理审查逮捕150件203人，审查起诉653件724人，受案量居全区基层院第三。突出惩治危害人民群众生命财产安全犯罪，跟踪调查处置5起重大安全责任事故。办理盗抢骗侵犯公民人身权利等多发性犯罪114人，交通肇事、危险驾驶、放火罪等危害公共安全犯罪256人。成立知识产权专业化办案团队，依法起诉涉嫌销售假冒注册商标等犯罪2人，为保护知识产权提供有力保障。常态化开展扫黑除恶专项斗争，移送涉黑恶线索6条，重点对自然资源领域、工程建设领域制发检察建议5件，确保人民群众安居乐业。

坚决打好反诈人民战争。加大惩治电信网络诈骗等新型网络犯罪打击力度，组织召开联席会议20次，依法起诉15件32人，提前介入26件，提出补侦意见150条。成立打击整治养老诈骗专项行动领导小组，对2017年以来办理的集资诈骗等334件刑事案件开展"回头看"，进行线索摸排，办理涉养老诈骗刑事案件4件9人，占全市案件比例50%，涉及被害人237人，涉案金额1354.8万元。印发《关于加强涉养老诈骗案件财产刑执行工作协作配合的实施意见》，积极开展涉养老诈骗案件财产刑执行专项监督活动，制发检察建议3件。办理的秦某某等5人集资诈骗案被自治区打击整治养老诈骗专项办评为典型案例。

靶向发力推进反腐倡廉。强化惩治腐败犯罪合力，与金凤区纪委监委联合制定《办理职务犯罪案件衔接办法（试行）》，提前介入3件3人，受理监委移送审查起诉职务犯罪2件2人。认真履行法律赋予检察机关的14个罪名侦查权，办理了全市首例司法工作人员职务犯罪案件。

倾情呵护未成年人成长。以"检爱同行 共护未来"专项行动为抓手，共促"六大保护"协同发力，为金凤区创建全国未成年人保护示范区积极作为。提前介入性侵未成年人刑事案件15件，受理撤销监护人资格案件5件，对未成年人马某某等10人追索抚养费支持起诉，持续做好"有温度的检察工作"。依托未成年人一站式取证、救助中心，开展未成年人救助、观护帮教等242人次。制发督促监护令127份，有效监督"甩手家长"依法带娃。开展入职查询1276人次，强制报告案件倒查30件，法治宣传进校园59场次，切实为未成年人健康成长保驾护航。

大力推进智慧检务建设。在全国检委会基层示范院的基础上，以规范化、智慧化建设为抓手，改造检委会会议室，实行检委会质效评估制度，助推检委会工作提质增效。运用无人机调查取证，为公益诉讼监督插上"翅膀"，引进智能"云柜"一站式流转系统，具备涉案文书签收、取件、消毒等功能，保障诉讼文

书、卷宗材料高效安全流转。依托统一业务应用系统2.0和侦查监督等办案平台，科学配置办案权限，实现司法信息实时共享，以科技创新赋能检察办案。

(三)坚决恪尽职守，维护公平正义，在强化法律监督中依法能动履职

一年来，我们坚持以司法办案为中心，忠实履行宪法赋予的法律监督职责，努力让人民群众感受到公平正义就在身边。

稳中求进做优刑事检察。秉持客观公正立场，履行刑事诉讼主导责任。狠抓刑事诉讼监督，实现辖区侦查监督与协作配合办公室全覆盖，监督公安机关立、撤案127件。制发纠正违法通知书7件，纠正漏捕、漏诉19人，对确有错误的刑事裁判提出抗诉5件，上级法院改判或发回重审2件。充分利用“两法衔接”平台，监督行政机关移送涉刑案件8件14人。加大刑事执行监督，全面开展财产刑执行、社区矫正、交付执行监督专项检察，核查矫正人员档案信息319人次，制发检察建议17件，纠正违法通知书13件。提高刑事办案质效，开展刑事检察专项活动7项，加强案件质量监控，不断优化刑事检察案件比，2022年，刑事案件比为1∶1.09，案件节点同比下降11.17%，办案质效持续提升。

精准监督做强民事检察。贯彻实施民法典，积极回应人民群众对审判公正的期盼和执行问题的关切。强化民事生效裁判监督，办理生效裁判监督案件12件，提请抗诉、制发再审检察建议3件。加强民事审判和执行活动监督，查阅民事审判及执行案卷1116册，制发检察建议81件。做好民事支持起诉工作，对农民工、贫困群众等弱势群体依法支持起诉21件，成立农民工讨薪专项领导小组，为农民工追索劳动报酬、社会保险待遇28.25万元。加大虚假诉讼惩治力度，与公安、法院建立线索移送、联合查办机制，加强对民间借贷、房屋买卖等重点领域监督，办理虚假诉讼案件4件4人。

持续深化做实行政检察。充分发挥行政检察“一手托两家”作用，做到法律监督与促进依法行政共同推进。加强行政审判违法监督，对行政审判中遗漏诉请、追加被告程序不规范等问题，制发检察建议11件。抓实行政非诉执行监督，开展“护航民生民利”监督专项活动，针对行政机关申请法院强制执行过程中存在的问题，制发检察建议24件，有效促进行政机关依法行政。常态化开展行政争议实质性化解，打造“府检驿站”品牌，成功化解劳动人事、住房保障、征用赔偿等领域行政争议10件，有力推动行政争议诉源治理。

同频共振做好公益诉讼检察。紧紧围绕黄河流域生态保护和高质量发展先行区示范市建设，全力护航人民群众美好生活。加大办案力度，立案117件，深化落实“河湖长+检察长+警长”机制，积极构建“林长+检察长”机制，督促行政机关及时清理垃圾400吨，复垦土地174亩，清理水域面积1266亩，治理扬尘污染土地270亩，河湖检察长巡河24次，累计巡河80公里。注重监督质效，发出诉前检察建议45件，对办结案件“开展回头看”，把公益诉讼“回头看”常规化，努力把公益保护做到实处。坚持专项带动，部署开展道路安全无障碍环境建设、安全燃气等专项活动，督促相关单位规范设置残疾人专用停车位14处，修复维护市政设施、交通指示标志80处，安装燃气报警装置1337个，切实保障人民群众生命财产安全。在全区率先部署印花税国有财产领域专项行动，督促74家单位缴纳印花税。办理的李某某等人生产、销售假药刑事附带民事公益诉讼案件作为宁夏唯一好案件入选最高人民检察院公益诉讼全面实施五周年“五好”宣传素材。

(四)打造过硬队伍，筑牢发展根基，在从严治检中锻造检察铁军

一年来，我们高度重视检察机关政治建设，努力锻造本领过硬、勇于担当、清正廉洁的检察队伍。

坚持党建强检。以创建五星级党支部和“三同心”党支部品牌为抓手，严格落实“三会一课”、主题党日等制度，开展专题党课6次、专题交流研讨24次。成立金凤检察志愿服务队，积极投身文明城市建设，党员先锋模范作用进一步凸显。找准“党建+业务”融合点，先后开展公益诉讼守护碧水青山、法律文书评比等七项融合举措，做到以党建带队建、以队建促业务。

坚持从严治检。认真贯彻落实新时代政法干警“十个严禁”纪律要求，狠抓主体责任落实，持续深化

政法队伍教育整顿成果，专题研究党风廉政建设工作3次，下发作风建设督查通报12期。扎实开展违规收送红包礼金和不当收益及违规借转贷或高额放贷专项整治活动，健全完善7个廉政风险防控机制。狠抓“三个规定”落实，做到逢问必录，全年有情况填录52条。

坚持人才兴检。先后提拔任用6名“80后”干警为检委会委员和中层干部，选树优秀共产党员等先进模范28名，进一步提振士气，增强检察工作后续发展动力。以精细化、常态化、实战化培养为目标，积极开展导师制传帮带活动，通过网络培训、集中教学、现场观摩等方式组织干警参加培训500余人次，队伍综合素能持续提升，入选区、市检察系统典型案例27篇、调研文章刊发19篇，成功结项理论课题3项。

坚持公开促检。以公开促公正赢公信，聘请34名分属不同行业领域、具有一定代表性和社会公信力的人员担任听证员，组建听证员库。特邀11名行政机关专业人员兼任检察官助理，为检察工作提供“外脑”智慧。常态化邀请人大代表、政协委员、人民监督员参加检察开放日、检察听证等检察活动30次，让人民群众深度参与、监督检察工作。探索建立“5+1”信息公开审核机制，确保法律文书公开零事故，公开案件信息786条、法律文书320份，发布重要案件信息6条。

各位代表，一年来，检察工作政治方向更加坚定，服务大局理念更加牢固，法律监督更加有力，检察改革更加深入，检察队伍精神面貌更加昂扬向上。这些成绩的取得，得益于金凤区委的正确领导，得益于人大及其常委会和各位代表的有力监督，得益于政府、政协和社会各界的大力支持。在此，我代表金凤区人民检察院表示衷心的感谢！

在总结成绩的同时，我们清醒地看到当前检察工作中还存在一些不足和薄弱之处。面对新形势新任务，检察工作全面协调充分发展还未完全到位；面对新矛盾新挑战，检察工作服务保障经济社会高质量发展还需努力提升；面对新领域新问题，检察司法理念还要进一步转变。对于这些问题，我们将紧盯不放、着力解决。

二、2023年工作思路

2023年，金凤区人民检察院将坚持以习近平新时代中国特色社会主义思想为指导，在金凤区委和上级检察机关的正确领导下，深入落实《中共中央关于加强新时代检察机关法律监督工作的意见》，按照金凤区委四届五次全会精神要求，持续优化“四大检察”“十大业务”，不断提升法律监督能力，为大局服务，为人民司法，努力为金凤区在全面建设社会主义现代化国家新征程中贡献检察智慧和力量。

一是强化政治自觉，以更实举措将党的领导贯穿检察工作全过程。把学习贯彻党的二十大精神作为首要政治任务，转化为履职尽责的实际成效，牢记“三个务必”，以“六个必须坚持”为指引，更加自觉从习近平法治思想中领悟检察工作的思路、方法和路径，以检察工作高质量发展服务保障金凤区经济社会高质量发展，以检察工作现代化服务保障中国式现代化。认真落实重大案件、事项请示报告制度，更加积极主动地把党的各项方针政策落到实处，始终把检察工作置于党的领导之下。

二是强化法治自觉，以更深情怀守护人民群众美好生活。贯彻总体国家安全观，全力做好检察环节维护国家政治安全和社会大局稳定的各项工作。常态化开展扫黑除恶专项斗争，打好反诈人民战争，着力提升人民群众安全感。不断加强未成年人检察工作，守护未成年人健康成长。持续抓实群众信访“件件有回复”，做好多元化解、司法救助等工作，用心用情办好人民群众身边每一个小案。认真组织公开听证，主动接受社会各界监督，落实全过程人民民主。

三是强化检察自觉，以更大作为维护社会公平正义。坚持以人民为中心，践行“双赢多赢共赢”“在办案中监督，在监督中办案”等司法理念，更加注重推进检察一体化机制建设。全面加强立案、侦查、审判、执行等刑事诉讼监督，自觉服务反腐败工作大局，精准开展民事诉讼监督，全面深化行政检察监督，稳妥推进公益诉讼检察，努力做到敢于监督、善于监督，确保实现“四大检察”“十大业务”全面协调充分发展。

四是强化担当自觉，以更优履职谱写金凤区高质量发展新篇章。围绕金凤区委总体工作思路，紧扣经济发展、城市建设、民生事业、社会治理等重点工作，充分发挥检察建议在促进依法行政、推动行业整治、助力市域治理中的积极作用。严厉惩治破坏金融管理秩序、侵犯知识产权、制假售假、破坏生态环境等阻碍经济发展、损害人民群众利益的严重刑事犯罪，着力营造法治化营商环境。

五是强化行动自觉，以更严要求锻造过硬检察铁军。深化大数据运用，推动履职能力不断提升。巩固党史学习教育和政法队伍教育整顿成果，持之以恒抓好意识形态工作，压紧压实“谁办案谁负责、谁决定谁负责”的司法责任。严格执行干预、过问案件“三个规定”。加强检察精细化管理，努力建设党和人民信得过、靠得住、能放心的检察队伍。

顾往昔踔厉奋发，向未来勇毅前行。各位代表，金凤区人民检察院将在金凤区委和上级检察机关的坚强领导下，认真落实本次大会决议，以敢为善为的检察担当，追求极致、争当示范，为奋力谱写金凤区现代化建设新篇章贡献更强检察力量！

相关用语注释：

1.质量建设年：指最高人民检察院为坚决落实党中央部署要求，把实现检察工作高质量发展作为服务保障经济社会高质量发展的战略举措，确定2022年为质量建设年，要求全国检察机关一体推动检察机关各项工作全面高质量发展。

2.企业合规性审查：指人民检察院对企业负责人涉经营类犯罪，适用认罪认罚从宽制度，依法能不捕的不捕、能不诉的不诉、能不判实刑的就提出适用缓刑的建议，同时，采用检察建议或第三方监管模式，督促涉案企业开展合规建设。

3.检察建议：指人民检察院为促进法律正确实施、促进社会和谐稳定，在履行法律监督职能过程中，结合执法办案，建议有关单位完善制度，加强内部制约、监督，正确实施法律法规，完善社会管理、服务，预防和减少违法犯罪的一种重要方式。

4.一至八号检察建议：指2018年以来，最高人民检察院坚持依法能动履职，围绕社会治理领域校园安全、司法公告送达、金融监管、窨井管理、虚假诉讼、网络整治、快递安全、安全生产等突出问题，先后向有关行政部门制发的一至八号检察建议。

5.认罪认罚从宽制度：指对刑事案件中犯罪嫌疑人、被告人自愿如实供述自己的罪行，对指控的犯罪事实没有异议的，同意量刑建议并签署具结书，真诚悔罪，愿意接受处罚的，依法从宽处理。

6.少捕慎诉慎押：指对绝大多数的轻罪案件体现当宽则宽，慎重逮捕、羁押、追诉。少捕，是指要依法加强对逮捕社会危险性的审查，依法能不捕的不捕，尽可能适用非羁押强制措施，减少犯罪嫌疑人、被告人在羁押状态下候审。慎诉，就是依法行使起诉裁量权，对符合法定条件的案件通过适用不起诉，发挥审查起诉的把关、分流作用。慎押，则要求通过羁押必要性审查等方式，对被羁押的犯罪嫌疑人、被告人是否具有继续羁押的必要性进行审查，对没有继续羁押必要的犯罪嫌疑人应当及时变更强制措施。

7.“一函一书”领导包案机制：“一函”，即对规定范围内的首次信访案件根据轮案规则确定包案领导后，以提示函的形式告知包案领导案件办理期限、包案职责、调卷审查、化解稳控等工作要求，并提醒院领导综合运用公开听证、司法救助、检调对接等各类办案机制措施，推动矛盾纠纷实质性化解。“一书”，即案件接收后，根据轮案规则将案件分配至包案领导后，及时制作办理首次信访案件通知书，告知信访人该案由院领导包案办理，同时告知包案院领导职务、姓名及电话号码，方便信访人直接与包案领导联系沟通。

8.“六大保护”：指针对未成年开展的家庭保护、学校保护、社会保护、网络保护、政府保护、司法保护。

9.统一业务应用系统2.0：指全国检察机关统一业务应用系统最新版本。

10.案件比：“案”指当事人涉及的司法案件，“件”是指检察机关对案件进行的各种审查处理活动，如补充侦查、延长审查起诉期间等节点，每一个节点即一件，在诉讼过程中会形成数个甚至十几个“件”，而案件比就是刑事检察案件的办案节点数与检察机关受理案件数之间的比例，“案件比”案件质效指标的低位运行，不仅有利节约司法资源，促进社会和谐，更对国家治理和社会治理现代化具有积极作用。

11.行政争议实质性化解：指通过不同手段对行政争议进行整体性、彻底性的一揽式解决，实现对公民、法人和其他组织正当诉求的切实有效保护，使行政实体法律关系得到实质性的处理。

12.“河湖长 + 检察长 + 警长”制：指在河长制取得良好效果之后，通过纳入检察机关、公安机关的司法作用，为河湖治理提供有力法治保障，该机制包含协同领导、信息共享、办案协作、联合工作、日常联络等。

13.“林长 – 检察长”制：指贯彻落实《全面推行林长制的意见》，以推进森林、草原和湿地资源，维护生态系统稳定为主线，进一步加强检察机关与林长责任单位的协作配合，构建检察监督与行政履职同向发力的林业生态保护新格局，为林草资源保护注入检察力量。

14.新时代政法干警“十个严禁”：指 2022 年 2 月 28 日中央政法委等 6 部委联合印发的规章文件，是巩固深化全国政法队伍教育整顿成果，推进全面从严管党治警的重要举措。

15.三个规定：指《领导干部干预司法活动、插手具体案件处理记录、通报和责任追究规定》《司法机关内部人员过问案件的记录和责任追究规定》和《关于进一步规范司法人员与当事人、律师、特殊关系人、中介组织接触交往行为的若干规定》。

16.“5+1”信息公开审核机制：指为提升法律文书公开工作质量，确定由承办检察官依据保密审查和技术处理规范负责拟制，部门负责人审批，报分管副检察长批准，再分别由保密部门分管领导审核是否违反保密规定，政治部分管领导审核是否涉及案情，最终交综合业务部复核、发布的“5+1”审核机制。

（金凤区人民检察院）

金凤区2022年国民经济和社会发展统计公报

金凤区统计局

（2023年5月30日）

2022年，在金凤区委和政府的正确领导下，辖区上下深入学习贯彻习近平总书记视察宁夏重要讲话指示批示精神，以建设黄河流域生态保护和高质量发展先行区示范市为统揽，深入贯彻落实“疫情要防住、经济要稳住、发展要安全”的工作要求，全面落实党的二十大以及中央、区市经济工作会议安排部署，加大稳经济、补短板力度，精准经济调度、精准保供保通、精准民生保障，经济社会保持平稳健康发展，发展质量效益稳步提升，社会大局保持稳定。

一、综合

初步核算，全年实现地区生产总值341.7亿元，按可比价格计算，比上年增长0.2%。其中：第一产业实现增加值3.97亿元，增长3.8%；第二产业实现增加值69.03亿元，下降1.1%；第三产业实现增加值268.70亿元，增长0.4%。三次产业结构为1.2∶20.2∶78.6，对经济增长的贡献率分别为26.8%、-133.3%、206.5%。按常住人口计算，人均地区生产总值52148元，下降0.8%。

金凤区常住人口65.76万人，比上年末增加0.56万人。其中城镇人口54.74万人，城镇化率为83.24%。回族人口16.26万人，占总人口的24.73%。女性33.85万人，占总人口的比重为51.48%。出生人口0.77万人，人口出生率为11.76‰；死亡人口0.21万人，人口死亡率为3.21‰；自然增长人口0.56万人，人口自然增长率为8.55‰。

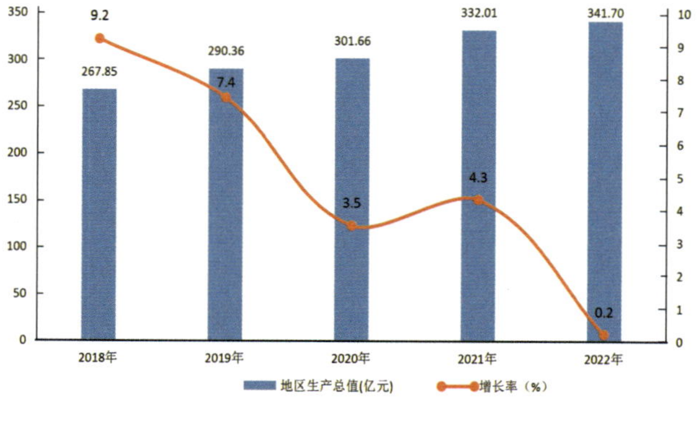

图4　2018—2022年金凤区地区生产总值及增速

表15　2022年末金凤区人口数及结构

指标	年末数(万人)	比重(%)
年末常住人口	65.76	100.0
其中:城镇	54.74	83.24
乡村	11.02	16.76
其中:男性	31.91	48.52
女性	33.85	51.48

全年完成一般公共预算收入8.86亿元，比上年增长12.6%。其中，税收收入6.05亿元，同比下降6.7%，占一般公共预算收入比重为68.3%。完成一般公共预算支出27.6亿元，增长57.6%。其中，公共安全支出增长24.08%，教育支出增长56.9%，科学技术支出下降53.0%，文化体育与传媒支出增长46.6%，社会保障和就业支出增长26.0%，卫生健康支出增长68.0%，节能环保支出增长828.0%，城乡社区支出增长53.5%。

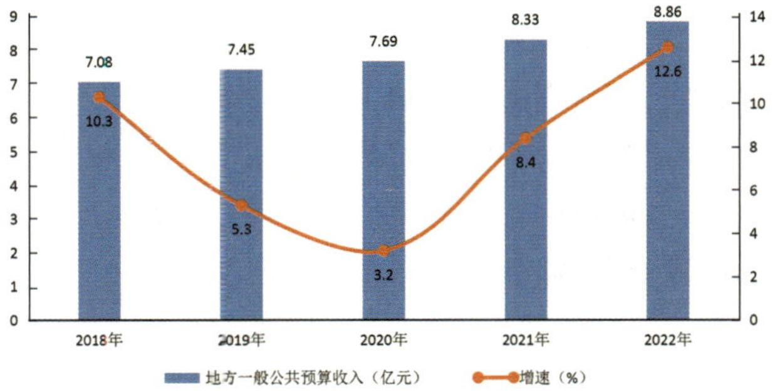

图 5　2018—2022 年金凤区一般公共预算收入及增速

二、农业

全年完成农林牧渔业总产值 8.07 亿元，按可比价格计算，比上年增长 3.9%。其中：农业产值 5.14 亿元，增长 7.9%；林业产值 0.004 亿元，下降 4.8%；牧业产值 1.72 亿元，下降 2.8%；渔业产值 0.23 亿元，下降 0.2%；农林牧渔服务业产值 0.97 亿元，增长 3.3%。

全年粮食作物播种面积 2.36 万亩，同比增长 2.1%。其中：小麦播种面积 0.23 万亩，增长 99.7%；水稻播种面积 0.21 万亩，下降 53.6%；玉米播种面积 1.92 万亩，增长 9.7%。蔬菜及食用菌播种面积 56.41 万亩，园林水果播种面积 36.42 万亩。

全年粮食总产量 1.30 万吨，同比下降 0.3%。其中：小麦产量 0.08 万吨，增长 103.2%；水稻产量 0.11 万吨，下降 53.5%；玉米产量 1.11 万吨，增长 8.2%。

全年肉类总产量 0.15 万吨，增长 2.1%。其中：猪肉产量 0.02 万吨，下降 28.4%；牛肉产量 0.1 万吨，增长 9.7%；羊肉产量 0.02 万吨，增长 10.8%；禽肉产量 0.01 万吨，下降 4.8%。禽蛋产量 0.07 万吨，下降 33.1%。牛奶产量 2.39 万吨，增长 1.4%。年末牛存栏 1.37 万头，其中奶牛存栏 0.53 万头。生猪存栏 0.06 万头，羊存栏 2.28 万只，家禽数 4.84 万只。

三、工业和建筑业

全年工业增加值 38.97 亿元，比上年增长 3.3%，其中，规模以上工业增加值同比下降 2.1%。在规模以上工业中，分轻重工业看，轻工业增加值同比增长 0.7%，重工业增加值同比下降 2.5%。分门类看，制造业下降 5.1%，电力、热力的生产和供应业增长 6.3%。

表 16　2022 年金凤区规模以上工业分行业增加值增速

行业名称	增速(%)
农副食品加工业	4.1
食品制造业	-5.8
酒、饮料和精制茶制造业	-78.3
纺织服装、服饰业	1.1
造纸和纸制品业	-10.2
印刷和记录媒介复制业	-6.8
化学原料和化学制品制造业	-72.1
医药制造业	12.9
非金属矿物制品业	-38.3
金属制品业	-6.4
通用设备制造业	22.5
专用设备制造业	-43.9
铁路、船舶、航空航天和其他运输设备制造业	-31.3
电气机械和器材制造业	-100.0
废弃资源综合利用业	-4.0
金属制品、机械和设备修理业	68.7
电力、热力生产和供应业	6.3
水的生产和供应业	10.8

全年规模以上工业企业实现销售产值比上年下降 6.1%，工业产销率为 99.9%。全年规模以上工业企业营业收入 100.11 亿元，同比增长 25.4%；营业成本 76.46 亿元，同比增长 27.1%；实现利润总额 12.56 亿元，同比增长 21.1%。工业品出口交货值 3.2 亿元，应收账款 43.47 亿元。规模以上工业企业资产负债率 48.2%，比上年末下降 [illegible].4 个百分点。

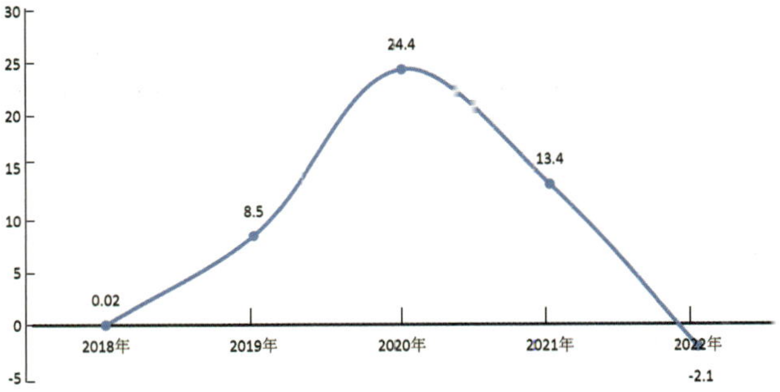

图 6　2018—2022 年金凤区规上工业增加值增速(%)

全年具有资质等级建筑业企业190个，实现建筑业总产值167.87亿元,比上年下降5.7%。其中，国有及国有控股企业实现产值57.62亿元，增长21.6%;建筑装修、装饰业实现产值0.45亿元,下降69.3%。房屋建筑施工面积426.25万平方米，下降26.7%；房屋建筑竣工面积150.5万平方米，增长42.6%。

四、服务业

全年服务业实现增加值268.70亿元,比上年增长0.4%。其中:批发和零售业增加值7.04亿元,增长4.4%；交通运输、仓储和邮政业增加值14.4亿元,增长0.6%;住宿和餐饮业增加值5.54亿元,下降0.7%;金融业增加值45.33亿元,增长4.5%;房地产业增加值41.82亿元,下降9.0%;营利性服务业增加值52.99亿元,增长0.5%;非营利性服务业增加值100.94亿元,增长2.8%。

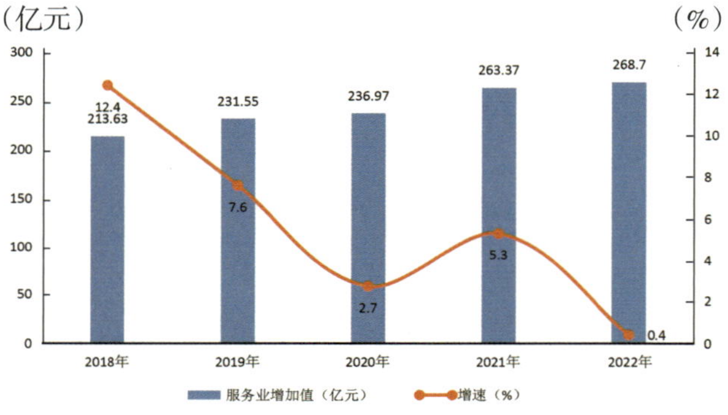

图7　2018—2022年金凤区服务业增加值及增速

五、固定资产投资

全年固定资产投资比上年下降16.0%。分投资主体看,本级投资同比下降23.3%,区市项目投资增长48.6%,商务区投资增长48.3%,经开区投资下降41.1%。

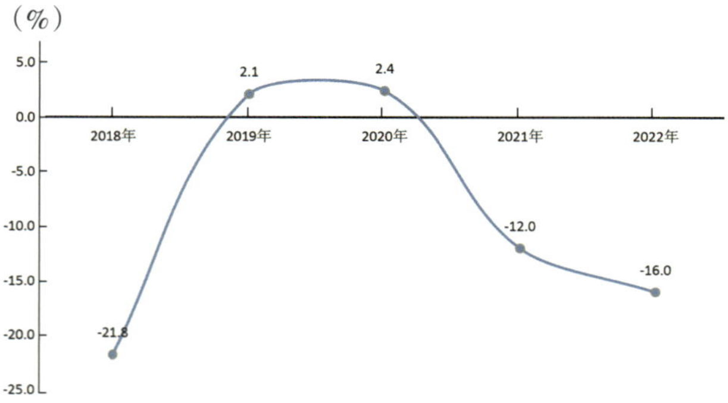

图8　2018—2022年金凤区固定资产投资增速

全年完成房地产开发投资113.92亿元,比上年下降24.3%,其中,住宅开发投资77.63亿元,下降26.6%。商品房施工面积1260.06万平方米，下降14.8%,其中,住宅施工面积832.76万平方米,下降13.4%。商品房销售面积184.65万平方米，下降29.0%,其中,住宅销售面积162.86万平方米,下降26.5%。全年商品房销售额183.55亿元，下降23.8%,其中,住宅销售额166.25亿元,下降22.4%。商品房待售面积181.94万平方米，下降22.9%,其中,住宅待售面积33.40万平方米,下降23.0%。

表17　2022年金凤区房地产开发和销售主要指标及其增速

指标	单位	绝对值	比上年增长(%)
房地产开发投资	亿元	113.92	-24.3
房屋施工面积	万平方米	1260.06	-14.8
其中:住宅	万平方米	832.76	-13.4
其中:本年新开工面积	万平方米	171.29	-50.6
房屋竣工面积	万平方米	201.43	-32.7
其中:住宅	万平方米	149.83	-26.5
商品房销售面积	万平方米	184.65	-29.0
其中:住宅	万平方米	162.86	-26.5
商品房待售面积	万平方米	181.94	-22.9
其中:住宅	万平方米	33.40	-23.0
商品房销售额	亿元	183.55	-23.8
其中:住宅	亿元	166.25	-22.4
本年实际到位资金	亿元	229.46	-25.4
其中:国内贷款	亿元	7.55	-45.0
自筹资金	亿元	45.37	46.7
其他资金来源	亿元	176.54	-32.9

六、国内贸易

全年累计实现社会消费品零售总额164.98亿元,比上年增长0.4%。分城乡看,城镇实现社会消费品零售总额146.03亿元,同比增长0.3%;乡村实现社会消费品零售总额18.35亿元，同比增长0.6%。分行业看,批发业累计实现社会消费品零售额45.75

亿元，同比增长0.6%；零售业累计实现社会消费品零售额94.56亿元，同比增长0.5%。住宿业累计实现营业额1.57亿元，同比下降14.4%；餐饮业累计实现营业额22.82亿元，同比增长0.5%。分经济类型看，国有经济零售额同比增长1.0%，集体经济零售额同比增长2.8%，股份制经济零售额同比增长7.0%，私营经济零售额同比下降3.1%，个体经济零售额同比增长0.7%，其他各种经济零售额同比增长37.1%。

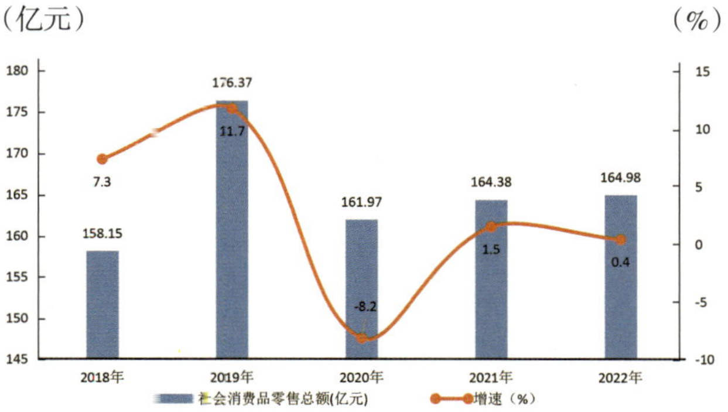

图9 2018—2022年金凤区社会消费品零售总额及增速

七、文化、卫生和教育

至2022年末，金凤区拥有艺术表演团体59个，文化馆1个，镇(街)文化站7个，村(社区)综合文化服务中心83个，公共图书馆1个，金凤悦书房18处，金凤区图书流通点45个，博物馆6个。

至2022年末，金凤区有普通中学15所。普通初中招生0.6万人，增长6.0%；在校生1.73万人，增长5.5%；毕业生0.52万人，增长18.3%。普通高中招生0.47万人，增长8.9%；在校生1.33万人，增长6.8%；毕业生0.3[illegible]万人，增长0.7%。九年义务教育完成率达到107.8[illegible]%。小学35所，招生1.12万人，增长18.0%；在校生5.28万人，增长14.7%；毕业0.55万人，增长17.3%。小学六年巩固率达到113.81%。幼儿园118所，幼儿园人数3.13万人，增长4.0%，学前教育毛入园率达到106.67%。特殊教育学校3所，在校生520人，增长3.2%。中职学校1所，在校生599人，增长158.2%。

至2022年末，金凤区拥有卫生机构263个，其中医院20个、卫生院2个，卫生服务中心8家，社区卫生服务站24家，村卫生室15家。卫生机构实有床位6084张，其中医院5607张，社区中心（站）396张，卫生院81张。有卫生技术人员8799人，其中执业医师及执业助理医师3125人，注册护士3800人。疾病预防控制中心2个，卫生技术人员94人。妇幼保健机构2个，卫生技术人员1466人。乡镇卫生院2个，床位数81张，卫生技术人员129人。卫生监督所2个，卫生技术人员23人。

八、人民生活及社会保障

2022年，金凤区城镇新增就业6718人，农村劳动力转移就业6836人。

2022年，城镇居民人均可支配收入49509.3元，比上年增加2301.1元，增长4.9%。城镇居民人均消费性支出31920.6元，分别高于自治区、银川平均水平7707.6元、3234.6元，同比下降1.7%。

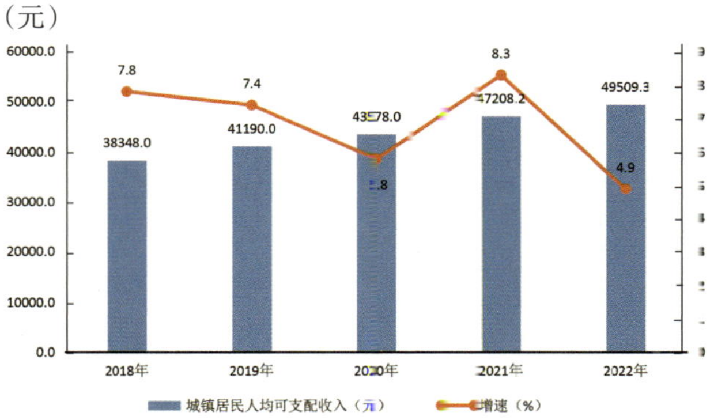

图10 2018—2022年金凤区城镇人均可支配收入及增速

2022年，农村居民人均可支配收入17206.4元，比上年增加1068元，增长6.6%。农村居民人均生活消费支出15707.7元，分别高于自治区、银川2882.7元、1376.7元，同比增长3.6%。

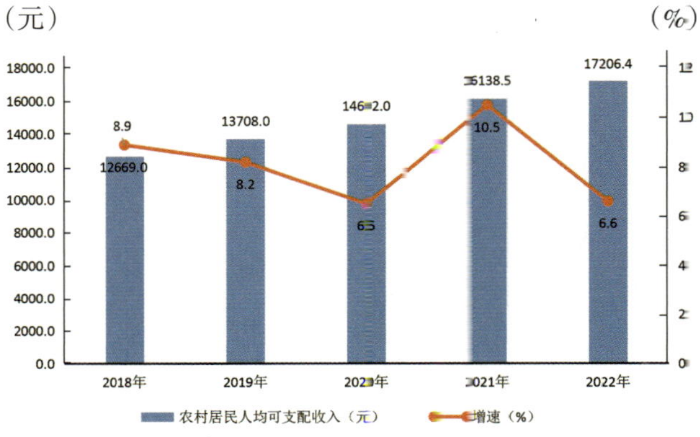

图11 2018—2022年金凤区农村人均可支配收入及增速

2022 年生态移民地区农村居民人均可支配收入 14238 元，比上年增长 9.7%。

注：

1.本公报中数据均为初步统计数。

2.地区生产总值、各产业增加值和人均地区生产总值绝对数按现行价格计算，增长速度按不变价格计算。根据第四次全国经济普查结果及有关制度规定，对 2000—2018 年地区生产总值进行了修订。

3.自 2018 年起，不再公布固定资产投资总量。

4.根据第四次全国经济普查结果及有关制度规定，对 1992—2019 年社会消费品零售总额数据进行了修订。

资料来源：

本公报中财政数据来自金凤区财政局，文化艺术馆等数据来自金凤区文化旅游体育广电局，卫生数据来自金凤区卫生健康局，教育数据来自金凤区教育局，城镇新增就业、农村劳动力转移人数来自金凤区人力资源和社会保障局，其他数据均来自金凤区统计局和国家统计局银川调查队。

媒体中的金凤区（2022 年）

表 18　新华社对金凤区的报道

日期	报道题目
2022-01-01	银川市金凤区重点招商引资项目集中签约　总投资 28.6 亿元
2022-01-06	"滑向 2022"全国滑雪俱乐部大众公开赛（宁夏站）开赛
2022-01-31	金凤区表彰 68 个先进集体和 136 名先进个人
2022-06-11	银川市金凤区启动第三届"引凤创梦"青年创新创业博览会
2022-06-18	银川市金凤区出台 20 条措施稳经济保增长促发展
2022-06-30	金凤区：聚焦基层党建"项目化管理"撬动"红色引擎"提质效

表 19　《人民日报》对金凤区的报道

日期	报道题目
2022-01-19	剪纸、写春联、文艺演出　银川市金凤区年味浓浓
2022-01-23	推进移风易俗　银川市金凤区法院、乡镇齐"会诊"
2022-02-16	银川市金凤区：特色产业助推乡村振兴
2022-02-18	银川市金凤区重点项目建设按下"加速键"力争一季度"开门红"
2022-02-26	银川市金凤区：开跑即冲刺"硬实"举措推进重点项目建设
2022-03-08	银川市金凤区：春风送真情　就业暖民心
2022-03-11	课题引领构建"大思政"格局　银川市金凤区开展中小学课程思政教学研讨
2022-03-28	宁夏金凤区与 9 省（区）签订"跨省通办'套餐办'"协议
2022-03-28	银川市金凤区数字农旅小镇：让美丽乡村搭上"智慧快车"
2022-04-11	打造"最美回家路"！银川市金凤区特色街区改造暖民心
2022-04-21	精准发力治堵·银川市金凤区交警开展"疏堵提畅"行动
2022-04-24	宁夏金凤区 12 条特色商业街区构建服务业"生态圈"
2022-05-02	银川市金凤区丰登镇："送戏下乡"促乡村文明建设
2022-05-02	银川市金凤区良田镇兴源村：红白理事会倡导村民摒弃旧俗
2022-06-29	党建引领、产业带动　银川市金凤区开创乡村治理新格局
2022-06-29	银川市金凤区：让村民搬得安心、住得舒心、过得顺心
2022-07-06	银川市金凤区：精准帮带助发展　走好乡村致富路
2022-07-07	银川市金凤区：创新乡村旅游融合发展　开创移民增收新模式
2022-07-08	银川市金凤区：紧盯项目建设"黄金期"蓄积发展强劲动能
2022-07-22	银川市金凤区：集结餐饮老字号　打造特色商旅文化
2022-07-27	稳秩序解隐患：银川市金凤区交警多举措整治车辆乱停乱放

续表

日期	报道题目
2022-08-19	银川市金凤区打造“引凤创梦”创新创业共享孵化基地
2022-08-28	银川市金凤区颐海苑小区:“红色业委会”让居民生活更舒心
2022-08-31	银川市金凤区:街巷改造绽放“新颜”　绘就湖城幸福底色
2022-09-11	宜居在金凤·幸福“家”年华房博会启动
2022-11-01	银川市金凤区:二十年风华正茂
2022-11-04	美丽乡村丨银川市金凤区润丰村:打造城郊休闲旅游品牌
2022-11-06	基层自治有高招丨银川市金凤区锦绣苑社区:党建引领　探索“五零”工作法
2022-11-20	宁夏金凤区“美德之光”道德模范大讲堂分享好人故事
2022-12-14	宁夏银川市金凤区良田镇优质蔬菜搭上销售“直通车”
2022-12-23	银川市金凤区 2023 年为民办十件实事,件件贴心暖心

表 20　中央广播电视总台对金凤区的报道

日期	报道题目
2022-10-17	成就举世瞩目　蓝图催人奋进——二十大代表继续分组讨论二十大报告
2022-01-08	银川市金凤区:阅海滑雪场冰雪运动“热”起来!

表 21　《光明日报》对金凤区的报道

日期	报道题目
2022-01-08	宁夏银川金凤区:老旧小区改造“回头看“工作稳步推进
2022-01-29	宁夏银川金凤区:凝心聚力　在先行区建设上寻求新突破
2022-02-18	宁夏银川金凤区:重点项目加快开复工　力争一季度“开门红”
2022-03-14	宁夏银川金凤区:做好“加减乘除”强化驻村干部管理
2022-03-16	宁夏银川金凤区:“板凳会”宣讲全国两会精神
2022-04-12	宁夏银川金凤区:多措并举做好新业态新就业群体党建工作
2022-05-26	宁夏银川金凤区:“十项便民”工程惠民生暖民心
2022-08-01	宁夏银川金凤区:“双减”减出教育新气象
2022-08-04	宁夏银川金凤区:现代服务业提质扩容　驱动经济高质量发展
2022-08-22	宁夏银川金凤区:“引凤创梦”聚人才

表 22　中国日报网对金凤区的报道

日期	报道题目
2022-01-06	宁夏冰雪嘉年华启动　一起在冰雪上驰骋吧

续表

日期	报道题目
2022-01-19	宁夏银川市:村民变股民　喜领“年终奖”
2022-02-23	宁夏银川“金凤样板”,探索党建引领的社区治理现代化
2022-03-15	宁夏金凤区　吹响“春比开工”冲锋号
2022-03-21	‘银川石榴云”金凤分中心运行　助力宁夏构建网上“同心圆”
2022-03-25	宁夏,线上推介抢抓“东数西算”数字经济产业提档升级契机
2022-04-03	十大项目进网格,宁夏金凤区基层治理注入“新活力”
2022-04-06	宁夏银川市金凤区:夯实三个“基本盘”以高质量党建引领乡村质量全面振兴
2022-04-22	宁夏金凤区全业态“夜经济”,24 小时点燃消费激情
2022-06-10	引凤创梦！宁夏金凤区助力青年人才创新创业
2022-07-26	宁夏金凤区画好文明城市建设“同心圆”
2022-09-06	宁夏银川金凤区汉白玉萝卜成为乡村振兴“好丰景”小主角
2022-09-18	宁夏金凤区“家门口”的清廉文化阵地
2022-10-24	严禁哄抬物价宁夏银川金凤区开展疫情期间重要民生商品价格检查专项行动
2022-12-02	宁夏金凤区滞销蔬菜引发爱心接力
2022-12-25	宁夏金凤区借“冬”风点燃冰雪运动热情

表 23　中新网对金凤区的报道

日期	报道题目
2022-01-01	银川市金凤区:以“准备之冬”迎接“开工之春”
2022-01-05	银川市金凤区:政府消费券助力元旦购物“消费热”
2022-01-25	银川市金凤区:非遗文化进社区市民乐享传统文化魅力
2022-01-26	宁夏非遗传承人:刀耕不辍让皮雕技艺焕发新生
2022-04-21	银川市金凤区一季度农村居民可支配收入喜迎“开门红”
2022-05-21	银川市金凤区残联开展残疾妇女“手工皮艺制作”培训班
2022-05-22	银川金凤区坚持“四步走”　扎实推进新就业群体党建工作
2022-05-20	银川市金凤区:“小阵地”释放大能量文明之花绚丽绽放
2022-05-30	银川市金凤区五大商业综合体送出“大礼包”
2022-06-18	第六届“金凤飞舞·城市乐活会”正式启动
2022-06-28	银川市金凤区 BHGMall 首届全城盛宴潮流夜市正式开街
2022-08-03	金凤区人大代表专业小组联络站揭牌
2022-08-11	金凤区黄河东路街道:多方联动　画好文明城市建设“同心圆”
2022-08-11	金凤区:农家书屋为乡村振兴“增韵添香”

续表

日期	报道题目
2022-11-07	银川市金凤区:“一网四通五进”构建“扫黄打非”长效机制
2022-11-29	银川市金凤区丰登镇建成群众家门口的“文化乐园”
2022-12-16	银川市金凤区:十小便民工程充满“民生温度”
2022-12-16	银川市金凤区:“一网通办”金凤区行政审批流程再“提速”

表 24 “学习强国”学习平台对金凤区的报道

日期	报道题目
2022-01-12	良田镇这位劳务经纪人昔日一家人住 20 平方米小土房如今开公司带五百人致富
2022-02-26	银川的驻村第一书记们,乡村振兴妙招多,村民有事都找“他”
2022-03-24	银川良田镇有个彩绘村
2022-03-25	银川市金凤区:“四大提升行动”强动力美丽乡村展新颜
2022-04-01	润丰村:银川郊外的“江南小院”绘就乡村振兴美景
2022-04-15	金凤区:产业发展按下“提升键”乡村振兴跑出“加速度”
2022-04-30	宁夏银川金凤区:全力保障封控人员生活物资供应打通服务群众“最后一百米”
2022-05-30	疏堵提畅　一街一景——银川市金凤区着力打造最美回家路
2022-07-07	银川市金凤区:打造特色民宿聚集区　开创移民增收新模式
2022-07-16	奋进新征程　建功新时代 | 银川市金凤区育出乡村振兴“雁阵形”
2022-07-21	奋进新征程　建功新时代·非凡十年 | 宁夏银川市润丰村:昔日贫山成富土
2022-09-06	中国葡萄酒当惊世界殊 |“贺兰山葡萄酒之夜”音乐会奏响
2022-09-17	宁夏银川园林村驻村第一书记李洋:聚焦产业发展　助推乡村振兴
2022-10-01	宁夏银川:“国庆红”鲜桃喜获丰收　走俏市场
2022-12-14	银川市良田镇:草莓熟了日子甜了
2022-12-16	宁夏:冰雪运动强身健体冬季旅游渐入佳境

表 25 《宁夏日报》对金凤区的报道

日期	报道题目
2022-01-01	金凤区举行重点招商引资项目集中签约仪式总投资 28.6 亿元
2022-01-02	景湖社区:74 岁老人巧手剪纸祝福冬奥会
2022-01-04	金凤区:政府消费券助力元旦购物“消费热”
2022-01-04	金凤区奋力推进禁毒工作高质量发展不断扩大毒品治理成效

续表

日期	报道题目
2022-01-07	我为群众办实事丨暖气热不热听听群众声居安家园社区解民忧
2022-01-07	工会送暖到家为劳动者“全家福”留影
2022-01-07	童趣腊八节巧手贺新年
2022-01-09	金凤区银啤苑社区：“腊八豆 DIY 贴画”庆腊八
2022-01-11	以案说法丨酒后殴打店员还袭警　银川一男子获刑四个月
2022-01-11	响应呼声建廊亭　西湖社区为民办实事
2022-01-12	丰登镇新丰村：“农家书屋”让孩子们寒假有个好去处
2022-01-12	张望梅：做敬业奉献群众的贴心人
2022-01-12	我为群众办实事丨清水湾社区：家门口活动室让居民幸福感“升级”
2022-01-12	银啤苑社区“红领巾成长课堂”寒假班开课啦！
2022-01-13	劳务经济人勇当致富“领头雁”
2022-01-13	银川：喜迎冬奥　冰雪运动“燃”起冬游热
2022-01-14	我为群众办实事丨区建一分公司社区：协商议事为民解难题
2022-01-17	金凤区：送福字·写春联　欢欢喜喜迎新春
2022-01-18	我为群众办实事丨义诊进社区　贴心服务居民
2022-01-18	新春走基层丨魏家桥村村民喜领“年终奖”
2022-01-18	我为群众办实事丨让居民享受“在家”服务　临阅家园社区“送悦上门”
2022-01-19	我为群众办实事丨金凤警方见招拆招，劝阻 2 起电信诈骗案挽损万余元！
2022-01-20	图说百象丨“飞线”充电当休矣
2022-01-20	迎新春茶话会　情暖退役军人
2022-01-21	银川有个“新年照相馆”家门口拍出“甜蜜”全家福
2022-01-21	文明之光丨马晓燕：用“真善美”帮学生扣好人生第一粒扣子
2022-01-22	代表委员议政录丨侯金知：推进“母亲教育”守护孩子健康成长
2022-01-22	颐和城府社区：“玩转乒乓”扮靓青少年寒假生活
2022-01-23	金狮舞　春联送　五里水乡社区民俗活动为新年“热身”
2022-01-24	金凤区：寻找“最美金凤人”传递“最美”正能量
2022-01-25	黄河东路街道工会联合会：让留银职工“就地过好年”
2022-01-25	银啤苑社区：春节，做“光盘行动”的践行者
2022-01-25	新春走基层丨金凤区：“花样”活动迎新春　浓浓年味暖人心
2022-01-26	律师参与矛盾纠纷化解，我们办案有底气

续表

日期	报道题目
2022-01-26	节前送关怀　慰问暖人心
2022-01-27	金凤区多措严把烟花爆竹零售网点审批关
2022-01-27	春节“爱心超市”存爱心　积分兑换暖人心
2022-01-29	六中全会精神在基层丨金凤区：为困难老人办实事　解民忧
2022-01-29	金凤区：136名大学生返乡为基层服务贡献力量
2022-01-29	金凤区召开2021年黄河流域生态保护和高质量发展先行区建设表彰大会
2022-01-30	春节我“在线”丨外卖小哥：最染人间烟火气
2022-02-08	金凤区：六大商圈新春消费实现开门红
2022-02-09	金凤区“网上年货节”带旺新春消费市场
2022-02-10	学习贯彻党的十九届六中全会精神　金凤区举办领导干部专题培训班
2022-02-13	喜庆元宵节　悦海新天地社区举办音乐会
2022-02-14	沙画、皮影、面塑……我们的节日“多彩非遗闹元宵”活动举行
2022-02-15	金凤区：打好春耕“第一仗”
2022-02-15	银川市警民合力创建反诈主题公园和无诈社区
2022-02-16	恒大名都社区：打造悦厨房　让老人吃上“暖心饭”
2022-02-16	工业集中区社区：关爱未成年人，“救在身边”志愿服务来了
2022-02-18	北京中路街道：帮助青少年“扣好人生第一粒扣子”
2022-02-18	金凤区重点项目加快开复工　力争一季度“开门红”
2022-02-18	1月份，金凤区八大类刑事案件全部告破
2022-02-18	金凤区检察院夯实”三举措“强化自行补充侦查提升办案质效
2022-02-23	五里水乡社区：光影记录“执子之手　与子偕老”幸福瞬间
2022-02-28	金凤区：强化驻村干部管理　助推乡村振兴
2022-03-01	宁夏首家城市社区公共卫生委员会成立　家庭医生可提供菜单式签约服务
2022-03-01	金凤区：全面强化基层公共卫生管理职能
2022-03-02	见证履职丨马恒燕：让每位孩子享受公平而有质量的教育
2022-03-02	护航开学季！突击检查学校幼儿园食堂食品安全
2022-03-02	特检探“伤情”安全乘电梯
2022-03-03	一抹“志愿红”满城文明风丨宁夏生态环保志愿服务队：做绿水青山的“守护者”
2022-03-05	金凤区：送岗圆梦稳就业　暖心服务促发展
2022-03-05	金凤区2022年“学雷锋志愿服务月”活动启动
2022-03-08	华雁湖畔健步行！银川市连续五年举办家庭亲子趣味运动会
2022-03-08	今天，宁夏2万余名女性打卡“线上+线下”3.8公里健身跑

续表

日期	报道题目
2022-03-09	金凤区:畅通渠道送技术 量身定制送岗位
2022-03-10	金凤区开展应急救护培训 筑牢生命安全防线
2022-03-11	金凤区:寓教于乐 让思政教育课“活”起来
2022-03-11	携手共建“家校社共育基地”,银川这家社区协作开启多方育人新格局
2022-03-11	银川市金凤区税务局第二税务分局:确保减税降费“及时雨”直达中小微企业
2022-03-14	金凤公安:创建反诈干预防骗劝阻新模式 筑牢反诈“防火墙”
2022-03-15	金凤检察联合多部门协同执法 共同推动知识产权领域行业规范
2022-03-18	围观! 机器人这样带电安装“小风车”
2022-03-19	新苑社区:弯腰一秒钟 文明在心中
2022-03-20	安居苑社区“改进作风提升质效”暖了居民心
2022-03-22	金凤区欢送46名新兵启程入伍
2022-03-22	聚焦“四大提升行动” 金凤区数字农旅小镇:让美丽乡村搭上“智慧快车”
2022-03-22	银川市投放3000辆新型共享单车!
2022-03-24	居安家园社区“红色网格议事会”:纳群言 集民智 惠民生
2022-03-24	银新苑北社区:“红色家书诵读会”传承红色根脉
2022-03-26	金凤公安:小案快侦新模式打击质效明显 传统“盗抢骗”案件同比下降逾七成 刑案发案下降逾三成
2022-03-27	学党史立德行! “红领巾”清明前夕祭英烈
2022-03-29	24小时内抓获7名盗车贼,金凤公安是如何做到的
2022-03-29	金家巷社区:网上祭祀 诗文诵读
2022-03-30	金凤区:吸毒人员一个都不能失控
2022-03-30	“移动办公进小区” 助力民生“零跑腿”
2022-03-30	银川市金凤区法院依法支持劳动者主张双倍工资
2022-03-30	五里水乡社区:清明祭英烈 共筑中华魂
2022-03-30	金凤刑侦抓获“邦信”嫌疑人 涉案流水高达2300余万
2022-04-01	金凤区人民检察院召开行政激光专业人员兼任检察官助力聘任仪式
2022-04-01	逸馨苑社区:“四位一体”网格化共治让基层治理更有温度
2022-04-01	民生花园社区:线上线下文明祭祀 缅怀英烈先辈
2022-04-01	银川消防高层建筑灭火救援实战演练
2022-04-02	上海西路街道“城市基层治理十大服务项目”进网格
2022-04-02	新琇苑社区:给青少年上一堂清明文化课
2022-04-03	润丰村好一派“塞上江南”:环境美 产业兴 绘就乡村美好“前景”
2022-04-03	呵护美丽家园 这个小区用“垃圾”可兑换日用品

续表

日期	报道题目
2022-04-05	银川:城市道路改造　颜值与实用并存
2022-04-06	总投资17亿!金凤区14个民生项目集中开工
2022-04-07	金凤区确保娱乐场所毒品案件零发生
2022-04-08	丰登镇:人居环境整治,美了乡村　乐了群众
2022-04-10	银川市金凤区通福家园社区:多方联动守护小区居民健康
2022-04-10	良田镇:党建+网格化管理　筑牢疫情防控网
2022-04-11	金凤区:3000余名党员成为疫情防控"硬核"担当
2022-04-11	满城北街派出所:聚焦"破小案"全力守护"百姓安"
2022-04-11	金凤区:守望相助　民族团结一家亲
2022-04-12	金凤区全力保障"菜篮子""米袋子"价格稳定
2022-04-12	悦海新天地社区:"场所码"加固筑牢疫情防控"防火墙"
2022-04-12	金凤区:构建新业态新就业群体15分钟"红色服务圈"
2022-04-12	责令整改当儿戏!金凤区3家餐厅被罚2万元
2022-04-12	金家巷社区开展国家安全教育宣传活动
2022-04-12	银川力推年轻村干部成为乡村振兴主力
2022-04-13	7人落网!金凤警方捣毁一跨区域流窜"跑分"犯罪团伙
2022-04-14	银川市金凤区多措并举做好新业态新就业群体党建工作
2022-04-15	人大代表进社区听民意解愁盼
2022-04-18	银川首个"文旅驿站"落户宁夏观光夜市
2022-04-19	光盘打卡、朋友圈集赞……金家巷社区"文明餐桌·光盘行动"宣传活动趣味盎然
2022-04-20	金凤区:285名"蓝骑士"找到"娘家人"
2022-04-20	"东热西送"集中供热工程:彻底改变银川"分散式燃煤小锅炉"供热方式,城区燃煤量每年减少290万吨
2022-04-21	金凤区大力推动教育均衡发展:优化调整中小学幼儿园布局、高效化解入学需求增量问题
2022-04-21	宁夏首家配送行业联合工会成立
2022-04-22	通福家园解读医保政策守好"救命钱"
2022-04-22	银川乡村:村村"美颜"·处处风景
2022-04-22	悦海新天地社区:让红色书籍"漂流"进商圈
2022-04-22	金凤刑侦抓获一盗车团伙4名犯罪嫌疑人
2022-04-23	2022年"书香银川·银川书香"全民阅读活动启动
2022-04-23	银啤苑社区:关爱空巢老人·守护老年人健康
2022-04-23	银川鲁银社区为辖区自闭症儿童送书上门
2022-04-24	金凤区:构建服务业"生态圈"点燃高质量发展"新引擎"

续表

日期	报道题目
2022-04-25	进企业助共建　金凤区检察院探索"检企"合作新模式
2022-04-26	全民禁毒金凤区严查"菜园子"守护"菜篮子"
2022-04-27	新苑社区：文化引领支部建设·凝聚幸福大家庭
2022-04-27	福通社区是这样做到"足不出户、服务上门"的
2022-04-27	每月 26 日，律师到这个社区"上班"
2022-04-27	守护居民"钱袋子"　反诈宣传进社区
2022-04-29	金宇名庭社区：为居民提供有温度的服务
2022-04-30	安居苑社区：一线"娘子军"撑起疫情防控"半边天"
2022-04-30	金凤区"农超对接"惠民助农保障"菜篮子"
2022-05-01	致敬最美劳动者红领巾志愿者礼赞闪亮逆行者
2022-05-02	暖心！金凤户籍警节假日上门为老人办证
2022-05-03	壮心未与年俱老！"50 后"老党员们的志愿情
2022-05-04	赓续"五四"薪火　悦海新天地社区青年志愿者用行动致敬青春
2022-05-04	银川市交通疏堵"6+N"首批项目路面工程完成
2022-05-04	"老赖"拒不返还车辆　法官 3 小时执结
2022-05-04	金凤区黄河东路街道爱心企业捐赠价值 7000 元抗疫物资
2022-05-06	"五一"假期金凤区实现销售额 1.13 亿元
2022-05-06	旅游总收入 74.23 万元，金凤区推动文旅市场恢复性增长
2022-05-06	良田镇派出所：打通警民服务"最后一公里"
2022-05-07	"90 后"张严路："夜经济"照亮创业星空
2022-05-09	司法救助解困顿　农民工收到"救命钱"
2022-05-09	宁夏公布打击整治养老诈骗线索举报方式，发现这些犯罪直接举报！
2022-05-09	传驻村帮扶薪火　启乡村振兴新程
2022-05-10	宁夏一揽子举措推进畜禽养殖污染防治
2022-05-10	满城北街街道举办建团 100 周年演讲比赛
2022-05-10	汽车十字路口熄火　交警变"大力士"单手推车
2022-05-11	自治区政府督导检查自建房安全专项整治工作
2022-05-11	金凤区："订单式"培训照亮残疾人就业路
2022-05-12	应急防震知识进校园　世悦社区开展宣传演练活动
2022-05-12	父亲对女儿不理不睬　法院发出《家庭教育指导令》
2022-05-12	感恩奋进新征程　建设美丽新宁夏——喜迎自治区第十三次党代会丨速度＋力度＋温度，抗疫中的宁夏担当

续表

日期	报道题目
2022-05-13	金凤区举办 2022 年招商引智系列活动开幕暨首场交流推介会
2022-05-13	促就业　送温暖　宁夏残联开展第 32 次“全国助残日”宣传活动
2022-05-14	金凤区举办 2022 年招商引智系列活动
2022-05-15	金凤区兴源村:从电诈案件频发到连续 4 个月“零发案”
2022-05-16	感恩奋进新征程　建设美丽新宁夏丨宁夏百万移民阔步迈向新生活
2022-05-16	保安值班突发疾病猝死　调解赔付 60 余万元
2022-05-17	好家风涵养好作风！福通社区开展活动树清廉家风
2022-05-17	13 人涉嫌“帮信”被金凤警方抓获　涉案金额达 4000 万元
2022-05-18	我区两单位获首批国家级金牌劳动人事争议调解组织称号
2022-05-18	宁夏 40 万元大奖征集“紫色名片”文创作品
2022-05-18	建区 20 年！金凤区发行首部地方志
2022-05-18	银川:“红色引擎”聚合力　乡村振兴添动力
2022-05-18	一代移民战风沙　二代移民苦创业　三代移民去留学　“奋斗赶上了好时候”
2022-05-19	优化法治化营商环境,金凤区让涉企社区矫正对象“出得去”“管得好”
2022-05-19	金凤区:优质政务服务让数据“多跑路”　市民“少跑腿”
2022-05-19	金凤区将设立银川市建筑垃圾资源化利用项目分拣中心
2022-05-20	金凤区:统筹 1554 万元资金　办实事　解民忧
2022-05-20	相约“5·20”！金凤区 230 对新人喜结连理
2022-05-23	文明养犬　“宠”爱有方！金家巷社区庭院议事会开到居民家门口
2022-05-23	约 114 个西湖的水量！唐徕渠 25 年生态湿地补水 16 亿立方米
2022-06-07	银川凤凰北街、尹家渠北街道路打通工程竣工
2022-06-07	聚焦群众烦心事　拓展城市发展空间　银川市实施交通疏堵“6+N”工程为城市“畅通血脉”
2022-06-07	凤凰北街(大连路—沈阳路)和尹家渠北街(大连路—后海路)通车
2022-06-07	护航高考金凤区公安暖心服务“警”上添花!
2022-06-08	宁夏这 12 个村(社区)上了“全国民主法治示范村(社区)”榜单
2022-06-10	张望梅:让女性在家庭教育中“立”起来
2022-06-10	金凤区累计为困难群众发放 1200 万生活补贴
2022-06-10	全区唯一！金凤区商事制度改革获国务院通报表扬
2022-06-10	通报！宁夏一地被国办点名表扬
2022-06-11	党建统领,砥砺奋进开新局——全区广大党员干部群众热议自治区第十三次党代会
2022-06-11	引凤创梦　金凤区培育创业实体 1434 个带动就业 5738 人
2022-06-11	国务院重磅激励！宁夏这两地榜上有名!

续表

日期	报道题目
2022-06-12	金凤区深化商事制度改革成效明显　国办通报表扬
2022-06-12	金凤区第三届"引凤创梦"青年创新创业博览会启动
2022-06-14	金凤区法院宣判首例涉老年人集资诈骗案件
2022-06-14	颐和城府社区开展无偿献血宣传活动
2022-06-14	金凤区工商联举行民企联校促就业行动推进会
2022-06-15	金凤区传达学习自治区第十三次党代会精神
2022-06-17	黄河东路街道开展宣传自治区第十三次党代会精神主题活动
2022-06-17	落实落细"稳保促"工作,金凤出台 20 条措施:为企业减免房租退税　弹性放开早晚市营业时间
2022-06-17	上海西路派出所织牢织密治安防控网
2022-06-18	金凤区:让村民搬得安心、住得舒心、过得顺心
2022-06-19	第六届"金凤飞舞·城市乐活会"正式启动
2022-06-21	金凤区:以高素质队伍赋能高质量发展
2022-06-21	金凤区闻令而动　第一时间启动防汛应急预案
2022-06-22	金凤公安:夯实反诈"防火网"　为群众挽损 760 余万元
2022-06-22	金凤公安破获"技术性"开锁入室盗窃案　一男一女落网
2022-06-24	金凤法院开展防范非法集资宣传活动
2022-06-26	银川市金凤区良田法庭落成揭牌
2022-06-30	金凤区 28 所小学、12 所中学片区划分确定
2022-06-30	金凤区民办中小学招生方案发布
2022-06-30	"蓝骑士"志愿巡逻队来啦！银川立交桥社区探索新业态群体参与基层治理
2022-07-01	宁夏又一三甲医院分院综合门诊在银川市金凤区开诊,服务周边 5 公里内群众
2022-07-02	金凤区:让青春力量助力乡村振兴
2022-07-04	重磅丨贺兰县局部行政区域调整变更至金凤区管辖,已批复！
2022-07-05	为什么要把贺兰县这块地调整给金凤区？听听民政部门怎么说
2022-07-06	金凤区:选好头雁领飞　育出乡村振兴"雁阵形"
2022-07-08	金凤区:项目建设正酣　经济引擎提速
2022-07-15	金凤公安"扫楼清街"见疑"不放",为群众挽损 89 万余元！
2022-07-18	奋进新征程　建功新时代·非凡十年丨润丰村:从"贫山"到"富土"
2022-07-21	金凤区:吹响餐饮老字号评选集结号　打造特色商旅文化新地标
2022-07-25	金凤区:多方联动　画好文明城市建设"同心圆"
2022-07-27	金凤区开展联合法治宣传筑牢农村安全防线
2022-07-27	让检察权在阳光下运行！银川金凤区人民检察院开展"检察开放日"活动

续表

日期	报道题目
2022-07-29	金凤区:捡起"小烟头"兑换"大文明"
2022-07-29	金凤区:"双减"实施一年作业优质减量　课外培训机构减少136家
2022-08-01	金凤区学科类培训机构从158家减少为22家
2022-08-03	建发悠阅城进入装修施工阶段
2022-08-03	金凤区:农家书屋为乡村振兴"增韵添香"
2022-08-04	金凤区:"金牌调解组织"为美好生活护航
2022-08-04	金凤区105对新人七夕喜结连理
2022-08-05	金凤区:"移动户外劳动者之家——爱心大篷车"实现服务群众零距离
2022-08-06	银川市中医医院金凤院区已建成开始试运行
2022-08-07	第三届"宁夏夜绽生活节"盛夏奇妙夜启幕
2022-08-09	银川中院召开宁夏鑫源博房地产开发有限公司破产重整工作推进会
2022-08-10	金凤区开展道路"槐花树蜜"专项清洗工作
2022-08-11	金凤区:党建引领共建文明城市
2022-08-12	银川市金凤区全力开展道路"槐花树蜜"专项整治工作
2022-08-16	"全国优秀足球县域"　金凤足球绽放青春光彩
2022-08-17	银川拟新建一所中学和10处运动场地！还有5所幼儿园即将投入使用
2022-08-18	金凤区新增两个创新创业基地
2022-08-18	银川市黄河东路街道:126名保安技能大比拼
2022-08-22	总投资8.72亿！金凤区加快推进教育重点项目建设
2022-08-22	开学前全覆盖！金凤区开展教育收费专项检查
2022-08-25	全国残疾预防日银川市28家单位机构联合开展主题宣传活动
2022-08-25	一批医院、学校建成！银川市104个民生项目竣工投用
2022-08-26	银川火车站隧道试通车,金凤区与西夏区通行"刷新"新路径
2022-08-27	银川综合客运枢纽(扩建工程)火车站通道二期车行通道试通车
2022-08-27	银川市典农河疑现鳄雀鳝,已打捞上岸确认死亡！
2022-08-30	金凤区检察院公益诉讼堵"漏洞",74家单位补缴4万余元印花税
2022-09-05	金凤检察院公益诉讼专项行动监督餐饮燃气安全
2022-09-08	金凤区:打造"家门口"的廉洁教育基地
2022-09-08	共筑网络安全防线！黄河东路街道开展网络安全宣传活动
2022-09-09	重温红色记忆·凝聚奋进力量——自治区档案馆开展"红色档案进社区"巡展活动
2022-09-20	银川四十二中与阅海五小项目加紧建设,推进优质教育资源均衡分布
2022-09-21	金凤区:全力备足物资·畅通供应渠道

续表

日期	报道题目
2022-09-27	金凤区发放200万元购房券
2022-10-17	奋进新时代　谱写新篇章金凤区:奋楫争先　续写新篇
2022-10-21	“开门接桩”！年内金凤区近8000辆新能源车将有“充电枪”可用
2022-10-21	银川市丰登片区中心幼儿园项目顺利推进,着力改善“大班额”“入学难”问题
2022-10-28	金凤区:多措并举让党的二十大精神走进基层走进群众
2022-11-01	建设黄河流域生态保护和高质量发展先行区金凤区:奋进新征程　谱写新篇章
2022-11-01	金凤区:奋进新征程　谱写新篇章
2022-11-01	金凤区:“板凳会”让党的二十大精神“飞入寻常百姓家”
2022-11-01	赵耐香:让更多老百姓感党恩念党情
2022-12-02	金凤区:蔬菜滞销　多家爱心企业解菜农燃眉之急
2022-12-08	全国“诚信之星”推荐对象公示　宁夏李耀梅入选
2022-12-13	金凤区:特色产业旺　百姓生活美
2022-12-14	这40家店荣获“金凤区餐饮老字号”称号
2022-12-16	平伏桥村:以“党建引领+导师帮带”　为乡村振兴注入文化动力
2022-12-16	“一网通办”金凤区行政审批流程再提速
2022-12-16	金凤区五大商业综合体节假日免费停车啦
2022-12-17	金凤民警陈洋在抓捕犯罪嫌疑人时受伤　至今仍昏迷不醒
2022-12-22	金凤区2023年为民办十件实事出炉
2022-12-27	金凤区:企业党组织显担当　微光凝聚抚人心
2022-12-30	深学笃行,书写金凤区赶超跨越新篇章——访银川市金凤区委书记郝春明

表26　宁夏电视台对金凤区的报道

日期	报道题目
2022-04-21	金凤区285名“蓝骑士”加入工会组织
2022-07-01	喜迎二十大　奋进新征程 | 金凤区唱响入党誓词歌《我宣誓》
2022-07-06	奋进新征程　喜迎二十大 | 金凤区:创新乡村旅游融合发展　开创移民增收新模式
2022-07-07	奋进新征程　喜迎二十大 | 金凤区:河道清淤　让典农河的水“活”起来
2022-07-08	奋进新征程　喜迎二十大 | 金凤区:抓牢项目建设“方向盘”,凝聚经济发展“动力源
2022-07-11	奋进新征程　喜迎二十大 | 金凤区第四届乡村文化旅游节启幕
2022-07-15	奋进新征程　喜迎二十大 | 上海西路街道开展最美家庭表彰活动
2022-07-21	金凤区抓好“三点”　绘就城市党建“新画卷”
2022-07-21	金凤区发出美食招募令,餐饮老字号评选报名火热进行中!

续表

日期	报道题目
2022-07-29	“双减”落地一年金凤区义务教育大变样，学生课后生活更多彩
2022-08-07	银川丰登镇创新乡村旅游融合发展　促移民增收
2022-08-18	奋进新征程　建功新时代·到项目现场去银川市金凤区开足马力加快重点项目建设
2022-08-18	金凤区：“引凤创梦”创新创业共享孵化基地　青年创新创业示范服务基地揭牌
2022-08-18	金凤区加快推进教育重点项目建设
2022-08-19	奋进新征程　喜迎二十大　金凤区总工会举办网约配送行业劳动技能竞赛
2022-08-23	金凤区“引凤创梦”创新创业共享孵化基地　青年创新创业示范服务基地揭牌
2022-08-24	金凤区丰登镇：项目建设“赋能”产业提档升级
2022-08-29	金凤区：街巷改造绽放“新颜”绘就城市幸福底色
2022-08-29	大学习、大讨论、大宣传、大实践金凤区：街巷改造绽放“新颜”　绘就城市幸福底色
2022-09-05	金凤区：深耕产业　绘就乡村振兴“好丰景”
2022-09-11	投放200万元购房消费券！宜居在金凤·幸福“家”年华房博会正式启动
2022-09-16	金凤区：打造“家门口”的清廉文化阵地
2022-09-22	金凤区700名机关党员干部奔赴社区支援核酸检测工作
2022-09-23	金凤区拨付110万元党费和党内关爱资金　助力基层疫情防控
2022-09-25	金凤区率先在全区建成村级中医阁
2022-09-27	恒大名都社区：微光成炬，多方齐力共织疫情防控“安全网”
2022-10-07	金凤区：党建引领凝聚网格力量，疫情防控与社会治理齐推进
2022-10-12	金凤区：无人机“高空喊话”　助力疫情防控宣传
2022-10-17	阅海万家社区：“临时社区干部”责任不临时、行动不临时
2022-10-20	金凤区：“线上”销售全力满足市民蔬菜需求
2022-10-23	金凤区：党员干部精准“认亲结对”　“疫”路相伴守护特殊群体
2022-10-31	金凤区：满足近3000辆新能源车充电桩接入需求
2022-11-01	金凤区：“板凳会”让党的二十大精神接地气入人心
2022-11-07	金凤区综合执法局全力提升综合执法水平
2022-11-12	银川市金凤区全面做好辖区学校幼儿园恢复线下教育教学工作
2022-11-16	金凤区：打通服务群众“最后一公里”，做强不打烊“平安前哨”
2022-11-15	银川市金凤区深入学习宣传贯彻党的二十大精神
2022-11-25	金凤区：重点项目建设跑出“加速度”
2022-11-26	金凤区：老旧小区改造“改”出老百姓美好新生活
2022-12-15	宁夏：冰雪运动强身健体　冬季旅游渐入佳境
2022-12-16	“一网通办”金凤区行政审批流程再“提速”

2022 年金凤区发文

表 27　2022 年金凤区委发文一览表

文件名称	文号
关于印发《金凤区开展“改进作风提升质效”专项行动的工作方案》的通知	银金党发〔2022〕2 号
关于表彰金凤区 2021 年度黄河流域生态保护和高质量发展先行区建设先进集体和先进个人的决定	银金党发〔2022〕3 号
关于对武装工作先进单位和优秀个人通报表扬的决定	银金党发〔2022〕4 号
关于印发《中共银川市金凤区委员会巡察工作规划(2022—2026)》的通知	银金党发〔2022〕5 号
关于命名 2021 年度“星级基层党组织”暨“一抓两整”示范村和“让党中央放心、让人民群众满意”模范机关的决定	银金党发〔2022〕6 号
关于印发《贯彻落实〈中国共产党统一战线工作条例〉责任分工方案》的通知	银金党发〔2022〕7 号
关于通报表扬金凤区 2021—2022 年度少先队集体、个人和“红领巾奖章”二星章的决定	银金党发〔2022〕9 号
关于深入学习宣传贯彻自治区第十三次党代会精神的通知	银金党发〔2022〕11 号
关于印发《金凤区学习贯彻自治区第十三次党代会精神宣讲工作方案》的通知	银金党发〔2022〕12 号
关于印发《金凤区贯彻落实自治区第十三次党代会报告主要任务实施方案》的通知	银金党发〔2022〕14 号
关于印发《关于广泛开展习近平总书记视察宁夏重要讲话指示批示精神“大学习、大讨论、大宣传、大实践”活动的实施方案》的通知	银金党发〔2022〕16 号
中共银川市金凤区委员会关于认真学习宣传贯彻党的二十大精神的实施意见	银金党发〔2022〕18 号

表 28　2022 年金凤区委办公室发文一览表

文件名称	文号
关于印发《金凤区民族团结进步创建工作五年规划(2022—2026 年)》的通知	银金党办发〔2022〕1 号
关于印发《金凤区创建全国民族团结进步示范区实施方案》的通知	银金党办发〔2022〕2 号
关于印发《2022 年度金凤区委常委会会议学法工作方案》的通知	银金党办发〔2022〕3 号
关于印发《金凤区政协 2022 年协商计划》的通知	银金党办发〔2022〕4 号
关于印发《中国共产党银川市第十五次代表大会报告责任分工方案》的通知	银金党办发〔2022〕5 号
关于印发《金凤区关于深化拓展新时代文明实践中心(所、站)建设的实施方案》的通知	银金党办发〔2022〕6 号
关于印发《金凤区 2022 年春节慰问活动方案》的通知	银金党办发〔2022〕8 号
关于印发《贯彻落实张雨浦同志讲话精神和金凤区经济工作会议重点任务分工方案》的通知	银金党办发〔2022〕10 号
关于印发《金凤区“十项便民”工程实施方案》的通知	银金党办发〔2022〕11 号
关于印发《金凤区 2022 年项目突破年活动实施方案》的通知	银金党办发〔2022〕13 号
关于印发《金凤区产业项目三年攻坚行动方案(2022—2024 年)》的通知	银金党办发〔2022〕14 号
关于印发《金凤区 2022 年度“10+1”重点工作清单》《金凤区 2022 年度“十大工程项目”清单》《金凤区 2022 年度“十项便民工程”清单》的通知	银金党办发〔2022〕15 号

续表

文件名称	文号
关于印发《金凤区委常委会2022年工作要点》及责任分工的通知	银金党办发〔2022〕17号
关于印发《金凤区促进中医药传承创新发展的实施方案(2021—2022)》的通知	银金党办发〔2022〕18号
关于印发《金凤区关于做好2022年全面推进乡村振兴重点工作的实施意见》的通知	银金党办发〔2022〕19号
关于印发《金凤区2022年县处级领导联系包抓重点项目和企业责任分工实施方案》的通知	银金党办发〔2022〕20号
关于印发《金凤区"廉洁从政警示教育月"活动方案》的通知	银金党办发〔2022〕21号
关于印发《2022年金凤区委理论学习中心组学习安排》的通知	银金党办发〔2022〕22号
关于印发《2022年金凤区全面从严治党党风廉政建设和反腐败工作主要任务分工》的通知	银金党办发〔2022〕25号
关于印发《金凤区2022年市域社会治理现代化试点合格城市创建工作实施方案》的通知	银金党办发〔2022〕26号
关于印发《金凤区开展百名领导干部进千企入万户解民忧促发展活动实施方案》的通知	银金党办发〔2022〕28号
关于印发《金凤区创建国家食品安全示范城市实施方案》的通知	银金党办发〔2022〕31号
关于印发《金凤区黄河流域生态保护主题宣传实践月活动的实施方案》的通知	银金党办发〔2022〕33号
关于印发《金凤区政府投资项目建设管理细则(试行)》的通知	银金党办发〔2022〕38号
关于印发《金凤区2022年民族团结进步创建工作考核方案》的通知	银金党办发〔2022〕40号
关于印发《金凤区疫情防控一线工作人员健康疗养(区内)实施方案》的通知	银金党办发〔2022〕43号
关于印发《金凤区整治形式主义为基层减负2022年工作要点及分工方案》的通知	银金党办发〔2022〕44号
关于印发《进一步加强金凤区残疾儿童少年入学工作实施方案》的通知	银金党办发〔2022〕45号
关于印发《关于推进落实金凤区中小学校党组织领导的校长负责制实施方案》的通知	银金党办发〔2022〕46号
关于印发《金凤区落实自治区、银川市"稳保促"政策措施实施方案》的通知	银金党办发〔2022〕47号
关于印发《金凤区乡镇卫生院服务能力提升工作方案》的通知	银金党办发〔2022〕49号
关于印发《金凤区委常委会安全生产职责清单》《金凤区委领导班子2022年度安全生产重点工作责任清单》的通知	银金党办发〔2022〕50号
关于金凤区2021年度科级领导干部考核结果暨为连续三年获得优秀等次公务员记三等功(奖励)的通报	银金党办发〔2022〕52号
关于印发《金凤区易涝积水点"四个一"工作包抓机制实施方案》的通知	银金党办发〔2022〕53号
关于印发《金凤区深化全国文明城市建设常态化网格管理工作方案》的通知	银金党办发〔2022〕54号
关于印发《金凤区2022年八一建军节活动实施方案》的通知	银金党办发〔2022〕55号
关于印发《金凤区关于巩固拓展党史学习教育成果推动党史学习教育常态化长效化的实施方案》的通知	银金党办发〔2022〕58号
关于建立"六大提升行动""六新六特六优"产业和二十个重大项目县处级领导包抓机制的通知	银金党办发〔2022〕59号
关于印发《金凤区关于服务和融入新发展格局的实施方案》的通知	银金党办发〔2022〕66号
关于印发《关于加快推进银川阅海湾中央商务区改革　推动实现高质量发展的实施方案》的通知	银金党办发〔2022〕68号
关于印发《金凤区紧密型医联体建设工作实施方案》的通知	银金党办发〔2022〕70号

续表

文件名称	文号
关于印发《金凤区贯彻落实〈支持宁夏建设黄河流域生态保护和高质量发展先行区实施方案〉的分工方案》的通知	银金党办发〔2022〕72 号
关于印发《金凤区 2022 年民族团结进步月活动方案》的通知	银金党办发〔2022〕74 号
关于 2022 年第 38 个教师节通报表扬的通知	银金党办发〔2022〕77 号
关于印发《金凤区 2022 年巩固拓展脱贫攻坚成果同乡村振兴有效衔接产业就业扶持政策（暂行）》的通知	银金党办发〔2022〕79 号
关于印发《关于加强新时代廉洁文化建设的实施方案》的通知	银金党办发〔2022〕81 号
关于印发《金凤区深化应急管理综合行政执法改革实施方案》的通知	银金党办发〔2022〕82 号
关于印发《金凤区文明素养提升行动实施方案》的通知	银金党办发〔2022〕86 号
关于印发《金凤区 2022 年度政党协商计划》的通知	银金党办发〔2022〕89 号
关于印发《金凤区重大项目要素预审工作办法》的通知	银金党办发〔2022〕91 号
关于印发《落实银川市〈关于深入学习贯彻自治区第十三次党代会精神　加快建设创新发展引领市的实施意见〉责任分工方案》	银金党办发〔2022〕92 号
关于印发《金凤区深化共青团组织改革工作实施方案》的通知	银金党办发〔2022〕94 号
关于印发《金凤区学习宣传贯彻党的二十大精神宣讲工作方案》的通知	银金党办发〔2022〕95 号
关于印发《金凤区推进新时代残疾人事业高质量发展实施方案》的通知	银金党办发〔2022〕99 号
关于印发《中共银川市金凤区委员会关于认真学习宣传贯彻党的二十大精神的实施意见》责任分工的通知	银金党办发〔2022〕103 号
关于印发《银川市金凤区加强物业管理工作提升物业服务水平三年行动计划（2022—2024 年）》的通知	银金党办发〔2022〕106 号

表 29　2022 年金凤区人大常委会发文一览表

文件名称	文号
金凤区人民代表大会常务委员会关于印发《人大代表小组闭会期间活动暂行办法》的通知	银金人常发〔2022〕6 号
关于设立金凤区人大常委会贺兰山中路街道工作委员会的决定	银金人常发〔2022〕9 号
关于任命金凤区人大常委会各街道工作委员会组成人员的决定	银金人常发〔2022〕10 号
银川市金凤区人大常委会关于部分街道行政区划调整的决议	银金人常发〔2022〕21 号
关于印发金凤区人大常委会工作制度的通知	银金人常发〔2022〕28 号
金凤区人民代表大会常务委员会关于批准 2021 年本级财政决算的决议	银金人常发〔2022〕32 号
关于设立金凤区第五届人民代表大会常务委员会代表资格审查委员会的决定	银金人常发〔2022〕36 号
金凤区人民代表大会常务委员会关于批准《2022 年金凤区本级预算调整方案》的决议	银金人常发〔2022〕37 号
关于批准《采用政府和社会资本合作（PPP）模式推进金凤区老旧小区综合整治改造项目议案》的决议	银金人常发〔2022〕38 号
关于拟连任宁夏回族自治区第十三届人民代表大会代表人选的报告	银金人常发〔2022〕41 号
关于补选金凤区第五届人民代表大会代表的决定	银金人常发〔2022〕44 号

续表

文件名称	文号
关于补选金凤区第五届人民代表大会代表资格审查报告的决议	银金人常发〔2022〕45 号
关于银川市第十六届人民代表大会代表补选结果的报告	银金人常发〔2022〕47 号
关于召开金凤区第五届人民代表大会第二次会议的决定	银金人常发〔2022〕54 号
银川市金凤区第五届人民代表大会第二次会议关于代表议案的决定	银金人常发〔2022〕55 号
银川市金凤区第五届人民代表大会第二次会议关于金凤区人民政府工作报告的决议	银金人常发〔2022〕56 号
银川市金凤区第五届人民代表大会第二次会议关于金凤区 2022 年国民经济和社会发展计划执行情况与 2023 年国民经济和社会发展计划草案报告的决议	银金人常发〔2022〕57 号
银川市金凤区第五届人民代表大会第二次会议关于金凤区 2022 年财政预算执行情况和 2023 年财政预算草案报告的决议	银金人常发〔2022〕58 号
银川市金凤区第五届人民代表大会第二次会议关于金凤区 2022 年生态环境状况和生态环境保护目标完成情况报告的决议	银金人常发〔2022〕59 号
银川市金凤区第五届人民代表大会第二次会议关于金凤区人民代表大会常务委员会工作报告的决议	银金人常发〔2022〕60 号
银川市金凤区第五届人民代表大会第二次会议关于金凤区人民法院工作报告的决议	银金人常发〔2022〕61 号
银川市金凤区第五届人民代表大会第二次会议关于金凤区人民检察院工作报告的决议	银金人常发〔2022〕62 号

表 30　2022 年金凤区人大常委会党组和办公室发文一览表

文件名称	文号
关于设立金凤区人大常委会贺兰山中路街道工作委员会的请示	银金人常党组发〔2022〕4 号
关于印发金凤区人大常委会党组工作制度的通知	银金人常党组发〔2022〕7 号
关于补选金凤区第五届人民代表大会代表结果的报告	银金人常党组发〔2022〕12 号
关于补选金凤区第五届人大常委会委员的报告	银金人常党组发〔2022〕13 号
关于印发《金凤区人民代表大会代表履职评价办法（试行）》的通知	银金人常办发〔2022〕39 号
关于补选金凤区第五届人民代表大会代表的通知	银金人常办发〔2022〕54 号

表 31　2022 年金凤区政府发文一览表

文件名称	文号
关于启用银川市金凤区新型冠状病毒感染肺炎疫情防控工作指挥部及办公室印章的通知	银金政发〔2022〕1 号
关于协调办理金凤区良田镇植物园新二村村卫生室改扩建设项目建设用地手续的请示	银金政发〔2022〕2 号
关于报送《关于中央环保督察转办件“丰登镇永丰村保绿特餐厨垃圾处理公司环境污染”整改方案》的报告	银金政发〔2022〕3 号
关于拨付银川市阅海湾中央商务区管委会 2022 年预算资金的请示	银金政发〔2022〕8 号
关于 2020 年度粮考反馈问题的整改报告	银金政发〔2022〕9 号

续表

文件名称	文号
关于确认杨鑫等人见义勇为行为的批复	银金政发〔2022〕17号
关于申请已征收集体土地补齐差价资金的请示	银金政发〔2022〕19号
关于确认杨鑫等人见义勇为行为的决定	银金政发〔2022〕21号
关于公开出版印刷《银川市金凤区志（2001—2018）》的批复	银金政发〔2022〕22号
关于办理银川市第四十一中学项目用地手续的请示	银金政发〔2022〕25号
关于2020年度金凤区本级财政预算执行和其他财政收支审计情况及审计查出问题整改审议意见落实情况报告	银金政发〔2022〕28号
关于2020年财政决算草案报告和2020年上半年预算执行情况报告审议意见落实情况的报告	银金政发〔2022〕30号
关于团结路文化景观工程（万寿路—唐徕渠）道路、桥梁、地下通道工程法律诉讼问题有关情况的报告	银金政发〔2022〕39号
关于调整金凤区2022年消防安全重点单位和火灾高危单位的批复	银金政发〔2022〕42号
关于金凤区2022年度安全生产监管工作行政执法计划的批复	银金政发〔2022〕44号
关于金凤区安全生产大检查工作开展情况的报告	银金政发〔2022〕50号
关于拨付金凤区元宝湖生态环境整治项目资金的请示	银金政发〔2022〕53号
关于调整对在部队立功受奖现役军人家庭奖励标准的通知	银金政发〔2022〕58号
关于开展金凤区抗震救灾应急演练的请示	银金政发〔2022〕61号
关于提请市级协调解决群众办理房产证遗留问题的报告	银金政发〔2022〕62号
关于办理金凤区元宝湖生态环境治理项目元宝湖公园用地手续的请示	银金政发〔2022〕63号
关于提请审议长城中路街道、北京中路街道、黄河东路街道区划调整的议案	银金政发〔2022〕64号
关于申请协调解决环阅海文旅项目相关事宜的请示	银金政发〔2022〕65号
关于成立宁夏水利研发大厦项目工地“5·9”高处坠落一般事故调查组的批复	银金政发〔2022〕66号
关于划转金凤区农业农村和水务局部分执法事项到金凤区综合执法局的批复	银金政发〔2022〕69号
关于兑现金凤区2021年度全民创业统筹城乡就业创业政策补贴的决定	银金政发〔2022〕71号
关于成立金凤区五里湖畔清香源私房菜馆“5·19”火灾事故调查组的批复	银金政发〔2022〕72号
关于金凤区基础设施项目谋划情况的报告	银金政发〔2022〕73号
关于拨付农科院畜牧研究所旧城（棚户区）改造项目拆迁安置费用的请示	银金政发〔2022〕75号
关于成立金凤区道路交通安全委员会的通知	银金政发〔2022〕79号
关于确认王晓华等人见义勇为行为的决定	银金政发〔2022〕80号
关于成立重庆匠众劳务有限公司“6·8”高处坠落一般事故调查组的通知	银金政发〔2022〕85号
关于成立深圳东方雨虹防水工程有限公司“6·13”触电一般事故调查组的通知	银金政发〔2022〕86号
关于启动金凤区良田镇商贸中心项目用地征收工作的请示	银金政发〔2022〕90号
关于调整长城中路街道林湖左岸等社区居民委员会的批复	银金政发〔2022〕94号

续表

文件名称	文号
关于划转政府性投资建设工程相关行政执法事项的请示	银金政发〔2022〕95号
关于公布2022年度金凤区人民政府重大行政决策事项目录的请示	银金政发〔2022〕97号
关于世茂铂悦府项目有关情况的报告	银金政发〔2022〕99号
关于金凤区落实自治区“1+N”稳保促系列政策措施有关意见建议的报告	银金政发〔2022〕103号
金凤区2021年黄河流域生态环境警示片披露问题整改“回头看”的复核报告	银金政发〔2022〕107号
关于学前教育普及普惠示范县(区)创建市级初核部分指标整改承诺的报告	银金政发〔2022〕109号
关于学前教育普及普惠工作的自评报告	银金政发〔2022〕115号
关于提请审议采用政府和社会资本合作(PPP)模式推进金凤区老旧小区综合整治改造项目的议案	银金政发〔2022〕116号
关于区市重要会议精神贯彻落实情况的报告	银金政发〔2022〕117号
关于成立银川市金凤区第十七幼儿园等机构的批复	银金政发〔2022〕121号
关于对“稳保促”政策措施落实情况自查评估的报告	银金政发〔2022〕122号
关于2021年度中央预算执行和其他财政支出审计查出问题整改情况的报告	银金政发〔2022〕130号
关于金凤区现代服务业发展情况审议意见的办理情况报告	银金政发〔2022〕132号
关于对《丰登镇和丰村村庄规划(2021—2035)》《丰登镇润丰村村庄规划(2021—2035)》的批复	银金政发〔2022〕133号
关于进一步规范管理财政资金监察建议办理情况的报告	银金政发〔2022〕135号
关于金凤区乡镇(街道)赋权清单实施情况成效的评估报告	银金政发〔2022〕139号
关于金凤区2022年1—9月主要经济指标预计完成情况的报告	银金政发〔2022〕151号
关于提请金凤区人大常委会审议2022年金凤区本级预算调整方案的议案	银金政发〔2022〕158号
关于《金凤区良田镇园子村村庄规划(2022—2035)》等七个村庄“多规合一”实用性规划的批复	银金政发〔2022〕159号
关于金凤区人大审议意见办理情况的报告	银金政发〔2022〕163号
关于报送《金凤区安全生产履职情况报告》《金凤区消防安全履职情况报告》的报告	银金政发〔2022〕173号
关于《2021年度本级财政预算执行和其他财政收支的审计工作报告及审计查出问题整改情况报告》审议意见办理情况的报告	银金政发〔2022〕175号

表32　2022年金凤区政府办公室发文一览表

文件名称	文号
关于印发《金凤区2022年第一季度经济发展“开门红”工作方案》的通知	金政办发〔2022〕1号
关于印发《金凤区义务教育阶段课后服务工作实施方案》的通知	金政办发〔2022〕2号
关于加强2022年春节、元宵节期间烟花爆竹燃放管理的通知	金政办发〔2022〕6号

续表

文件名称	文号
关于印发《金凤区 2019—2020 年度农业专项资金管理使用情况审计结果整改方案》的通知	金政办发〔2022〕7 号
关于印发自治区、银川市、金凤区《政府工作报告》任务分解和责任分工方案的通知	金政办发〔2022〕8 号
关于调整政府办公室班子成员及工作人员分工的通知	金政办发〔2022〕12 号
关于认真做好金凤区五届人大一次会议代表议案意见建议和政协五届一次会议委员提案办理工作的通知	金政办发〔2022〕13 号
关于启用银川市金凤区人民政府行政复议及行政诉讼专用章的通知	金政办发〔2022〕16 号
关于印发《金凤区新冠肺炎疫情防控“三个 10%”专项督查工作实施方案》的通知	金政办发〔2022〕17 号
关于印发《金凤区 2022 年 2 月外出招商工作方案》的通知	金政办发〔2022〕18 号
关于印发《金凤区 2022 年清明节祭扫工作方案》的通知	金政办发〔2022〕20 号
关于调整金凤区人民政府区长、副区长分工的通知	金政办发〔2022〕21 号
关于成立金凤区系统化全域推进海绵城市建设示范城市申报工作领导小组的通知	金政办发〔2022〕23 号
关于印发《金凤区美丽乡村建设重点区域环境综合整治工作方案》的通知	金政办发〔2022〕27 号
关于印发《银川市金凤区空间资源城市运营管理有限公司成立方案》的通知	金政办发〔2022〕30 号
关于印发《金凤区“九小场所”疫情防控工作规范化实施方案》的通知	金政办发〔2022〕31 号
关于印发《金凤区农业保险保险费补贴管理实施方案》的通知	金政办发〔2022〕32 号
关于印发《金凤区紧急疫情防控期间特殊困难群体帮扶救助工作方案》的通知	金政办发〔2022〕33 号
关于印发《银川市金凤区海绵城市建设实施方案》的通知	金政办发〔2022〕34 号
关于印发《金凤区“乐活金凤·惠民助企”2022 年第一批消费券发放活动方案》的通知	金政办发〔2022〕35 号
关于印发《金凤区社区戒烟综合干预试点项目实施方案》的通知	金政办发〔2022〕36 号
关于印发《2022 年金凤区国有产权交易突出问题专项治理工作实施方案》的通知	金政办发〔2022〕37 号
关于印发《银川市金凤区全民科学素质行动规划纲要实施方案(2021—2025 年)》的通知	金政办发〔2022〕39 号
关于印发《金凤区数字政府建设行动计划》的通知	金政办发〔2022〕40 号
关于印发《金凤区义务教育阶段课后服务工作实施方案》的通知	金政办发〔2022〕41 号
关于印发《金凤区学生校外托管机构专项整治工作方案》的通知	金政办发〔2022〕42 号
关于印发《金凤区社区蔬菜直销店改造提升实施方案》的通知	金政办发〔2022〕43 号
关于印发《金凤区 2022 年招商引资工作方案》的通知	金政办发〔2022〕44 号
关于印发《金凤区解决群众办理房产遗留问题专项工作方案》的通知	金政办发〔2022〕45 号
关于印发《金凤区投资贡献突出企业奖励实施方案》的通知	金政办发〔2022〕46 号
关于印发《金凤区统计领域突出问题专项治理工作实施方案》的通知	金政办发〔2022〕50 号
关于印发《第六届“金凤飞舞·城市乐活会”活动方案》的通知	金政办发〔2022〕51 号
关于印发《金凤区建筑施工安全生产专项整治实施方案》的通知	金政办发〔2022〕52 号
关于印发《金凤区服务业发展引导资金项目验收管理办法(试行)》的通知	金政办发〔2022〕53 号
关于印发《金凤区妇女和儿童发展规划》的通知	金政办发〔2022〕54 号

续表

文件名称	文号
关于印发《金凤区推进医疗保障基金监管制度体系改革实施方案》的通知	金政办发〔2022〕55 号
关于印发《2022 年金凤区农产品消费活动方案》的通知	金政办发〔2022〕56 号
关于印发《金凤区政府常务会安全生产责任制清单》《金凤区政府领导班子 2022 年安全生产重点工作责任清单》的通知	金政办发〔2022〕57 号
关于印发《金凤区防范和化解拖欠中小企业账款专项行动实施方案》的通知	金政办发〔2022〕58 号
关于印发《金凤区 2022 年义务教育阶段学校招生入学工作安排》的通知	金政办发〔2022〕59 号
关于印发《金凤区"乐活金凤·惠民助企"2022 年第二批消费券发放活动方案》的通知	金政办发〔2022〕60 号
关于印发《智慧金凤社区治理综合平台街镇、委办局工作考核办法》的通知	金政办发〔2022〕61 号
关于启用新印章的通知	金政办发〔2022〕62 号
关于印发《关于进一步加强金凤区人民调解员队伍建设的实施方案》的通知	金政办发〔2022〕63 号
关于调整金凤区人民政府区长、副区长分工的通知	金政办发〔2022〕65 号
关于公布 2022 年度金凤区人民政府重大行政决策事项目录的通知	金政办发〔2022〕66 号
关于印发《金凤区 2022 年 6 月外出招商工作方案》的通知	金政办发〔2022〕67 号
关于印发《金凤区统计造假不收手不收敛问题专项纠治实施方案》的通知	金政办发〔2022〕68 号
关于印发《金凤区幼儿园聘用人员管理办法(试行)》的通知	金政办发〔2022〕69 号
关于印发《金凤区残疾人保障和发展"十四五"规划》的通知	金政办发〔2022〕71 号
关于印发《金凤区进一步优化营商环境更好服务市场主体健康发展实施方案》的通知	金政办发〔2022〕72 号
关于印发《因"味"有你·风味金凤——2022 年"金凤餐饮老字号"评选活动方案》的通知	金政办发〔2022〕75 号
关于印发《金凤区开展"活人墓"等问题整治规范工作实施方案》的通知	金政办发〔2022〕77 号
关于印发《第二届中国(宁夏)国际葡萄酒文化旅游博览会暨金凤区葡萄酒艺术节活动实施方案》的通知	金政办发〔2022〕78 号
关于印发《金凤区禁毒专干工资发放管理办法(试行)》的通知	金政办发〔2022〕80 号
关于党政机关食堂服务外包预算费用的请示	金政办发〔2022〕81 号
关于印发《金凤区关于 2019 年至 2021 年残疾人事业发展资金专项审计问题整改方案》的通知	金政办发〔2022〕82 号
关于印发《金凤区生活垃圾分类工作考核评估办发》的通知	金政办发〔2022〕83 号
关于印发《金凤区 2022 年度生活垃圾分类工作实施方案》的通知	金政办发〔2022〕84 号
关于印发《金凤区突发性事件总体应急预案》的通知	金政办发〔2022〕86 号
关于印发《金凤区 2022 年度农田水利基本建设实施方案》的通知	金政办发〔2022〕87 号
关于印发《金凤区"四闲"专项整治工作方案》的通知	金政办发〔2022〕88 号
关于印发《金凤区进一步做好残疾人就业保障金征收管理工作方案》的通知	金政办发〔2022〕89 号
关于印发《金凤区人民政府无人机数字化指挥中心运行实施方案》的通知	金政办发〔2022〕90 号
关于印发《2022 年金凤区住宅小区物业服务质量星级化评定工作实施方案》的通知	金政办发〔2022〕91 号
关于印发《金凤区农村生活污水治理专项规划(2021—2030 年)》的通知	金政办发〔2022〕92 号
关于印发《金凤区 2022 年违法占用耕地问题专项整治行动工作方案》的通知	金政办发〔2022〕93 号
关于印发《金凤区全面健身工作计划(2021—2025)》的通知	金政办发〔2022〕94 号

表 33　2022 年金凤区政协发文一览表

文件名称	文号
关于转交金凤区政协 2021 年重点提案及资金分配建议的函	政协金委发〔2022〕1 号
关于印发《政协金凤区第五届委员会各专门委员会组成人员》的通知	政协金委发〔2022〕2 号
关于调整《政协金凤区第五届委员会各专门委员会组成人员》的通知	政协金委发〔2022〕3 号
关于印发《政协银川市金凤区委员会关于网络议政远程协商的实施意见(试行)》的通知	政协金委发〔2022〕4 号
关于金凤区实施数字赋能行动促进数字经济发展情况的调研报告	政协金委发〔2022〕6 号
关于召开中国人民政治协商会议银川市金凤区第五届委员会第二次会议的决定	政协金委发〔2022〕10 号

表 34　2022 年金凤区政协办公室发文一览表

文件名称	文号
关于印发《金凤区政协开展“改进作风提升质效”专项行动的工作方案》的通知	政协金委办发〔2022〕1 号
金凤区政协 2022 年工作要点	政协金委办发〔2022〕2 号
金凤区政协 2022 年度委员学习培训计划	政协金委办发〔2022〕3 号
银川市金凤区政协微信工作群管理办法	政协金委办发〔2022〕4 号
金凤区政协 2022 年工作要点及任务分工	政协金委办发〔2022〕5 号
关于印发政协金凤区第五届委员会各专门委员会联系委员名单的通知	政协金委办发〔2022〕6 号
关于印发金凤区政协 2022 年委员学习培训方案的通知	政协金委办发〔2022〕7 号
关于金凤区政协委员参加政协委员联络小组工作的通知	政协金委办发〔2022〕8 号

索　引

说　明

1.本索引以主题分析法为主，按主题词首字汉语拼音字母顺序排列。

2.主题词后的数字表示内容所在页码，数字后的a、b表示该页自左至右的栏别。

3.为便于读者检索，在金凤区的企事业单位和在金凤区发生的事件名称前的“金凤区”三字，除易产生歧义者外均予省略。

A

爱国卫生运动　139a　188b　237a
安保维稳　104a
安全监督检查　137a
安全培训　213a
安全生产　12a　12b
安全生产月　14b
安全隐患防范工程　64a
安置帮教　121b
安置协议　224a

B

百日专项整治行动　67a
百姓之家　218a
板凳会　8a　30b　39b　265b
北京中路街道　228a　228b
博爱家园　103a
不动产权证　216b　222a

C

参政议政　85a　86b　87a　88a　88b　89b　90a
残疾人就业　99b　100a　237b
残疾人托养中心　26a　29b
草莓小镇　144a
测土配方施肥　142b
产权交易　83b　128a
产业扶贫示范村　144a
长城中路街道　219b　220a　220b
长廊故事会　6b
城市公园绿地　24b
城市功能完善工程　64a
城市建设　133a　29a
崇军行动　125b
崇军联盟　208b
储粮安全　134a
创建国家食品安全示范城市　32a　135a　150a
创建全国文明城市　112a　221b　229b
创建文明单位　41b
创业担保贷款　27b
创业实体　27b　198b　217a　237b
春风行动　38b
慈善事业　207a
村集体经济　37b
村居法律顾问　28a
村镇绿化　171a
存量房回购　34b　68b

D

大班额 177a
大病保险 200a
大气污染防治 223a
大数据分析平台 168b
代表议案建议办理专项检查 54a
党风廉政建设 35a 79b 82a 118a 141b 220b 227b 228b 232a
党建引领 221a
党群协商议事会 235b
党史学习 207a
党性意识 84a
导师帮带机制 96b
道德模范 41a 223b
道路打通工程 160a
地理标志产品 137a
地区生产总值 126a
电动车号牌 111b
电商产业 147a
电商直播间 148b
电商助农 152a
电子服务平台 111b
电子监察系统 68b
电子医保 200a
电子证照 69b
调研活动 36a 42b 60a
调研视察 74a
东数西算 11b 24a 24b 90b
动物产地检疫 145a
兜底保障 223b
读书沙龙 93b

F

法律服务 93a 105b 107b 119b
法律服务微信联络群 232b
法律服务中心 121a
法律顾问进企业 106a
法律监督 118b
法律进乡村活动 174b
法律培训 121b
法律咨询 230b
法庭立案 117a
法治建设 28a 30a 230b
法治微视频 113a
法治宣传 230b
法治政府建设 106a 119a
法治专题培训 106a
房地产投资 138b
防汛抗旱 211a
防灾减灾 211a
非物质文化遗产 181a
丰登镇 204a 214a 214b 215a 215b
风城工匠 38b
复工复产复市 34a
复兴少年宫 40b

G

高标准农田建设 142a
高龄津贴 27a
高校网络招聘会 38b
高新技术企业 176a
高质量发展 61b 81a 117b
个人调解室 106b
耕地面积 170a
供销合作社 151a
公共法律服务工作站 121a
公共就业专项服务 2b
公共卫生服务 128b
公共文化服务 181a
公益服务 96b
公益诉讼 113a 114a
公益诉讼检察 113a
公益性岗位 27b 99b 198b 209b
公职律师 106a
功能型党支部 81b
工会服务大篷车 94a
工业增加值 51a
工资专项集体合同 93a
孤儿养育津贴 27a 207a
骨干教师培养 178a
固定资产投资 23a 29a 61a 126a 138b
光荣在党50年 228b
广场舞大赛 180a
规范性文件 106b
国防教育基地 124b
国家级创新平台 29b
国有资产管理 60a
果蔬交易 209a

H

海绵城市建设 7b 30a
海阅资本 133a
河湖长制 62b
贺兰山中路街道 235a 236a 236b
红色经典诵读活动 231a

红色业委会　37b
侯金知智慧警务室　107b
互联网 + 教育　43a
互联网宣传管理　46a
护苗工作站　39a
环境卫生整治　72a
环境整治示范村　75b
环境质量　62b
黄河东路街道　222b
惠民补贴　128b
惠民助企　148b

J

基层法治治理　107a
基层理论宣讲大篷车　4b
基层中医药服务　7b
绩效管理　129a
疾病防控　59b
疾病预防　192a
秸秆焚烧　172b　223b
集体提案　85b
集体协商指导员　93a
集中轮训　36a
纪检监察监督　83b
计划生育技术服务　194a
计量监督　136a
家庭教育公益大讲堂　40b
家庭幸福护航工程　65a
家庭医生　2b　186a
家政服务　217a
剪纸项目传承人　48b
健步行活动　182b
健康场所　190b
健康扶贫　192a
健康金凤　190a　190b
健康社区　225a
健康素养　190b
健身路径　182b
建发悠阅城　127a
交通法规　112a
教师薪酬　178b
教育优质均衡工程　64a
节能减碳　127a
节水宣传　146a
节水增产　142a
节约型机关　49b
界别活动　81b
巾帼大宣讲　97a
金凤 20 条　15a
“金凤 e 家”APP 平台　227b
金凤便民超市　148a
金凤餐饮老字号　21a　23b
67a
金凤电商标准化平台　24a
金凤电子快报　3a　41a　47a
89a
金凤名师　178a
金凤名师工作室　25b
金凤区工商联　90a　90b
金凤区级非物质文化遗产　25b
金凤区区史馆　6b
金凤区数字政府建设　66a
金凤区文物保护中心　45a
金凤区医疗健康集团　25b　29b
金凤区政协电子书屋　74a
金凤悦书房　40b　75b　180a
181b
金秋助学　231a
金融服务生态圈　157a
经典诵读　85a
经济综合实力　29a
警备区大讲堂　122b
警力下沉　112b
警示教育大会　83a
警网融合　107b
九三学社金凤区基层委员会
89a　89b
就业创业　94b　96b　97a
就业创业扶持工程　64a
就业兜底帮扶　91b
救援物资　211a
居家养老服务　26b
居民医疗保险　191b
捐款捐物　103b
军创企业　208b

K

抗震救灾演练　124a
科技成果　175b
科技创新　157b　175b
科技活动周　98b
科技企业孵化器　176a
科技特派员　91b　175a　175b
科技项目资金　62a
科技研发项目　175b
科技志愿者　98b
科普大篷车　174b
科普行动计划项目　98b
跨境电商产业园　156a
跨省通办　2a　70a
困难职工帮扶　93a

L

垃圾分类　163a　229b
垃圾分类示范小区　25a　62b

蓝骑士配送行业联合工会 92a 93b
劳动人事争议调解 187a 197a
劳动仲裁 197a
劳务工资 218b
劳资纠纷 110a
老旧小区综合整治改造 56a
乐购金凤券 9a
冷链中心 214b
廉政档案 83b
廉政教育 56a 59a
廉政提醒 130a
联农带农模式 28b
粮食安全 1b 62a 66a 127b 128a
粮食种植 23b
粮食专项监督 128b
良田镇 206a 217a 217b
临时救助 202a
林长制 2a
邻里和睦一家亲 7a
邻里和谐 116b
邻里之书 6b
邻里中心(驿站) 27b 63a 203a
领导包案 115a
留守儿童 96a
露地蔬菜 144b
旅游度假区 127a
律师大讲堂 110a
绿地中心 155b
绿色低碳 1a 221a
绿色农产品 143b
绿色农资 153a
绿色食品加工 143a

M

满城北街街道 232a 232b 233a 233b
满城金街 2a
慢性病综合防控 188a
矛盾纠纷排查 232b
美丽庭院 8b 97a 98a
美丽宜居村庄 161b 162a
民革金凤区支部 85a 85b
民间纠纷调解 224b
民建金凤总支 87a
民进金凤区总支 88a
民盟金凤区总支委员会 86a 86b
民生服务中心 70a
民事法官 117a
民事审判 113b
民营经济 90a
民主法治示范村(社区) 107b
民主监督 74a 118b
民主评议 81b
民族团结 5b 18b 42a 42b
民族团结进步示范户 8b
模范机关 138a
母亲小额循环 97b
睦邻活动驿站 235b

N

年轻干部储备库 37a
年轻干部队伍建设 37a
农产品冷链仓储 153a
农产品质量检测 145
农村低保 209b
农村公路建设 160a
农村居民清洁取暖项目 160b
农村劳动力转移就业 27b
农村生活污水治理 173a
农村致富带头人 96b 216b
农工党金凤区总支 88a 88b
农贸市场 210b
农田水利基本建设 142b
农业保险 129a
农业产业化龙头企业 143a 143b
农业灌溉 146a
农用残膜回收 153b
农资供应 153a

P

品牌孵化中心 224a
平安金凤 63a 104b 121a
平安文化宣传员 109a
普法宣传员 121a

Q

企业用水确权 62a
企业职工培训 27b
企业智慧服务中心 157b
千警进万家 110a
强制性产品认证 136a
抢险救援 211b
侨胞之家 41b 43a
清产核资 129a
清河专项行动 173a
清洁煤抽检 137b
清洁能源 1b 34b
清洁取暖 160b
青年岗位能手 95a
青年联谊活动 96b

青年突击队　96a
全国“五好家庭”　98a
全国文明城市创建　77b
全国乡村旅游重点村　215a
全国优待证　224b
全国最美家庭　98a
全面从严治党　83b　158a
权益维护　94b
犬类管理　165a
确权用水　145b
群防群治　28b　105b　109a

R

燃气安全执法　212b
燃气报警装置　114a　212b
人才储备库　62a
人才金街　38b
人居环境　160a
人居环境提升工程　64a
人民调解　120b　232b
人事任免　52b　56a
日常监督管理　127b
日光温室　214b
润丰宿集　215a

S

塞上枫桥　109b
塞上湖城　22a
塞上金秋宣讲团　220b
三色暖心包　21a
散煤污染治理　62b
扫黑除恶　113b　236b
森林防火　234a
山林权基础数据库　62a
商户服务平台　149a
商贸流通　138b
商事制度改革　69a　106a
上海西路街道　206a　226b
涉企案件　105b
涉水企业检查　173a
社会服务　42a
社会救助金　2b
社会民生　29a
社会消费品零售　7a　29a
社会治安防控体系　107b
社会治理　2b　27b　63a　215b
社情民意　46b　74a　81b　85b
社区慈善基金项目　201b
社区党风廉政警示教育馆　83a
社区儿童议事会　220a
社区服务　201b
社区矫正　121b　224b
社区戒毒康复　109a
社区廉政警示教育馆　16b
社区日间照料中心　202b
社区示范点　232a
社区书记　220b
社区蔬菜直销店　153a
社区医院　191b
审计报告　139b
审计大数据　139b
审计服务　140b
审计整改　139b
审批服务　107a
生态环境　17a　19a　25a　29a　32b　68a　76a　173b　223a
生态文明建设　173b　183b
生态用水　173a
生态园林广场　7b
师德师风建设　178a
师资配置　179b
石榴籽图书馆　6b
食品安全示范街　63b
市场监管　134a
市域社会治理　54a　54b　105a
首家社区医院　63a
属地监管　107a
数字赋能行动　75a　78a　78b
数字化工会服务阵地　94a
数字经济　78b　81b
数字经济产业园　12b　79b　156a
数字农旅小镇　62a
双培双带　97b
双月座谈会　41b
水旱灾害防御　146a
水库移民　128b
水源地保护　173a
水质自动监测站　25a　62b
司法矫正　238a
司法救助　56a　58a　115a　117a
思想政治建设　69a
思政教育　177b
送戏下乡　181a
素质拓展　179a

T

碳排放权改革　2a　62a
碳排放权专项改革　44a
特困供养　198a　202a　216b
特困人员救助供养　140b
特色果蔬种植　2b
特色街区　126b　148a
特色课后服务　80b

特色民宿 215a
特种设备 137a
提案办理 81a 162a
提案审查 77b
提案收集转办 74a
停车泊位 112a
停车场智慧系统 111b
庭院会 8a
投资分红 218b
土地流转 91b
土壤污染防治 59b 65a 173a
退税减税 130b
退役军人 207b
退役军人光荣牌 230a

W

万企兴万村 42b
网红美食街 165a 165b
网络安全检查 47b
网络募捐 51b
网络舆情督办 234a
网络舆情监测 46b
网上信访办理 71b
维权小程序 98a
卫生服务中心 188b
卫生监督 193b 194a
未成年人保护 216a
未成年人思想道德建设 177b
魏家桥村红色物业示范点 37b
文化惠民 40b 65a 75a 180b 217b
文化指导员走基层 63b
文明城市创建 72a 139a
文明新风 216b
污染防治 1a 59b 173b
污水处理 162a
"五老"法治宣讲 51a
物联网农业 149b
物业管理 34b

X

希望书桌 96a
希望小屋 96a
西红柿田间交易中心 23b 126b
先行区建设 1a
先进制造业 126b
宪法宣誓 55b
现场审计 140a
现代服务业 55b 58a
现代农业产业园 30a 143a
乡村文化旅游节 180b
乡村医生 191b
乡村振兴 11a 28b 29b 32b 33b 62a 74b 76a 208b
乡村振兴基金 28b
乡村振兴助力工程 65a
乡村治理示范镇 144a
乡味宁夏 14a
项目储备 127b
项目招投标 139b
消防安全 151b 212b
消防设施 213a
消费券发放 68b
小巷管家 8a 203a 229b
校外培训机构专项治理 137a
心理辅导 96b 121b
心理健康教育 177b
心理咨询辅导 191a
新昌路特色商业街 23b
新南大厦 151a
新时代好少年 40b 248b
新时代文明实践所(站) 41a
新时代文明实践中心 4a 4b 40b
新闻宣传 3a 18a
信访工作条例 66a 71b 224b
行政处罚 119a
行政复议 106b
休闲观光农业 153b
学前教育普惠化 128b

Y

研究型审计 139b 140a
扬尘污染 114a
阳光药店 134b
阳光助残小康计划 100a
养老服务示范点 201b
养老机构 26a
药品安全专项整治 134b
医保基金 200b
医疗保障 200a
医疗互助报销金 93a
医疗救助 200a 201a
医疗资源 185b
移风易俗 39b 216b 248b
移风易俗宣讲会 20a
移民创业 199a
异地就医 201a
银川好人 211b 212a
银川市金凤区志(2001—2018) 13a 48b 72a 73a 73b
银川阅海滑雪场 9a
应急管理 67a
应急救援 212a
应急演练 210b

营商环境 43a
永久基本农田 62b 171b
用水权证 146b
优抚对象 207b 224b
优生教育 224b
雨露计划 223b
园林绿化 31b
远程门诊 7b
远程专家门诊服务 186b
悦海新天地 12a 227a
阅彩城 6b 61b 134b
阅彩城商圈 235b
阅海湾休闲旅游度假区 24a
阅海湾中央商务区 24a 154b

Z

增减挂钩 132a 168a
增值税留抵退税 130b
债权融资 133a
招商引资 24b 58b 80b 90b 150a 155b
征地拆迁安置 71a
整村亮化 214b
政府采购 66a 129a
政府法律顾问 106a
政务服务 68b 221b
政务云平台 221b
政协委员联络小组 75b
正源街核心商圈 24a
知识产权保护 137a
执法监督 119a 187a
执法检查 36b
执纪执法 83a
职业病申报 194b
志愿服务 40a 93a 96a 96b 103b 139a 222a
志愿服务品牌 40a 222a
智慧城市升级工程 65a
智慧城市运营 79b 168
智慧工会 93a 94b
智慧监管平台 134b
智慧金凤 28a 66a 162b
智慧禁毒 108b
智慧农业 58b 149b
智慧商圈 149a
智慧食安 134b
智慧校园 178b
致富能手 217b
中国商务区综合实力 20 强 24b 126b 157a
中医药服务 29b
众创空间 157b 176a
重点提案 74a 81a
重点项目建设 17b 19b
重点项目投资 61b
住房保障工程 38b
铸牢中华民族共同体意识 5a 6b 8a 11b 87b
驻村第一书记 208b
专题调研 52a 60a
专题培训 37a
专项检查 52a
专项资金审计 141b
转移就业 199b
综合执法 163b
总部经济 138b
最低生活保障 27a
最美金凤人 9b 30b 41a 248b